# LA CRÉATION
# DANS L'ORIENT ANCIEN

## CONGRÈS ET TRAVAUX DE L'ACFEB
(Association catholique française pour l'étude de la Bible)

1967. Angers : *La résurrection du Christ et l'exégèse moderne,* présenté par P. DE SURGY, publié dans la coll. « Lectio divina » n° 50, Éditions du Cerf, 1969.

1969. Chantilly : *Exégèse et herméneutique,* dirigé par X. LÉON-DUFOUR, publié dans la coll. « Parole de Dieu », Éditions du Seuil, 1971.

1970. Chantilly : *Le langage de la foi dans l'Écriture et dans le monde actuel : Exégèse et catéchèse.* Liminaire de H. CAZELLES, publié dans la coll. « Lectio divina » n° 72, Éditions du Cerf, 1972.

1972. Strasbourg : *Exégèse biblique et Judaïsme,* édité par J.E. MÉNARD, Faculté de théologie catholique de Strasbourg, 1973 (= *Revue des sciences religieuses,* 1973, pp. 157-407).

1973-74. Participation à l'enquête de réflexion pastorale sur « *Libération des hommes et salut en Jésus Christ* », dans « Cahiers Évangile », n$^{os}$ 6-7.

1973. Lille : *Les miracles : Problèmes critiques et interprétation.* Plusieurs conférences de ce congrès ont été jointes à d'autres travaux dans un volume édité par X. LÉON-DUFOUR sous le titre *Les miracles de Jésus,* coll. « Parole de Dieu », Éditions du Seuil, 1977.

1975. Toulouse : *Apocalypses et théologies de l'espérance,* présenté par L. MONLOUBOU, publié dans la coll. « Lectio divina » n° 95, Éditions du Cerf, 1977.

1977. Angers : *Écriture et pratique chrétienne,* présenté par P. de SURGY, publié dans la coll. « Lectio divina » n° 96, Éditions du Cerf, 1978.

1979. Orsay : *Études sur la première lettre de Pierre,* présenté par C. PERROT, publié dans la coll. « Lectio divina » n° 102, Éditions du Cerf, 1980.

1981. Tarbes : *Le corps et le Corps du Christ dans la première épître aux Corinthiens,* présenté par V. GUÉNEL, publié dans la coll. « Lectio divina » N° 114, Éditions du Cerf, 1983.

1983. Strasbourg : *Études sur le judaïsme hellénistique,* publié sous la direction de R. KUNTZMANN et J. SCHLOSSER, publié dans la coll. « Lectio divina » n° 119, Éditions du Cerf, 1984.

1985. Lille. *La Création dans l'Orient ancien,* présenté par F. BLANQUART, publié dans la coll. « Lectio divina » n° 127, Éditions du Cerf, 1987.

LECTIO DIVINA

**127**

P. BEAUCHAMP, G. BIENAIMÉ, J. BRIEND,
J. CALLOUD, J. CAZEAUX, J.-L.
CUNCHILLOS, P. GIBERT, M. GILBERT,
J. LADRIÈRE, J. LÉVÊQUE, B. MENU,
M.-J. SEUX, M. TARDIEU, J. VERMEYLEN,
C. WESTERMANN, L. WISSER

# LA CRÉATION DANS L'ORIENT ANCIEN

CONGRÈS DE L'ACFEB, LILLE (1985)
présenté par Fabien Blanquart
et publié sous la direction de Louis Derousseaux

**LES ÉDITIONS DU CERF**
29, bd Latour-Maubourg, Paris
1987

© *Les Éditions du Cerf*, 1987
ISBN 2-204-02595-X
ISSN 0750-1919

# SOMMAIRE

Liminaire, par Fabien Blanquart .............     9-12
Avant-propos. Approches philosophiques de la création, par Jean Ladrière .............     13-38

## I. LES LITTÉRATURES COMPARÉES

CHAPITRE PREMIER. La création du monde et de l'homme dans la littérature suméro-akkadienne, par Marie-Joseph Seux......     41-78

CHAPITRE II. Peut-on parler de mythes de création à Ugarit ? par Jésus-Luis Cunchillos ...............................     79-96

CHAPITRE III. Les cosmogonies de l'Ancienne Égypte, par Bernadette Menu ...........     97-120

## II. L'ANCIEN TESTAMENT

CHAPITRE IV. Genèse 2 — 3 et la création du couple humain, par Jacques Briend ......     123-138

CHAPITRE V. Création et fondation de la loi en Gn 1, 1 - 2, 4 par Paul Beauchamp ...     139-182

Chapitre VI. Le motif de la création dans le Deutéro-Isaïe, par Jacques Vermeylen .... 183-240

Chapitre VII. La création dans le livre de Jérémie, par Laurent Wisser ............ 241-260

Chapitre VIII. L'argument de la création dans le livre de Job, par Jean Lévêque ... 261-299

Chapitre IX. La création dans les Psaumes, par Claus Westermann ................. 301-321

Chapitre X. La relecture de Genèse 1 à 3 dans le livre de la Sagesse, par Maurice Gilbert ............................... 323-344

Chapitre XI. Le voyage inutile, ou la création chez Philon, par Jacques Cazeaux ... 345-408

Chapitre XII. La naissance du ciel et de la terre selon la « paraphrase de Sem », par Michel Tardieu ...................... 409-425

## ATELIERS

I. Un retour du Paradis dans le désert de l'Exode selon une tradition juive (Germain Bienaimé) ...................... 429-449

II. Écriture biblique et dialectique (Jacques Cazeaux) .............................. 451-461

III. 2 Mc 7, 28 dans le « mythos » biblique de la création (Pierre Gibert) ............. 463-476

IV. Problèmes historiques et littéraires du récit de commencement (Pierre Gibert) ....... 477-481

V. Pour une analyse sémiotique de Genèse 1 à 3 (Jean Calloud) .................... 483-513

Abréviations............................. 515-517
Index................................... 519-525

# LIMINAIRE

Voici le livre qui fait suite au congrès des biblistes réunis à Lille en septembre 1985. La volonté de ce congrès de l'ACFEB était de permettre un retour à l'Ancien Testament délaissé depuis plusieurs années. Il est vrai qu'en notre pays les exégètes qui se consacrent à cette partie de la Bible sont fort peu nombreux. La création et ses relectures successives était un sujet susceptible de rejoindre les préoccupations du moment. L'abbé J. Bernard, dans une rencontre régionale, nous avait suggéré cette orientation.

L'ouvrage que vous allez lire ne reflétera pas le déroulement des interventions et des ateliers. D'abord devant l'abondance de la matière nous avons dû faire un choix. Ensuite certains auteurs n'ont pu rendre leur manuscrit dans les délais prévus. D'autres ont eu un travail important à faire pour réduire leur intervention. Je pense à l'excellent texte de M. Tardieu sur une interprétation de la « paraphrase de Sem », document gnostique découvert en version copte à Nag Hammadi. Mais surtout il y a eu entre la salle et les intervenants un dialogue constructif qui a amené ces derniers à revoir leur prestation orale.

Nous aurions aimé que le congrès commence par la conférence du professeur Ladrière sur la création dans la philosophie des sciences. Ce dernier, retenu par une autre intervention en Autriche, n'a pas pu assurer la prestation d'ouverture. Avec cinq ou six mots tracés sur une feuille de papier blanc, il nous a tenus en haleine pendant plus d'une heure. Son exposé nous a aidés à maintenir la distinction entre les représentations temporelles de la réalité créée et l'idée philosophique de la création. Il nous a montré que la perspective de la révélation avait l'immense avantage de placer l'être créé non seulement dans une situation de dépendance, mais encore de relative autonomie, ce que ne pouvaient proposer les diverses approches panthéistes anciennes et actuelles.

Il nous fallait nécessairement passer par une étude des mythes cananéens et entendre l'apport d'Ugarit. Nous sommes allés ensuite à la rencontre des témoignages de l'ancienne Mésopotamie, avant de nous tourner vers l'Égypte. C'est Mlle Menu qui a exposé de manière approfondie les systèmes cosmogoniques dans l'Égypte ancienne. Je souligne cette contribution intéressante d'une spécialiste devant un parterre de biblistes qui n'étaient pas que des hommes. Je suis sûr que tous ceux qui l'ont entendue retrouveront avec plaisir, dans ce livre, l'exposé accéléré qu'elle nous a fait en raison des impératifs de l'horaire.

Gn 2 – 3 et Gn 1 ont alors été relus devant nous. Que le lecteur me permette de l'inviter à aller entendre ou réentendre ces deux conférences dans les pages qui suivent. La première nous invitait à reprendre le récit le plus ancien de la Bible à la lumière de l'expérience croyante, tandis que la seconde nous entraînait à regarder Gn 1 comme fondement de la Loi. Le rapport entre l'homme et les animaux fonctionnait devant nous comme une vision non violente de l'ordre créé. Cette dernière conférence révélait à tous qu'il y a bien des approches possibles d'un texte et elle fut un tournant dans la manière dont l'auditoire a reçu les autres interventions.

Ensuite sont venus les apports des prophètes, en particulier ceux d'Isaïe avec le « Livre de la consolation d'Israël » et ceux de Jérémie. Les contributions venaient d'un exégète belge J. Vermeylen et d'un pasteur suisse L. Wisser. Les deux exposés ont montré, sous des formes diverses, la réinterprétation de la création en fonction des événements de l'histoire du salut et en continuité avec le message de la foi. Pour ce qui regarde la littérature de sagesse le livre de Job nous a, une fois de plus, révélé la contestation de l'ordre établi et la dimension universelle du questionnement de l'homme. A propos du livre de la Sagesse lui-même, M. Gilbert nous a indiqué que la relecture des deux récits qui ouvrent la Bible présente la création comme une œuvre d'amour, renouvelée par l'intervention salvifique de Dieu. Il s'agit donc davantage d'une nouvelle création, surtout dans les sections du livre qui font référence à l'Exode. La dernière intervention par rapport au texte biblique fut faite par P. Gilbert sur le verset de 2 M 7, 28. Gn 2 — 3 relevant de la culture sumérienne, Gn 1 de la culture babylonienne, ce dernier récit est le fruit d'une relecture grecque de la création par un peuple qui n'a cessé de comprendre le monde à la lumière de sa foi. Ce verset est dans l'Ancien Testament la première mention d'une création *ex nihilo* et la dernière relecture dans une nouvelle culture avant le recentrage du Nouveau Testament sur la personne du Messie. Ainsi à travers ses contacts culturels, Israël aurait traduit et retraduit sa foi au Dieu unique, créateur du monde et de l'homme.

La dernière conférence que propose ce livre est celle du professeur J. Cazeaux. C'est la reprise des données bibliques par la pensée philonienne qui a été traitée dans cet exposé. A travers les récits des origines Philon cherche à exprimer la condition de l'homme en ce monde et son destin.

Si le congrès avait duré quelques jours de plus, nous aurions pu nous attaquer aux récits néotestamentaires et éviter une coupure entre l'un et l'autre Testament. Peut-être ce livre n'est-il qu'un premier tome. Nous laissons à d'autres le soin de répondre à l'appel de ce manque. Cette suite serait, je crois, très bienvenue. Nous avons en effet, reçu après le congrès beaucoup de lettres de remerciement et aussi un courrier qui traduisait l'attente d'instances pastorales chargées de transmettre, à leur manière, le message révélé sur la création.

Il me reste à exprimer ma reconnaissance à ceux qui ont permis ce congrès et ce livre, Mesdames et Messieurs

D. Duval, M. Maenhoutte, M. Clincke, M. Delebarre et six séminaristes du centre interdiocésain. Mes remerciements vont aussi à Louis Derousseaux, qui a assumé le travail de préparation du manuscrit et de correction des épreuves, et aux Éditions du Cerf, et en particulier à Mme Barrios-Delgado, membre de l'ACFEB et directrice de la collection Lectio Divina, pour le bon achèvement de l'entreprise.

Fabien BLANQUART

*Avant-propos*

# APPROCHES PHILOSOPHIQUES DE LA CRÉATION

par Jean LADRIÈRE

L'objectif du présent exposé est d'examiner quel peut être l'apport de la réflexion philosophique à la compréhension de l'idée de création. On ne peut évidemment oublier que l'origine de l'idée philosophique de création se trouve dans la pensée religieuse chrétienne, appuyée elle-même sur la tradition biblique et sur la tradition ecclésiale. Mais l'apport spéculatif des penseurs chrétiens a réussi à élaborer un concept proprement philosophique de création, qui a certainement une très grande signification pour la pensée théologique mais qui a cependant son statut rationnel propre, indépendamment de toutes les connexions qui le relient, en fait, à l'ensemble du donné dogmatique contenu dans le « Credo » chrétien. Il est certain que la perspective strictement ontologique dans laquelle la pensée philosophique rejoint le thème de la création ne retient qu'une seule des nombreuses harmoniques qui appartiennent à l'idée de création considérée dans la perspective sotériologique que la pensée théologique a la tâche de mettre en lumière. Il n'empêche que cette perspective est éclairante, à la fois du point de vue de la seule raison et du point de vue de la foi cherchant, avec l'aide de la raison, sa propre compréhension.

Or il se fait que la science contemporaine a renouvelé complètement nos conceptions sur la structure (à la fois spatiale et temporelle) du cosmos. Comme le thème de la création est très étroitement lié au thème de la cosmologie, la philosophie aujourd'hui ne peut se dispenser d'examiner quelles sont les perspectives ouvertes par la cosmologie moderne et de s'interroger sur la portée qu'elle peut avoir par rapport à sa propre réflexion philosophique au sujet de la création. Sans doute le développement de la science n'a-t-il pas d'incidence directe sur ce qui constitue à proprement parler le questionnement ontologique, dans l'orbite duquel se situe la pensée philosophique de la création. Mais les transformations apportées par la pensée scientifique à notre image du monde peuvent avoir une incidence à tout le moins sur la manière dont le questionnement ontologique peut être approché. Comme la cosmologie moderne a réussi à atteindre un niveau très élevé de radicalité, on peut considérer qu'elle touche, en tout cas en certaines de ses avancées, la région de la problématique spéculative dans laquelle ce questionnement s'est développé. Il y a donc lieu d'éclairer la manière dont la pensée scientifique d'une part, et dont la pensée spéculative (philosophique) d'autre part, s'approchent de ce lieu d'interrogation en lequel l'existence même du cosmos est constituée en problème.

Or nous avons affaire, de part et d'autre, à des modes d'approche extrêmement différents. Et ce qui importe sans doute au plus haut point, quand on s'interroge sur la signification des idées cosmologiques contemporaines et sur leur éventuelle portée (si indirecte soit-elle) par rapport à la pensée spéculative, c'est de prendre conscience de la différence conceptuelle qui sépare les deux modes de pensée en question et de caractériser cette différence de la façon la plus précise possible.

Le langage de la science est construit dans un but bien déterminé : rendre possible l'élaboration d'un discours chargé de répondre à des questions posées dans une certaine perspective, qui définit précisément l'attitude scientifique. Ces questions concernent, d'une manière ou de l'autre, la structure du monde, considéré en ses aspects *manifestes*. La perspective caractéristique de la démarche en cause est donc celle de la manifestation. Il s'agit de développer une lecture cohérente en ce qui, du réel, est manifeste. Ce qui suppose bien davantage qu'une simple description : pour rendre cohérent ce qui est immédiatement saisissable, il faut élaborer des structures hypothétiques susceptibles de combler les lacunes de ce qui se montre. Mais la réalité que l'on essaye de comprendre est bien celle qui se révèle dans l'apparaître. De là le rôle indispensable de l'expérience empirique dans l'entreprise scientifique : il faut le recours à des constructions hypothétiques, mais il faut aussi la mise à l'épreuve empirique de ces constructions. Or l'expérience est toujours, par nature, étroitement limitée par les conditions caractéristiques de nos champs d'action. Ce que nous pouvons observer, éventuellement en contrôlant les paramètres du phénomène, ce sont toujours des effets locaux (étroitement limités dans le temps et l'espace). C'est en s'appuyant sur ces effets locaux que la science s'efforce de construire une image cohérente de l'ensemble de la manifestation.

La notion de création n'intervient pas dans cette perspective, et cela pour une raison de principe : c'est qu'elle implique une relation à une instance qui ne fait pas partie de la manifestation. Sans doute cette instance joue-t-elle un rôle par rapport à la structure de la manifestation en tant que telle, en ce sens qu'elle en est la condition ultime. Mais comme condition ultime, précisément, elle reste nécessairement retranchée de ce qu'elle conditionne.

La portée des affirmations scientifiques est entièrement dépendante des présupposés sur lesquels l'attitude scientifique est fondée. Ce sont ces présupposés qui définissent de façon précise la perspective spécifique de la science et la manière dont elle tente de s'accorder à la manifestation. On peut exprimer les présupposés qui sont à la base de la science moderne de la nature sous la forme des principes que voici : mathématisation, réductibilité, empiricité, connexité, fermeture, émergence. Mathématisation : le cours du monde est fait de séries interconnectées d'événements singuliers, mais les connexions entre ces événements obéissent à des régularités qui ont un caractère nomologique, et il est possible de représenter les lois qui gouvernent la production des événements sous une forme mathématique. (Dans la tradition de la physique, les équations sont l'instrument mathématique au moyen duquel sont représentés les processus dynamiques. Elles sont censées exprimer les contraintes qui déterminent les évolutions possibles.) Réductibilité : les événements particuliers, ou les figures particulières, qui apparaissent dans le champ de la manifestation sont interprétables en termes d'interactions, lesquelles sont elles-mêmes, conformément au principe précédent, exprimables sous forme mathématique. Tout le manifeste se réduit ainsi à des interactions. Empiricité : toute proposition doit pouvoir être mise à l'épreuve au moyen d'effets locaux observables (produits par voie expérimentale ou prélevés grâce à des dispositifs de sélection, d'amplification ou de réduction, sur le champ de l'observable). Connexité : tous les événements de la nature sont liés entre eux, directement ou indirectement, de telle sorte qu'il n'y a pas d'événements isolés. Fermeture : tout événement de la nature doit pouvoir être expliqué à partir d'autres événements de la nature. Autrement dit, il y a une interdépendance générale entre tous les événements.

Le dernier principe demande cependant à être précisé et complété, car, pris tel quel, il n'est pas capable de rendre compte de la connexion évidente qui existe entre les phénomènes de l'ordre cosmique (ou physique) d'une part, le phénomène de la vie et le phénomène de la conscience d'autre part. Il y a une approche scientifique possible des phénomènes de la vie et il y a peut-être — la question a été beaucoup discutée et continue à l'être — une approche scientifique possible du phénomène de conscience, en tant qu'il se manifeste, au moins en partie, à travers des comportements observables. Il n'est pas du tout certain cependant que l'on puisse caractériser la science de la vie et la science (éventuelle) du comportement par les mêmes présupposés que la science de la nature proprement dite (ou physique). A tout le moins les principes valables pour la science de la nature doivent-ils être reformulés de façon plus nuancée. (En ce qui concerne le principe de mathématisation par exemple, il n'est pas du tout certain qu'il puisse être transposé tel quel au cas des sciences de la vie et du comportement, encore qu'il indique à tout le moins une direction de recherche. On pourrait faire l'hypothèse que les « mathématiques du qualitatif » pourraient constituer un instrument de représentation grâce auquel on pourrait étendre l'idée de mathématisation aux domaines de la vie et du comportement.) Dès le moment où on reconnaît ce qu'il y a de particulier au phénomène de la vie d'une part et aux faits de conscience d'autre part, on est amené à reconnaître qu'il y a des propriétés observables (donc faisant partie de l'univers phénoménal) qui ne sont pas interprétables au moyen de descriptions et d'explications formulées dans les termes de la science physique. Autrement dit, certaines catégories de faits (relevant d'ailleurs d'une expérience immédiate et directement présente à toute conscience) nous amènent à formuler un principe d'émergence, qui vient modifier la portée des principes précédents : certaines entités du monde phénoménal possèdent des propriétés qui ne sont pas réductibles aux propriétés proprement physiques (au sens de la « science physique ») manifestées par ce monde. Cependant, les entités porteuses de ces propriétés émergentes (êtres vivants et êtres conscients), en tant qu'elles font partie du monde phénoménal, sont construites avec des matériaux qui relèvent d'une description physicaliste. Autrement dit, les propriétés émergentes ne peuvent apparaître que sur un substrat qui est de nature physique : une cellule vivante est constituée de molécules et en définitive de particules élémentaires, agencées selon un schème d'organisation qui caractérise précisément le vivant, et la conscience, telle que nous la connaissons, présuppose une structure vivante d'un très haut degré de complexité.

On est conduit ainsi à reformuler le principe de fermeture de la façon suivante : il y a une interdépendance générale entre tous les événements cosmiques, et ceux-ci constituent par là un ordre qui possède en lui-même les principes de son fonctionnement et de son intelligibilité, mais cela n'exclut pas que cet ordre cosmique puisse servir de support à des phénomènes qui ne lui sont pas réductibles.

L'idée de création comme telle est d'abord une idée religieuse. Mais elle a reçu, tout au moins en partie, une transcription spéculative dans le contexte historique du développement de la pensée chrétienne, dans la patristique puis dans les grandes synthèses doctrinales du Moyen Age. L'expression originaire du thème de la création est donnée dans l'Écriture. On en trouve bien entendu une représentation particulièrement significative dans le récit grandiose de l'œuvre des six jours, mais ce récit n'est en quelque sorte qu'un portique solennel, qui ouvre toute la perspective dans laquelle va venir s'inscrire l'histoire du salut. La création initiale du monde et de l'homme est comme la première étape d'une œuvre créatrice qui prend sa véritable signification dans la constitution d'un peuple de Dieu, fondée dans l'alliance et en attente de son accomplissement en plénitude. Le thème de la création ne prend à vrai dire toute son ampleur que dans le Nouveau Testament, où il est entièrement réinterprété dans le contexte christologique et trinitaire propre à la foi chrétienne. Intrinsèquement liée à une perspective sotériologique, aussi bien dans son interprétation vétérotestamentaire que dans son interprétation néotestamentaire, l'idée religieuse de création doit être comprise comme ayant une portée essentiellement existentielle. Elle n'est pas une théorie métaphysique mais une composante de ce qui se révèle, pour la foi, du mystère de Dieu et de son dessein sur le monde et sur l'homme. Par là, elle s'offre à une compréhension qui est d'ordre spirituel et non purement intellectuel. Elle signifie que l'univers et tout ce qu'il contient, l'homme en particulier, ne sont que par un acte de pure dispensation, qui émane de la souveraine puissance de Dieu, que toute réalité de ce monde se reçoit de l'inépuisable bonté du créateur et qu'elle porte en elle la trace de sa bonté. Mais cette signification est vécue dans une attitude de reconnaissance, qui connote à la fois la conscience d'une radicale dépendance, la confiance en Celui qui est le dispensateur de tout bien et la gratitude pour le don de l'existence. Donald Evans, dans *The Logic of Self-involvement* a caractérisé cette attitude par le terme « acknowledgment », qui exprime l'idée d'une acceptation ratifiante et reconnaissante. Et il a tenté d'interpréter le récit de la Genèse précisément en termes d'attitude, sur la base d'une relation parabolique : l'attitude qui convient à l'homme à l'égard de Dieu est analogue à celle qui conviendrait à une œuvre faite de main d'homme à l'égard de celui qui l'a produite.

La reprise spéculative de l'idée de création est la tentative d'exprimer en termes conceptuels ce que la raison humaine peut dire de la constitution des choses. Elle est possible parce que l'idée religieuse de création comporte précisément une indication sur cette constitution, et que la lumière naturelle qui est en l'esprit de l'homme est ordonnée précisément à la compréhension du statut fondamental de la réalité. Naturellement, le concept métaphysique de création ne peut être construit que moyennant une séparation, dans le contenu de l'idée religieuse de création, entre ce qui relève de cette compréhension naturelle et ce qui se rapporte à l'ordre du salut. En ce sens, ce concept représente un appauvrissement considérable par rapport à l'idée religieuse. Mais il fournit le cadre rationnel dans lequel il est possible de penser à tout le moins l'une des conditions de possibilité de l'ordre du salut, à savoir le statut de l'existence créée en tant que telle.

Le problème essentiel, du point de vue métaphysique, est en effet de déterminer ce qui constitue la finitude de l'être fini et la manière dont l'être fini est relié à l'être infini. Plus précisément, il s'agit de comprendre comment l'existence finie est à la fois une existence *reçue* et une existence *authentique*, comment l'être fini n'existe qu'en vertu d'un don radical d'être et est par là même véritablement être réel pour son propre compte.

La réflexion philosophique ne peut s'appuyer que sur ce qui est effectivement donné à l'expérience : son opération propre consiste à mettre en évidence la constitution interne de l'expérience, ou encore la totalité de ses conditions. C'est dans l'expérience que nous faisons du réel que la réalité se manifeste. Le problème spéculatif est le problème de la manifestation en tant que telle, de ce qui rend possible que les choses deviennent manifestes, donc qu'il y ait expérience. Le point de vue sous lequel cette problématique a pris consistance dans la pensée occidentale est celui de l'être, parce que ce point de vue ouvre, pour la pensée, l'horizon le plus universel de toute donation. La question la plus essentielle que la pensée est amenée à se poser une fois qu'elle a réussi à se placer à ce point de vue a été formulée classiquement sous la forme suivante : pourquoi y a-t-il quelque chose plutôt que rien ? Cette question pourrait aussi être formulée comme suit : comment peut avoir lieu le surgissement de cette positivité que nomme le terme « être », en tant précisément qu'elle s'affirme absolument comme le contraire du néant ?

Cette question n'est pas posée dans l'abstrait mais à partir de l'effectivité la plus immédiate de ce surgissement, c'est-à-dire à partir de ce qui est effectivement manifeste. Elle consiste à interroger le manifeste sur la manifestation. Or ce qu'atteste la manifestation, c'est qu'il y a une auto-affirmation du réel par laquelle chaque chose se pose en ce qu'elle est pour son propre compte, se montre en sa réalité de façon irrécusable et irréductible. En chaque chose, en tant qu'elle est manifeste, s'affirme ainsi une force d'autoposition, une vertu originaire de sustentation, par laquelle la chose se tient hors du néant et prend place authentiquement dans le champ de la réalité. Mais en même temps, les choses qui se manifestent apparaissent de façon très évidente comme affectées intrinsèquement de limitation, le signe essentiel de cette limitation étant la temporalité, qui introduit le non-être dans la massivité de l'être. Aucune chose manifeste ne peut donc se poser en sa positivité par ses ressources propres. C'est là que se révèle le caractère essentiel de la finitude : l'être fini est une positivité qui ne possède pas en elle-même le fondement de sa propre possibilité. La structure de la manifestation doit donc comporter un principe adéquat de cette positivité qui est en tout être, capable de rendre compte de ce dont l'être fini lui-même ne peut rendre compte. Ce principe ne peut être conçu que comme se posant lui-même dans cette positivité que représente la force auto-affirmative de l'existence. En tant que principe, il est réel de la positivité même qui se manifeste en tout existant, mais il doit être tel qu'il puisse tenir entièrement cette positivité de lui-même, qu'il puisse en être le fondement adéquat. Ce qui signifie qu'il doit être non affecté de limitation, donc non fini. Il ne peut être principe, c'est-à-dire fondement de la positivité de tout existant, qu'en étant lui-même fondement de sa propre positivité. Dans la métaphysique thomiste, cette positivité de l'être est conçue comme actualité. Tout existant fini, en tant qu'existant authentiquement, doit avoir dans sa propre constitution un acte propre, qui le fait être, mais il n'en est pas le fondement. Le principe de toute positivité doit être un existant qui est pure actualité, un existant qui a la capacité de se poser totalement à partir de lui-même et qui, à ce titre, est source, en tout existant fini, de l'acte qui constitue en propre celui-ci. L'acte constitutif de l'existant fini est acte réel, mais qui ne doit sa vertu d'acte que de sa participation à un acte non fini, c'est-à-dire infini, qui se pose par lui-même. L'existant fini n'est que par dérivation.

Mais tout le problème du statut de la manifestation, et donc du statut de l'existant fini, est de comprendre correctement ce qu'il en est de cette dérivation. Comment concevoir la relation de l'être fini à l'être infini, d'une manière telle que cette relation soit à la fois conforme à la finitude du fini et à l'infinitude de l'infini ? Il existe trois grands types de solution à cette question. Le premier est le panthéisme sous sa forme la plus explicite : il n'existe qu'une substance unique, qui est l'être infini lui-même, et les êtres finis ne sont que des modes, ou des moments de la substance infinie. Il n'y a donc pas de séparation ontologique radicale entre le fini et l'infini, et il s'ensuit que les êtres finis n'ont pas vraiment une réalité propre. Le deuxième type de solution est une forme atténuée de panthéisme, pour laquelle la réalité finie procède par émanation de l'être infini, selon une nécessité qui est intérieure à celui-ci. Ici une certaine distinction ontologique sépare le fini de l'infini mais dans la mesure où la procession est nécessaire, elle établit entre le fini et l'infini une connexion telle que la réalité du fini ne peut être considérée comme authentiquement propre : en définitive, le fini n'est réel que de la réalité de l'infini. Le troisième type de solution est celui de la métaphysique créationniste, qui conçoit la relation du fini et de l'infini comme relation de création. C'est une relation qui est réelle dans la créature, en ce qu'elle est constitutive de son être même, mais seulement de raison dans l'être du créateur, en ce sens qu'elle ne l'affecte en aucune manière en sa réalité intrinsèque. Cela signifie que, dans cette relation, la réalité créée est véritablement posée dans l'être par l'être infini mais de telle façon qu'elle est ainsi posée *en dehors* de l'être infini et qu'elle a dès lors une réalité d'être qui lui est propre. L'acte d'être propre à chaque être fini, acte par lequel il est posé dans l'être et est donc doué d'une réalité authentique, est à la fois totalement dépendant, en sa nature même d'acte, de l'actualité pure de l'être infini, et totalement distinct de celle-ci. Spéculativement interprétée, la création est cette relation de causalité radicale par laquelle l'être fini est posé dans l'être en tant que disposant d'un acte constitutif propre, qui n'est l'acte qu'il est que par participation. Cela signifie que c'est bien l'acte d'être propre de l'être infini qui donne à l'acte d'être de l'existant fini d'être acte, qu'il y a par là analogie entre la manière dont l'existant fini est posé dans l'être et la manière dont l'être infini se pose dans l'être, mais que du fait même de cette donation d'être l'existant fini est séparé de l'être infini qui le crée de toute la distance qui sépare l'acte reçu de l'acte donateur, la finitude du fini de l'infinitude de l'infini.

Ayant un acte d'être qui lui est propre, l'existant fini a donc une existence qui lui est propre et par le fait même aussi une activité qui lui est propre, en vertu de l'adage « agere sequitur esse ». L'existence du fini est bien une existence reçue mais c'est une existence authentique, qui est dotée de tout ce qui lui est nécessaire pour déployer son être dans l'ordre d'activité qui est conforme à son essence. On retrouve bien ainsi dans la version spéculative de l'idée de création ces deux notations essentielles de l'idée religieuse de création : l'existence comme don radical et l'existence comme réalité authentique.

Il est possible de réinterpréter à la lumière du concept

de création les traits caractéristiques de la démarche scientifique : si la réalité accessible à notre observation, que la science étudie, a le statut d'une réalité créée, elle doit présenter des caractères qui rendent possible et même appellent le type de démarche cognitive qui est précisément représenté par la pratique scientifique et qui, ainsi, en donne la justification. Le recours à la représentation mathématique et le principe de réductibilité, qui ont été évoqués ci-dessus, constituent la contrepartie de l'intelligibilité du réel. Certes, la mathématisation et l'interprétation en termes d'interactions mathématiquement représentables ne sont que des formes très particulières de compréhension et n'épuisent nullement l'idée d'intelligibilité, mais c'est bien cette idée qu'elles mettent en œuvre. Et il s'agit bien d'une intelligibilité que le réel possède en lui-même : c'est à l'intérieur même de la réalité cosmique que doivent pouvoir se trouver les raisons explicatives des phénomènes à interpréter, ce qui signifie que les phénomènes forment un réseau interconnecté dont la structure peut être analysée précisément grâce à l'instrument mathématique. Or, en vertu de la création, chaque réalité créée a un être qui lui est propre et se trouve dès lors dotée d'une mesure d'intelligibilité qui correspond à la mesure de son être. Car l'être, par lui-même, est manifestation de soi, visibilité sans réserve, il se livre entièrement à l'esprit. Ce qui a l'être est donc de soi accessible à l'esprit, dans les limites toutefois de sa modalité particulière d'être. Ayant un être propre, chaque réalité créée a aussi une activité qui lui est propre, et qui est également proportionnée à son degré d'être. Ce qui survient dans le cours naturel des choses se situe dans cet ordre d'activité : tout événement naturel est au croisement de deux ou plusieurs lignes d'action. C'est précisément ce que traduit l'idée d'interaction. Intelligibilité intrinsèque et explicabilité en termes d'interactions sont deux aspects de la même propriété, qui se rattache à ce qu'on pourrait appeler l'authenticité ontologique du créé.

C'est aussi cette authenticité ontologique qui est au fondement des principes de connexité et de fermeture. Le créé a une réelle consistance et chaque élément constitutif du créé a pour lui-même une consistance qu'il tient précisément de l'être qu'il a reçu. Tous les éléments du créé ne participent sans doute pas selon la même ampleur à la positivité de l'être : il y a des degrés d'être et on peut donc discerner une hiérarchie ontologique dans la création. Mais en raison de leurs activités spécifiques, les éléments qui appartiennent à un niveau donné de cette hiérarchie forment un ordre dynamique qui a en lui-même (c'est-à-dire dans les éléments qui le composent) de quoi rendre compte des phénomènes dont il est le lieu. L'interdépendance générale à laquelle renvoient les principes de connexité et de fermeture est précisément l'expression de l'autonomie de fonctionnement qui appartient à chaque ordre spécifique de réalité, et cette autonomie de fonctionnement elle-même est la conséquence de la pleine réalité ontologique des entités qui constituent l'ordre en question. Mais le principe de fermeture doit être corrigé par le principe d'émergence, dont la signification est qu'un ordre donné, quelle que soit sa consistance, ne peut jamais être considéré comme ultime : ce qui se réalise à un certain degré d'être n'épuise nullement les possibilités de réalisation de l'être, ou, pour le dire autrement, les possibilités de participation à l'être. Il y a donc, par rapport à tout ordre constitué, place pour la nouveauté, l'imprévisible, dans la ligne d'un accroissement d'être, d'une montée dans la hiérarchie des ordres. Ce qui se manifeste ainsi, c'est une sorte d'inventivité, de spontanéité de la réalité créée, qui apparaissent comme la trace, dans cette réalité, de la gratuité et de la surabondance qui caractérisent l'acte créateur et sa souveraine liberté. Si Dieu crée, ce n'est nullement en vertu d'une quelconque nécessité intérieure, mais par pure libéralité, pour rendre sa propre perfection participée, sans que cela puisse ajouter quoi que ce soit à cette perfection. L'acte créateur est pure profusion, il est « diffusion de soi » non dispersive, pur don d'être, qui n'est mesuré ni limité par rien, si ce n'est par la volonté créatrice elle-même, qui est caractérisée précisément par la « toute-puissance ».

C'est du reste aussi à la liberté créatrice que l'on peut rattacher le principe d'empiricité. La contrepartie dans la créature de la liberté créatrice, c'est la contingence : ce qui est aurait pu ne pas être et ce qui est tel aurait pu être autrement qu'il n'est. Or le principe d'empiricité exprime précisément, dans l'ordre de la connaissance, la contingence de la nature. La représentation mathématique est efficace mais par elle-même elle ne comporte aucune garantie de vérité. Elle constitue une approximation, fort imparfaite du reste, de ce que pourrait être une connaissance nécessaire, dans la mesure où les rapports qu'elle exprime sont nécessaires (au moins hypothétiquement, sous la supposition des axiomes). Et d'une certaine manière la compréhension des choses sous le point de vue de la nécessité est un idéal de la connaissance. Mais même cette forme très approximative et très relative de nécessité que nous donne la connaissance mathématique nous laisse dans l'indétermination à l'égard du réel. Les modèles mathématiques que l'on peut construire (sur la base du reste des suggestions fournies par la réalité elle-même) ne sont que des possibilités. Il faut le contact avec la réalité concrète pour juger de la pertinence des modèles, choisir entre les possibilités rivales, surmonter l'indétermination des représentations. Et ce contact ne peut être concret qu'à la condition d'être local. Or ce qui se montre ainsi, dans la rencontre immédiate avec les choses, c'est précisément ce qu'il en est effectivement du réel, ce par rapport à quoi la pure conceptualisation ne pouvait trancher, c'est-à-dire ce qui est de l'ordre du fait. Et le fait, considéré dans sa pure nature de fait, dans son essentielle facticité, c'est ce qui est ainsi mais qui aurait pu être autrement : la facticité est la marque de la contingence.

La perspective spéculative ayant été ainsi évoquée, il convient d'examiner si la science contemporaine a de quoi nous apporter des éléments de connaissance susceptibles d'avoir une incidence sur la pensée de la création. Or, de fait, nous nous trouvons actuellement en présence, grâce à l'effort scientifique, de deux données majeures qui peuvent contribuer à un acheminement de l'esprit vers la création : le discours cosmologique et le fait de l'émergence. Les spéculations cosmologiques existent depuis l'Antiquité mais on peut dire que, au cours de ce siècle, la cosmologie (en tant que branche de la physique) s'est trouvée complètement renouvelée, au point qu'elle se présente véritablement comme une science nouvelle. Ce qui a permis la constitution de la nouvelle cosmologie, c'est la rencontre entre les possibilités de représentation fournies par la physique théorique moderne et les possibilités d'observation fournies par les grands télescopes optiques et les radiotélescopes. Le cadre théorique qui constitue la base des modèles les plus couramment utilisés est celui de la relativité générale, qui a généralisé la théorie newtonienne de la gravitation sous la forme d'une théorie du champ gravitationnel universel. Comme la gravitation est celle des quatre forces fondamentales qui agit à très grande distance, il est naturel de considérer que c'est la force gravitationnelle qui doit jouer un rôle décisif dans la structure globale du cosmos. Naturellement, l'utilisation de la théorie relativiste de la gravitation en cosmologie suppose que l'on accepte que cette théorie, qui paraît valable pour la région limitée d'espace dans laquelle ont été faites les observations qui la soutiennent, est valable pour l'univers entier. Cette supposition met en jeu le principe d'induction, ce qui ne va pas sans poser de sérieux problèmes épistémologiques. Il existe une autre approche théorique, qui ne s'expose pas à cette difficulté, c'est celle de la cosmologie dite « déductive », qui, comme le mot l'indique, procède uniquement par déduction à partir de quelques principes très généraux posés *a priori*. Pour toute une série de raisons, le cadre relativiste apparaît cependant comme le cadre le plus approprié pour le traitement du problème cosmologique. Ce problème consiste essentiellement à déterminer les caractéristiques globales de l'univers, considéré à la fois dans sa structure spatiale et dans son évolution temporelle. L'aspect le plus remarquable de la cosmologie est précisément que cette discipline prend pour objet l'univers lui-même, considéré comme une grande unité englobante et supposé doté d'une structure d'ensemble en principe accessible à nos représentations.

Du point de vue des données d'observation, les deux éléments les plus significatifs sont d'une part l'expansion et d'autre part le rayonnement cosmique de fond. L'astronome américain Hubble a découvert, en 1929, que la lumière émise par les nébuleuses lointaines, lorsqu'elle nous atteint, est décalée vers le rouge. Ce décalage spectral semble devoir être expliqué comme l'effet de l'éloignement de la source (effet Doppler) : les nébuleuses s'écartent les unes des autres. Hubble a pu montrer que la vitesse de récession est proportionnelle à la distance : deux nébuleuses s'écartent d'autant plus rapidement l'une de l'autre qu'elles sont plus éloignées l'une de l'autre. Ce phénomène s'interprète en termes géométriques : c'est l'espace lui-même qui est en expansion. Non au sens où il occuperait un volume de plus en plus grand à l'intérieur d'un superespace plus vaste, car l'espace n'a pas d'extérieur, mais au sens où la structure (intrinsèque) de l'espace est associée à un facteur d'échelle qui s'accroît au cours du temps. Les objets qui sont dans l'espace occupent des situations réciproques qui restent les mêmes mais comme le facteur d'échelle s'accroît, les distances qui séparent ces objets deviennent elles-même de plus en plus grandes.

D'autre part, en 1965, Penzias et Wilson ont découvert l'existence d'un rayonnement remarquablement isotrope, venant de toutes les directions de l'espace et présentant les mêmes caractéristiques dans toutes les directions. Ce rayonnement, qui vient du « fond » de l'espace cosmique, correspond à une température de 2,7 degrés Kelvin (échelle de température absolue) et apparaît comme le résidu d'une immense explosion qui doit avoir eu lieu dans le passé de l'univers.

Les raisonnements que l'on peut faire à partir de ces deux données conduisent à la conclusion que l'univers tel que nous le connaissons a dû se trouver il y a environ 15 milliards d'années dans un état « singulier », caractérisé par des valeurs « singulières » des paramètres fondamentaux : « rayon » nul (c'est-à-dire facteur d'échelle nul), température et pression infinies. Il serait entré dans la phase d'expansion dans laquelle il se trouve encore actuellement grâce à un processus de type explosif : c'est le « Big Bang » des modèles à singularité initiale.

Les connaissances dont on dispose actuellement en physique fondamentale, en particulier en physique des particules, ont permis de reconstituer le scénario de l'évolution de l'univers, tout au moins depuis un instant situé assez près de l'instant « initial », $10^{-43}$ secondes ($1/10^{43}$ secondes — $10^{43}$ étant une notation abrégée pour un nombre qu'on peut écrire en écrivant d'abord 1 et en le faisant suivre de 43 zéros). De $10^{-43}$ secondes à $10^{-4}$ secondes, l'univers est peuplé de hadrons (particules subissant les « interactions fortes », telles que les protons et neutrons, qui sont les constituants des noyaux des atomes), de leptons (particules légères, subissant les « interactions faibles », telles que les électrons), toutes ces particules étant en équilibre thermodynamique. Cette « ère » se termine par l'annihilation d'une très grande partie des hadrons. Dans l'ère suivante, de $10^{-4}$ secondes à 10 secondes, l'univers n'est plus peuplé que des leptons et du petit nombre de nucléons qui ont échappé à l'annihilation. Cette ère se termine par l'annihilation d'une partie des leptons. L'ère suivante, qui s'étend de 10 secondes à 1 million d'années, est appelée « radiative » : l'univers est rempli de rayonnement et ne contient plus que les nucléons rescapés de la première phase et un nombre équivalent d'électrons, rescapés de la deuxième phase. C'est pendant cette période « radiative » que se forment les premiers noyaux composés, et surtout les noyaux d'hélium. (Les éléments plus lourds se sont formés ultérieurement, dans les étoiles.) C'est aussi pendant cette période que la « matière » (particules isolées ou associées en atomes) se sépare du rayonnement. La quatrième phase, qui commence à 1 million d'années et dans laquelle nous nous trouvons toujours, est la phase « stellaire » : au début de cette phase se forment les galaxies et ultérieurement, à l'intérieur des galaxies, se forment les étoiles. Ce qui se passe avant $10^{-43}$ secondes reste extrêmement conjectural : c'est un domaine qui n'est guère accessible, actuellement, qu'à la spéculation théorique. Selon certaines théories, l'univers aurait pu, pendant cette période initiale, subir des fluctuations relatives à sa géométrie. Il se serait fixé finalement, à la faveur d'une fluctuation particulière, dans une géométrie déterminée qui est celle qui détermine sa structure spatiale actuelle. Cette idée est spéculativement très intéressante car elle exprime très fortement la nature contingente de l'univers et de ses propriétés les plus fondamentales. Par ailleurs, des considérations basées sur la physique quantique conduisent à penser que la « matière » aurait pu se former à la fin de cette période initiale, à partir du champ gravitationnel, par effets quantiques.

L'un des problèmes les plus importants qui se posent dans la cosmologie contemporaine est celui des conditions initiales. Comme on l'a indiqué plus haut, les modèles qui paraissent à l'heure actuelle les plus appropriés pour l'étude de la structure d'ensemble de l'univers sont construits sur la base de la théorie de la relativité générale, qui constitue en fait une théorie générale des forces gravitationnelles. Mais cette théorie est trop générale pour que l'on puisse en dériver directement des conclusions quant au comportement des paramètres caractéristiques de l'univers, et en particulier quant à la manière dont évolue dans le temps le facteur d'échelle qui détermine le volume de l'espace. On doit y ajouter des hypothèses supplémentaires, relatives aux propriétés globales de l'univers. Les modèles dits « standard » (qui ont été élaborés par Friedmann, Lemaître, Robertson et Walker, d'où le nom de modèle FLRW, qu'on leur donne aussi) sont basés sur deux hypothèses supplémentaires de ce type : l'homogénéité (caractère uniforme de l'univers, du moins à grande échelle) et l'isotropie (caractère selon lequel les propriétés de l'univers sont indépendantes de la direction, c'est-à-dire selon lequel il n'y a pas de direction privilégiée). Ces deux propriétés sont en bon accord avec les observations actuelles. Les mesures de densité (masse par volume-unité) effectuées dans l'espace effectivement observé montrent que la densité est très uniforme, en tout cas si on considère des volumes unitaires suffisamment grands. Et d'autre part le rayonnement cosmique de fond présente les mêmes caractères dans toutes les directions, ce qui montre que ses caractères sont indépendants de la direction selon laquelle on l'observe.

Les modèles « standard » supposent que ces propriétés, qui paraissent effectivement réalisées à l'heure actuelle, existaient dès le début de l'univers. Or l'homogénéité et l'isotropie constituent des conditions très particulières. (L'homogénéité est déjà une condition assez particulière. Mais l'isotropie l'est encore bien plus. On a pu montrer que, parmi l'ensemble des modèles relativistes homogènes, les modèles isotropes ne constituent qu'une classe « de mesure nulle ». Ce qui signifie que la probabilité d'occurrence de conditions initiales caractérisées à la fois par l'homogénéité et l'isotropie, parmi l'ensemble de toutes les conditions initiales caractérisées uniquement par l'homogénéité, est négligeable, ou encore qu'une telle occurrence est, non sans doute impossible, mais presque totalement improbable.) Un univers homogène et isotrope est un univers hautement ordonné et c'est précisément cet ordre qui pose une question. Certains physiciens ont eu l'idée de chercher l'explication de ce caractère singulier de l'univers en le mettant en relation avec un autre caractère tout à fait singulier de l'univers, la présence d'êtres pensants dans le cosmos anthropique. Ce genre de considération a conduit Carter à formuler un postulat qu'il a appelé « principe anthropique ». (Le mémoire dans lequel ce principe a été formulé date de 1968 mais n'a été publié qu'en 1974.) Le « principe anthropique » a une forme faible et une forme forte. Sous ses formes faibles ce principe pose que « la présence d'observateurs dans l'univers impose des contraintes sur la position temporelle de ces derniers ». Et sous sa forme forte, il pose que « la présence d'observateurs dans l'univers impose des contraintes, non seulement sur leur position temporelle, mais aussi sur l'ensemble des propriétés de l'univers »[1].

Le principe anthropique ne représente, dans la cosmologie actuelle, qu'une tentative de nature fort spéculative pour unifier et rendre intelligibles un certain nombre de données fondamentales relatives à la structure de l'univers. Son statut reste problématique, et il ne fait pas du tout l'objet d'un accord entre les cosmologistes : si cer-

---

1. Jacques DEMARET et Christian BARBIER, « Le principe anthropique en cosmologie », in *Revue des Questions Scientifiques*, t. 152, 1981, p. 181-222 et 461-509. On trouvera dans cet article, sous une forme accessible aux lecteurs non spécialisés, outre un exposé très détaillé du principe anthropique, des raisons qui ont conduit à sa formulation et de ses implications, une présentation synthétique des principaux éléments de la cosmologie relativiste contemporaine (ici p. 470).

tains le considèrent comme une réelle clef d'intelligibilité, d'autres le critiquent vigoureusement. On ne peut en tout cas le considérer comme un principe explicatif (au sens habituel du terme en physique) et d'autre part il n'a pas permis, jusqu'ici en tout cas, de faire des prédictions (relativement à des phénomènes observables mais non encore observés). Cependant, il a des implications extrêmement suggestives, en ce sens qu'il permet de rendre raison de façon fort plausible d'un certain nombre de données cosmologiques, qui s'imposent comme de purs faits. En particulier, il peut rendre raison des conditions initiales homogènes et isotropes qu'on est, semble-t-il, obligé d'admettre. Pour que la pensée, telle que nous la connaissons en tout cas, puisse apparaître dans l'univers, il faut d'abord que la vie apparaisse. Or elle ne peut apparaître que dans des conditions extrêmement spéciales. Et elle présuppose elle-même l'existence des atomes au moyen desquels sont formées les molécules complexes qui constituent le « matériau » des formes vivantes. Et ces atomes n'ont pu se former que dans des étoiles suffisamment massives qui elles-mêmes n'ont pu se former que dans des galaxies. Or des conditions initiales différentes de l'homogénéité et de l'isotropie n'auraient pu conduire à la formation des galaxies. Le principe anthropique permet de rendre raison de la même manière d'un certain nombre de données structurales, par exemple de la valeur des constantes qui interviennent dans l'expression des quatre forces fondamentales. Ainsi il fournit une « justification » à la valeur de la constante caractéristique des interactions fortes (c'est-à-dire des forces qui lient entre eux les constituants des noyaux atomiques) : si cette constante avait une valeur plus petite que celle qu'elle possède en fait, les noyaux plus lourds que l'hydrogène seraient instables, et si elle avait une valeur plus grande, les noyaux très lourds seraient les plus stables. Dans le premier cas, seul l'hydrogène serait stable, dans le second cas le carbone (qui est relativement léger) serait instable. Et donc de toute façon la formation de molécules organiques serait impossible.

Même si le principe anthropique ne peut être considéré comme un principe physique authentique, il présente, du point de vue philosophique, un immense intérêt en ce sens qu'il introduit dans la cosmologie un point de vue finaliste. Certainement en un sens faible, c'est-à-dire au sens d'un principe de cohérence : il fait comprendre que les différents aspects de l'univers se répondent de façon extrêmement précise, que tout est agencé de telle sorte que l'univers présente une très forte unité, non seulement en ses structures de base (espace-temps, champs physiques) mais en ses différents niveaux d'organisation. Ainsi s'affirme la priorité du tout sur les parties, ce qui constitue une forme faible du principe de finalité. Mais le principe anthropique suggère aussi une interprétation finaliste au sens fort, quoique de façon plus hypothétique. Au sens fort, la finalité est l'orientation vers un but, qui commande, en tant que fin, l'allure des processus qui y conduisent. Or le principe anthropique montre que l'univers s'agence, dès le début, de telle façon que l'apparition de l'homme soit possible. On retrouverait ainsi une idée spéculative traditionnelle, selon laquelle l'univers visible trouve son achèvement et son sens dans le « phénomène humain ». A vrai dire, le principe anthropique lui-même ne va pas aussi loin : il montre sans doute que les aspects structuraux de l'univers (y compris les valeurs des constantes fondamentales) sont exactement ce qu'il faut qu'ils soient pour que la vie, et dès lors aussi la pensée, soient possibles. Il établit par là une connexion entre la structure d'ensemble de l'univers et la présence, en son sein, du phénomène humain. Il n'affirme pas que celui-ci est réellement la « raison d'être » de cette structure, au sens fort d'une fin qui en déterminerait à l'avance tous les caractères. Mais l'existence de la finalité-cohérence peut être considérée à tout le moins comme l'indice d'une finalité-raison d'être.

Le principe anthropique et les interprétations qu'il peut suggérer nous conduisent au deuxième grand type de donnée que l'étude scientifique de la réalité met en évidence : l'apparition de la nouveauté. Sans doute y a-t-il une remarquable cohérence de l'ensemble du monde visible : tout se tient. Mais la réalité cosmique n'est pas une unité statique, elle est essentiellement en devenir. La découverte la plus significative de l'astronomie moderne est celle de la récession des nébuleuses, qui impose la conception d'un univers « à rayon variable ». Et dans ce devenir, l'univers passe à travers une série de phases au cours desquelles apparaissent, en succession et comme par paliers, des formes d'organisation dont chacune présente des caractères nouveaux par rapport aux précédentes et en même temps pose les conditions qui rendent possible l'apparition de formes ultérieures plus complexes. Il y a sans doute, très peu de temps après l'instant initial, formation des particules élémentaires. Au cours des premières minutes se forment les premiers noyaux atomiques, jusqu'à celui de l'hélium$_4$. Ensuite se forment les atomes correspondants. Beaucoup plus tard se forment, dans les étoiles, les atomes plus lourds que l'hélium. Et ainsi de suite. A un moment donné, dans les conditions physiques qui sont celles de notre planète il y a environ 2 milliards d'années, apparaissent les premières formes de vie. Et tout près de nous se produit le dernier passage, le plus significatif, l'hominisation.

Ainsi l'univers est-il pénétré d'historicité : le temps cosmique n'est pas du tout un temps uniforme et réversible, indifférent en quelque sorte à l'allure des phénomènes qui s'y déroulent, c'est un temps où chaque moment ramasse en lui le passé et ouvre à partir de là de nouvelles possibilités, c'est donc un temps historique. (Ce qui ne veut pas dire, naturellement, que l'historicité du cosmos soit la même que celle de l'histoire humaine. Mais on peut penser que l'historicité proprement humaine se prépare dans l'historicité cosmique.) Or ce qui fait l'unité d'un temps historique, c'est l'événement. Et l'événement c'est la nouveauté : quelque chose arrive, il n'y a pas la simple répétition du passé, ou la simple exemplification d'une loi, mais la survenance de l'improbable, du non-prévisible, de l'inédit. Une histoire est une trame d'événements, qui se portent en quelque sorte les uns les autres mais dont chacun ajoute sa propre part d'originalité à ceux qui l'ont précédé. L'histoire cosmique, en tant qu'elle est histoire, est elle-même faite d'un enchaînement d'événements. Et le caractère événementiel du devenir cosmique se manifeste de la façon la plus intense dans les moments d'émergence, dans ces périodes très brèves, marquées par de grandes discontinuités, au cours desquelles apparaissent des formes tout à fait originaires et tout à fait nouvelles de réalité. Les trois émergences majeures sont, selon des schèmes du reste très anciens, celle de la matière (sous la forme des particules élémentaires), celle de la vie et celle de la conscience. A travers le phénomène de l'émergence se manifeste l'action d'une force organisatrice, capable précisément de faire entrer dans la réalité visible des modalités d'être qui ne sont pas réductibles à de simples effets de complexité et ne s'expliquent donc pas entièrement sur la base de ce qui les a précédées. C'est à bon droit que Whitehead a introduit dans son schème conceptuel spéculatif le concept de *créativité*, pour désigner précisément cette condition mystérieuse, de caractère véritablement « ultime », de l'« avance » originante qui est l'étoffe même de la réalité cosmique.

Il reste à se demander ce que la pensée scientifique peut réellement nous apporter du point de vue de la compréhension de la création comme telle. Avant d'aborder cette question pour elle-même, il convient cependant d'écarter un malentendu possible. La cosmologie actuelle ou plus exactement les modèles dits « standard » dont il a été question plus haut, nous donnent une représentation évolutive de l'univers dans laquelle le devenir du cosmos part d'un « instant initial ». Cette notion d'instant initial est purement chronogéométrique : les modèles standard nous indiquent comment se modifie le « rayon » de l'univers (le facteur d'échelle) en fonction du temps. Un graphique simple fournit une représentation aisément déchiffrable de cette relation entre le rayon et le temps. Actuellement le rayon croît. Si on remonte le graphique vers le passé, on voit que le rayon décroît et il y a un moment pour lequel il devient nul. Un calcul élémentaire permet (sur la base, bien entendu, des observations relatives à la récession des nébuleuses) de situer ce moment par rapport au moment présent. On peut dire qu'en ce moment l'univers se trouvait dans un état « singulier ». Mais la notion de « singularité » est mathématique. Il faut tenter de donner un sens physique à cet état. C'est ce qu'a fait Mgr Lemaître en forgeant l'hypothèse de l'« atome primitif ». Dans son état singulier initial, l'univers aurait eu la forme d'une réalité absolument simple, sans structure, d'un « atome » au sens tout à fait étymologique du terme. Et le processus dans lequel nous nous trouvons aurait commencé par l'explosion de cet atome. Mais il faut bien se rendre compte que dans une réalité de ce type les notions d'espace et de temps perdent tout sens, de même d'ailleurs que toutes les notions proprement physiques. L'atome primitif n'a aucune multiplicité interne ; et, comme l'écrivait Lemaître, « dans la simplicité absolue, on ne peut soulever aucune question physique[2] ». Il s'agit donc là d'une représentation du « commencement », non au sens absolu, mais au sens que ce terme peut avoir du point de vue de la physique. Il s'agit du commencement de ce qui est observable et de ce qui a un sens pour le questionnement propre à la physique. Et ce qui, de ce point de vue, vaut comme « commencement », c'est à vrai dire une sorte de situation-limite, dont nos analyses peuvent sans doute tenter de se rapprocher de plus en plus mais qui, comme telle, est au-delà de toute possibilité d'analyse, et cela pour une raison de principe, qui vient d'être indiquée, à savoir qu'il n'est pas possible de soumettre à l'analyse l'absolument simple. Lemaître parlait, à propos de l'atome primitif, d'un « commencement qui ne peut pas être atteint, même par la pensée, mais qui peut seulement être approché par quelque procédé asymptotique[3] ». L'état initial singulier représente donc la frontière temporelle de la connaissance physique. Dans le cadre de pensée des modèles standard, toute question relative à ce qui a pu se passer « avant » l'explosion initiale n'a pas de sens. Mais l'idée d'une approche asymptotique de cette limite est fort intéressante du point de vue spéculatif : elle

---

2. Georges LEMAÎTRE, « The primaeval atom hypothesis and the problem of the clusters of galaxies », in Institut International de Physique Solvay, Onzième Conseil de Physique tenu à l'Université de Bruxelles du 9 au 13 juin 1958, *La Structure et l'Évolution de l'univers, Rapports et discussions publiés sous les auspices du Comité Scientifique de l'Institut,* Bruxelles, R. Stoops (76-78, Coudenberg), 1958, p. 1-31 (ici p. 6).
3. *Ibid.*, p. 6.

suggère une sorte de cheminement de la pensée physique à la rencontre d'un moment extrême où elle se trouve devant le pur fait absolument simple du « il y a », qui est précisément l'objet de la pensée spéculative. Cependant, rien n'autorise à considérer les modèles standard — même modifiés selon les théories plus récentes qui introduisent l'idée d'un « univers inflatoire » — comme les seuls modèles cosmologiques admissibles. Il se peut que les progrès en physique fondamentale amènent les cosmologistes à concevoir tout autrement les phases initiales. Et du reste on a déjà exploré la possibilité d'interpréter l'évolution de l'univers sans « singularité initiale ». Il paraît en tout cas concevable d'envisager un univers à passé infini. Soit avec des singularités se reproduisant périodiquement (univers « pulsant »). Soit sans singularité du tout : par exemple un univers existant pendant un temps infini sous une forme extrêmement condensée puis entrant en expansion à un moment donné, conformément aux données astronomiques disponibles.

Quoi qu'il en soit du « moment initial », il importe en tout cas de se rappeler que la question de la création est totalement indépendante de la question du « commencement », en tout cas du point de vue métaphysique. Discutant de l'idée aristotélicienne de l'éternité du monde, saint Thomas soutient qu'il n'y a pas moyen de la fonder sur une preuve vraiment démonstrative. Mais il soutient aussi qu'il n'y a pas moyen non plus de prouver par des arguments rationnels que le monde ait commencé et que seule la foi nous l'apprend[4]. Le concept de création est proprement métaphysique, non physique. Il ne dit pas « com-

---

4. *Somme Théologique*, Ia qu. 46, art. 2. V. sur cette question A.D. SERTILLANGES, *L'Idée de création et ses retentissements en philosophie*, Paris, Aubier-Montaigne, 1945, chap. 1 et 2. Le Père Sertillanges, développant la pensée de saint Thomas sur ce point, va même jusqu'à se demander si les textes sur lesquels s'appuie la foi ont vraiment la portée que saint Thomas leur attribuait. Il dit à tout le moins hésiter et ajoute : « Je ne condamnerais pas quant à moi le physicien qui dirait : Il n'y a pas d'arrêt dans la régression au cours des phénomènes ; car tout phénomène s'explique par un antécédent dont il procède » (*op. cit.*, p. 19).

mencement » mais « position d'être » ou plus exactement encore « causalité dans l'ordre de l'esse ».

C'est précisément pour cette raison que la pensée scientifique n'est pas en mesure d'éclairer, en tout cas de façon *directe*, la notion de création comme telle. La doctrine de la création entend apporter une réponse à la question du statut ontologique de la réalité finie. Et son premier moment est précisément la prise de conscience et la compréhension conceptuelle de la finitude comme telle. Or la pensée scientifique, en vertu même de la manière dont elle se constitue et des caractères fondamentaux qu'elle présente (et qui ont été rappelés plus haut), ne se place pas du tout dans le champ de ce questionnement. Prenant la réalité empiriquement observable pour ce qu'elle est, elle tente d'en déchiffrer la constitution interne, les conditions structurales et les lois de fonctionnement. Ce qu'elle en dit ne l'atteint jamais formellement *en tant que créée*. On pourrait dire qu'elle tente de décrire la manifestation, dans le « comment » de son déploiement, mais sans jamais s'interroger sur ce qui rend possible la manifestation en tant que telle.

Mais elle va jusqu'à entrevoir la créativité qui est à l'œuvre dans l'univers, et qui est, pourrait-on dire, l'énergie interne de la manifestation, la force posante qui fait venir les figures du monde dans le champ de l'apparaître. Et la créativité est comme la trace, dans la réalité visible, de l'énergie créatrice elle-même. La mise en évidence de la créativité prépare donc les chemins de la pensée spéculative, qui s'efforce de penser la création en tant que telle. Du reste, la science elle-même est un des lieux où la créativité se manifeste de la façon la plus éminente, en prolongement de ce qui en paraît dans la réalité cosmique et en même temps en rupture émergente par rapport à elle. A ce titre, le discours scientifique achève, en le décrivant, le processus de la manifestation. Ce qui signifie que ce processus se réfléchit en lui. En tant qu'il est ce lieu de réflexion, le discours scientifique reprend en lui l'ordre cosmique tout entier mais en tant qu'il le dépasse par ce pouvoir même qu'il a de le réfléchir et de le comprendre. Il appartient à l'ordre de l'esprit.

Or par là même qu'il dit la manifestation, et la créativité qui l'habite, même s'il ne se prononce pas sur le statut ontologique des êtres, il représente un accueil compréhensif de l'être et prépare l'esprit à s'accorder à ce qui, de la simple et absolue position de l'être, vient à la pensée. Le discours scientifique réassume et la clarté du monde et l'abîme qui, en ce qui se montre, se laisse pressentir. Il conduit ainsi de lui-même au questionnement qui porte sur cela même par quoi il y a le monde, la créativité et la pensée elle-même. Et il se prête, par tout ce qu'il est et par tout ce qu'il dit, à être réassumé dans un langage qui n'est plus celui de la compréhension mais de la célébration. L'appréhension célébrante de la création n'est plus le fait de cette sympathie illuminatrice qui nous fait saisir le sens des phénomènes ni de cette force de vision qui nous fait remonter jusqu'au Principe, mais du langage même de la foi, en tant qu'il donne expression à l'effusion donatrice de l'Esprit et à la prière qu'Il inspire en nous. La vertu du discours scientifique, c'est de nous rendre écoutants. En ce qu'il a de plus audacieux, il est capable d'éveiller dans l'esprit le pressentiment de ce que dit le langage de la foi de la condition du monde, de la nôtre et du sens ultime des choses. S'avançant par des chemins mal assurés, toujours exposé au démenti des faits, il dit cependant, en ses représentations toujours déficientes et en son effort même, quelque chose de ce que célèbre le Psalmiste : « Les cieux racontent la gloire de Dieu et l'œuvre de ses mains, le firmament l'annonce. »

*PREMIÈRE PARTIE*

# LES LITTÉRATURES COMPARÉES

*CHAPITRE PREMIER*

# LA CRÉATION DU MONDE ET DE L'HOMME DANS LA LITTÉRATURE SUMÉRO-AKKADIENNE

par Marie-Joseph SEUX

## I. LE CONTEXTE

Avant de voir ce que disent les textes sumériens et akkadiens sur le sujet qui nous occupe[1], rappelons que Sumer et Akkad étaient les noms, dans l'Orient ancien, de la région qui s'étendait de l'actuelle Baghdad à l'embouchure d'alors du Tigre et de l'Euphrate dans le golfe Persique, Sumer désignant approximativement la

---

1. Pour les questions effleurées dans ce paragraphe on pourra se reporter à l'index du remarquable ouvrage de Georges ROUX, *La Mésopotamie, Essai d'histoire politique, économique et culturelle*, Paris, 1985.

moitié la plus méridionale de cette région. Pour beaucoup, ce nom de Sumer est plus ou moins associé à celui d'une ville popularisée par la Bible, « Our des Chaldéens » (Gn 11, 28 et 31), patrie d'Abraham et centre important du culte du dieu lune Nanna (Sîn en akkadien). Mais il y en avait d'autres, non moins importantes et non moins fameuses : ainsi, tout au sud, Ourouk, l'actuelle Warka, patrie de Gilgamesh et centre du culte du grand dieu du ciel An (Anou en akkadien) et de la déesse Inanna, l'Ishtar des textes akkadiens. Toujours au sud, Éridou, ville du dieu Enki (Éa dans les textes akkadiens) ; au nord de Sumer, Nippour, capitale culturelle et religieuse, centre du culte du dieu Enlil, grand dieu du panthéon sumérien. Mentionnons encore Lagash, nom à la fois d'un État et d'une cité bien connus par la dynastie qui nous a laisssé les plus anciennes inscriptions royales et surtout par le souvenir de Goudéa, prince éclairé, ami des arts et des lettres, à la fin du XXIIe siècle avant J.-C.

Au troisième millénaire, la langue de la région la plus méridionale de la Mésopotamie était le sumérien, langue de type agglutinant mais dont on ne sait pas l'origine et qu'on n'a pu rattacher à aucun groupe linguistique. Mais, dès cette époque, elle n'était pas la seule : dans des textes trouvés à Abou-Ṣalabikh[2], non loin de Nippour, et, plus au sud, à Fara, l'ancienne Shourouppak, textes qu'on peut dater d'un peu avant 2500 avant J.-C. les noms propres de personnes se partagent à parts à peu près égales entre noms sumériens et noms sémitiques, les noms de scribes étant même en très grande majorité sémitiques à Abou-Salabikh. C'est dire l'importance et l'ancienneté de la pénétration sémitique dans un milieu qu'on a longtemps cru exclusivement sumérien.

C'est vers la fin du troisième millénaire, semble-t-il, que les Sumériens disparurent comme ethnie, en même temps que disparaissait le sumérien comme langue vivante, progressivement supplanté qu'il fut par l'akkadien, rameau est des langues sémitiques. Mais le sumérien

---

2. Vue d'ensemble sur la question dans B. ALSTER, « On the earliest sumerian literary tradition », *JCS*, 28, 1976, p. 109-126. Voir à la fin de l'article la liste des abréviations souvent utilisées.

resta longtemps encore en usage comme langue savante et langue liturgique ; durant les premiers siècles du deuxième millénaire non seulement on recopia avec assiduité les trésors de la littérature sumérienne, mais on continua aussi à composer en sumérien ; comme le latin en Occident, le sumérien resta pendant des siècles la langue liturgique par excellence : on priait encore en sumérien dans le temple du dieu Anou à Ourouk au IIIe siècle avant J.-C. !

Il résulte de ce qui précède qu'il est le plus souvent aléatoire de distinguer entre civilisation sumérienne et civilisation akkadienne et qu'il y a lieu le plus souvent de parler d'une civilisation mésopotamienne, connue tantôt par des textes sumériens et tantôt par des textes akkadiens. Comme témoins de l'oubli progressif du sumérien (comme nos missels latin-français pour celui du latin) on peut mentionner les textes bilingues, textes ou chaque ligne en sumérien est accompagnée, à côté ou en dessous, de sa traduction en akkadien.

Tous ces textes constituent une immense littérature où l'on trouve, pour ne donner que des exemples : des recueils de lois (comme le célèbre « code » de Hammourabi), des inscriptions royales rapportant les hauts faits de souverains, des inscriptions commémoratives ou dédicatoires, de la correspondance officielle ou privée, des mythes (comme celui de la descente de la déesse Inanna/Ishtar aux enfers et de sa montée au ciel), des épopées (p. ex. celle de Gilgamesh), des hymnes, des lamentations, des rituels, et d'autres genres littéraires encore ; mais on ne connaît pas de textes qui traitent exclusivement et *ex professo* de la création du monde et de l'homme ; ces thèmes ne sont abordés que par allusion ou à propos ou en même temps que d'autres, par exemple comme introduction nécessaire à un autre développement mythologique.

A quand remontent tous ces textes ? Certains peuvent être datés avec assez de précision ; c'est le cas (en limitant les exemples à quelques textes très anciens) de ceux des souverains de la 1re dynastie de Lagash (de 2490 à 2350 environ), de ceux de Goudéa (2141-2122), de ceux des souverains de la 3e dynastie d'Our (2112-2004) ou de ceux de Hammourabi (1792-1750) ; nous avons ici les originaux. Mais dans l'immense majorité des cas, pour des textes comme les hymnes et prières, les récits mythiques ou épiques, les textes sapientiaux, etc., nous n'avons que des copies faites aux alentours du XVIIIe siècle avant J.-C. Dans quelques cas on peut dater l'original qui ne nous est pas parvenu ; ainsi, par exemple, quand un hymne à un roi mentionne explicitement celui en l'honneur de qui il a été composé, il est très probable qu'il a été composé du vivant et à la cour du roi en question, ce qui, dans le cas de Shoulgi, nous amène au XXIe siècle avant J.-C. ; avec la poétesse Enhédouanna, fille du roi d'Akkad Sargon 1er, nous atteignons le XXIIIe siècle. Mais on peut encore remonter plus haut : des fragments d'un hymne connu et représenté par de nombreuses copies des XVIIIe et XVIIe siècles ont été trouvés parmi les tablettes d'Abou-Ṣalabikh dont il a été question plus haut, et la comparaison a montré que le texte primitif avait été transmis fidèlement, avec très peu d'omissions ou d'interpolations pendant près de huit siècles[3] ! Nous verrons plus loin que certains thèmes de notre sujet peuvent prétendre à une aussi haute antiquité.

## II. LES TEXTES

### A) Textes akkadiens

1) *L'épopée de Gilgamesh*[4]. Elle nous intéresse à deux titres : directement, par le récit, à la première tablette, de la création d'Enkidou, l'ami de Gilgamesh ; indirectement, en renvoyant implicitement à une composition sumérienne dont la fin, traduite en akkadien, a été artificiellement ajoutée à l'épopée pour en constituer la douzième tablette.

---

3. ID., *ibid.*, p. 112.
4. HEIDEL, *Gilgamesh* ; *ANET*, p. 72-99 et 503-507 (Supplement, 67-71) ; LABAT, *Religions*, p. 145-226 ; MALBRAN, *Gilgamesh* ; Jeffrey H. TIGAY, *The Evolution of the Gilgamesh Epic*, Philadelphie, 1982.

2) *Le poème* (ou mythe) *d'Atra-hasis*[5], du nom du héros humain principal de ce poème. D'après la toute première ligne, l'action commence « lorsque les dieux n'étaient encore qu'hommes », d'après la traduction de von Soden[6], ou, plus probablement « lorsque les dieux étaient comme l'homme »[7]. Les dieux Anounna faisaient alors travailler à leur service les dieux Igigi, de moins noble origine ; mais un jour, après des siècles, ces derniers se révoltèrent, assiégèrent le palais du dieu régnant Enlil et menacèrent de le détrôner. Tout s'arrangea pourtant et, sur le conseil du dieu Enki/Éa, on décida de créer l'humanité pour la mettre au service des dieux à la place des Igigi. Au bout d'un certain temps toutefois, comme la race humaine s'était accrue dangereusement pour la tranquillité des dieux, ces derniers tentèrent de l'anéantir d'abord par une épidémie puis par une famine qui échouèrent grâce à Atra-hasis, enfin par un déluge ; mais Atra-hasis, conseillé par Enki/Éa, construisit un bateau et put ainsi échapper au cataclysme avec sa famille.

L'un des plus anciens exemplaires de ce long récit, le mieux conservé, avait 1 245 lignes et est daté du règne d'Ammi-Ṣadouqa de Babylone (1646-1626), donc d'un peu plus d'un siècle après Hammourabi (1792-1750) ; mais est-ce la date de composition ? C'est peu vraisemblable car ni le dieu de Babylone Mardouk, mis en valeur dès les premières lignes du prologue et de l'épilogue du code de Hammourabi, ni le dieu soleil Shamash, « le grand juge des cieux et de la terre » d'après le même épilogue, n'y sont mentionnés, ce qui suggère une date de composition plus ancienne que la date de rédaction du

---

5. *ANET*, p. 104-106 et 512-514 (Supplement, 76-78) ; LAMBERT, *Atra-hasis* ; LABAT, *Religions*, p. 26-36 ; PETTINATO, *Menschenbild*, p. 101-104 ; von SODEN, *Symbolae (...) de Liagre Böhl*, Leyde, 1973, p. 349-358, *ZA* 68, 1978, p. 50-94, et *Mitteilungen der Deutschen Orientgesellschaft*, Berlin, vol. 111, 1979, p. 1-33.
6. *ORNS* 39, 1970, p. 311-314 ; *ZA* 68, p. 55 et p. 76 ; *MDOG*, 111, p. 18.
7. LAMBERT, *Atra-hasis*, p. 43 ; *ORNS* 40, 1971, p. 95-97 ; B. GRONEBERG, *AfO*, XXVI, 1978/1979, p. 20 ; SEUX, *Revue d'Assyriologie*, vol. 75, Paris 1981, p. 190, § 11.

plus ancien exemplaire connu ; ceci n'est pas sans importance pour l'ancienneté des idées qui y sont exprimées.

3) *Le poème babylonien de la création*[8] ou, d'après ses deux premiers mots, *enouma elish* « lorsqu'en haut ». Pendant longtemps ce texte en 7 tablettes et plus de 1 000 vers a été considéré comme rédigé à une époque très ancienne et comme l'expression adéquate de la pensée mésopotamienne sur les origines du monde et de l'homme. Ainsi, par exemple, pour R. Labat (*Le Poème babylonien de la création*, Paris, 1935, p. 24) et pour Alexander Heidel (*The Babylonian Genesis*, Chicago, 1951, 1re éd. 1942, p. 14), il semble que le poème ait été composé à l'époque de la première dynastie de Babylone (c'est-à-dire entre 1900 et 1600) ; en outre, pour Heidel, l'*enouma elish* « est la source principale de notre connaissance de la cosmogonie mésopotamienne » (p. 10) et est « indubitablement basé sur la cosmologie des Sumériens » (p. 12). Pour E. Speiser, dans son commentaire de la Genèse de 1964, l'*enouma elish* est « la version canonique mésopotamienne des origines cosmiques ».

La réaction contre ces vues vint de l'assyriologue anglais Wilfred George Lambert, qui écrivit en 1965, dans le *Journal of Theological Studies*, vol. 16, p. 291 : « La première conclusion majeure est que le poème épique de la création n'est pas une norme de cosmologie babylonienne et sumérienne ; c'est une combinaison sectaire et aberrante de fils mythologiques tissés en un composé sans parallèle. A mon opinion il n'est pas antérieur à 1100 avant J.-C. » ; et plus loin : « Les différentes traditions qu'il rapporte sont souvent faussées à tel point que les conclusions basées sur ce texte seul sont suspectes »[9]. Plus tard, en 1975, Lambert nuança son jugement en admettant « qu'un seul homme composa tout le texte, sans dépendre d'aucun précurseur. C'est pourquoi il n'y a pas de préhistoire littéraire d'Enūma Eliš, seulement une pré-

---

8. HEIDEL, *Genesis* ; *ANET*, p. 60-72 et 501-503 (Supplement, 65-67) ; LABAT, *Religions*, p. 36-70 ; PETTINATO, *Menschenbild*, p. 105-107.
9. Citations traduites de l'anglais.

histoire idéologique[10] ». Plus récemment, dans son ouvrage sur le récit des travaux du dieu Ninourta, p. 18, J. van Dijk écrivait : « Enūma Eliš a adopté des motifs mythiques — l'armée de Tī'amat — qui furent partiellement empruntés au complexe mythique concernant Ningirsu-Ninurta et la "nouvelle création"[11]. » Quant à la date de composition, von Soden la situe relativement bas, « vers 1300 », dans *Ugarit Forschungen* 14, 1982, p. 237. C'est aussi à une date assez basse que semble s'être rallié R. Labat (dans *Les Religions du Proche-Orient ancien*, 1970, p. 36).

### B) Textes sumériens

1) *Gilgamesh, Enkidou et le monde infernal*[12], composition dont la fin, traduite en akkadien, constitue la douzième tablette de l'épopée de Gilgamesh. Après une introduction cosmogonique qui nous retiendra plus loin, on apprend que la déesse Inanna voulait se faire faire un siège et un lit avec le bois d'un arbre qui avait été transplanté du bord de l'Euphrate dans son jardin. L'arbre fut abattu par Gilgamesh qui, en remerciement, put se faire de son bois un cerceau à jouer et une baguette[13]. Mais les deux objets tombèrent dans le monde infernal. Touché par la lamentation de Gilgamesh (c'est avec cette lamentation que commence la traduction akkadienne qui constitue

---

10. Citation traduite de l'allemand ; voir *Zeitschrift der Deutschen Morgenländischen Gesellschaft*, Supplement III, 1 (Wiesbaden, 1977) : XIX Deutscher Orientalistentag, 1975.
11. LUGAL UD ME-LÁM-BI NIR-GÁL, *Le Récit épique et didactique des Travaux de Ninurta, du Déluge et de la Nouvelle Création*, par J. van DIJK, t. I, Leyde, 1983.
12. KRAMER, *Sumerians*, p. 197-205 ; van DIJK, *Motif cosmique*, p. 16-21 ; Aaron SHAFFER, *Sumerian sources of tablet XII of the epic of Gilgameš*, University microfilms, Ann Arbor, Michigan, 1963, n° 63-7085.
13. *Pukku* et *mekkû* ; sur ces mots voir *CAD*, vol. 10, M, II, p. 7, à droite. Pour Anne DRAFFKORN KILMER, dans *Zikir Šumim*, Assyriological Studies Presented to F. R. Kraus, Leyde, 1982, p. 129-130, il s'agirait d'une boule en bois et d'une canne comparable à celle d'un jeu de hockey ou à un maillet.

la douzième tablette), Enkidou s'offrit à aller chercher les deux objets ; mais il resta captif du monde infernal et seul son spectre put remonter pour décrire à Gilgamesh la triste condition des défunts dans l'au-delà.

2) *Un hymne* à la gloire du temple du dieu Enki à Éridou[14], hymne qui pourrait remonter à une date un peu antérieure à 2000 avant J.-C., en raison des allusions historiques qu'il contient, et qui nous intéresse particulièrement par l'allusion à la création que contient son introduction.

3) *Le poème didactique de la houe*[15]. D'après sa doxologie : « gloire à la houe dont le Père Enlil a fixé le destin ! », cette composition se présente comme une sorte d'hymne à la louange de l'indispensable instrument qu'est la houe. Ce qui nous intéresse dans ce texte, c'est son introduction mythologique en raison des allusions qu'elle contient à l'origine du monde et de l'homme. Mais l'auteur et les copistes postérieurs ont accumulé à tel point les jeux de mots et de syllabes que l'œuvre est singulièrement difficile à comprendre et parfois même tout à fait obscure. C'est très dommage pour nous car l'œuvre est très ancienne (l'une des copies est datée du règne de Samsou-ilouna, 1749-1712, mais l'œuvre elle-même est certainement plus ancienne) et contient des informations qu'on devine très intéressantes pour notre propos.

4) *Le mythe d'Enki et de Ninmah*[16]. Ce mythe a pour

---

14. A. FALKENSTEIN — W. von SODEN, *Sumerische und akkadische Hymnen und Gebete*, Zurich/Stuttgart, 1953, p. 133-137, n° 31 ; A.-H. Al FOUADI, *Enkis journey to Nippur : the journeys of the gods*, University microfilms, Ann Arbor, Michigan, 1969, n° 70-7772.
15. JACOBSEN, *Tammuz*, p. 111-114 ; PETTINATO, *Menschenbild*, p. 82-85 ; Claus WILCKE, article « Hacke » dans le *Reallexikon der Assyriologie*, vol. 4, Berlin, 1972-1975, p. 33-38.
16. KRAMER, *Sumerians*, p. 149-151 ; JACOBSEN, *Tammuz*, p. 116-117 ; van DIJK, *Motif Cosmique*, p. 24-30 ; PETTINATO, *Menschenbild*, p. 69-73 ; Carlos Alfredo BENITO, *Enki and Ninmah et Enki and the World Order*, University microfilms, Ann Arbor, Michigan, 1969, n° 70-16, 124.

but essentiel de montrer que la sagesse d'Enki, dieu d'Éridou, surpasse celle des autres dieux, même celle de la déesse Ninmah. Après une courte introduction cosmogonique, il nous montre, comme le mythe akkadien d'Atrahasis, les dieux au travail et se plaignant de leur fatigue. A l'invitation de sa mère Nammou, Enki se propose alors, avec le concours de cette dernière et d'autres déesses, de créer les êtres humains pour décharger les dieux de leur travail. Après une lacune qui nous prive probablement de la description même de la formation des premiers humains, la suite du texte nous apprend que, au cours d'un banquet en l'honneur de Nammou, Enki et Ninmah boivent plus que de raison et se mettent mutuellement au défi de donner un rôle aux personnages qu'ils formeront chacun à son tour. Avec de l'argile Ninmah forme alors sept personnages handicapés, mais Enki parvient à leur prévoir un emploi. Enki, à son tour, forme un premier personnage puis, afin de mettre Ninmah devant un cas insoluble, un autre personnage dont toutes les parties du corps sont malades : « au souffle fini, à la vie affaiblie » et « qui n'est ni vivant ni mort », comme dit la déesse qui abandonne alors la partie et maudit Enki. Ce texte, d'époque très ancienne, est loin d'être clair en tous points ; c'est dû à de sérieuses difficultés grammaticales et à des lacunes qui nous privent de passages décisifs pour la compréhension du texte.

5) *Le débat entre le petit bétail et le grain*[17]. Il s'agit d'une œuvre appartenant au genre littéraire des tensons, ou débats, où deux personnages, animaux ou objets personnifiés, disputent de leurs qualités ou avantages respectifs jusqu'à ce qu'un dieu tranche le débat en déclarant l'un des protagonistes vainqueur. On possède des débats de ce type entre, par exemple, le poisson et l'oiseau, la hache et la charrue, l'été et l'hiver, etc. Ici, le débat a lieu entre le petit bétail et le grain, personnifiés sous les

---

17. KRAMER, *Sumerians*, p. 220-222 (à corriger) ; KRAMER, *L'histoire commence à Sumer*, Paris, 1957, p. 153-156 (à corriger), p. 127-129 dans l'édition de 1975 ; JACOBSEN, *Tammuz*, p. 119-120 ; PETTINATO, *Menschenbild*, p. 86-90.

traits de Lahar, la brebis, et d'Ashnan, la graine, conçues comme des divinités mineures. La scène commence dans l'Olympe sumérien, la « Colline sainte », où les dieux Anounna, fils du grand dieu An, font venir à l'existence Lahar et Ashnan pour avoir de quoi se nourrir. C'était au temps où l'humanité primitive était encore à l'état sauvage, ce qui nous en vaut une description du plus haut intérêt. Les Anounna restant insatiables, le dieu Enki imagine alors de faire descendre Lahar et Ashnan sur la terre ; initiés ainsi à l'élevage et à l'agriculture, les hommes sont alors abondamment pourvus de denrées alimentaires et peuvent, par leurs offrandes, nourrir les dieux autant que ceux-ci en ont besoin. Mais Lahar et Ashnan en viennent à se disputer la prééminence ; les dieux Enlil et Enki interviennent alors pour déclarer Ashnan vainqueur.

6) *La liste des souverains de Lagash depuis le déluge*[18]. Il s'agit d'une liste fictive, comme le montrent la comparaison avec tout ce qu'on sait d'historiquement sûr et le nombre extravagant d'années de règne attribuées aux souverains (2760 pour le plus ancien, 144 pour le quatrième prédécesseur de Goudéa). Le texte n'est pas des plus anciens et des erreurs manifestes quant à la parenté de Goudéa laissent penser qu'il a été rédigé assez longtemps après le règne (vers 2140) de ce prince, peut-être deux ou trois cents ans après. Il serait sans importance pour notre propos s'il ne s'ouvrait par une évocation de l'état du monde et de l'humanité aussitôt après le déluge, état comparable en plusieurs points à l'état de l'humanité primitive.

### C) Textes bilingues

1) *Le texte d'Assour*[19], qui appartenait à la bibliothèque du roi d'Assyrie Téglat-Phalasar Ier (1114-1076).

---

18. E. SOLLBERGER, « The rulers of Lagaš », *JCS* 21, 1967, p. 279-291.
19. HEIDEL, *Genesis*, p. 68-71 ; WEIDNER, *AfO* 16, 1952-1953, p. 207, II, 10 ; PETTINATO, *Menschenbild*, p. 74-81.

Comme l'indique la mention « cassé » à la place de plusieurs lignes, c'est la copie d'un exemplaire plus ancien, déjà endommagé, qui ne nous est pas parvenu et dont la date de composition reste incertaine. Cette composition, qui confond à l'occasion des traditions distinctes, n'est pas représentative de la pensée mésopotamienne.

2) *La Cosmologie chaldéenne*[20]. C'est, en fait, l'introduction d'une prière incantatoire qui a pour rubrique « Incantation pour établir la maison d'un dieu », où il est fait mention de purifications au moyen de brûle-parfum, de torches et d'eau lustrale et où sont exprimés au temple en question des vœux de prospérité et de pérennité. Le caractère tardif de ce texte ne permet pas de considérer comme traditionnelle la description qui y est faite de la formation du monde par entassement de terre sur un radeau par le dieu Mardouk.

## III. LA CRÉATION DU MONDE

Les Mésopotamiens ont-ils cru à la possibilité d'une création à partir de rien ? Un passage du *poème babylonien de la création* (sur lequel voir plus haut, II, A, 3) semble en témoigner. C'est à la quatrième tablette, le passage où les dieux, avant de laisser Mardouk aller au combat, testent sa puissance en lui demandant un prodige. Mettant entre eux une étoile ils disent alors à Mardouk :

> Ordonne destruction et création et que ce soit ;
> A ton commandement que l'étoile soit détruite ;
> Ordonne-lui à nouveau et que l'étoile redevienne intacte.
> Il ordonna : à sa voix l'étoile fut détruite ;
> Il ordonna de nouveau et l'étoile fut créée[21].

Le verbe traduit ici par créer est le verbe *banû*, qui

---

20. HEIDEL, *Genesis*, p. 61-63 ; G. MEIER, *AfO*, 20, 1963, p. 82 ; LABAT, *Religions*, p. 74-76.
21. LABAT, *Religions*, p. 51, lignes 22-26 (voir plus haut, n. 8).

s'emploie au sens de bâtir, par exemple une maison ; de former, par exemple les premiers hommes avec de l'argile ; de faire exister, à propos de concepts abstraits comme la sagesse ou la justice. Il pourrait donc signifier faire à partir de rien. Dans le contexte de l'épreuve de Mardouk, il semble bien que l'étoile ait été anéantie puis recréée.

C'est le même verbe qu'on trouve dans la phrase « lorsque Anou créa les cieux », phrase qui sert d'introduction à une litanie récitée au cours du rituel de reconstruction d'un temple[22] et à une petite incantation de type populaire[23] ; mais, dans les deux cas, le même verbe *banû* est aussi employé dans le contexte au sens de former à partir d'une matière préexistante. Ce verbe apparaît encore dans les phrases suivantes tirées de l'introduction d'un autre rituel :

>   Les cieux furent créés d'eux-mêmes ;
>   La terre fut créée d'elle-même[24].

Mais la même expression est attestée dans la phrase « fruit qui est créé de lui-même[25] » appliquée à la lune pour évoquer son renouvellement mensuel ; elle n'est donc pas décisive en faveur de l'idée de création *ex nihilo*.

Quoi qu'il en soit, les textes les plus anciens ne connaissent pas de création du monde à partir de rien mais une évolution créatrice. Un moment décisif de cette évolution, qu'on situait « en ce jour-là », à savoir celui par rapport auquel toute la cosmogonie est centrée, fut la séparation du ciel et de la terre. Cette séparation est attestée :

1) Dans l'introduction de la composition *Gilgamesh, Enkidou et le monde infernal* (plus haut, II, B, 1), que voici, allégée de quelques lignes moins importantes :

---

22. ID., *ibid.*, p. 76.
23. ID., *ibid.*, p. 78.
24. O.R. GURNEY and P. HULIN, *The Sultantepe Tablets*, II, n° 199, lignes 1-4.
25. Cité dans *CAD*, vol. 7, I et J, p. 144, à droite, vers le haut.

> Ce jour-là, ce jour lointain,
> Cette nuit-là, cette nuit éloignée,
> Cette année-là, cette année lointaine,
> Ce jour d'antan où ce qu'il fallait est apparu,
> Ce jour d'antan où ce qu'il fallait a été fait avec soin
> [comme il convenait ;
> ............................................
> Quand le ciel se fut éloigné de la terre,
> Quand la terre se fut écartée du ciel,
> ............................................
> Quand le dieu An eut emporté le ciel,
> Quand le dieu Enlil eut emporté la terre [26], etc.

2) Dans l'introduction du *poème didactique de la houe* (II, B, 3) :

> Le Seigneur a vraiment fait apparaître ce qu'il fallait ;
> Le Seigneur, invariable quand il a fixé des destins,
> Enlil, pour que la semence du pays sorte de la terre,
> S'empressa de séparer le ciel de la terre,
> S'empressa de séparer la terre du ciel [27].

3) Au début du *mythe d'Enki et de Ninmah* (II, B, 4), où le texte est endommagé et où on a seulement ceci :

> Ce jour-là, jour où le ciel et la terre [...]
> Cette nuit-là, nuit où le ciel et la terre [...] [28]

mais où la restitution à opérer semble certaine.

4) A la première ligne du *texte d'Assour* (II, C, 1), ainsi conçue :

> Après que, fondés ensemble, le ciel se fut éloigné de la
> [terre [29].

5) Enfin, dans le *poème babylonien de la création* (II, A, 3), à la quatrième tablette, où le thème réapparaît sous la forme grotesque du dépeçage de Tiamat vaincue par Mardouk :

---

26. SEUX, *Création*, p. 9, n° 1 (voir plus haut, n. 12).
27. ID., *ibid.*, p. 11, n° 3 (voir plus haut, n. 15).
28. ID., *ibid.*, p. 13, n° 4 (voir plus haut, n. 16).
29. ID., *ibid.*, p. 23, n° 7 (voir plus haut, n. 19).

> S'étant calmé, le Seigneur examine son (de Tiamat)
> [cadavre ;
> Il veut diviser le monstre, former quelque chose
> [d'ingénieux ;
> Il la fendit comme l'est en deux un poisson au séchage ;
> En disposa une moitié comme ciel, en forme de plafond.
> Il tendit la peau, installa des gardes,
> Leur donna pour mission de ne pas laisser sortir ses
> [eaux[30].

Comme on le voit, les introductions commencent toutes au moment de la séparation du ciel et de la terre ; le *poème babylonien de la création*, lui, remonte plus haut ; en voici les toutes premières lignes :

> Lorsqu'en haut le ciel n'était pas nommé,
> Qu'en bas le terre ferme n'avait pas reçu de nom,
> Ce fut Apsou, l'initial, qui les (= les dieux) engendra,
> La causale Tiamat qui les enfanta tous.
> Comme leurs eaux se mêlaient ensemble,
> Aucune demeure divine n'était construite, aucune cannaie
> [n'était identifiable.
> Lorsque aucun des dieux n'était apparu,
> N'avait reçu de nom, n'était pourvu de destin,
> Les dieux furent alors créés en leur (= d'Apsou et de
> [Tiamat) sein[31].

Ainsi il y aurait eu, à l'origine des choses, une masse aqueuse où se mêlaient indistinctement les eaux douces, personnifiées en Apsou, et les eaux salées de la mer, personnifiées en Tiamat, et dont tout serait issu. Mais on a vu (II, A, 3) que le poème de la création était de rédaction relativement récente et qu'on n'a pas de prototype ancien de cette cosmogonie.

Il en va autrement pour Nippour. Il y a une dizaine d'années, J. van Dijk publiait un petit texte[32] trouvé précisément à Nippour et qu'on peut dater du XXIe siècle

---

30. LABAT, *Religions*, p. 54, lignes 135-140 ; SEUX, *Création*, p. 21 (voir plus haut, n. 8).
31. LABAT, *Religions*, p. 38, lignes 1-9 ; SEUX, *Création*, p. 20, n° 6 (voir plus haut, n. 8).
32. Dans *Alter Orient und Altes Testament*, Band 25, Kramer Anniversary Volume, Neukirchen-Vluyn, 1976, p. 125-133, sous le titre « Existe-t-il un "Poème de la Création" sumérien ? ».

avant J.-C. Ce texte se rapporte au temps où, dit la dernière ligne, « les dieux du ciel, les dieux de la terre n'étaient pas encore là » mais (d'après la première ligne) où le dieu An existait et était « Seigneur[33] » du monde primitif. La terre était encore dans l'obscurité, et surtout, si les restitutions des parties perdues du texte sont exactes : « [Ciel et terre] étaient liés ensemble, ils ne s'étaient pas pris [en mariage]. » Ce thème des « noces cosmiques », de l'union conjugale du ciel et de la terre après leur séparation se retrouve ailleurs : une incantation akkadienne tardive commence par la phrase : « De même que le ciel et la terre se prirent en mariage[34] », où « ciel » et « terre » semblent pris au sens cosmique sans référence à un caractère divin ; et plusieurs textes plus anciens parlent explicitement de la fécondation de la terre par le ciel (voir plus bas, IV, B).

C'est au dieu Enlil qu'est attribuée la séparation du ciel et de la terre dans un texte du XXVIe siècle avant J.-C. trouvé à Abou-Şalabikh[35] (plus haut, § I). C'est au même dieu que l'attribue le poème de la houe (II, B, 3) ; une ligne de ce texte semble même dire que le dieu l'aurait faite avec la houe[36]. On aurait alors ici le même thème que dans le chant hittite d'Oullikoummi, où Oupellouri, l'Atlas de la mythologie hourrite, dit à Éa : « Lorsqu'ils (= les dieux) élevèrent le ciel et la terre sur moi, j'en ignorais tout. Lorsqu'ils sont venus et ont séparé le ciel de la terre avec un couperet, je n'en savais rien. » Éa s'adresse alors aux dieux anciens : « Que l'on apporte

---

33. Cette seigneurie d'An est aussi mentionnée dans un texte du temps d'Uruinimgina (nouvelle lecture du nom d'Urukagina), ALSTER, *JSC*, 28, p. 122, en haut (Ukg. 15 III 1), qui remarque que « This stage corresponds to the reign of Ouranos in Hesiod's Theogony ».
34. Cité dans *CAD*, vol. 1, A, II, p. 472, à gauche, 2', dernière citation.
35. Voir W.G. LAMBERT, dans le *Bulletin of the School of Oriental and African Studies*, Londres, 1976, p. 431, à gauche, avec note 4 ; *Persica* n° VII, 1975-1978, p. 215.
36. SEUX, *Création*, p. 11, n° 3, ligne 8, à corriger en « Il (le) fit avec la houe » ; cf. WILCKE, *Reallexikon der Assyriologie*, vol. 4, p. 36, § 7 I A : « die Hacke hat es gesetzt (gemacht ?) »

l'ancien couperet de cuivre avec lequel ils ont séparé le ciel de la terre[37]. »

Un autre texte sumérien, au plus tard du XXIIe siècle avant J.-C., fait état d'orage et d'éclairs à l'origine des choses[38]. On a proposé de retrouver l'instrument de la séparation du ciel et de la terre dans le premier éclair dont la houe d'Enlil serait le symbole[39] ; mais le texte ne dit que ceci et rien de plus :

> L'orage fonçait
> Les éclairs fulguraient ;
> (C'était) le ciel (qui) parlait avec la terre,
> (C'était) la terre (qui) parlait avec le ciel.

## IV. LA CRÉATION DE L'HOMME

### A) « Formatio »

Le mode de création le plus connu et, dans l'une de ses variantes, le plus proche de la création de l'homme dans la Bible, est celui qu'on a appelé « formatio », par opposition à celui qu'on a appelé « emersio » dont il sera question plus loin. Plusieurs traditions sont ici en présence :

1) Celle du modelage de l'homme avec de l'argile seule. Elle est représentée essentiellement par le *mythe d'Enki et de Ninmah* (II, B, 4), dans lequel le dieu Enki s'adresse en ces termes à sa mère Nammou, personnification du monde aqueux souterrain appelé Apsou :

> Ma mère, à ce que tu auras formé, attache le panier des
> [dieux ;

---

37. Citations d'après les traductions de Maurice Vieyra dans LABAT, *Religions*, p. 554, vers le haut, et de GOETZE, *ANET*, p. 125, à gauche, au milieu.
38. J. van DIJK, *Motif cosmique*, p. 36-37.
39. ALSTER, *JCS*, 28, p. 122.

> Quand tu auras pétri en pleine argile qui est au-dessus de
> [l'Apsou,
> Les « matrices[40] » prendront des mottes d'argile ; toi,
> [quand tu auras donné forme,
> Que Ninmah agisse comme ton assistante ;
> Que les déesses $N_1$, $N_2$, $N_3$, $N_4$, $N_5$, $N_6$ et $N_7$
> Viennent se tenir près de toi quand tu feras naître ![41]

Dans ce texte les rôles sont répartis ainsi : Nammou pétrit l'argile, ce qui n'est pas autre chose, semble-t-il, que la transposition mythologique du phénomène naturel de l'eau rendant malléable un dépôt argileux ; puis les « matrices », nom donné symboliquement à des assistantes qui sont peut-être les sept déesses mentionnées un peu plus bas dans le texte, prennent les mottes d'argile ; enfin, c'est Nammou elle-même, semble-t-il, qui façonne les premiers humains avec l'aide de Ninmah. Une grave lacune du texte, presque aussitôt après le passage cité ci-dessus, nous prive sans doute de la description de la réalisation de ce qui n'est exprimé ici que comme le plan d'Enki. Cette tradition de l'argile seule est aussi attestée dans le passage de l'épopée de Gilgamesh où est décrite la création d'Enkidou ; nous le verrons plus loin à propos de l'état de l'homme primitif (V, B).

2) La tradition du modelage de l'homme à partir d'un mélange d'argile, de chair et de sang d'un dieu mis à mort. Elle est représentée par le *mythe d'Atra-hasis* (II, A, 2) dont voici les passages essentiels pour notre sujet :

> Ils abattirent dans leur assemblée
> Wê, un dieu qui avait de l'entendement.
> A sa chair et à son sang
> Nintou mêla de l'argile.

---

40. Le mot sumérien, à lire *sigensigshar*, *siensishar* ou *siensidou*, est inconnu ailleurs et serait incompréhensible si une version bilingue postérieure du mythe ne le remplaçait pas par *shassourou* (voir BENITO, ouvrage mentionné plus haut, n. 16, p. 155) qui signifie certainement « matrice ».

41. SEUX, *Création*, p. 13-14 (voir plus haut, n. 16).

Et plus loin :

> Ils entrèrent dans la maison du destin,
> Le prince Éa, la sage Mama.
> Les « matrices » une fois rassemblées,
> Foulent l'argile devant elle.
> Elle, elle profère sans répit l'incantation
> Qu'Éa, assis devant elle, lui fait réciter.
> Quand elle eut fini son incantation,
> Elle cracha sur l'argile,
> Elle détacha quatorze mottes ;
> Elle mit sept mottes à droite,
> Sept mottes à gauche.
> Elle posa la brique entre elles,
> Elle sortit (...) le couteau du marais qui coupe le cordon
> [ombilical[42] ;
> Elle appela les sages, les savantes,
> Les sept et sept « matrices ».
> Sept firent avec art des hommes,
> Sept firent avec art des femmes[43].

Ce texte et le précédent ne manquent pas de points communs : ici et là un dieu, celui de la sagesse, Éa/Enki ; il est présent, mais n'agit pas et dirige seulement les opérations. Une déesse créatrice, ici Nintou ou Mama (appelée encore Mami ; c'est la même sous des noms différents), là Nammou ; des auxiliaires appelées « matrices », ici 14, là 7 ; mais les rôles sont en partie inversés : ici Mama-Nintou fait le mélange mais ce sont les « matrices » qui le foulent ; là c'est Nammou qui doit pétrir l'argile. Ici ce sont les « matrices » qui façonnent les humains ; là c'est Nammou elle-même, semble-t-il. Il faut encore noter que le vocabulaire (« matrices », « faire naître ») et ici la présence des instruments de la sage-femme, brique et couteau, font penser à un accouchement ; la formation des êtres humains par modelage d'argile est en effet assimilée symboliquement à une naissance naturelle. On verra plus loin la raison de l'emploi de chair et de sang d'un dieu.

---

42. JACOBSEN, *ORNS*, 42, 1973, p. 291, n. 67.
43. LABAT, *Religions*, p. 29-30 ; SEUX, *Création*, p. 17-18, lignes 223-226 et 249-264.

3) Faut-il considérer comme une tradition à part celle de l'*enouma elish* (II, A, 3) et du texte d'Assour (II, C, 1) où l'homme est façonné seulement avec du sang de dieux mis à mort ? On a pensé que l'emploi d'argile mêlée au sang était ici sous-entendu[44] ; mais, dans l'*enouma elish*, les paroles de Marouk : « Je veux coaguler du sang et faire être de l'os » et ce passage de la suite du récit :

> L'ayant capturé (à savoir Kingou) ils le tiennent en pré-
> [sence d'Éa ;
> Ils lui imposèrent le châtiment et lui tranchèrent le sang ;
> De son sang il forma l'humanité[45].

ne favorisent pas cette hypothèse[46].

### B) « Emersio »

On a ici affaire à une tout autre tradition, celle de l'émergence, ou naissance de la terre-mère. Il y avait à Nippour, ville du dieu Enlil, un lieu-dit appelé Ouzoumoua ou Ouzouéa et situé à Douranki[47], quartier des principaux sanctuaires de la ville. Comme son nom l'indique (Ouzoumoua signifie littéralement : « chair poussant » et sa variante Ouzouéa : « chair sortante ») on y gardait le souvenir de l'apparition des premiers humains sortant de la terre en cet endroit même. Plusieurs textes y font allusion. La mention la plus détaillée sa trouve dans le *poème de la houe* (II, B, 3) ; le passage n'est malheureusement pas très clair ; en voici une traduction aussi littérale que possible :

---

44. Heidel, *Genesis*, p. 80 ; Pettinato, *Menschenbild*, p. 44, en haut.
45. Labat, *Religions*, p. 59, ligne 5 et p. 60, lignes 31-33 ; Seux, *Création*, p. 21-22 (voir plus haut, n. 8).
46. C'est aussi l'avis de J. S. Cooper dans sa recension de *Menschenbild* dans le *Journal of the American Oriental Society*, vol. 93, 1973, p. 581-585.
47. Sur ces noms géographiques voir Jacobsen, *Tammuz*, p. 112 et p. 358 en bas, n. 13 ; Goetze, *J.S.C.*, 17, 1963, p. 131, à gauche, au milieu.

> A Ouzouéa il ( = Enlil) fit entrer la houe ;
> Il mit la tête de l'humanité dans le moule ;
> Vers Enlil, dans son pays, elle fend la terre ;
> Il regarde sincèrement ses têtes noires[48].

Que faut-il comprendre de ces allusions que comprenait sans doute immédiatement un lecteur ou auditeur sumérien ? Il semble, à la 1re ligne, que le dieu Enlil ait ouvert le sol avec la houe, et, à la 2e ligne, qu'il ait introduit dans l'ouverture une semence (mais laquelle ?) de l'humanité ; à la 3e ligne, nous voyons les humains sortir de terre, ce que, à la 4e ligne, le dieu contemple avec satisfaction.

D'autres textes sont moins détaillés mais plus clairs : ainsi les 2e et 3e lignes du début de *l'hymne au temple d'Enki à Eridou* (II, B, 2), que voici :

> Quand, en une année d'abondance engendrée par An,
> Les gens, comme de la verdure, eurent fendu la terre[49].

Même thème dans une incantation sumérienne :

> L'homme, comme de la verdure, fendit la terre,
> Comme une pousse il leva le nez[50].

Mais l'homme n'aurait pas pu naître de la terre si cette dernière n'avait pas été fécondée par le ciel. Aucun texte ne le dit explicitement à propos de l'homme, mais on est en droit de le conclure, le thème de la fécondation de la terre par le ciel étant très bien attesté, tant à propos de végétaux que de démons. Ainsi, dans la tenson (sur ce genre littéraire voir II, B, 5) entre le bois et le roseau, texte du XXIe siècle avant J.-C., où ciel et terre apparaissent tantôt comme des êtres divins, tantôt comme des réalités cosmiques :

> An, le Ciel haut, féconda la vaste Terre ;
> La semence des héros bois et roseau fut déposée dans le
>                                                   [sein ;

---

48. Seux, *Création*, p. 11, n° 3, lignes 18-21 (voir plus haut, n. 15).
49. Id., *ibid.*, p. 10, n° 2 (voir plus haut, n. 14).
50. *ORNS*, 41, 1972, p. 342.

> La bonne Terre, la vache fidèle, emporta la semence [d'An,
> ............................................
> Elle enfanta le bois et le roseau[51].

Encore, à propos de la végétation, dans une prière incantatoire akkadienne plus tardive, et au sens purement cosmique : « De même que le ciel a fécondé la terre et que la végétation est devenue abondante[52]. »

A propos de démons :

> Le Ciel féconda la belle Terre ;
> Elle lui enfanta un gaillard ne craignant rien, [l'Asakkou[53].

Et dans un texte akkadien du VIIIe siècle avant J.-C. :

> Anou, le roi des dieux, féconda la terre
> Et elle lui enfanta sept dieux[54].

Quant à l'agent fécondant, comme le confirme la phrase « Une pluie brune survint et féconda la terre brune »[55], c'est naturellement la pluie.

## C) Tradition aberrante

On a signalé plus haut (II, C, 1) que le *texte* bilingue *d'Assour* confondait les traditions. Voici le passage incriminé :

> (Enlil déclara :)
> Anounna, grands dieux,
> Qu'allez-vous faire,
> Qu'allez-vous former ?
> Les grands dieux qui étaient là
> ............................................
> Répondirent à Enlil :
> A Ouzoumoua, à Douranki,

---

51. Van Dijk, *Motif cosmique*, p. 45-46, lignes 6-8 et 11.
52. Cité dans *CAD*, vol. 8, K, p. 581, à gauche, *Kuruppu*, 1, b.
53. Van Dijk, ouvrage cité plus haut à la n. 11, p. 55, lignes 26-27 (bilingue dont le sumérien remonte au XXIIe siècle avant J.-C.).
54. Luigi Cagni, *L'epopea di Erra*, Studi Semitici 34, Roma, 1969, p. 60-61, lignes 28-29.
55. Cité dans *CAD*, vol. 21, Z, p. 161, à droite, en bas.

> Abattez des dieux Alla ;
> Que leur sang produise l'humanité ;
> Que la corvée des dieux devienne leur corvée ![56].

La mention d'Ouzoumoua et de Douranki évoque immédiatement la doctrine Nippourienne de l'origine de l'homme, à savoir celle de l'« emersio » (IV, B) ; mais c'est aussitôt contredit par la proposition de mise à mort de dieux Alla (deux ou plusieurs ? Le texte ne précise pas ; reste aussi à expliquer ce que viennent faire là ces divinités mineures), ce qui évoque la doctrine babylonienne relativement tardive de la formation de l'homme avec seulement du sang (IV, A, 3) ; en outre, il n'y a pas dans ce texte le moindre emprunt à la doctrine d'Éridou de la « formatio » de l'homme avec seulement de l'argile (IV, A, 1).

Le texte mentionne aussi, ligne 52, deux personnages appelés Anoullegarra et Annegarra, dont les noms signifient : « Qu'An l'ancien a établi » et « Qu'An a établi » et qui sont totalement inconnus ailleurs. On a pensé qu'il s'agissait, pour l'auteur du texte, des deux premiers hommes[57] ; mais cela reste une hypothèse, le contexte dans lequel ils sont nommés étant loin d'être clair.

## V. L'ÉTAT DE L'HUMANITÉ PRIMITIVE

### A) Un paradis terrestre ?

Dans le recueil de textes bien connu des biblistes *Ancient Near Eastern Texts*, pages 37-41, S.N. Kramer a présenté sous le titre « Enki and Ninhursag : a Paradise Myth » un texte sumérien dont il disait qu'il apporte

---

56. Seux, *Création*, p. 23-24, n° 7, lignes 16-27 (voir plus haut, n. 19).
57. Voir D.O. Edzard, dans le *Wörterbuch der Mythologie*, herausgegeben von H. W. Haussig, Erste Abteilung, Band I, *Götter und Mythen im Vorderen Orient*, p. 123, en bas. La lecture de ces noms et le commentaire de Heidel, *Genesis*, p. 68, sont à écarter.

beaucoup « et peut-être même fournit un nombre d'intéressants parallèles aux motifs de l'histoire du paradis biblique telle qu'elle est rapportée dans les deuxième et troisième chapitres de la Genèse ». Ce texte avait été publié en 1915 par l'assyriologue anglais Stephen Langdon dans un volume intitulé *Sumerian Epic of Paradise, the Flood and the Fall of Man* et traduit en français quelque temps après. Avant de le présenter dans *ANET*, Kramer en avait publié une étude, en 1945, dans une revue spécialisée. Après la publication dans *ANET* il en donna des extraits dans son livre fameux traduit en français sous le titre *L'histoire commence à Sumer* (1957), pages 192-200 (168-174 dans la nouvelle édition de 1975) ; il y expliquait toutefois que le thème en était « celui "du paradis", non pas à vrai dire du paradis terrestre au sens où l'entendra la Bible, mais celui qui fut aménagé pour les dieux mêmes, sur la terre de Dilmun » (p. 194), tout en ajoutant, p. 198 : « On voit qu'il (le mythe sumérien) ne manque pas de points communs avec le texte biblique » et en s'évertuant à en trouver. Revenant sur le sujet en 1959, dans Analecta biblica 12, *Studia biblica et orientalia*, vol. III, *Oriens antiquus,* p. 192, Kramer écrivait cette fois-ci qu'aucun parallèle sumérien à l'histoire du jardin d'Eden et de la chute de l'homme n'avait encore été trouvé, tout en maintenant que « l'idée même d'un paradis divin, un jardin des dieux, est d'origine sumérienne » (mais ceci n'aurait rien à voir avec le paradis biblique !). Pour expliquer ce recul il suffit de comparer, par exemple, la traduction des lignes 13 à 16 du texte d'après *ANET* et d'après un travail tout à fait récent sur ce texte[58] ; d'après *ANET*, on y aurait : « A Dilmun, le corbeau ne pousse pas de cri ; / l'oiseau N. ne pousse pas le cri de l'oiseau N. ; / le lion ne tue pas ; / le loup ne saisit pas l'agneau ». D'après la traduction récente : « A Dilmun aucun corbeau ne crie ; / aucun francolin ne fait "dardar" ; / aucun lion ne tue ; / aucun loup n'emporte d'agneau. » La première traduction donne l'impression

---

58. P. Attinger, « Enki et Ninhursaga », dans *ZA*, 74, 1984, p. 1-52.

d'un monde où lions, loups et agneaux vivent dans une paix paradisiaque ; la seconde, d'un monde où il n'y a encore ni corbeau, ni lion, ni loup, etc., et c'est elle qui est la bonne. Il faut conclure, comme l'a fait J. van Dijk[59] et comme l'a écrit le sumérologue Bendt Alster (dans la *Revue d'Assyriologie*, vol. 67, 1973, p. 104) que « le motif du paradis est totalement inconnu dans la littérature sumérienne » ; c'est d'ailleurs ce qu'avait déjà écrit le Père Tournay dans la même revue en 1949, p. 135. C'est aussi ce que confirme le paragraphe qui va suivre.

### B) L'homme proche de l'animalité

Dans le poème d'Atra-hasis (II, A, 2) et dans le poème de la création (II, A, 3)[60] l'être humain qui va être créé est appelé *loulloû*. Ce mot est simplement traduit par homme (« man ») dans le dictionnaire de Chicago[61], mais par homme primitif (« ursprünglicher Mensch ») dans le dictionnaire de von Soden, et dans le récent volume de *Mélanges Diakonoff*, J. Bottéro y voit « l'original humain[62] ». A. Schott, dans une ancienne traduction de Gilgamesh qui fut rééditée par les soins de von Soden, l'avait traduit avec bonheur par sauvageon (« Wildling »).

C'est en effet le sens qui convient le mieux dans l'*épopée de Gilgamesh* (II, A, 1) où, sauf un passage où on ne voit pas bien la raison de son emploi, le mot *loulloû* est employé tablette I, col. IV, lignes 6, 13 et 19, pour dési-

---

59. P. ex. dans *Handbuch der Religionsgeschichte* herausgegeben von J. P. ASMUSSEN und J. LAESSOE, I, Göttingen, 1971, p. 493 : « Ce que les Sumériens dirent sur le temps préhistorique reflète tout autre chose qu'un paradis », et « Le motif du paradis me paraît être étranger au monde de représentation sumérien » (citations traduites de l'allemand).
60. LABAT, *Religions*, p. 28, ligne 195, et p. 59, lignes 6 et 7 ; SEUX, *Création*, p. 16 et 21, mêmes lignes (voir plus haut, n. 5 et 8).
61. *CAD*, vol. 9, L, p. 242, à gauche, *lullû*.
62. J. BOTTÉRO, « La création de l'homme et sa nature dans le poème d'Atrahasîs », dans *Societies and Languages of the Ancient Near East*, Studies in honour of I. M. Diakonoff, Warminster, 1982, p. 24-32.

gner Enkidou tel qu'il apparaît lors de sa rencontre avec
la prostituée chargée de l'apprivoiser :

> Arrivèrent les bêtes, elles prirent plaisir à l'eau ;
> Lui aussi, Enkidou, qui est né dans la steppe,
> Avec les gazelles il mange de l'herbe,
> Avec le bétail il boit au point d'eau,
> Avec les animaux il prend plaisir à l'eau.
> La prostituée le vit, l'homme loulloû...[63].

Plus loin, tablette II, col. III, le texte nous dit comment Enkidou dut apprendre à manger du pain, à boire de la bière et à se vêtir.

L'allusion à la naissance d'Enkidou dans la steppe nous invite à nous reporter au passage de la même épopée, tablette I, col. II, lignes 34-41, où est décrite cette naissance :

> Arourou se lava les mains,
> Prit une poignée d'argile et la jeta dans la steppe[64] ;
> [...] elle forma Enkidou le guerrier,
> Progéniture du silence nocturne, agencement de
>                                               [Ninourta.
> Il est couvert de poils sur tout le corps,
> Il est pourvu d'une chevelure comme celle d'une femme ;
> Les touffes de sa chevelure poussent dru comme des
>                                                 [céréales ;
> Il ne connaît ni les gens ni le pays.
> Il est vêtu d'un vêtement comme celui de Shakkan ;
> Avec les gazelles il mange de l'herbe,
> Avec le bétail il se presse au point d'eau,
> Avec les animaux il prend plaisir à l'eau[65].

Cette description d'un être humain tel qu'il sort des mains d'une divinité créatrice n'est pas le fruit d'une spéculation tardive ; on la croirait inspirée de la description

---

63. LABAT, *Religions*, p. 153, lignes IV, 1-6 ; MALBRAN, *Gilgamesh*, p. 12, lignes 1-6 (voir plus haut, n. 4).
64. La traduction de cette ligne est conforme à *CAD*, vol. 8, K, p. 209, à droite, en bas, et à WILCKE, *ZA* 67, II, 1977, p. 208-209, ligne 84.
65. LABAT, *Religions*, p. 151 ; SEUX, *Création*, p. 28, lignes 83-94 (de la version reconstituée ; voir l'article de WILCKE mentionné à la note ci-dessus) ; MALBRAN, *Gilgamesh*, p. 9-10.

de l'humanité primitive que nous donne le *débat entre le petit bétail et le grain* (II, B, 5) en ces termes :

> Les humains de ce jour-là
> Ne savaient pas en effet manger de pain,
> Ne savaient pas en effet se vêtir de vêtement ;
> Les gens allaient les membres nus.
> Comme des moutons ils mangeaient de l'herbe avec leur
> [bouche,
> Ils buvaient de l'eau de plate-bande[66].

Plus loin le texte nous apprend qu'ils n'accédèrent à la vie civilisée qu'après que les dieux Enki et Enlil eurent fait descendre sur terre les divinités Lahar et Ashnan, personnifications de l'élevage et de l'agriculture.

Avons-nous là une doctrine communément admise ? Ce n'est pas certain, ces thèmes étant totalement absents des poèmes d'Atra-hasis et de la création. Ailleurs (liste de Lagash ; II, B, 6), il est question d'accès à la vie civilisée en partant de l'état de dénuement résultant du déluge : ne connaissant l'usage ni de la houe, ni de la bêche, ni du panier, ni de la charrue, les hommes ne pouvaient se livrer ni à la culture ni à l'irrigation, attendant tout de la pluie ; d'où famine, perte du bétail et absence de libations aux dieux. Il fallut que des dieux, An et Enlil semble-t-il, fassent connaître aux hommes houe, bêche, panier et charrue pour qu'ils puissent, comme dit le texte : « mettre leur entendement à faire croître du grain ». On retrouve ici le thème, rencontré plus haut dans le débat entre le petit bétail et le grain, de l'intervention des dieux pour initier l'homme à l'agriculture. C'est sans doute cette idée plus générale de la nécessité d'une intervention des dieux pour amener l'homme à la vie civilisée, quels qu'en aient été les développements ou les variantes, qui fut doctrine commune. On en retrouve l'écho, à très basse époque, quand Bérose[67], Babylonien hellénisé, écrit en grec vers 281 qu'à l'origine les hommes « vivaient en désordre

---

66. SEUX, *Création*, p. 26, n° 8 (voir plus haut, n. 17).
67. Sur Bérose on peut voir « The Babyloniaca of Berossus », par Stanley Mayer BURSTEIN, dans *Sources and Monographs, Sources from the Ancient Near East*, vol. 1, fasc. 5, Undena publication, Malibu, 1978.

comme les bêtes sauvages », mais qu'un être mystérieux en forme de poisson, nommé Oannès, sortait chaque jour de la mer et « transmit aux hommes la connaissance des lettres, des sciences et de toutes sortes de métiers, comment peupler des villes et fonder des temples, leur enseigna l'établissement des lois et l'arpentage ; il fit connaître les semences et la cueillette des fruits et transmit aux hommes au total tout ce qui concerne la vie civilisée. Depuis ce temps rien de plus n'a été découvert[68] ».

## VI. UNE PHILOSOPHIE BABYLONIENNE DE L'HOMME

### A) Un « péché originel » ?

En 1951, dans la deuxième édition, refondue, de son ouvrage devenu classique, *The Babylonian Genesis*, p. 126, Alexander Heidel écrivait : « Puisque tous les dieux étaient mauvais par nature et puisque l'homme fut formé avec leur sang, l'homme hérita naturellement de leur nature mauvaise. [...] L'homme [...] fut créé mauvais et fut mauvais depuis son commencement même. Comment alors pouvait-il tomber ? L'idée que l'homme tomba d'un état de perfection morale ne concorde pas avec le système ou les systèmes de la spéculation babylonienne. »

Un peu plus tard, en 1955, dans les *Recherches de Science Religieuse*, vol. 43, p. 142, le P. Follet écrivait : « L'homme est créé pour le service des dieux afin qu'ils puissent vivre à l'aise ; mais aussi, pour que les dieux soient libérés, il faut un substitut. Il faut une mort pour que la nouvelle vie puisse apparaître. On sacrifie un coupable : ceci sanctionne et arrête définitivement toute culpabilité dans le monde des dieux, crée un substitut valable, en quelque sorte "connaturel" aux dieux, étant l'un des leurs, coupable. Cela donne à l'humanité une sorte de

---

68. SEUX, *Création*, p. 30-31, n° 11 ; Stanley Mayer BURSTEIN, ouvrage mentionné ci-dessus, p. 13-14, Prologue, § 4 et 5.

tare originelle, qui autorise les dieux à lui imposer une compensation, une peine, le service. Cependant nous ajouterons que la tare est de pénalité, non de faute, car il n'y a pas de péché dans l'humanité en tant que telle. Il faut remarquer aussi que la plupart des systèmes qui admettent une faute originelle la placent avant la création de l'homme, mais dans les "constitutifs" mêmes, si l'on peut dire, de la nature humaine, par exemple l'ensemble des Gnoses, et non dans une volonté de l'homme après la création. C'est pourquoi nous parlerons ici plutôt de tare que de péché originel. »

Plus récemment, en 1970, R. Labat écrivait dans *Les Religions du Proche-Orient*, p. 37, à propos du poème de la création : « Comme dans le mythe d'Atra-hasis, un dieu fut sacrifié pour mettre dans l'homme une parcelle divine. Mais le dieu ici choisi est un dieu coupable, Kingu, le nouvel époux de Tiamat, reconnu comme seul responsable du mal engendré dans le monde par la guerre entre les dieux. L'homme, périssable en son corps matériel, était en partie éternel grâce au sang divin dont il était pétri, mais, éternellement aussi, coupable d'un péché qui le transcendait. »

Les commentaires ci-dessus[69] ne peuvent évidemment pas concerner les traditions de l'émersion (IV, B) ni celle de la formation avec seulement de l'argile (IV, A, 1) ; leur portée est donc restreinte aux traditions où intervient l'emploi du sang (et de la chair) d'un dieu (IV, A, 2 et 3). Encore appellent-ils les observations suivantes :

Il est certes exact que la mise à mort d'un dieu coupable arrête définitivement toute culpabilité dans le monde des dieux : c'est même ce que dit explicitement le dieu Éa dans le poème de la création, tablette VI, lignes 15-16 : « Que s'assemblent ici les grands dieux, que le coupable soit livré et que eux soient confirmés[70] ! », à savoir con-

---

69. On pourrait en citer d'autres, p. ex. Pettinato, *Menschenbild*, p. 45, vers le haut (contesté par H. M. Kümmel, *Die Welt des Orients*, Band VII, Göttingen, 1973, p. 31) ; G. Auzou, *Au commencement Dieu créa le monde*, Lire la Bible 36, Paris, 1973, p. 55.

70. Labat, *Religions*, p. 59 ; Seux, *Création*, p. 21 (voir plus haut, n. 8).

firmés dans leur statut de grands dieux et à l'abri de tout châtiment ; mais dire que la culpabilité du dieu mis à mort se transmet avec son sang et « donne à l'humanité une sorte de tare originelle », rend l'homme « éternellement coupable d'un péché qui le transcendait » est arbitraire et ne repose sur aucun texte ; nous verrons même plus loin que l'auteur du poème d'Atra-hasis a fait clairement allusion au pourquoi de l'emploi de chair et de sang d'un dieu pour créer l'homme. En outre, il n'est pas exact que le service qui est imposé à l'homme ait été la compensation d'une tare originelle ; c'est simplement le travail que fait faire un maître à un serviteur, un employeur à un employé, de même qu'on embauche un jardinier quand on ne peut plus ou ne veut plus bêcher soi-même son jardin.

Enfin il n'y a aucun texte qui fasse la moindre allusion à une faute morale quelconque de l'homme primitif, qui aurait entraîné sa déchéance et dont les séquelles se seraient transmises de génération en génération. En revanche, plusieurs textes montrent que les Babyloniens avaient clairement conscience de la précarité de l'homme au plan moral ; ainsi ces extraits :

— d'une prière à n'importe quel dieu[71] :

> La faute que j'ai commise, je ne la connais pas ;
> Le manquement que j'ai commis, je ne le connais pas :
> Les hommes sont stupides, ils ne savent rien ;
> ............................................................
> Qu'ils agissent mal, qu'ils agissent bien, ils n'en savent
> [rien.

— d'une prière à Mardouk[72] :

> Qui n'a pas été négligent, qui est-ce qui n'a pas commis
> [de méfait ?

— d'une prière à Shamash[73] :

---

71. Seux, *Hymnes et prières aux dieux de Babylonie et d'Assyrie* (Collection LAPO = Littératures anciennes du Proche-Orient), Paris, 1976, p. 141, lignes 26-27, et p. 142, lignes 51-53.
72. Id., *ibid.*, p. 170, ligne 10.
73. Id., *ibid.*, p. 410, vers le milieu de la page.

Les hommes, leurs fautes et leur méfaits sont plus nom-
[breux que les cheveux de leur tête !

Mais comment expliquer cela ? C'est ce qu'a tenté l'auteur d'une composition sapientielle à laquelle on a donné le nom de « Théodicée babylonienne », en écrivant les lignes suivantes :

> Le roi des dieux Narru (= Enlil), créateur des humains,
> Le magnifique Zulummaru (= Éa) qui a pincé leur
> [argile,
> La reine qui les a façonnés, la Dame Mami,
> Ont donné à l'humanité un discours pervers,
> Ils lui ont donné mensonge et déloyauté pour toujours[74].

On a là l'expression du sentiment qu'il y a quelque chose de faussé dans la nature humaine. Mais ce dérèglement n'est dû ni à une faute morale commise à l'origine de l'humanité, ni à une culpabilité héritée d'un dieu coupable. L'homme est imparfait et éventuellement mauvais simplement parce qu'il a été créé par des dieux imparfaits et éventuellement mauvais qui l'ont créé à leur image. En ce sens, et en ce sens seulement, on peut parler avec le P. Follet de « tare originelle ».

### B) L'homme chair et esprit

Il y a, dans *Atra-hasis* (II, A, 2) quelques lignes capitales sur la nature humaine : ce sont, tablette I, les lignes 215-217, reprises presque mot à mot lignes 228-230, et la ligne 223[75]. Elles ne sont pas faciles et il subsiste des divergences radicales entre les traducteurs. Ainsi, la traduction et l'interprétation proposées ici ne sont pas du tout conformes à celles qu'a données von Soden en plusieurs publications, mais elles s'inspirent directement des travaux de W.G. Lambert et rejoignent certaines des conclusions de J. Bottéro dans un article des *Mélanges Diakonoff* sur le même sujet[76].

---

74. LAMBERT, *Wisdom*, p. 88-89, lignes 276-280.
75. LABAT, *Religions*, p. 29 (où 224 au lieu de 223) ; SEUX, *Création*, p. 17 (voir plus haut, n. 5).
76. Mentionné plus haut, n. 62.

On ne peut pas comprendre ces lignes sans se souvenir que dans de nombreux textes l'homme mésopotamien est dépeint comme parfois victime de phénomènes aussi fâcheux qu'imprévisibles : apparitions nocturnes effrayantes, vertiges inexplicables, muscles douloureux sans raison, coups ressentis sans agent apparent, etc. Consulté là-dessus, le premier exorciste venu diagnostiquait sans hésiter : *qāt eṭemmi* « main de spectre », c'est-à-dire intervention de l'esprit d'un mort[77]. Les esprits des morts pouvaient en effet remonter des enfers, soit qu'on les en fît remonter en les évoquant (comme dans la douzième tablette de l'épopée de Gilgamesh où l'on voit l'*eṭemmu*, l'esprit d'Enkidou, remonter des enfers pour raconter à Gilgamesh ce qu'il y a vu) soit qu'ils en remontassent d'eux-mêmes, pressés par la nécessité d'alerter les vivants sur la triste condition de leur dépouille mortelle, cadavre sans sépulture du marin qui a péri en mer ou du soldat tué au loin, ou tombe sans culte funéraire. Et aucun Babylonien ne doutait d'avoir en lui un *eṭemmu*, l'existence de celui des défunts étant d'expérience quotidienne. Mais d'où venait cet *eṭemmu*, si dissociable de son enveloppe charnelle ? C'est là que l'auteur du poème d'Atrahasis a tenté une explication en analysant les mots, ce qui, pour lui comme pour tout Babylonien d'alors, était analyser les choses que ces mots désignaient. Voici quel a été, semble-t-il, son raisonnement :

Le mot *eṭemmu* appelle, par assonance et parce qu'il y a en l'homme ce qu'il désigne, le mot *ṭēmu* « entendement, faculté de décider, de planifier » ; il est donc « analysable » en un *e* + le mot *ṭēmu*, d'où il faut conclure qu'un *eṭemmu* est fait de ce à quoi se rapporte le *e* et de *ṭēmu*. D'autre part le mot *awīlu* « homme », qui désigne le contenant de l'*eṭemmu*, est « analysable » en une syllabe *aw* + le mot *ilu* « dieu », d'où il faut conclure qu'il y a de l'*ilu* dans l'*awīlu*, du dieu dans l'homme. Cette substance divine n'est évidemment pas l'argile du composé humain ; elle est donc liée à l'*eṭemmu* ; non seulement elle en fait partie, mais elle ne

---

77. Voir J. BOTTÉRO, « Les morts et leurs manifestations, B. Les méfaits des morts », *ZA*, 73, 1983, p. 161-169.

peut être identique qu'à ce qui restait à identifier, à savoir ce à quoi se rapporte le *e*. De plus, si l'on se souvient que la syllabe *aw* correspond à un signe d'écriture qui a aussi la lecture *we*, le rapprochement des deux mots *eṭemmu* et *awīlu* appelle le changement de *aw ilu* en *We*[78] *ilu*, ce qui donne le nom même du dieu en cause, « Wê, un dieu ». On est remonté ainsi, de déduction en déduction, du mot *eṭemmu* à ce qui est à l'origine de ce qu'il désigne, à savoir, comme le dit expressément la ligne 223 du poème, à

> Wê, un dieu qui a de l'entendement *(ṭēmu)*[79].

Et le texte conclut, faisant allusion aux manifestations d'*eṭemmus*, qui empêchent qu'on oublie les défunts et fondent son raisonnement (lignes 228-230) :

> De la chair du dieu il y eut un esprit *(eṭemmu)*[80] ;
> Il donna signe de lui aux vivants
> Et pour empêcher l'oubli, il y eut un esprit !

Ainsi, pour un Babylonien du XVIIIe ou XIXe siècle avant J.-C., il y avait quelque chose de divin dans l'homme. L'idée n'est pas reprise dans le poème babylonien de la création, bien que l'homme y soit décrit comme formé avec le sang d'un dieu. Mais on la retrouve en quelque sorte chez Bérose[81], qui, après avoir rapporté que les dieux formèrent les hommes en mêlant le sang du dieu Bêl à de la terre, en conclut : « C'est pour cela que les hommes sont intelligents et ont une part de sagesse divine. »

---

78. Cette lecture *we* du signe PI est indiquée par le complément phonétique *e* qui l'accompagne, à la ligne 223, dans l'orthographe ᵈPI-e.

79. Ce qui est requis pour qu'il puisse le communiquer à l'homme avec sa chair et son sang.

80. Aux lignes 215 et 217 un exemplaire écrit PI-DI-IM-MU, ce qui, pour von Soden, *Symbolae... de Liagre Böhl*, Leyde, 1973, p. 350-352, et *ZA*, 68, 1978, p. 80, 215, interdit de reconnaître ici le mot *eṭemmu* ; mais puisque tout le raisonnement est fondé sur des jeux de mots, on peut considérer que c'est aussi par jeu de mots qu'un scribe a écrit *we*(PI)-*ṭe*(DI)-*em-mu* pour souligner l'équation *we* + *ṭēmu* = (w) *eṭemmu*.

81. Sur qui, voir plus haut, n. 67.

## C) La condition humaine

Dans les pages qui précèdent, il a été fait plusieurs fois allusion au motif de la création de l'humanité. On peut résumer ainsi ce que disent les textes qui en parlent : L'humanité a été créée pour que les dieux, conçus à l'image de l'homme (ligne 1 du poème d'Atra-hasis, citée plus bas) et qu'on imaginait avoir été jadis obligés de travailler de leurs mains pour subvenir eux-mêmes à leurs besoins[82], puissent se décharger sur elle de la tâche qui pesait sur eux et vivre libres de toute contrainte. Ces thèmes sont attestés :

— Dans le *poème d'Atra-hasis* (II, A, 2) où le problème est posé dès la première ligne : « Lorsque les dieux étaient comme l'homme[83], ils supportaient la tâche, portaient le panier[84] ; le panier des dieux était grand et la tâche pesante ; abondante était la peine » ; plus loin (lignes 19-26), on voit les dieux au travail : « [Les Anounnakou], ceux du ciel, imposèrent [la tâche] aux Igigou. [Les dieux] se mirent à creuser [des cours d'eau, ils ouvrirent des canaux], chose vitale pour le pays. [...] [Les dieux creusèrent] le fleuve Tigre [et l'Euphrate] ensuite[85]. » Après les péripéties bien connues de la révolte des dieux travailleurs, le dieu Enki exprime le souhait (lignes 190-191) « que la matrice mette bas, qu'elle forme et que l'homme porte le panier du dieu ! » Les dieux disent alors à la déesse Mami (lignes 194-197) : « C'est toi qui seras la matrice formatrice de l'humanité ; forme le loulloû, qu'il supporte le joug ; qu'il supporte le joug qui est l'œuvre d'Enlil ; que l'homme porte le panier du dieu ! » Mami, la première partie de son œuvre achevée,

---

82. Le thème des dieux au travail est encore attesté dans d'autres textes que ceux qui sont cités ici ; voir l'ouvrage de J. van Dijk mentionné à la note 11, p. 93, lignes 335-338, et Pettinato, *Menschenbild*, p. 23.
83. Labat, *Religions*, p. 26 ; Seux, *Création*, p. 15. Pour cette première ligne, voir plus haut, II, A, 2 et n. 6 et 7.
84. Qui sert à transporter la terre.
85. Les passages entre crochets sont totalement perdus dans le texte ; les restitutions sont celles qui ont été proposées par von Soden, *ZA*, 68, 1978, p. 54.

peut alors dire aux dieux (lignes 240-243) : « J'ai enlevé votre lourde tâche, j'ai imposé à l'homme votre panier. Vous avez octroyé les cris à l'humanité ; j'ai délié de carcan (?), j'ai établi la liberté ! »

— Dans le *poème babylonien de la création* (II, A, 3), où Mardouk, après avoir organisé le monde, expose son projet (tablette VI, lignes 5-8)[86] : « Je veux coaguler du sang et faire être de l'os ; je veux ériger le loulloû et que son nom soit "homme" ; je veux former le loulloû-homme ; qu'ils soient chargés de la tâche des dieux et que eux soient en repos. » On abat donc le dieu Kingou devant le dieu Éa qui, dit le texte (lignes 33-36), « de son sang forma l'humanité ; il [lui] imposa la tâche des dieux et libéra les dieux. Après qu'Éa le sage eut formé l'humanité, lui eut imposé la tâche des dieux », Mardouk répartit les dieux en haut et en bas.

— Dans le *mythe d'Enki et de Ninmah* (II, B, 4), où la situation est exposée ainsi (lignes 8-11)[87] : « Quand les dieux préparaient leur portion pour le repas (?), des dieux innombrables étaient à l'ouvrage, les jeunes dieux portaient le terhoum[88] ; les dieux creusaient des canaux, en entassaient la terre dans le monde infernal ; les dieux... se plaignaient de leur vie. » Alors la déesse Nammou s'adresse en ces termes au dieu Enki (ligne 23) : « Quand tu auras formé des... des dieux, qu'ils lâchent le terhoum ! » ; mais Enki renvoie la tâche à sa mère (ligne 30) : « Ma mère, à ce que tu auras formé, attache le panier des dieux », ce qui, finalement, échoit à la déesse Ninmah (ligne 37) : « Ma mère, toi, quand tu auras tranché son destin, que Ninmah attache le panier. »

— Dans le *texte d'Assour* (II, C, 1), où (lignes 5-6 et 13-15)[89] « après que, pour bien faire aller rigole et fossé, ils eurent fixé les rives du Tigre et de l'Euphrate », les dieux s'assemblent et se proposent d'abattre des dieux

---

86. LABAT, *Religions*, p. 59 ; SEUX, *Création*, p. 21.
87. SEUX, *Création*, p. 13.
88. On ne sait pas ce que désigne ce mot ; vraisemblablement quelque récipient pour transporter la terre.
89. SEUX, *Création*, p. 23 ; voir aussi plus haut, IV, C.

Alla en exprimant le vœu (lignes 26-27) « que leur sang produise l'humanité ; que la corvée des dieux devienne leur corvée ! ».

— Dans la *Cosmologie chaldéenne* (II, C, 2), qui résume tout en une phrase (lignes 19-20) : « Pour faire habiter les dieux dans une habitation qui contente le cœur, il (= le dieu Mardouk) forma l'humanité[90]. »

Il est à peine besoin de dire qu'on a ici un mythe étiologique destiné à rendre compte de l'existence du travail humain. Il le fait à partir de ce qui apparaissait à l'homme mésopotamien comme la finalité essentielle de son travail, à savoir l'entretien des dieux dans leurs temples, en particulier par la présentation à leurs statues d'offrandes alimentaires multiples et quotidiennes. Puisque l'homme n'avait pas choisi librement ce travail qui s'imposait à lui, c'est qu'il lui avait été imposé par ceux qui en étaient les premiers bénéficiaires. Et puisque l'homme mésopotamien ne se sentait coupable d'aucune faute originelle, ce travail ne pouvait pas être un châtiment ; c'était simplement le destin de l'homme de travailler pour les dieux, de même qu'il était de son destin de mourir, simplement parce que les dieux en avaient décidé ainsi. Sans doute les dieux avaient-ils laissé à l'homme la faculté de survivre sous forme d'*eṭemmu*, peut-être parce qu'ils n'avaient pas pu faire autrement, mais la vraie vie, l'immortalité, ils l'avaient gardée pour eux. C'est ce qu'avait rappelé à Gilgamesh la cabaretière Sidouri qu'il avait rencontrée sur son chemin lors de sa quête de cette immortalité :

> Gilgamesh, où cours-tu ?
> La vie que tu cherches, tu ne la trouveras pas !
> Quant les dieux créèrent l'humanité,
> Ils attribuèrent la mort à l'humanité,
> Ils retinrent la vie entre leurs mains !

On sait la conclusion qu'elle en tirait :

> Toi, Gilgamesh, que ton ventre soit plein,
> Jour et nuit réjouis-toi,

---

90. LABAT, *Religions*, p. 75 ; SEUX, *Création*, p. 29.

> Fais la fête chaque jour,
> Jour et nuit danse et joue ;
> Que tes vêtements soient propres,
> Que ta tête soit lavée, que tu sois baigné d'eau ;
> Regarde le petit qui te tient par la main ;
> Q'une épouse se réjouisse en ton sein ;
> C'est tout ce que peut faire l'homme[91] !

Est-ce aussi la conclusion pratique qu'en tirèrent les anciens Mésopotamiens ? Comment le savoir ? Toujours est-il que si l'on observe les sentiments que ces gens exprimaient à leurs dieux dans leurs prières[92], on constate que le lyrisme authentique de certains hymnes, la sincérité et la profondeur de certaines prières pénitentielles et la confiance de beaucoup de prières dites « à main levée » donnent une image beaucoup moins terre à terre de l'âme babylonienne.

---

91. LABAT, *Religions*, p. 205, en haut ; MALBRAN, *Gilgamesh*, p. 56, en haut.
92. Pour lesquelles voir SEUX, ouvrage mentionné à la note 71, *passim*.

# ABRÉVIATIONS SOUVENT UTILISÉES

*AfO* : *Archiv für Orientforschung* (Graz, puis Horn, Autriche).

*ANET* : *Ancient Near Eastern Texts relating to the Old Testament,* edited by James B. PRITCHARD, Second Edition, Princeton, 1955.

*CAD* : *The Assyrian Dictionary* of the Oriental Institute of the University of Chicago, Chicago and Glückstadt.

Van DIJK, *Motif cosmique* : « Le motif cosmique dans la pensée sumérienne », par J. van DIJK, *Acta Orientalia* 28, 1-2, Copenhague, 1964, pages 1-59.

HEIDEL, *Genesis* : *The Babylonian Genesis*, The Story of the Creation, by Alexander HEIDEL, Second Edition, Chicago, 1951.

HEIDEL, *Gilgamesh* : *The Gilgamesh Epic and Old Testament Parallels,* by Alexander HEIDEL, Second Edition, Chicago, 1949.

JACOBSEN, *Tammuz* : Thorkild JACOBSEN, Edited by William L. MORAN, *Toward the Image of Tammuz and Other Essays on Mesopotamian History and culture*, Harvard Semitic Series, vol. XXI, Cambridge, Massachusetts, 1970.

*JCS* : *Journal of Cuneiform Studies,* published by American Schools of Oriental Research, Cambridge, Massachusetts.

KRAMER, *Sumerians* : Samuel Noah KRAMER, *The Sumerians, Their History, Culture and Character,* Chicago, 1963.

LABAT, *Religions* : *Les Religions du Proche-Orient asiatique* [...] par René LABAT, [...] André CAQUOT, [...] Maurice SZNYCER, Maurice VIEYRA, Paris, 1970.

LAMBERT, *Atra-hasis* : *Atra-Hasīs, The Babylonian Story of the Flood,* by W.G. LAMBERT and A.R. MILLARD, Oxford, 1969.

LAMBERT, *Wisdom* : *Babylonian Wisdom Literature,* by W.G. LAMBERT, Oxford, 1960.

MALBRAN, *Gilgamesh* : Cahiers Évangile, Supplément au *Cahiers Évangile* 40, *Gilgamesh,* par Florence MALBRAN-LABAT, Paris, 1982.

*ORNS* : *Orientalia Nova Series,* Pontificium Institutum Biblicum, Rome.

PETTINATO, *Menschenbild* : *Das altorientalische Menschenbild und die sumerischen und akkadischen Schöpfungsmythe,* von Giovanni PETTINATO, Heidelberg, 1971.

SEUX, *Création* : Cahiers Évangile, Supplément au *Cahier Évangile* 38, *La Création du monde et de l'homme d'après les textes du Proche-Orient ancien,* Paris, 1981.

*ZA* : *Zeitschrift für Assyriologie und Vorderasiatische Archäologie,* Berlin.

## CHAPITRE II

# PEUT-ON PARLER DE MYTHES DE CRÉATION A UGARIT ?

par Jesús-Luis CUNCHILLOS

Quel sens allons-nous donner à cette question[1] ? Certains verront dans le titre de cet exposé un équivalent de : « Y a-t-il à Ugarit des récits de création comme ceux de Gn 1-3 ou comme celui d'Atrahasis ? D'autres, plus subtils, préféreront noter deux questions préalables : que comprenons-nous par mythe ? Qu'entendons-nous par création ?

---

1. *Bibliographie récente :*
A. CAQUOT, *La Naissance du monde selon Canaan*, Sources Orientales I, Paris, 1959, p. 177-184.
L.R. FISCHER, « An Ugaritic Ritual and Gen 1, 1-5 », *Ugaritica* VI, p. 197 ss.
W. RÖLLIG, « Die Mythologie der Ugariter und Phönizier », *Wörterbuch der Mythologie* I, Stuttgart, 1965, p. 309.
L. FISHER, « Creation at Ugarit and in the Old Testament », *VT* 15 (1965), p. 313-324.
F.M. CROSS, *Canaanite Myth and Hebrew Epic* (Cambridge, Mass. 1973), p. 39-43.

Me référant à la première question, je me demande si nous pouvons consacrer tout un congrès aux mythes de création sans nous poser le problème du mythe ? Cela mériterait un long débat. Je me contenterai de renvoyer le lecteur au livre de M. Detienne *L'Invention de la mythologie*[2] où l'on apprend que nos idées actuelles sur les mythes sont tributaires du moralisme des trois derniers siècles, liées aussi aux clichés sur l'homme primitif et sauvage. Une catharsis de nos conceptions du mythe est nécessaire. Le chemin a été frayé par les ethnographes et les anthropologues, mais les biblistes utilisent encore des conceptions qui empêchent l'exégèse du Livre de donner tous les fruits que nous sommes en droit d'espérer.

Pouvons-nous continuer d'affirmer que dans la Bible il n'y a pas de mythes mais seulement des motifs littéraires mythiques[3] ? Que faisons-nous des énormes progrès de la science des mythes, qui ont dégagé leur signification profonde et leur valeur religieuse[4] ?

---

F.M. Cross, « The "Olden Gods" and Ancient Near Eastern Creation Myths, Magnalia Dei », *The Mighty Acts of God* (G.E. Wright Volume ; Garden City, NY, 1976).
A.S. Kapelrud, « Ba'alg, Schöpfung und Chaos », UF11 (1979), p. 407-412.
A. Kapelrud, « Creation in the Ras Shamra Texts », *Studia Theologica* 34 (1980), p. 1-11.
J.C. de Moor, « El, the Creator », *The Bible World* : Essays in Honor of Cyrus, H. Gordon (New York, 1980), p. 171-187.
B. Margalit, « The Ugaritic Creation Myth : Fact or Fiction », *UF* 13 (1981), p. 137-145.
J.L. Cunchillos, *Cosmogonie et théogonie à Ugarit*, (Cahiers Évangile, suppl. au *Cahier Évangile* 38), Paris, 1981, p. 56-62.
R.J. Clifford, « Cosmogonies in the Ugaritic Texts and in the Bible », *Orientalia* 53 (1984), p. 183-201.
2. M. Detienne, *L'Invention de la Mythologie*, Bibliothèque des Sciences, éd. Gallimard, Paris, 1981. Voir aussi le bien connu P. Barthel, *Interprétation du langage mythique et théologie biblique*, Leyde, 1967. Intéressant. Voir entre autres les pages 9-12 et 350-356, 375-376. On pourrait aller plus loin aujourd'hui. Voir aussi la synthèse de R. Lapointe *Les Trois Dimensions de l'herméneutique*, (Cahiers de la Revue Biblique 8), Paris, 1967, p. 49-55.
3. C'est ainsi que R. Lapointe résume, et je crois qu'il a raison, la position des biblistes dans *Les Trois Dimensions de l'herméneutique*, p. 49-50.
4. Il est intéressant de comparer le traitement du mythe que fait un

Nous sommes devant un défi, celui de l'ethnographie et de l'anthropologie, un défi similaire à celui que lancèrent, au début de ce siècle, l'archéologie, l'histoire et la littérature.

Par ailleurs il serait naïf d'oublier les difficultés réelles et nombreuses que rencontrent les exégètes, tout au moins les exégètes catholiques, pour traiter d'un thème si délicat.

Nous disposons de méthodes qui ont fait leurs preuves. Il suffit de les approfondir et de les adapter aux nouvelles exigences.

Il ne suffit pas de regarder les textes comme œuvres littéraires. Les textes concernés sont des textes religieux et il faut les traiter en tenant compte de leur genre littéraire mais aussi de leur contexte religieux. Une certaine exégèse passe souvent de la philologie et de la littérature à la « théologie », voire même à la « Révélation », sans tenir compte du contexte religieux. L'histoire des religions et, à plus forte raison, l'histoire du religieux pourraient donner aux biblistes le contexte religieux comme la philologie, l'histoire politique et l'histoire sociale lui apportent d'autres contextes, également importants pour comprendre un texte et l'interpréter[5]. Et c'est dans ce contexte religieux qu'il faut se poser le problème du mythe.

On parle souvent à propos du mythe de la « circularité », chère à Mircea Eliade. Mais cette prétendue caractéristique du mythe n'en est pas une. Le sens de la linéarité existait bien avant les Hébreux.

Le mythe n'a rien à voir avec le mensonge. Il exprime, au contraire, une profonde vérité métaphysique[6]. Il dérange le rationalisme car son existence prouve que certaines réalités échappent à la raison. Le mythe encourage

---

bibliste éminent et le traitement des historiens et des anthropologues dans El Mito, *Ante la antropologia y la historia*, Madrid, 1984.

5. Je continue à penser comme dans « Les trois niveaux de lecture-interprétation », *La Bible. Première lecture de l'A.T.* I (Le point théologique 11), Paris, 1974, p. 23-34 que l'on ne peut pas passer au troisième niveau d'interprétation sans passer par le deuxième, qui est celui de la lecture dans le cadre d'une histoire des religions — aujourd'hui je préférerais parler de l'histoire du religieux.

6. Voir p. ex. G. GUSDORF, *Mythe et Métaphysique*. Introduction à la philosophie, Paris, 1984.

la raison à poursuivre son enquête scientifique pour comprendre raisonnablement les réalités exprimées par lui.

Le mythe ne s'oppose pas à l'histoire, il la dépasse. Le mythe n'est pas l'histoire puisqu'il s'occupe de sujets qui sont en dehors de l'histoire critique (par exemple l'origine du monde). Quand il parle de sujets qui peuvent être objets de l'histoire critique il le fait de telle façon que son interprétation n'est pas rationnelle comme il se doit dans une historiographie critique. Son explication est fondée sur la projection de vérités plus profondes à l'homme et connues par d'autres moyens que la raison. L'explication mythique est donc en dehors du champ de recherche de la raison raisonnante et consciente ou tout simplement scientifique.

Dans ce domaine du mythe, en dehors ou au-delà de la raison scientifique ou critique, le mythe rejoint la foi. Les mythes religieux expriment magnifiquement la foi religieuse du peuple qui les produit.

Ils expriment la foi qui ne peut s'exprimer autrement. Ils sont nécessaires tant que la raison scientifique n'a pas abordé et expliqué le sujet. Si la foi existe, et la foi n'est pas la science, elle aura toujours des aspects inabordables ou inexplicables par la raison scientifique, d'où le besoin de l'existence du mythe. Le mythe est donc nécessaire.

Quand la théologie veut tout réduire à la raison, elle détruit non seulement le mythe mais la foi. Elle fait de ses adeptes des rationalistes. La théologie ferait beaucoup mieux de s'occuper de son objet : une analyse et une synthèse raisonnantes des aspects raisonnables de la foi, et de laisser vivre le mythe comme expression d'une foi qui ne peut pas s'exprimer de façon raisonnable tout simplement parce que la raison n'a pas encore eu accès aux réalités exprimées par le mythe. *Il ne faut pas démythologiser la Bible*. Bien au contraire il est temps que nous commencions à réhabiliter le mythe dans la Bible, à identifier les mythes bibliques, à les appeler par leur nom.

L'autre question sur la conception de « création » a été soulevée par L.R. Fisher[7], A. Kapelrud[8] et R.J. Clifford[9],

---

7. L.R. FISCHER, art. cit., p. 315.
8. Dans *UF* 11, p. 408.
9. R.J. CLIFFORD, art. cit., p. 183-188.

entre autres. Pour A. Kapelrud, « il y a création quand quelque chose de nouveau, qui n'était pas là auparavant, est produit. L'organisation du chaos, souligne-t-il en bon théologien, n'est donc pas création[10] ». R.J. Clifford, tout récemment, voit dans la création une conception des anciens selon laquelle on justifie l'ordre social existant[11]. Magnifique projection dans le passé des intérêts de l'exégèse anglo-saxonne actuelle. D'autres distribuent les rôles des dieux. El serait le créateur des dieux et Ba'al celui du cosmos[12]. Sans compter ceux qui ont pensé à une lacune dans les textes actuels[13].

Il est temps de concevoir autrement les rapports entre Ugarit et l'Ancien Testament. Comme les biblistes ont été les premiers et les plus nombreux à s'intéresser à Ugarit, on a projeté sur la littérature et la culture ugaritiques, une vision « sudiste ». En effet, le bibliste, comme tout spécialiste des littératures comparées, regarde les textes extrabibliques dans la perspective que l'on peut avoir quand on se situe à un centre, dans ce cas précis Jérusalem, et que l'on regarde à l'entour. De l'« entourage » on ne retient alors que des faits qui semblent significatifs vus depuis ce centre. La connaissance que l'on a de ces littératures voisines est tout autre quand on se situe dans la périphérie et que l'on regarde vers ce centre. En d'autres termes, la vision est différente selon que l'observateur est à Jérusalem et regarde vers le nord (Ugarit), ou qu'il est placé au nord et regarde vers le sud. Je propose de remplacer la vision « sudiste » qui a prévalu jusqu'à présent par une vision « nordiste ». Il s'agit donc de se situer à Ugarit et d'explorer ce qui s'y passe concernant la créa-

---

10. Art. cit., p. 408.
11. Art. cit., p. 184-185, 186, 187, 197, 198, 201.
12. P. ex. L.R. FISHER, art. cit., p. 316 ss. Voir aussi F.M. CROSS, *Canaanite Myth and Hebrew Epic*, p. 43. Une bonne réponse dans A.S. KAPELRUD dans *UF* 11 (1979), p. 407-412.
13. P. ex. A.S. KAPELRUD, dans *X. Intern. Kongr. für Religionsgeschichte*, Marburg, 1961, p. 91, qui situe la lacune à la fin de *KTU* 1.2, lors de la proclamation de la Royauté de Ba'al après sa victoire sur Yam ; ID., « Baal in the Ras Shamra Texts », p. 101-109.

tion c'est-à-dire les origines des dieux, du monde et des hommes.

## I. LE VOCABULAIRE DE CRÉATION

Trois verbes ugaritiques et leurs dérivés sont traduits par « créer » : *bny, qny* et *kwn*.

*Bny*, commun à toutes les langues sémitiques sauf l'éthiopien[14], est en apparence en rapport avec *bn* « fils ». Or cette apparence n'est pas une évidence.

*Bn* selon les grammairiens est un mot biradical à l'origine[15]. Pour certains *bn* se serait allongé, remplaçant la troisième consonne radicale par *w* ou *y*, d'où *bny*[16]. Or cette relation est loin d'être sûre pour la plupart des spécialistes : « Die Ableitung des Nomens *ben* von der Wurzel *bnh* "bauen"... wird wohl ebenso fraglich bleiben müssen wie die Ableitung des aram. *Bar* von der Wurzel *br'* "erschaffen, hervorbringen"... Eher ist anzunehmen, dass *ben* bzw. *Bar*, wie andere Verwandtschaftsformen, ein von keiner Wurzel abszuleitendes Urwort ist[17]. » Ou encore : « Ein engeres Verhältnis zwischen *ben* "Sohn" und *bnh* bleibt unsicher, wenn auch möglich ; ebenso eine etymologische Verwandschaft von *bnh* und *br'* "schaffen"[18]. » Je cite d'autant plus volontiers ces auteurs

---

14. Voir KOEHLER, BAUMGARTNER, *Lexicon*, p. 134.
15. Voir C. BROCKELMANN, *Grundriss der Vergleichenden Grammatik der semitischen Sprachen*, § 115, p. 331. H. BAUER, P. LEANDER, *Historische Grammatik...*, § 57, p. 406-407 ; F. BROWN, S.R. DRIVER, F.A. BRIGGS, *Hebrew and English Lexicon of the Old Testament*, p. 120.
16. Voir C. BROCKELMANN, *op. cit.*, § 271, p. 618. W. GESENIUS, *Thesaurus Linguae Hebraicae* sous *bn* ; F. DELITZSCH, *Prolegomena*, p. 104. J. BARTH, dans *ZMG*, 1887, p. 638 ss., cités tous les trois par BROWN, DRIVER, BRIGGS, *op. cit.*, p. 120.
17. H. HAAG, art. *bn* dans *Theologisches Wörterbuch zum Alten Testament*, I, col. 672, qui cite J. de FRAINE, *Adam und seine Nachkommen*, 1962, p. 128.
18. A.R. HULST, art. *bnh* dans JENNI, WESTERMANN, *ThHwAT*, I, col. 325, qui renvoie à W. BAUMGARTNER, *Hebräisches und*

qu'une opinion contraire à la leur aurait bien facilité ma recherche.

Nos malheurs avec *bny* ne s'arrêtent pas là. Ils ont trait à la sémantique. Le dictionnaire des racines sémitiques donne comme premier sens de *bny* « bâtir »[19], d'autres préfèrent « construire ». Trois langues connaissent le sens « créer » : l'akkadien[20], l'amorite[21] et l'ugaritique[22], dont deux, l'akkadien[23] et l'ugaritique[24] connaissent les deux sens « construire » et « créer ». Quelle est l'évolution sémantique qui a fait de « construire » → « créer », ou de « créer » → « construire » ? S'agit-il de deux verbes homographes ? Personne ne répond de façon satisfaisante à ces deux questions. Le dictionnaire d'akkadien qui connaît quatre *banû*, rassemble sous *banû* IV les deux sens « créer » et « construire »[25].

En ugaritique *bny* ou *bnw* est très souvent utilisé dans des passages sur la construction des palais mythiques tantôt celui de Baʿal sur le Sapon[26], ainsi dans *KTU* 1.4 : IV : 62 ; V : 18.33.53 ; VI : 16.17.36 ; VIII : 35[27] ; tantôt celui de Yam construit par des dieux dans *KTU* 1.2 : III : 8.10[28]. Puis ce verbe *bny* apparaît dans la légende d'Aqht avec les sens de « réparer » ou « recréer » : ici le dieu Baʿal répare lui-même les ailes de rapaces qu'il a brisées à

---

*aramäisches Lexikon zum Alten Testament*, 1967, p. 133. I. KÜHLEWEIN, *ThHwAT*, I, art. *bēn*, col. 316, est moins négatif : « Es ist (bēn) vielleicht mit bnw/y "bauen" zu verbinden. »

19. D. COHEN, *Dictionnaire des racines sémitiques ou attestées dans les langues sémitiques*, fasc. 2, p. 71.
20. Voir W. von SODEN, *AHW*, I, p. 103.
21. Voir H.B. HUFFMON, *Amorite Personal Names in the Mari Texts*, p. 126.
22. J. AISTLEITNER, *WUS*, n° 534.
23. Voir W. von SODEN, *AHW*, I., p. 103 sous *banû(m)* IV qui donne comme sens « créer, construire ».
24. J. AISTLEITNER, *WUS*, n° 534, qui donne 1) bauen, 2) erschaffen, 3) wiederherstellen. Ce troisième sens dérive facilement du deuxième.
25. Voir W. von SODEN, *op. cit.*
26. Voir à propos du palais mythique de Ba'al sur le Saphon mon rapport à l'EPHE, Vᵉ section, vol. 93 (1984-1985).
27. Voir pour la traduction CAQUOT, SZNYCER, HERDNER, *op. cit.* (cité plus bas C-S-H), p. 206, 208, 209, 210, 213, 221.
28. Voir pour la traduction C-S-H, p. 122 et 123.

la demande de Danel cherchant dans les entrailles de ces oiseaux les restes de son fils Aqht dans *KTU* 1.18 : IV : 40 ; 1.19 : III : 26-27[29]. Le verbe apparaît aussi dans le syntagme *mlk bny* « roi constructeur (?) » de *KTU* 7.63 : 7, en compagnie d'autres titres non moins éloquents comme *b'l ṣdq* « seigneur ou maître de justice », mais dont le sens exact nous échappe.

L'expression la plus importante pour notre propos et en rapport avec le verbe *bny* est *bny bnwt* attribuée toujours au dieu El dans *KTU* 1.4 : II : 11 ; III : 32 ; 1.6 : III : 5.11 ; 1.17 : I : 24, vraie épithète de ce dieu et que l'on traduit par « créateur des créatures ».

*Bnwt* apparaît une fois en dehors de l'expression *bny bnwt* dans *KTU* 1.100 : 62 dans un contexte difficile, à l'intérieur d'une incantation. Ce passage fait penser à M. Dietrich, O. Loretz et J. Sanmartín[30] que *bnwt* a le sens de « force générative », « Zeugungskraft ». Leur traduction est acceptée par G. del Olmo[31] mais ni les uns ni l'autre n'apportent d'arguments autres que celui du contexte. P. Xella commentant le même texte ne semble pas l'accepter et préfère « créature »[32] ainsi que E. Lipinski[33]. M. Tsevat traduit *bnwt* par « enfant »[34]. D.W. Young traduit « progeny »[35] ainsi que Ch.H. Bowman et R.B. Coote mais ceux-ci suggèrent que *bnwt* signifie de façon « praegnans » la puissance du père[36]. Finalement

---

29. Voir pour la traduction C-S-H, p. 440 et 451.
30. Dans *Ugarit-Forschungen (UF)*, 7, 1975, p. 124.
31. *Mitos y Leyendas de Canaán según la tradición de Ugarit*, Glosario, p. 528.
32. *I testi rituali di Ugarit*, I, p. 229 et 236.
33. Dans *UF* 6, p. 170, explication à la p. 172 : « La phrase *wttkl bnwth*, dont Shapshu est le sujet, ne peut se traduire autrement que par « et elle va perdre sa créature ». On se souviendra, en effet, que les verbes d'abondance et de disette demandent l'accusatif. On trouvera en Gn 27, 45 un autre exemple de cette construction avec le verbe *ṯkl škl* « être privé d'un enfant » ou « des enfants ».
34. Dans *UF* 11, 1979, p. 759 et 763, qui traduit *bnwt* par « enfant » et s'appuie pour cela dans notre expression *bny bnwt* (*ibid.*, p. 763).
35. Dans *UF* 11, 1979, p. 843, et il pense à la perte de descendance, « progeny » de la jument (cf. *ibid.*, p. 846).
36. Dans *UF* 12, 1980, p. 135, explication p. 138 : « The meaning

M. Dietrich et O. Loretz reviennent à la traduction « créature » en s'appuyant sur l'akkadien *binûtu*[37], et « créatures » au pluriel est le sens retenu par I. Kottsieper[38].

Revenant donc à l'expression *bny bnwt* il nous reste à conclure que la meilleure traduction pour le moment est celle de « créateur des créatures ». Encore faudrait-il comprendre ce que « créateur des créatures » veut dire au juste, ou bien comment El était devenu « créateur » ou ce que les Ugaritains comprenaient par « créateur » ?

*Qny* signifie « créer », « posséder » selon Caquot, Sznycer et Herdner[39], le premier sens « créer » est aussi celui de l'arabe, tandis que « posséder » est celui de l'éthiopien[40]. Selon Aistleitner : « créer », « produire », « concevoir (un plan) », « acquérir »[41] ; Del Olmo : « créer », « forger », « procréer », « obtenir »[42].

*Qnyt* est un dérivé de ce verbe que l'on trouve dans l'expression *qnyt ilm* que l'on traduit par « créatrice des dieux », titre appliqué à Athirat dans *KTU* 1.4 : I : 22 ; 32 ; 1.8 ; III : 26.30.35 : IV ; II : 2. Mais encore qu'est-ce que « créatrice des dieux » veut dire au juste ? Qu'est-ce que les Ugaritains comprenaient quand ils prononçaient cette phrase ?

*Il qny arṣ* pourrait être à la base de *elkunirša* que l'on trouve dans un mythe ugaritique traduit en hittite[43]. Il s'agirait d'un « indice indirect permettant de croire qu'El était tenu pour le créateur du monde en son ensemble... *il*

---

of bnwt is apparently "progeny" in the concrete sense. We are reluctant to abstract its plain meaning to "potency" or the like, but suggest that it is used here in praegnans constructio to mean more fully the capacity to father progeny, tautamount to potency. »

37. Dans *UF* 12, 1980, p. 167, explication p. 161.
38. Dans *UF* 13, 1981, p. 105 et 106.
39. *Op. cit.*, p. 597.
40. Voir C.H. GORDON, *UT, Glossary*, n° 2249.
41. *WUS* n° 2426.
42. *Mitos y Leyendas de Canaán*, p. 619.
43. Voir H. OTTEN, « Ein Kanaanäischen Mythus aus Bogazköy », *Mitteilungen des Instituts für Orientforschung*, 1 (1953), p. 125-150. On peut lire la traduction américaine d'A. GOETZE dans *ANET*, 3rd ed., p. 519. Voir aussi M. POPE, *El in the Ugaritic Texts*, p. 52-54 ; H. HOFFNER, *RHA* 76 (1965), p. 5-16.

*qny 'arṣ*, « El créateur de la terre » évoque le nom du dieu de Melchisedech *'él ('èlyôn) qonèh (šâmayim wâ)ârèṣ*... Gn 14,19), et une appellation divine qui a laissé plusieurs autres traces[44] ». Ces traces se trouvent dans l'inscription phénicienne de Karatepe[45], un ostracon hébraïque du VIIᵉ siècle av. J.-C., trouvé à Jérusalem[46], une inscription araméenne de Palmyre du Iᵉʳ siècle après J.-C.[47], dans 4 tessères de Palmyre[48], dans une inscription de Hatra[49] et dans une inscription néo-punique du IIᵉ siècle ap. J.-C. trouvée à Leptis Magna[50].

Dans *KTU* 1.16 : V : 26 et 27 apparaît *kwn* au šaphel avec le sens de « créer » « faire être » « appeler à la vie »[51]. Ce verbe se trouve dans un passage de la légende de Krt (*KTU* 1.16 : V : 10-30) intéressant pour nous pour d'autres raisons. Il y est fait allusion à l'intervention du dieu El pour guérir Krt de sa maladie. Malgré l'invitation de El aux autres dieux pour qu'ils guérissent Krt, aucun n'intervient. Alors El s'exclame :

> *ank iḥtrš.waškn aškn.ydt.[m]rṣ gršt zbln.rx [   ]. ymlu n'm.rṭ [   ].yqrṣ dt.bphx*

que Caquot, Sznycer et Herdner traduisent : « "[M]oi, je

---

44. C-S-H, p. 57-58.
45. DONNER, RÖLLIG, *KAI* 26 A : III : 18. Voir aussi F. BRON, *Recherches sur les inscriptions de Karatepe* (Hautes Études Orientales 14), p. 14, 120, 186-187.
46. Voir N. AVIGAD, « Excavations in the Jewish Quarter of the Old City of Jerusalem », 1971, dans *IEJ* 22 (1972), p. 195-196 ; P.D. MILLER, « El, The Creator of Earth », *BASOR* 239 (1980), p. 43-46.
47. Voir J. CANTINEAU, *Tadmoria*, n° 31 : « Un Poséidon palmyrénien », Syria 19 (1938), p. 78-79 ; G. LEVI DELLA VIDA, « El 'Elyon in Genesis 14 : 18-20 », *JBL* 63 (1944), p. 8.
48. Voir H. INGHOLT et al., *Recueil des tessères de Palmyre*, 1955, p. 32.
49. Voir A. CAQUOT, « Nouvelles inscriptions araméennes de Hatra », *Syria* 29 (1952), p. 102 ; *Id.*, « Nouvelles inscriptions araméennes de Hatra », *Syria* 40 (1963), p. 15.
50. Voir G. LEVI DELLA VIDA, *JBL* 63 (1944), p. 5 ; DONNER, RÖLLIG, *KAI* n° 129.
51. Voir C-S-H, p. 566 et n. 1 ; J.C. de MOOR, *UF* 11 (1979), p. 647 ; B. MARGALIT, art. cit., p. 143 ; mais G. DEL OLMO, *op. cit.*, p. 318, préfère « dispondré ».

façonnerai et je créerai sûrement celle qui chasse la maladie, celle qui exorcise le mal." D'ar[gile sa main] il remplit, de la meilleure argile[, sa main droite ;] il pétrit celle qui dans... [ ] ...[52] ». Le passage est mal conservé et l'interprétation difficile. Les traducteurs sont obligés de reconstruire le texte. Nous n'allons pas le discuter dans le détail. On remarquera que les versions divergent dans l'appréciation du verbe *iḫtrš*, pour les uns « je façonnerai[53] » et pour les autres « j'accomplirai un acte de magie[54] ». Pour les uns et les autres l'action de façonner l'argile se trouve indiquée après dans le verbe *yqrs*. Quoi qu'il en soit, *le dieu El crée* š'tqt *en façonnant l'argile*. Mais š'tqt est une créature guérisseuse, une *lamassatu*[55] et non un être humain. Par ailleurs la création d'un « démon » bénéfique pour guérir la maladie montre que la conception des Ugaritains dans ce domaine était identique à celle des Mésopotamiens[56].

On rencontre ensemble dans un contexte on ne peut plus éloquent *qny* ainsi que *kwn*.

En effet, la lecture de *KTU* 10 : III : 4-8 montre la connexion entre création et vie sexuelle de façon plus explicite :

>    w y'ny.alıyn [.b'l]
>    lm.k qnyn. 'l° [ ]
>    k drd (drdr).d yknn [ ]
>    b'l. yṣġd.mli [ ]
>    il pd(hd).mla.uṣ/l [ ]

Et Aliyn Ba'al répond : « Pourquoi comme notre créateur éternel comme celui qui de toujours nous fait être / nous établit /, Ba'al doit s'avancer [le membre] plein, le dieu Haddou son doi[gt] rempli ? »

---

52. *Op. cit.*, p. 566.
53. VIROLLEAUD, AISTLEITNER, voir C-S-H, p. 566 n. e ; B. MARGALIT, « je forgerai » art. cit., p. 143.
54. GINSBERG, GORDON, GRAY, JIRKU, voir C-S-H, *loc. cit.*, De MOOR, p. ex. dans *UF* 11 (1979), p. 647 ; del OLMO, *op. cit.*, p. 318.
55. Il nous semble évident par le contexte. Ainsi comprend aussi De MOOR, art. cit., p. 646, n. 44. Voir aussi B. MARGALIT, art. cit. p. 142-146.
56. Voir « Demonología mesopotámica », dans *Revelación y pensar mítico* (XXVII Semana Bíblica Española), Madrid, 1970, p. 155-156.

« Ces qualificatifs — écrivent Caquot, Sznycer et Herdner commentent le passage — rappellent la puissance génitale reconnue au dieu El... et montrent qu'El était tenu pour le créateur de Baʻal et de ʻAnat comme des autres dieux[57]. »

## II. LE CONTEXTE LITTÉRAIRE ET RELIGIEUX

Le passage des amours de Baʻal et ʻAnat (*KTU* 1.10-1.11) confirme de façon éclatante l'interprétation que l'on doit faire de *KTU* 1.23. En même temps « la naissance de Šaḥar et Šalim » (*KTU* 1.23) nous apporte le contexte littéraire et religieux pour ne pas dire l'exégèse qui permet de comprendre l'expression « créatrice des dieux » attribuée à Athirat.

*KTU* 1.23 présente le dieu El en pleine action créative[58]. De l'union indiscutablement sexuelle du dieu El avec Athirat-la-matricielle[59] (Raḥmay de rḥm = matrice) naissent les dieux Šaḥar et Šalim. Nous sommes devant une théogonie. On comprend donc très bien que les dieux soient appelés très souvent à Ugarit *bn il* au sens propre[60]. On comprend aussi que Athirat reçoive l'épithète *qnyt ilm* que l'on traduira « génitrice des dieux », synonyme de « créatrice des dieux ». En fait *KTU* 1.4 : VI : 46 parle des *Šbʻm.bn. aṯrt* « les soixante-dix fils d'Athirat[61] ». L'information que l'on peut tirer de *KTU* 1.23 ne s'arrête pas là. Ce texte est cité d'habitude comme s'il était un mythe alors qu'on néglige souvent son

---

57. *Op. cit.*, p. 286 n. v. On peut y ajouter *KTU* 1.3 : V : 35-36 où ʻAnat dit que Baʻal « gémit en criant au Taureau El, son père, à El, le roi qui l'a fait être ». Voir C-S-H, p .176.
58. On suppose connu du lecteur ce texte. Pour une traduction française voir C-S-H, p. 369-379.
59. Un autre passage parallèle est *KTU* 1.4 : IV : 38-39. Voir traduction dans C-S.H., p. 205.
60. Voir *Cuando los ángeles eran dioses*, Salamanca, 1976, p. 50-112.
61. Voir la n. k dans C-S-H, p. 214.

caractère *rituel* nettement exprimé dans la première partie, le recto de la tablette. Dans ce rituel le dieu El, ou son représentant dans le rite, s'unit aux deux femmes humaines, les *mšt'ltm*, participe au duel que l'on pourrait interpréter comme « les deux femmes qui s'offrent » participe féminin *št* du verbe *'ly*. Dans ce contexte cultuel le qualificatif d'El « père des hommes » (*ab adm* dans *KTU* 1.14 : I 37, etc.) coule de source. Nous aurions dans *KTU* 1.23 un rituel de fécondité. Ce texte rituel avec son explication mythique qui décrit l'union avec les *mšt'ltm*, deux femmes humaines, ne constitue peut-être pas un récit de création des hommes mais *n'exprime-t-il pas clairement comment la vie du dieu El passe aux hommes ? La transmission de la vie de la divinité aux hommes s'opère par voie sexuelle dans le culte.* Ne s'agit-il pas d'un mythe de création, c'est-à-dire de l'origine de la vie des humains ?

En outre, *KTU* 1.23 est un rituel de *fertilité* puisqu'il y est question de « champ des dieux, champ d'Athirat-la-matricielle » aux lignes 13 et 28. On peut se représenter les officiants en train de prononcer cette phrase du haut du tell et regardant autour d'eux, regardant les champs d'Ugarit comme le fera plus tard l'ancienne liturgie catholique lors des processions de rogations les jours qui précédaient l'Ascension. Peut-on situer dans ce contexte religieux l'expression *bny bnwt* « créateur des créatures » ou « créateur des choses créées » ?

Par ailleurs on remarquera que ce texte rituel a été trouvé dans la maison du grand prêtre. Tout porte à penser qu'il était utilisé dans le culte[62].

En conséquence, si Ugarit n'a pas de mythes de *création* c'est que tout s'y explique par la *procréation*. Au moins dans l'état de nos connaissances.

D'autre part, de tous les textes trouvés jusqu'à présent à Ras Shamra, pas un seul ne permet de déceler une vision négative, ou moins positive du sexe. Bien plus, on en parle *exclusivement dans les textes religieux* et d'une

---

62. Voir Annuaire de l'EPHE, V⁰ section, t. 93 (1984-1985) p. 237-242.

façon on ne peut plus explicite et plus positive[63]. Est-ce un hasard si la sexualité est absente des récits dits « profanes » (lettres, documents juridiques et administratifs) alors que les textes religieux en parlent à profusion et de la façon la plus crue ?

Que l'on interprète nos textes comme « normatifs », « dogmatiques », « doctrinaux » ou « idéologiques », tout porte à croire que la sexualité dans la religion d'Ugarit jouait un rôle de premier plan : les dieux sont engendrés par voie sexuelle, la création-génération des hommes est aussi opérée par voie cultico-sexuelle. On serait tenté de dire que la sexualité est de l'ordre du « sacré ».

Du moins perçoit-on chez les Ugaritains un sens très positif de la sexualité en connexion étroite avec l'existence et la vie. C'est d'ailleurs ce que nous croyions avoir décelé dans les salutations des lettres quand nous écrivions : « Que les Ugaritains aient fait intervenir les dieux pour tout ce qui concerne la santé, la force et la vigueur vitale, semble être confirmé par la formule trouvée dans la lettre adressée au grand prêtre : *ilm tšlmk tǵrk t'zzk*, "que les dieux te conservent la santé, te protègent et te fortifient !" Cette formule pourrait être une forme abrégée de *ilm tǵrk tšlmk t'zzk alp ymm w rbt šnt b'd 'lm* "que les dieux te protègent, te conservent la santé, te donnent la vigueur (vitale) mille jours et dix mille années jusqu'à l'éternité pour toujours !". Cette phrase exprime clairement les rapports que les Ugaritains établissent entre leur vie, leur vigueur, leur force et les dieux. Des dieux dépendent la durée de la vie de l'homme. Peut-être même voient-ils dans les dieux la source de leur vie, de leur force et de leur vigueur vitale[64] ». Aujourd'hui ces vues sont confirmées.

---

63. D'autres textes, *KTU* 1.11, voir traduction dans C-S-H, *op. cit.*, p. 289 ; *KTU* 1.5 : V : 18-25, traduction dans C-S-H, p. 248-249.
64. Dans *RHR* 201 (1984), p. 231-232.

## III. RELIGION CANANÉENNE ET RELIGION BIBLIQUE

Dans ce contexte religieux, et dans la mesure où l'on peut considérer Ugarit comme représentant de la culture cananéenne, on comprend beaucoup mieux les réactions du Yahvisme et de la Bible.

Car si un fait se dégage clairement à la lecture de certains prophètes et de la littérature législative et narrative née sous leur influence, c'est bien l'opposition radicale entre religion biblique et religion cananéenne parfois appelée baalisme. Les témoignages en sont nombreux. Cette opposition ne peut se réduire à la lutte entre deux dieux, aux noms donnés à la divinité, ni aux attributs de l'un et de l'autre, Yahveh ou Ba'al, même si cela est commode pour parler d'une réalité plus vaste ou même pour démarrer une recherche[65]. Si l'opposition se limitait aux Noms des divinités, la pratique religieuse aurait fini par les identifier, comme ce fut le cas entre Yahveh et El. Il ne s'agit pas non plus et seulement de l'opposition entre culture du désert et culture agricole[66]. Les nombreux

---

65. Tendance très courante dans l'exégèse et l'histoire des religions. Pour ne citer qu'un exemple voir W.F. ALBRIGHT, *Yahweh and the Gods of Canaan*, Londres, 1968, en particulier le chapitre « Canaanite Religion », p. 96-132. Il écrit des choses aujourd'hui inacceptables d'un point de vue historique et d'un point de vue religieux, p. ex. en oubliant certaines caractéristiques du dieu El qui sont claires dans les textes et déjà connues dans son temps. Voir aussi chez A. CAQUOT, « Problèmes d'histoire religieuse », dans M. LIVERANI (ed.) *La Siria nel Tardo Bronzo*, Rome, 1969, p. 61-76, la prétention de certains à reconstituer un panthéon commun sémitique.
66. Comme on l'a pensé souvent. Voir à ce propos N.C. HABEL, *Yahweh versus Baal. A conflict of Religious Cultures*, New York 1964. « The compatibility of the religion of Israël with an ancient agricultural way of life was more than academic question. It is the purpose of the present chapter *to accentuate* the main features of Baal's role as a god of agriculture and fertility, and to gain a deeper appreciation of the Spannung between the early faith of Israel and this aspect of the religion of the Canaanites » (p. 93). On remarquera que l'on considère en premier « la foi d'Israël » et seulement après la religion cananéenne faussant ainsi la recherche historique.

passages prophétiques (citons seulement Os 2 pour mémoire) ainsi que les expressions bibliques telles que : « les enfants d'Israël... servirent les Baals... Ils se prosternèrent devant eux, ... ils délaissèrent Yahvé pour servir Baal et Astarté... » (Jg 2, 11-13), ou « Les Israélites oublièrent Yahvé leur Dieu pour servir les Baals et des Ashéras » (Jg 3, 7 ; voir aussi 6, 28-32 ; 8,33 ; 10, 6-10 ; 2 R 23,4 ; Ex 23, 24 et dans le « décalogue cultuel » Ex 34, 13, etc.). Ces passages et ces expressions, et beaucoup d'autres, font allusion au baalisme ou au culte de fertilité-fécondité. Ils montrent bien que l'opposition concerne non seulement deux divinités antagonistes (Yahveh est en concurrence avec Ba'al mais aussi avec Asherah, Astarté, etc.), mais en plus deux cultes antagonistes. Il s'agit bien de deux religions, ce qui ne veut pas dire seulement deux pratiques religieuses différentes, ni des rituels différents, car dans ce domaine les Hébreux ont fait preuve de capacités d'assimilation considérables, mais de deux conceptions différentes des rapports entre l'homme et la divinité. Cela, je l'appelle le religieux faute d'un terme meilleur[67].

Or *l'opposition* ne se trouve ni dans le point d'ancrage anthropologique du religieux qui dans les deux religions est le même : la fragilité humaine[68], ni dans certains aspects des rapports de l'homme avec la divinité. Aussi bien à Canaan, selon Ugarit, que dans la Bible on s'attend à ce que Dieu « livre les ennemis entre nos mains »[69], ou que la divinité protège l'homme[70], lui accorde un prolongement de la vie[71] ou encore lui accorde la santé[72]. La différence est ailleurs.

*Une différence fondamentale entre la religion biblique*

---

67. Voir Annuaire de l'EPHE, V[e] section, t. 92 (1983-1984), p. 257.
68. Voir « Expresiones de la fe y la piedad cotidianas en las salutaciones de las cartas de Ugarit », dans *Simposio Bíblico Español*, Madrid, 1984, p. 126-127.
69. Voir « La foi et la piété quotidiennes dans le corps des lettres trouvées à Ugarit », *Mélanges Delcor*, Neukirchen-Vluyn, 1985, p. 75-76.
70. Voir « Expresiones de la fe... », p. 123.
71. Voir *ibid.*, p. 124.
72. Voir *ibid.*, p. 122-123.

*et la religion cananéenne* se trouve dans *leurs appréciations différentes de la sexualité*. Il faut en tenir compte si l'on veut établir l'histoire du religieux en Israël et si l'on veut comprendre la pensée religieuse de la Bible.

Si l'on tient compte de la composante cananéenne de l'ancien Israël, comment se fait-il que la Bible nous montre le yahvisme en lutte avec sa propre composante cananéenne ? Les témoignages cités plus haut, certains de rédaction deutéronomiste, prouvent bien que le baalisme et le religieux cananéen ont été bien vivants en Israël jusqu'à une époque tardive. Cela ne veut pas dire que le yahvisme s'explique exclusivement par opposition à Canaan. Au contraire il nous semble indispensable d'expliquer l'origine du yahvisme, de ses caractéristiques fondamentales pour comprendre la raison pour laquelle il a pu s'opposer systématiquement et avec autant de force à une conception religieuse qui, si l'on tient compte de la composition historico-ethnique de l'ancien Israël, existait dans la composante cananéenne de ce peuple.

Par ailleurs on comprend pourquoi les biblistes sont allés chercher du côté de l'Enuma eliš[73] ou d'Atrahasis une explication au récit biblique de la création. La Bible, le yahvisme, sont plus proches de ces conceptions que de celles des Ugaritains. Pour ceux-ci la création de la vie, des hommes et des dieux s'expliquait suffisamment par la sexualité dans le culte de la fertilité-fécondité.

Si la conception cananéenne de la sexualité nous choque, cela tient au moralisme régnant dans notre culture depuis le XVIIe siècle apr. J.-C.[74] et même en partie chez les Grecs[75] dont nous héritons également. Mais Canaan est antérieur et aux uns et aux autres.

A la question initiale : Peut-on parler de mythes de création à Ugarit ? La réponse est celle-ci : Les archéologues n'ont pas trouvé à Ugarit de récit de création du cosmos. Un rituel avec explication mythique rend compte

---

73. Consulter les auteurs qui pensent à une origine ouest-sémitique de l'*Enuma Eliš*. En dernier B. MARGALIT, *UF* 13, p. 137-142, avec bibliographie.
74. Voir M. DETIENNE, *L'Invention de la mythologie*, p. 15-49.
75. ID., *ibid.*, p. 85-189.

de la conception que les Ugaritains se faisaient de la création, des dieux, de la transmission de la vie des dieux aux hommes et aux champs. La vie se transmet par un commerce cultico-sexuel. En résumé nous disposons d'un *récit mythique sur la transmission de la vie de la divinité aux hommes*.

# CHAPITRE III

# LES COSMOGONIES DE L'ANCIENNE ÉGYPTE

## par Bernadette MENU

Tenter de résumer en une vingtaine de pages les conceptions cosmogoniques de l'Égypte ancienne, relève de la gageure. En effet, les Égyptiens de l'époque pharaonique n'ont pas proposé *une* mais une *multitude*[1] d'explications à la création du monde qu'ils appellent la « Première Fois ». De plus, à part le « Document de Théologie memphite », écrit très intellectuel dont un extrait sera cité plus loin[2], ils n'ont pas rédigé à des fins didactiques de récit cohérent des origines, il faut en retrouver les éléments épars parmi des développements divers insérés dans les textes les plus variés tels que les hymnes aux divinités : figurent en annexe[3] des exemples d'hymnes adressés aux

---

1. H. FRANKFORT, *Ancient Egyptian Religion*, p. 19-20.
2. *Infra*, p. 109, d'après SAUNERON et YOYOTTE, *La Naissance du monde*..., p. 63-64.
3. *Infra*, p. 117-120, d'après BARUCQ et DAUMAS, *Hymnes et prières*..., p. 175-177, 394-399.

principaux dieux créateurs, Rê et Ptah, auxquels il faut ajouter Khnoum, le dieu-potier et Neith, la divinité créatrice, la déesse-mère victorieuse dont l'emblème est constitué de deux arcs croisés, la grande vache tutélaire qui nourrit l'humanité[3 bis]. Les évocations de la « Première Fois » se trouvent aussi dans les formules funéraires qui assimilent le mort à un dieu, dans les chapitres de rituels, les dédicaces de temples, les titulatures de dieux locaux, dans les textes magiques, enfin. La Grande Magie en la personne du dieu Heka, manifestation du démiurge, est le pouvoir, accordé à quelques initiés (rois et prêtres), de recréer le monde chaque jour comme la première fois, d'exercer l'autorité sur les choses visibles et invisibles, d'influer sur l'énergie cosmique. Il ne faudra pas perdre de vue, au long de cet exposé, que tout, en Égypte ancienne, est univers symbolique, « jeu de correspondances subtiles[4] ».

*
* *

Avant d'énumérer les principaux systèmes cosmogoniques de l'Égypte ancienne, il est bon de se rappeler que la civilisation pharaonique n'est pas née brutalement toute équipée, comme Minerve sortant du cerveau de Jupiter, à l'aube du IIIe millénaire avant J.-C. Elle est le résultat d'une longue préparation qui prit place à l'époque préhistorique.

Les théologiens de l'Égypte ancienne, respectueux de la tradition sacrée léguée par les ancêtres, n'ont jamais pu évacuer, en tout ou en partie, les croyances originelles primitives. C'est pourquoi, en des combinaisons syncrétiques parfois déroutantes, ils les ont assimilées dans leurs systèmes savants : Il n'y a jamais eu de réelle exclusive dans la théologie, ou plutôt dans les théologies égyptiennes. D'où

---

3 bis. R. EL SAYED, *La Déesse Neith de Saïs*, I : Importance et rayonnement de son culte ; II : Documentation. Le Caire, 1982, 2 vol.
4. Voir, par exemple, C. JACQ, *Le Monde magique de l'Égypte ancienne*, Monaco, 1983, notamment p. 41.

l'accumulation des croyances concernant un même dieu. D'où aussi la prolifération même des dieux.

La présence des animaux, si caractéristique de la religion égyptienne, est issue, à travers les cultes locaux, des pratiques ancestrales ; elle a pu être expliquée en partie par le totémisme[5]. Cette théorie, toutefois, est aujourd'hui abandonnée en ce qui concerne l'Égypte ancienne, du fait que les éléments constitutifs du totémisme ne s'y trouvent pas réunis. En réalité, l'animal constitue, pour les habitants primitifs de la vallée du Nil, un recours essentiel, une expression de la nature à l'état brut, un lien entre le réel et les forces obscures de l'Univers[6]. On peut supposer que les peuples nilotiques de la préhistoire conféraient au dieu local les attributs d'un animal donné. Par exemple, le dieu-faucon, vénéré primitivement dans le nome du Faucon, territoire du dieu, appelé à un avenir brillant en la personne d'Horus qu'incarnait le Pharaon de l'Égypte unifiée à l'époque historique, concentre en lui des qualités que détiennent ou prétendent détenir les membres du groupe social se réclamant du Faucon, à savoir la perspicacité, la rapidité, l'habileté à capturer l'ennemi.

De cette conception primordiale dérivent deux notions : la représentation des dieux sous des formes diverses, d'une part, et d'autre part le rôle des animaux sacrés.

---

5. La thèse du totémisme a été défendue notamment par A. MORET (*Mystères égyptiens ; Des clans aux empires*) qui l'invoquait aussi comme explication de la conception égyptienne du *ka* : « Le *ka* est une enseigne de tribu, un nom du roi ou des particuliers, un génie protecteur, la source de vie d'où sortent et où retournent le roi, les dieux, les hommes, les choses, les forces matérielles et intellectuelles ; c'est enfin la nourriture qui entretient la vie universelle... Cette puissance, c'est le totem », écrivait-il en 1922 (*Mystères égyptiens*, p. 212-213), reprenant l'idée exprimée par V. Loret en 1906 : « Le *ka* d'un individu, c'est sa substance même, son nom impérissable, son totem. »
Les savants modernes, toutefois, en constatant que certains traits caractéristiques du totémisme font défaut dans la tradition égyptienne (voir, p. ex., FRANKFORT, *Ancient Egyptian Religion*, p. 9) rejettent actuellement cette théorie. Voir la discussion de VANDIER sur la question, *La Religion égyptienne*, p. 24.
6. Voir, p. ex., FRANKFORT, *Ancient Egyptian Religion*, p. 8-14.

Les apparences multiples que revêtent les dieux procèdent de cette intention : attribuer à la divinité les caractères qui émanent d'un être animé ou inanimé. Ainsi le dieu Thot, dieu de la science et de l'écriture, est-il représenté sous trois formes principales : la lune, l'ibis, le singe (plus précisément le babouin), qui toutes expriment une idée de méditation. L'anthropomorphisme complète le procédé, par la fusion des éléments universels et humains, en des compositions qui mêlent aspects et attributs principaux relevant de ces deux sphères.

Le culte rendu à des animaux sacrés découle des phénomènes précédents, mais l'animal sacré n'est pas un dieu : comme l'image anthropomorphe du dieu, sa statue d'or, d'argent et de pierres précieuses ornée de ses attributs spécifiques, comme le Pharaon lui-même, ainsi que l'a bien démontré G. Posener dans son livre intitulé *De la divinité du Pharaon*[7], l'animal sacré est le réceptacle de cette énergie supérieure essentiellement fluide qu'est la divinité. Ainsi lit-on dans l'*Enseignement pour Mérikarê* : « Rends les honneurs sur son chemin à (la statue du) dieu faite en pierre rare, modelée en métal, à l'exemple du flot remplacé par le flot. (Mais) il n'y a pas de fleuve qui souffre qu'on le cèle ; il quitte le bras artificiel dans lequel il s'était caché. » Et Posener de commenter : « ... Retenons l'image du fleuve : comme lui, la divinité ne peut être retenue dans le réceptacle qu'on lui a donné. Aussi la présence du dieu dans son image est-elle pour le prêtre un souci quotidien. »

En ce qui concerne le polythéisme[8], ainsi que l'a bien noté, parmi d'autres, A. Mekhitarian dans son petit livre sur la religion égyptienne[9], les anciens Égyptiens ont très bien conçu « le dieu » comme une entité unique, ceci peut être vérifié à travers les textes. En voici quelques exemples cités par cet auteur :

---

7. *Op. cit.*, p. 17.
8. Sur ce problème, on verra l'étude fondamentale d'E. HORNUNG, *Der eine und die vielen*, Darmstadt, 1971.
9. A. MEKHITARIAN, *L'Égypte* (= Religions du monde), p. 29, reprenant E. HORNUNG, *Der eine und die vielen*, p. 30-50, spécialement p. 38.

— « Quand la prévision des hommes ne s'est pas réalisée, c'est l'ordre de Dieu qui s'exécute » ;
— « Les hommes sont l'image de Dieu... Dis à Dieu qui te donne la sagesse : Mets-les sur ta voie ! » ;
— « Mieux vaut un boisseau que Dieu te donne que cinq mille acquis injustement » ;
— « Mais tu ne sais pas les desseins de Dieu et tu ne connais pas le lendemain. Repose-toi dans les mains de Dieu » ;
— « L'homme est limon et paille. Dieu est son constructeur » ;
— « J'ai contenté Dieu par ce qu'il aimait, me souvenant que je parviendrais à Dieu le jour de ma mort » ; etc.

Ces textes que l'on trouve dans les Maximes de Ptahhotep et divers autres livres de sagesse, s'échelonnent sur les trois millénaires de l'histoire pharaonique ; on recueille aussi des affirmations de ce genre dans des récits tels que les contes du Papyrus Westcar ou le roman de Sinouhé.

Cependant, si l'essence divine est une, ses manifestations sont multiples. Ce sont des hypostases de Dieu, chacun de ses caractères étant personnifié sous forme humaine, animale ou cosmique.

Quelle est la place de l'homme dans la création, d'après les théologies égyptiennes ? Elle est à la fois sublime et dérisoire. Citons quelques passages de l'épilogue que proposent Sauneron et Yoyotte à leur contribution fondamentale, *La Naissance du monde selon l'Égypte ancienne*[10] :

Il pourra sembler [...] que les Égyptiens aient conçu la création comme une œuvre globale faite, si l'on veut, pour elle-même : la genèse met simplement en place, par étapes, ce qui constituait pour un habitant de la vallée du Nil le monde entier : relief physique, lumière et soleil, Nil, dieux et hommes, animaux et plantes sont issus d'une volonté inexplicable du démiurge « s'accomplissant lui-même », sans orientation déter-

---

10. S. SAUNERON et J. YOYOTTE, *La naissance du monde selon l'Égypte ancienne*, p. 74-76. La présente communication doit beaucoup à cet ouvrage de première importance pour l'étude du sujet.

minée, mais selon un plan providentiel. *Ipso facto*, ce plan a pourvu à la vie de chaque espèce :

> Les faucons vivent des oiseaux plus petits ;
> Les chiens, de leurs maraudes ;
> Les pourceaux, du désert ;
> Les hippopotames, des marais ;
> Les hommes, de grains ;
> Les crocodiles, de poissons ;
> Les poissons, de ce qui est dans le flot montant.
> (Tout ceci) conformément à l'ordre d'Atoum.

[...] les textes, s'ils disent à l'occasion « les dieux et les hommes », nomment beaucoup plus souvent les humains *avant* les dieux dans leur énumération des créatures. Cet usage, fort surprenant si on le considère à travers nos conceptions modernes, mériterait d'être expliqué par une recherche systématique. On notera, en attendant, que, dans la cosmogonie d'Héliopolis, les hommes naissent des larmes du dieu-soleil, alors que la neuvaine des grands dieux n'a pas encore vu le jour ; ils sont *chronologiquement antérieurs aux dieux !*

Et pourtant l'humanité pharaonique, moins bien traitée que celle de la Bible, trouve modestement sa place entre les hippopotames et la gent crocodile[11], dans cet ordre providentiel qui étend ses bienfaits jusqu'aux petits des faucons et va même jusqu'à donner la pâture aux souris. Néanmoins, une tendance humaniste, orientant toute l'œuvre de création au profit de notre espèce, exista, et se développa sur le thème du « troupeau de Dieu ». Les *Instructions* morales et politiques, composées par un roi pour son successeur, Mérikarê, plus de 2 000 ans avant le Christ, au lendemain d'une période anarchique où la hiérarchie des valeurs traditionnelles fut profondément modifiée, proclament ouvertement :

« Les hommes, troupeau de Dieu, ont été bien pourvus. Il a fait le ciel et la terre à leur intention, (puis) il a repoussé le Vorace des Eaux. Il a fait l'air pour vivifier leur narine, car ils sont ses images, issues de ses chairs. Il brille dans le ciel à leur intention, il fait pour eux la végétation et les animaux, les oiseaux et les poissons, pour les nourrir... »

Un de nos documents memphites, beaucoup plus tardif mais de même veine, attribuera pareillement la genèse des plantes vivrières à la sollicitude de Ptah pour les hommes, ajoutant que le démiurge instaura le travail pour le bien de ces créatures.

---

11. Behémot et Léviathan, Touéris et Sobek... (N.D.L.A.).

*
* *

De même que les clans primitifs et leurs territoires morcelés ont été peu à peu réunis en une seule monarchie centralisatrice, un seul pays de basse et de haute Égypte, depuis l'embouchure du Delta du Nil jusqu'à l'île Éléphantine, de même certains systèmes cosmogoniques très élaborés ont-ils été privilégiés par rapport à d'autres qu'ils ont absorbés, et ceci non sans lien idéologique avec la montée du pouvoir royal qui en a favorisé la diffusion. C'est ainsi que la cosmogonie d'Héliopolis, ville du dieu-soleil Rê, connut un immense et durable succès, en rapport avec la filiation solaire du Pharaon, admise dès la Ve dynastie, et fut associée à la théologie amonienne des Pharaons de la reconquête avec l'avènement des dynasties thébaines, faisant d'Amon-Rê, divinité syncrétique modèle, le « roi des dieux ». C'est ainsi que la cosmogonie de Memphis, ville du dieu Ptah, Ta-Tenen qui veut dire « la terre qui se soulève », fut élue au rang de théorie nationale du fait que l'Ancien Empire égyptien, celui des Pyramides, avait fixé sa capitale à Memphis.

Mais surtout, ces deux cosmogonies concurrentes mais non rivales qui tentèrent finalement de fusionner, durent leur longévité et la faveur dont elles jouirent auprès des rois et des prêtres, avant de se répandre dans le peuple, au fait très simple qu'elles se référaient aux éléments cosmiques les plus évidents, ceux qui, l'un ou l'autre, étaient venus en premier à l'existence, le soleil et la terre.

Enfin, une des plus fameuse cosmogonies de l'Égypte, celle à laquelle le sacerdoce et la monarchie furent toujours fidèles, est celle de la ville d'Hermopolis où l'œuf primordial, déposé sur le tertre initial par le démiurge né de lui-même, donna naissance à la célèbre Ogdoade.

*
* *

Pour reprendre les termes de Sauneron et Yoyotte[12] :

---

12. *La naissance du monde*, p. 21.

Les trois cités dont les systèmes cosmogoniques furent les plus influents dès le IIIe millénaire, sont Héliopolis, « la ville du soleil », Memphis, la capitale des bâtisseurs de pyramides, et Hermopolis de moyenne Égypte, la ville du dieu Thot, patron des lettrés. Ces trois métropoles ont exercé, l'une sur l'autre, de profondes influences intellectuelles. Mais, surtout, leurs doctrines ont eu une aire de dispersion très vaste et, dans les autres centres du pays (à Crocodilopolis, à Thèbes, à Edfou, etc.), nous ne trouverons guère de cosmogonies qui, dans leurs formes récentes, ne leur aient emprunté la majeure partie de leurs éléments constitutifs.

... Très tôt, des efforts furent faits pour concilier partiellement les trois systèmes majeurs (Memphis et Héliopolis, Héliopolis et Hermopolis) ... mais... le bilan de ces travaux savants nous met en présence d'un chassé-croisé inextricable[13].

Bien qu'elle nous soit connue seulement par des textes tardifs et que ses origines restent mystérieuses, une théorie cosmogonique parmi les plus anciennes, sans doute, est celle d'Hermopolis, la ville de Thot, le dieu savant que les Grecs assimilèrent à Hermès. Thot, cependant, a rejoint le panthéon de la cité bien après l'élaboration du système cosmogonique, et ne fait pas partie des dieux primordiaux.

La configuration géographique de l'Égypte, avec la crue annuelle du Nil, a favorisé la conception d'un océan primordial contenant les germes de vie et d'où émerge un tertre initial, une butte limoneuse berceau de la création. Le chanoine Drioton a démontré que le mot égyptien signifiant « principe », « maxime », était dérivé du même mot *h'yt* qui désigne la colline de limon émergée au temps primitif[14].

Dans cette civilisation archaïque où le mythe était conçu comme une « histoire exemplaire », il n'est guère étonnant de constater, comme le souligne Drioton, que « les mythes cosmogoniques servaient... de modèles archétypaux à toutes les "créations", quel que fût le plan

---

13. *Op. cit.*, p. 32. Voir aussi J.-C. GOYON, *Les Dieux-Gardiens et la Genèse des temples* (2 vol.), Le Caire, 1985, notamment le ch. 1 relatif à la genèse selon la cosmogonie d'Edfou.

14. *ASAE* 50, p. 585-595.

sur lequel elles se déroulassent, biologique, psychologique ou spirituel ». Et Drioton d'ajouter :

> De même que le Démiurge, ballotté d'abord inerte dans les eaux de l'Abîme a pris pied sur le tertre émergé et, campé solidement sur lui, a pu créer le monde, de même l'homme, pour élaborer ses pensées et sa ligne de conduite, doit commencer par prendre position, par s'appuyer sur une vérité ferme. C'est ce que nous appelons en logique aristotélicienne un principe[15].

La butte primordiale sert de décor à la genèse :

> En concevant le premier berceau du soleil comme un lotus (nénuphar) ou comme l'œuf d'un oiseau aquatique, en dessinant les dieux primordiaux avec des têtes de batraciens ou de reptiles, les Égyptiens avaient dans l'esprit la vision du marais, terroir élémentaire de toute terre alluviale (Sauneron et Yoyotte)[16].

Cet abîme, ce chaos liquide contenant en lui des forces de vie non révélées tant que le démiurge n'a pas pris conscience de lui-même, cet océan primordial s'appelle le *Noun*. Dans la tradition hermopolitaine, Noun est le premier des huit dieux qui forment l'Ogdoade créatrice. Associé à son double féminin Nounet, il engendre les trois autres couples cosmiques.

Les membres de l'Ogdoade, les Huit,

> Ancêtres des premiers temps antérieurs [...], unis par leur démiurgie collective en un corps indissoluble, formaient une seule divinité, mais représentaient quatre entités et se répartissaient finalement en quatre couples, « une femelle pour un mâle ». Chaque paire représentait les aspects masculin et féminin d'une des quatre entités : *Noun* et *Nounet*, « l'eau initiale », *Heh* et *Hehet*, « l'infinité spatiale », *Kek* et *Keket*, « les ténèbres », *Amon* et *Amounet*, « ce qui est caché »... L'imagerie classique figure les Huit comme d'étranges personnes anthropomorphes... s'ébauchant dans un monde inorganisé où le soleil devait un jour prendre naissance[17].

Selon la pure tradition d'Hermopolis, l'Ogdoade est formée d'êtres autogènes, pères et mères de l'île primor-

---

15. *Loc. cit.*, p. 586.
16. *La Naissance du monde*, p. 24.
17. *Ibid.*, p. 53.

diale, Noun étant le premier d'entre ces égaux. Les Huit, créateurs de la lumière, étaient aussi les pères et mères de Rê qui fécondèrent la fleur de lotus d'où sortira le soleil. Puis ils créèrent toutes les « choses utiles » avant d'aller mourir sur la rive occidentale de Thèbes, et l'âge d'or[18] régna de leur temps, ainsi que le soulignent les deux textes suivants :

Les Ancêtres firent le dieu de l'horizon. Le droit fut créé en leur temps et l'ordre cosmique *(Maât)* vint du ciel à leur époque et s'unit à ceux qui étaient sur la terre. La terre était dans l'abondance, les ventres étaient comblés et les Deux Terres (l'Égypte) ne connaissaient pas de famine. Les murs ne croulaient pas, l'épine ne piquait pas, au temps des Dieux Antérieurs...

Les grands génies venus à l'existence au commencement, ce pays est éclairé depuis qu'ils sont sortis, la fois où fut faite la lumière grâce au travail de leurs mains. L'ordre cosmique vint du ciel sur la terre, il se mêla familièrement à tous les dieux. Vivres et aliments étaient en abondance, sans restrictions. Il n'y avait pas de mal sur cette terre, pas de crocodile ravisseur, pas de serpent qui morde, au temps des Dieux Antérieurs[19]...

Selon un des mythes hermopolitains, la lumière est donc apparue grâce aux soins des Huit, au cœur d'un mystérieux lotus éclos à la surface de l'eau. Un autre thème théologique fait naître le souffle de vie universel d'un œuf-mère déposé sur le tertre initial. Cet œuf cosmique est présenté selon les textes tantôt comme fécondé par les Huit, tantôt comme porté par un oiseau mythologique, le Grand Caqueteur ou Grand Jargonneur, « personnification solaire qui inaugurait le nouvel état du monde en jetant ses cris rauques à travers le silence[20] » ; enfin, des descriptions du démiurge affirment que le dieu primordial avait constitué de sa propre substance l'œuf dont il devait naître ensuite. Ces thèmes sont développés dans des écrits d'une grande poésie qui coexistent malgré

---

18. E. Otto, « Das goldene Zeitalter », dans *Religions en Égypte hellénistique et romaine* (colloque de Strasbourg, 16-18 mai 1967), PUF, 1969, p. 93-108.
19. *La naissance du monde*, p. 54.
20. Id., *ibid.*, p. 61.

les contradictions qu'ils renferment, contradictions qui disparaissent, comme le font remarquer Sauneron et Yoyotte, si l'on se contente de proclamer comme le sage Pétosiris que « *tout* est issu de l'œuf primordial au même titre que Rê, la Première Fois[21] ».

Je viens de résumer brièvement les grandes lignes du système cosmogonique hermopolitain dont certains éléments ont été repris à leur compte par les théologiens héliopolitains et memphites dans un souci de synthèse syncrétiste.

C'est ainsi que les Héliopolitains faisaient naître les Huit du démiurge solaire tandis que, plus tard, Memphites et Thébains s'accordèrent pour admettre que l'Ogdoade avait été mise au monde et installée sur la butte initiale d'Hermopolis par le génie de Ptah Ta-Tenen, la Terre-qui-se-soulève, sitôt qu'il eut émergé.

Ceci nous amène à évoquer les deux autres grands systèmes, celui d'Héliopolis et celui de Memphis, avant de dire quelques mots des spéculations thébaines et des théories d'Esna.

*
* *

A l'inverse de la thèse hermopolitaine selon laquelle le soleil fut engendré conjointement par les quatre couples formant l'Ogdoade, dans le système d'Héliopolis le soleil, démiurge autogène, est issu du Noun, le chaos primordial, par sa seule volonté. Les plus vieilles croyances héliopolitaines font du dieu soleil dans ses diverses dénominations, Rê qui désigne l'astre en tant que tel, Atoum qui signifie « l'Universel, l'Achevé » et Khépri qui veut dire « Celui qui vient à l'existence », le père des autres divinités cosmiques : Shou, l'air, Tefnout, l'humidité, Geb, la terre et Nout, le ciel. Rê mit au monde le premier couple divin, Shou et Tefnout, en se masturbant ou en crachant sa salive, selon les versions mythiques. De Shou

---

21. ID., *ibid.*, p. 62.

et Tefnout naquirent Geb et Nout. Dans ses développements plus récents, la cosmogonie héliopolitaine intègre à cette compagnie divine les quatre enfants de Nout : Osiris et Isis, Seth et Nephtys qui sont les héros de la fameuse légende osirienne. Les neuf dieux forment l'Ennéade, conçue comme un seul corps émanant du démiurge. Ces dieux et déesses sont considérés comme égaux entre eux, si ce n'est la primauté chronologique de Rê. Toutefois Shou apparaît comme le plus important, car il procure le souffle de vie ; c'est lui, de plus, qui sépare le ciel de la terre, représentés symboliquement par un homme couché sur le dos (le dieu Geb) et une femme (la déesse Nout) courbée vers lui et dont le corps, soutenu par les membres tendus, figure la voûte céleste ; une théorie plus élaborée, due sans doute à l'influence hermopolitaine, suppose en outre que quatre entités dédoublées, les Hehou, sont nées de Shou pour constituer les espaces infinis : ce sont respectivement « l'Infini » (Hehou ; la racine *heḥ* signifie « million »), « les Abysses » (Noun), « les Ténèbres » (Kekou) et « l'Égarement » (Tenemou).

Selon la thèse héliopolitaine, les hommes naquirent des larmes de Rê ; après un âge d'or que l'on rappelait avec complaisance à l'époque historique, ils se rebellèrent contre les dieux et connurent le malheur.

La théogonie d'Héliopolis, en faisant intervenir un dieu unique et autogène d'où étaient extraites les forces cosmiques, les infinités spatiales et métaphysiques, enfin les divinités de l'au-delà, connut un immense succès populaire ; le démiurge solaire, prototype du pharaon, servit en outre de référence à l'idéologie fondamentale selon laquelle le pharaon, maître des Deux Terres, recréait chaque jour le monde, à l'instar de son modèle, le soleil maître du cosmos[22]. De plus, la plupart des dieux suprêmes vénérés dans les provinces furent, au cours de leur histoire locale, assimilés à l'astre rayonnant, en des divinités

---

22. Voir notamment les ouvrages cités sous la rubrique Droit public/Royauté (Royauté divine, idéolgoie royale, etc.) de ma chronique bibliographique : B. MENU, *Droit. Économie. Société de l'Égypte ancienne*, Versailles, 1984 (Index thématique, p. 310-311).

syncrétiques telles Amon-Rê, Khnoum-Rê, Sobek-Rê, pour citer les principales.

*
* *

La cosmogonie memphite, quant à elle, en faisant de Ptah Ta-Tenen, « la-Terre-qui-se-soulève », le dieu primordial, créateur de toute chose par la connaissance et par le verbe, s'adressait davantage à une élite intellectuelle, au fait des raffinements spéculatifs de ses théologiens. Voici un extrait du « Document de Théologie memphite » signalé dans l'introduction :

> Celui qui s'est manifesté comme le cœur, celui qui s'est manifesté comme la langue, sous l'apparence d'Atoum, il est Ptah le très ancien qui attribua [la vie à tous les dieux] et à leurs génies *(ka)*, par ce cœur de qui le dieu Horus est issu, par cette langue de qui le dieu Thot est issu, en Ptah.
> Or il se trouve que le cœur et la langue ont pouvoir sur tous les (autres) membres, en raison du fait que l'un est dans le corps, l'autre dans la bouche de tous les dieux, de tous les hommes, de tous les animaux, de tous les reptiles, de tout ce qui est animé, — l'un concevant, l'autre décrétant tout ce que veut (le premier).
> Son Ennéade est devant lui, étant les dents et les lèvres, c'est-à-dire la semence et les mains d'Atoum. En effet, l'Ennéade d'Atoum s'est manifestée comme sa semence et ses doigts. Mais l'Ennéade est, en fait, les dents et les lèvres dans cette bouche qui prononça le nom de toute chose, dont Shou et Tefnout sont sortis, et qui a mis au monde l'Ennéade.
> Les yeux voient, les oreilles entendent, le nez respire. Ils informent le cœur. C'est lui qui donne toute connaissance, c'est la langue qui répète ce que le cœur a pensé...[23].

En faisant un dogme de la primauté chronologique de la terre par rapport au soleil, la théorie memphite est d'inspiration nettement chthonienne.

Ptah se crée lui-même en émergeant du chaos, en se

---

23. *La Naissance du monde*, p. 63. Ce document, d'époque tardive, contient, on le voit, des thèmes syncrétistes.

soulevant, puis il crée par l'action combinée de son cœur, c'est-à-dire son esprit et sa volonté, et de sa langue, c'est-à-dire son verbe efficace. Il est accompagné d'une « Ogdoade memphite » qui n'est autre que l'énumération de huit hypostases du dieu, parmi lesquelles Noun, le liquide original, Ptah en gestation, et Atoum, l'apparence créatrice de Ptah.

Dans cette intéressante synthèse, Ptah est décrit comme un dieu hermaphrodite, mâle comme l'eau et femelle comme le sol. Un fragment[24] extrait d'un traité de théologie memphite nous dit :

C'est (lui) le père des dieux et (aussi) la mère [...], et son surnom, c'est « La Femme ». C'est (lui) la matrice dans laquelle se déverse la semence de tout ce qui est sorti [du Noun]. C'est le Grand Hâpy, père des dieux, c'est Noun, c'est (donc) la figure de Hâpy, dont une moitié est d'homme et l'autre moitié de femme. [C'est l'eau qui est l'homme], c'est la butte émergée qui est la femme. C'est (donc) lui le père et la mère.

Enfin, Ptah est l'artisan universel, le grand façonnier qui transforme la matière et lui donne vie, grâce à son pouvoir à la fois concepteur et réalisateur. Il est « celui qui a fondu de métal les chairs de Pharaon »...

Étant Ta-Tenen, Ptah est le sol, initiateur de la genèse, le maître de toutes les matières ouvrables comme des plantes indispensables à tous ; c'est lui qui met et tient le ciel en place. S'identifiant à Noun, il provoque l'inondation du Nil. Le soleil, en définitive, n'est qu'une partie du dieu memphite ou même l'œuvre de ses mains (Sauneron et Yoyotte)[25].

Par souci syncrétiste, Ptah est aussi parfois décrit, à l'instar du dieu Khnoum, comme le potier qui a modelé les êtres vivants de ses mains, avec du limon.

\*
\* \*

---

24. *Op. cit.*, p. 67.
25. *Op. cit.*, p. 28.

Ceci nous amène à examiner rapidement une importante cosmogonie provinciale, celle d'Esna.

L'originalité de la thèse d'Esna consiste dans le fait que la création n'y est pas attribuée à un dieu unique et solitaire comme à Héliopolis, à un dieu hermaphrodite comme à Memphis, à plusieurs couples de divinités comme à Hermopolis, mais à un dieu et une déesse dont les tâches sont réparties, la déesse Neith créant le monde physique et le dieu Khnoum créant le monde biologique ; cette synthèse fait intervenir un proto-démiurge en la personne de Neith identifiée à la vache Ahet, vache primordiale sortant du Noun pour enfanter Rê, le soleil. Cette vache primordiale s'appelait parfois aussi Mehet-ouret, « la Grande Nageuse » ; mère du dieu solaire, elle était considérée comme l'initiatrice première de la création. Quant à Khnoum, vénéré aussi sous forme de bélier[26], il fut le démiurge-artisan par excellence, le dieu-potier qui forma de ses doigts dans la glaise nilotique les dieux, les hommes et les animaux.

Il n'est pas possible, enfin, d'évoquer les cosmogonies de l'Égypte ancienne sans s'interroger sur les théories d'inspiration thébaine, du fait de l'essor politique considérable de Thèbes, berceau des pharaons du Moyen Empire, capitale de ceux du Nouvel Empire, et du rôle prépondérant que joua la Ville pendant treize siècles. Amon, qui était jusqu'alors un obscur dieu local, devint Amon-Rê, et l'on échafauda pour lui une cosmogonie glorieuse faite d'emprunts aux systèmes classiques, non sans prétention impérialiste. En témoigne cet hymne à Amon-Rê :

Thèbes sert de modèle à toutes les villes. L'eau et la terre étaient en elle au commencement. Du sable vint, pour marquer la limite des terres arables et aménager son sol ferme, sur la butte. Ainsi la terre fut. Puis les humains se manifestèrent sur elle pour aménager (le sol de) toutes les villes...
O l'artisan de lui-même[27] dont nul ne connaît les formes,

---

26. Sur les dieux béliers et le rôle générateur de cet animal, voir en dernier lieu J.-C. GOYON et C. TRAUNECKER, « Une stèle tardive dédiée au dieu Neferhotep », dans *Karnak VII*, Paris, 1982, p. 299-302.
27. Il s'agit d'Amon-Rê.

parfaite apparence qui s'est révélée en une sublime émanation, qui façonna ses images, se créa lui-même. Puissance parfaite qui rend son cœur parfait, qui associe sa semence et son corps pour donner l'être à son œuf, en son sein mystérieux[28]...

L'Ogdoade fut ta manifestation première, jusqu'à ce que tu aies parfait son nombre, étant l'Un. Ton corps est caché parmi ceux des Anciens ; tu t'es caché en tant qu'Amon à la tête des dieux ; tu t'es transformé en Ta-Tenen pour mettre au monde les divinités primordiales au temps de tes origines initiales [...] (Puis) tu t'es éloigné, devenant l'habitant du ciel, établi (désormais) sous forme de Soleil. Tu es venu, étant les pères qui ont fait les fils, pour constituer un héritage excellent pour ta progéniture. Tu as été le premier à venir à l'existence, alors que rien n'existait encore. Il n'y aucune terre sans toi, à l'origine, et les dieux se sont manifestés après toi...

O premier qui vins originellement à l'existence, Amon qui vins à l'existence au commencement ! On ne connaît pas l'aspect de ta (première) émanation. Il n'y avait alors aucun dieu en sa présence, il n'était point de dieu en sa compagnie, qui pût dire la forme qu'il avait. Il n'avait pas de mère qui ait pu lui donner un nom, pas de père qui l'ait engendré, et puisse dire : « C'est bien moi. » Celui qui a tiré son œuf de lui-même, puissance à l'inconnaissable naissance, qui a créé sa perfection ; dieu divin qui s'est manifesté de lui-même ! Tous les dieux se sont révélés après qu'il eut commencé d'être...

L'Ennéade était (encore) incluse en tes membres... Tous les dieux étaient (encore) joints en ton corps... Il jargonna, étant le Grand Jargonneur, à l'endroit où il créa, lui seul. Il commença à parler au milieu du silence. Il ouvrit les yeux et fit qu'ils voient. Il commença de crier, tandis que la terre était inerte. Son hurlement se répandit, alors qu'il n'était point d'autre que lui. Il mit au monde les créatures, il fit qu'elles vivent, il fit que tous les hommes connaissent un chemin pour marcher, et leurs cœurs vivent quand ils le voient[29]...

---

28. Ou : « dans le secret de lui-même » (trad. FRANKFORT, *Anc. Eg. Religion*, p. 17).
29. *La Naissance du monde*, p. 68-69.

## CONCLUSION

Quelles que soient les images choisies et leur support réel, quels que soient les procédés de création envisagés : soit la propre substance du démiurge, soit sa pensée actualisée par le Verbe, ou encore son action matérielle, le point commun de toutes les cosmogonies est qu'elles affirment le pouvoir de l'existence sur les forces négatives, la prééminence de l'ordre, voulu par l'Être, sur le Néant, dans le processus créateur.

Dieu est la manifestation créatrice continue de l'énergie universelle, surgie une « première fois » de sa propre potentialité, et sans cesse répétée. Le démiurge est né de lui-même, il s'est engendré sans aucun concours extérieur, de sa propre volonté qui le différencia du liquide énergétique primordial dans lequel il se trouvait absorbé primitivement. Le démiurge se dressa sur son tertre puis il émit des jets de liquide créateur : le crachat qui libère le souffle, la salive qui permet la prononciation des mots, et la semence qui procrée. Il tira donc de sa propre substance les autres forces créatrices personnifiées sous forme de divinités aux apparences multiples. C'est ici que se place la conception du Verbe créateur. Aux sons inarticulés qui déchirèrent le silence originel et réveillèrent les forces de vie, succéda la parole organisée ayant pouvoir sur les éléments, car le Verbe seul est capable d'animer la matière, l'esprit et la matière étant de même nature, exprimant la même énergie vitale.

Le démiurge, force positive, doit sans cesse combattre les forces négatives qui tendent à rompre l'harmonie cosmique[30], amorçant le retour au chaos originel. D'où les pratiques magiques et la science qui procèdent l'une de l'autre. Heka, la Magie, est la capacité de gouverner, de manifester son autorité sur la matière et l'esprit. Par la connaissance, par la sagesse, l'homme participe à la création. Le roi, le pharaon, dont le prototype est le démiurge

---

30. Voir, par exemple, P. DERCHAIN, *Le Papyrus Salt 825 (B.M. 10051), rituel pour la conservation de la vie en Égypte*, Bruxelles, 1965.

et plus particulièrement Rê, le dieu solaire, renouvelle et accomplit chaque jour l'œuvre créatrice.

Tel qu'il est devenu au cours des âges : fils des dieux, dieu lui-même, seul possesseur du sol, dispensateur de toutes les grâces terrestres et divines, seul intermédiaire entre les hommes et les dieux comme sorcier et comme prêtre, guide des hommes dans la vie terrestre et sur le chemin qui mène au ciel après la mort, Pharaon apparaît dans l'histoire comme la plus formidable force morale qui ait été jamais conçue (A. Moret)[31].

Chaque personne humaine, enfin, pour que dure le monde, doit conformer son être individuel à l'être universel, à Maât, la déesse-Vérité qui incarne l'ordre cosmique.

Pour être complet, il faudrait, bien sûr, citer tous les avatars des récits de la Première Fois. Je me suis efforcée, cependant, sans m'engager dans toutes les bifurcations possibles, de suivre le chemin principal, la ligne de crête par laquelle passent les grandes conceptions cosmogoniques et l'explication la plus dépouillée des origines[32].

A partir de ces constatations, toute comparaison devient possible entre la Genèse biblique, les textes hermétiques et les récits de l'Égypte ancienne.

---

31. *Mystères égyptiens*, p. 167-168.
32. Voir aussi, pour sa remarquable concision, l'introduction de M. GITTON dans *La Création du monde et de l'homme* (Suppl. au Cahier Évangile 38), Cerf, 1981, p. 42-44.

# BIBLIOGRAPHIE SOMMAIRE

S. SAUNERON, art. « Cosmogonies », *Dictionnaire de la civilisation égyptienne*, Paris, 1959, p. 67-69.

J. ASSMANN, art. « Schöpfergott » et « Schöpfung », *Lexikon der Aegyptologie*, Bd. V, 5, 1984, p. 676-690.

S. SAUNERON et J. YOYOTTE, *La Naissance du monde selon l'Égypte ancienne*, Sources Orientales 1, Paris, 1959.

ENEL, *Les origines de la Genèse et l'enseignement des temples de l'Ancienne Égypte*, Paris, réimpr. 1963.

BARUCQ et DAUMAS, *Hymnes et prières de l'Égypte ancienne*, Paris, 1980.

*La création du monde et de l'homme*, Suppl. Cahier Évangile 38, Paris, 1981.

J. ASSMANN, *Re und Amun. Die Krise des polytheistischen Weltbilds im Aegypten der 18.-20. Dyn.* (OBO 51), Fribourg, 1983.

J.-C. GOYON, *Confirmation du pouvoir royal au Nouvel An* (B. d'Ét. 52), Le Caire, 1972.

H.A. SCHLOEGL, *Der Gott Tatenen* (OBO 29), Fribourg, 1980.

E. HORNUNG, *Der eine und die vielen ägyptische Gottesvorstellungen*, Darmstadt, 1971.

J.-C. GOYON, *Les Dieux-Gardiens et la Genèse des temples*, 2 vol., Le Caire, 1985.

La plupart des livres consacrés à l'Égypte ancienne et à la religion égyptienne comportent un ou plusieurs chapitres relatifs aux dieux cosmiques et à la création du monde.
Citons, dans l'ordre alphabétique (liste non limitative !) :

J.-H. BREASTED, *Development of Religion and Thought in Ancient Egypt,* New York, 1912.
DRIOTON et VANDIER, *L'Égypte,* coll. Les peuples de l'Orient Méditerranéen (Clio), 1962, réédité.
A. ERMAN, *Die Religion der alten Aegypter,* Berlin, 1934.
H. FRANKFORT, *Ancient Egyptian Religion,* New York, 1961. *Kingship and the Gods,* Chicago, 1948, réédité.
V. IONS, *Mythologie égyptienne,* trad. fr., 1969.
C. JACQ, *Pouvoir et sagesse selon l'Égypte ancienne,* Monaco, 1981.
A. MEKHITARIAN, *L'Égypte,* coll. Religions du monde, Paris, 1964.
S. MORENZ, *Aegyptische Religion,* Stuttgart, 1960, trad. fr., Paris, 1962.
A. MORET, *Mystères égyptiens,* Paris, 1922.
MORET et DAVY, *Des clans aux empires,* coll. L'Évolution de l'humanité, t. VI, Paris, 1923.
J. VANDIER, *La Religion égyptienne,* coll. Mana, Paris, 1944.

## CHRONOLOGIE ÉGYPTIENNE
(d'après VANDIER, *La Religion égyptienne,* p. 10)*

| | |
|---|---|
| Première dynastie | Époque thinite |
| Deuxième dynastie | 3000-2778 |
| Ancien Empire (III$^e$ à VIII$^e$ dynasties) | 2778-2242 |
| Époque hérakléopolitaine (IX$^e$ et X$^e$ dynasties) | 2242-2060 |
| Moyen Empire (XI$^e$ et XII$^e$ dynasties) | 2060-1785 |
| Seconde Période intermédiaire (XIII$^e$ à XVII$^e$ dynasties) | 1785-1580 |
| Nouvel Empire (XVIII$^e$ et XX$^e$ dynasties) | 1580-1085 |
| Basse Époque (XXI$^e$ à XXX$^e$ dynasties) | 1080-341 |

---

\* Il faut tenir compte à présent des progrès réalisés dans l'investigation chronologique. Voir par exemple ma chronique bibliographique, *Droit-Économie-Société de l'Égypte ancienne* (Chronique bibliographique 1967-1982), Préface de J. Yoyotte, Versailles, 1984 (rubriques « Chronologie » et « Histoire dynastique »).

*Annexe*

# HYMNES AUX DIEUX CRÉATEURS, RÊ ET PTAH

(Extraits de : A. Barucq et F. Daumas, *Hymnes et prières de l'Égypte ancienne*, Paris, 1980).

*Hymne à Rê*

*Adorer Rê* lorsqu'il se lève dans l'horizon oriental du ciel ; par l'Osiris Hounefer, justifié. *Il dit* :
Salut à toi, Rê, lors de (ton) lever,
Atoum lors de (ton) coucher.

Tu te lèves, chaque jour, tu brilles, chaque jour,
tandis que tu apparais-glorieux, roi des dieux.
Tu es Seigneur du ciel et Seigneur de la terre,
qui as fait les êtres d'en-haut et ceux d'en-bas.
Dieu unique qui es venu à l'être la première fois,
qui as fait le pays et créé les *rehkyt*,
qui as fait le Noun et créé le Nil,
qui as fait les eaux et fais vivre ce qui s'y trouve,
qui as dressé les montagnes
et donnes l'existence aux hommes et aux troupeaux.

Le ciel et la terre font la révérence-*nini* à ton visage
et Maât te tient embrassé jour et nuit.
Tu parcours le ciel-lointain le cœur épanoui,
et le lac des Deux-Couteaux est apaisé,
le dragon-*Nik* est renversé, ses deux bras sont coupés.
La barque-de-la-nuit reçoit le bon vent.
Celui qui est dans son naos a le cœur serein.
Il apparaît comme Puissant du ciel,
unique, paré, sortant du Noun ;
Rê, justifié, jeune garçon divin, héritier de l'éternité,
qui s'est engendré et enfanté lui-même,
très unique, aux nombreuses formes,
roi des pays, régent d'Héliopolis,
Seigneur de l'éternité, connaisseur de la pérennité.
L'Ennéade fait des gestes-de-joie à ton lever,
ceux qui sont dans l'horizon rament pour toi,
ceux qui sont dans la barque-de-la-nuit t'exaltent.
Salut à toi, Amon-Rê !
Tu te complais en la justice (Maât) !
Quant tu traverses le ciel-lointain
tout visage regarde vers toi.
Tu es ferme, ta Majesté s'avance,
tes rayons sont sur les visages
et ils ne sont (pourtant) pas connus.
Il n'y a certes pas de langue
capable de t'adjuger un égal en dehors de toi (?).
Tu es unique comme un qui [...].
On fait révérence à ton nom.
On jure par toi, parce que les visages sont à toi.
Toi, tu entends de tes oreilles
et ton œil voit des millions de pays.
Il n'y a personne (?) qui distingue (?) entre toi et eux.
Ton cœur va voir un jour heureux
en ton nom de Coureur.
Tu parcours des lieues par millions
et centaines de mille.
Tu les traverses en paix
et tu gouvernes sur le lac-*Aqou* vers le lieu que tu aimes.
Tu fais cela en un court moment,
puis tu te couches après avoir accompli les heures.

Par l'Osiris, intendant du maître du Double-Pays, Hounefer, justifié. *Il dit* :
Ah ! mon Seigneur qui parcourt l'éternité !
Son existence est éternelle !

Ah ! C'est Aton, le Seigneur des rayons lumineux !
Tu te lèves et tout le monde vit.
Tu fais que l'on voie au matin de chaque jour.

   Par l'Osiris, le scribe Intendant du palais de Menmaâtrê (Séthi I), Hounefer.

(Hymnes et prières, p. 175-177.)

Hymne à Ptah (extrait) :

Le Pharaon vient à toi, ô Ptah !
Il vient à toi, dieu aux formes distinguées !
Salut à toi ! devant les dieux primordiaux que tu as créés
après être venu à l'existence comme corps divin,
qui a modelé lui-même son corps
(alors que) le ciel n'était pas encore venu à l'existence,
que la terre n'était pas encore venue à l'existence,
que le flot n'avait pas jailli.
Tu as formé la terre ;
tu as assemblé tes chairs,
tu as dénombré tes membres ;
tu t'es trouvé unique, ayant fait sa place,
dieu qui a fondu le Double-Pays.
Tu n'as pas eu de père qui t'ait engendré
quand tu vins à l'existence,
pas de mère qui t'ait enfanté.
Tu es ton propre Khnoum.
Pourvu de tout, sorti pourvu.
Tu t'es dressé sur un pays
qui était inconsistant.
Il s'est rassemblé, certes, ensuite,
tandis que tu étais en ta forme de To-Tjenen
en ton être d'Assembleur-du-Double-Pays.
Ce que ta bouche a engendré,
ce que tes deux mains ont créé,
tu l'as puisé dans le Noun.
L'œuvre de tes deux mains ressemble à ta perfection.
Ton fils, ancien en sa manifestation,
tu as chassé ténèbres et obscurité
avec les rayons de ses deux yeux.
Tu fus plaisant en créant son nécessaire.
Tu éloignes le ciel selon son désir,
sans cesse plus haut, sans cesse plus loin.

Les visages furent heureux
des temps qu'ils marquaient.
Il se lève sur ta tête, se couche sur tes bras.
Tu le mènes droit sur des voies mystérieuses.
Ses deux barques-divines ne cessent de naviguer
sur les nues
par l'effet du vent qui sort de sa bouche.
Tes pieds sont sur la terre, ta tête [dans] le ciel lointain
en ton être de Celui-qui-est-dans-la-Douat.
Tu élèves l'œuvre que tu as faite
en t'appuyant seulement sur ta propre force,
en t'élevant toi-même grâce à la solidité de tes bras.
Tu pèses, toi, posé sur le mystère.
Le ciel est au-dessus de toi, la Douat sous toi.
Le sol (Geb) est consolidé sur Ce-que-tu-as-caché (Amon)
et on ne connaît pas ce qui est venu à l'existence de ton corps.
C'est ta force qui élève les eaux vers le ciel-lointain.
La salive qui est dans ta bouche est nuage de pluie.
Le souffle de ton nez [est ouragan (?)]
et l'eau que tu répands (?) est sur les montagnes.
Tu revêts d'humidité les feuilles des arbres
sur tout pays montagneux.
Cercle qui entoure le Double-Rivage du ciel :
la Très-Verte et les confins de Nout.
Les pays sont divers selon ce que tu as créé.
Ils circulent selon la route que tu as décrétée,
sans transgresser ce que tu leur as ordonné,
(la voie) que tu leur as ouverte.
Nul ne peut vivre sans toi
jusqu'à ce que l'air sorte de ton nez
et le flot de ta bouche.
L'arbre fruitier pousse sur toi.
Tu fais verdir la terre,
dieux et hommes sont comblés.

(*Hymnes et prières*, p. 394-397.)

*DEUXIÈME PARTIE*

# L'ANCIEN TESTAMENT

# CHAPITRE IV

# Gn 2-3 ET LA CRÉATION DU COUPLE HUMAIN

par Jacques BRIEND

Objet de multiples commentaires tant dans la tradition de l'Église que chez les exégètes, le texte de Gn 2 − 3 ne devrait plus avoir de secrets et pourtant il continue à poser bien des questions au lecteur moderne. Sans prétendre apporter du neuf il reste donc à entreprendre une lecture limitée qui appelle quelques remarques préliminaires pour en situer la portée exacte et les intentions.

Il y a quelques années l'appartenance de Gn 2 − 3 au document J, voire sa datation, n'aurait guère fait de problème. Aujourd'hui, après la remise en cause de l'hypothèse documentaire du Pentateuque dans sa forme classique, on ne peut ignorer le bouleversement qui, et cela est important, est lié à la critique des sources. Mais peut-on dire pour autant qu'« il devient impossible de faire l'exégèse d'un texte réputé "J" sans prendre — au moins implicitement — position dans le débat »[1] ? Cela revien-

---

1. J. VERMEYLEN, « Le récit du paradis et la question des origines

drait à dire que la lecture de la Bible ne peut se faire que sur la base d'une prise de position exégétique, ce qui est contestable et demanderait quelque explication du point de vue méthodologique.

Plus proche de notre sujet, la distinction souvent faite entre récit de création et récit de paradis[2], même si elle possède de bons arguments, n'est pas totalement satisfaisante, car elle accorde une place prépondérante à la préhistoire du texte dans la recherche de l'interprétation. On comprend donc dans ces conditions que d'autres méthodes soient adoptées pour réaliser une lecture synchronique du texte de Gn 2 – 3[3], lecture qui refuse une rupture radicale entre récit de création et récit de chute. S'il faut prendre position sur ce point, il me semble que l'hésitation n'est pas permise dans le cadre d'une exégèse théologique : c'est l'homme créé par Dieu qui désobéit à la parole divine et qui est chassé du jardin. Alors même que nous devons nous intéresser aux thèmes de création en Gn 2 – 3 et même si certains éléments du récit ont pu connaître une phase indépendante soit au stade oral, soit au stade écrit, on ne peut séparer Gn 2 de Gn 3 ou encore un récit de création d'un récit de paradis. C'est là une première option qui est décisive pour la lecture : l'homme créé par Dieu, c'est l'homme devant Dieu dans sa situation présente. Ma deuxième remarque porte sur la nature du texte qui s'offre à la lecture. Si Gn 2 – 3 peut être classé comme un récit, il faut immédiatement reconnaître que ce récit est d'un type particulier, car « raconter

---

du Pentateuque », *Bijdragen* 41, 1980, p. 230. On trouvera dans cet article une bibliographie récente sur les recherches relatives à la composition du Pentateuque.

2. C. WESTERMANN, *Genesis*, BK I/1, Neukirchen, 1974, p. 259-267, mais il n'est ni le premier ni le seul à user de cette distinction.

3. Voir les études récentes de W. VOGELS, « L'être humain appartient au sol », *NRT* 105, 1983, p. 515-534. G. et C. COMBET-GALLAND, « Genèse de l'Écriture, Genèse, chapitres 2 et 3 », *Sémiotique et Bible* 28 (1983), p. 17-24. Mais avec une autre approche E. KUTSCH, « Die Paradieserzählung Genesis 2 – 3 und ihr Verfasser », *Studien zum Pentateuch. W. Kornfeld zum 60. Geburtstag*, Vienne-Fribourg-Bâle, 1977, p. 9-24, refuse l'existence d'un récit de création indépendant.

la création est une performance singulière de l'art narratif : c'est donc l'extrême de l'audace et c'est l'opposé de l'histoire »[4]. De fait, le récit obéit à un processus mental qui, partant de l'expérience humaine présente, projette à l'origine du temps la création de l'homme par Dieu. Eu égard à ce processus fondamental le lecteur doit encore être attentif à ce qui dans le récit ne répond pas à une pure et simple projection de cette expérience, car ce qui est raconté l'est tout autant du point de vue de Dieu que du point de vue de l'homme. En ce qui concerne Gn 2 – 3 ce qui nous est offert, ce n'est pas une simple vision anthropologique, mais bien une vision de l'homme devant Dieu, ce qui suppose une expérience de Dieu obtenue par d'autres voies.

La totalité du récit de Gn 2 – 3 obéit à ce processus mental si particulier qu'il ne peut que dérouter le lecteur, bien qu'on le retrouve pour une large part dans le mythe. Ceci reconnu, le lecteur doit aussi prendre garde que ce processus développe une analyse de l'acte créateur dans le temps du récit alors même que la réalité de l'homme ou du monde est perçue dans son unité vivante. Cet étalement dans le temps du récit est un véritable piège pour le lecteur moderne qui applique au récit une logique qui est peut-être celle du récit historique, mais qui ne peut être celle du récit d'origine. La finalité du récit d'origine ne consiste pas à faire œuvre scientifique, elle n'obéit pas à un réflexe purement intellectuel, mais elle est commandée par la recherche du sens de l'existence pour un homme menacé et vulnérable[5]. Faute de saisir les processus mentaux engagés par ce type de récit que l'on ne peut sérieusement qualifier d'historique au sens courant de ce terme, le lecteur court le risque de se poser de fausses questions à l'égard d'un texte faussement naïf et d'une subtilité redoutable.

Ma troisième remarque sera plus banale, car elle consiste à rappeler qu'Israël a été précédé par une longue

---

4. P. BEAUCHAMP, « Création et Parole », *Résurrection* 37, 1972, p. 13.

5. C. WESTERMANN, *Theologie des Alten Testaments in Grundzügen*, Göttingen, 1978, p. 73-74, trad. fr., Genève, 1985, p. 105.

réflexion sur la création de l'homme et du monde. Dès lors on ne peut faire totale abstraction de cet effort millénaire qui fut celui du Proche-Orient ancien pour saisir le sens de l'existence humaine face aux dieux. Certes ce n'est pas le lieu de faire l'histoire de cette recherche où l'homme tente de se comprendre pour saisir son destin. En s'engageant dans la lecture de Gn 2 — 3 on ne peut oublier que certains thèmes ou certains motifs avaient déjà cours dans le Proche-Orient ancien et qu'il est utile de faire appel à l'histoire des religions pour ne pas se laisser enfermer dans le seul texte biblique. Certes la méthode comparatiste a toujours été difficile ; à n'utiliser qu'elle on finit souvent par ne plus voir que les ressemblances en oubliant les différences, mais les excès d'une méthode ne condamnent pas cette méthode et ils ne peuvent faire oublier qu'Iraël dans sa réflexion sur l'origine a été précédé par les nations.

Ces trop brèves remarques permettent de situer la lecture que nous allons entreprendre de Gn 2 — 3, lecture qui ne peut être celle de tout le texte, mais qui sera centrée sur la création de l'homme et de la femme.

## I. LA CRÉATION DE L'HOMME

Après avoir indiqué qu'il n'y avait pas d'homme pour cultiver le sol (Gn 2, 5), le texte aborde la création de l'homme au verset 7 : « Le Seigneur Dieu modela l'homme avec de la poussière prise du sol et il insuffla dans ses narines l'haleine de vie et l'homme devint un être vivant. » Ce texte très dense décrit deux actions de Dieu avant de conclure sur le résultat obtenu. Dieu commence par modeler l'homme avec de la poussière. Le verbe « modeler », véritable verbe de création, se retrouve pour la création des animaux en Gn 2, 19 (cf. Am 7, 1) et, selon son sens obvie, fait allusion à l'activité du potier. Ce verbe, employé 63 fois dans l'Ancien Testament dont 42 fois avec Dieu pour sujet, a été étudié par P. Humbert[6]. L'examen des textes bibliques montre que l'activité de Dieu traduite par ce verbe a « une portée universelle et concerne aussi bien le monde animé que le monde inanimé, aussi bien la nature que l'histoire »[7]. C'est dire que le verbe a perdu sa connotation originelle, ce qui n'est pas encore le cas en Gn 2, 7 où le verbe fait référence à l'action de Dieu comme à celle d'un potier. A cet égard le texte de Gn 2 dépend d'une longue tradition que l'on peut observer tant en Égypte qu'en Mésopotamie. Pourtant il est nécessaire d'insister sur le fait que le texte ni ne développe ni ne s'en tient à l'image du potier. L'indice le plus fort de la liberté du texte vis-à-vis du verbe tient à l'emploi du mot « poussière » (2, 7) ou du mot « sol » (2, 19) pour désigner le matériau dont Dieu se sert pour modeler[8].

En effet, le potier utilise pour travailler non pas la poussière, mais l'argile humide (cf. Is 41, 25 ; Na 3, 14) qu'il doit piétiner, pincer (cf. Jb 33, 6), puis modeler ; l'hébreu possède plusieurs termes pour désigner ce matériau humide. Dans l'épopée d'Atra-hasis (I, 203-234) la déesse Nintu utilise de l'argile *(ṭiṭṭu)* pour la fabrication de l'humanité, mais aussi accomplit tous les gestes du potier. Rien de tel dans le texte de Gn 2. L'image de Dieu qui modèle la poussière du sol bouscule les conventions langagières. Dieu est plus et mieux qu'un potier.

Toutefois il faut aller plus loin, car à la fois le jeu de mots *'âdâm/'adâmâh* et l'usage du mot « poussière » qui le renforce veulent signifier non seulement l'état de créature liée au sol et donc à la terre, mais aussi la finitude de cette créature, thème qui sera repris en Gn 3. L'homme créé par Dieu n'appartient pas au monde

---

6. P. HUMBERT, « Emploi et portée bibliques du verbe yaṣar et ses dérivés substantifs », *Von Ugarit nach Qumran, BZAW* 77, Berlin, 1958, p. 82-88 ; W.H. SCHMIDT, art. *yṣr, THAT* I, Munich, 1971, col. 761-765.

7. P. HUMBERT, art. cit., p. 88.

8. A la suite de plusieurs auteurs (H. GUNKEL, O. PROCKSCH, W.H. SCHMIDT, W. FUSS), P. WEIMAR, *Untersuchungen zur Redaktionsgeschichte des Pentateuch, BZAW* 146, Berlin, 1977, p. 115 et n.14, estime que le mot « poussière » est une addition secondaire dans le texte.

divin ; son lieu normal est la terre ou le sol d'où il est
tiré, même si par grâce il est d'abord placé par Dieu dans
un jardin qu'il doit cultiver (Gn 2, 15). Il ne suffit donc
pas de souligner, comme on le fait souvent, que l'être
humain appartient au sol[9] ou d'affirmer que le récit
reflète la conscience qu'a l'homme de sa totale dépendance à l'égard du sol[10]. L'acte créateur de Dieu précise
le lieu propre de l'homme et la parole du serpent n'y
changera rien.

La seconde action divine complète le tableau pour mettre en relief une autre facette de l'homme. Dieu lui insuf-
fle l'haleine de vie. Pour l'Israélite la vie se manifeste soit
par l'haleine, soit, plus souvent, par le sang[11]. Le mot
hébreu traduit par « haleine » désigne la respiration qui,
selon l'expérience courante, est le signe de l'homme
vivant. Cette haleine, Dieu en est le possesseur et pour
l'homme il en est l'origine. Si en Dieu l'haleine est autonomie et puissance (cf. Is 30, 33 ; Jb 4, 9 ; Ps 28, 16),
l'homme pour sa part ne fait que participer à cette
haleine (cf. Is 42, 5) ; il la reçoit de Dieu et par ce don
l'être humain conserve son état de créature, car il peut
perdre cette haleine (1 R 17, 17, cf. Is 2, 22). Selon que
l'on voit l'haleine du point de vue de Dieu ou du point
de vue de l'homme, on a deux perspectives différentes.
Appliqué à Dieu le terme implique la puissance, puissance
créatrice ou puissance de jugement ; appliqué à l'homme,
il exprime le don d'une puissance de vie limitée. Pourtant
en Gn 2, 7 l'haleine de vie est d'abord un don qui établit
une relation entre Dieu et l'homme, bien qu'elle n'éta-
blisse pas l'homme dans une relation de nécessité, ce que
manifeste clairement Gn 3, car le don de Dieu permet à
l'homme de jouir d'une certaine autonomie. Deux remarques permettent de souligner la nature de la relation et de
révéler la subtilité du texte. D'une part le texte se garde
bien de désigner cette haleine comme « haleine du Sei-

---

9. W. VOGELS, art. cit., p. 524-525.

10. B.D. NAIDOFF, « A Man to Work the Soil : a New Interpretation of Gn 2 − 3 », *JSOT* 5, 1978, p. 2.

11. H.W. WOLFF, *Anthropologie des Alten Testaments*, Munich,
1973, p. 96 ; trad. fr., Genève, 1974, p. 58.

gneur », ce que les textes plus tardifs n'hésitent pas à dire (2 S 22, 16 ; Ps 18, 16 ; Ez 30, 33 ; Jb 32, 8 ; 33, 4 ; 34, 14 ; 37, 10). D'autre part le texte n'emploie pas le terme de « souffle » ou « esprit », *rûaḥ*, qui se rencontre parfois en parallèle avec celui d'haleine (Is 42, 5 ; Jb 2, 3 ; 34, 14 ; Ps 18, 16). En parlant d'haleine de vie et non du souffle de Dieu, le texte semble vouloir éviter de laisser croire que l'homme possède une « parcelle divine »[12]. On doit ici tenir compte de certaines conceptions relatives à la création de l'humanité dans le Proche-Orient ancien pour saisir les nuances du texte biblique. Là l'homme est créé pour le service des dieux, pour accomplir à la place des dieux le travail qui fournit nourriture et boisson ; il arrive même que l'homme soit lié au monde des dieux en raison même du dieu immolé dont la chair et le sang sont mêlés à l'argile *(Atra-hasis)*. Dans tous ces cas la création de l'homme relève d'un ordre de nécessité et non pas d'un ordre de gratuité tel que celui devant lequel nous place le texte biblique.

La finale du verset 7 affirme que l'homme est un être vivant. Cette affirmation est nécessaire après la double action de Dieu précédente qui décomposait l'unité du vivant. Cette conclusion souligne le résultat de l'acte de création. L'homme est compris comme un être qui vit, une personne vivante et l'expression hébraïque *nèfèš ḥayyâh* n'a rien d'un pléonasme. Cependant on peut se demander en quoi cet être vivant se distingue des animaux ; le texte y reviendra par la suite (Gn 2, 19-20), mais il convient déjà de reconnaître que l'être créé par Dieu est l'interlocuteur de Dieu, capable de recevoir un ordre (Gn 2, 15), ce qui n'est pas le cas des animaux qui, eux aussi, sont modelés à partir du sol.

Jusqu'à présent nous avons laissé de côté un point important tant pour l'exégète que le théologien. Quelle est la signification exacte du terme *'âdâm* qui revient si souvent dans le récit (23 fois, toujours avec l'article, sauf en 2, 5.20 ; 3, 17.21)[13] ? On a pris l'habitude de considérer

---

12. D. LYS, « *Rûach* ». *Le Souffle dans l'Ancien Testament*, Paris, 1962, p. 42.
13. D. BARTHÉLEMY, « "Pour un homme", "pour l'homme",

cette désignation comme renvoyant à l'être humain en général en dehors de toute différenciation sexuée[14]. Si cette interprétation vaut pour de nombreux textes, le sens du terme en Gn 2 – 3 mérite plus d'attention, car l'homme créé par Dieu (Gn 2, 7) est non seulement celui auquel Dieu s'adresse (Gn 2, 15), mais aussi celui qui reconnaîtra avec joie la femme que Dieu lui présente (Gn 2, 21-24). Autrement dit, le récit joue sur une certaine ambiguïté du terme, ce que manifeste la totalité du texte. Malgré l'opinion contraire que l'on trouve chez les exégètes, le terme hébreu est plus proche de l'ambiguïté du français « homme » ou de l'anglais « man » que d'une nette distinction comme celle de l'allemand entre Mensch et Mann. A cet égard les Septante semblent avoir senti ce passage du général au particulier puisqu'ils traduisent *hâ'âdâm* par *ho anthrôpos* au début du texte, puis à partir du verset 15 par Adam considéré comme un nom propre, mais, comme l'a noté D. Barthélemy[15] à propos des passages où le mot n'a pas l'article dans le TM, Adam était déjà senti comme un nom propre avant la traduction des Septante. Ce qui ne fait pas de doute, c'est que l'usage de l'article a pour but de particulariser cet homme que Dieu a modelé. On ne peut perdre de vue que la création de l'humanité n'est pas terminée et que le texte vise en définitive à manifester le couple humain comme cellule vivante de l'humanité. La création de l'homme n'est donc pas achevée par ce que dit le verset 7 ; elle appelle un complément.

---

"pour Adam" ? (Gn 2, 20) », *Mélanges H. Cazelles*, Paris, 1981, p. 47-53.
   14. C. Westermann, *Genesis*, BK I/1, 1974, p. 274-276 ; W. Vogels, art. cit., p. 524.
   15. D. Barthélemy, art. cit., p. 53.

## II. LA CRÉATION DE LA FEMME

Contrairement aux apparences la création de l'homme n'est pas achevée par ce que nous dit le verset 7 car, si, tout en respectant le déroulement narratif, on aborde le verset 18, on découvre que Dieu lui-même reconnaît une déficience chez l'homme qu'il a formé : « Il n'est pas bon que l'homme soit seul ; je vais lui faire une aide qui lui soit assortie » (BJ) ou « qui lui soit accordée » (TOB). Ce constat divin dénonce un mal et la volonté d'y remédier. Le but du récit qui va du verset 18 au verset 24 est de raconter l'accomplissement de cette volonté divine.

Le mal dont souffre l'homme créé par Dieu se nomme solitude. Dans la pensée biblique être seul n'est pas une chose bonne. Qo 4, 9-12 l'exprime à merveille et s'il est demandé à Jérémie de ne pas prendre femme (Jr 16, 1-9), cet ordre n'a de sens que comme signe du jugement de Dieu vis-à-vis de son peuple, et c'est un jugement de mort. Lorsque le Deutéro-Isaïe compare le peuple en exil à une mère qui reste seule (Is 49, 21), il la décrit comme « privée d'enfants, stérile, en déportation, éliminée ». Être seul, selon l'expression de J.L. Ska[16] qui cite encore d'autres textes, « cela signifie être rejeté comme une épave, loin du fleuve de la vie ». Une telle situation peut être vécue aussi bien par des personnes que par des groupes, car tout ce qui porte atteinte à la vie dans sa plénitude plonge l'être humain dans la solitude et l'isolement.

Face à la solitude de l'homme que Dieu constate, signe que son œuvre n'est pas encore accomplie selon toutes ses dimensions, Dieu décide de lui donner une aide, un partenaire qui lui soit accordé, un allié qui soit son homologue selon le titre même de l'article de J.L. Ska. Les traducteurs hésitent sur la manière de rendre le texte hébreu, car toute traduction engage nécessairement une compréhension du statut de la femme. L'étude du mot *'ézèr* faite par J.L. Ska rappelle que ce terme, peu fréquent dans la

---

16. J.L. SKA, « "Je vais lui faire un allié qui soit son homologue" (Gn 2, 18) », *Biblica* 65, 1984, p. 233-238.

Bible (21 fois) et presque toujours employé dans des textes poétiques, évoque un secours nécessaire dans des situations où l'existence individuelle ou collective est directement menacée. Dans la plupart des cas le secours dont l'homme a besoin est tel que Dieu seul est capable de le fournir. De plus, le secours souhaité et attendu est toujours l'aide qu'une personne apporte à une autre. Il implique un engagement de la personne. Toutes ces connotations permettent de mieux comprendre ce que cherche à dire le texte de Gn 2, la relation entre l'homme et la femme. L'homme seul ne peut transmettre la vie et si la procréation n'est pas la seule visée du texte, elle n'en existe pas moins, comme le rappelle avec force une des conclusions du récit (Gn 3, 20) où Ève est reconnue comme la mère des vivants.

Le verset 18 ouvre donc un moment décisif d'un récit où Dieu veut pour l'homme une relation qui fonde une réciprocité, quelqu'un qui soit comme son vis-à-vis, à la fois semblable et différent.

Lorsque avec le verset 19 on s'engage dans la suite du texte qui rapporte la création des animaux, le but fixé au verset 18 demeure présent. « Le Seigneur Dieu modela du sol tous les animaux des champs. » Par le langage utilisé ce nouvel acte de Dieu se rattache étroitement à celui du verset 7, mais sur la création des animaux le texte ne s'attarde pas. Il ne fait pas de doute que les animaux sont considérés comme des êtres vivants (Gn 2, 19 b), bien qu'ils ne reçoivent pas l'haleine de vie. Si du point de vue du langage utilisé le texte n'établit pas une nette distinction entre l'homme et les animaux, cette distinction est établie par d'autres moyens. Dieu amène les animaux à l'homme et c'est l'homme qui donne un nom aux animaux. De plus, le fait de ne pas trouver parmi eux le « secours » dont il a besoin manifeste clairement cette distinction.

La création des animaux a une double signification, positive et négative, et il n'y a pas à choisir entre l'une et l'autre. Négativement l'homme ne trouvera pas parmi les animaux l'aide qui lui est nécessaire (Gn 2, 20). Il est possible qu'il y ait ici une pointe polémique contre la bestialité dont la loi d'Israël fait un interdit (Ex 22, 18 ; Dt 27,

21 ; Lv 18, 23). Cette non-convenance entre l'homme et les animaux est bien marquée par le parallélisme des scènes : Dieu amène les animaux à l'homme (2, 19), puis Dieu amène la femme à l'homme (2, 22), mais de la part de l'homme il y a une différence de réaction. Positivement les animaux conduits par Dieu à l'homme sont au service de celui-ci et la scène de l'imposition d'un nom aux animaux l'exprime de manière concrète. Le fait de nommer marque dans le monde du Proche-Orient la prise de possession. En nommant les animaux l'homme crée d'une certaine manière le monde qui l'entoure. « C'est, comme le dit G. von Rad[17], un acte de création au second degré qui s'effectue dans cette désignation par des noms, acte d'organisation par lequel l'homme s'approprie mentalement comme objets les créatures. On peut donc dire qu'il est question ici de la naissance du langage. » On peut aussi ajouter que c'est aussi la naissance de la science telle qu'elle était comprise dans l'ancien temps avec ses listes et ses catalogues. Enfin cette désignation est un acte de seigneurie.

Cette seconde création par Dieu, celle des animaux, ne fait qu'augmenter la tension du récit par une sorte d'action à retardement[18], car le but que Dieu se proposait n'est pas encore atteint.

Troisième étape de l'action créatrice de Dieu, celle de la femme (2, 21-22). Ce segment du texte possède sa physionomie propre par appel à un mode de création qui demeure pour l'instant sans parallèle réel malgré les efforts tentés pour en découvrir un. Si l'on s'en tient au texte biblique, on notera d'abord que le verbe utilisé n'est plus « modeler », mais « bâtir ». Or ce dernier verbe est très souvent utilisé dans les textes extra-bibliques pour décrire la création des humains par les dieux alors que l'usage de ce même verbe pour traduire l'activité créatrice est très rare dans l'Ancien Testament puisqu'on ne le rencontre qu'en Am 9, 6. Toutefois à la forme passive ce verbe est utilisé pour exprimer la possession d'enfants

---

17. G. von RAD, *Das erste Buch Mose*, ATD 2, Göttingen 1952[2], p. 66 ; trad. fr., Genève, 1968, p. 81.
18. G. von RAD, *op. cit.*, p. 67 (trad. fr., p. 82).

(Gn 16, 2 ; 30, 3), car donner une descendance à une femme, c'est littéralement la « bâtir ».

Au-delà de ce changement de verbe le texte s'efforce de souligner l'action de Dieu qui continue à avoir l'initiative. « Le Seigneur Dieu fit tomber une torpeur sur l'homme qui s'endormit » (Gn 2, 21). Le mot traduit par « torpeur » est un terme rare (Gn 15, 12 ; 1 S 26, 12 ; Is 29, 10 ; Pr 19, 15 ; Jb 4, 13 ; 33, 15). Dans les trois premiers textes Dieu est celui qui provoque cette torpeur, action préparatoire d'une intervention divine. Il faut écarter ici toute idée d'une intervention chirurgicale et se refuser à interpréter le récit d'un point de vue étiologique comme s'il s'agissait d'expliquer une particularité anatomique. Par l'emploi du mot « torpeur » le texte tend à écarter toute matérialisation de l'action de Dieu : on ne sait pas comment Dieu a fait, mais il a agi. Comme le souligne C. Westermann[19] il ne s'agit pas « d'expliquer une particularité de l'homme, mais d'expliquer l'homme lui-même ».

La femme que Dieu a faite est amenée à l'homme (2, 22) et l'homme à cette vue réagit avec force. Le verset 23 qui décrit cette réaction manifeste que Dieu a trouvé pour l'homme l'aide ou la partenaire qui lui est accordée. Le cri de l'homme se présente sous forme rythmée ; au début il marque « la joyeuse surprise de l'homme et a une allure presque explosive »[20], puis le rythme s'allonge et l'homme donne un nom à sa compagne. Cette désignation qui prolonge et en même temps dépasse l'octroi d'un nom aux animaux a un relief saisissant de par sa formulation. Le chant de joie de l'homme décrit sa femme comme « os de mes os et chair de ma chair », reprenant une formule de parenté (Gn 29, 14 ; cf. 37, 27), mais en l'adaptant à un contexte conjugal, ce qui est unique. De plus, lorsque l'homme donne un nom à celle que Dieu lui présente, il utilise un nouveau jeu de mots : « celle-ci sera appelée femme *('iššâh)*, car celle-ci fut tirée de l'homme *('îš)* ».

---

19. C. Westermann, *Genesis*, p. 314.
20. P. Humbert, *Études sur le récit du paradis et de la chute dans la Genèse*, Neuchâtel, 1940, p. 58.

Ce qui est digne d'intérêt, c'est la fonction de ce jeu de mots. En effet, le récit n'a pas pour but de raconter la création de la femme comme distincte de l'homme, mais bien de raconter la création de l'homme qui n'est achevée que par le vivre ensemble du mari et de la femme. L'étymologie proposée ne sert qu'à souligner cette unité. Il s'agit donc d'une création unique de l'humanité qui se déploie dans le discours.

Lorsqu'on passe à la suite du texte (Gn 2, 24), on observe un changement de ton. Le récit est clos avec le verset 23 ; car le but fixé par Dieu au verset 18 est atteint ; la tension tombe. Le verset 24 constitue un bref épilogue qui tire une conséquence de ce qui vient d'être raconté : « C'est pourquoi l'homme laisse son père et sa mère pour s'attacher à sa femme et ils deviennent une seule chair. » La formulation continue toujours à étonner et pourtant elle est dans le droit fil de ce qui précède. En effet la constitution du couple humain distend les liens antérieurs créés par la naissance, car ce que l'homme éprouve pour la femme a plus de force que ce qu'il éprouve pour ses parents. L'expression « os de mes os et chair de ma chair » qui a valeur de superlatif laissait déjà entendre que le lien entre mari et femme dépasse le lien de parenté. La femme devient une parente plus proche pour l'homme que les propres parents de celui-ci. L'homme a donc le devoir de quitter sa mère pour sa femme puisque la femme est sortie de l'homme comme lui-même de sa mère. Selon la remarque de P. Beauchamp[21] l'idée foncière de ce verset 24 est d'inverser l'ordre ordinaire de la naissance pour justifier l'abandon des parents.

L'union conjugale est considérée comme un tout ; elle est voulue par Dieu puisqu'il en est l'origine, elle est aussi normale que nécessaire. L'accent est mis sur la force du mouvement qui porte l'homme et la femme l'un vers l'autre. Le mot « chair » ne doit pas faire illusion et ne vise pas seulement des relations sexuelles car il désigne en hébreu la totalité de l'être humain ; dans le contexte conjugal de Gn 2 il vise par extension la totalité et l'unité du

---

21. P. BEAUCHAMP, *Études sur la Genèse*, Lyon, 1971, p. 25.

couple[22]. Avec le verset 24 s'achève la création de l'humanité.

## III. LA CRÉATION DE LA TERRE

Jusqu'à présent la lecture du récit de Gn 2 − 3 ne nous a pas mis en présence d'une création de la terre par Dieu. Résolument anthropocentrique, le texte est centré sur la création de l'humanité comme homme et femme, mais il est trop clair que celle-ci présuppose la création de la terre comme celle du milieu où vit l'homme. Si le jardin planté par Dieu (Gn 2, 8) a un statut particulier, il ne se trouve pas en dehors de la terre. Mis à part ces précisions, la foi en une création du ciel et de la terre par les dieux est un bien commun des religions du Proche-Orient ancien ; cette croyance est présupposée, mais elle n'est pas l'objet du récit.

Le seul élément du texte qui renvoie à cette croyance commune se trouve dans l'ouverture du texte en Gn 2, 4b. La formulation actuelle (« Au jour où le Seigneur Dieu fit la terre et le ciel... ») comporte au moins deux expressions qui semblent tardives : le « Seigneur Dieu », expression surprenante propre au texte de Gn 2 − 3 dans l'ensemble du Pentateuque et le couple « terre-ciel » qui est inhabituel (cf. Ps 148, 13) alors que le couple ciel-terre est le plus courant (Gn 1, 1 ; 2, 1. 4a). Puisqu'il ne sera pas question du ciel dans la suite du récit, on peut soupçonner que l'expression terre-ciel a été forgée pour assurer le lien avec le récit précédent. A partir de là deux solutions sont possibles : ou bien Gn 2, 4b est dû en totalité au rédacteur sacerdotal qui réunit les récits[23] ou bien

---

22. M. GILBERT, « "Une seule chair" (Gn 2, 24) », *NRT*, 100, 1978, p. 66-89. Voir aussi D. LYS, *La chair dans l'Ancien Testament.* « *Bâsâr* », Paris, 1967, p. 31.

23. W.H. SCHMIDT, *Die Schöpfungsgeschichte der Priesterschrift.* Zur Ueberlieferungsgeschichte von Genesis, 1, 1 − 2, 4a und 2, 4b − 3, 24, WMANT 17, Neukirchen, 1967, p. 196, n. 1 ; C. WESTER-

Gn 2, 4b aurait connu un état plus ancien sous la forme « Au jour où le Seigneur... fit la terre[24]. » Le choix est difficile, mais la première solution est sans doute la meilleure.

Quoi qu'il en soit, le récit de Gn 2 − 3 ne s'intéresse pas directement à la création de la terre, mais en se centrant sur la création de l'humanité il obéit à une attitude de l'esprit humain qui par ce biais tente de comprendre la relation qui unit les hommes aux dieux comme on le voit en certains textes mésopotamiens.

Cette lecture rapide d'un texte qui n'en finit pas de se dévoiler à nous montre au moins que par rapport à Gn 1 nous n'avons pas affaire à un second récit de création, mais à un récit d'origine centré sur la création du couple humain par Dieu. C'est là l'originalité fondamentale de Gn 2 par rapport à la réflexion des nations qui n'attachent pas une importance particulière au couple comme tel. Ce n'est pas à dire que le caractère sexué de l'humanité soit totalement ignoré, mais c'est une donnée qui, lorsqu'on la signale, n'est pas l'objet d'une attention spéciale. Ainsi dans l'épopée d'Atra-hasis la déesse Nintu façonne sept hommes et sept femmes (I, 256, 263-264), mais une telle précision est rare et, du moins en Mésopotamie, il n'est pas fait référence à un couple primitif, mis à part un texte obscur qui pourrait évoquer la création de deux personnages[25]. Le couple comme tel ne donne pas lieu à une réflexion anthropologique et religieuse approfondie.

La seconde originalité du texte biblique est son caractère optimiste, ce qui peut paraître paradoxal lorsqu'on lit à la suite Gn 2 et Gn 3, et pourtant on ne peut qu'être ébloui par les dons de Dieu faits à l'humanité, car « la création de l'homme n'est achevée qu'avec le don d'un environnement, d'un tissu de relations et surtout avec le

---

MANN, *Genesis*, BK I, 1974, p. 271 ; S. TENGSTRÖM, *Die Toledotformel und die literarische Struktur der priesterlichen Erweiterungsschicht im Pentateuch*, OTS 17, Upsal, 1982, p. 54-55.

24. P. WEIMAR, *op. cit.*, p. 114.

25. G. PETTINATO, *Das altorientalische Menschenbild und die sumerischen und akkadischen Schöpfungsmythen*, Heidelberg, 1971, p. 74-81. Pour une traduction française de ce texte, voir M.J. SEUX, *La Création du monde et de l'homme*, Supplément au Cahier Évangile 38, Paris, 1981, p. 23-26.

don d'un vis-à-vis »[26]. La vie humaine pour être vécue en plénitude suppose une multiplicité de biens dont l'homme peut oublier l'origine mais dont il est le bénéficiaire, qu'il le veuille ou non. Nous avons là une des intuitions théologiques d'Israël que l'on retrouve sous diverses formes dans toute l'Écriture[27], car les biens donnés par Dieu sont antérieurs à tout commandement. Le récit biblique trace ainsi un tableau de la bienveillance dont Dieu entoure l'homme. Cette bienveillance s'étend jusqu'au pouvoir donné à l'homme de se nourrir de tous les arbres du jardin (Gn 2, 16). Mais peut-on voir dans l'interdit de Gn 2, 17 un signe de cette même bienveillance divine ? L'objection est de tous les temps, mais, sans nous engager dans une exégèse détaillée du texte, on peut au moins dire que face à l'ordre de Dieu « l'homme ne peut que l'accepter et témoigner par là sa confiance en celui qui le lui a donné ou alors le refuser et mettre en doute la bienveillance du Créateur à son égard »[28]. Une telle attitude est celle qui s'exprime dans la vie quotidienne de l'Israélite lorsqu'il accueille ou refuse la Loi.

Notre dernière remarque voudrait simplement poser la relation qui existe entre théologie du salut et théologie de la création, la seconde s'articulant sur la première. La conception de l'homme devant Dieu qu'offre Gn 2 − 3 porte à ses conséquences ultimes la manifestation de Celui qui a sauvé et continue de sauver Israël. De même que Dieu a pris l'initiative de sauver Israël et de le créer comme peuple, de même à l'origine Dieu a pris l'initiative de créer l'homme et de lui donner un vis-à-vis. Cette expérience de Dieu se retrouve dans une certaine mesure dans les récits de la marche au désert où aux dons de Dieu le peuple répond par un manque de confiance. Parce que Dieu est le sauveur du peuple et que par là il manifeste sa puissance, il doit aussi être le Créateur. C'est à partir de l'expérience croyante d'Israël que le texte de Gn 2 − 3 peut exister et remonter à l'origine.

---

26. A. de Pury, « Sagesse et Révélation », *RTP*, 1977, p. 37.
27. P. Beauchamp, *L'Un et l'Autre Testament*, Paris, 1976, p. 39 ss.
28. A. de Pury, art. cit., p. 38.

## CHAPITRE V

# CRÉATION ET FONDATION DE LA LOI EN GN 1, 1 – 2, 4a

Le don de la nourriture végétale
en Gn 1, 29s

par Paul BEAUCHAMP

Le thème de la loi est fréquemment associé aux textes de création dans l'Ancien Testament. Il s'agit surtout des dispositions « physiques » (attribuées à la parole créatrice) protégeant le cosmos contre le chaos. Dans Pr 8, 29 (cf. Jb 28, 26 ; 38, 10), Dieu « impose à la mer sa loi » — expression employée à l'égard du peuple en Ex 15, 25 et Jos 24, 25. Ailleurs, le cosmos tout entier est régi par des lois, surtout visibles dans le ciel, qui est lui-même la loi du cosmos (Ps 148, 6 ; Jr 31, 36 ; 33, 25 ; Jb 38, 33). Ces lois cosmiques sont perçues comme symboles de la loi imposée aux hommes : tel est le sentiment qui inspire le génial rédacteur auquel nous devons l'assemblage, au Ps 19, d'un hymne cosmique et d'un hymne à la Torah.

Toutefois, l'aspect cosmique de la loi n'est pas l'objet de la recherche que nous présentons ici. Notre intention est d'exposer quel enseignement résulte pour nous de la place faite au *thème de la nourriture végétale* dans le récit sacerdotal de la création, d'après Gn 1, 29s. Un régime alimentaire qui, malgré l'humilité de ce domaine ou à cause de cela, remplit l'existence quotidienne, a son origine dans les sept jours de la création. Pourquoi ? Cette question ne peut manquer de se répercuter sur l'idée que nous nous faisons de la création elle-même.

Certes, la fondation de la loi dans le premier chapitre de la Genèse n'est pas apparente mais cachée, puisque cette page ne contient, aux yeux d'un exégète, aucune disposition législative. Quelle que soit l'importance de telle ou telle loi biblique, on ne pourra jamais en dire qu'elle tient sa force d'avoir été promulguée en même temps que les paroles créatrices : en effet, la forme littéraire de la loi est absente du texte, car il ne contient ni précepte[1], ni prohibition, mais seulement l'énoncé d'un don : « Je vous donne toutes les herbes... tous les arbres... ce sera votre nourriture. » Cependant, la visée de la loi ne peut être méconnue. Elle est même lisible dans deux domaines, celui du régime alimentaire et celui du sabbat. Dans le premier, Dieu gratifie les êtres vivants d'une nourriture végétale. Nous aurions tort de dire « exclusivement végétale », puisqu'il n'y a aucune *exclusion*, mais seulement *omission* de la nourriture carnée. Dans le second domaine qui touche à la loi, Dieu ne prescrit nullement le sabbat : il se contente de le pratiquer lui-même. Le double emploi de la racine *šbt* sous forme verbale (*Gal* au v. 3) ne va même pas jusqu'à une étiologie explicite du substantif « sabbat ».

S'il n'y a pas de loi sous forme expresse en Gn 1, 1 – 2, 4a, on admettra toutefois que l'attribution d'un menu végétarien sous forme non prescriptive puisse constituer la racine cachée d'une loi[2]. Cachée véritablement !... En

---

1. Les impératifs (« soyez féconds, multipliez-vous, remplissez... ») adressés aux êtres bénis (poissons, oiseaux, humains) ne suggèrent pas par anticipation les commandements de la Torah et, en cela, ne sont pas des « préceptes ».
2. GUNKEL, *Genesis, in loco* : le contenu sous-jacent est le même que dans la vision poétique d'Is 11, mais « Gn 1 donne un sobre com-

Gn 9, 3, la nourriture carnée sera « donnée » elle aussi et, du végétarisme originel, il ne restera plus dans la Torah que l'interdit légal de la consommation du sang (Gn 9, 4)[3]. Quant à la pratique divine du sabbat, elle sera moins recouverte par les développements ultérieurs, puisqu'il sera un jour prescrit au peuple d'Israël d'imiter la conduite divine.

Comme il fallait choisir, nous avons laissé de côté, dans cette étude, le thème du sabbat et le problème de son rapport à la création d'une « image » divine. L'homme n'est-il pas « image » quand il se conduit au septième jour comme Dieu s'est conduit ? Quoi qu'il en soit de la réponse à cette question, le thème de l'image est, pour la tradition sacerdotale, la meilleure expression de sa conception de la loi. La structure de la loi sacerdotale est exemplariste. La loi fonctionne comme « signe » (Gn 1, 14 ; 9, 12s.17 ; 17, 11 ; Ex. 31, 17) et la loi sacerdotale s'enracine dans la création parce que la création est l'initiative divine dans le fonctionnement des signes.

Si le végétarisme est en rapport avec l'image, il va de soi, cependant, que le végétarisme n'est pas à comprendre comme la reproduction d'un comportement végétarien de Dieu ! Le végétarisme de Gn 1, 29s n'a pas de portée directe, il fonctionne comme un signe. Il repose sur une relation de l'homme à l'animal qui est paradoxale puisqu'elle est appelée domination et qu'elle s'exerce cependant par la douceur d'un humain qui n'est pas pour l'animal une menace. Nous verrons que le rapport de cette domination à l'image de Dieu est aujourd'hui très largement reconnu. Mais je me propose de démontrer que, dès notre texte, la charge sémantique de l'« image »

---

mandement alimentaire dans la forme exacte d'une détermination légale ». Il est vrai que « Je donne » se trouve en contexte légal alimentaire (Lv 6, 10 ; Nb 18, 8.11s. 19... Cf. pour la dîme : Nb 18, 24.26). On peut donc parler de « style juridique » mais non pas, comme le fait Gunkel, d'un « commandement ».

3. Cf. Lv 3, 17 ; 7, 26 ; 17, 10-14 ; 19, 26. Dans le Nouveau Testament, la vision de Césarée annule la différence entre animaux purs et impurs. Mais Jacques estime que les baptisés de la gentilité doivent s'abstenir de sang (Ac 15, 20) : c'est logique, puisque Noé, père commun des Juifs et des Gentils, en a reçu le précepte.

est beaucoup plus richement investie. Gn 1 est conçu en fonction de la série qu'il ouvre et qui va beaucoup plus loin. A travers la relation homme-animal, c'est le rapport homme-homme qui est visé. Je chercherai donc à établir que, le premier chapitre de la Genèse étant écrit en fonction de la série, *la douceur de l'homme envers l'animal, douceur exigée par son régime alimentaire, est le signe de l'absence de guerre entre les hommes et que ceci est le point principal qui constitue l'homme à l'image de Dieu* et par conséquent l'ordonne à l'axe principal de la création. Pour notre texte, la création de l'homme « à l'image de Dieu » a pour équivalent exact l'appel à l'existence d'une société pacifique, suspendue à la dixième des premières paroles du Dieu créateur. L'heptaméron sacerdotal est, en cela, un texte politique : l'Adam créé selon Gn 1, c'est l'humanité. Qu'une pareille structure soit produite dans l'acte même de la création apporte beaucoup de lumière sur la conception sacerdotale de la justice. Nous ne sommes pas loin des promesses énoncées par les prophètes de l'exil, eux qui rapprochent le concept de création et l'intimation de la justice par l'action directe de Dieu sur les cœurs. J'ajoute qu'une conception exemplariste de la loi (être comme Dieu) est toute proche d'une conception utopiste de la même loi. Ce que, par sa parole créatrice, Dieu appelle à être, n'est pas encore. Ce qui n'est pas encore, c'est ce qui est désiré et attendu. Entre *Urzeit* et *Endzeit*, dont la correspondance est un lieu commun de la littérature exégétique[4], il reste à faire place à la loi : son absence formelle dans Gn 1 n'est pas fortuite, mais plutôt nécessaire pour que l'emplacement spécifique de la loi soit reconnu comme le milieu des temps. Nous examinerons quelle lumière nouvelle éclaire cette disposition dans les textes sacerdotaux.

---

4. GUNKEL, *Genesis* : « Ce que Gn 1 dit des premiers temps, Is 11 le dit des derniers. » CASSUTO, *A Commentary on the Book of Genesis*, Jérusalem 1961 (hébreu : 1944), p. 59 : les Gentils connaissaient la légende du végétarisme à l'âge d'or, mais l'originalité d'Israël a consisté à croire que « the prohibition would come into force once more ». Pourtant, la légende n'inclut pas nécessairement une prohibition.

Mais il nous faut d'abord préciser que nous adoptons, comme présupposé critique, l'hypothèse d'une parenté d'école (sacerdotale) entre les textes reconnus jusqu'ici comme « P ». Leur cohérence ne s'explique pas nécessairement par appartenance à une *Urkunde*, document primitivement indépendant, mais par la provenance et la visée commune de plusieurs interventions éditoriales. Cette fonction a pu avoir été exercée au premier chef, pour les textes qui nous intéressent le plus, par Gn 1, 1 – 2, 4a ; Gn 9, 1-7 ; Ex 1, 1-7. Il s'ensuit que les textes P sont souvent très éclairés à être lus comme interprétations ou comme correctifs des traditions qui les précèdent.

Tout particulièrement, la thèse que j'avance sur l'heptaméron est pratiquement énoncée telle quelle dans le récit P de la fin du déluge. 1) Le régime alimentaire végétal n'a pas de vertu intrinsèque : il vaut par la douceur envers l'animal, puisque sa cessation instaure un changement de régime, cette fois politique, qui fait de l'homme non plus le roi pacifique des animaux mais leur roi redoutable, encore qu'il lui soit interdit d'être leur tyran. 2) La loi alimentaire limitant cette concession a valeur de signe, puisqu'elle est doublée d'une parole limitant la *violence* entre les hommes : Dieu « réclamera » le sang de l'homme (9, 5). On peut parler d'une loi métaphorique. 3) L'enjeu de la loi et de la parole qui limitera la violence est expressément le respect de l'image de Dieu : « Car à l'image de Dieu, l'homme a été créé. » Gn 9, 1-7 apparaît dès lors tout proche d'un commentaire ou, mieux, d'un décryptage dévoilant ce que Gn 1 voulait dire sous forme cachée. Gn 1 pose séparément « ne pas verser le sang » (sous-entendu) et « être à l'image de Dieu ». Gn 9 établit un lien explicite entre ces deux points.

Ainsi, la chaîne signifiante s'est élargie en prenant appui sur deux occurrences d'« image de Dieu » au lieu d'une seule : Gn 1 et Gn 9, 1 – 7. Du rapport « *image de Dieu — végétarisme* », nous passons à : « *image de Dieu — domination — végétarisme — douceur envers l'animal — douceur envers l'homme* ». L'homme doux envers l'homme fait partie d'une humanité à l'image de Dieu. Tels sont les points qu'il nous faudra reprendre en détail.

Qu'il ne s'agisse pas d'une évidence, l'histoire de la recherche le montre. Je dois me rappeler qu'ayant longuement fréquenté, il y a plus de vingt ans, le premier chapitre de la Genèse avec, il est vrai, une autre visée, cette interprétation n'avait fait que m'effleurer. Je prends donc rang parmi mes prédécesseurs et je tiens compte d'un caractère essentiel des textes sacerdotaux, qu'on pourrait appeler leur « réticence », ou qu'Elliger a nommé leur *Hintergründigkeit*[5], maintien du sens à l'arrière-plan, dans la réserve. Ceci s'accorde mal avec une évidence trop crue.

Quelle place a été faite, dans l'histoire moderne de l'interprétation de Gn 1, à la douceur dans le pouvoir sur les animaux ? On peut résumer ainsi les résultats de l'enquête : la relation entre la suprématie humaine sur les animaux et l'image de Dieu est largement reconnue. La qualité non violente de cette suprématie n'est pas ignorée, mais sa pertinence dans le message principal du texte est peu relevée. Enfin (et cela explique le point précédent) je n'ai pas encore trouvé exprimée l'opinion que le rapport aux animaux ait valeur de signe renvoyant à la réalité humaine collective, politique.

La revue de l'ensemble doit partir de ceux qui ont éclairé l'image par la relation entre homme et créatures[6].

---

5. K. ELLIGER, « Sinn und Ursprung der priesterlichen Geschichtserzählung », *Zeitschrift für Theologie und Kirche* 49 (1952), p. 135. Voir P. BEAUCHAMP, *Création et Séparation. Etude exégétique du chapitre premier de la Genèse* (BSR), Paris, 1969, p. 183s. Voir aussi la pénétrante remarque de N. LOHFINK sur « le renoncement à être explicite » dans la même tradition : « Die Schichten des Pentateuchs und der Krieg », p. 91 in *Gewalt und Gewaltlosigkeit im Alten Testament*, Fribourg, Bâle, Vienne, 1983.

6. Pour GUNKEL, *Genesis*, l'image est la ressemblance, essentiellement visuelle, du fils au père, cf. Th. C. VRIEZEN, « La création de l'homme d'après l'image de Dieu », *Oudtestamentische Studiën* 2, (1943), p. 104 : accent sur la filiation. Quant à la suprématie sur les animaux, c'est dans le Ps 8 qu'elle relève de l'image (mais le mot manque) : dans Gn 1, elle relève de la bénédiction. CASSUTO, *A Commentary*, p. 56 : l'image est essentiellement visuelle et corporelle, mais la notion est déjà spiritualisée. Et l'homme est la plus noble des créatures. — Depuis longtemps, la tendance est de comprendre l'image en termes de fonction.

Pour Wildberger[7] et W.H. Schmidt[8], l'homme est image par l'exercice d'une lieutenance ou vice-royauté qui s'exerce à l'image de celle de Dieu. Sur cette voie, il est impossible de ne pas enregistrer la suprématie de l'homme sur l'animal. La proximité du Ps 8 est notée : l'homme, un peu en dessous des Elohim, est couronné d'une gloire qui met les autres vivants sous ses pieds. Que la suprématie de l'homme sur tous les animaux soit le trait principal de l'image de Dieu était déjà admis en 1898 par Holzinger[9], puis par Ludwig Köhler[10] en 1947 et, tout récemment par Steck[11] en 1975 et W. Gross[12] en 1981. Mais, trop souvent, l'exégète s'arrête avant de qualifier avec fermeté[13] cette suprématie.

---

7. H. WILDBERGER, « Das Abbild Gottes, Gn 1, 26-30 », *Theologische Zeitschrift* 21 (1965) n° 4, 245-259 et n° 6, 481-501 : l'homme est l'effigie royale sur terre de Dieu Roi. Cf. W.M. CLARK, « Animal Series in Primeval History », *Vetus Testamentum* 18 (1968), 433-449. Le pouvoir spécial du roi sur les animaux est connu par Jr 27, 5s ; Dn 2, 38 ; cf. Jr 28, 14 (TM). On peut ajouter Ba 3, 16 : « Où sont les chefs des nations, les dominateurs des bêtes de la terre, ceux qui se jouaient des oiseaux du ciel ? »
8. W.H. SCHMIDT, *Die Schöpfungsgeschichte der Priesterschrift*, WMANT, Neukirchen-Vluyn, 1964, p. 133-134 : l'homme est créé à l'image de Dieu : *pour* qu'il domine sur les animaux.
9. H. HOLZINGER, *Genesis*, Fribourg, 1898.
10. L. KOEHLER, *Theologie des Alten Testaments*, Tübingen, 1947, p. 133 et 134.
11. O.H. STECK, *Der Schöpfungsbericht der Priesterschrift*, Göttingen, 1975, p. 150. Voir p. 145, n. 584 : la seigneurie sur l'animal découle de l'image de Dieu et c'est à cause d'elle que Noé prend en charge la survie des animaux.
12. W. GROSS, « Die Gottebenbildlichkeit des Menschen im Kontext der Priesterschrift », *Theologische Quartalschrift* 161 (1981), 259-260.
13. Un exemple : L. KOEHLER, *op. cit.* p. 133, dit que « l'image de Dieu consiste à dominer la nature extra-humaine, animaux, plantes *et* la terre *et* à en disposer » (nous soulignons). W. ZIMMERLI, *Die Urgeschichte, 1 Mose 1-11*, Zurich, 1957, p. 72 : « L'homme est maître des animaux *et* des plantes » *(idem)*. Les deux exégèses sont identiques : elles voient l'homme « disposer » des animaux et des plantes. Mais il n'y a pas de « pouvoir » sur les plantes (Zimmerli), et un pouvoir des animaux consistant à en « disposer » (Köhler) ne révélerait rien de divin dans l'image de Dieu. H.W. WOLFF, *Anthropologie de l'Ancien Testament*, Genève, 1974 (allemand 1973), p. 143, parle de « domination sur la création » ou sur la terre et « en particulier sur

Certes, que la manière de dominer soit plus importante que le fait de dominer dans la détermination des traits de l'image de Dieu, cela n'est pas nié et n'est pas toujours ignoré mais prend rarement du relief. Ainsi, pour O.H. Steck, il est fait en sorte que « la maîtrise de l'homme sur la vie animale ne l'entraîne pas à des abus, comme l'utilisation alimentaire de celle-ci, et qu'il puisse empêcher des empiétements en sens inverse[14] » (le sens inverse serait, si j'ai bien compris, l'utilisation alimentaire de l'homme par l'animal). Mais cette interprétation ne met pas en valeur la douceur comme telle. W. Gross dresse fort bien le tableau d'une « seigneurie responsable et paisible[15] ». Mais la question est de savoir si c'est, précisément, cette seigneurie-là, si éloignée de toute notre expérience empirique, et pas une autre, qui montre en l'homme l'image de Dieu. Reconnaissons la difficulté : Gn 9 maintient encore dans l'homme l'image de Dieu alors qu'il est déjà devenu « crainte et effroi », presque épouvantail des animaux. Mais le rappel de l'image de Dieu, comme nous le verrons, intervient pour fonder la loi qui arrêtera l'homme à mi-chemin de cette pente. Il n'est pas inutile de s'interroger sur certaines raisons (elles sont multiples) de cet effacement, de cet amenuisement du thème dans l'interprétation. La première est évidemment la discrétion du texte. Que ne porte-t-il pas ces mots : « Soyez mon image en commandant par la douceur ! » Mais il aurait alors manqué son effet, qui était de concentrer son faisceau lumineux non sur une disposition interne, mais sur un domaine relevant de la loi, qui est l'alimentation, pour en préparer la modification (seule connue par l'expérience du lecteur) au chap. 9. Or notre subjectivité de chrétien occidental n'est pas spontanément attirée par le domaine légal et encore moins légal alimentaire.

Ajoutons, pour en revenir à la « discrétion » du texte

---

les animaux ». Il écrit, de manière surprenante *(ibidem)* : « il n'est peut être pas question de tuer dans Gn 1 » — (An Töten ist vielleicht in Gn 1 nicht gedacht, allemand p. 239).
14. *Der Schöpfungsbericht*, p. 157.
15. « Die Gottebenbildlichkeit... », p. 260.

(Martin Buber parle de la « sécheresse » biblique) que cette discrétion contient une grande charge d'émotion. Au commencement, il n'était pas versé de sang, par aucun vivant ! Il y a trop de froideur à voir là, avec certains commentateurs, une sorte de réglementation limitant la puissance humaine[16]. Cette douceur ne limite pas la puissance. Elle est la puissance. Qui entend cela entend ce qu'est image de Dieu. Mais la lecture de la tradition sacerdotale dans son ensemble en est tout orientée : à chaque fois que la loi posera un signe, il ne s'agira ni seulement de le décoder, ni seulement de le pratiquer, mais d'entrer par les gestes du corps dans un sens caché du monde. Cet accueil corporel de la parole de Dieu se rattache au concept de création, puisque Dieu crée en posant le langage et, avec lui, des signes qui conduisent peu à peu vers la lumière. L'image de Dieu engage ainsi à des gestes qui introduisent dans une totalité.

En 1968, James Barr[17], mû par son intérêt pour la linguistique, a vu qu'il fallait éclairer « image de Dieu » comme fonction dans un ensemble vaste qu'il a abordé du côté lexical tout en suggérant d'autres approches. T. Mettinger[18], en 1974, s'est inspiré de lui en cherchant

---

16. GUNKEL, après KRAETZSCHMAR (*Die Bundesvorstellung im Alten Testament*, 1896, p. 193s) qu'il approuve, va plus loin : puisque l'homme ne mange pas de chair, quel besoin a-t-il d'être plus fort que l'animal en le « dominant » ? N'est-ce pas une contradiction ? Il faut donc conclure que la tradition de la domination et celle du règne de paix impliqué par le végétarisme sont « originellement allogènes » (*Genesis*, p. 114). Mais il ne suit pas Kraetzschmar en voyant dans Gn 1, 29s une addition (W.H. Schmidt, lui, s'interroge). L'idée d'un premier homme moins puissant puisqu'il ne tuait pas se maintient avec insistance à travers plusieurs commentaires !... Ce n'est pas seulement les textes bibliques qui s'appuient sur un arrière-fond socio-culturel daté, c'est aussi leurs exégètes. A côté de ce présupposé inconscient, on voit ici à l'œuvre un présupposé de méthode : les traditions antérieures au texte suscitent plus d'intérêt que la nouveauté, qui consiste à les joindre. Or la critique discernant les traditions est féconde, mais l'inattention portée à l'acte d'association est stérilisante.

17. « The Image of God in the Book of Genesis. A Study of Terminology », *Bulletin of the John Rylands Library* 51 (1968), 11-26.

18. Tryggve N.D. METTINGER, « Abbild oder Urbild ? "Imago Dei" in traditiongeschichtlichen Sicht », *ZAW* 86 (1974), 403-424. L'homme est créé *d'après* la première image de Dieu, laquelle est

la valence sacerdotale, donc cultuelle de l'image, d'après *tabnît* et le thème de l'exemplarisme dans la construction de la tente du désert (cf. He 8, 5 ; 9, 23). L'image ouvre sur un monde.

Peu à peu, les chercheurs ont porté un intérêt plus aigu à l'aspect éthique de notre thème, aspect qui n'est pas nécessairement dissocié de l'aspect cultuel. S'interrogeant en 1970, dans le recueil Schlier, sur le péché des origines dans le récit P, N. Lohfink[19] avait déjà naturellement mis l'accent sur la violence mais, en outre, il avançait déjà l'idée d'une « démilitarisation » de la conquête en Nb 14. De mon côté, j'ai exposé une lecture du thème de la violence à partir de Gn 1 dans *Le Récit, la Lettre et le Corps* en 1982[20], mais sans argumentation proprement exégétique. Indépendamment de cet exposé, N. Lohfink fondait la thèse de l'absence de guerre chez l'écrivain sacerdotal dans *Gewalt und Gewaltlosigkeit im Alten Testament* (1983)[21]. Mais cette étude ne s'attache pas à Gn 1.

Comme c'est des corrélations de texte à texte que provient une lumière plus forte que toute explicitation, le doute jeté sur la cohérence et la continuité de P par Rendtorff en 1977 a rendu plus timide la recherche de ces corrélats, c'est évident. Mais précisément, Rendtorff a affaibli sa thèse en n'y faisant pas intervenir l'examen de Gn 1 − 2[22].

---

céleste. La sphère céleste a une hiérarchie. L'homme joue un rôle de chef dans la hiérarchie terrestre, parallèle à celle du ciel. Elle s'exerce surtout dans le culte. Le fond socio-culturel de l'heptaméron inclut, en effet, la liturgie sans s'y réduire. J'insiste, dans *Création et Séparation*, sur l'environnement du second temple, tel que les *Chroniques* l'expriment. Il s'agit ici de lois rituelles, qui ne se limitent pas au culte. Mais ce que je propose ici sur le symbolisme de la paix peut rejoindre l'étude de Mettinger ; voir ci-dessous p. 175, au sujet de 1 Ch 22, 8 et 28, 3.

19. *Die Zeit Jesu, Festschrift für Heinrich Schlier*, Fribourg, Bâle, Vienne, 1970, « Die Ursünde in der priesterlichen Geschichtserzählung », p. 52, n. 51.
20. P. 213-220.
21. *Gewalt und Gewaltlosigkeit*, p. 83 : « Le monde de P est sans guerre. » L'auteur insiste très fortement sur le rôle joué par l'inspiration liturgique dans l'idéal sacerdotal de la paix.
22. *Das Ueberlieferungsgeschichtliche Problem des Pentateuch*, BZAW 147, Neukirchen, 1976.

Concluons : le texte n'est pas interprétable sans que soit perçue la valeur symbolique de l'animalité. A vrai dire, la place qu'elle tenait dans le monde des anciens et celui de la Bible en particulier est énorme : le simple fait cultuel du sacrifice animal, à un point clé de l'édifice religieux, en est une preuve. En quel autre lieu pourrions-nous mieux découvrir que l'animal est un substitut de l'homme ? Mais le détour qui nous le fait découvrir exige un retour à nous-mêmes : c'est la règle en matière d'interprétation des symboles.

Notre enquête suivra désormais les étapes suivantes : dans quelle mesure la suprématie sur les vivants est-elle 1) valorisée dans Gn 1, 26-28 et son contexte ; 2) confirmée par le reste de la tradition P ; 3) nourrie par les traditions antérieures et éclairée par les traditions parallèles.

## I. GN 1

Le passage lui-même est stylistiquement organisé pour faire ressortir l'importance de la suprématie humaine[23]. Ce sème occupe la partie enveloppante d'une inclusion (commencement et fin). Ceci renforce l'organisation logique du développement. Volonté divine : faire l'homme à son image et qu'ils dominent. Exécution divine : Dieu fit l'homme à son image [...] et lui dit de dominer. Notons que l'exécution divine s'effectue par le moyen d'une action que Dieu a enjoint à l'homme de faire. Par là est introduite une grande ampleur dans le concept de création. Elle ne consiste pas exactement, comme on le dit parfois, en ce que l'*action* de l'homme devienne purement et simplement créatrice. Est créateur l'acte d'entrée de la

---

23. P. BEAUCHAMP, *Création et Séparation*, p. 33-35. Cette étude mettait en relief l'importance de la répartition du récit en dix paroles : « Ainsi valorisée, chacune des dix paroles est égale en dignité et l'on ne sera pas tenté de considérer les deux dernières comme moins importantes » (p. 33) : elles appartiennent à l'œuvre de création, laquelle n'est pas « achevée » avant la dixième.

*parole* divine dans l'oreille de l'homme avec la réponse d'acquiescement par laquelle il décide d'exercer sa seigneurie sur les vivants. Or ce passage de la création par l'oreille de l'homme prépare immédiatement la parole divine suivante : 1, 29-30, par laquelle lui est fait le don de la nourriture végétale. L'oreille ouverte à la mission de suprématie se prépare déjà à entendre ce qui, à distance, prépare la loi par l'attribution d'un régime alimentaire qualifiant indirectement cette suprématie.

Revenons à la séquence « exécution divine ». Elle pose des problèmes car la parfaite logique de sa consécution devient incertaine dans son dernier terme. Si nous remontons la phrase depuis *l'avant-dernier* terme (soumettre), nous lisons ceci : avant de *soumettre la terre*, il faut la remplir, avant de la remplir se multiplier, avant de se multiplier être « mâle et femelle ». L'image de Dieu se définissant le long de cette enfilade de conséquences, on pourrait, à s'en tenir là, dire que l'image divine s'accomplit en l'homme par la *soumission de la terre*. Si l'on voulait faire une place aux animaux, on les placerait volontiers avant la soumission de la terre, leur soumission étant une étape nécessaire vers celle de leur habitat. Si cette visée (instinctivement adoptée par beaucoup de lecteurs) était celle du texte, il y aurait à lire au verset 26 (intention divine) : « Faisons l'homme à notre image et qu'il soumette la terre », au lieu de « et qu'ils dominent (les vivants) ». La construction fait plutôt de l'animal la véritable conquête de l'homme, c'est-à-dire de l'humain, homme et femme associés dans cette mission. Dans l'ordre des valeurs, l'image divine ne trouve son achèvement qu'à ce degré. Dans l'ordre réaliste, on peut penser à la conquête d'un territoire où la victoire sur les premiers occupants n'a de sens que s'ils peuvent être ensuite (pacifiquement) administrés et ne reprennent pas le dessus. Mieux que cela : la volonté de Dieu de créer selon son image s'accomplit non par la production magique d'une essence toute faite mais par un appel (vocation, obligation) qui concerne non un « être » mais un « être-avec ». L'être-avec l'animal est appelé à surgir en l'homme selon l'image divine. Mais cet être-avec est une ligne de crête, un front à tenir, la résolution mouvante et harmonieuse d'un rapport de forces. Telle est la production appelée ici création selon l'image. La victoire divine sur la bête du chaos primitif se déplace en pouvoir, conféré à l'homme, de la vaincre au long de l'histoire, à l'image de Dieu qui l'assujettit. A l'intérieur de cet ensemble, la terre n'est pas immédiatement donnée et ne l'est jamais : elle est plutôt un enjeu de la victoire de l'homme sur l'animal. Même si la terre est la récompense, c'est la victoire qui glorifie et, dans cette fonction même, accomplit l'image.

Cette sorte de bifurcation entre « soumettez la terre » et « dominez les vivants » s'éclaire en même temps qu'une autre difficulté du texte. L'instrument d'accomplissement de l'image divine en l'homme est la bénédiction. Mais la bénédiction a déjà été reçue par les poissons et les oiseaux (1, 22) alors que les quadrupèdes terrestres ne la reçoivent pas. Ceci écarte, tout d'abord, l'idée d'un lien *nécessaire* entre image de Dieu et bénédiction, puisque nous avons :

1. homme              image          béni
2. quadrupèdes        non-images     non-bénis
3. poissons }         non-images     bénis
   oiseaux  }

La meilleure explication de cette disparité, c'est qu'il n'y a, dans le troisième groupe, aucun enjeu territorial disputé entre lui et l'homme[24]. La bénédiction assure aux volatiles et poissons, dominés par l'homme (1, 26-28), la pleine occupation de leur espace, que l'homme respecte et n'envahit pas. Au contraire, l'occupation de la terre par les autres vivants ne peut leur être attribuée par droit de

---

24. En Gn 8, 17, les animaux sont invités à se multiplier « sur la terre », mais pas à « remplir la terre » et il ne s'agit pas d'une bénédiction. Opinion opposée dans WESTERMANN, *in loco*. Voir là-dessus O.H. STECK, *Schöpfungsbericht*, p. 123 et 127. Pour G. von RAD, *La Genèse*, Genève, 1968 (allemand 1949), les animaux de la terre ne sont pas bénis parce que la force de vie leur vient de la terre (« Que la terre produise.. » : 1, 24). La solution a peu satisfait. Incompatibilité de deux bénis sur le même sol : W. H. SCHMIDT, *Schöpfungsgeschichte*, p. 126, 147.

bénédiction car elle est soumise au vouloir de l'homme. Pour ce motif, plusieurs commentateurs ont jugé que la bénédiction donnée à l'homme découle à partir de lui sur ceux que, dans son espace, il administre. Tout ceci est confirmé par l'ensemble P, où la bénédiction n'est pas toujours réservée à l'élu. Isaac est béni, son demi-frère Ismaël est béni (Gn 17, 20). Mais, selon la source J, l'un et l'autre n'occupent pas le même territoire : à Isaac la terre fertile, à « l'*onagre* d'homme » le désert (16, 12). Nous verrons d'autres cas où P interprète habilement ses prédécesseurs.

Ce qui qualifie l'image n'est pas seulement la suprématie mais, tout autant, la manière dont cette domination s'exerce. Or c'est le régime alimentaire qui suppose une forme pacifique de cet exercice. Ceci est donné à comprendre par une chaîne de déterminations non déclarées (ou, dirions-nous, en « non-surface). Nous pouvons ainsi proposer, en dessous de la surface, une descente par cinq niveaux qui, tous, font partie du sens :

| | | | |
|---|---|---|---|
| surface : | 0 | végétation | domination |
| non-surface | 1 | non carné | |
| | 2 | ne pas tuer | |
| | 3 | douceur | |
| | 4 | | lien douceur-domination = domination douce |
| | 5 | | domination *par* douceur |

L'ordre végétation-domination suivi dans ce tableau est l'inverse de celui du texte, parce que le travail de l'esprit s'opère à partir du deuxième terme, pour le lecteur comme pour le scripteur. C'est parce que le texte biblique attend silencieusement de son lecteur une pareille manœuvre qu'il exerce sur lui un attrait assez spécifique. Notre résistance vient des préjugés que voici : imaginant l'acte de création comme un geste de force instantané, nous voyons mal ce qui nous le présente comme des *paroles*, qui sont *successives*. Une fois l'homme créé, au moment de la neuvième parole, la dixième parole nous paraît adventice, comme un appendice situé hors création. Nous ne sommes pas non plus assez attentifs au rythme numérique des paroles et à la valeur de position conférée à la dixième parce qu'elle est la dixième et la dernière. A cause de tout cela, nous ne laissons pas le texte corriger notre vue de la création.

Cette accentuation s'accorde avec l'autre conclusion qu'à un autre niveau, une fois clos le rythme des paroles, apporte la clôture du rythme des jours, avec le septième. L'heptaméron s'achève avec *deux* temps forts, non pas d'énoncés légaux, mais d'orientation vers la loi. Or le sabbat, en modérant le travail, est lui aussi un impératif de douceur et reste, lui aussi, non déclaré.

## II. LA TRADITION P

De même que nous avons distingué, dans Gn 1, les unités de signification « soumettre la terre » et « dominer les animaux », il nous faut distinguer le thème « dominer » de son objet. Il est joint au schéma sacerdotal de la bénédiction et nous verrons plus loin qu'il en va de même dans les autres sources. Dans ce schéma, la séquence fécondité-multiplication est pratiquement une constante (Gn 1, 22.28 ; 9, 1.7 ; 17, 20 ; 28, 3 ; 35, 11 ; 47, 27 ; 48, 3 ; le cas d'Ex 1, 7 est à part). Par contre le thème de la domination de l'animal n'est repris, après la création, que dans l'épisode noachique. Appliqué aux hommes, il n'apparaît pas formellement dans P, si ce n'est sous forme prêtant à débat, avec la formule « rois des nations » (Gn 17, 16 ; 35, 11) ou avec le titre princier (Gn 17, 20). Dans trois cas, une dimension proprement politique est reliée à la bénédiction qui suscitera, à partir du béni, une « assemblée de peuples » (28, 3 ; 35, 11 ; 48, 3).

\*
\* \*

L'en-tête de l'Exode est un cas particulier. Les exégètes s'accordent, à juste titre, à le relier à l'en-tête de la Genèse. Mais l'effet classique de la bénédiction est énoncé avec deux variantes : il manque un terme désignant la bénédiction et, au lieu d'un terme de « domination », nous avons *'âṣûm*, exprimant cette forme de puissance qui est souvent liée au nombre. Elle résulte ici directement de la prolifération des fils d'Israël : « Ils se multiplièrent et devinrent forts à l'extrême et le pays en fut rempli » (Ex 1, 7). C'est bien d'une puissance qu'il s'agit, puisqu'elle suscite la crainte de Pharaon. Ici encore, le lien avec les anciennes traditions s'établit par l'occurrence de « être féconds et forts » dans l'épisode des travaux forcés et dans celui des sages-femmes (Ex 1, 9 : J ; 1, 20 : E ?). L'essentiel, on le voit, n'est pas dans le sens de la racine *'ṣm*. Il est dans la cohérence fécondité-nombre-rapport de forces. Dans ce rapport, Pharaon se fait *dominateur* d'Israël par crainte que les fils d'Israël ne fassent nombre avec ses ennemis dans une guerre. La situation est bien celle d'un conflit entre deux occupants de la même terre, conflit où le nombre constitue une force. Nous estimons qu'il s'agit exactement de la même structure dans Gn 1, 26-28 : les animaux terrestres pourraient eux aussi « fructifier, pulluler et devenir de plus en plus forts » et le pays en être rempli (cf. Ex 1, 7). L'homme dirait alors que cette population est « trop nombreuse et trop forte pour nous » (Cf. Ex 1, 9). Si les rapports sont les mêmes, c'est seulement le sujet des actions qui change : rapport d'homme à animal dans l'en-tête de la Genèse, rapport d'homme à homme dans l'en-tête de l'Exode. Mais, dans notre exposé, nous sommes passés directement d'une situation symbolique en Gn 1 à une situation politique en Ex 1, alors que la source sacerdotale assure elle-même la transition avec Gn 9.

*
* *

La situation intermédiaire est fournie par Gn 9, où se produit la transformation, le glissement entre les deux entêtes. Gn 9 nous apprend en effet que le rapport homme-animal est parallèle au rapport homme-homme et nous avions besoin de cet intermédiaire pour relier Gn et Ex.

Une observation est nécessaire touchant le texte reçu de 9, 1-7.

Dans le texte une fois corrigé par la majorité des exégètes (Cassuto fait exception), la péricope se termine par « *dominez* sur elle (la terre) » au lieu de « multipliez-y » (9, 7 : *redû* au lieu de *rebû*, TM). Mais cet essai des modernes pour reprendre le « dominez » de Gn 1, 28 fait comme si, en Gn 1, c'était la terre, abstraction faite des animaux, qui était dominée : il ne peut donc invoquer un vrai parallèle. Reconnaissons par contre que « multipliez-y » est une répétition à l'intérieur d'un même membre de phrase. S'expliquerait-elle en vue de l'insistance du chapitre suivant sur la multiplicité des nations de la terre ? C'est ce que nous croyons. Mais il nous faut d'abord examiner la section dans son entier.

Les problèmes posés par la rédaction très complexe de Gn 9, 1-7 mériteraient à eux seuls un exposé autonome. Sans dépasser nos limites, nous en garderons l'essentiel. Nous procéderons d'abord à une recherche de la cohérence du tout tel qu'il se présente et c'est à partir de cet essai que nous mesurerons la résistance de certains éléments à cette intégration. Puis, comme la cohérence, bien que surtout interne, doit beaucoup à l'appartenance de notre passage à une tradition, nous exposerons comment il s'appuie sur d'autres textes.

La connexion entre le thème de la victoire et celui de l'alimentation est marquée en surface : ceux qui sont « *donnés* entre vos mains » (verset 2) sont ceux dont Dieu dit : « Ils vous seront nourriture » et « Je vous *donne* tout » (verset 3). Dans la jonction de « crainte et effroi » et « donnés entre vos mains », l'exégèse a reconnu — et nous y reviendrons — un thème et le vocabulaire dits de la « guerre sainte » (terme malencontreux quand il s'agit de la source P)[25]. Il s'agissait donc bien, en Gn 1, d'une

---

25. N. LOHFINK, *Gewalt und Gewaltlosigkeit*, p. 87. S. McEvenue, *The Narrative Style of the Priestly Writer* (Analecta Biblica 50), Rome, 1971, p. 67.

préparation du thème de la guerre entre deux candidats à l'occupation du même sol ou plutôt entre un premier occupant (l'animal) et l'envahisseur (humain). En clair, après le déluge, les animaux voient dans l'homme un ennemi dont ils ont « crainte et effroi », comme en témoigne l'expérience qui nous est familière, à savoir que, généralement, ils nous fuient.

Le thème « dominer » et le thème « manger » qui se présentaient si séparés en Gn 1 que leur lien nous était à peine visible, laissent paraître la force de leur connexion : traité en ennemi vaincu, l'animal pourra même être mangé. Ceci confirme l'impression que la suprématie sur l'animal compte plus que la possession de la terre. Sans doute faut-il dire que la manducation de l'ennemi peut devenir plus importante que son assujettissement. Ici, les ressources de l'ethnologie le confirmeraient probablement : l'homme ne mange pas l'animal parce qu'il en est vainqueur, il en est vainqueur parce qu'il le mange. Et nous entrevoyons déjà ce que peut signifier symboliquement « manger le sang », guidés par le texte qui l'identifie avec le *nèfèš*, le « soi-même » comme traduit justement Westermann.

Le changement introduit par l'économie post-diluvienne est donc capital. Cependant, le « tout » (« Je vous donne tout ») du verset 3 a valeur d'anaphore (ou de reprise) après la mention de « comme la verdure végétale » : sont inclus dans le même « don » chair et végétaux. Le rappel est l'indice appuyé d'une volonté de relier Gn 9 et Gn 1 : c'est presque une citation de l'heptaméron.

Des difficultés ont été soulevées à propos des versets 4 et 5, parce qu'ils introduisent une loi à l'intérieur de l'énoncé d'une bénédiction[26]. Mais alliance et bénédiction sont étroitement liées, selon Lv et Dt. En règle générale,

---

26. Voir l'état de la question dans S. McEvenue, *Narrative Style*, p. 68, et sa solution p. 71 : « vv. 4-6 are so clearly glossed in part, so hard to relate to vv. 1, 3-7, so unexpected as laws in the midst of blessing, and so unique in P[g], that one is driven to relegate them to P[s], at least for the purposes of the present study ». Cette solution n'est pas acceptée par Westermann. Mais par Lohfink, « Ursünde... » p. 46, n. 30.

l'alternative malédiction/bénédiction suit l'énoncé de la loi. Mais la notion d'une bénédiction qui serait une conséquence de l'observance (donc serait inexplicable avant l'énoncé de la loi) ne repose que sur l'apparence. La loi assure seulement le maintien de la bénédiction : les biens apportés par celle-ci sont déjà disponibles quand l'alliance est contractée. La bénédiction est, dans les faits, antérieure. Cas particulier s'il en est, Gn 9 justifie une dérogation au canon de la forme par le sens de la forme (comme il arrive très fréquemment, puisque le langage vit !). Il s'agit d'un double de la « première bénédiction », laquelle était déjà rédigée en fonction d'une loi dont elle était l'appui. Nous estimons donc que Gn 9, 1-4 est un tout cohérent. La loi est introduite immédiatement après la bénédiction, mais sans rupture, puisque « Je vous donne » situe, comme il est de règle, la gracieuseté avant l'interdit. Rien n'est plus naturel que la séquence *donner-interdire* et, plus précisément : « donner *tout* », « interdire *seulement cela* ». C'était le cas dans J : « De tout arbre vous mangerez, mais... » Le *'ak* qui introduit ici la restriction se trouve avec la même fonction dans Lv 11, 4, où il s'agit justement de nourriture animale refusée après la mention de celle qui est donnée[27].

Les choses changent en cascade avec le verset 5, selon le schéma suivant :

1. hommes         ne mangeront pas      le sang animal
2. « vivants »    ne (verseront) pas    le sang humain
3. hommes         ne (verseront) pas    le sang humain

Mais la transformation, trop complexe pour apparaître dans un seul schéma, touche à la fois le délit, l'interdit, la sanction. Nous examinerons donc, dans l'ordre, ces trois aspects.

---

27. Le cas de Gn 2, 16s est d'autant plus remarquable qu'il inclut le don dans le commandement : « Dieu leur commanda : ... vous mangerez mais... » (seulement un *waw* pour « mais »). Pour *'ak* introduisant une restriction légale, voir Nb 18, 15 où cet adversatif intervient au milieu d'une série saturée de « Je donne... » La solidité de la séquence de Gn 9, 3-4 est plus que probable.

### A) Le délit

Le passage principal est celui du sang animal au sang humain. Le tournant est conduit et signalisé par un parallèle de type rhétorique, qui indexe le procédé comme comparaison :

| | | |
|---|---|---|
| v.4 | *'ak* | sang animal |
| v.5 | *'ak* | sang humain |

Ceci posé, le tournant encadré par la comparaison est radical. Au passage de « animal » à « humain », s'ajoute un changement dans la nature de l'acte. C'est seulement l'homme qui « mange » le sang, contre la loi. Dans le cas de l'animal il n'est pas envisagé de différence entre le taureau qui encorne sans ingestion de sang et le félin qui tue et dévore chair et sang. Nous sommes nettement dans un système métaphorique où le réel empirique reste à distance. Manger le sang animal renvoie symboliquement à un domaine humain où *manger* vs. *ne pas manger* le sang est sans pertinence. C'est tuer qui compte (au moins en première approximation), quand il s'agit de l'homme comme victime. Manger le sang *animal* étant retenu comme métaphore de l'assassinat, le traitement du sang *humain* par celui qui le verse passe hors champ.

Cette visée de la violence meurtrière étant admise, on pourrait juger superflue l'insertion d'une étape intermédiaire entre l'homme mangeur de sang animal et l'homme verseur de sang humain, cette étape étant représentée par l'animal homicide : « votre sang... je réclamerai de tout *vivant* » (verset 5a). Son aspect intermédiaire est rhétoriquement renforcé par l'ambivalence de « vivant », applicable dans une certaine mesure à l'animal et à l'homme. Mais l'insertion est justifiée par deux motifs : 1) Externe : d'abord, il existe dans le Code sacerdotal une disposition législative (Ex 21, 28-32) punissant l'animal homicide ; ensuite, place est faite en Gn 1, 30 au régime végétal prévu pour les animaux, ce qui entraîne que Gn 9, puisqu'il s'appuie sur Gn 1, mentionne la dérogation à ce régime. 2) Interne : l'indétermination qui, au moins sur le plan de l'expression, rapproche dans

« vivant » l'homme et l'animal transpose stylistiquement la violence qui les confond : l'homme violent laisse dominer en lui-même l'animal.

Cette analyse amène donc à considérer le verset 5a comme une transition voulue.

## B) L'interdit

Le tournant pris par le texte conduit d'un interdit rituel (ingestion de sang animal) à l'annonce d'une sanction de tout meurtre. Mais nous enregistrons une dissymétrie :

| | | |
|---|---|---|
| ingestion de sang animal | *pas de* sanction | interdit |
| effusion de sang humain | sanction | *pas d'*interdit |

Il y a interdit alimentaire (rituel) de sang animal, mais pas de sanction et il y a sanction du meurtre (éthique), mais pas d'interdit. Le meurtre n'est l'objet d'aucune disposition législative formelle, et ceci paraît révélateur de l'angle adopté par la tradition sacerdotale. Entre le rituel et l'éthique, l'homicide par animal fait transition. Mais ceci renforce l'opposition de deux plans dont le premier, rituel, ne communique pas avec le second. Dieu « réclame » le sang de l'homme ; il n'a pas « réclamé » celui de l'animal. S'il y a communication entre les deux plans, c'est uniquement par le passage du signifiant au signifié.

## C) La sanction

Elle s'exprime d'abord par un triple « Je réclamerai... » qui a Dieu pour sujet. Gn 9, 5 n'introduit aucun intermédiaire humain ni social entre le coupable et le justicier ; la forme du châtiment n'est pas spécifiée. Le meurtrier n'échappera pas à Dieu : c'est tout ce que nous savons. Cette transcendance a quelque chose de prophétique.

Nous observons, ici encore, un saut entre un interdit rituel signifiant et l'absolu du jugement de Dieu au niveau du signifié. Le découpage tranché qui a déjà été observé plus haut se maintient ici. Tranché au niveau du contenu, il est cependant stylistiquement atténué par une transition. Après la double occurrence de « sang » (versets 4.5a), le mot *nèfèš*, déjà présent en 4.5a, revient une troisième fois en 5b, là où il s'agit exclusivement de l'homme tuant l'homme. C'est là que nous lisons : « Je *le* réclamerai (le sang)... Je réclamerai la *nèfèš*. »

Mais, avec 9, 6a, survient une autre forme de sanction : « Qui versera le sang de l'homme, par l'homme son sang versé sera. » Notons-le aussitôt : il n'y a pas ici de forme législative, mais plutôt gnomique. Elle a été rapprochée de Mt 26, 52 : « Qui se sert de l'épée périra par l'épée. » Il existe, certes, des lois participiales, notamment en matière de meurtre, comme Ex 21, 12. Mais, si nous estimons que le style du proverbe est ici le plus proche, c'est à cause de l'élargissement par rapport à la loi du Code de l'Alliance : « Qui frappe un homme à mort mourra », où le parallélisme va du délit au châtiment (mort). Cette précision est nécessaire au tribunal. Il en est autrement ici, où le parallélisme va de la victime (homme) au justicier (homme), trait qui n'apporte pas de précision utile à la pratique judiciaire. Étant gnomique, Gn 9, 6a est plutôt un constat qu'un précepte : le meurtre appelle le meurtre, et Yahweh n'est pas concerné par cela.

La consécution de 5 à 6a est-elle bonne ? On peut appuyer le rapport homme-homme sur le « chacun son frère » de 5, en tenant compte des cas où le mot « frère » a une acception faible. Mais cela reste forcé : la rupture est brutale entre Yahweh réclamant et l'homme rétribuant. Gn 9, 6a est plutôt une parenthèse : ce verset, quelle que puisse être sa richesse interne, résiste à une pleine cohérence du tout.

Ayant examiné les trois aspects du passage depuis le rituel jusqu'à l'éthique, nous en venons à la motivation (verset 6 b) qui, elle, vaut pour le rituel comme pour l'éthique : « Car à l'image de Dieu l'homme a été fait. » Si l'accent est mis sur la parole de Dieu qui demande justice de tout meurtre d'homme, alors qu'il n'intervient pas en faveur de l'animal qu'il laisse mettre à mort, si en outre, « frère », de 5b, a une acception forte, alors 6b est bien venu dans la continuité de 5. Dieu ne peut se taire quand un homme est tué, parce que l'homme (non l'animal) est créé à l'image de Dieu et qu'à ce titre il reste destinataire de la bénédiction d'Adam. L'anomalie de la troisième personne (image « de Dieu », au lieu de « *mon* image ») succédant à « *Je* réclamerai » n'est qu'apparente. Pour « citer » Gn 1, 26, il aurait fallu « notre image » qui suit un « Faisons ». Or comme il s'agissait bien de « citer » Gn 1, c'est le verset 27 qui a été choisi, à titre de théologoumène établi. Beaucoup de traits de notre passage s'expliquent par son rapport externe à Gn 1 : c'est là, nous le verrons, une référence qui lui assure sa cohérence.

De ce qui précède, nous concluons que, s'il existe une rupture dans Gn 9, 1-7, elle est dans le saut radical qui va du symbolique à l'éthique. Mais cette discontinuité est impossible à extirper du texte, à moins d'admettre qu'il y ait eu un état de la tradition sacerdotale où 1) l'étape post-diluvienne n'ait pas été marquée par une loi rituelle, malgré la préparation de Gn 1, 29s ; 2) ou bien, la loi en soit restée à l'interdit alimentaire non commenté. Mais, dans ce dernier cas, il aurait fallu que Gn 9 abandonne le thème de la violence auquel sa propre tradition accordait tant de place avant le déluge ! Admettons cependant un instant cette deuxième hypothèse, d'un précepte rituel non commenté auquel seraient venues s'ajouter de tardives gloses. Notre reconnaissance, si c'était le cas, devrait aller au glossateur qui nous aurait évité de nous égarer en nous révélant le sens véritable d'un précepte mystérieux, avec une sagesse admirable[28]. Encore faut-il, pour admirer, n'avoir pas décidé d'avance que le glossateur pouvait seulement brouiller le sens. Mais nous ne parvenons pas, après cet instant de concession, à imaginer un état du texte où le passage n'eût pas été fait entre le modification du régime alimentaire de Gn 1 et la relation éthique entre hommes, dans le cadre ethno-politique qui a une telle importance pour P. Et ceci est pour nous l'essentiel.

---

28. Si 13, 15-20 fait la transposition, sans effort, des relations animales aux relations des couches sociales, en méditant sur le *mîn*.

Revenons à Gn 9, 6a. Dans ce cadre, le verset peut être considéré soit comme une parenthèse, dont nous exposerons plus loin le motif, soit comme un ajout, ce qui n'exclut pas qu'il ait une fonction. Il la trouve s'il est corrélé avec 9, 8-17. Il contient en effet, en germe, la possibilité d'une destruction de l'humanité par elle-même, car la réponse au sang par le sang n'est pas une voie de salut. Nous pensons que 9, 7 avec « multipliez-y » (sur la terre), introduisait directement le chapitre 10 et que Gn 9, 6a a accompagné l'addition de 9, 8-17 où, en face de l'homme risquant sa propre destruction, Dieu affirme son inébranlable fidélité par le « signe » de l'arc-en-ciel.

*
* *

Comme les tâtonnements dans la lecture critique de Gn 9 s'expliquent finalement par la non-prise en considération de son rapport avec Gn 1, c'est ce parallèle qu'il nous faut maintenant dresser :

|   |   |   | Gn |   |   |   |   |   |
|---|---|---|---|---|---|---|---|---|
| 1. | a. image de Dieu | | 1,26 | | | | | |
| | b. suprématie sur l'animal | | | | | | | |
| | a. image de Dieu | | 27 | | | | | |
| | c. bénédiction | | 28 | 9,1 | bénédiction | | .c | 1 |
| | b. suprématie sur l'animal | | | 2 | dureté de suprématie sur l'animal | | .b | |
| 2. | a. don végétal | | 29 | 3 | don « comme le végétal » : chair | | .a | 2 |
| | | | | 4 | limite du don sang | = LOI de (douceur) non dit | | |
| | b. | 1. à l'homme | | 5 | animal homicide 2 | = | | |
| | | 2. à l'animal | 30 | | homme homicide 1 | SANCTION | .b | |
| 3. | = (douceur) non dit | | | 6 a | [ .............. ] | | | |
| | | | | 6 b | image de Dieu | | .a | 1 |

Ne revenons pas sur les reprises terme à terme, bien qu'elles soient signifiantes. Si, comme un style de lecture vraiment contemporain nous y invite, nous rapprochons structure et structure, la démarche herméneutique de Gn 9 acquiert son relief. Le schéma de Gn 9, en effet, commence là où finit celui de Gn 1 et inversement. En Gn 1, la douceur est cachée sous l'image divine de l'homme-roi ; en Gn 9, l'image divine est cachée sous la dureté de l'homme-roi. Elle est perceptible grâce au décodage du rite auquel il a été procédé et grâce à l'affirmation de la justice transcendante de Dieu.

L'interprétation de Gn 9 nous est maintenant possible. La voie ouverte par le symbolisme du sang nous est indiquée par le texte lui-même. La loi rituelle vise le sang comme étant la *nèfèš* qui est plus que la chair de la victime, étant son identité. C'est donc la confiscation de l'identité qui est visée comme constituant l'essence du meurtre. Il s'agit de ces trois notions, ou plutôt de ces trois mots qui, en profondeur, touchent la même réalité : jalousie, envie, haine.

Ayant pour fonction d'enseigner, la loi sacerdotale nous enseigne ici que le meurtre est dicté par une volonté de — si je puis dire — « s'ingérer » l'identité d'autrui, comme on boit son sang. La métaphore du « buveur de sang » pour dire celui qui hait n'a, pour nous, rien d'inaccessible. La loi métaphorique a ainsi pour fonction de révéler en surface la nature *cachée* du meurtre. De l'identité d'autrui, le meurtrier, non assuré de sa propre image, veut se gorger en prenant la vie de son « frère ». Le jaloux, l'image, le frère : ces mots s'attirent de manière irrépressible comme appartenant au même champ sémantique. Comment le père n'interviendrait-il pas ? Au moins, ce Dieu qui « réclame » le sang réclame dans l'identité l'image inaliénable qui ne provient que de lui : le meurtre est une faute contre la création. Dans un autre texte produit par la tradition sacerdotale, la production de l'image est associée à l'acte d'engendrer : Adam engendre un *fils* à sa ressemblance comme son image, après avoir été créé lui-même à la ressemblance de Dieu (Gn 5, 1.3).

Il apparaît alors, de manière inattendue, que le précepte rituel est capable de conduire plus loin que le précepte exclusivement éthique, parce qu'il dispose d'un instrument pour montrer le *sens* de celui-ci. Cet instrument est, on le voit, l'image à l'état pur. « Ne pas tuer » contient une image aussi, mais mélangée à l'idée de meurtre. Au contraire, « ne pas boire le sang », comme l'analyse du texte le fait voir, n'est qu'une image séparée de son contenu : elle va immédiatement plus loin que l'acte meurtrier auquel elle ne s'arrête pas, pour atteindre jusqu'à la haine. Nous avons ici un précepte rituel qui touche à *moins* que le meurtre (ne pas boire de sang animal), mais qui touche aussi à *plus* que le meurtre, puisqu'il interdit la haine. C'est qu'*il n'y a pas de loi contre la haine*. Le document sacerdotal qu'une longue tradition exégétique a déprécié pour motif de légalisme échappe au contraire à tout soupçon de surévaluation de la loi !

S'il nous était objecté ici que notre interprétation est de type midrashique, il nous faudrait alors répondre que le Midrash présente deux versants, l'un tenu par ceux qui lisent « midrashiquement » et l'autre tenu par ceux qui écrivent en telle sorte qu'ils ne peuvent être lus autrement : c'est justement sur ce versant que s'est écrite la tradition sacerdotale. Dans le même esprit, l'exégèse, si elle veut faire voile vers plus loin que les eaux du XIX$^e$ siècle, devra reconnaître que plus elle s'approche du sens, plus elle s'éloigne non pas de la rigueur mais de la preuve dite scientifique. C'est ce saut que nous appelons « interprétation[29] ».

---

29. Leo STRAUSS, « On the Interpretation of Genesis », *L'Homme* 21 (1981, n° 1), 5-20, construit une lecture de Gn 1 où tout converge sur le principe de séparation, qui culmine avec l'homme « finally a being which can separate itself from its way, the right way ». Nous osons ajouter à cette remarquable étude une glose : Gn 1 (avec beaucoup d'autres textes) est rédigé de telle sorte que le sens juste n'apparaît au lecteur que s'il accepte de faire un choix libre, « se séparant lui-même » du sens stérile. Sens stérile, invitant l'homme à traiter le monde selon l'image pervertie qu'il projette de la puissance divine : Gn 1 peut être et a été ainsi compris, dans un monde sans douceur et sans sabbat. Liberté de la lecture, non représentable puisque située à égale distance d'un relativisme insignifiant et confortable, et d'un déterminisme édifiant.

En réalité, Gn 9 tel qu'il se présente à nous a dû être le lieu d'une intense activité midrashique et presque talmudique avant la lettre. Dans le Talmud, le tissu du texte est, pour ainsi dire, fait d'interruptions et il serait comique de vouloir le ramener à un discours uni, continu. Ici, le verset 6a, que nous avons envisagé de traiter en « parenthèse », apporte une inégalité dans le débit logique tout en enrichissant l'ensemble et en y faisant saillir de nouvelles connexions verbales.

Subitement, le justicier qui apporte la sanction est l'homme, et non plus Élohim :

— effusion par homme de sang d'homme sanctionnée par Dieu (bis) ;

— effusion par homme de sang d'homme sanctionnée *par homme*.

Mais ceci peut s'appuyer sur une association de mots :

v. 5 b         sanction par Dieu
                      *chacun son frère*
                sanction par Dieu

v. 6 a         sanction   *de l'homme*
                               *par l'homme*

Ce rebondissement, à son tour, sert à introduire le thème de l'image. Le crime de l'homme frère de l'homme est sanctionné par Dieu *et* par l'homme, jonction nécessaire,

v. 6 b         car à l'image de *Dieu* l'*homme* a été fait.

Or 6a, non seulement à cause de sa position dans la séquence, mais à cause de sa construction en reflet, oriente l'esprit vers le thème de l'image :

                versant
                      le sang
                                de l'homme
v. 6 a                             par l'homme
                      son sang
              versé sera

Il en résulte que la rétorsion du sang versé par le sang versé inscrit, par son écriture en reflet, cette dure économie de contrecoups à l'intérieur même de l'image divine. Ainsi comprise à la lumière de la « parenthèse » de 6a (et c'est bien là ce que voulait le rédacteur de ce demi-verset), l'image divine alors ne recueille pas seulement les vestiges de douceur introduits par la loi, ni seulement les garanties de protection assurées par l'intervention du justicier divin, mais elle abrite la dureté elle-même. La glossateur, si c'en est un, de Gn 9, 6a ne peut l'ignorer : sous le régime noachique, toute mise à mort n'est pas une transgression de la Torah. Dieu n'est-il pas « pur avec le pur, mais rusant avec le fourbe » (Ps 18, 27) et terrible avec les terribles ? Dans l'optique de 6a, l'homme avait été sur terre l'effigie de Dieu, attirant les vivants par son visage. Maintenant qu'au contraire il les repousse, il est encore, et à ce titre, l'image de Dieu. Ces deux images sont contradictoires, mais il en est ainsi dans l'expérience religieuse qui s'exprime ici. Il faudra longtemps pour que cette contradiction fasse place à une réconciliation, sinon réalisée, au moins décrite avec assez de vérité et radicalement entreprise. La contradiction post-diluvienne n'a pas peur de s'affirmer, et sa foi en la création lui donne ce courage. Pour reprendre une formule de Jésus visant un domaine autre, mais bien proche : « Il n'en était pas ainsi au commencement » (Mt 19, 8). La création est fondation de la loi parce qu'elle était, déjà, dépassement de la loi et, à ce titre, annonce ineffaçable de ce dépassement. Aussi les prophètes du renouvellement de l'alliance dans la mouvance desquels est écrite la tradition sacerdotale trouvent-ils le foyer de cette nouveauté dans une méditation de la création.

De toute manière, et indépendamment de Gn 9, 6a, le nouveau régime post-diluvien introduit un système de pesée et contre-pesée, puisqu'il est à la fois concédé à la violence par l'autorisation de l'abattage des animaux et opposé à cette violence par une restriction rituelle. Cette contradiction est, en elle-même, une violence, et elle implique, à ce titre, la certitude d'une évolution soit vers le meilleur, soit vers le pire, les deux directions étant possibles simultanément [30].

---

30. G. von RAD, *Genèse* : le nouveau rapport entre homme et ani-

Nous n'en doutons pas, une exploration plus ample de l'écrit sacerdotal trouverait, sur de nombreux points, les dérivations de ses textes fondateurs. Mais cette exploration de l'aval a déjà été commencée, notamment par N. Lohfink. Elle a montré que « le monde de la guerre est étranger à P[31] ». Notre projet n'était que de remonter en amont. Nous nous en tiendrons donc à quelques confirmations supplémentaires.

A) La nature politique de l'enseignement de Gn 1 et Gn 9 fait de ces textes une bonne préparation à la **table des peuples** de Gn 10. Leur séparation sur la face de la terre « dans leurs pays, chacun selon leur langue, selon leurs familles, en leurs nations » (10, 5) pourrait être comprise selon une loi cosmique de séparation, fondée dans l'acte créateur lui-même. C'est bien, en effet, par le principe de « selon leur espèce » que végétaux et animaux, dans Gn 1, reproduisent sur terre la différenciation ordonnée qui prévaut dans le monde des astres. Mais Gn 10 est à lire en fonction du régime noachique. Narrativement, la multiplicité ethnique, même si elle n'est pas causée par la violence ni par le péché, est nécessairement soumise à la régulation légale de la violence par la contre-violence. Entre les nations, sous le régime post-diluvien, l'effusion de sang n'est pas l'objet d'un interdit divin explicite, seule est exclue la haine avec ce qu'elle implique d'ambivalence. Il est donc exact que « selon leurs langues, familles, etc. » apporte un écho de Gn 1 mais la nouveauté réside précisément dans le transfert à l'homme d'un type de différenciation emprunté au monde animal. Dans le récit de création en effet, cette formule ressassée est soudain soigneusement évitée pour l'homme, dont on s'attendrait pourtant à lire que lui aussi se reproduit

---

maux « ne ressemble plus du tout » au statut de Gn 1. Il ajoute que « jusque-là » c'était « la paix paradisiaque », distraction que relève WESTERMANN, *Genesis 1-2* (BKAT), p. 619s. Mais celui-ci atténue malheureusement la nouveauté du régime noachique, à partir d'une lecture réaliste, trop peu sensible au schématisme théologique de P. Sur la contradiction dans la loi, voir *Le Récit, la Lettre et le Corps*, p. 216-220.

31. Cf. ci-dessus, note 21.

« selon son espèce ». C'est que l'homme n'est pas une espèce *(mîn)*[32] qui fait nombre avec les espèces animales. Ceci frappe d'autant plus que la variété humaine saute aux yeux. Si l'homme est supérieur à l'animal, c'est, à ce niveau, que l'humanité reflète en sa constitution l'image de l'unité divine. Mais ceci, comme bien d'autres données de Gn 1, est écrit à rebours de l'expérience empirique : car c'est surtout dans les rapports entre les nations que nous est familier le spectacle de l'une dévorant les autres comme les fauves dévorent les plus faibles. Il se montre, en pareil cas, que l'homme ne commande plus à l'animal, puisqu'il l'imite et que, étant à l'image de l'animalité — et ceci en tant que corps collectif — il n'est pas à l'image de Dieu. Les nations de Gn 10 sont, elles, à l'image post-diluvienne de Dieu et elles y sont tenues à distance de l'état de fauves sans pouvoir le surmonter vraiment. On peut penser que les « rois des nations » que, selon P, Dieu fera sortir de la famille qu'il s'est choisie (Gn 17, 16 ; 35, 11) les conduiront vers la première image. Cette remarque sur la table des peuples sera illustrée bientôt par la symbolique animalière de l'Ancien Testament, spécialement dans son rapport avec les nations en guerre.

B) L'insistance de Gn 10 sur la **parole** (« selon leur langue ») assume le mythe de Babel, absent de P. Elle nous permet de découvrir encore un trait de l'image de Dieu. Nous le faisons en spécifiant que la douceur de l'autorité lui vient de s'exercer par la parole. Celle-ci est au cœur de l'image de Dieu. Il est de fait que, bien que sans réciprocité, l'homme parle aux animaux qu'il commande. Il y a là communication d'un prestige divin. Or le parallélisme de la parole humaine et de la parole divine est exprimé avec une force inattendue précisément dans la tradition P. Moïse est sur terre un « dieu » pour son frère, seulement

---

32. H. CAZELLES, « MYN — espèce, race ou ressemblance », in *Mémorial du Cinquantenaire. École des Langues Orientales de l'Institut Catholique de Paris*, Paris, 1969, p. 105-108 ; P. BEAUCHAMP, *Création et Séparation*, Paris, 1969, p. 240-247 ; P. BEAUCHAMP, « Mîn » — *Theologisches Wörterbuch zum Alten Testament*, Stuttgart, 1984, col. 867-869.

parce qu'il dit pour lui les paroles que Dieu lui a dites (Ex 7, 1s). Cette situation n'est pas exprimée en termes d'image, mais on ne peut omettre de la prendre en compte dans la problématique de l'image, d'autant plus que la parole confiée ici à un double de Dieu est une parole de commandement.

C) Certains aspects du **vocabulaire** de la soumission de la terre et de la domination sur les animaux confirment nos résultats. Ils illustrent le lien entre la prise d'une terre et l'assujettissement de sa population. De manière surprenante, le lexique de notre texte enregistre la courbe qui va non seulement de la conquête à l'assujettissement des premiers occupants, mais jusqu'à la réduction de ceux-ci à un esclavage injuste, non sans qu'affleurent des enracinements profonds dans les métaphores animalières.

Notons d'abord, dans la situation d'Égypte, le mot qui décrit l'injuste esclavage : *prk* (Ex 1, 13s). « Imposer (la servitude) avec brutalité », selon la TOB. Les cinq occurrences bibliques sont très parlantes. D'abord Ez 34, 4 : il s'agit de la violence des bergers d'Israël envers leurs brebis, violence dont le premier symptôme et le dernier consiste à les manger. C'est l'illustration parfaite de la transition de l'animal à l'homme de Gn 1 jusqu'à Ex 1 en passant par Gn 9. « Manger mon peuple » : l'expression nous est connue par les Psaumes (Ps 14, 4 ; 53, 5). Dans Lv 25, 43.46.53, il s'agit de la violence imposée à l'esclave dans le cas bien précis où celui-ci est « ton frère » (versets 35s.39.46.47s). A cause de l'homogénéité littéraire et historique de Lv, Ez et P, nous entendons résonner dans Ex 1 le renvoi à Gn 1 sous cet aspect : celui à qui l'Égyptien « impose une violence », c'est un autre fils d'Adam. La création selon Gn 1 a posé une note de fraternité humaine qui approfondit la loi du Lévitique. A l'époque postexilienne, tout spécialement, où avait repris avec insistance le fléau de l'esclavage pour dette, on pouvait certes dire : « N'opprime pas un fils d'Israël parce que c'est ton frère », mais les rappels de l'Exode, très explicites dans Lv 25, signifient aussi qu'un homme d'Israël écrasant son frère pèche contre une loi universelle, la notion d'image de Dieu postulant, même en Israël, une fraternité adamique. Inversement, quand le Pharaon asservit Israël, il viole une loi clanique, celle de l'homme contredistingué de l'animal.

C'est le point de vue de Gn 1. On peut se demander alors quel genre de domination l'homme exerce sur l'animal. Nous pouvons penser avant tout qu'il en utilise les muscles pour la traction et le portage — justement ce que le maître demande aux esclaves — ou, plus généralement, comme le montre l'épisode des briques, l'effort quantitatif. Nous disons qu'un esclavage est « inhumain » : en termes plus directs, la Bible le décrit comme « animal » et dénonce les cas où l'homme est traité comme l'animal ne doit pas l'être. Une fois compris, l'épisode de l'esclavage égyptien apparaît comme une pièce essentielle de la problématique de la conquête du monde par l'homme. Revenant en arrière sur des années d'exploitation homilétique de Gn 1, nous mesurons l'effet d'une conception purement idéaliste du rapport de l'homme à la terre : elle a pu faire croire qu'une maîtrise de la terre était possible sans que fût exercée une maîtrise sur d'autres êtres, intermédiaires entre le maître et la terre. Gn 1 nous enseigne qu'il n'y a vraie maîtrise de la terre que si l'homme ne s'asservit pas lui-même en asservissant son frère. Une fois de plus, l'enseignement du sabbat est tout proche.

Les occurrences de *kvš*, soumettre (la terre : Gn 1, 28) le démontrent : elles font ressortir le rapport de la conquête d'une terre avec l'assujettissement de l'humain. Il ne s'agit pas de l'imaginaire contemporain des prouesses de la technique. Le mot porte une marque guerrière très nette : Nb 32, 22.29 ; Jos 18, 1 ; 2 S 8, 11 ; 1 Ch 22, 18. Ce dernier verset frappe surtout : la terre étant conquise par David, les habitants sont « livrés entre ses mains » (Gn 9, 1 ; 14, 20). Mais la relation à l'esclavage est plus nette encore dans Ne 5, 5 : il s'agit d'un schéma d'antibénédiction : perte de la terre (champs et vignes) par endettement, esclavage par endettement aggravé, vente à nos *frères* de nos propres fils comme esclaves ; brutalisation de nos filles. Un texte rédactionnel de Jérémie sur l'année jubilaire utilise directement *kvš* pour « asservir » (Jr 34, 11.16 ; cf. 2 Ch 28, 10). Gn 1 et Gn 9 appartiennent au même style historique de société que ces textes.

Le verbe dominer (Gn 1, 26.28 : *rdh*) implique le plus souvent une domination violente. Sa note est toujours politique : un roi a le dessus, Israël domine. Les maîtres commandent aux esclaves de leur propre fratrie (ci-dessus : Lv 25) ou aux travailleurs de peine (1 R 5, 30 ; 9, 23). Les vainqueurs d'Israël lui commandent (Lv 26, 17 avec le *prk* d'Ex 1, 3s ; Ne 9, 28). Un tyran ou un peuple commande au monde entier. Retenons particulièrement deux cas où le commandement s'exerce métaphoriquement sur un troupeau qui désigne un groupe humain : Ps 49, 15 ; Ez 34, 4.

Ce sondage fait voir que le vocabulaire de conquête et de domination employé par Gn 1 reçoit de son contexte habituel une note de violence et qu'il est parfois associé au *prk* d'Ex 1. Gn 1 fait donc, en quelque sorte, un emploi paradoxal, et d'autant plus expressif, de *kvš* et *rdh*.

D) Le thème de la **bénédiction** présente des difficultés si l'on veut interpréter à partir de lui celui de la suprématie humaine dans la tradition sacerdotale. On peut y trouver, en contexte de bénédiction, deux annonces de « rois des nations » dans la descendance (Gn 17, 16 ; 35, 11), mais cette formule est trop insolite pour être utile dans l'enquête. Restent trois moments stratégiques, ceux que nous avons étudiés : Gn 1 ; Gn 9, 1-7 ; Ex. 1. Or le dernier cas ne contient pas de bénédiction déclarée et seulement une suprématie virtuelle ! Quant aux deux premiers, la suprématie s'exerce sur l'animal et il ne faut guère s'attendre à ce que ceci se vérifie dans la forme bénédiction. Tout rattachement à ladite forme peut donc paraître improbable. C'est vrai d'une allégeance de type fixe ou même inerte ; si au contraire nous prêtons attention au *travail sur* la forme, effet du sens de la forme, tout change. Examinée normativement la forme bénédiction se révèle porteuse, avec une fréquence suffisante, d'une promesse de conquête et de suprématie sur d'autres groupes humains, souvent réduits en servitude. La transformation de cette forme par P est riche et parlante : 1) suppression de la promesse de suprématie violente sur des hommes ; 2) remplacement de l'homme dominé par l'animal ;

3) remplacement de l'animal injustement dominé, par des hommes en même position. Mais ceci ne peut s'apprécier que sur le fond des bénédictions antérieures. Ces trois traits ne peuvent prendre valeur que comme variantes appuyées, pour ne pas dire provocantes.

La bénédiction se présente pour la première fois dans J en contraste avec la malédiction de Canaan. Parmi ses autres fils, Noé bénit le Dieu de Sem et non Sem directement, mais il attribue à ce dernier Canaan comme esclave (Gn 9, 26s). Rébecca, bénie par ses frères, « possédera la porte de ses ennemis » (Gn 24, 60). La source, peut-être élohiste, de Gn 22, bénit Abraham dans les mêmes termes employés par les frères de Rébecca : il disposera « de la porte de ses ennemis » (verset 17). Le thème marque fortement la bénédiction d'Éphraïm, quelle qu'en soit la source : « il sera plus grand » que son aîné. Le poème de la bénédiction de Joseph par Jacob réitère les signifiants de victoire. Notons enfin la bénédiction d'Abraham par Melchisédek : Dieu livrera ses ennemis entre ses mains (Gn 14, 20).

Le schéma de la bénédiction associant maîtrise territoriale *et* domination du compétiteur est bien attesté dans les traditions antérieures ou parallèles.

Le Yahviste nous fournit, dans la Genèse, un cas très clair où la jouissance de la terre (mais non pas sa conquête) est associée à cette suprématie. C'est la bénédiction de Jacob par Isaac (Gn 27, 27-29. 37-40). La bénédiction de Joseph, de provenance moins certaine, lui est très semblable (Gn 49, 22-26 ; cf. pour Juda : versets 10-12). Même jonction dans la bénédiction de Balaam (Nb 24, 6s). Ce passage (attribué à J par Noth) fait puissamment écho à l'appel d'Abraham, et Wolff a mis en relief la parenté de schéma avec les Psaumes. Il s'agit des Psaumes 47 et 72. En 47, suprématie et héritage territorial sont couplés (verset 4s) et l'union des « princes des peuples » au « peuple du Dieu d'Abraham » (verset 10) fait déjà penser à « l'assemblée de peuples » de Gn 28, 3 ; 35, 11 ; 48, 3 (P). Mais le Ps 72 apporte plus encore dans la mesure où le roi n'est plus divin mais humain : rédigé en forme de bénédiction (verset 17), il associe la jouissance du sol (verset 16) à la suprématie sur les nations (8-11) : peut-être la suprématie politique a-t-elle son principe dans la domination de la bête si les ṣiim du verset 9 appartiennent au règne animal...

C'est dans le Deutéronome, spécialement tourné vers la « guerre sainte », que le schéma dont on peut dire que Gn 1 l'a inversé se donne à lire le plus explicitement. A prendre les textes conçus en forme canonique de bénédiction, nous relevons la séquence fécondité-jouissance du sol-victoire-domination dans Dt 28, 3-13 (cf. malédiction : 28, 25). La même séquence, dans un cadre moins construit, apparaît en Dt 7, 13-16 ; 15, 6-10. Elle a d'ailleurs son parallèle dans Lv 26, 6-8.17-22. La relation entre la fécondité et la puissance armée est sans doute bien ancrée en tradition :

> ...comme flèches en la main du héros,
> ainsi les fils de la jeunesse :
> heureux l'homme qui de ces traits
> a pu remplir son carquois ;
> à la porte, quand il vient en conteste,
> il tient tête à ceux qui l'attaquent
>
> (Ps 127, 4s).

Par contre, il faut reconnaître que le texte liturgique de bénédiction sacerdotale que Westermann prend comme point de départ de son enquête est dépourvu de tous les éléments que nous considérons[33]. Mais il existe une bénédiction postexilique qui pourrait s'inscrire en parallèle de la bénédiction du premier couple : Is 65, 16-25. La « création nouvelle » (verset 17) reprend source aux premiers jours : fécondité devient longueur de vie ; maîtrise du sol devient habitation prospère des villes et du sol ; domination non violente devient paix entre les animaux (lion et agneau, lion et bœuf tous herbivores ; serpent inoffensif). Ce dernier thème, la réconciliation du monde animal, nous conduira plus loin. Mais Is 65, 16-25 est capital pour notre propos à cause du rapprochement entre

---

33. C. WESTERMANN, *Der Segen in der Bibel und im Handeln der Kirche*, Munich, 1968, part de la bénédiction comme institution sacerdotale, notamment Nb 6, 22-27. Il s'intéresse donc peu à la domination de l'ennemi ou du rival.

bénédiction, création, fécondité et paix animale : peu de textes sont aussi proches de notre interprétation de Gn 1.

Les contextes précédemment explorés s'enrichissent parfois du thème animal, surtout quand la situation est à l'opposé de la bénédiction ou qu'elle fait éprouver l'incomplétude. Si, dans Gn, remplir la terre incite à faire prévaloir l'image humaine de Dieu sur l'image animale de l'homme, à imposer une limite à l'animal, à en être le pasteur, inversement le recul de l'homme quand une dévastation, souvent due à la guerre, l'oblige à déserter la terre, amène une avancée du front animal.

Le contexte est très homogène, par antinomie. Dans l'Israël maudit (selon le texte déjà commenté de Lv 26) : « Je lâcherai sur vous les bêtes sauvages qui vous raviront vos enfants, anéantiront votre bétail et vous décimeront au point que vos chemins deviennent déserts » (Lv 26, 22 : le texte est très proche d'Ez 14, 15). Dans ce dernier passage, à la fécondité humaine s'oppose le fait que les enfants sont proie des bêtes ; à la paix que l'homme fait descendre de lui-même sur les animaux s'oppose la destruction des bêtes domestiques par les bêtes sauvages ; à la réalisation de l'acte créateur par la pacification et l'orientation de la surface terrestre s'oppose le retour au *tohû wâbohû* ; définissable comme ce qui est « désert sans chemin » (cf. Is 45, 18). Sans aucun doute, le retour de la bête est l'anticréation, le chaos (cf. Is 34, 11).

La tradition élohiste (Ex. 23 ?) et deutéronomique est plus complexe et nous rapproche de Gn 1, 28. Israël dans l'occupation de Canaan n'a pas pu ou n'a pas su expulser tous les autochtones : or Dieu l'a permis pour ne pas créer un vide subit, car Israël est moins nombreux que n'étaient les Cananéens et ce sont les bêtes sauvages qui auraient rempli le vide ainsi laissé (Ex. 23, 30ss ; Dt 7, 22). La séquence fécondité-peuplement d'un sol-domination se vérifie encore. Le contexte est de bénédiction (Ex 23, 25) et d'alliance (verset 32). L'affrontement du clan cananéen est explicitement conçu, cette fois, sur le modèle de l'affrontement du clan animal par le clan humain. C'est le mouvement que Gn 1 amorce. Dans un moment clé, de nouveau, quand le Royaume du Nord, évacué, sera repris par un peuplement étranger, apparaissent des lions pour combler l'intervalle (2 R 17, 25s) : le fait est présenté comme châtiment direct de Dieu, mais l'enracinement thématique est plus riche que cette rationalisation.

*
* *

Sur la base de ce qui précède, et malgré la parcimonie des occurrences, le thème de la royauté des fils de Sara et des fils de Jacob au milieu des nations peut maintenant prendre encore plus de vigueur et de relief. P veut-il, par cette promesse, augurer un règne sans guerre ni esclavage[34] ? En contexte biblique, l'idée d'un roi aussi pacifique que David fut guerrier n'a rien d'inconcevable. S'il y a quelque parenté entre un « royaume de prêtres » d'Ex 19, 6 et l'école sacerdotale, dans la ligne de Jr 33, 14-26, un terrain pour cette attente serait repérable. Nous sommes ramenés ici à deux versets du Chroniste :

> Tu as versé le sang en quantité et tu as fait de grandes guerres, tu ne bâtiras pas une maison à mon nom car tu as versé beaucoup de sang à terre devant moi
> (1 Ch 22, 8).

> Tu ne bâtiras pas de maison à mon nom car tu es un homme de guerre et tu as répandu le sang (1 Ch 28, 3).

On ne peut pas dire qu'ils s'harmonisent très bien avec l'ensemble du livre, où la guerre « sainte », bien que

---

34. W. BRUEGGEMANN, « The Kerygma of the Priestly Writers », *ZAW* 84 (1972), 397-413, traite la bénédiction comme le thème axial de la tradition des écrivains sacerdotaux dans le Pentateuque. Il met clairement en relief le rapport entre « domination » et ordre politique dans Gn 1 et Gn 9. Les textes sont lus comme des récits « à clé » entièrement déterminés par la situation d'exilés nullement dominants, mais opprimés. A nos yeux, la densité historique du texte est indéniable mais nous n'adoptons pas une lecture univoque, absorbée par la référence à la promesse d'une prise de pouvoir sur les Nations après l'exil. Il manque à cette lecture la tension entre Gn 1 et Gn 9, le jugement porté sur la force comme unique fondement du pouvoir, le rattachement à la loi rituelle et la vigueur symbolique (c'est-à-dire non transparente) du thème animal.

liturgiquement sublimée, reste sanglante[35]. Je ne prétends pas expliquer ici leur provenance, mais ils ne me paraissent plus du tout isolés dans leur force et leur conviction, dès qu'on les associe à Gn 1 restauré dans son axe principal : il se construit d'un texte à l'autre un imposant arrière-plan. Faudrait-il même y associer une réticence à l'égard des sacrifices sanglants dont on peut dire aussi que « il n'en était pas ainsi au commencement » ? N. Lohfink en écho à René Girard, l'a suggéré[36].

## III. L'APPEL AUX TRADITIONS ANTÉRIEURES

Cette parenté a déjà apparu dans l'étude de la bénédiction. Plus nous sortons d'une tradition particulière, plus nous éprouvons que la Bible nous atteint au nom d'une autorité qui dépasse celle de l'écrivain sacerdotal et de tout autre, tout en traversant et empruntant les reliefs propres à chaque série d'énoncés.

La place faite à l'animal dans Gn 1 surprend moins en comparaison avec Gn 2 et 3, où l'homme se situe comme homme en mesurant la différence entre celle qui est son « aide » et les animaux qu'il vient de nommer. Le destin de l'humain se joue ensuite dans un dialogue entre la femme et l'animal, qui a pour thème essentiel « être ou non comme Dieu ». L'épisode de Gn 2 − 3 est déjà d'une élaboration si sophistiquée que la découverte de connexions moins apparentes demanderait un autre exposé. Il nous suffira d'en dire assez pour montrer que P a gardé sa vigueur à un motif qui vient de très loin. Non seulement il s'agira, pour la descendance de la femme, d'exercer une suprématie sur le serpent mais l'épisode de Caïn porte de plus grandes marques d'archaïsme.

Avec lui commence la généalogie de la violence qui des-

---

35. *Création et Séparation*, p. 298-300.
36. *Gewalt und Gewaltlosigkeit*, p. 89 et 90.

cendra jusqu'au déluge. Or il est certain que le rapport au domaine animal joue un grand rôle dans le premier de tous les meurtres. Quelle que soit la difficulté d'identification du danger ou de l'animal dont Dieu dit à Caïn qu'il est « tapi », la racine *rbṣ*, ordinairement traduite ainsi, compte trente occurrences appliquées à des animaux (crocodile, lion, âne, troupeau) dont cinq fois métaphoriquement, un homme étant comparé à un animal, avec une exception où c'est la malédiction elle-même qui est tapie. Le sens est donc indubitable : si Caïn ne maîtrise pas quelque élément d'animalité, qu'il n'est pas nécessaire ici de qualifier davantage, il ne surmontera pas la tentation de tuer son frère. A travers l'énigmatique verset de Gn 4, 7, nous rejoignons une tradition sans doute antérieure à Gn 3. Caïn est exhorté par Dieu à propos de l'être tapi :

... vers toi sa convoitise et toi tu le maîtriseras.

Tous les commentateurs ont relevé le parallèle entre ce verset et ce qui avait été dit à la femme en Gn 3, 16 :

Vers ton homme ta convoitise et lui te maîtrisera.

Il est insinué ici que la femme est devenue en quelque sorte à l'image du serpent après avoir achoppé au sujet de l'image de Dieu et c'est par voie de conséquence que l'homme aura une maîtrise à exercer sur la femme. On a eu tort de voir parfois seulement une dégradation dans ce nouveau rapport de forces. C'est vrai pour une part : il y a un côté de dureté dans la loi de l'homme, mais il est plus vrai encore que l'homme doit « aider » la femme à choisir entre l'image du serpent et l'image de Dieu, ce qu'il n'a pas su faire au jardin d'Eden. Il y aurait eu plus de vraie douceur à ne pas « écouter sa voix » (Gn 3, 17).

Revenons un moment à l'épisode de Caïn, pour y montrer que le thème de l'image y joue un rôle. Dans Gn 3, 22 « l'homme est devenu comme l'un d'entre nous ». Le Dieu qui dit cela est un Dieu qui ferme ses portes, selon cette ambiguïté de l'image d'après le déluge, que nous relevions en Gn 9. C'est comme ce Dieu-là que l'homme est devenu. Or il est possible que le « signe de Caïn », qui fait fuir ses ennemis et le préserve comme les animaux effrayés fuient l'homme après le déluge, ait le caractère sacré et terrible que prend l'image divine sur le visage de l'homme après sa faute[37].

Quant aux suites du déluge, que nous avons lues dans la table des peuples, c'est par abstraction méthodologique que nous avons séparé dans celle-ci l'écrit sacerdotal des brèves notations yahwistes qui y sont serties. « Nemrod vaillant chasseur devant Yahweh » (10, 9) n'a pas d'autre fonction dans cette table des peuples que de signaler le symbole des chasses royales en Assyrie, exercice précis de la fonction royale comme telle et métaphore de la manière dont l'Assyrien traite les peuples. Mais pourquoi Nemrod est-il chasseur « devant (la face de) Yahweh » ? Il est assez clair que la chasse royale a un caractère sacré : la crainte que le roi inspire aux bêtes et aux peuples vient d'un reflet de l'image du Dieu terrible. L'écrivain le constate et l'admet.

La tradition sacerdotale, nous le voyons, apporte un autre message. Mais on ne peut pas bien le comprendre sans les précédents.

## CONCLUSION

Pour comprendre le texte de Gn 1, qui associe bénédiction, image de Dieu, suprématie par la douceur sur l'animal, il nous a fallu remonter, le long de l'histoire des textes, jusqu'à la bénédiction qui assure la suprématie par la force sur les rivaux ou ennemis. Nous avons mesuré par là l'effet du correctif cherché par le récit sacerdotal. Nous avons mesuré aussi l'ampleur et la profondeur d'inscription du thème animal. Puisque notre enquête avait pour

---

37. Tardivement, le Siracide (17, 3-14) relie l'image de Dieu, la terreur que l'homme inspire aux créatures, la configuration visuelle de l'homme. (Il traverse en quelques versets non seulement Gn 1 et Gn 9, mais les traditions du Sinaï).

but de nous instruire sur la création, c'est là maintenant qu'il nous faut revenir.

*Urzeit* et *Endzeit* se rejoignent : que Gn 1, récit du commencement, signifie aussi l'utopie de la fin, cette pensée n'est pas nouvelle. Gunkel avait pressenti, derrière Gn 1, 29s, Isaïe 11 et sa vision des fauves réconciliés avec les brebis sous la direction d'un roi enfant. Ce qui reste à creuser, c'est la fonction de la loi, entre commencement et fin. En effet, la loi de Gn 9 n'est pas seulement allégorique : elle est mémorial du passé, celui de Gn 1, mais du passé sous forme d'un manque. Qui renonce à manger le sang obéit à Dieu, certes, mais il confesse son retard sur l'image de Dieu puisqu'il mange la chair. « Il n'en était pas ainsi au commencement », où l'on ne mangeait ni chair ni sang. Par cette obéissance, il se dispose à désirer la deuxième création, il l'appelle. Ainsi, les préceptes de la Torah dits sacerdotaux méritent bien leur nom : ils présentent déjà certaines caractéristiques de ce que nous appelons l'ordre sacramentel, l'ordre des signes qui sont à la fois mémorial et anticipation. Ils ne le sont, ces signes, que situés par rapport à un homme marchant, orienté par sa mémoire, désirant, choisissant : ils s'articulent nécessairement sur l'ordre éthique.

Cette conception de la première création nous invite à dématérialiser, si je puis dire, la notion de création. La création est certes efficace. Nous savions déjà que cette efficacité originale est celle de la parole. Il faut ajouter que la création est position par Dieu de signes efficaces. En cela, la création n'est pas exactement position d'une nature, d'un ensemble d'étants. Elle pose un devoir-être, puisque la parole créatrice est injonction. Elle pose aussi un pouvoir-être. Ce devoir-être, qui est pouvoir-être, dit tout le contenu de la notion d'image. La douceur que Dieu demande n'est sensée que si elle est possible, elle n'est possible que si elle est donnée et ce don-là est au cœur le plus secret de l'acte créateur. Le don créateur impliqué dans l'« image », c'est lui la fondation de la loi. Cette conception de la justice, à la fois demandée et donnée, ressemble fort à l'alliance telle qu'elle est conçue par les prophètes exiliens et postexiliens.

L'interprétation proposée ici nous autorise à croire que

le style de l'écrivain sacerdotal (et sûrement de beaucoup d'autres) ne peut être parlant que si l'exégète se risque, — naturellement avec la rigueur souhaitable, mais aussi avec la liberté sans laquelle il échoue devant le sens — se risque à donner une lecture symbolique du rapport de l'homme à la création, puisque celle-ci est conçue, dès l'époque biblique et pas seulement chez les allégoristes tardifs, comme une *réserve de signes*. Ceci est vrai des luminaires, créés « pour servir de signes » (Gn 1, 14) ; ceci est vrai dans la même mesure de tout le règne animal. Il n'est pas indifférent que le monde stellaire et le monde animal, les constellations et le bestiaire, niveaux qui, l'un et l'autre, sont le règne du multiple, fassent signe. Qu'ils fassent signe pour l'un : l'un en l'homme, image de l'unité divine. L'un qui est effet de douceur.

La ligne verticale qui traverse l'homme ne le relie pas à la zone supérieure seulement mais aussi à la zone inférieure. Le concept de création a pour effet d'intégrer cette zone inférieure dans le rapport de l'homme à Dieu. Ceci contrarie en nous une volonté d'évitement et d'omission. Quand le discours religieux banal oppose « horizontalité » (insistance sur le devoir envers les semblables) et « verticalité » (hommage à la transcendance de l'Autre), il est remarquable qu'il omette de prolonger vers le bas la ligne verticale. Et pourtant, « Dieu tient en main les profondeurs de la terre et les sommets des montagnes sont à lui » (Ps 95, 4). La Bible ne pense pas la paix entre les hommes sans la paix de l'homme avec l'animal. Il est permis, ici, de dire « la Bible », au-delà des traditions particulières. On se rappelle le texte d'Osée 2, 20-25, peut-être postérieur au VIIIe siècle, où l'alliance est instaurée par Dieu pour Israël avec les *bêtes* (cf. Jb 40, 28) et où, en pleine concomitance, « l'arc, l'épée, la guerre » sont brisés, tandis que la justice devient un cadeau pour l'épouse. La paix d'Isaïe 11, bien que non transposée au domaine militaire, est de même veine. Pour tous ces textes, nous avons parlé de « symbole » animal. Mais c'est l'acte créateur qui érige ces symboles, ce qui les arrache à cette transparence idéaliste qui est le piège de la lecture figurative. Le thème animal n'est pas seulement à décoder pour passer au thème politique : il n'y aurait pas besoin, pour cela, que la création intervînt. Le monde animal doit être effectivement visité et investi pour que règne la paix : c'est tout autre chose. Sans doute, il y a place pour une transposition de ce que nous entendons par « règne animal » : il s'agit essentiellement de ce qui, dans l'homme, est apparenté à l'animal. L'acte créateur imprime deux nécessités : l'homme ne peut répondre à un appel éthique sans le référer à sa propre origine, mais l'homme ne peut entendre la voix de son origine sans ce recul, appelons-le « recul symbolique », vers ce qui dans le monde précède son propre esprit. Il ne rejoint la création que par son corps et par ce qui est appelé à former le corps de toute l'humanité. L'acte symbolique (et tout symbole demande un acte) implique une reconnaissance. Quand il est pasteur de sa propre animalité, l'homme pose un acte de réponse à son créateur et quitte par là les relations de rivalité. Il se libère : l'homme va-t-il concevoir le Dieu créateur à partir d'une projection de toute puissance imaginaire ? C'est le principal enjeu d'une théologie de la création. Gn 1 donne à l'homme le moyen (non certes l'assurance) d'éviter ce piège.

Parmi les messages bibliques, le texte de Gn 1 est en bonne place sur la page du Livre. Dans l'histoire des faits bibliques aussi, puisque l'écrivain sacerdotal pose déjà un premier pas sur la voie des apocalypses où tout fait signe, où l'homme animalisé en nations pourvues de cornes et de crocs pour s'entre-tuer et se manger, sera un thème courant. C'est sur ce fond que se lit Dn 7 : alors que Nabuchodonosor a repris une forme animale (Dn 2), un « Fils d'homme » reçoit le royaume pour dominer sur les nations qui, au moment où la scène se déroule, sont figurées en animaux carnassiers qui s'entre-dévorent. Le moyen de sa domination sera-t-il la « crainte et l'effroi » de Gn 9, ou la douceur de Gn 1 ? La question est posée, à l'approche de la fin des temps. Mais nous savons que le roi alors attendu ne pourra éviter de traverser la contradiction posée avec Gn 9. Il ne pourra devenir immédiatement commencement : il n'évitera pas la loi. La nouvelle création passera par la fournaise où toute créature est invitée à louer Dieu. Nous savons aussi que, si c'est par la douceur que le Fils de l'homme doit régner, l'origine

de cette espérance n'a pas à être cherchée très loin, ni
dans quelque passage isolé : elle provient de la lecture de
la Loi et des Prophètes. Quand ce Fils de l'homme
entrera dans son combat, c'est-à-dire affrontera la contradiction annoncée en Gn 9, on reconnaîtra en lui la plénitude de l'acte créateur.

## CHAPITRE VI

# LE MOTIF DE LA CRÉATION DANS LE DEUTÉRO-ISAÏE

### par Jacques VERMEYLEN

Le motif de la création joue assurément un rôle important en Is 40-55, et plus important sans doute que dans tout autre recueil prophétique de l'Ancien Testament. Il n'est donc pas étonnant que des études nombreuses aient été consacrées à la question[1].

Plusieurs auteurs estiment que, lorsque le Deutéro-Isaïe parle de la création, il reprend bon nombre d'éléments de ses discours à une vieille tradition hymnique[2]. A l'appui

---

1. On trouvera un court état de la question dans A. RICHTER, « Hauptlinien der Deuterojesaja-Forschung von 1964-1979 », en annexe à C. WESTERMANN, *Sprache und Struktur der Prophetie Deuterojesajas*, nouv. éd. (Calwer Theologische Monographien), Stuttgart, 1981, p. 111-113.

2. Voir notamment R. RENDTORFF, « Die theologische Stellung des Schöpfungsglaubens bei Deuterojesaja », *ZThK* 51 (1954), 3-13, p. 4-5 ; C. STUHLMUELLER, « The Theology of Creation in Second Isaiah », *CBQ* 21 (1959), 429-467, p. 438 ; Th. M. LUDWIG, « The Traditions of the Establishing of the Earth in Deutero-Isaiah », *JBL* 92 (1973), 345-357, à propos de l'expression *roga' hâ'âreṣ*, « il affermit la terre » (42, 5 ; 44, 24) (p. 349) ; R. ALBERTZ,

de cette affirmation, ils soulignent avant tout la construction participiale que l'on trouve dans presque toutes les phrases d'Is 40-55 relatives à la création ; les participes sont cependant souvent assortis de pronoms suffixes de la 2e personne du singulier (voir Is 43, 1, par exemple), ce qui ne répond pas à la forme de l'hymne : le prophète aurait donc modifié le genre littéraire en fonction de son but propre[3]. Pour certains, le verbe *bârâ'*, que l'on traduit d'habitude par « créer » et que le Deutéro-Isaïe utilise fréquemment[4], aurait d'ailleurs une origine liturgique[5]. Dans la même ligne, N.C. Habel[6] rapproche l'expression *(han)nôṭèh šâmayim*, « lui qui déploie les cieux » (40, 22 ; 42, 5 ; 44, 24 ; 45, 12 ; 51, 13), du souvenir de la Tente sacrée utilisée pour le culte au temps du désert. R. Albertz[7] propose cependant de distinguer deux groupes de textes, qui relèvent, à son avis, de traditions distinctes. La première tradition rapporterait la formation

---

*Weltschöpfung und Menschenschöpfung* (Calwer Theologische Monographien, A 3), Stuttgart, 1974, p. 22-23.

3. Pour F. CRUESEMANN, *Studien zur Formgeschichte von Hymnus und Danklied in Israel* (WMANT 32), Neukirchen, 1969, p. 86-95, et R. ALBERTZ, *Weltschöpfung*, p. 13, certaines phrases participiales doivent être considérées comme des citations littérales de la littérature hymnique préexistante. Elles doivent cependant remplir trois conditions : l'absence de pronom suffixe assorti au participe, la non-reprise de théologoumènes propres au Deutéro-Isaïe et le respect de la règle du parallélisme des membres. Les passages suivants répondent à ces critères : 40, 22-24.26b, 28a$\beta$b.29-30 ; 42, 5 ; 43, 16 ; 45, 6b-7.18 ; 51, 15, auxquels il faut peut-être ajouter 44, 24b-25 et 51, 13. C. STUHLMUELLER, *Creative Redemption in Deutero-Isaiah* (AnBibl 43), Rome, 1970, p. 55-56, estime que les phrases participiales ne proviennent pas d'hymnes préexistants, mais ont été spécialement composées pour les poèmes dont elles font partie.

4. 40, 26.28 ; 41, 20 ; 42, 5 ; 43, 1.7.15 ; 45, 7 *(bis)*.8.11.12.18 ; 48, 7 ; 51, 13 ; 54, 5.

5. C. STUHLMUELLER, « The Theology », p. 437 ; voir aussi W.H. SCHMIDT, art. « br' schaffen », dans *THAT*, t. 1, Munich-Zurich, 1978, c. 337 ; A. ANGERSTORFER, *Der Schöpfergott des Alten Testaments. Herkunft und Bedeutungsentwicklung des hebräischen Terminus BR' (bârâ) « schaffen »* (Regunsburger Studien zur Theologie 20), Francfort-Berne-Las Vegas, 1979.

6. N.C. HABEL, « He Who stretches out the Heavens », *CBQ* 34 (1972), 417-430.

7. R. ALBERTZ, *Weltschöpfung*, p. 7-53.

du ciel et de la terre et soulignerait ainsi la souveraineté de Yahvé sur l'univers tout entier ; cette tradition serait d'origine hymnique et louerait la toute-puissance de Yahvé, contestée par les interlocuteurs du Deutéro-Isaïe. La seconde tradition différerait de la première tant par son contenu que par son lieu littéraire et sa visée : elle parlerait de la formation de l'homme, appartiendrait aux genres littéraires de la lamentation individuelle et de l'oracle de salut qui y répond, et aurait pour fonction de mettre en valeur la communauté unissant le Créateur à sa créature, au-delà de la relation brisée en apparence. Cette seconde tradition serait transposée par le Deutéro-Isaïe sur le plan des relations entre Yahvé et son peuple.

Une autre question débattue est celle de la nature du lien unissant les thèmes de la création et du salut. Trois hypothèses se trouvent ici en présence, avec diverses variantes. Reprenant l'affirmation générale de G. von Rad à propos de la théologie de la création dans l'Ancien Testament[8], R. Rendtorff estime que les propos du Deutéro-Isaïe au sujet de la création ont une fonction auxiliaire par rapport à son message essentiel, qui porte sur les nouveaux actes de salut par lesquels Yahvé va se manifester en faveur de son peuple[9] ; s'appuyant sur la foi en l'action créatrice, partagée par ses interlocuteurs, le prophète peut en tirer argument pour annoncer la délivrance prochaine de son peuple. Dans ce contexte, la création n'est pas un événement « protologique » au sens strict, mais elle reste actuelle et se trouve intimement liée au salut d'Israël. C. Stuhlmueller[10] insiste tout aussi vigoureusement sur le lien unissant « création » et « rédemption », qui sont presque synonymes[11], il refuse cependant

---

8. G. von RAD, « Das theologische Problem des alttestamentlichen Schöpfungsglaubens », dans *Werden und Wesen des Alten Testaments* (ZAWBeih 66), Berlin, 1936, p. 138-147 = *Gesammelte Studien zum Alten Testament*, t. 1 (ThBü 8), Munich, 1971, p. 136-147.

9. R. RENDTORFF, « Die theologische Stellung », p. 3-13.

10. Outre les travaux déjà mentionnés dans les notes 2 et 3, voir C. STUHLMUELLER, « 'First and Last' and 'Yahweh-Creator' in Deutero-Isaiah », *CBQ* 29 (1967), 495-511.

11. Voir encore C.R. NORTH, *The Second Isaiah*, Oxford, 1964, p. 13-14 ; B.W. ANDERSON, *Creation versus Chaos*, New York, 1967,

le statut auxiliaire assigné au motif de la création et préfère parler de « rédemption créatrice » : la libération d'Israël réalise sur cette terre l'œuvre créatrice de Yahvé, et celle-ci appartient donc au présent[12]. Pour P.B. Harner[13], enfin, le motif de la création est, dans plusieurs passages au moins, développé pour lui-même ; il a pour fonction première de mettre en valeur la souveraineté de Yahvé, sans qu'un lien soit toujours établi de manière claire avec la rédemption.

Toute cette recherche se caractérise par un trait commun : elle suppose que le texte d'Is 40 - 55 remonte entièrement ou presque au deuxième Isaïe, prophète anonyme exerçant son activité à Babylone, peu de temps avant la prise de la ville par Cyrus. Si l'on excepte les fameux « poèmes du Serviteur » (42, 1ss ; 49, 1ss ; 50, 4ss ; 52, 13-53, 12), les passages relatifs à la fabrication des idoles (40, 18-20 ; 41, 6-7 ; 44, 9-20 ; 46, 5-8) et quelques additions très courtes, l'« authenticité » deutéro-isaïenne de l'ensemble du recueil était acceptée sans discussion jusqu'à ces dernières années par tous les spécialistes. L'exégèse d'Is 40-55 était très largement dominée par les préoccupations de l'école de la Formgeschichte, et la question d'une éventuelle histoire de la rédaction n'était guère soulevée. Nous n'en sommes plus là, cependant : les travaux récents de H.-Chr. Schmitt[14], K. Kiesow[15] et

---

p. 119-131 ; A.S. KAPELRUD, « Die Theologie der Schöpfung im Alten Testament », *ZAW* 91 (1979), 159-170.

12. Voir encore, de manière moins tranchée, H.-D. PREUSS, *Deuterojesaja. Eine Einführung in seine Botschaft*, Neukirchen, 1976, p. 58-60 ; M. DIJKSTRA, *Gods voorstelling. Predikatieve expressie van zelfopenbaring in oudoosterse teksten en Deutero-Jesaja* (Dissertationes Neerlandicae, Series Theologica), Kampen, 1980, p. 409-421.

13. P.B. HARNER, « Creation Faith in Deutéro-Isaiah », *VT* 17 (1967), 298-306 ; voir aussi P.E. BONNARD, *Le Second Isaïe, son disciple et leurs éditeurs*. Isaïe 40 – 66 (EtBibl), Paris, 1972, p. 59. J. KRUIS, « JHWH, Schepper en Formeerder in Deutero-Jesaja », dans *De Knecht. Studies rondom Deutero-Jesaja aangeboden aan Prof. Dr. J.L. Koole*, Kampen, 1978, p. 83-92, insiste lui aussi sur l'indépendance de la notion deutéro-isaïenne de « création » par rapport à l'idée du salut.

14. H.-Chr. SCHMITT, « Prophetie und Schultheologie im Deuterojesajabuch. Beobachtungen zur Redaktionsgeschichte von Jes 40 -

R.P. Merendino[16] montrent bien que le Deutéro-Isaïe n'a pas échappé au phénomène des relectures successives, tel qu'on a pu l'étudier chez les autres prophètes. Cette recherche ne fait que commencer, et il n'existe à ce jour aucune étude systématique de l'ensemble des chap. 40 à 55. Celle-ci est, de plus, rendue spécialement difficile par le manque de repères concernant l'histoire politique, sociale et religieuse d'Israël à l'époque perse. S'il est vrai qu'Is 40-55 n'est pas l'œuvre presque homogène du prophète, mais le fruit d'un long travail rédactionnel sur la base de la prédication deutéro-isaïenne originelle, la lecture des passages relatifs à la création risque cependant de devoir être posée en des termes nouveaux. Avant d'interpréter théologiquement les textes, il me faudra donc tenter d'en débrouiller au moins sommairement l'histoire de la rédaction. Une étude complète de la *Redaktionsgeschichte* d'Is 40-55 est évidemment impensable dans le cadre limité de cet article. Je propose dès lors un parcours en trois étapes. Dans une première partie, je tenterai de reconstituer la teneur originelle des oracles relatifs

---

55 », *ZAW* 91 (1979), 43-61. Partant de l'analyse du chap. 48, l'auteur y distingue un texte « prophétique » de base et une relecture théologique ultérieure (versets 1bβ 2.4.5b. 7b. 8b-10, 11aβ, 17-19) qui relativise l'espérance née avec les succès de Cyrus et met l'accent sur l'infidélité du peuple et l'urgence d'une meilleure obéissance envers Yahvé. La forme actuelle de l'introduction (40, 1-11) et de la conclusion (55, 1-13) présentent les mêmes caractéristiques, si bien qu'on peut parler d'une relecture d'ensemble de l'ouvrage.

15. K. KIESOW, *Exodustexte im Jesajabuch* (OBO 24), Fribourg, 1979. L'auteur propose une analyse littéraire fouillée des passages d'Is 40 − 55 où il serait question d'un « nouvel Exode » ; il y distingue plusieurs strates littéraires, la part revenant au prophète Deutéro-Isaïe étant beaucoup moins importante qu'on ne l'affirme habituellement. Son étude reste cependant limitée à quelques péricopes. Notons qu'en fait, le thème du « nouvel Exode » est probablement absent d'Is 40 − 55, comme l'a montré H. SIMIAN-YOFRE, « Exodo en Deuterosaías », *Bibl* 61 (1980), 530-553 ; « La teodicea del Deuteroisaías », *Bibl* 62 (1981), 55-72.

16. R.P. MERENDINO, *Der erste und der letzte*. Eine Untersuchung von Jes 40 - 48 (VTSuppl 31), Leyde, 1981. Cet ouvrage est le premier à proposer un essai de reconstitution de la *Redaktionsgeschichte* de la première grande partie d'Is 40 - 55. Faisant œuvre de pionnier, il n'aboutit pas encore, me semble-t-il, à un résultat très satisfaisant.

à la création qui offrent les meilleures garanties d'authenticité deutéro-isaïenne : ce sont les textes qui visent Cyrus et ont aussi pour caractéristique commune de parler de la création du ciel et de la terre. La deuxième partie proposera l'examen du motif particulier de la création dans le cadre de ces oracles. Une troisième partie, enfin, sera consacrée au motif de la création dans les relectures des oracles primitifs.

## I. ESSAI DE RECONSTITUTION DES ORACLES DEUTÉRO-ISAÏENS « AUTHENTIQUES » RELATIFS A LA CRÉATION

Si l'on excepte la copieuse et souvent passionnante enquête de R.P. Merendino — qui ne concerne cependant que les neuf premiers chapitres et doit être considérée comme une première exploration du sujet — la distinction des strates littéraires d'Is 40-55 n'a pas fait jusqu'ici l'objet d'études systématiques et approfondies. On considère en général comme deutéro-isaïen tout ce qui, dans ces chapitres, ne se trouve pas en contradiction ou en décalage évident par rapport à la teneur générale du recueil. Cette méthode de travail repose sur l'a priori selon lequel le message et le ton dominants du livre actuel remontent effectivement au prophète ; dans cette perspective, les éventuelles additions à son œuvre seront nécessairement marginales. Mais est-ce si évident ? Entre la prédication du premier Isaïe au VIIIe siècle et ce que dit le livre actuel du « Proto-Isaïe » (Is 1-39), on constate une distance considérable[17] : réinterprété et complété à plusieurs reprises, le recueil originel des oracles du prophète a non seulement été amplifié dans une proportion importante,

---

17. Je me permets de renvoyer ici à mon ouvrage intitulé *Du prophète Isaïe à l'apocalyptique. Isaïe, I-XXXV, miroir d'un demi-millénaire d'expérience religieuse en Israël* (ÉtBibl), 2 t., Paris, 1977-1978. Voir aussi O. KAISER, *Das Buch des Propheten Jesaja Kapitel 1 - 12* (ATD 17), 5e éd., Göttingen, 1981.

mais il a en outre incorporé une vision de l'histoire très différente de la sienne. Ne pourrait-il en être de même en ce qui concerne les chap. 40 à 55 ? Pour reconstituer l'histoire littéraire du recueil, il vaut donc mieux ne pas partir de l'ensemble considéré comme globalement « authentique », mais plutôt des textes qui reflètent sans aucun doute la prédication du prophète lui-même. Les péricopes où il est question de Cyrus appartiennent de toute évidence à cette catégorie : pourquoi un rédacteur ultérieur aurait-il éprouvé la nécessité de parler — et en des termes passionnels — du souverain perse, qui s'empara de Babylone en 539 et régna jusqu'en 530 ? On peut ranger parmi les oracles clairement datés de cette époque, qui est celle du prophète, les textes suivants : 41, 1-5*[18] ; 41, 21-29* ; 42, 5-7*[19] : 44, 24-28* ; 45, 1-4* ; 45, 11-13* ; 46, 9-11* ; 48, 12-15*. A cette liste, il faut sans doute encore ajouter 40, 12-31*, où l'on retrouve (versets 12-14, 21. 26) des questions rhétoriques analogues à celles de 41, 2, 4, ainsi que le motif de la souveraineté divine qui s'impose aux princes (versets 23-24 ; cf. 41, 2. 25 ; 45, 1) ; peut-être les sections 40, 12-31* et 41, 1-5* formaient-elles à l'origine une seule péricope. De toute manière, les oracles concernant Cyrus sont circonscrits aux chap. 40 à 48, dont ils forment comme la colonne vertébrale. Il est frappant de constater que le motif de la création tient une place importante et joue même un rôle décisif dans presque chacun de ces oracles. Examinons donc les textes concernés pour en reconstituer, autant que possible, la teneur primitive.

---

18. L'astérisque signale que le texte concerné doit être considéré comme composite et contient donc d'autres matériaux.
19. Peut-être aussi 43, 14. Il faut cependant avouer que le texte de ce verset est loin d'être clair ; on n'y rencontre pas le ton polémique caractéristique des autres oracles sur Cyrus. L'appartenance du verset au cycle de Cyrus est donc douteuse : celui-ci peut aussi trouver sens en référence avec la destruction de Babylone par Xerxès Ier, vers 480. Cet événement correspond mieux à la teneur du texte : en 539, en effet, les habitants de Babylone ont presque accueilli Cyrus comme leur libérateur, tant Nabonide était haï.

### A) Is 40,12 - 41,5*

1) On s'accorde généralement pour estimer que les versets 12-15 et 17 forment la première partie d'un discours qui s'étend jusqu'au verset 31[20], le verset 16 faisant figure d'addition[21]. R.P. Merendino met cependant en doute l'authenticité deutéro-isaïenne de ces versets, car il y décèle un style sapiential étranger au prophète[22]. Ce jugement repose en particulier sur les versets 13-14[23]. Le verset 12, en revanche, met en œuvre les images cosmiques qu'on retrouvera dans les oracles relatifs à Cyrus (40, 22b ; 42, 5a ; 44, 24b). On remarquera en outre que le verset 15 semble transposer les mêmes images cosmiques sur le registre des relations entre Yahvé et les nations, avec la reprise des motifs de l'eau, de la pesée (avec le même mot *mo'z<sup>e</sup>nayim*, « balance), et de la poussière. De même, la série des comparaisons en *k<sup>e</sup>*, « comme », des versets 15 et 17 pourrait avoir été inspirée par les trois comparaisons semblables du verset 22. Toujours au verset 17, les motifs du « rien » *('ayin)* et du « néant » pourraient avoir été empruntés au verset 23, avec une nouvelle transposition sur les nations. En d'autres termes, l'assignation des versets 13-15 et 17 à une rédaction secondaire n'entraîne pas automatiquement celle du verset 12 : bien au contraire, la présence des versets 13-15 et 17 s'explique bien comme commentaire réinterprétant les versets 12 et

---

20. Voir par exemple C. WESTERMANN, *Das Buch Jesaja Kapitel 40-66* (ATD 19), Göttingen, 1966, p. 42 ; C. STUHLMUELLER, « 'First and Last' », p. 497 ; *Creative Redemption*, p. 145 ; J.L. MCKENZIE, *The Second Isaiah* (Anchor Bible 20), New York, 1968, p. 20-25 ; M. DIJKSTRA, *Gods voorstelling*, p. 232-233. B.D. NAIDOFF, « The Rhetoric of Encouragement in Isaiah 40, 12-31 : A Form-Critical Study », *ZAW* 93 (1981), 62-76, distingue plusieurs petites unités, qui auraient cependant été réunies en une seule vaste composition par le prophète lui-même.

21. Voir, après d'autres, G. FOHRER, *Das Buch Jesaja* (ZBK), t. 3, Zurich, 1964, p. 25 ; K. ELLIGER, *Deuterojesaja* (BK 11), t. 1, Neukirchen, 1978, p. 43, 56-57.

22. R.P. MERENDINO, *Der Erste*, p. 81-82, 121-122.

23. La plus grande partie du vocabulaire de ces versets (*'ēṣâh, yâda', bîn, da'at, t<sup>e</sup>bûnâh*, etc.) est typique de la littérature dite « sapientiale ».

22-23 dans une perspective hostile aux *gôyim*. Cette lecture permet de résoudre le difficile problème de la portée du verset 12 : quelle réponse la question rhétorique postule-t-elle ? « Yahvé », comme le confirme le rapprochement avec Jb 28, 25 et 38, 5[24], où les mêmes images de la pesée et de la mesure des éléments cosmiques se rapportent à l'action créatrice de Yahvé, ainsi qu'avec Is 40, 22 ; 42, 5 et 44, 24[25] ; voir encore 40, 26, où la question en *mî*, « qui ? », appelle « Yahvé » pour réponse. Si certains auteurs[26] estiment que le prophète attend plutôt pour réponse « nul homme », c'est essentiellement en raison du parallèle avec les versets 13-14, qui ne se rapportent évidemment pas à la création du monde mais soulignent la petitesse de l'esprit humain. L'attribution de ces mêmes versets 13-14 à une strate secondaire supprime la difficulté : rien n'empêche donc de lire au verset 12 une évocation de la création du cosmos par Yahvé[27].

2) Les versets 18-20 constituent un commentaire posté-

---

24. Voir aussi Pr 30, 4.
25. A. PENNA, *Isaia* (La Sacra Bibbia, éd. G. RINALDI), Turin-Rome, 1964, p. 409 ; C.R. NORTH, *The Second Isaiah*, p. 83 ; G. FOHRER, *Das Buch Jesaja*, t. 3, p. 24 ; A. SCHOORS, *Jesaja* (BOT 9), Roermond, 1972, p. 250 ; B.D. NAIDOFF, « The Rhetoric », p. 69-70.
26. B. COUROYER, « Isaïe, XL, 12 », *RB* 73 (1966), 186-196 ; C. WESTERMANN, *Das Buch Jesaja Kapitel 40 - 66*, p. 44 ; J.L. MCKENZIE, *The Second Isaiah*, p. 23 ; C. STUHLMUELLER, *Creative Redemption*, p. 146 ; P.-E. BONNARD, *Le Second Isaïe*, p. 98 ; A. SCHOORS, *I am God your Saviour. A Form-Critical Study of the Main Genres in Is. XL-LV* (VTSuppl 24), Leyde, 1973, p. 248 ; K. ELLIGER, *Deutero-jesaja*, t. 1, p. 47 ; R.P. MERENDINO, *Der erste*, p. 75, 85.
27. Les auteurs qui optent pour la réponse « nul homme », en relation avec les versets 13-14, font appel à Si 1, 1-3. Le rapprochement avec ce texte confirme en fait le procédé de relecture du verset 12 par l'auteur des versets 13-15.17. Écrivant quelque 350 ans après l'activité prophétique du deuxième Isaïe, le Siracide reprend le thème de la mesure des éléments cosmiques (1, 2-3 ; cf. 40, 12), mais il est significatif qu'il le place sous le signe de la sagesse incomparable de Yahvé (versets 1, 4-10), ce qui répond à Is 40, 13-14 réinterprétant le verset 12. Remarquons en outre que Si 1, 2 parle des « gouttes », comme 40, 15, alors que 40, 12 mentionnait simplement « les eaux » *(mayim)*.

rieur[28], comme les autres passages relatifs à la fabrication des idoles (41, 6-7 ; 44, 9-20 ; 45, 20b ; 46, 5-7 ; 48, 5b). Le rédacteur a peut-être voulu prendre appui sur les comparaisons des versets 15 et 17 : alors que le monde païen (les nations, les îles) est « comme une goutte d'eau, une miette, un grain de poussière, comme rien », Yahvé est incomparable, et toute image de lui est ridicule.

3) R.P. Merendino considère les versets 21-26 comme une section deutéro-isaïenne homogène[29], où l'on retrouve plusieurs des thèmes familiers et la phraséologie du prophète. Ce jugement me semble fondé en ce qui concerne la plus grande partie du texte. L'appartenance des versets 21b, 24 et 25 au texte de base est cependant moins évidente.

— Le verset 21 compte un hémistiche de trop, et c'est la finale du verset qui paraît former l'élément intrus : les questions des versets 21aα et 21aβ portent toutes les trois sur une information préalable et forment ainsi un ensemble cohérent, alors que le verset 21b met l'accent sur la compréhension des événements (verbe *bîn*). Dans tous les passages deutéro-isaïens relatifs à la création, la fondation ou la formation de la terre est toujours placée en parallèle avec le déploiement des cieux (40, 12, 22 ; 42, 5 ; 44, 24 ; 45, 12 ; 48, 13), alors qu'ici la terre est seule mentionnée. Le vocabulaire, enfin, n'est guère deutéro-isaïen : le verbe *bîn* n'est pas utilisé au hifil en Is 40-55, sinon en trois passages inauthentiques (40, 14 ; 43, 10 ; 44, 18)[30], et le mot *môséd* n'est encore attesté qu'en Is 58, 12. L'auteur du verset 21b a ajouté une question en *h$^a$lô'* aux questions semblables déjà formulées au verset 21a, comme

---

28. Voir G. FOHRER, *Das Buch Jesaja*, t. 3, p. 26-27 ; R.P. MERENDINO, *Der erste*, p. 90-92.
29. R.P. MERENDINO, *Der erste*, p. 95-110.
30. Pour 40, 14, voir ci-dessus. Is 44, 18 appartient à une longue section (44, 9-20) — généralement tenue pour secondaire — relative à la fabrication et au culte des idoles. La section 43, 8-12 lui est apparentée, car on peut y reconnaître la même opposition entre les témoins de Yahvé (versets 10, 12 ; cf. 44, 8) et ceux du monde païen (verset 9 ; cf. 44, 9).

celui des versets 13-14 a repris le *mî* interrogatif du verset 12 ; la similitude du procédé invite à assigner les deux additions au même rédacteur.

— Le verset 24 doit être considéré, lui aussi, comme un élément ajouté. Il reprend, en effet, l'image de la paille *(qaš)*, qui s'envole, utilisée en 41, 2 (authentique) et semble en donner une nouvelle application, proche de 40, 6-8. Ces versets, qui appartiennent à une strate récente d'Is 40-55[31], opposent à l'efficacité durable de la parole divine (la permanence de la promesse) le caractère éphémère de l'herbe *(ḥâṣîr)*, métaphore de « toute chair » (verset 6), c'est-à-dire de l'humanité opposée à Yahvé ou, en pratique, du groupe des impies persécuteurs des fidèles[32]. On y retrouve notamment le même verbe *yâbéš*, « se dessécher » (versets 7, 8). Cette interprétation du verset 24 est confirmée par l'usage du motif de la bale emportée par le vent : dans les textes postexiliques, l'image s'applique aux « méchants » (*r$^e$šâ'îm*, Ps 1, 4 ; Jb 21, 17-18), à ceux qui ruminent le malheur du juste (Ps 35, 5 ; cf. versets 1-4) ou aux idolâtres (Os 13, 3 ; cf. verset 2). Le rédacteur identifie les « juges de la terre » (*šōp$^e$ṭéy 'èrèṣ*,

---

31. Voir R.P. MERENDINO, *Der erste*, p. 57-62 ; K. KIESOW, *Exodustexte*, p. 35-38, 65-66. Déjà H.-Chr. SCHMITT, « Prophetie », p. 56-59, rapprochait les versets 6-8 de 55, 1-13 et de la deuxième rédaction du chap. 48. Outre la reprise de plusieurs éléments tirés du contexte, on fera remarquer, à l'appui du caractère tardif de ces versets, l'emploi du mot *ḥèsèd* dans le sens de « force, puissance » (voir L.J. KUYPER, « The Meaning of ḥsdw Isa XL 6 », *VT* 13 [1963] 489-492) ; cet emploi est limité à la littérature récente de l'Ancien Testament (Ex 15, 13 ; Ps 59, 10, 17 ; 62, 12-13 ; 143, 12 ; 144, 2 ; Jon 2, 9 ; 2 Ch 32, 32 ; 35, 26).

32. En 40, 6-8 comme en 40, 24, la disparition précoce de l'élément végétal est présentée comme une réalité positive. Les parallèles les plus proches permettent d'identifier cette réalité dont la disparition paraît réjouir l'auteur. En Is 51, 12, le « fils d'homme » voué au sort de l'herbe *(ḥâṣîr)* n'est autre que l'« oppresseur » (*hamméṣîq*, verset 13) redouté par le fidèle de Yahvé. Le Ps 37, 1-2 applique la même image aux « malfaisants » (*m$^e$ré'îm*) et aux « artisans de fausseté » (*'ōséy 'aw$^e$lâh*), et le Ps 129, 5-6 aux « ennemis de Sion ». En Jb 8, 11-13, le papyrus desséché dans sa fraîcheur est identifié à l'« impie » *(ḥanép$^h$)*. D'autres textes (Ps 90, 5 ; 103, 15) utilisent la même image pour exprimer la précarité du sort de l'homme fidèle.

verset 23b)[33] aux ennemis de la communauté fidèle, promis à l'anéantissement.

— Le verset 25 doit être rapproché du verset 18 — où l'on retrouve la même tournure $w^e\text{'}èl\text{-}mî\ t^edamm^eyûn$, « à qui comparerez-vous ? » — et d'Is 46, 5, qui ouvre une autre addition relative à la fabrication des idoles. Il appartient probablement à la même rédaction tardive. La *Botenformel* marque normalement la finale d'un oracle, comme en 45, 13.

4) Les versets 27 - 31 se distinguent de la section précédente par le passage brutal à la forme « tu ». K. Elliger y lit en conséquence un discours indépendant, qu'il attribue au prophète[34]. Ces versets ont pourtant les meilleures chances de constituer un élément ajouté, et sans doute par deux rédacteurs distincts.

— Les versets 27 - 28aγ.29 forment, me semble-t-il, une première addition. L'auteur évoque la plainte de la communauté d'Israël, qui a le sentiment d'être abandonnée par Yahvé (verset 27), puis y répond en réaffirmant la souveraineté éternelle du Créateur et sa volonté de réconforter l'épuisé, c'est-à-dire la communauté souffrante (versets 28aγ.29). On remarquera que chacun des éléments de cette réponse reprend en l'adaptant la matière des versets deutéro-isaïens qui précèdent immédiatement : le verset 28aα ($h^alô\text{'}\ yâda\text{'}tâ\ \text{'}im\text{-}lō\text{'}\ šâma\text{'}tâ$, « Ne le sais-tu pas ? Ne l'as-tu entendu dire ? ») est une simple reprise au parfait et en « tu » du verset 21aα ($h^alô\text{'}\ téd^\text{'}û\ h^alô\text{'}\ tišmâ\text{'}û$, « Ne le saviez-vous pas ? Ne l'entendiez-vous

---

33. On trouve le même phénomène dans le Ps 2, où les versets 10-12 — avec l'expression $šophṭéy\ \text{'}èreṣ$, verset 10b — semblent former avec le Ps 1 un commentaire postexilique réinterprétant le vieux Ps 2, 1-9 (comparer par exemple 1, 1, 6 et 2, 12). S'il est vrai que les versets 10-12 ont été ajoutés par l'auteur du Ps 1, les « juges de la terre » et les « rois » du verset 10 ne sont plus les souverains des nations étrangères se coalisant contre Yahvé et le roi de Jérusalem, mais les impies du Ps 1, 1, qui tiennent conseil pour perdre les justes.

34. K. ELLIGER, *Deuterojesaja*, t. 1, p. 94-95. Voir dans la même ligne C.R. NORTH, *The Second Isaiah*, p. 88-91 ; A. PENNA, *Isaia*, p. 245-246 ; A. SCHOORS, *Jesaja*, p. 249.

dire ? ») ; le verset 28αβγ emprunte aux versets 22-23.26a
le motif de la création divine, en utilisant en particulier,
comme au verset 26a, le verbe *bârâ'*, mais en le transposant sur « les extrémités de la terre », c'est-à-dire le
monde païen[35] ; le verset 29, enfin, reprend au verset 26b
le motif de la vigueur de Yahvé *('ônîm, kōaḥ)*, en en faisant des dons qu'il accorde aux siens. Au centre de la
perspective ne se trouve plus la création cosmique, mais la
maîtrise de Yahvé sur les éléments terrestres « extérieurs »
qui menacent la communauté israélite, et donc la délivrance. Tout ceci répond à l'amertume d'Israël (cf. verset 27), telle qu'elle s'exprime dans les écrits du Ve siècle[36]
et qu'elle est caricaturée dans les discours de Job[37].

— Les versets 28aδb et 30-31 commentent à leur tour
les versets 27-28aα.29. On remarquera la reprise des
motifs de la force[38] et de la fatigue[39], mais aussi leur
emploi différent. Le verset 29 présentait la communauté
d'Israël comme l'épuisé que Yahvé réconfortera ; le commentaire insiste, au contraire, sur l'opposition entre les
fidèles, qui échappent à toute fatigue — comme le Dieu
auquel ils sont attachés, verset 28aδ — et « les adolescents » *(ne'ārim)* et les « jeunes » *(baḥûrîm)* (verset 30).

---

35. Il faut comprendre l'expression *qeṣôt hâ'âreṣ*, parallèle à la mention des îles en 41, 5, par opposition au « centre » que constitue Jérusalem, cité du Temple saint. Ce sont, en 41, 9, les « contrées lointaines » d'où Israël a été arraché par la grâce de Yahvé. L'expression est encore utilisée en Jb 28, 24, dans le contexte d'un poème réaffirmant la souveraine maîtrise de Yahvé sur le cosmos, dont l'ordre appartient à la Sagesse divine, inaccessible aux humains.

36. Voir par exemple le Ps 31, 23, ou encore Is 49, 14, qui pourrait appartenir à la même strate littéraire. Sur l'origine de ce dernier verset, voir R.P. MERENDINO, « Jes 49, 14-26 : Jahwes Bekenntnis zu Zion und die neue Heilszeit », *RB* 89 (1982), 321-369.

37. Voir J. VERMEYLEN, « Dieu et ses représentations antagonistes dans le livre de Job », dans *Qu'est-ce que Dieu ?* Hommage à l'abbé D. Coppieters de Gibson (Publications des Facultés Universitaires Saint-Louis 33), Bruxelles, 1985, p. 591-611 ; *Job, ses amis et son Dieu* (Studia Biblica 2), Leyde, 1986.

38. *kaḥ*, verset 30 ; cf. verset 29 et surtout 41, 1, avec l'expression complète *yaḥalîpʰû kaḥ*, « ils renouvellent leur force ».

39. *yā'ēpʰ*, verset 29 ; le verbe de la même racine est utilisé aux versets 28δ, 30 et 31, chaque fois en parallèle avec le verbe *yâga'*, « être épuisé ».

On retrouve ainsi l'idée de l'échec précoce, comme aux versets 6-8 (avec une opposition analogue) et 24, qui relèvent de la même rédaction récente du livre.

5) Examinons enfin la section 41, 1-5, qui parle de Cyrus[40] et doit donc être considérée comme authentique, en substance tout au moins. On retrouve aux versets 2-4 deux questions rhétoriques en *mî*, analogue à celles de 40, 12 et 40, 26, et qui appellent la même réponse « Yahvé ». Ces versets forment le cœur de la péricope. Ils sont encadrés par une double évocation des îles (versets 1 et 5), qui paraît réinterpréter le texte ancien. Au contraire des versets 2-4, le vocabulaire n'est guère deutéro-isaïen[41] ; on remarquera notamment l'expression « les extrémités de la terre » (verset 25), comme en 40, 28aγ. Dans leur contexte originel, les questions des versets 2-4 s'adressaient certainement à des Israélites, ainsi qu'on le reconnaît le plus souvent[42]. Précédées par le verset 1, elles s'adressent désormais aux « îles » et aux « peuples », appelés à rassembler leurs forces[43] pour affronter Yahvé qui leur intente procès ; dans ce nouveau contexte, les versets 2-4 doivent être compris comme un interrogatoire, dont les réponses attendues sont accablantes[44]. Le verset 5, enfin, consacre la victoire de Yahvé et de ses fidèles. Si l'on met

---

40. Voir par exemple A. SCHOORS, *I am God*, p. 207-213 ; R.P. MERENDINO, *Der erste*, p. 129-130.

41. On retrouve en 42, 14 le verbe *ḥāraš* hi., « faire silence » (verset 1), mais ce passage est probablement secondaire. De même, on ne trouve *le'um*, « peuple » — isolé (43, 4.9 ; 55, 4 ; voir encore 60, 2) ou associé à *'iyyîm*, « îles » (49, 1 ; 51, 4-5) — que dans des additions au texte deutéro-isaïen. Sur le caractère secondaire du verset 5, voir notamment K. ELLIGER, *Deuterojesaja*, t. 1, p. 127 ; R.P. MERENDINO, *Der erste*, p. 132-133.

42. Voir R.P. MERENDINO, *Der erste*, p. 130. Comme beaucoup d'autres, l'auteur estime que le verset 1b parle également d'Israël, alors que la phrase poursuit le mouvement de la pensée exprimée au verset 1a, où il est clairement question des « îles » et des « peuples ». La difficulté disparaît s'il est vrai que le verset 1 constitue une addition qui réinterprète les versets 2-4.

43. Le mot *kōaḥ* permet de faire le lien avec le verset 29.

44. On peut se demander qui est visé, dans l'esprit du rédacteur, aux versets 2-3. Cyrus n'est pas mentionné explicitement, si bien qu'une actualisation ne fait pas grande difficulté. Si la relecture remonte, comme je le pense, à l'époque de Néhémie, le rédacteur

entre parenthèses le verset 1, secondaire, les versets 2-4 forment la suite naturelle du discours deutéro-isaïen commencé en 40, 12.

6) Si l'analyse développée ci-dessus est exacte, on peut reconstituer ainsi l'oracle deutéro-isaïen primitif :

40, 12 Qui a mesuré les eaux de la mer[45] dans le creux de la main,
pris la dimension des cieux à l'empan,
fait tenir la poussière de la terre en un tiers de mesure,
pesé les montagnes au trébuchet
et les collines à la balance ?
21 Ne le savez-vous pas ? Ne l'avez-vous pas entendu ?
Cela ne vous a-t-il pas été annoncé dès l'origine ?
22 Il trône au-dessus du cercle de la terre :
ses habitants sont comme des sauterelles ;
il étend les cieux comme un voile :
il les déploie comme une tente d'habitation.
23 Il réduit à rien les souverains,
il rend les juges de la terre pareils au néant.
26 Levez les yeux en haut,
et voyez : qui a créé ceux-ci (les cieux) ?
Il fait sortir leur armée au complet,
il les appelle tous par leur nom.
Si grande est sa vigueur et si puissante sa force,
que pas un ne manque !
41, 2 Qui a suscité de l'Orient
(celui que) la justice appelle sur ses pas,
lui livre les nations et terrasse les rois ?
Son épée (les) réduit en poussière
(et) son arc, en paille qui s'envole.
3 Il les chasse, il passe en sécurité,
il ne touche (même) pas du pied le chemin.
4 Qui a agi et accompli ?
Celui qui, dès l'origine, appelle les générations !
Moi, Yahvé, le premier,
et avec les derniers, c'est bien moi.

---

songe peut-être au réformateur qui, venu de Suse (cf. « depuis l'Orient », verset 2), met Jérusalem en sécurité en rebâtissant ses murailles et remporte ainsi la victoire sur les ennemis de la communauté pieuse.

45. Voir 1QIs<sup>a</sup>.

## B) Is 42, 5-9*

Bon nombre d'auteurs[46] reconnaissent aujourd'hui, avec raison, que les versets 5-9* forment un oracle indépendant, qui, dans sa teneur originelle tout au moins, s'adresse à Cyrus. Cette opinion paraît s'imposer, même si plusieurs éléments du discours semblent avoir été introduits par des rédacteurs postérieurs.

1) Le verset 5 a son meilleur parallèle en 44, 24, où l'on retrouve, en tête d'un discours sur Cyrus, une évocation analogue de la création cosmique, avec la même construction participiale apposée au nom de Yahvé. La formule du messager (verset 5a) présente cependant une forme inédite, avec l'apposition *hâ'êl YHWH*, « le Dieu Yahvé ». Il est possible que *hâ'êl* constitue une addition destinée à souligner la divinité de Yahvé par opposition aux idoles[47].

2) Le verset 6a s'adresse vraisemblablement à Cyrus. Le motif de l'appel par Yahvé, avec le même verbe *qârâ'*, est encore attesté en Is 46, 11 et 48, 15[48]. De même, on retrouve l'expression *b$^e$ṣèdèq*, « selon la justice », en 45, 13 (voir aussi *ṣèdèq* en 41, 2) et l'expression *ḥâzaq b$^e$yad*, « saisir par la main », en 45, 1.

---

46. A. SCHOORS, *Jesaja*, p. 265 ; J. JEREMIAS, « mšpṭ im ersten Gottesknechtslied (Jes. XLII 1-4) », *VT* 22 (1972), 31-42 (p. 31, n. 1) ; R.P. MERENDINO, *Der erste*, p. 237-238 ; K. ELLIGER, *Deuterojesaja*, t. 1, p. 223-224.

47. Voir R.P. MERENDINO, *Der erste*, p. 239-240. Outre 42, 5, on ne rencontre l'expression *hâ'êl YHWH* que dans le Ps 85, 9 (postexilique). W. van der MEER, « Schepper en schepsel in Jes. 42 : 5 », dans *De Knecht. Studies rondom Deuterojesaja aangeboden aan Prof. Dr. J.L. Koole*, Kampen, 1978, p. 118-126, fait remarquer que le mot *'êl* est encore utilisé en Is 40, 18 ; 43, 10.12 ; 45, 14.22 et 46, 9, toujours pour souligner que seul Yahvé est Dieu, et que les idoles ne sont rien.

48. D'autres parallèles, moins clairs cependant, peuvent encore être allégués. En 41, 2, c'est « la justice » qui appelle Cyrus. Le TM de 41, 25 dit de Cyrus lui-même qu'il appelle Yahvé par son nom (*yiqrâ' biš$^e$mî*), mais plusieurs auteurs corrigent en *yiqqârê' biš$^e$mô*, « il est appelé par son nom » ; voir par exemple BHS. L'appartenance de 45, 3b au texte deutéro-isaïen, enfin, n'est pas certaine ; K. ELLIGER, *Deuterojesaja*, p. 488, le lie au verset 1aβb et non aux versets 2-3a.

3) Il n'en va pas de même pour le verset 6b, où l'on trouve des phrases qui comptent parmi les plus discutées du chapitre.

— L'expression *w<sup>e</sup>'èṣṣâr<sup>e</sup>kâ*, « je t'ai modelé », ne concerne jamais Cyrus, mais celui qui conteste Yahvé (45, 9), Israël (43, 1.21 ; cf. 27, 11), le Serviteur Israël (44, 2) ou le Serviteur-communauté (49, 5)[49] ; le verbe *yâṣar*, qui fait allusion à la création de l'homme dans le récit J de la Genèse (2, 7), vise toujours la formation d'un groupe ou d'un peuple, et jamais celle d'un individu[50]. L'idée du modelage semble vouloir interpréter « je t'ai saisi par la main ».

— Le sens des mots *w<sup>e</sup>'èttèn<sup>e</sup>kâ lib<sup>e</sup>rît 'âm l<sup>e</sup>'ôr gôyim* reste très discuté[51], même si l'on s'en tient souvent à la traduction littérale : « J'ai fait de toi l'Alliance d'un peuple, la lumière de nations. » Quoi qu'il en soit du sens précis de la phrase, il est intéressant de constater que les deux expressions qui la composent apparaissent encore au chap. 49, mais séparées l'une de l'autre (versets 6 et 8) ; *'ôr gôyim* trouve encore un parallèle en 51,4, où apparaît l'expression apparentée *'ôr 'ammîm*, « lumière de peu-

---

49. On sait que l'identification du « Serviteur » fait depuis longtemps l'objet d'une âpre discussion. Voir, en faveur de l'interprétation collective du verset 5 : P.E. BONNARD, *Le Second Isaïe*, p. 220-221 ; R.P. MERENDINO, « Jes 49 1-6 : ein Gottesknechtslied ? », *ZAW* 92 (1980), 236-248.

50. Malgré les apparences, Jr 1, 5 ne fait pas exception à la règle. Cette péricope ne livre pas le témoignage personnel de Jérémie, mais celui de la communauté postexilique qui s'identifie au prophète souffrant ; voir J. VERMEYLEN, « La rédaction de Jérémie 1, 4-19 », *EThL* 58 (1982), 252-278.

51. Parmi les travaux récents et outre les commentaires, voir : J.J. STAMM, « Berît 'am bei Deuterojesaja », dans *Probleme biblischer Theologie*. Festschrift G. von Rad, Munich, 1971, p. 510-524 ; E. HAAG, « Bund für das Volk und Licht für die Heiden (Jes 42, 6) », *Didaskalia* 7 (1977), 3-14 ; A. LAUHA, « 'Der Bund des Volkes', Ein, Aspekt der deuterojesajanischen Missionstheologie », dans *Beiträge zur alttestamentlichen Theologie*. Festschrift für W. Zimmerli, Göttingen, 1977, p. 257-261 ; D.R. HILLERS, « Berît 'am : 'Emancipation of the People' », *JBL* 97 (1978), 175-182 ; B.J. OOSTERHOFF, « Tot een licht der Volken », dans *De Knecht*, Kampen, 1978, p. 157-172 ; M.S. SMITH, « Berît 'am/Berît 'ôlām : A New Proposal for the Crux of Isa. 42 : 6 », *JBL* 100 (1981), 241-243.

ples ». Ces textes sont tous postérieurs au Deutéro-Isaïe[52]. Nous nous trouvons donc sans doute, comme pour l'expression « je t'ai modelé », en présence d'une addition. Cette hypothèse permet d'expliquer la formulation de la phrase. La première partie pourrait, en effet, avoir été inspirée par le verset 5b, dont la formulation est parallèle (avec la même suite *nâtan... l^e... 'ām*). Quant à l'image de la lumière, elle a pu être appelée assez naturellement par le verset 7a.

4) Nous retrouvons au verset 7 le discours deutéro-isaïen. Le verset forme une suite tout à fait acceptable du verset 6a et vise sans doute l'action politique de Cyrus, qui libéra du joug babylonien tant les Juifs déportés que les Judéens restés au pays. La première phrase (« pour ouvrir les yeux des aveugles ») ne doit cependant pas être mise sur le même plan que les suivantes : elle n'évoque pas la libération politique opérée par le souverain perse, mais plutôt une guérison spirituelle, comme le confirment les textes parallèles (Is 29, 18 ; 42, 18-19 ; 43, 8), qui sont tous postérieurs au Deutéro-Isaïe[53]. On lira donc au verset 7a la trace d'une relecture de la finale du verset, qui parle de la délivrance de « ceux qui habitent les ténèbres ».

5) Les versets 8-9, qui semblent aborder de nouveaux thèmes, font-ils encore partie du discours sur Cyrus ? On ne peut, certes, y voir un oracle indépendant, car l'expression *'<sup>a</sup>nî YHWH*, « Je suis Yahvé » ou « Moi, Yahvé » (verset 8a), attestée 18 fois en Is 40 - 55, ne l'est jamais en tête d'un discours. Plusieurs observations donnent cependant à penser que ces versets n'appartiennent pas au discours deutéro-isaïen comme tel, mais en livrent une relecture postérieure :

---

52. L'origine d'Is 49, 6. 8 est très discutée, comme d'ailleurs celle des autres poèmes du Serviteur. Sur l'origine secondaire d'Is 51, 4, voir K. ELLIGER, *Deuterojesaja in seinem Verhältnis zu Tritojesaja* (BWANT 63), Stuttgart, 1933, p. 203-204.
53. Sur Is 29, 18, voir J. VERMEYLEN, *Du prophète*, t. 1, p. 407-408. Sur 42, 18-19 : R.P. MERENDINO, *Der erste*, p. 281-283. Pour 43, 8, voir la n. 30.

— Si l'expression initiale '*anî YHWH* (verset 8a) apparaît déjà au verset 6a et peut être comprise comme le second élément d'une inclusion, elle peut tout aussi bien être interprétée comme la reprise rédactionnelle du verset 6a, selon le procédé déjà rencontré en 40, 13-14 (par rapport au verset 12), par exemple.

— Le motif du nom (*hû' š<sup>e</sup>mî*, verset 8aβ) est encore mis en œuvre en 47,4 ; 48, 2.9.11 ; 51, 15 ; 54, 5 ; tous ces textes sont postérieurs au Deutéro-Isaïe[54] et la plupart d'entre eux sont apparentés aux doxologies hymniques du livre d'Amos (4, 13 ; 5, 8-9 ; 9, 5-6), qui sont largement postexiliques[55].

— Le verset 8bα est reproduit mot pour mot en 48, 11b, dans un passage qui semble, lui aussi, postérieur au Deutéro-Isaïe[56]. Les deux textes opposent Yahvé et « un autre », qui ne peut être qu'une idole, et la question du choix de Cyrus semble avoir disparu.

— La finale du verset 8 paraît confirmer le phénomène de la relecture. Le mot *t<sup>e</sup>hillâh*, « honneur, louange », n'est utilisé que dans des passages secondaires du livre, soit dans le sens d'une louange chantée à Yahvé (42, 10.12 ; 43, 21)[57], soit, comme ici, dans le sens d'un attribut divin (48, 9)[58]. De même, le mot *pèsèl*, « idole »,

---

54. Tout le chap. 47 est considéré comme postérieur au prophète par R.P. MERENDINO. *Der erste*, p. 482-495, qui porte encore le même jugement — avec d'autres auteurs — sur les chap. 54 - 55 (p. 1) et 48, 2. 9 (p. 512-516). Sur 51, 15, voir K. ELLIGER, *Deuterojesaja in seinem Verhältnis*, p. 209-211.
55. Voir en particulier W. BERG, *Die sogenannten Hymnenfragmente im Amosbuch*, Berne-Francfort, 1974.
56. Voir la n. 30.
57. Sur l'origine d'Is 42, 10. 12, voir R.P. MERENDINO, *Der erste*, p. 258-260 ; J.M. VINCENT, *Studien zur literarischen Eigenart und zur geistigen Heimat von Jesaja, Kap. 40 − 55* (BET 5), p. 40-64. L'authenticité deutéro-isaïenne de la section 43, 16-21 n'est, à ma connaissance, contestée par personne. On observera cependant que cette péricope met en œuvre le thème du changement du désert en terre irriguée (versets 19-20), thème qui tient une place essentielle dans la troisième rédaction du « livre de la Consolation » ; les versets 16-17 peuvent être rapprochés de 51, 9-10, texte qui appartient, lui aussi, à la troisième rédaction du recueil (voir *infra*).
58. Ce verset est sans doute secondaire, comme l'affirme notam-

n'est pas utilisé par le Deutéro-Isaïe, mais seulement par des rédacteurs postérieurs[59].

— La difficulté du verset 9 réside moins dans le vocabulaire utilisé que dans le passage à la forme « vous » : il y a par rapport aux versets 5-7* un changement d'auditoire. Plutôt que de rattacher le verset à la section 41, 21-29*, comme le fait R.P. Merendino[60], on peut songer à un phénomène typique de rédaction actualisante : l'auteur prend appui sur la réalisation de ce qui était écrit depuis longtemps (versets 5-7) pour proposer aux lecteurs (« vous ») l'annonce d'une nouvelle intervention de Yahvé.

6) Sur la base de cette analyse, on peut reconstituer ainsi l'oracle deutéro-isaïen originel :

> 42, 5 Ainsi parle Yahvé,
> celui qui crée les cieux et les étend,
> qui affermit la terre et ses rejetons,
> qui donne haleine au peuple sur elle
> et souffle à ceux qui la parcourent :
> 6 Moi, Yahvé,
> Je t'ai appelé selon la justice
> et je t'ai pris par la main
> 7 pour faire sortir de prison le captif,
> de la maison d'arrêt, les habitants des ténèbres.

## C) Is 44, 24-28*

Les sections 44, 24-28 et 45, 1-7 mentionnent l'une et l'autre Cyrus, et certains auteurs[61] considèrent pour cette

---

ment R.P. MERENDINO, *Der erste*, p. 505-506. Remarquons le lien avec le Nom de Yahvé, comme en 42, 8.
59. Is 40, 19.20 ; 44, 9.10.15.17 et 45, 20 appartient aux sections sur la fabrication des idoles, généralement reconnues comme additions tardives. Restent 42, 17, qui appartient à la troisième rédaction du livre (voir *infra*) et 48, 5b, qui relève de la rédaction secondaire de la section 48, 1-11 (voir par exemple C. WESTERMANN, *Das Buch Jesaja Kapitel 40 – 66*, p. 159.
60. R.P. MERENDINO, *Der erste*, p. 253.
61. Voir notamment C. WESTERMANN, *Das Buch Jesaja Kapitel 40-*

raison qu'elles ne forment qu'une seule unité littéraire. Mieux vaut cependant tenir la section 45, 1-7 pour indépendante, comme le suggèrent non seulement la formule du messager en 45, 1, mais aussi la setumah du TM après 44, 28[62]. R.P. Merendino porte sur la péricope un jugement surprenant : si l'on excepte les versets 26bβ et 28b, il faudrait y voir un discours particulièrement cohérent et unifié[63], mais qui ne serait pas l'œuvre du Deutéro-Isaïe[64]. Il me semble, tout au contraire, qu'Is 44, 24-28 forme un tout composite, dont le fond remonte bien au prophète : non seulement les thèmes de la création cosmique et du choix de Cyrus lui sont familiers, mais on retrouve aussi dans certaines phrases son vocabulaire. Par ailleurs, la mention du nom de Cyrus est beaucoup mieux en place dans le contexte historique de l'époque de ce souverain que sous la plume d'un rédacteur ultérieur, dont on attendrait au contraire qu'il efface les références claires au passé pour dire l'actualité du discours à son époque.

1) L'essentiel du verset 24 est deutéro-isaïen. C'est ainsi que l'expression *nâṭâh šamayim*, « étendre les cieux », apparaît encore en 40, 22 ; 42, 5 ; 45, 12 ; ces trois passages appartiennent aux discours authentiques sur Cyrus[65]. De même, l'expression *rōqa' hâ'âreṣ*, « affermissant la terre », est encore utilisée mot pour mot en 42, 5. Quant à l'insistance sur le fait que la création est l'œuvre de Yahvé et de lui seul, elle met en valeur sa maîtrise totale du cosmos, déjà soulignée en 40, 12. 22. 26 (voir aussi 48, 13). On peut cependant se demander si les mots *gō'ᵃlèkâ wᵉyōṣṣèrkâ mibbâṭèn*, « ton rédempteur et celui

---

66, p. 125-126 ; C. STUHLMUELLER, *Creative Redemption*, p. 196. R.P. MERENDINO, *Der erste*, p. 403, souligne que 44, 25bα et 45, 7b forment inclusion, mais interprète ce phénomène comme l'œuvre d'un rédacteur, qui a fait précéder 45, 1-7* d'un commentaire actualisant (44, 24-28).

62. Voir en ce sens K. ELLIGER, *Deuterojesaja*, p. 456 ; M. DIJKSTRA, *Gods voorstelling*, p. 236.
63. R.P. MERENDINO, *Der erste*, p. 407.
64. ID., *ibid.*, p. 404-408.
65. On trouve encore la même expression en 51, 13, texte probablement inauthentique (voir *infra*).

qui t'a modelé dès le sein maternel », apposés au premier YHWH, appartiennent bien à l'oracle primitif. Ces expressions, qui sont seules à adresser un « tu » au destinataire du discours, visent évidemment Israël. Aucun des nombreux passages (43, 14 ; 44, 6.22.23 ; 47, 4 ; 48, 17.20 ; 49, 7.26 ; 52, 9 ; 54, 5.8 ; cf. 51, 10) où l'on retrouve la qualification de Yahvé comme « rédempteur » de son peuple ne remonte certainement au Deutéro-Isaïe[66]. De même, l'expression *yâṣar mibbâṭèn* se rencontre encore dans un seul passage (44, 2), postérieur à la prédication du prophète[67]. Les expressions apposées à « Ainsi parle Yahvé », au verset 24, paraissent donc apparentées à l'addition du verset 6b dans l'oracle deutéro-isaïen 42, 5-7\*, où le même verbe *yāṣar*, « modeler », est utilisé avec le même suffixe de la 2ᵉ personne du singulier. L'addition peut encore être rapprochée, au chap. 44, des versets postexiliques qui précèdent immédiatement, et où apparaissent à la fois les verbes *yāṣar* (avec le même suffixe ; verset 21) et *gā'al*, « racheter » (versets 22, 23).

2) Les versets 25-26a se caractérisent par l'emploi de verbes à la troisième personne du singulier (*yᵉhôlél*, « il fait délirer », verset 25a ; *yᵉśakkél*, « il rend fou », verset 25b ; *yašlîm*, « il accomplit », v. 26a), en parallèle avec les participes ; voir aussi les suffixes de la troisième personne au verset 26a. Il y a là une rupture évidente par rapport au verset 24, et ces phrases ont peu de chances d'avoir appartenu au discours primitif, ce que confirme l'analyse du vocabulaire[68]. Le verset 25 peut être rapproché de 40, 13-14, versets secondaires qui développent le même thème de la fause sagesse (voir aussi 40, 21b). Les augures, les devins et les soi-disant sages du verset 25 sont opposés au « serviteur de Yahvé » et à « ses envoyés » (verset 26a), qui sont sans doute les croyants fidèles, qui

---

66. En tout cas, cette expression ne figure dans aucun des oracles sur Cyrus, hormis 44, 24.
67. Voir R.P. MERENDINO, *Der erste*, p. 363-364. Des expressions semblables peuvent encore être relevées en Is 49, 1.5 et Jr 1, 5 ; sur l'origine de ce dernier texte, voir la n. 50.
68. R.P. MERENDINO, *Der erste*, p. 405-406.

gardent l'espérance. Le verset 26a emprunte une partie de son vocabulaire au discours deutéro-isaïen qu'il commente : on retrouve le verbe *qûm* au verset 26bγ et la forme *yašlîm* (avec la *scriptio defectiva*) au verset 28a.

3) La partie centrale du verset 26b (« et aux villes de Juda : vous serez rebâties ») est tenue depuis longtemps pour une addition[69] : non seulement la phrase dérange le rythme poétique du discours et la série des participes (on aurait attendu *hâ'ōmér*, comme aux versets 26bα, 27a, 28a), mais on remarquera aussi que le pronom suffixe singulier de *w$^e$ḥâr$^e$bôtèyâh*, « ses ruines », au verset 26α, se rapporte à « Jérusalem » (verset 26bα), par-delà la mention des « villes de Juda » au verset 26bβ. Ceci dit, faut-il attribuer ce qui reste du verset 26b au Deutéro-Issaïe ou à un premier rédacteur ? Le même motif de la restauration de Jérusalem est repris au verset 28b, où il est associé à celui du rétablissement du temple, et l'on peut se demander si l'un des deux passages n'est pas une imitation secondaire de l'autre. Nous verrons que le verset 28b n'appartient pas au discours primitif, mais qu'il s'explique bien comme réinterprétation du verset 26b. Rien n'empêche l'appartenance de ce dernier à l'oracle deutéro-isaïen ; celle-ci est d'ailleurs confirmée par la mise en œuvre du même motif de la reconstruction de Jérusalem en 45, 13.

4) Le verset 27, en revanche, semble secondaire. La référence à la victoire sur l'Abîme introduit dans l'évocation concrète des événements historiques de l'époque de Cyrus (versets 26b* et 28a) un élément d'ordre mythique qui lui est étranger. Le vocabulaire n'a rien de deutéro-isaïen mais apparente le verset 27 à des textes largement postexiliques[70]. On peut notamment le rapprocher d'Is 51,

---

69. Cette hypothèse, qui remonte à L. Köhler, est défendue aujourd'hui par K. ELLIGER, *Deuterojesaja*, p. 454-455 ; R.P. MERENDINO, *Der erste*, p. 406 ; etc.
70. Ainsi le mot *ṣûlâh* est un hapax de l'Ancien Testament, mais on peut le rapprocher de *meṣûlâh*, « eaux primordiales, Abîme », en Ex 15, 5 et Ps 68, 23 ; ces textes doivent être considérés comme assez

10, texte postexilique[71] où l'on retrouve le motif de l'assèchement des eaux de l'Abîme, associé à celui du passage entre les eaux de la mer des Roseaux (cf. Ex 14-15), mais aussi à celui des « rachetés » ($g^e$'*ûlîm*, cf. 44, 24a).

5) La première partie du verset 28 appartient certainement à l'oracle deutéro-isaïen : non seulement le nom de Cyrus y apparaît, mais aussi le motif de la volonté de Yahvé (*ḥèp*$^h$*ṣî*), comme en 46, 10 et 48, 14, textes authentiques en lien avec Cyrus. Le verset 28 b, en revanche, est plus récent, comme de nombreux auteurs[72] l'ont reconnu. Le stique se distingue stylistiquement des précédents par le *lé'mōr* initial, alors qu'on aurait attendu le participe *hâ'ōmér*. Mettant en valeur le motif de la fondation du sanctuaire, qui forme désormais le sommet du discours[73], il réinterprète le verset 26b en fonction d'un contexte nouveau, qui pourrait être celui du temps de Néhémie : le motif de la construction *(bânâh)* de Jérusalem évoquerait celle des nouveaux remparts édifiés en 445, ou encore celle de la communauté fidèle[74] ; quant à celui de la fondation du temple, il peut être placé en relation avec la réforme de Néhémie, qui rétablit le culte de ce dernier dans sa pureté et son prestige (Ne 13, 4-14) ; voir aussi le témoignage à peu près contemporain de Malachie). Si cette situation historique reste hypothétique, il faut en tout cas remarquer que le prophète Deutéro-Isaïe ne parle jamais ailleurs du temple.

---

récents. Le forme *'ôbîš*, « je ferai tarir », se rencontre dans un seul autre texte (Is 42, 15), qui appartient à la troisième rédaction du « livre de la Consolation » (voir *infra*), et les autres emplois de *yâbaš* hi. sont probablement tous postexiliques.

71. Voir *infra*.
72. Voir notamment K. ELLIGER, *Deuterojesaja*, p. 456, 457, 460 ; R.P. MERENDINO, *Der erste*, p. 406-407.
73. Voir K. ELLIGER, *Deuterojesaja*, p. 478. J.M. VINCENT, *Studien*, p. 108-123, estime que les versets 9-11 ne peuvent être expliqués qu'en fonction de la structure de 51, 1-11, mais qu'ils ne postulent pas la prédication d'un prophète Deutéro-Isaïe.
74. C'est ce que suggère en particulier le rapprochement avec Is 28, 16-17a ; sur l'origine postexilique et le sens de ce passage, voir J. VERMEYLEN, *Du prophète Isaïe*, t. 1, p. 392-395.

6) Comme pour les oracles précédents, concluons par un essai de reconstitution du discours originel :

> 44, 24 Ainsi parle Yahvé :
> c'est moi, Yahvé, qui fais tout,
> qui étends, seul, les cieux,
> qui affermis la terre — qui avec moi ? —
> 26 qui dis à Jérusalem : « Tu seras habitée »
> et ses ruines, je les redresserai,
> 28 qui dis à Cyrus : « mon ami » ;
> toute ma volonté, il l'accomplira.

## D) Is 45, 9-13*

Nombreux sont les auteurs qui tiennent Is 45, 9-13 pour une unité littéraire homogène[75]. L'appartenance des versets 9-10 au discours deutéro-isaïen est cependant très improbable, comme l'ont notamment montré C. Westermann et R.P. Merendino[76]. Ces versets visent l'Israël qui a tendance à se révolter contre son Dieu ; on les rapprochera de la contestation de Job, notamment dans son monologue initial (3, 3-26), où il proclame son souhait de n'être pas né et adresse à Yahvé de vifs reproches ; la figure de Job dit, en les caricaturant, les sentiments d'une partie de la communauté israélite du V$^e$ siècle[77]. Nous avons déjà rencontré le motif de l'Israël « modelé » par Yahvé dans deux additions (42, 6b ; 44, 24a$\beta$) à des discours sur Cyrus ; ce même motif est utilisé fréquemment dans les sections secondaires d'Is 40 - 55. En outre, la *Botenformel* du verset 11a marque normalement le début d'un discours, comme en 42, 5 et 44, 24. Les versets 9-10

---

75. Voir notamment C. STUHLMUELLER, *Creative Redemption*, p. 201-202 ; A. SCHOORS, *I am God*, p. 259-267 ; H. LEENE, « Universalism or Nationalism ? Isaiah XLV 9-13 and its Context », *Bijdragen* 35 (1974), 309-334 ; J.L. KOOLE, « Zu Jesaja 45 : 9ff », dans *Travels in the World of the Old Testament*. Studies presented to M.A. Beek, Assen, 1974, p. 170-175 ; M. DIJKSTRA, *Gods voorstelling*, p. 231 ; B.D. NAIDOFF, « The Two-Fold Structure of Isaiah XLV », *VT* 31 (1981), 180-185.
76. C. WESTERMANN, *Das Buch Jesaja Kapitel 40 – 66*, p. 134-135 ; R.P. MERENDINO, *Der erste*, p. 426-427.
77. Voir n. 37.

s'expliquent bien par la relecture des versets 11-13, dont la charge polémique est ainsi tournée contre les Israélites qui contestent l'agir de leur Dieu. Le discours deutéro-Isaïen est donc limité aux versets 11-13. Encore faut-il discerner dans ces versets des éléments d'origines diverses.

1) Si rien n'empêche l'appartenance de la « formule du messager » à l'oracle relatif à Cyrus (verset 11 ; voir 42, 5 ; 44, 24 ; 45, 1), il n'en va pas de même pour le reste du verset. Dans les discours authentiques sur Cyrus, la *Botenformel* n'est complétée par aucun titre apposé au nom de Yahvé ; lorsqu'un tel complément apparaît (44, 24), il se révèle secondaire. On notera en outre qu'aucun des autres emplois en Is 40 - 55 de l'expression *qᵉdôš yiśrâ'él*, « le Saint d'Israël » (41, 14.20 ; 43, 3.14 ; 47, 4 ; 48, 17 ; 49, 7 [*bis*] ; 54, 5 ; 55, 5 ; cf. 40, 25 ; 43, 15) n'est certainement authentique[78], tandis que le motif de l'action de Yahvé « modelant » (*yâṣar*) Israël apparaît fréquemment dans des passages secondaires, comme 42, 6b ; 44, 24aβ et 45, 9. Le verset 11b est reconnu comme inauthentique par R.P. Merendino[79] notamment à cause de sa phraséologie ; avec cet auteur, on peut attribuer l'addition à l'auteur des versets 9-10. Remarquons l'emprunt au verset 12 des motifs des mains *(yâday)* et du commandement (verbe *ṣiwwâh*).

2) Le verset 12 paraît entièrement deutéro-isaïen. On y retrouve non seulement le thème caractéristique de la création du ciel et de la terre, mais aussi l'expression *nâṭâh šâmayim*, « étendre les cieux » (cf. 40, 22 ; 42, 5 ; 44, 24) et le motif de l'« armée » céleste (cf. 40, 26).

3) De même, le verset 13 appartient au moins en substance à l'oracle originel. Le verbe *'ûr* II hi., « susciter », est encore utilisé à propos de Cyrus en 41, 2. 25, comme l'expression *bᵉṣèdèq*, « selon la justice », l'est en 42, 6

---

78. Il est, en tout cas, impossible d'affirmer que l'expression appartient à la phraséologie typique du prophète : elle ne figure dans aucun des autres oracles relatifs à Cyrus.

79. R.P. Merendino, *Der erste*, p. 427-428.

(cf. *ṣèdèq*, 41, 2) et le verbe *yāšar*, « rendre droit, aplanir », en 45, 2. La reconstruction de Jérusalem par le souverain perse est encore évoquée en 44, 26. La finale du verset semble cependant plus récente[80] : l'idée de la gratuité totale du salut octroyé par Yahvé trouve sa meilleure expression en 52, 3.5-6 (secondaire'[81] ; quand à l'expression YHWH *sᵉbâ'ôt*, elle n'est utilisée en Is 40-55 que dans des passages récents[82].

4) L'oracle deutéro-isaïen authentique semble donc avoir eu la teneur suivante :

> 45, 11 Ainsi parle Yahvé :
> 12 Moi, j'ai fait la terre
>   et j'ai créé l'humain sur elle.
>   Moi, mes mains ont étendu les cieux
>   et j'ai commandé à toute leur armée.
> 13 Moi, je l'ai suscité selon la justice
>   et j'ai aplani tous ses chemins.
>   Lui, il bâtira ma ville
>   et il renverra ma déportation.

### E) Is 48, 12 - 16a*

La délimitation de ce discours où l'on retrouve associés, encore une fois, les motifs de la création cosmique et du choix de Cyrus, reste discutée.

1) Il y a unanimité pour estimer que l'oracle s'étend au moins jusqu'au verset 15, tandis que le verset 17, qui s'ouvre par la *Botenformel*, forme le point de départ d'une nouvelle unité littéraire. Le problème de la finale est donc celui du verset 16. La seconde partie du verset ne fait certainement plus partie de l'oracle sur Cyrus, car ce n'est plus Yahvé qui parle, mais son envoyé ; on y verra une addition, à rapprocher des versets 6-7a, où le

---

80. Voir Id., *Ibid.*, p. 429.
81. Voir aussi 48, 10 et 55, 1-2. Sur l'origine rédactionnelle de 52, 3.5-6, voir K. Elliger, *Deuterojesaja in seinem Verhältnis*, p. 215-219.
82. 44, 6a ; 47, 4 ; 48, 2b ; 51, 15b ; voir R.P. Merendino, *Der erste*, p. 373.

même *weʻattâh*, « et maintenant », est celui de l'annonce de nouveaux événements de salut (voir aussi 42, 1). Le verset 16a fait-il encore partie du discours de Yahvé[83], ou faut-il y voir le début de celui de son envoyé[84] ? Bien qu'on puisse hésiter, cette seconde solution me paraît la meilleure. Comme le fait remarquer A. Schoors[85], l'appel à l'écoute se comprend beaucoup mieux dans l'introduction d'un discours qu'en finale. En outre, le motif de la parole qui n'a pas été dite « en secret » est encore attesté, avec la même expression *lō' bassétèr dibbartî*, en 45, 19, c'est-à-dire dans un texte secondaire[86]. Ce dernier verset est placé dans la bouche de Yahvé, mais ceci est compatible avec l'attribution de 48, 16a à son envoyé, car celui-ci se présente comme son porte-parole direct, dépositaire de son esprit (verset 16b). Le verset 16a peut encore être rapproché du verset 1 — avec la même expression *šimʻû zō't*, « écoutez ceci » — et du verset 3, où l'on retrouve le motif des choses annoncées depuis longtemps et arrivées ; ces versets 1 et 3 appartiennent à la même strate littéraire que les versets 6-7a[87] et sont postérieurs au Deutéro-Isaïe[88]. Le discours original se termine donc probablement avec le verset 15.

2) Le début de l'oracle pose apparemment moins de problèmes : il y a unanimité pour le situer au verset 12. Est-il certain, cependant, que ce verset appartient bien au

---

83. Avec R.P. MERENDINO, *Der erste*, p. 517 ; voir déjà B. DUHM, *Das Buch Jesaja* (HK), 2ᵉ éd., Göttingen, 1902, p. 336-337.
84. Voir par exemple A. SCHOORS, *Jesaja*, p. 298 ; *I am God*, p. 281-283.
85. A. SCHOORS, *Jesaja*, p. 289 ; *I am God*, p. 281.
86. Voir *infra*.
87. Voir notamment H.-Chr. SCHMITT, « Prophetie », p. 51-52.
88. Plusieurs auteurs (C. Westermann, H.-Chr. Schmitt, R.P. Merendino, etc.) distinguent aujourd'hui en Is 48, 1-11 deux strates littéraires, sans s'accorder cependant sur tous les détails de la répartition du texte. Pour ma part, j'attribuerais au premier rédacteur les versets 1.3.5a.6-7a.8-10, qui ne remontent pas pour autant au prophète : on y rencontre notamment une tonalité de reproche à Israël qui ne correspond guère à la teneur des oracles dont l'authenticité est la plus certaine.

discours deutéro-isaïen primitif ? Plusieurs indices permettent de supposer le contraire :

— Aucun des discours sur Cyrus ne s'ouvre par un semblable appel à l'écoute. Cet appel peut, en revanche, être rapproché des versets 1a et 16a (voir ci-dessus) ; voir encore 51, 1. 4. 7.

— Le motif de l'appel d'Israël doit être rapproché des versets 13 et 15, où il est question respectivement de l'appel des cieux et de celui de Cyrus. La portée du même verbe *qârâ'* semble pourtant un peu différente : aux versets 13 et 15, il met surtout en valeur la parfaite maîtrise de Yahvé sur les cieux et sur Cyrus, dont l'entreprise réussit par sa grâce ; au verset 12, l'accent paraît placé bien davantage sur l'idée d'élection (voir 41, 8-9). Si le verset 12 doit être considéré comme une introduction rédactionnelle, on peut y voir une relecture du verset 15 identifiant l'« appelé » que Yahvé fait réussir avec Jacob-Israël.

— Le parallèle Jacob-Israël est fréquent en Is 40 - 55, mais cette constatation n'est pas en elle-même une indication d'authenticité, car il n'est pas certain qu'elle figure dans les textes qui remontent au prophète[89].

— Le verset 12b est presque identique à 44, 6, passage secondaire[90]. La particule *'ap*[h] peut avoir été inspirée par le verset 13a.

3) Rien ne s'oppose à l'authenticité du verset 13, où l'on reconnaît les motifs deutéro-isaïens de la création de la terre et des cieux et de l'appel de ces derniers (cf. 40,

---

89. Nous avons déjà rencontré cet emploi parallèle en 40, 27, qui fait partie d'une section ajoutée par un rédacteur à l'oracle primitif 40, 12-41, 4\*. En dehors de ce cas et de 48, 12, il ne figure pas dans les oracles relatifs à Cyrus.

90. La section 44, 6-8 met l'accent sur le caractère incomparable de Dieu, ce qui permet de la rapprocher de 40, 18 et 46, 5, textes qui introduisent, eux aussi, une polémique — tenue habituellement pour secondaire — contre les fabricants et adorateurs des idoles (40, 19-20 ; 46, 6-7, qui répondent à 44, 9-20). On n'y rencontre aucun point commun avec les oracles sur Cyrus.

26), avec leur disponibilité unanime. Le verset est comparable au début d'autres discours sur Cyrus, comme en 42, 5 ; 44, 24 et 45, 12 (chaque fois sans la *Botenformel*).

4) Le verset 14a, en revanche, pose problème. A qui s'adressent les impératifs ? Le parallèle étroit avec 43, 9 permet de répondre : aux nations, ce que confirme encore 45, 20-21. Si l'invitation est effectivement adressée aux païens, il faut en conclure qu'elle n'appartient pas à l'oracle primitif, qui veut sans aucun doute convaincre des Israélites réticents par rapport à Cyrus et à son action. L'addition peut vouloir commenter le verset 14, qui parle de Babylone et des Chaldéens, en reprenant l'appel à l'écoute des versets 12a et 16a.

5) On retrouve enfin le discours deutéro-isaïen aux versets 14b-15. Seule dérange à première vue la mention de Yahvé comme sujet de la phrase au verset 14b, à l'intérieur du discours divin en « je ». Cependant cette tournure peut s'expliquer comme résultant d'un procédé littéraire destiné à mettre la phrase en particulière évidence. Notons la présence de motifs deutéro-isaïens : la « volonté » de Yahvé (*ḥèphèṣ*, v. 14b ; cf. 44, 28 ; 46, 10) et l'appel de Cyrus (*qᵉrâ'tîw*, verset 15 ; cf. 41, 25 ; 42, 6 ; 46, 11).

6) Tout ceci permet, comme pour les péricopes précédentes, de tenter une reconstitution de l'oracle primitif :

> 48, 13 Ma main a fondé la terre
> et ma droite a tendu les cieux :
> moi, je les appelle ;
> ensemble ils se présentent.
> 14 Yahvé l'aime : il accomplira sa volonté
> sur Babylone et la race des Chaldéens.
> 15 C'est moi, moi qui ai parlé ; je l'ai appelé,
> je l'ai fait venir, et il fera réussir son entreprise.

## II. LES REPRÉSENTATIONS DE LA CRÉATION DANS LES ORACLES DEUTÉRO-ISAÏENS « AUTHENTIQUES »

Les cinq oracles étudiés dans la première partie présentent deux caractéristiques communes : ils parlent de Cyrus — ce qui est un gage d'authenticité deutéro-isaïenne — et font précéder les phrases relatives au roi perse d'une évocation de la création cosmique. En soi, rien n'empêche l'existence d'autres oracles du prophète relatifs à la création ; cependant aucun autre passage d'Is 40 - 55 où apparaît ce thème ne présente les mêmes garanties en matière d'authenticité. Tenons-nous-en donc, au moins provisoirement, aux cinq discours déjà évoqués, et tentons d'y discerner la portée de leurs affirmations touchant à la création.

### A) La création comme mise en ordre et maîtrise du cosmos

A quelles catégories le Deutéro-Isaïe recourt-il pour parler de la création ? Malgré le ton polémique de ses oracles — dont témoignent notamment la succession des questions rhétoriques (40, 12.21.26 ; 41, 2. 4) et la mise en valeur constante du « je » divin — il est intéressant de remarquer l'absence de toute allusion explicite à la création comme combat, alors que cette catégorie est dominante dans le poème babylonien *Enûma eliš* et tient une place importante dans plus d'un texte biblique[91]. De même, la catégorie « fabrication » n'est guère valorisée ; tout au plus peut-on signaler l'emploi du verbe *'âśâh*, qu'on traduit généralement par « faire », avec pour objets « tout » (*kōl*, 44, 24) et « la terre » (*'èrèṣ*, 45, 12) : le sens du verbe *'âśâh* est cependant très imprécis et peut se référer à toutes sortes de réalités[92]. La catégorie omnipré-

---

91. Voir par exemple le Ps 104, 7-9, ou encore le motif de la séparation en Gn 1.
92. Voir C. STUHLMUELLER, *Creative Redemption*, p. 216-218 ;

sente est celle de la mise en ordre du cosmos, ainsi qu'en témoigne le choix des verbes « mesurer » (*mâdad*, 40, 12), « saisir » (*kûl*, 40, 12), « peser » (*šâqal*, 40, 12), « étendre, déployer » (*nâṭâh*, 40, 22 ; 42, 5 ; 44, 24 ; 45, 12 ; *mâtaḥ*, 40, 22 ; *ṭâpʰâḥ*, 48, 13), « faire sortir » (*yâṣâ'* hi., 40, 26), « marteler, affermir » (*râqaʻ*, 42, 5 : 44, 24), « fonder » (*yâsad*, 48, 13). Dans tous les oracles, les cieux et la terre sont présentés en parallèle, comme les deux composantes majeures du cosmos ; seul, 40, 12 ajoute la mer *(yam)* comme troisième élément.

— Les cieux sont toujours présentés comme objets d'un déploiement ; l'image est celle de la tente qu'on dresse, comme le précise 40, 22 : « comme un voile *(dōq)*, comme une tente à habiter *('ōhèl lâšâbèt)* ». Qui habite les cieux ainsi étendus ? La suite immédiate de l'oracle parle de « leur armée » (verset 26), c'est-à-dire vraisemblablement des astres[93], qui répondent docilement à l'appel de Yahvé ; la mention de l'armée céleste correspond à celle des « habitants » de la terre, au verset 22a, et le même parallèle figure encore en 45, 12 entre l'humain *('âdâm)* créé sur la terre et l'armée des cieux[94].

— Les expressions et les images concernant la terre sont plus variées. En 42, 5 et 44, 24, Yahvé affirme avoir « martelé » *(râqaʻ)* la terre[95] ; le même verbe s'applique aussi aux cieux (Jb 37, 18), et le substantif *râqîaʻ*, dérivé

---

J. VOLLMER, art. *śh*, dans *THAT*, t. 2, Munich-Zurich, 1976, c. 359-370 ; KOEHLER, BAUMGARTNER, *Lexicon*, 3ᵉ éd., t. 3, 1983, c. 842-845.

93. Voir P.-E. BONNARD, *Le Second Isaïe*, p. 101-102 ; A. SCHOORS, *Jesaja*, p. 253 ; K. ELLIGER, *Deuterojesaja*, p. 87-88.

94. Dans les Ps 18, 10 et 104, 2, la tente des cieux est présentée comme l'habitation de Yahvé, ou plutôt comme un des lieux de sa manifestation épiphanique. N.C. HABEL, « He Who stretches out the Heavens », *CBQ* 34 (1972), 417-430, rapproche en outre l'image de la Tente cultuelle de l'époque mosaïque et de l'Arche (cf. 2 S 6, 17). Rien, cependant, dans les textes deutéro-isaïens authentiques, n'oriente dans cette direction.

95. Sur l'expression *rōqaʻ hâ'ârèṣ*, voir Th.M. LUDWIG, « The Traditions of the Establishing of the Earth in Deutero-Isaiah », *JBL* 92 (1973), 345-357 (p. 349-351).

de la même racine, désigne la voûte céleste[96], ce qui suggère au moins une analogie entre la création du ciel et celle de la terre. En effet, le verbe *râqa'* semble avoir pour origine le domaine de l'orfèvrerie : c'est l'artisan qui martèle l'or ou l'argent pour obtenir une feuille mince et étendue dont il peut se servir pour recouvrir un autel (Nb 17, 3. 4) ou une idole de bois (Jr 10, 9), ou qu'il peut aussi découper en fines lamelles (Ex 39, 3). La terre et les cieux font ainsi l'objet d'un même mouvement d'extension. En 45, 12, Yahvé déclare avoir « fait la terre » *('âśîtî 'èrèṣ)*[97] ; aussi imprécise soit-elle, cette seconde expression confirme l'analogie dans le traitement des deux grandes composantes du cosmos. On peut, en effet, la rapprocher de 44, 24 : « C'est moi, Yahvé, qui fais tout *('ośéh kōl)* », c'est-à-dire à la fois les cieux et la terre, ainsi que le précise la seconde partie du verset ; le prophète fait ainsi écho à la formule classique « (Yahvé) a fait les cieux et la terre » (Gn 2, 4 ; Ex 20, 11 ; 31, 17 ; 2 R 19, 15 ; Is 37, 16 ; Jr 32, 17 ; Ps 146, 6 ; Ne 9, 6 ; 2 Ch 2, 11). En 48, 13, Yahvé dit avoir « fondé » *(yâsad)* la terre[98], ce qui correspond à Is 51, 13.16 ; Za 12, 1 ; Ps 24, 2 ; 78, 69 ; 89, 12 ; 102, 26 ; 104, 5 ; Jb 38, 4 ; Pr 3, 19. L'expression n'est cependant pas réservée à l'élément terrestre ; c'est ainsi que Yahvé a fondé *(yâsad)* la voûte céleste (Am 9, 6 ; voir aussi le Ps 8, 3) et que le parallèle avec la création des cieux caractérise presque tous les textes où le verbe concerne la terre. De la même manière que les cieux sont associés à leur « armée » (40, 26 ; 45, 12), la terre est plusieurs fois décrite comme habitée (40, 22) par l'humanité (45, 12), c'est-à-dire par un « peuple » *('am,* 42, 5).

Le prophète n'insiste donc pas sur l'opposition des éléments cosmiques, mais plutôt sur leur parallélisme : les cieux sont déployés comme une tente, si bien que leur armée y a sa place ; de même, Yahvé a étendu la terre en

---

96. Gn 1, 6, 7, 8, 14, 15, 17, 20 ; Ps 19, 2 ; etc.
97. Voir Th.M. LUDWIG, « The Traditions », p. 345-347.
98. Voir Th.M. LUDWIG, « The Traditions », p. 350-355 ; R. MOSIS, art. *YSD jâsad*, dans *ThWAT*, t. 3, Stuttgart, 1982, c. 668-682.

la martelant comme l'orfèvre qui traite un métal précieux, et cette terre est peuplée par les hommes. Le verbe *bârâ'*, dont j'ai préféré ne pas parler jusqu'ici, est utilisé aussi bien pour les cieux (40, 26 ; 42, 5) que pour l'humain habitant sur la terre (45, 12). La terre et son peuplement sont créés par Yahvé comme les cieux et « toute leur armée »[99]. Ainsi que l'a montré P. Beauchamp[100], cette dernière expression (*kol ṣᵉbâ'âm*, 45, 12 ; cf. *ṣᵉbâ'âm lᵉkullām*, 40, 26) évoque avant tout la notion d'ordre, et plus précisément d'ordre hiérarchique. L'image de l'armée rangée en ordre de bataille, avec la répartition la plus efficace de ses effectifs, est associée dans la Bible à deux motifs qui sont également utilisés dans les textes deutéro-isaïens : celui des sauterelles et celui de la parole de commandement. En Jl 2, 4-8, le motif de l'invasion de sauterelles (cf. 1, 4-7) évoque « un peuple fort, rangé en bataille » (*kᵉ'am 'āṣûm 'ᵉrûk milḥâmâh*, verset 5), dont chacun des guerriers va son chemin, droit devant soi, sans bousculer son voisin (versets 7-8) ; Pr 30, 27, de même, décrit les sauterelles qui « marchent toutes en bon ordre », alors qu'elles n'ont pas de roi. Ce n'est peut-être pas par hasard que les habitants de la terre sont décrits en 40, 22 comme des sauterelles[101]. Le second motif associé est celui de la parole de commandement, qu'on retrouve en Is 45, 12 (*kol-ṣᵉbâ'âm ṣiwwéytî*) : l'armée tient l'efficacité de son ordre de la décision prise par le chef et exécutée sans discussion. Il en va de même avec la parole d'autorité proférée par Yahvé : « (Yahvé) commande *(ṣiwwâh)* et lui se tient debout (c'est-à-dire dans l'attitude du serviteur, *wayya'ᵃmōd*) » (Ps 33, 9 ; cf. Is 48, 13). La parfaite obéissance de l'armée céleste aux ordres de Yahvé sera encore soulignée dans le Ps 148,

---

99. On retrouve le même parallèle en Ne 9, 6.
100. P. BEAUCHAMP, *Création et séparation*, Paris, 1969, p. 247-271.
101. Comme le confirme le parallèle avec Nb 13, 33 — dont Is 40, 22 pourrait d'ailleurs être inspiré — la comparaison évoque surtout la petite taille de l'être humain au regard de Yahvé. Peut-être l'association avec le motif de l'« armée » n'est-elle cependant pas tout à fait absente : en Nb 13, 33, la différence des tailles est mise en relation directe avec la perspective de l'affrontement armé.

5-6 et en Ba 3, 33-35 ; 6, 59-61 ; dans la même ligne, le grand récit de Gn 1, où la mise en ordre de chacun des éléments du cosmos répond au commandement divin, est comme résumé en 2, 1 : « Ainsi furent achevés les cieux et la terre, avec toute leur armée ». Dans les textes deutéro-isaïens, l'obéissance sans faille de la terre et des cieux aux commandements de Yahvé est soulignée avec grande insistance. Outre 45, 12 (« je commande à toute leur armée »), on relèvera surtout le motif de l'appel *(qârâ')* des cieux (48, 13) ou de leur armée (40, 26), avec chaque fois la parfaite disponibilité des éléments concernés. Comme dans le Ps 147, 4, l'appel de l'armée céleste « au complet » (*b<sup>e</sup>mispâr*, 40, 26) avec la citation du nom de chacun (*l<sup>e</sup>kullâm b<sup>e</sup>šém*) évoque le recensement militaire[102], qui suppose l'autorité d'un chef suprême. Cette autorité est mise en valeur, en effet : Yahvé, qui « mesure les eaux de la mer dans le creux de la main » (40, 12), impose sa « grande vigueur » et sa « force puissante » (40, 26) aux éléments dénombrés, qui se tiennent ensemble à son service (48, 13), sans qu'un seul manque (40, 26) ; nul ne partage cette toute-puissance du Créateur (44, 24).

Ainsi, les discours deutéro-isaïens décrivent un même ordre « militaire » affectant de manière semblable l'armée du ciel et les populations de la terre, sous la même autorité absolue et incontestée de Yahvé, qui « trône au-dessus du cercle de la terre » (40, 22). La volonté divine se réalise « sur la terre comme au ciel ».

## B) Création et ordre politique

Les discours deutéro-isaïens relatifs à la création comportent tous une seconde partie où il est question de Cyrus (41, 2-4 ; 42, 6-7* ; 44, 26*.28a ; 45, 11-13* ; 48, 13-15*), et c'est là sans doute que le prophète veut en venir. Le même mouvement peut être observé dans chacun des cinq oracles : l'ordre de la création dominé par

---

102. Voir C.R. NORTH, *The Second Isaiah*, p. 88.

le pouvoir absolu de Yahvé s'incarne dans l'action du souverain perse. Cette continuité est bien marquée littérairement :

— Le premier oracle (40, 12 - 41, 4*) se caractérise par la série des questions rhétoriques en *mî* (40, 12.26 ; 41, 2.4) appelant chaque fois la même réponse « Yahvé » : les deux premières se rapportent à l'ordre cosmique, les deux dernières à Cyrus. Le parallélisme est renforcé par la reprise à propos de ce dernier des motifs de l'appel (*qârâ'*, 41, 2, 4 ; cf. 40, 26), de l'origine (*mérō'š*, 41, 4 ; cf. 40, 21) et de l'anéantissement des rois (41, 2 ; cf. 40, 23).

— C'est dans le deuxième oracle (42, 5-7*) que le lien est le moins explicite. Il est bien réel, cependant : le « moi, Yahvé » du verset 6a souligne que c'est bien le Créateur qui a envoyé Cyrus ; de plus, l'expression *b$^e$ṣèdèq* (verset 6a) signifie probablement « selon l'ordre cosmique »[103] évoqué au verset 5. Remarquons, encore une fois, le motif de l'appel divin : Cyrus « fait sortir » (*yâṣâ'* hi., 42, 7) le captif comme Yahvé « fait sortir » (*yâṣâ'* hi., 40, 26) l'armée céleste.

— Le troisième oracle (44, 24-28*) se compose d'une série de phrases participiales, qui ont toutes pour sujet le « moi, Yahvé » du verset 24. L'appel de Cyrus est parallèle à l'extension des cieux ou l'affermissement de la terre.

— Les deux derniers oracles deutéro-isaïens sont caractérisés par l'emploi insistant du « moi » divin, qui s'applique chaque fois à la mise en ordre du cosmos (45, 12 [bis] ; 48, 13) et au choix de Cyrus (45, 13 ; 48, 15 [bis]). Notons, encore une fois, l'expression *b$^e$ṣèdèq* (45, 13) et l'usage parallèle du motif de l'appel *(qârâ')* en 48, 13 et 15.

---

103. Voir H.H. SCHMID, *Gerechtigkeit als Weltordnung.* Hintergrund und Geschichte des alttestamentliche Gerechtigkeitsbegriffes (BHTh 40), Tübingen, 1968. Ainsi que l'a montré F.V. REITERER, *Gerechtigkeit als Heil. ṢDQ* bei Deuterojesaja, Graz, 1976, p. 80-81, la préposition *b$^e$* doit ici se traduire par « selon » *(gemäss).*

La visée du prophète est claire : il entend établir de manière indiscutable la légitimité de Cyrus, dont l'œuvre politique s'inscrit dans le cadre de la création cosmique gouvernée par Yahvé. Non seulement le souverain perse a sa place dans l'ordre universel arrêté par Dieu depuis toujours, mais ce qu'il réalise n'est autre que cet ordre même. Subordonné à Yahvé, dont il a la faveur (44, 28 ; 48, 14 ; voir aussi 45, 1) comme l'avaient avant lui les rois de la dynastie davidique (cf. 2 S 7, 15 ; 12, 24), Cyrus réalise « sa volonté » (44, 28 ; 48, 14) : il est en quelque sorte « créateur » par délégation, et c'est pourquoi il vainc sans difficulté toute opposition (41, 2-3 ; 48, 14). « Bâtir la ville » de Yahvé (45, 13), ce n'est rien d'autre qu'ordonner le monde autour de son centre[104].

Comme le rappelle opportunément Y. Gitay[105], le Deutéro-Isaïe veut convaincre des auditeurs sceptiques. A qui s'adresse-t-il, et dans quel contexte ? L'insistance polémique du prophète, qui porte sur la légitimité du roi perse, s'expliquerait au mieux s'il s'adressait non au déportés qui ont entendu parler d'un Cyrus encore lointain et se demandent si un païen peut être l'instrument de leur délivrance, mais à des opposants politiques, qui refusent de se soumettre à son pouvoir[106]. Aucune allusion n'est faite au paganisme de Cyrus, mais il est opposé à « Babylone » et aux « Chaldéens » (48, 14) : le prophète semble donc s'adresser à un groupe de Juifs pro-

---

104. Voir notamment M. ELIADE, *Traité d'histoire des religions*, nouv. éd., Paris, 1964, p. 310-325 ; M.A. FISHBANE, « The Sacred Center : the Symbolic Structure of the Bible », dans M.A. FISHBANE, P.R. FLOHR (éd.), *Texts and Responses*. Studies Presented to N.N. Glatzer, Leyde, 1975, p. 5-27 ; J. VERMEYLEN, « Création et ordre du monde dans l'Ancien Testament », *La Foi et le Temps* 11 (1981), 499-524 ; J.D. LEVENSON, « The Temple and the World », *The Journal of Religion* 64 (1984), 275-298.
105. Y. GITAY, *Prophecy and Persuasion*. A Study of Isaiah 40 - 48 (Forum Theologicae Linguisticae 14), Bonn, 1981.
106. La rédaction d'Is 40 — 55 après 539 est défendue par M. HARAN, « The Literary Structure ans the Chronological Framework of the Prophecies in Is. XL-XLVIII », dans *Congress Volume Bonn 1962* (VTSuppl 9), Leyde, 1963, p. 127-155 ; C. STUHLMUELLER, « Deutero-Isaiah (chap. 40 — 55) : Major Transitions in the Prophet's Theology and in Contemporary Scholarship », *CBQ* 42 (1980), 1-29.

babyloniens, comme l'avaient été Jérémie et Ézéchiel[107]. En outre, ainsi que d'autres l'ont montré[108], rien n'oblige à penser que le Deutéro-Isaïe parle aux déportés[109] : au contraire, sa prédication se comprend mieux s'il s'adresse aux Judéens restés au pays. On en conclura que le prophète prononce sans doute ses oracles entre 539 et 530 (année de la mort de Cyrus), en Judée, pour convaincre les nostalgiques de l'ancien régime de se rallier au nouveau maître de la région[110]. Le discours sur la création ne répond pas à des préoccupations spéculatives, mais à un intérêt politique immédiat.

---

107. Voir B. LANG, *Kein Aufstand in Jerusalem. Die Politik des Propheten Ezechiel*, Stuttgart, 1978.
108. A.S. KAPELRUD, « Levde Deuterojesaja i Judea ? », *NorskTT* 61 (1960), 23-27 ; C. STUHLMUELLER, *Creative Redemption*, p. 12 ; H.M. BARSTAD, « Lebte Deuterojesaja in Judäa ? », *NorskTT* 83 (1982), 77-87 ; H. CAZELLES, *Histoire politique d'Israël, des origines à Alexandre le Grand* (PBSB, AT 1), Paris, 1982, p. 203.
109. Sur l'absence probable du thème du « nouvel Exode », voir la n. 15.
110. Pour J. BECKER, *Isaias. Der Prophet und sein Buch* (SBS 30), Stuttgart, 1968, p. 37-39, il n'y a jamais eu de « prophète » Deutéro-Isaïe délivrant un message oral : Is 40 - 55 serait à considérer comme un travail rédactionnel composé sur la base du « Proto-Isaïe ». Cette thèse est développée à partir de l'analyse de quelques péricopes par J.M. VINCENT, *Studien* (voir en particulier les p. 252-258). L'auteur estime que la mention de Cyrus en 44, 28 et 45, 1 ne fournit aucun point de repère solide de l'époque de la rédaction du livre, car les événements annoncés en 44, 24-45, 7 ; 46, 1-2 et 47, 1-15 ne correspondent pas aux faits historiques ; il parle du caractère « mythique » des textes et en situe la rédaction à l'époque de Darius, vers 520. Il me semble que des passages comme 46, 1-2 et 47, 1-15 trouvent leur meilleur site après la destruction de Babylone par Xerxès, vers 480 ; c'est à ce moment, en effet, que les temples de la ville ont été rasés. Mais ceci ne met pas en cause l'existence d'un prophète Deutéro-Isaïe contemporain de Cyrus, dont les oracles ont été relus et complétés ultérieurement par de nouveaux apports rédactionnels.

## III. LE MOTIF DE LA CRÉATION DANS LES RÉDACTIONS POSTÉRIEURES DU LIVRE

En dehors des oracles authentiques évoqués ci-dessus, Is 40 - 55 recèle un grand nombre de passages plus tardifs où il est également question de la création. Parcourons ces textes, sans entrer cependant dans le détail d'une analyse littéraire qui prendrait une place considérable. Nous pouvons y distinguer deux groupes, qui semblent correspondre à des niveaux rédactionnels différents.

### A) La « création » d'Israël

Le thème de la « création » *(bârâ')* d'Israël caractérise un premier groupe de textes, qui pourraient tous appartenir à la deuxième rédaction d'Is 40 - 55. En dehors de ce recueil, seuls deux passages postexiliques mettent en œuvre ce même thème : Ml 2, 10 et le Ps 102, 19. Le prophète Malachie semble lié à Néhémie et à sa réforme religieuse[111] ; quant au Ps 102, il paraît avoir été écrit dans un contexte assez proche[112].

On peut expliquer le thème de la création d'Israël en Is 40 - 55 comme une interprétation de ce que disait le prophète en 45, 12 : « Moi, j'ai fait la terre *('èrèṣ)* et j'ai créé *(bârâ'tî)* l'humain sur elle » (voir aussi 45, 2) ; en son sens restreint, la « terre » est en effet celle d'Israël, et le peuple qui l'habite n'est autre que la communauté croyante. C'est ainsi qu'en 51, 16, « fonder la terre » cor-

---

111. Voir par exemple J.A. SOGGIN, *Introduction to the Old Testament*, 2ᵉ éd., Londres, 1980, p. 342. Se basant sur l'étude de la langue du livre, A.E. HILL, « Dating the Book of Malachi : A Linguistic Reexamination », dans C.L. MEYERS-M. O'CONNOR (éd.), *The World of the Lord Shall go Forth. Essays... D.N. Freedman*, Winona Lake (Ind.), 1983, p. 77-89, situe la rédaction de Ml entre 520 et 450.

112. Voir les versets 13-15 et « Quand Yahvé rebâtira Sion » (verset 17). Sur l'origine du psaume, voir É. BEAUCAMP, *Le Psautier* (Sources Bibliques), t. 2, Paris, 1979, p. 144.

respond à « dire à Sion : Tu es mon peuple ». D'autres transpositions analogues à partir des oracles deutéro-isaïens sont observables. Prenons par exemple Is 43, 1-7, qui forme une unité littéraire bien encadrée par le double motif de la création de Jacob (verset 1) et de ceux qui se réclament du nom de Yahvé (verset 7), et aussi par l'emploi du même verbe *yâṣar*, « modeler » aux versets 1 et 7[113].

— Au verset 1, on lit *qârâ'tî b*ᵉ*šim*ᵉ*kâ*, « je t'ai appelé par ton nom » ; cette déclaration s'adresse à Jacob-Israël, alors qu'en 40, 26, la même expression *(b*ᵉ*šém yiqrâ')* s'appliquait aux cieux, « créés » eux aussi par Yahvé[114].

— Le verset 2 expose la promesse de Yahvé, qui accompagnera son peuple, de telle sorte qu'il traverse *(ta*ᶜᵃ*bōr)* sans dommage l'eau et le feu ; ce motif a pu être inspiré par 41, 3, où Yahvé déclare que Cyrus passera *(ya*ᶜᵃ*bōr)* en sécurité au milieu des rois hostiles. Voir aussi 45, 13.

— De même, Yahvé déclare au verset 4 qu'il « aime » *('âhab)* Israël ; cette phrase est transposée à partir de 48, 13, où le prophète déclarait que Yahvé « aime » *('âhab)* Cyrus.

— Le motif du retour des Israélites des quatre points cardinaux, aux versets 5-6, semble avoir été inspiré par ce qu'on dit de Cyrus (avec les mêmes mots *mizrâḥ*, « Orient », et *ṣâp*ʰ*ôn*, « Nord ») en 41, 2, 25 et 46, 11 ;

---

113. H. von WALDOW, *Anlass und Hintergrund der Verkündigung des Deuterojesaja*, diss. Bonn, 1963, p. 180-181, distingue en Is 43, 1-7 deux péricopes indépendantes (versets 1-3a et 3b-7). Mieux vaut cependant s'en tenir à la lecture classique, qui considère les versets 1-7 comme une unité homogène ; voir en ce sens A. SCHOORS, *I am God*, p. 76-77 ; K. ELLIGER, *Deuterojesaja*, p. 276-278 ; J.M. VINCENT, *Studien*, p. 188-196.

114. Dans les oracles deutéro-isaïens, le motif de l'appel concerne aussi Cyrus (42, 6 ; 48, 15 ; cf. 41, 2) ; l'expression *qârâ' b*ᵉ*šém*, apparaît même en 45, 3b, 4a, mais l'appartenance de ce passage à la prédication authentique du prophète reste incertaine. En 41, 25 (TM), on lit, à propos de Cyrus, *yiqrâ' bišmî*, « il appelle mon Nom », mais certains corrigent, avec BHS, en *yiqqârê' bišmô*, « il est appelé par son nom » (cf. la LXX).

notons l'emploi du même verbe *bô'*, « venir », en 43, 5, 6 et 41, 25. En 43, 6, le Nord et le Midi sont encore associés au « loin » (*mérâḥôq*, cf. *mèrḥâq*, 46, 11, à propos de Cyrus), mais aussi aux « extrémités de la terre » *(qᵉṣéh hâ'ârèṣ)* ; cette dernière expression ne figure pas dans les oracles deutéro-isaïens, mais dans leur commentaire postérieur (40, 28 et 41, 5 ; voir *supra*).

— Au verset 7, l'expression *kol hanniqrā' bišmî*, « tous ceux qui sont appelés de mon nom », pourrait avoir été reprise, elle aussi, à 41, 25, où *yiqrā' bišmî*, « il appelle mon nom », vise Cyrus[115].

— Aux versets 1 et 7, enfin, en parallèle avec *bârâ'*, le verbe *yâṣar*, « modeler, pétrir, façonner », a respectivement pour objets « Israël » et les Juifs de la Diaspora. Ce motif — qu'on rencontre encore en 42, 6b* ; 44, 2.21.24* ; 45, 9 ; cf. 45, 18 — peut avoir été inspiré par 41, 25, où Cyrus est comparé au potier qui pétrit *(yâṣar)* l'argile (voir aussi 46, 11).

Les autres passages d'Is 40 - 55 où il est question de la « création » d'Israël ou de la communauté des croyants peuvent être rapprochés de 43, 1-7 et appartiennent sans doute à la même strate littéraire :

— En 42, 6b, *wᵉ'èṣṣârᵉkâ*, « je t'ai modelé », vise sans doute Israël, comme le suggère le parallèle avec 43, 1.7 ; désormais, l'oracle sur Cyrus est donc transposé sur « le peuple qui habite la terre » (verset 5), identifié à Israël.

— En 43, 15, Yahvé se présente comme « créateur *(bôré')* d'Israël », mais aussi comme « votre Saint » *(qᵉdôšᵉkèm)*, ce qui correspond à 43, 3 *(qᵉdôš yiśrâ'él)*.

— Is 44, 1-2 a une série de traits communs avec 43, 1-7 : le parallèle Jacob-Israël (verset 1 ; cf. 43, 1), les verbes *'âśâh*, « faire » (verset 2 ; cf. 43, 7) et *yâṣar*, « modeler » (verset 2 ; cf. 43, 1. 7), l'invitation à ne pas craindre *('al-tîrâ'*, verset 2 ; cf. 43, 1. 5).

---

115. Sur le problème textuel lié à cette expression, voir la note précédente.

— Is 44, 21-22 reprend encore le motif du Dieu potier (verbe *yâṣar*, verset 21) et le parallèle Jacob-Israël ; on y trouve également *kî g*ᵉ*'altîkâ*, « car je t'ai racheté » (verset 22), comme en 43, 1. Notons aussi le motif du Serviteur-Israël, comme aux versets 1 et 2.

— L'oracle deutéro-isaïen 44, 24-28* est réinterprété dans la même ligne, notamment par l'addition, au verset 24, de « ton rédempteur, celui qui t'a modelé dès le sein maternel » (même expression au verset 2), tandis que le verset 26a introduit le motif du « serviteur » collectif de Yahvé et transpose sur ce groupe la réussite (*yašlîm*, cf. verset 28a) du projet *('éṣâh)* que le Deutéro-Isaïe voyait en lien direct avec Cyrus (46, 10. 11).

— Le même phénomène de réinterprétation affecte l'oracle d'Is 45, 11-13*, avec l'addition des versets 9-10 et 11a$\beta$b, où l'on reconnaît les motifs du potier (avec le verbe *yāṣâr*, verset 9) et du « Saint d'Israël » (verset 11) [voir *supra*].

— Is 51, 13 parle, encore une fois, de Yahvé comme de celui qui a « fait » *('ōśèh)* sa communauté, ce qui correspond à 43, 7 et 45, 9. 11 (voir aussi 54, 5) ; contrairement aux textes énumérés ci-dessus, cette œuvre est mise en rapport immédiat avec la création cosmique, et on n'y rencontre aucun des motifs habituellement associés à celui de la création d'Israël. L'aveu du péché permet cependant de rapprocher la péricope de passages appartenant à la même strate littéraire (40, 27-29 ; 44, 21-22 ; 45, 9-10.11a$\beta$b). Le verset 16, qui a peut-être été ajouté par un rédacteur postérieur[116] s'inspirant du verset 13, établit à nouveau un parallèle entre la création des éléments cosmiques et l'élection de Sion.

— Is 54, 5, où revient comme en 51, 13 l'expression « celui qui t'a fait » *('ōśayik)*, lui associe des motifs déjà rencontrés plusieurs fois : le « Saint d'Israël » (cf. 43, 3.15 ; 45, 11) et le verbe *gâ'al*, « racheter » (cf. 43, 1 ; 44, 22.24*). La même péricope utilise encore l'expression « ne crains pas » (*'al-tîr'î*, verset 4 ; cf. 43, 1.5 ; 44, 2) et

---

116. Voir A. SCHOORS, *I am God*, p. 127.

le motif de l'appel divin *(qᵉrâ'âk*, verset 6 ; cf. 43, 1). Il semble cependant que le verset 5 ait été lui-même surchargé. En effet, les phrases YHWH *ṣᵉbâ'ôt šᵉmô*, « Yahvé Sabaot est son nom » (verset 5aβ) et *'ᵉlōhéy kol-hâ'âreṣ yiqqârē'*, « Il est appelé Dieu de toute la terre » (verset 5bβ) déplacent l'intérêt depuis la communauté aimée par Dieu vers Yahvé lui-même dans sa toute-puissance ; on notera en outre la transposition du motif de l'appel *(qr')*, qui n'a plus pour objet le groupe des croyants qui se sentent abandonnés (verset 6a), mais Yahvé (verset 5bβ). Dans sa teneur originelle, le verset 5 comportait donc sans doute le texte suivant : « Celui qui t'a fait est ton époux, le Saint d'Israël est ton rédempteur. »

D'autres passages d'Is 40 - 55, où se déploie cette fois — en apparence, au moins — le motif de la création cosmique, pourrait relever de la même rédaction.

— Is 40, 21b parle de « la fondation *(môsᵉdâh)* de la terre ». Nous avons vu que le mot *'èreṣ* est interprété par le deuxième rédacteur d'Is 40-55 — celui de la phrase en question, comme je l'ai montré plus haut — en son sens restreint de « terre d'Israël ». Le parallèle avec 51, 13. 16 confirme cette interprétation : l'expression « fonder *(ysd)* la terre » y est liée à l'action de salut en faveur d'Israël.

— C'est sans doute le même rédacteur (voir *supra*) qui qualifie Yahvé de *bōrē' qᵉṣôt hâ'âreṣ*, « créateur des extrémités de la terre » (40, 28aγ). Comme celle du verset 21b, cette phrase ne parle pas de la création cosmique, mais de l'action divine sur un groupe humain : en 41, 5 (même strate littéraire), les « extrémités de la terre » tremblent de peur ; l'expression est parallèle à la mention des « îles », comme au verset 1 cette dernière l'est à celle des « peuples » *(lᵉ'ummîm)*[117].

— A première lecture, Is 45, 18 parle de la création du cosmos, avec ses deux éléments : les cieux et la terre.

---

117. Voir encore 42, 10. En Is 45, 22, « tous les confins de la terre » *(kol-'aphséy'âreṣ)* sont invités à la conversion.

L'intérêt premier du rédacteur ne porte pas sur la structure ou la formation du cosmos, cependant. Remarquons d'abord le mouvement de la pensée, qui n'établit pas un parallèle strict entre les deux « pôles » de l'œuvre divine : Yahvé, le créateur des cieux, est le Dieu « qui a modelé la terre ». Tout le poids de la phrase porte sur la seconde partie de la phrase, comme le montre la suite du texte. Le rédacteur précise : la « terre » est un lieu habité et même, comme semble l'indiquer le verset 19, habité par la « race de Jacob ». Cette identification de la terre avec Israël est confirmée par l'emploi, à deux reprises, du verbe *yâṣar*, comme en 43, 1.7 ; etc.

— Reste enfin le cas d'Is 48, 7a, où il est question de la création de « choses nouvelles » (*hᵃdâšôt*, verset 6). La phrase appartient à la strate fondamentale des versets 1-11[118], qui correspond à la première rédaction interprétant les paroles du prophète[119]. Quelles sont ces « choses nouvelles » dont parle l'auteur ? On répond souvent : la délivrance des déportés par Cyrus[120] ; cette solution, qui repose sur l'attribution du texte au Deutéro-Isaïe lui-même, ne peut cependant être retenue. On lui préférera donc celle que suggère le parallèle avec Jr 31, 21-22. Ce dernier texte présente, en effet, des caractéristiques communes avec Is 48, 1-11* : on y trouve non seulement l'expression *br' ḥdšh*, « créer du nouveau », mais aussi l'adresse à l'Israël pécheur (cf. Is 48, 1.8). La nouveauté

---

118. R.P. Merendino, *Der erste*, p. 539 ; H.-Chr. Schmitt, « Prophetie », p. 52 : comme je l'ai déjà dit dans la note 88, cette rédaction fondamentale me semble avoir compris les versets 1.3.5a.6-7a.8-10.

119. Voir notamment, au verset 1, le parallèle Jacob-Israël (cf. 40, 27 ; 43, 1 ; 48, 12, dont il a été question plus haut, mais aussi 41, 8 ; 42, 24 ; 43, 22.28 ; 44, 1.21.23 ; etc.). Aux versets 1 et 8-9, il est question de l'infidélité d'Israël, qui a mérité la Colère divine, et ceci correspond aux reproches formulés en 40, 21b, 27 ; 45, 9-11* ; 51, 13 ; voir aussi 42, 18-25* ; 43, 22-28 ; 44, 22 ; 46, 12 ; 49, 14 ; 50, 1 ; 51, 17. Remarquons aussi, aux versets 6b et 7a, l'insistance placée sur le mot *'attâh*, « maintenant », qui désigne l'heure du salut, comme en 43, 1 ; 44, 1 ; 48, 16 ; 49, 5 ; 52, 5.

120. A. Schoors, « Les choses antérieures et les choses nouvelles dans les oracles deutéro-isaïens », *ETL* 40 (1964), 19-47.

créée par Yahvé y est clairement indiquée : c'est la conversion du peuple, exprimée par le symbolisme conjugal *neqébâh tesôbéb gâbèr*, « la femme entoure son mari » ; voir déjà 30, 17)[121]. Cette interprétation convient aussi à Is 48, 7a, où elle répond à la situation de péché évoquée aux versets 1 et 8.

L'inventaire des textes appartenant au deuxième niveau rédactionnel d'Is 40 − 55 étant établi, voyons en quel sens le motif de la création y est utilisé.

— Une caractéristique domine toutes les autres : le passage du registre cosmique à celui de la communauté humaine. L'agir créateur n'a plus pour objet principal « les cieux et la terre » — même si ceux-ci sont encore mentionnés à l'occasion (45, 18) — mais Jacob-Israël (43, 1.15 ; 44, 1-2.21-22 ; 45, 9-10 ; 51, 13 ; 54, 5), la terre israélite (40, 21b ; 45, 18), le groupe de ceux qui sont appelés du nom de Yahvé (43, 7) ou « les extrémités de la terre » (40, 28aγ). De même, l'usage fréquent du verbe *yâṣar* renvoie à la formation de l'être humain en Gn 2.7. Il y a donc déplacement du centre d'intérêt du monde inanimé à l'humain.

— La transposition ne se réduit pas à un simple changement d'objet, mais elle implique un renouvellement profond de la notion de « création ». Dans la bouche du prophète, celle-ci signifiait avant tout l'établissement d'un ordre cosmique, dans lequel toute réalité du monde terrestre et céleste trouvait sa place ; fixé par le Tout-Puissant, cet ordre pouvait être considéré comme un donné « éternel », que rien ni personne ne pourrait jamais mettre en échec. A présent, le vocabulaire de la « mise en ordre » a presque disparu : s'il subsiste encore en 41, 21b et 51, 13.16, c'est de manière presque marginale. Désormais, en effet, ce sont les expressions et images de relation qui dominent. Épinglons quelques associations caractéristiques : l'appel d'Israël par son nom (43, 1), avec pour

---

121. Remarquons que la « création » dont parle Jr 31, 22 a lieu « sur la terre » et ne concerne pas le cosmos en tant que tel.

commentaire « tu es à moi » *(lî-'âttâh)*, et l'appel des croyants dispersés par le nom de Yahvé (43, 7) ; l'amour « conjugal » de Yahvé pour son peuple (43, 4 ; 54, 5-10) ; l'invitation à la confiance (*'al-tîrâ'*, 43, 1, 5 ; 44, 2 ; 54, 4 ; cf. 51, 12) ; le manque de foi (40, 27 ; 45, 9-10). 11aβa) ou l'infidélité d'Israël (48, 1.8 ; 51, 13) et le pardon divin (44, 22 ; 54, 6-9) ; le choix (*bḥr*, 44, 1.2) et le rachat (*g'l*, 44, 22.24 ; 54, 5.8) d'Israël ; le souvenir (44, 21 ; 54, 4) ; Yahvé roi d'Israël (43, 15) et Israël son serviteur (44, 1.2.21) ; la paternité et la maternité de Yahvé (45, 10 ; voir aussi le motif d'Israël « modelé depuis le sein maternel » en 44, 2.24) ; la déclaration à Sion : « Tu es mon peuple » (51, 16) et l'alliance de paix (*bᵉrît šᵉlômî*, 54, 10). Ces diverses associations permettent de préciser ce que le rédacteur voulait exprimer par le mot *bârâ'*, « créer » : le rassemblement de la communauté israélite comme peuple de Yahvé, uni à lui par des liens de fidélité et de confiance. On comprend dans ce contexte que le verbe ait été utilisé pour parler de la conversion de la communauté (48, 7a).

Il reste à déterminer le contexte historique et la visée de ces textes qui appartiennent à la deuxième rédaction d'Is 40-55[122]. Bien qu'il soit impossible d'arriver à une certitude, plusieurs éléments permettent de rapprocher cette rédaction du mouvement lié à la réforme de Néhémie[123].

---

122. Voir ci-dessus, l'analyse littéraire des sections 40, 12-41, 5 (cf. 40, 21b, 27-28a) ; 42, 6-9 (cf. verset 6bα) ; 44, 24-28 (cf. verset 24aβ) ; 45, 9-13 (cf. versets 9-10, 11aβb). On pourrait encore ajouter l'analyse de 48, 12-15 : le verset 12, qui appartient encore à la même rédaction, semble réinterpréter l'oracle deutéro-isaïen en identifiant celui que Yahvé aime (verset 14) avec Israël (notons la reprise du motif de l'appel divin, qui visait originellement Cyrus, au verset 15).
123. Il y a déjà plus de trente ans, H. CAZELLES, « La mission d'Esdras », *VT* 4 (1954), 113-140, attirait l'attention sur les orientations divergentes des réformes de Néhémie et d'Esdras. Cette observation conduit à discerner dans le judaïsme palestinien de l'époque perse deux courants de pensée, ou même selon certains deux « partis », dont les caractéristiques font encore l'objet d'une vive discussion ; voir O. PLÖGER, *Theokratie und Eschatologie* (WMANT 2), Neukirchen, 1959 ; M. SMITH, *Palestinian Parties and Politics that Shaped*

— Ne 1, 2-4 évoque la grande détresse de la communauté des Israélites attachés à Jérusalem et à son temple ; c'est pour se protéger d'une menace de plus en plus pressante que les remparts doivent être relevés d'urgence. La deuxième rédaction d'Is 40 – 55 suppose une situation analogue : Israël est découragé (40, 27), fatigué (40, 29) et inquiet (51, 12-13), si bien qu'il faut lui répéter sans cesse « ne crains pas », comme en Ne 4, 8.

— Néhémie interprète le malheur qui frappe son peuple comme la peine méritée par son péché (Ne 1, 6-7 ; 5, 1-11 ; 9, 1-37). De même, la deuxième rédaction d'Is 40 – 55 se caractérise par sa vive conscience du péché d'Israël (44, 22 ; 48, 1), qui manque de foi (40, 21b. 27), oublie Yahvé (51, 13) et se révolte contre lui (45, 9-10 ; 48, 8) ; c'est cette attitude qui explique à ses yeux la situation désastreuse de la communauté (54, 8).

— Is 49, 16-17 évoque l'espérance d'une reconstruction des remparts de Jérusalem[124], qui sera effective sous

---

*the Old Testament*, New York-Londres, 1971 ; H. MANTEL, « The Dichotomy of Judaism during the Second Temple », *HUCA* 44 (1973), 56-87 ; H.H. GROSHEIDE, « Een zionistisch-messiaanse beweging rondom Nehemia ? », dans *De Knecht*, Kampen, 1978, p. 59-71. Pour ma part, je serais tenté de distinguer dans la communauté qui se réclame de Sion une tendance « modérée » et une tendance plus « radicale ». La première interprète l'insécurité vécue par le groupe des fidèles en butte à de puissants ennemis comme la punition médicinale qui lui est infligée par Yahvé à cause des fautes qui sont encore les siennes malgré son effort de fidélité ; cette première tendance, qui est influencée par la théologie du Deutéronome et espère par sa patiente acceptation de l'épreuve la conversion des ennemis de la communauté, pourrait avoir trouvé en Néhémie un leader efficace. La tendance plus « radicale » refuse cette démarche pénitentielle et estime, au contraire, que la communauté pieuse est composée de « justes », tandis que ses adversaires sont considérés comme « impies » liés aux païens et exclus définitivement du peuple israélite ; cette seconde tendance, qui va bientôt l'emporter sur le courant « modéré », peut être rapprochée de la figure d'Esdras. Sur tout ceci, voir J. VERMEYLEN, *Job, ses amis et son Dieu*.

124. La mention des remparts est claire au verset 16. Au verset 17, cependant, il est possible de vocaliser *bnyk* de deux manières : soit avec le TM, *bânâyik*, « tes fils », soit, comme le suggèrent 1QIs[a] et la Vulgate, *bōnayik*, « tes bâtisseurs ». Cette seconde solution est préférée par BHS et de nombreux auteurs.

Néhémie. Ces versets appartiennent sans doute à la deuxième rédaction d'Is 40 − 55 ; ils répondent en effet à la plainte de Sion, qui se croit abandonnée par Yahvé (verset 14), ce qui est proche des sentiments exprimés en 40, 27 et 45, 9-10, tandis que « je ne t'oublierai pas » (verset 15) correspond à 44, 21.

Quoi qu'il en soit du contexte historique précis de son intervention, le rédacteur n'a plus pour préoccupation de soutenir la légitimité du roi perse, mais de relever l'espérance de sa communauté découragée. Il transpose donc sur le plan relationnel ce que le prophète disait de la création cosmique et du choix de Cyrus : ce qui l'intéresse, c'est montrer que le lien établi par Yahvé avec son peuple demeure, malgré les apparences. Établi « dès le sein maternel » (44, 2.24), ce lien d'amour reste bien vivant : la détresse actuelle, correction méritée par les péchés d'Israël, fera bientôt place à la faveur retrouvée (cf. 54, 4-10).

### B) Le grand retournement

Quelques passages d'Is 40 − 55 où l'on trouve le motif de la création paraissent relever d'une troisième strate littéraire. Commençons par en établir brièvement l'inventaire.

— Is 41, 17-20 s'achève par ces mots : *ûqᵉdôš yiśrâ'él bᵉrâ'âh*, « et le Saint d'Israël l'a créée ». Quel est l'objet de cette œuvre divine ? Il faut exclure « Israël », car le verbe est assorti du pronom féminin ; celui-ci fait donc référence à *zō't*, « celle-ci, cela » (verset 20aβ), qui vise le changement du désert en terre fertile, merveilleusement irriguée (versets 18-19). Cette transformation répond elle-même à la détresse des miséreux *(hâ'ᵃniyyîm)* et des pauvres *(hâ'èbyônîm)* qui meurent de soif (verset 17). La création évoquée au verset 20 n'est autre que le salut octroyé au groupe des « pauvres »[125].

---

125. Voir C. STUHLMUELLER, *Creative Redemption*, p. 73 ;

— En contraste avec ce tableau, Is 44, 27 (addition à l'oracle deutéro-isaïen ; voir *supra*) parle de l'assèchement de l'Abîme *(ṣûlâh)*, dont Yahvé tarira les fleuves. Ceci répond évidemment aux fleuves que Dieu fera jaillir sur les monts chauves (41, 18). Si le verbe *bârâ'* n'est pas utilisé, on rencontre dans l'addition le thème du grand affrontement des Origines.

— La formulation d'Is 45, 7 réunit *bârâ'*, *yâṣar* et *'âsâh*, comme le verset 18. Par rapport à la deuxième rédaction d'Is 40 - 55, on peut cependant noter une nouvelle transposition : le verbe *yâṣar* n'est plus du tout associé à la formation d'Israël comme peuple de Yahvé, mais a pour objet la lumière. De même, l'idée d'une création *(br')* des ténèbres *(ḥōšèk)* est surprenante : par nature, les ténèbres appartiennent au Chaos incréé ; voir en ce sens Gen 1, 2.3-5. Tout ceci s'explique par le souci de mettre en évidence le fait que « tout » — lumière et ténèbres, bien et mal — vient de Yahvé, et que rien n'échappe à son ordre divin. Cette affirmation prolonge la perspective du verset 6, lui-même inspiré par 43, 5 (l'Orient et l'Occident), qui insiste sur l'exclusivité de Yahvé, seul vrai Dieu par opposition aux idoles (voir aussi le verset 5a).

— L'appartenance d'Is 45, 8 à la même strate littéraire est moins évidente[126]. Cette fois, nous nous trouvons en présence d'un commentaire des versets 9-13[127], interprétés comme annonce du salut, c'est-à-dire épanouissement de la « justice » *(ṣèdèq, ṣᵉdâqâh)* ou ordre du monde. Il semble que la création *(br')* porte sur cet événement. Notons enfin le parallélisme de la finale *'ᵃnî YHWH bᵉrâ'tîw* avec le verset 7b *('ᵃnî YHWH 'ōśèh kol-'éllèh)*.

— On peut rapprocher 51, 9-10 de 44, 27, car on y

---

A. SCHOORS, *I am God*, p. 90 ; K. ELLIGER, *Deuterojesaja*, p. 169. Remarquons que la péricope ne parle d'aucun déplacement, ni même d'un chemin ; elle n'a rien à voir avec un prétendu « nouvel Exode ».

126. Le verset est tenu pour secondaire par G. FOHRER, *Das Buch Jesaja*, t. 3, p. 87, R.P. MERENDINO, *Der erste*, p. 422.

127. Voir les motifs communs des cieux (cf. verset 12), de la justice (cf. verset 13) et de la terre (cf. versets 9 et 12), ainsi que l'emploi commun du verbe *bârâ'* (cf. verset 12).

retrouve la représentation du combat contre les puissances du Chaos et l'assèchement des eaux de l'Abîme *(t<sup>e</sup>hôm)*. Par ailleurs, le rédacteur identifie la victoire sur le Mal avec le passage de la mer des Roseaux, tel qu'il est rapporté par P (Ex 14, 15-31) et surtout par l'auteur postexilique du « Cantique de Moïse » (Ex 15, 1-18)[128].

— Is 54, 16, enfin, utilise deux fois le verbe *bârâ'*, mais en relation avec des réalités opposées ; le procédé est semblable à celui d'Is 45, 7. Le verset 17, qui provient sans doute du même rédacteur, permet de préciser ce que celui-ci veut dire : la communauté des « serviteurs de Yahvé » est attaquée par un ennemi, dont les armes ont été données — indirectement — par Yahvé, mais Yahvé a aussi créé le destructeur qui anéantira ces forces hostiles et donnera la victoire au groupe des fidèles. Ces versets semblent commenter le verset 15[129], qui appartient vraisemblablement à la seconde rédaction d'Is 40 - 55.

Les additions du troisième rédacteur ne parlent plus d'une création d'Israël, mais en reviennent à des représen-

---

128. On retrouve notamment en Ex 15, 1-18 les motifs des Abîmes (versets 5, 8) et des grandes eaux (verset 10). Plusieurs auteurs considèrent le poème comme très ancien, mais plusieurs indices orientent, au contraire, vers une date tardive, même si l'auteur a pu utiliser des fragments d'une œuvre antérieure. Au verset 1, le vieux chant de Miryam (verset 21) est repris comme tel, à l'exception de la forme verbale initiale ; il est ainsi interprété comme *Danklied* « individuel ». Le langage des psaumes postexiliques affleure un peu partout, et notamment aux versets 2 (cf. Is 12, 2) et 18 (cf. Ps 93, 1 ; 97, 1 : 99, 1). Le thème de la royauté de Yahvé, célébrée dans le dernier verset, est mis en valeur à l'époque postexilique, même s'il est déjà connu antérieurement. Les tournures archaïques (suffixes en *-mô*, par exemple) relèvent d'un procédé artificiel, bien attesté dans d'autres textes récents. La combinaison des thèmes de l'Exode, de la conquête, du sanctuaire de Jérusalem et de la royauté divine suppose un amalgame secondaire des vieilles traditions. Le verset 19, qui fait le lien avec le poème ancien (versets 20-21), reprend les expressions de P (14, 29) ; d'ailleurs, les images utilisées au verset 8 suggèrent nettement la version P du miracle de la mer. Tout ceci conduit à attribuer le poème à P, ou plutôt au rédacteur final du Pentateuque. Sur Is 51, 9-11 et ses attaches littéraires, voir encore J.M. VINCENT, *Studien*, p. 108-123.

129. On remarquera la reprise du *hén* initial (selon K, tout au moins).

tations cosmiques. Cependant ce qui intéresse l'auteur n'est pas tant l'ordre du cosmos comme tel que la création en tant que victoire sur les forces du Mal (45, 8 ; 51, 9-10 ; 54, 16-17) et renversement spectaculaire des rapports de force (41, 17-20 ; 44, 27 ; 45, 7). Ce dernier motif est encore attesté dans une série de passages qui remontent tous à l'époque perse :

1) Il faut considérer en premier lieu plusieurs sections d'Is 40 − 55 (40, 4 ; 42, 15-17 ; 43, 19b-20 ; 50, 2b-3 ; 51, 3 ; 55, 13). Tous ces textes visent soit le triomphe de la communauté qui se réclame de Yahvé (43, 19b-20 ; 51, 3 ; 55, 13), soit au contraire l'écrasement de ses ennemis (40, 4 ; 42, 15-17 ; 50, 2b-3) ; ceux-ci sont clairement identifiés avec les idolâtres (42, 17). Les points de contact littéraire avec 41, 17-20[130], mais aussi avec 44, 27 ; 45, 7[131] ou 51, 9-10[132] sont multiples.

2) Les trois « doxologies » du livre d'Amos (4, 13 ; 5, 8-9 ; 9, 5-6) disent le même retournement : l'accent y est placé sur le changement de l'aurore en ténèbres (4, 13) et de l'obscurité totale *(ṣalmâwèt)* en matin (5, 8), ou encore sur le recouvrement de la face de la terre par les eaux de la mer (5, 8 ; 9, 6). Cette grande inversion est chaque fois associée au motif de la création cosmique, avec notamment l'usage du verbe *bârâ'* (4, 13 ; cf. Is 41, 20 ; 45, 7.8 ; 54, 16). Lorsqu'il parle du retournement cosmique, le rédacteur vise l'écrasement des « hauts lieux de la terre » (*dorék 'al-bâmᵒtéy 'ârèṣ*, 4, 13), c'est-à-dire des sanctuaires des païens — ou des Juifs syncrétistes qui leur sont assimilés — et des forces chaotiques opposées à l'ordre de Yahvé[133]. La même idée est encore exprimée en 5, 9, qui parle de l'écrasement du « puissant » *('âz)* et la

---

130. Notons par exemple l'usage répété du verbe *śîm*, « placer » (41, 18,19,20 ; 43, 19b ; 50, 2b,3 ; 51, 3).
131. Voir notamment l'opposition *'ôr - ḥōšèk* en 42, 16.
132. Voir par exemple le motif du chemin en 43, 19b ou celui de l'assèchement de la mer en 50, 2b.
133. Voir en ce sens K. KOCH, « Die Rolle der Hymnischen Abschnitte in der Komposition des Amos-Buches », *ZAW* 86 (1974), 504-537 (p. 509-513), qui réfute à bon droit les arguments de

« citadelle » *(mibṣâr)* — symboles de la domination des impies sur la communauté fidèle de Jérusalem[134] — et en 9, 5, qui évoque la dissolution de la terre et le deuil de ses habitants ; encore une fois, l'« habitant de la terre » n'est autre que l'impie ou le païen (voir Is 24, 1-6.17 ; 26, 9.18.21). Toujours dans le même sens, on peut comprendre *ûmaggîd l$^e$'âdâm mah-śéḥô*, « et il fait connaître à l'humain quelle est sa pensée (divine) », dans la première doxologie (4, 13) : l'humanité opposée à Yahvé comprendra, au jour de sa défaite, quel est le projet divin à son égard. Le rédacteur des doxologies évoque l'intervention qu'il attend de Yahvé. A ses yeux, la situation présente du monde est celle du triomphe du Mal, car les impies et les païens dominent ; Yahvé va cependant faire de ce chaos un cosmos : la communauté fidèle sera exaltée, et ses ennemis écrasés[135].

3) C'est encore le même motif qui est longuement développé en Jb 12, 15-25, passage qui appartient à la deuxième édition du livre ; comme les doxologies du livre d'Amos, celle-ci émane de la communauté pieuse attachées au second Temple[136]. Dans la même ligne, on peut

---

J.-L. CRENSHAW, « *'W$^e$dōrēk 'al-bămotê 'areṣ'* », *CBQ* 34 (1972), 39-53.

134. Voir en particulier Is 25, 2-3, 12 ; voir à ce sujet J. VERMEYLEN, *Du prophète*, t. 1, p. 363-369.

135. Plusieurs auteurs ont cru pouvoir discerner dans les doxologies du livre d'Amos les trois strophes d'un seul hymne, qui remonterait à une époque ancienne. En réalité, comme l'ont reconnu notamment W. BERG (voir *supra*, la n. 55) et F. FORESTI, « Funzione semantica dei brani participiali di Amos : 4, 13 ; 5, 8s ; 9, 5s », *Bibl* 62 (1981), 169-184, ces textes doivent être interprétés comme autant d'additions tardives au livre d'Amos. Il est intéressant de noter, par exemple, que les deux premières doxologies, qui disent le grand « bouleversement » attendu de la part de Yahvé, paraissent commenter deux passages où le verbe caractéristique *hâp$^h$ak*, « changer, bouleverser », est utilisé (4, 11 ; 5, 7 ; cf. 5, 8) ; de même, Am 9, 5-6 reprend au verset 7 les motifs de la montée *('lh)* et de l'Égypte. En Is 47, 4 et 54, 5 (voir *supra*) également, l'expression « Yahvé des armées est son Nom » (cf. Am 4, 13 ; 5, 8 ; 9, 6) fait chaque fois figure de surcharge dans le texte préexistant.

136. Voir J. VERMEYLEN, *Job, ses amis et son Dieu*, p. 15-17, 55-64.

encore mentionner Jb 9, 5-13, qui appartient à la même rédaction[137] et associe au renversement des montagnes (verset 5 ; cf. Is 40, 4 ; 42, 15) et à l'ébranlement de la terre (verset 6) l'évocation de la création cosmique (versets 8-9), en des termes très proches d'Am 5, 8[138]. Ce rédacteur s'identifie à Job, le juste souffrant, menacé de mort (7, 7-12.21 ; 9, 25-26 ; 13, 28 — 14, 2), entouré par la foule des méchants aujourd'hui bien portants, mais promis à la Colère de Yahvé (24, 18-24 ; 27, 7-10.13-23).

4) Comme Is 51, 9-10 ; le Ps 66, 6 associe les motifs de l'assèchement de la mer — qui devient terre ferme (cf. Is 42, 15) — et du passage d'Israël à pied sec. Les souvenirs de l'Exode et de la traversée du Jourdain lors de l'entrée dans le pays promis (Jos 3 – 4) évoquent pour le psalmiste la situation de sa communauté, qui doit passer « par le feu et par l'eau », entourée de toutes parts par des ennemis menaçants ; le retournement dont il est question au verset 6 signifie la victoire divine sur ces forces hostiles (cf. versets 3 et 7).

5) L'inversion des situations est encore exprimée — avec, cette fois, ses deux éléments symétriques — dans le Ps 107, 33-36, où l'on retrouve les motifs du désert, de l'eau et de la terre sèche. Le psaume est placé sous le signe de la victoire du pauvre ('èbyôn, verset 41 ; cf. Is 41, 17) sur ses oppresseurs (cf. verset 2).

6) Le cantique d'Anne (1 S 2, 1-10) développe encore le même thème de l'inversion des rapports de force. Dans ce texte postexilique[139], l'opposition porte clairement sur

---

137. ID., *ibid.*, p. 15-17.
138. Notons aussi, en Jb 9, 13, le motif du combat contre Rahab (cf. Is 51, 9).
139. Le poème est généralement interprété comme une composition de l'époque royale, à cause de la mention du souverain au verset 10. Cependant, comme l'a fait notamment remarquer G.B. CAIRD, « The First and Second Books of Samuel », dans *Interpreter's Bible*, t. 2, New York-Nashville, 1953, p. 885, le « roi » peut être ici le fils idéal de David attendu après la chute de la monarchie, voire la communauté de Sion, héritière de David. Voir aussi P.A.H. de BOER,

le pauvre (*dal,* '*èbyôn,* verset 8) et le puissant (*gibbôr,* verset 4), c'est-à-dire entre les fidèles (*ḥªsîdîm,* verset 9) et les impies (*rᵉšâ'îm,* verset 9).

7) Ajoutons à cette série un dernier texte, le cantique de Moïse (Ex 15, 1-18). Ce poème n'utilise pas comme tel le motif du retournement, mais parle de la grande victoire de Yahvé sur « l'ennemi » (verset 6) et peut être rapproché à la fois d'Is 51, 9-10[140] et de Jb 9, 10 (verset 11). Ce poème semble appartenir à la strate la plus récente du Pentateuque, qu'on situe généralement vers l'an 400, en relation avec la mission d'Esdras.

Ces différents textes parallèles permettent d'affirmer que le motif du grand retournement est utilisé dans la littérature postexilique pour dire l'espérance de la victoire de la communauté des pauvres fidèles à Yahvé sur leurs puissants oppresseurs, les « impies ». Les additions du troisième rédacteur d'Is 40 − 55 semblent pouvoir être mises en rapport, sinon avec la réforme d'Esdras, au moins avec un mouvement plus large auquel elle est liée. Dans ce contexte historique, le motif de la création cosmique est mis au service d'un message très concret : la domination des idolâtres va prendre fin, et Yahvé assurera le triomphe du groupe de ses vrais fidèles.

---

« Einige Bemerkungen und Gedanken zum Lied in 1. Samuel 2, 1-10 », dans H. DONNER e.a.(éd.) *Beiträge zur alttestamentlichen Theologie*. Festschrift für W. Zimmerli, Göttingen, 1977, p. 53-59.

140. Voir la n. 128. On ajoutera qu'Ex 15, 16b$\beta$ correspond à Is 51, 10b$\beta$, avec l'emploi du même verbe *'âbar*, « passer ».

## CONCLUSIONS

Au terme de cette enquête, je puis résumer comme suit les résultats obtenus.

1) Il n'est pas possible d'isoler le concept de création de son environnement théologique, ni d'ailleurs de la visée particulière des textes où il apparaît. En Is 40 − 55 au moins, on ne parle jamais de la création pour elle-même, mais cette notion se trouve toujours au service d'un discours qui porte d'abord sur une réalité contemporaine du rédacteur : elle n'intéresse que dans la mesure où elle apparaît comme « actuelle », liée à l'aujourd'hui de l'ordre ou du désordre du monde, où elle permet de répondre à des questions urgentes, et donc de vivre.

2) Pour ne pas faire grossièrement erreur sur la portée des textes qui parlent de la création, il est nécessaire de s'interroger sur l'homogénéité littéraire de ceux-ci. Des travaux récents — en particulier celui de R.P. Merendino — ont montré qu'Is 40 − 55, loin de constituer l'œuvre littéraire presque homogène du prophète, est le fruit d'un processus complexe d'écriture par plusieurs rédacteurs qui ont chacun leur point de vue particulier. L'étude de la formation littéraire du « livre de la consolation d'Israël » ne fait cependant que commencer et reste, jusqu'ici, très lacunaire. Puisqu'il m'était impossible d'attendre les résultats d'une étude approfondie, qui prendra des années de recherche, il m'a fallu proposer une analyse littéraire partielle, en prenant appui sur les passages dont l'authenticité deutéro-isaïenne est la moins discutable. Pour être vraiment crédible, cette analyse doit être prolongée jusqu'à couvrir l'ensemble d'Is 40 − 55 ; je considère donc ma reconstitution de l'histoire littéraire du livre comme provisoire et susceptible de révisions importantes.

3) Parmi les textes d'Is 40 − 55 relatifs à la création, cinq oracles remontent très vraisemblablement à la prédication deutéro-isaïenne authentique : 40, 12.21a.22-23.26 et 41, 2-4 ; 42,5-6a.7b ; 44, 24*.26bαγ.28a ; 45,

11aα.12-13bα ; 48, 13.14b-15. Ils mettent tous en relation étroite l'évocation de l'agir créateur de Yahvé comme mise en ordre du cosmos et le pouvoir triomphant de Cyrus. Plus exactement, ces oracles font du souverain perse l'instrument dont Yahvé se sert pour établir sur la société l'ordre de sa création. Le prophète veut sans doute ainsi convaincre les opposants judéens au nouveau régime de se rallier à Cyrus, reconnaissant en lui leur roi légitime (cf. « mon berger », 44, 28 ; « son oint », 45, 1). Le motif de la création sert dans ce contexte à souligner que le pouvoir exercé par Cyrus est non seulement permis par Yahvé, mais s'inscrit aussi dans un ordre cosmique grandiose qui englobe toutes choses.

4) Le deuxième rédacteur d'Is 40 — 55 semble réinterpréter les oracles du prophète en fonction de questions nouvelles posées par la communauté israélite fidèle à l'époque de Néhémie environ (milieu du V$^e$ siècle), ou plus précisément par un groupe qui partage les préoccupations religieuses du gouverneur. On peut lui assigner notamment les passages suivants, qui parlent de la création : 40, 21b.27-28a ; 42, 6bα ; 43, 1-7*.15 ; 44, 1-2.21-22.24* ; 45, 9-10.11aβb.18-19 ; 48, 6-7a ; 51, 13.16 ; 54, 5-10. Cette fois, c'est l'idée de la création d'Israël ou de la communauté fidèle qui est placée à l'avant-plan : « modelée » par Yahvé comme le fut l'humanité au temps des origines (cf. Gn 2, 7), la communauté n'a rien à craindre car, malgré les apparences, Yahvé continue à l'aimer et mettra fin à la punition que lui a valu son péché. Les représentations de l'ordre cosmique sont transposées sur le plan humain, avec l'accent placé sur la relation : le verbe *bârâ'* vise désormais la constitution du peuple israélite, invité comme tel par Yahvé à vivre avec lui des liens de fidélité et de confiance.

5) Le troisième rédacteur du « livre de la consolation » est proche du mouvement qui se réclame d'Esdras, sans doute aux alentours de l'an 400. Il infléchit encore une fois la perspective. Lorsqu'il parle de création (41, 17-20 ; 44, 27 ; 45, 7.8 ; 51, 9-10 ; 54, 16), c'est avant tout dans des catégories de victoire sur les forces mauvaises et de

triomphe des « rachetés » de Yahvé. Comme l'auteur anonyme des « doxologies » du livre d'Amos, qui se fait de la création la même image d'un grandiose bouleversement cosmique, il recourt volontiers à des catégories mythiques, comme celle du combat fabuleux qui oppose Yahvé à Rahab (51, 9). Comme le deuxième rédacteur du livre, il veut soutenir l'espérance d'Israël et annonce la venue du salut, mais, abandonnant sa perspective avant tout relationnelle, il en revient à l'idée du rétablissement de l'ordre cosmique aujourd'hui inversé au profit du Mal. Plus exactement, même le Mal a été créé par Yahvé (45, 7 ; 54, 16) et reste donc sous son contrôle ; lorsque Yahvé lui livre combat, sa victoire est certaine. Autrement dit, la communauté menacée ou persécutée par les « impies » peut compter sur la promesse de son Dieu, qui la sauvera.

6) Le Deutéro-Isaïe reprend-il une vieille tradition hymnique lorsqu'il parle de la création ? Il faut écarter toute idée d'emprunt de phrases entières, comme l'ont supposé F. Crüsemann et R. Albertz[141]. Trois passages du livre seulement (40, 22-23.26b ; 42, 5) entrent en ligne de compte parmi les versets cités par les auteurs eux-mêmes comme répondant à leurs critères ; tous les autres proviennent de rédacteurs postérieurs au prophète. Ces trois passages utilisent en fait des expressions caractéristiques du Deutéro-Isaïe, comme *nṭh šmym*, « étendre les cieux » (40, 22 ; 42, 5 ; voir aussi 44, 24 et 45, 12). Il reste évidemment possible que, de manière plus générale, le prophète ait été influencé dans sa formulation par le genre littéraire de l'hymne ; quoi qu'il en soit, ses discours ont une fonction théologico-politique qui n'a rien à voir avec la liturgie. On peut en dire autant des autres rédactions du livre.

7) Il reste un mot à dire, enfin, sur la relation que les auteurs d'Is 40 — 55 ont établie entre création et salut dans l'histoire. On peut ici, pour l'essentiel au moins, souscrire à l'hypothèse de C. Stuhlmueller. Pour le pro-

---

141. Voir la n. 3.

phète, le motif de la création renvoie moins à un « autrefois » qu'au présent d'un ordre que Yahvé établit par l'action même de Cyrus. Pour le deuxième rédacteur du « livre de la Consolation », ce même motif se rapporte aussi à l'aujourd'hui du salut, qui consiste avant tout dans le rassemblement d'Israël comme peuple de Yahvé uni à lui dans une fidélité retrouvée. Le dernier rédacteur, enfin, recourt à des catégories mythiques : la création n'est autre que la victoire remportée « in illo tempore » — c'est-à-dire non « jadis », mais dans cet « ailleurs » qu'est le temps sacré des Origines — sur les Puissances du Mal et actualisée dans le grand renversement attendu en faveur des « pauvres ». Pour aucun des rédacteurs, le motif de la création ne peut être qualifié d'« auxiliaire » : l'acte créateur n'est rien d'autre que la libération présente — ou espérée pour bientôt — dont Yahvé gratifie les siens.

## CHAPITRE VII

# LA CRÉATION DANS LE LIVRE DE JÉRÉMIE

### par Laurent WISSER

## INTRODUCTION

« Que vois-tu, Jérémie ? » Je dis : « Ce que je vois, c'est un rameau d'amandier » (en hébreu : šâqéd, l'arbre qui s'éveille). Le Seigneur me dit : « C'est bien vu ! Je veille *(šoqéd)* à l'accomplissement de ma parole. »

Ce bref dialogue entre le Seigneur et son prophète, qui suit immédiatement le récit de sa vocation (1, 11s), nous introduit de façon fort suggestive aux mentions de la création propres au livre de Jérémie :

L'allusion au regard attentif du prophète correspond à une caractéristique stylistique de son message : l'usage très fréquent d'images saisissantes, dénotant un sens aigu de l'observation des phénomènes naturels et des mœurs animales (quelques exemples parmi beaucoup d'autres : 2, 13 ; 2, 21-24 ; 4, 7 ; 8, 7 ; 11, 19 ; 12, 5 ; 13, 23 ; 15, 18 ; 31, 12 ; 50, 6s ; 51, 34).

La mention de l'œuvre que le Seigneur veille à accomplir dans l'histoire présente nous indique le thème dominant de Jérémie : l'irruption du jugement contre le royaume de Juda. C'est dans ce contexte, marqué par les vicissitudes de la relation d'Alliance entre YHWH et son peuple, que se développent les références au thème de la création. Ces dernières peuvent être réparties selon deux axes complémentaires que nous allons présenter successivement :

1. YHWH, Dieu créateur, maître de la vie d'Israël en Terre promise.
2. YHWH, Dieu créateur, maître de l'histoire des nations.

## I. YHWH, DIEU CRÉATEUR, MAÎTRE DE LA VIE D'ISRAËL EN TERRE PROMISE

### A) L'ordre de la création menacé par les infidélités du peuple

*L'interpellation de la sécheresse*

Jérémie exerça son ministère dans une période troublée. Aussi est-ce essentiellement par la description de ses perturbations qu'il eut à évoquer la création. Nous lisons ainsi, au début du **chapitre 14, versets 1 - 6,** les effets sur les hommes et les bêtes sauvages d'une terrible sécheresse, qui dut se produire au début de l'activité prophétique de Jérémie, sous le règne de Josias. Le prophète ne se borna pas à décrire cette catastrophe ; il fut surtout chargé d'en donner une explication théologique.

Dans un premier temps, il exprima le douloureux questionnement que son peuple adressait au Seigneur : « Espoir d'Israël, toi qui sauves au temps de l'angoisse, pourquoi te comporter comme un étranger au pays ? » (verset 8a, cf. verset 19). Mais il reçut pour toute réponse l'interdiction d'intercéder pour ses compatriotes et la mission d'annoncer la venue du jugement de YHWH à travers ce fléau (verset 11s ; à noter qu'au verset 12, nous avons un texte retravaillé, en prose, par les compilateurs deutéronomistes, du temps de l'exil, des oracles de Jérémie. Ces derniers ont décrit le jugement selon la formule stéréotypée : « par l'épée, la famine et la peste », qui convient mal au contexte. A l'origine, seule la sécheresse devait être mentionnée, avec la famine qu'elle causa).

## Un bienfaiteur méprisé

Un autre passage, **5, 20-25**, rattaché par les commentateurs aux paroles authentiques du prophète énoncées au début de son ministère, explicite le lien entre l'infidélité au peuple et les perturbations dans l'ordre de la création. Les Judéens y sont dénoncés comme un peuple sourd et aveugle, indocile et rebelle, qui refuse de reconnaître l'autorité de YHWH. Cette autorité est exprimée en fonction des pouvoirs qu'il exerce sur sa création.

Le verset 22 cite la limite qu'il a fixée au déchaînement des flots tumultueux de la mer. Pour les Israélites, cette dernière représentait un monde hostile et menaçant, celui des forces du chaos, qui seraient toujours prêtes à submerger la terre si YHWH ne les avait pas strictement contenues par une barrière de sable. C'est une évocation de l'aspect que présente la côte palestinienne et en même temps une occasion de s'émerveiller devant la puissance du Seigneur qui maintient dans ses limites, par une simple dune de sable, l'immensité de la mer. Malgré leurs assauts furieux, les vagues ne peuvent franchir cette frontière car, derrière les éléments naturels, c'est un décret *(ḥoq)* de YHWH qui fixe chaque élément à sa place pour une durée illimitée.

Jérémie évoque ici une tradition qui se réfère non seulement à l'acte créateur originel de YHWH, mais encore à son pouvoir de maintenir cet ordre dans la durée. On la retrouve en particulier dans les Psaumes (cf. 89, 10 ; 104, 9) et la littérature sapientiale (cf. Jb 38, 10s et Pr 8, 29, les deux fois aussi avec *ḥoq*).

Une autre manifestation du pouvoir de YHWH sur la

création est présentée au verset 24. YHWH est celui qui assure à son peuple le cycle régulier des pluies, indispensables aux cultures et par conséquent à la survie des habitants du pays. Ici aussi, le pouvoir créateur de YHWH est exprimé avant tout dans son action continue visant à offrir toujours à nouveau à son peuple une vie prospère en Terre promise.

Malheureusement, le peuple n'exprime pas plus de reconnaissance à son Dieu pour ces bienfaits que pour ceux cités précédemment. Le verset 23 précise cette attitude infidèle par les mots : « Ils s'écartent et s'en vont », avec le verbe *swr* évoquant l'apostasie, le fait de s'en aller adorer d'autres dieux.

La suite du texte, **5, 26-29**, est formée d'une péricope qui a peut-être été indépendante à l'origine, mais qui est rattachée maintenant à ce qui précède par la conjonction « car » *(kî)*. Elle mentionne d'autres griefs du Seigneur contre son peuple : la présence de « méchants » *(rešâ'îm)* qui, dans leur avidité à s'enrichir, menacent les biens et l'intégrité de leurs compatriotes et vont jusqu'à enfreindre les lois protégeant les plus faibles, tels les orphelins.

Ces violations des deux tables du Décalogue : le respect du Seigneur et le respect du prochain, motivent l'énoncé du jugement au verset 25 : « Ce sont vos crimes qui perturbent ces choses, vos fautes qui font obstacle à ces bienfaits ».

Telle est donc la lecture théologique de la sécheresse qui frappe le pays de Juda : un jugement mérité, infligé par YHWH à son peuple infidèle aux exigences de l'Alliance.

### *Les engagements de l'Alliance*

Un autre développement en poésie, rattaché aussi au début du ministère du prophète, exprime le même jugement : au **chapitre 3, versets 1-4 et 19-25**, deux péricopes originellement liées dénoncent les infidélités cultuelles d'Israël, en recourant à l'image de l'infidélité conjugale et de la prostitution. Historiquement, nous retrouvons là l'attestation des pratiques idolâtriques qui sévissaient avant la réforme de Josias en 622 av. J.-C., héritage du règne de Manassé, sous lequel le royaume de Juda fut soumis à l'influence assyrienne (cf. 2 R 21). Nous lisons ainsi au verset 3 : « Les averses t'ont été refusées et la pluie tardive n'est pas venue ; mais tu persistes dans ton effronterie de prostituée. » Cette attitude contrecarre le projet initial du Seigneur : accorder à Israël un pays merveilleux qui puisse attester son élection (verset 19s).

Le don de la pluie, permettant la vie en Terre promise, est donc perçu comme un des engagements de YHWH dans le cadre de l'Alliance.

C'est ce qu'exprime, sur un autre ton, la confession des péchés incluse dans la complainte à propos de la sécheresse citée en **14, 20-22** :

> Seigneur... nous sommes fautifs envers toi. Pour l'honneur de ton nom, ne sois pas méprisant, n'avilis pas le trône de ta gloire !
> Évoque ton alliance avec nous, ne la renie pas !
> Parmi les absurdités des nations, y en a-t-il qui fassent pleuvoir ?
> Serait-ce le ciel qui donne les averses ?
> N'est-ce pas toi qui es le Seigneur notre Dieu ?
> Nous t'attendons, car c'est toi qui fais tout cela.

L'enjeu consiste ainsi, pour le peuple, à reconnaître ce pouvoir créateur du Dieu de l'Alliance et, par conséquent, à renoncer à l'attribuer aux dieux de fertilité et de fécondité adorés par les peuples cananéens (Baal en particulier). La sécheresse a été l'occasion, pour Jérémie, de rappeler cet aspect de la foi d'Israël et de souligner que les dons de la création n'étaient pas un dû mais un bienfait lié à la fidélité aux exigences de l'Alliance, comme il l'a fait par ailleurs à propos de la bénédiction accordée au Temple (cf. 7, 1-15) et à la dynastie davidique (cf. 22, 1-5).

Par cet aspect de son message, Jérémie s'inscrit dans une ligne déjà tracée par les prophètes du VIIIe siècle (cf. Am 4, 7ss et Os 2, 4-15) et reprise dans la parénèse deutéronomique (cf. Dt 11, 10-17).

## *Retour au chaos*

Mais l'appel du prophète d'Anatoth n'a finalement pas été entendu et le peuple élu a perdu les bienfaits accordés par le Seigneur. Une péricope l'exprime de façon saisissante, au **chapitre 4, versets 23-28**. C'est une vision de Jérémie qui évoque tout à la fois la détresse due à la sécheresse et les ravages d'une invasion guerrière (telle qu'elle se réalisa en 598/597 par la campagne de l'armée babylonienne contre Juda et Jérusalem) : « Je regarde : le pays des vergers est un désert (4, 26). C'est un dur retour en arrière par rapport à la bénédiction accordée jadis aux pères : « Je vous ai fait entrer au pays des vergers pour que vous en goûtiez les fruits et la beauté » (2, 7). Mais la vision va encore plus loin : c'est un véritable retour au chaos que décrit Jérémie : « Je regarde la terre : elle est déserte et vide » (verset 23, *tohû wâbohû*, les termes mêmes de Gn 1, 2) ; en outre, la lumière, source de vie, disparaît (le contraire de Gn 1, 3) et les montagnes tremblent (la stabilité de la terre représente, à côté de la limite imposée aux flots de la mer, une importante mesure créatrice et ordonnatrice de la vie prise par YHWH, cf. Ps 93, 1b ; et l'ébranlement de la terre est une caractéristique des théophanies de jugement, cf. Jg 5, 5 ; Jl 2, 10 ; Mi 1, 3s ; Na 1, 5 ; Ha 3, 6.10 ; Ps 18, 8).

Jérémie nous renvoie donc l'image d'une création menacée par les conséquences des hommes et leur mépris de la Parole de Dieu.

## B) Les nouvelles conditions de vie créées après le temps du jugement

Le message de Jérémie ne s'est pas limité à l'évocation du jugement de YHWH contre le royaume de Juda. Il a aussi fait place à une promesse de restauration future pour tout Israël. Qu'advient-il, dans cette perspective, des relations entre le Dieu créateur et son peuple ?

*Un peuple prospère dans un pays fertile*

Les oracles de salut rassemblés dans les **chapitres 30 à 33**, formant le « livret de la consolation d'Israël », mentionnent tout d'abord le retour de l'exil et la reprise de conditions de vie normales dans le pays donné aux ancêtres : « Dans ce pays, on achètera encore des maisons, des champs et des vergers » ; telle est la conclusion de l'oracle que YHWH adresse à Jérémie après que celui-ci eut racheté le champ de son oncle, en plein pendant le siège de Jérusalem par l'armée de Nabuchodonosor (32, 15.42).

Dans un oracle en poésie, adressé à l'origine aux exilés du royaume du Nord déportés en Assyrie en 722 av. J.-C., retentit cette promesse : « Je les dirige vers des vallées bien arrosées » (31, 9) ; et, dans un passage rattaché au même contexte, on peut lire le message d'espérance suivant : « De nouveau, je veux te bâtir et tu seras bâtie, vierge Israël... De nouveau, tu planteras des vergers sur les monts de Samarie ; ceux qui auront planté feront la récolte » (31, 4s, où l'on remarque la reprise des deux verbes *bnh*, bâtir et *nṭ'*, planter, cités dans le récit de vocation en 1, 10).

Un autre oracle en poésie évoque ainsi le retour des exilés judéens depuis Babylone : « Ils arrivent, ils entonnent des chants de joie sur les hauteurs de Sion. Ils affluent vers les biens du Seigneur, vers le blé, le moût et l'huile fraîche, vers le gros et le petit bétail. Ils se sentent revivre comme un jardin bien arrosé » (31, 12).

Le jugement qui avait fait du pays un désert se trouvera ainsi révoqué. A cela s'ajoute la promesse d'un accroissement de la population : « Je les rends prolifiques, ils ne déclineront point » (30, 19 avec *rbh* hif., comme dans le récit sacerdotal de la création en Gn 1, 28 ; cf. 8, 17). Cette promesse de fécondité, permettant de surmonter les pertes énormes dues à la guerre et à l'exil, était déjà évoquée dans l'ordre de survie donné aux premiers exilés à Babylone, dans le texte de la lettre que Jérémie leur fait parvenir (29, 6). Ici s'exprime l'idée que YHWH permet la survie de ceux qui ont déjà subi et accepté son jugement, en attendant la restauration à venir. De même, la chronique de Baruch signale que les petites gens, qui sont restés en Juda autour du gouverneur Guedalias, après la seconde déportation, ont bénéficié d'une récolte surabondante (40, 10-12 ; Cf. 42, 10s).

### Du nouveau

Cependant, l'élément central de ces oracles de salut ne concerne pas le cadre de vie mais le genre de vie des Israélites. Et le lieu où s'exercera de la manière la plus frappante la puissance créatrice du Seigneur sera le cœur de l'homme : l'oracle sur la nouvelle Alliance annonce que, en insérant sa Loi au plus intime de l'être humain, au centre de sa volonté, là où s'échafaudent ses décisions, c'est bien un homme nouveau, apte à former un peuple nouveau qui puisse vraiment le connaître, que le Seigneur va créer, par un acte d'amour et de grâce (31, 31-34). La promesse qui fait suite, en 24, 7, à la vision des deux paniers de figues, est analogue : « Je leur donnerai un cœur qui leur permettra de me connaître » (cf. aussi 32, 38-40). Ces oracles de salut sont la contrepartie du constat négatif que Jérémie avait dû énoncer à propos de l'aptitude de ses contemporains à la conversion (cf. 5, 1-6 ; 8, 7 ; 13, 23). Ils représentent en quelque sorte le commentaire de l'affirmation frappante de 31, 22 : « Le Seigneur crée du nouveau sur la terre » (où nous trouvons la seule mention jérémienne du verbe *br'*, un des termes clés de la création divine, très rare dans la littérature préexilique). L'expression très diversement interprétée de 22bβ, litt. : « la femme entoure l'homme » est vraisemblablement une sorte de dicton évoquant un fait inattendu, bouleversant les règles établies. L'adjectif « nouveau » (*ḥadâšâh*) établit la liaison avec l'énoncé de l'Alliance nouvelle (on le retrouve en 31, 31b).

### La pérennité de l'Alliance

Dans la suite immédiate de l'oracle annonçant l'instauration de l'Alliance nouvelle, un passage en poésie, **31, 35-37**, se préoccupe de la durée des dispositions salutaires du Seigneur envers son peuple : il les rattache à la pérennité de son autorité sur la création et au caractère incommensurable des cieux et des fondements de la terre qu'il a faits. Ce texte présente quelques similitudes avec 5, 21-25 : l'autorité de YHWH sur la mer et le tumulte de ses vagues ; l'utilisation de termes issus du verbe *ḥqq* (versets 35b et 36a), qui présentent les actes créateurs de YHWH comme autant de décrets. Mais on relève aussi une différence notable : il n'y a plus le contraste entre les bienfaits de YHWH et le refus du peuple de les reconnaître ; l'agir de YHWH seul est en cause, pour garantir dans la durée le statut particulier de son peuple élu. Cette façon de garantir une alliance à partir des lois de la création est aussi présente dans le récit yahviste de l'alliance avec Noé (Gn 8, 22). Par ailleurs, la mission d'éclairer le jour et la nuit confiée respectivement au soleil, à la lune et aux étoiles, est aussi mentionnée dans le psaume 136, 7-9 et dans le récit sacerdotal de la création (Gn 1, 14s). La mensuration des cieux et de la terre est aussi évoquée en Is 40, 12-16 et Pr 30, 4. Constatations qui amènent quelques exégètes à contester l'authenticité de cette péricope.

Le même thème apparaît encore dans deux passages du **chapitre 33 : versets 19-22 et 23-26**. Ils sont unanimement considérés comme des développements postexiliques et fondent le maintien de l'Alliance avec la descendance de Jacob, celle de David et les prêtres lévitiques sur la pérennité de celle que YHWH a établie avec le jour et la nuit, ainsi que sur les décrets (*ḥuqqôt* verset 25b) régissant les cieux et la terre.

## II. YHWH, DIEU CRÉATEUR, MAÎTRE DE L'HISTOIRE DES NATIONS

### A) L'autorité du Créateur dans les bouleversements marquant la fin de Juda

*Une crise politique et théologique*

La grave crise survenue, du temps de Jérémie, dans les relations entre YHWH et son peuple allait aboutir à l'épreuve du jugement. La menace d'une invasion par un ennemi implacable venu du nord, exprimée par le prophète dès les premiers temps de son ministère (cf. 1, 13-15), se réalisa peu après l'accession de Nabuchodonosor, roi de Babylone, à l'hégémonie sur la Syro-Palestine, conséquence de sa victoire contre le Pharaon Néko à Karkémish en 605 av. J.-C. (cf. Jr 46, 2). Par deux fois, répliquant à des velléités de révolte de la part du royaume de Juda devenu un État vassal, les armées de ce puissant souverain dévastèrent le pays et mirent le siège devant Jérusalem : la première fois en 598-597, sous le règne de Yoyakîn, qui fut déporté à Babylone avec les notables de la ville ; la seconde fois en 588-587, sous le règne de Sédécias, dans le cadre d'une campagne qui se termina par la destruction de la ville et du Temple, par l'asservissement total de Juda et la déportation de toute l'élite de la population (cf. 2 R 24-25).

Durant ces dernières années très difficiles de l'existence du royaume de Juda, les contemporains de Jérémie n'eurent pas seulement à affronter les horreurs de la guerre et de la famine, mais encore à faire face à un douloureux questionnement théologique : que devenait, dans cette tourmente, l'élection d'Israël ? YHWH allait-il révoquer la promesse faite jadis à David, par la bouche de son prophète Natan, de placer toujours un de ses descendants sur le trône de Jérusalem (cf. 2 S 7) ?

Se refusant à admettre l'éventualité d'une pareille catastrophe, beaucoup comptaient sur une intervention libératrice, fût-ce au tout dernier moment, de la part du Seigneur, comme aux jours d'Ézékias, lorsque l'armée assyrienne qui assiégeait la ville avait dû se retirer précipitamment (cf. Jr 21, 2) ; en attendant, ils prônaient une résistance acharnée contre le pouvoir babylonien.

Jérémie, lui, fut chargé par son Seigneur de présenter une toute autre interprétation des événements, qui l'amena à exprimer d'autres aspects de la foi au Dieu créateur que ceux précédemment évoqués.

### « Mon serviteur Nabuchodonosor »

Le **chapitre 27** nous livre de façon saisissante les données du problème et la réponse apportée par le prophète.

Au début de son règne, Sédécias (c'est bien son nom qu'il faut lire au verset 1 et non celui de Yoyaqîm, cf. verset 3), placé sur le trône de Jérusalem par Nabuchodonosor après la première déportation en 597 (cf. 2 R 24, 18-20), reçoit les ambassadeurs de plusieurs royaumes voisins : Édom, Moab, Ammon, Tyr et Sidon. Le but de cette rencontre est sans aucun doute de fomenter une révolte contre leur suzerain babylonien. Les historiens mentionnent deux périodes qui fourniraient un contexte possible : l'année 595-594, lorsque Nabuchodonosor dut mater une révolte interne à Babylone, ou l'année 594-593, au début du règne du Pharaon Psammétique II, l'Égypte étant l'autre grande puissance du Proche-Orient, dont l'appui était souvent recherché.

Jérémie intervient au beau milieu de ces manœuvres diplomatiques, au moyen d'un acte symbolique on ne peut plus suggestif : il se confectionne un joug et le porte ostensiblement, démenti flagrant à toute espérance d'une indépendance bientôt retrouvée. Il reçoit même l'ordre de remettre un tel joug à l'intention de chacun des souverains représentés à Jérusalem (verset 2s), en prononçant le message suivant de la part du Seigneur :

> C'est moi qui ai fait la terre, ainsi que les hommes et les animaux qui sont sur la terre, par ma grande force et mon bras étendu ; je la donne à qui il est juste à mes yeux de la donner. Et maintenant, c'est moi qui livre tous ces pays au pouvoir de mon serviteur Nabuchodonosor, roi de Babylone ; même les bêtes sauvages, je les lui livre pour qu'elles le servent (verset 5s).

Dans le même élan, Jérémie donne ensuite à Sédécias et à sa cour l'ordre suivant : « Placez votre cou sous le joug du roi de Babylone ; servez-le, lui et son peuple, et vous vivrez » (verset 12).

Enfin il précise aux prêtres et au peuple qu'ils ne doivent pas s'attendre à voir se réaliser les paroles de certains prophètes, annonçant le prompt retour au Temple des ustensiles du culte saisis comme butin par les Babyloniens lors de la première prise de Jérusalem (verset 16ss).

La tâche de Jérémie consiste donc à briser toute espérance placée dans l'aboutissement d'une révolte contre

Nabuchodonosor. Pour quel motif ? Non pas parce que le Dieu d'Israël aurait perdu le contrôle de la situation ou cédé devant les dieux de Babylone, mais parce qu'il est en train de mener à bien un plan de jugement contre son peuple rebelle et ses voisins, un plan qui s'accomplit dans les événements de l'histoire contemporaine. Jérémie doit révéler aux Judéens que YHWH, contrairement à ce qu'ils imaginent, n'est pas « enfermé » dans le Temple ni dans la ville de David, et encore moins dans un rôle de Dieu protecteur inconditionnel de la nation. Dans le moment présent, il se tient plutôt derrière les armées de Babylone qu'il a chargées d'exécuter son jugement. Et Nabuchodonosor, souverain de la plus grande puissance de l'époque, n'est autre que son serviteur *('èbèd)* dans le cadre de cette mission (cf. 25, 9 et 43, 10). C'est pourquoi, respecter la souveraineté de YHWH, c'est reconnaître celle de Nabuchodonosor ; et se révolter contre lui, ce serait entrer en rébellion contre YHWH lui-même.

Bouleversant renversement de perspective, qui n'allait bien sûr pas de soi dans le contexte troublé de l'époque, où chacun se raccrochait aux promesses traditionnelles. Pourtant, le message de Jérémie reposait sur un fondement solide : c'est parce que YHWH est le créateur de la terre et de tout être vivant qu'il est le maître de l'histoire mondiale, le grand roi qui tient en son pouvoir toutes les nations de la terre et peut utiliser qui il veut pour accomplir ses desseins.

Avec un certain nombre d'exégètes, nous pensons lire, aux versets 5 et 6, les paroles propres de Jérémie, excepté la formule « par ma grande force et mon bras étendu », qui est une tournure deutéronomiste caractéristique (cf. Dt 9, 29 et 2 R 17, 36).

Nous pouvons ainsi constater qu'il a repris, comme base de son développement théologique, un élément qui ne devait pourtant pas être ignoré de ses auditeurs en tant que tradition caractéristique du culte à Jérusalem : la foi en la souveraineté de YHWH reconnu comme le Dieu Très-Haut *('El ʿElyôn)*, créateur du monde, roi des dieux et des nations (cf. les psaumes célébrant le règne de YHWH : 47 ; 97 – 99 et le psaume royal 89 ; nous nous référons ici à la thèse développée par H. J. Kraus dans son étude *Prophetie in der Krisis*, p. 66ss). Mais Jérémie, dans son contexte, ne cite pas la louange et la glorification qui rejaillissent, de par YHWH, sur son oint et sa capitale. Il revendique plutôt la foi au Dieu créateur pour exprimer son aptitude à contrôler l'histoire mondiale et à l'infléchir selon son plan qui, pour l'heure, est de frapper son peuple infidèle.

Cette reprise polémique d'une tradition cultuelle devait susciter l'hostilité de certains « collègues » prophètes cherchant à rassurer le peuple ou même à encourager la révolte par des promesses de salut (cf. 27, 9.16ss et au chapitre 28, la grande confrontation avec le prophète Hananya, qui brise le joug de Jérémie ; en 29, 15ss les oracles contre les prophètes qui agitent les esprits des premiers exilés à Babylone ; voir encore, au chapitre 26, le compte rendu des menées des prêtres et prophètes contre Jérémie après sa prédication au temple, citée en 7, 1-15).

### *Les critères du jugement*

C'est d'ailleurs justement dans la section des oracles contre les prophètes, au chapitre 23, que nous lisons une autre mention intéressante de la souveraineté du Dieu créateur, **23, 23s.** :

> Je ne serais que le Dieu de tout près — oracle du Seigneur — et je ne serais pas le Dieu des lointains ? Qu'un homme se cache dans son coin, moi, ne le verrais-je point — oracle du Seigneur ? N'est-ce pas moi qui remplis le ciel et la terre ?

Cette formule de présentation personnelle, avec le verbe *ml'* qal, être plein, remplir, ne se retrouve nulle part dans l'AT à propos de YHWH (signalons toutefois un passage proche en Ps 33, 5 : « La fidélité de YHWH remplit la terre »). D'après le contexte, l'accent est mis sur la faculté propre à YHWH de démasquer la fausseté des prophètes qui présentent le produit de leur imagination et de leurs visions personnelles comme paroles du Seigneur (cf. versets 16.21.25ss), réduisant ainsi le Dieu vivant, libre, souverain et transcendant, à un « Dieu de tout près », facilement assimilable à des intérêts privés et locaux. Contre cette conception tendancieuse, Jérémie souligne que, par son autorité de Créateur de l'univers entier, YHWH est en permanence celui qui remplit de sa présence et pénètre de son regard chacune de ses créatures, d'où sa faculté d'exercer un juste jugement (cf. la déclaration de 7, 11 : « Moi, je vois... » ; même idée en Ps 138, 6 ; 139, 2ss et Jb 34, 21).

La souveraineté de YHWH sur la terre entière, mise en relation avec l'accomplissement d'un projet inscrit dans l'histoire, est aussi le thème d'un bref oracle, en **9, 22ss**, qui culmine dans une formule de présentation personnelle :

Si quelqu'un veut se vanter, qu'il se vante de ceci : d'être assez avisé pour me connaître, moi, le Seigneur, qui mets en œuvre la solidarité, le droit et la justice sur la terre. Oui, c'est cela qui me plaît — oracle du Seigneur » (verset 23).

Bien que formulé dans le style de l'instruction sapientiale, répondant à la recherche du vrai sens de la vie (verset 22), cet oracle en poésie est certainement authentique, car il reprend deux thèmes clés du message du prophète : la connaissance de YHWH et le couple droit-justice (*mišpât-ṣedâqâh*). Il s'inscrit lui aussi dans la ligne de certains psaumes préexiliques établissant le lien entre la vénération, d'origine cananéenne, du Dieu Très-Haut, souverain de l'univers entier, et les traditions proprement israélites de l'Alliance avec YHWH, qui manifeste sa fidélité bienveillante (*ḥèsèd*) à son peuple et proclame le droit (cf. Ps 50 ; 89 ; 99). Nous y verrions volontiers l'expression condensée du critère de jugement que YHWH applique dans sa conduite de l'histoire (cf. 23b : « Oui, c'est cela qui me plaît ») ; et cela aussi bien à son propre peuple qu'aux autres nations, qui sont elles aussi appelées en jugement lorsqu'elles sortent de la limite et de la norme qu'il leur a assignées (cf. les oracles contre les nations, chapitres 45 – 51).

Dans cette même ligne, il est indispensable de mentionner encore la parabole du potier, en **18, 1-12**. Le peuple d'Israël y est situé, comme toute autre nation, dans la même relation, par rapport à YHWH, que l'argile dans les mains du potier (verset 6) : celle de la créature face à son créateur. L'hébreu rend d'ailleurs le rapprochement encore plus frappant par le fait que le mot « potier » est tiré du verbe *yṣr*, façonner, créer, un des termes centraux du vocabulaire de la création (cf. Gn 2, 7 dans le récit yahviste). L'accent porte, ici aussi, sur les exigences du potier-créateur : si le peuple façonné ne correspond pas au projet fixé, il disparaît dans la tourmente des bouleversements historiques pour être remodelé en temps utile. Sur le plan de la critique littéraire, signalons toutefois que plusieurs commentateurs considèrent le développement généralisant et hors de tout contexte historique des versets 7 à 10 comme un ajout des rédacteurs deutéronomistes, le compte rendu original de cette visite chez le potier ne portant, selon eux, que sur l'annonce du jugement contre Juda. Quoi qu'il en soit, l'image du potier-créateur demeure.

### B) L'autorité du Créateur dans l'élaboration du salut à venir

Ce n'est pas pour le temps présent seulement que Jérémie affirme la souveraineté de YHWH sur les peuples qu'il a créés. Il esquisse les traits essentiels d'une restauration future d'Israël, laquelle impliquera un nouveau bouleversement des nations. Nous avons déjà mentionné l'acte symbolique de l'achat du champ d'Anatoth, au chapitre 32, associé à cette promesse de YHWH : « Dans ce pays, on achètera encore des maisons, des champs et des vergers » (verset 15). Observons maintenant la suite du texte, dans sa forme première telle que la critique littéraire la reconstitue. Jérémie exprime tout d'abord une réaction de stupeur mêlée de doute en notant le contraste très net entre les conditions présentes (la ville est assiégée, la campagne occupée) et la promesse de salut du Seigneur (versets 16.17aα.24s). Puis vient la réponse de YHWH, **32, 27** : « Moi, le Seigneur, je suis le Dieu de toute chair. Y a-t-il une chose qui serait trop difficile pour moi ? », réponse suivie de l'annonce du changement de situation qui interviendra par sa volonté (versets 28-29a.42-44).

L'affirmation du verset 27 est à mettre en parallèle avec celle de 27, 5-6 déjà présentée ci-dessus. On retrouve, en introduction, la présentation de YHWH par lui-même (comme du reste en 9, 23 et 23, 24), formule que Jérémie semble affecter tout particulièrement et qui a son origine dans le discours de théophanie (Ex 3, 6.14) et la célébration liturgique de l'Alliance entre le Dieu libérateur, proclamateur du droit sacré, et Israël (Ex 20, 2 ; Dt 5, 6 ; Ps 50, 7 et 81, 11). Ceci confirme l'hypothèse selon laquelle Jérémie a repris en premier lieu les traditions cultuelles pour exprimer son message sur la souveraineté universelle de YHWH. L'acte créateur cité en 32, 27 se rapporte à « toute chair » *(kol bâsâr)*, expression désignant l'ensemble des êtres vivants (cf. Gn 6, 19 ; 9, 16 dans le récit sacerdotal du déluge ; Ps 136, 25 ; 145, 21). La tournure « Dieu de toute chair » peut être rapprochée de celle mentionnée en Nb 16, 22 et 27, 16 : « Dieu des esprits de toute chair », dans des passages attribués à la source sacerdotale (mais l'utilisation du mot Élohim pour désigner Dieu dans ces tournures atteste qu'elles sont plus anciennes que leur contexte littéraire actuel). La question rhétorique de 32, 27b : « Y a-t-il une chose qui serait trop difficile pour moi ? » souligne, tout comme la remarque de 27, 5b : « Je la donne (la terre) à qui il est juste à mes yeux de la donner », la souveraine liberté d'action de YHWH, fondée sur son pouvoir discrétionnaire envers ses créatures. Mais au chapitre 32, le contexte est différent : cette fois, le prophète n'annonce plus le jugement mais le salut qui viendra, contre toute attente, malgré toutes les apparences contraires du présent.

Jérémie a donc évoqué la puissance créatrice de YHWH pour rendre crédible la possibilité de son action libératrice à venir dans l'histoire. En ce sens, il est un précurseur du Deutéro-Isaïe ; son message contient déjà le germe qui s'épanouira dans la prophétie du temps de l'exil (cf. Is 40, 12ss ; 44, 24ss ; 51, 12ss). Un fait qui se vérifie aussi dans l'application du terme « serviteur » à un souverain païen (comparer Jr 27, 6 et Is 44, 26-28), dans l'utilisation de l'image du potier (Jr 18, 1-12 et Is 45, 9-13) et encore dans l'emploi du verbe *br'*, créer, pour évoquer le salut que YHWH réalisera (Jr 31, 22 et Is 48, 6s).

## C) L'autorité du Créateur
### dans la lutte contre le culte des idoles

Dans le livre de Jérémie, les traditions sur la souveraineté universelle de YHWH sont encore présentes dans un autre contexte : la polémique contre les idoles. Nous lisons deux développements sur ce thème en **10, 2-10 et 12-16**, séparés par le verset 11, un ajout tardif en araméen. Le second de ces passages se trouve aussi en 51, 15-19, inclus dans les oracles comme Babylone. Il débute (versets 12s) par la célébration de genre hymnique, avec le verbe *'śh*, faire, au participe présent *qal*, de l'œuvre créatrice du Seigneur. La mention des auxiliaires de YHWH : la puissance, la sagesse et l'intelligence est de type sapiental (cf. Pr 3, 19s). Vient ensuite une description de son pouvoir sur les phénomènes météorologiques, pluie, orage et vents, visant à amener tout homme à prendre conscience de sa propre faiblesse et, partant, de celle des idoles qu'il fabrique lui-même et qui ne lui sont donc supérieures en rien (versets 13-15). En conclusion, le verset 16 rappelle la puissance incomparable du « Lot-de-Jacob », le Seigneur qui s'est approprié Israël et qui représente pour lui la seule force de vie et la seule assurance pour son avenir ; c'est le même YHWH qui est aussi le « Créateur de tout » *(yôṣér hakol*, cf. 32, 27 *kol bâśâr).*

Quant aux versets 2-10, ils présentent aussi le contraste entre YHWH, le grand Dieu, le roi des nations (verset 6s), le Dieu vivant capable d'ébranler la terre (verset 10) et les idoles faites de main d'homme.

Ces deux développements du chapitre 10 sont proches de plusieurs passages du Deutéro-Isaïe (cf. 40, 19 ; 41, 6s ; 44, 9-20 ; 45, 20 ; 46, 6s). A partir de ces rapprochements, et en constatant que la mise en garde du verset 2 : « Ne vous conformez pas aux mœurs des nations » convient bien à la situation des déportés à Babylone, confrontés directement aux pratiques idolâtriques des païens parmi lesquels ils vivent, on les considère généralement comme des compositions de l'époque exilique.

Cependant, il est permis de poser la question suivante : n'aurions-nous pas affaire là aussi aux premiers développements jérémiens d'un thème qui sera repris et amplifié ensuite par le prophète de l'exil ? (Même si nous devions envisager que le texte du chapitre 10 est le résultat d'une amplification ultérieure d'un message original de Jérémie.) Le prophète d'Anatoth avait en effet des contacts avec les premiers déportés (cf. la lettre du chapitre 29) et il a pu composer à leur intention cette mise en garde contre l'idolâtrie. Le culte des dieux étrangers n'avait en outre pas complètement disparu en Juda après la réforme de Josias et il avait peut-être retrouvé une certaine vigueur dans la population traumatisée par la défaite, comme l'atteste le compte rendu des derniers messages de Jérémie (cf. 44, 15ss). Enfin, la dénonciation du culte des faux dieux n'est-elle pas la conséquence de l'affirmation de la souveraineté de YHWH sur le monde entier ? Dire qu'il est agissant derrière Nabuchodonosor, son serviteur, n'est-ce pas du même coup dénier toute influence et toute consistance aux dieux de Babylone ?

## CONCLUSION

1. Le livre de Jérémie nous fournit un exemple significatif de l'intégration du thème de la création dans le message prophétique, centré sur l'éclairage du présent et de l'avenir du peuple de Dieu pris dans les bouleversements historiques. C'est la raison pour laquelle nous n'y trouvons pas de récits de la création mais diverses mentions du pouvoir créateur de YHWH en rapport avec son action dans l'histoire et envers son peuple.

2. En ce qui concerne le vocabulaire de la création, nous constatons que, dans les passages que nous pouvons attribuer au prophète lui-même, c'est le verbe *'śh*, faire, qui est le plus souvent utilisé. Avec YHWH pour sujet, il introduit les compléments suivants :
— La pluie et les averses, en 14, 22 (par le renvoi du pronom « tout cela » en 22c).
— La terre, les hommes et les animaux, en 27, 5.
— Le ciel et la terre, en 32, 17.

— La solidarité *(ḥèsèd)*, le droit et la justice, en 9, 23.
Sont aussi présents :
— *br'*, créer, en 31, 22 : « Le Seigneur crée du nouveau sur la terre. »
— *yṣr*, façonner, en 18, 6 dans la mention du potier *(yôṣér)* façonnant l'argile.

A relever encore l'expression particulière, unique dans l'AT, avec le verbe *ml'*, être plein, remplir : « N'est-ce pas moi qui remplis le ciel et la terre — oracle du Seigneur ? »

Dans les passages généralement attribués à des rédacteurs exiliques ou postexiliques, nous retrouvons le verbe *'sh* en 10, 12 (complément : la terre) et 33, 2 (complément : le pronom féminin *âh*, que les LXX ont rendu par « la terre »). Nous y relevons aussi *yṣr*, en 10, 16 (complément : le tout, *hakol*) et 33, 2 ainsi que *kwn* hif, établir, en 10, 12 (complément : le monde) et 33, 2.

3. Dans son évocation du thème de la création, Jérémie occupe une place charnière dans la tradition prophétique :
D'une part, il a repris le combat de ses prédécesseurs, Osée en particulier, pour faire reconnaître YHWH comme seul dispensateur de la pluie et des autres bienfaits permettant la fertilité du sol et l'épanouissement de la vie en Terre promise, déniant ce pouvoir aux divinités étrangères. Il rappela aussi que ces bienfaits n'ont jamais été un dû, accordé inconditionnellement par YHWH. C'est pourquoi, au moment où de graves menaces pesaient sur les conditions de vie en Juda, en particulier des périodes de sécheresse, il les interpréta comme des actes de jugement du Seigneur contre son peuple infidèle aux exigences de l'Alliance.

D'autre part, Jérémie développa des perspectives qui allaient dépasser ce cadre traditionnel. Tout d'abord, dans son évocation de la restauration future d'Israël, il ne se borna pas à annoncer que des conditions de vie normales et heureuses reprendraient dans le pays rendu à sa fertilité. Il mit l'accent sur les réalités nouvelles que YHWH allait créer : non pas des conditions de vie paradisiaques, mais une transformation de l'homme lui-même, appelé, dans le cadre d'une Alliance nouvelle, à recevoir un cœur apte à connaître YHWH et à mettre sa Loi en pratique ; attente très proche de celle développée par Ézéchiel (cf. 36, 26s).

En outre, pris dans les bouleversements guerriers et politiques qui marquèrent la fin du royaume de Juda, Jérémie fut amené à y reconnaître l'œuvre de YHWH, rattachant sa souveraineté sur toutes les nations à son autorité de Créateur du monde et de toute chair ; autorité qu'il exprima en particulier par la reprise des traditions du culte de Jérusalem célébrant YHWH comme le Dieu Très-Haut *('El 'Elyôn)*.

Il ouvrait ainsi une perspective nouvelle pour le peuple partant en exil : le Seigneur, qui avait fait de Nabuchodonosor son serviteur pour exécuter son jugement contre son peuple infidèle, serait aussi à même, le temps venu, de bouleverser les cartes du pouvoir dans le monde des nations pour permettre un retour des déportés et une vie nouvelle à Jérusalem et dans tout le pays. Jérémie posait ainsi les jalons de la prophétie exilique du Deutéro-Isaïe.

### Indications bibliographiques

F. BASTIDE et C. COMBET-GALLAND, « Essai sur la création dans le livre de Jérémie », *Foi et Vie*, Cahier biblique n° 23 (1984), p. 45-51.

H.J. KRAUS, *Prophetie in der Krisis, Studien zu Texten aus dem Buch Jeremia* (Biblische Studien 43) Neukirchener Verlag, Neukirchen Vluyn 1964.

H. WEIPPERT, *Schöpfer des Himmels und der Erde, ein Beitrag zur Theologie des Jeremiabuches* (Stuttgarter Bibelstudien 102), Verlag Katholisches Bibelwerk, Stuttgart, 1981.

## CHAPITRE VIII

# L'ARGUMENT DE LA CRÉATION DANS LE LIVRE DE JOB

### par Jean LÉVÊQUE

Les thèmes conjoints de la création et de la seigneurie cosmique du Créateur tiennent dans le livre de Job une place importante. Mis à part le conte primitif qui a servi de base à toute l'œuvre et que l'on retrouve dans le prologue et l'épilogue en prose, tous les secteurs du livre exploitent ces deux thèmes, qu'il s'agisse de la partie dialoguée, du poème de Jb 28 sur la Sagesse introuvable, des discours d'Élihu (32-37) ou de la théophanie (38, 1-42, 6). On peut même remarquer que l'ensemble des chapitres 3 à 37 fournit une moisson de textes qui ne le cède nullement, en volume et en valeur, aux discours de Yahweh qui closent le poème.

Tous ces textes peuvent être analysés, au premier degré, pour leur teneur objective. On recoupe alors les affirmations de la Genèse, mais aussi les données cosmologiques, et même, assez souvent, l'arrière-fond mythique du Proche-Orient ancien. Mais, s'agissant du livre de Job, ce repérage thématique, si riche qu'il soit, s'avère très vite insuffisant ; car toutes ces allusions à Dieu créateur et aux « œuvres de ses mains » sont prises dans le champ d'un débat qui oppose Job tantôt aux tenants d'une tradition sapientielle, tantôt à Dieu lui-même ; et dès lors le thème de la création, même s'il revêt les formes psalmiques habituelles, peut servir à tout autre chose qu'à la louange. Au-delà de ce que les amis expriment il faut entendre ce qu'ils insinuent ; au-delà de ce que Job dit, il faut rejoindre ce qu'il veut dire, et Yahweh lui-même a son dessein propre quand il décrit sa création.

Ces contraintes spéciales au livre de Job nous dictent la marche à suivre. Nous dégagerons successivement pour les trois amis, pour Job, pour le locuteur de Jb 28, pour Elihu, et dans les discours de Yahweh, les passages qui ont trait au monde puis à l'homme dans leur rapport au Créateur ; et, après une étude de leur contenu thématique, nous nous demanderons à chaque fois quelle fonction ils remplissent, et donc quelle portée ils reçoivent, dans leur contexte immédiat et dans la dynamique de l'œuvre.

## LA CRÉATION DANS LES DISCOURS DES AMIS

Éliphaz, dont le discours ouvre chacun des trois cycles de débats (chapitres 4-14 ; 15-21 ; 22-27), mentionne à deux reprises la seigneurie cosmique de Dieu.

En 5, 9-10, c'est par un cri d'admiration devant l'œuvre d'Élohim qu'Éliphaz commence sa doxologie (versets 9-18) :

> Lui qui fait de grandes choses, et insondables !
> Des merveilles innombrables !
> Lui qui donne la pluie sur la face de la terre
> et qui envoie les eaux sur la face des campagnes.

Le ton est donné, avec une série de participes, typiques du style hymnique *('osèh, notén, šoléaḥ)*, et le vocabulaire traditionnel : « faire » *'âśâh)*, à propos des œuvres de Dieu, l'impossible exploration *(ḥéqèr)*, les « grandes choses » (*gᵉdôlôt* ; cf. 37, 5 ; Ps 71, 19 ; 136, 4 ; 145, 3.6) et les « merveilles » *(niplâ'ôt)*. Ce dernier thème est polyvalent dans la Bible ; il peut, en effet, introduire aussi bien un développement sur la création (37, 14 ; Ps 107, 24 ; 136, 4) qu'un rappel de l'action de Dieu dans l'histoire (Ps 105, 5), spécialement lors de l'Exode (Ps 78, 4 ; 106, 7.22 ; 111, 4). Ici la puissance du Créateur n'est évoquée qu'au verset 10, à propos de la pluie (cf. Am 5, 8). Le cycle de l'eau, qui s'évapore de la mer, se condense, puis vient arroser les champs, est décrit, dans l'Ancien Testament, non pas comme un phénomène banal, mais comme une merveille qui réclame à chaque fois le savoir-faire du Créateur (36, 26-28 ; Ps 104, 10-13 ; Jr 10, 12s).

Le reste de la péricope (versets 11-18) décrit, beaucoup plus longuement, l'action de Dieu dans le concret de l'existence humaine : Élohim manifeste sa majesté par l'aisance avec laquelle il intervient dans la vie des individus ; il aime renverser les situations, et ses impulsions corrigent les trop grands écarts creusés entre les hommes par l'injustice ou la volonté de puissance.

Dès ce premier texte nous constatons qu'il est impossible d'*isoler* le thème de la puissance cosmique de Dieu. Éliphaz passe rapidement sur la merveille de la pluie, et insiste immédiatement sur la fonction régulatrice de la Providence, pour en tirer, à l'adresse de Job, une leçon pratique dans le style des macarismes sapientiels :

> Donc heureux *('ašrey)* l'homme que corrige Eloah !
> Ne va pas mépriser la leçon de Shadday !
> (verset 17).

Bien que le verset suivant revienne au style hymnique, ce verset 17 suffit à nous mettre en garde : le discours d'Éliphaz, hymnique dans sa forme (versets 9-16.18), ne l'est pas vraiment par sa visée. Plus préoccupé de convaincre Job que de chanter la puissance d'Élohim, Éliphaz met à profit des thèmes doxologiques traditionnels, mais sa louange est celle d'un homme pressé.

En 22, 12-14, Éliphaz apparemment convie Job à exalter Dieu, l'inaccessible :

> Éloah n'est-il pas en haut des cieux ?
> Vois la tête des étoiles, comme elles sont élevées !
> (verset 12).

De sa demeure, au zénith du monde, Dieu est à même de voir tous les habitants de la terre (Ps 33, 13s ; 14, 2), même s'ils se cachent (Jr 23, 23s). Il voit, donc il connaît et il juge : c'est une conviction de tout croyant en Israël. Mais brusquement Éliphaz retourne cette conviction comme une arme contre Job :

> Et tu dis : « Que connaît El ?
> Est-ce que, derrière la nuée, il juge ?
> Les nuages lui sont un voile et il ne voit pas ;
> au pourtour des cieux il se promène !
> (versets 13s).

Éliphaz prête ici à Job le raisonnement que les prophètes et les psalmistes reprochent à l'impie. Celui-ci, en effet, interprète la transcendance de Dieu comme une absence et une impuissance (Is 29, 15 ; Ez 8, 12 ; Ps 73, 11 ; 94, 7 ; cf. Is 40, 22.26-28). Dès lors la portée des images s'inverse : les nuages *('âbîm)*, qui sont ailleurs le char de Dieu (Ps 104, 3) ou la tente qui voile sa majesté (Ps 18, 12s), l'empêchent ici de voir ; la nuée épaisse *('ărâpèl)*, ailleurs marchepied de Dieu lorsqu'il descend (Ps 18, 10), l'isole ici du monde où il devrait agir, et c'est un peu comme un *deus otiosus* qu'il parcourt l'horizon.

C'est en 4, 17-19 qu'Éliphaz, pour la première fois, fait allusion à la création de l'homme. Il prétend avoir entendu, lors d'une vision nocturne, un mystérieux personnage, qui lui murmurait :

> L'homme *('ènôš)* aurait-il raison contre Éloah[1] ?
> Un humain *(gèbèr)* serait-il pur devant Celui qui l'a fait *('ośéhû)* ?

---

1. Autre traduction possible : « L'homme serait-il juste *à l'exclusion* d'Éloah ? » La préposition *min* est ici dissociative comme en Gn 38, 26 ; 1 S 24, 18 ; Ha 1, 13 ; cf. notre ouvrage *Job et son Dieu*, Paris, 1970, 272-277 (sigle *JD* dans les pages qui suivent).

Et cette allusion aux limites de l'homme créé amène un raisonnement *a fortiori* :

> Si à ses serviteurs il ne se fie pas
> et s'il convainc ses Anges d'égarement,
> combien plus ceux qui habitent des maisons d'argile,
> eux[2] dont l'assise est dans la poussière !
>
> (versets 18s).

Double subordination pour l'homme : il est soumis à Dieu puisqu'il est son œuvre, et dans la hiérarchie des êtres il est inférieur aux anges, serviteurs de Dieu.

Double fragilité : fragilité physique, puisqu'il habite une « maison d'argile », c'est-à-dire son propre corps, éphémère et mortel, — et cette caducité de l'homme pétri d'argile *(ḥomèr)* remonte à la création (cf. Jb 33, 6 ; Is 64, 7 ; Si 33, 10 ; Sg 9, 15 ; 1 QH III, 21.24) ; fragilité morale ensuite, puisque, encore plus que les anges, l'homme est sujet à l'égarement, et que, de toute façon, devant son Créateur, il ne saurait faire valoir la pureté de sa conduite (cf. *ṭâhôr*, 17, 9).

Dans son deuxième discours, au chapitre 15, Éliphaz revient sur la création de l'homme, et de nouveau il s'en prend à Job :

> Es-tu, par ta naissance, le premier homme[3],
> et as-tu été enfanté avant les collines ?
> Écoutais-tu au conseil d'Éloah,
> accaparant pour toi la sagesse ?
>
> (versets 7-8).

Au sujet de ce premier homme, l'exégèse s'oriente dans deux directions. 1. Certains identifient cet homme avec l'Adam de la Genèse. Ainsi Dhorme : « Le premier hémistiche "es-tu né le premier homme ?" nous transporte aux origines de l'humanité, alors que l'homme est encore tout près de la Sagesse qui, avec Dieu, élabore la

---

2. Le suffixe de *yᵉsôdâm* renvoie aux habitants ; cf. 22, 16 ; Pr 10, 25.

3. Littéralement *rî'šôn 'âdâm*, « premier de l'homme », premier de l'humanité.

création. Le deuxième hémistiche remonte plus haut encore : avant la création ! Et le verset 8 ira jusqu'au conseil secret de Dieu[4]. » 2. Plusieurs commentateurs récents[5] considèrent ces versets comme un écho biblique du mythe de l'Homme primordial. Il est vrai que ce mythe, bien attesté dans le judaïsme tardif[6] *('âdâm haqqadmôn)*, semble beaucoup moins documenté dans l'Ancien Testament ; mais il se trouve certainement à l'arrière-plan de la *qînah* d'Ezéchiel 28 sur le prince de Tyr :

> Tu étais le sceau d'une œuvre exemplaire,
> plein de sagesse et parfait en beauté ;
> tu étais dans l'Eden, le jardin d'Élohim ; [...]
> les disques et les pendeloques (que tu portais) sur toi étaient en or ouvragé ;
> ils avaient été apprêtés le jour où tu fus créé *(b$^e$yôm hibbâr'akâ.* [...]
> Tu fus parfait dans tes voies
> depuis le jour de ta création *(miyyôm hibbâre'âk)*,
> jusqu'à ce que se trouvât en toi la perversité.
> Alors je t'ai traité en impie,
> te chassant de la montagne d'Élohim
>
> (versets 12-16).

De toute évidence, le récit des origines qui transparaît à travers cette évocation côtoie[7] le récit de Gn 2 − 3 (J),

---

4. E. DHORME, *Le Livre de Job*, Paris, 1926, p. 191. La *TOB* traduit, au verset 7 : « Es-tu Adam, né le premier, as-tu été enfanté avant les collines ? », et commente (p. 1472) : « Les collines peuvent faire allusion à certains sanctuaires (hauts lieux) que l'on croyait remonter aux temps primordiaux ». Plus probablement, les collines sont celles dont parle Pr 8, 25 : *lipnéy g$^e$bâ'ôt ḥôlaltî*.

5. G. FOHRER, *Das Buch Hiob*, KAT 16, Gütersloh, 1963, p. 268s ; F. HORST, *Hiob*, BKAT 16/I, Neukirchen, 1960, p. 223s ; Norman C. HABEL, *The Book of Job*, Londres, SCM Press, 1985, p. 253s.

6. Voir, à ce sujet : P. SCHÄFER, art. « Adam, II. Im Judentum », dans *Theologische Realenzyklopädie*, Berlin, Bd. I, 1977, p. 424-427 (avec une excellente bibliographie) ; Gershom G. SCHOLEM, *Les Origines de la Kabbale*, Paris, 1966, p. 152, 357, 365 ; J.H. CHARLESWORTH, *The Old Testament Pseudepigrapha*, Londres, 1983 : *Oracles Sibyllins*, III, 24-26 (p. 418) ; *HenSlave* 30, 12 ; 31, 2 (p. 148-154) ; *Apocalypse d'Adam* 1, 4 (p. 712). Consulter également, dans PHILON : *Op.* 72-76. 134-135. 146 ; *All.* II, 13.

7. Pour l'image du jardin d'Eden, cf. Gn 2, 8.(10).15 ; 3, 23s.

mais en diffère sur des points importants. Il met en scène un individu et non pas un couple, et pourrait représenter une forme plus ancienne, pré-israélite, de la tradition. D'un autre côté les matériaux ont subi, en Ez 28, « une indéniable yahwisation[8] ». La créature est nettement contredistinguée du Créateur, et par deux fois Ézéchiel emploie le verbe *bārā'* (versets 13.15), terme technique venu du langage cultuel[9] et utilisé dans le récit sacerdotal[10] de la création.

Le recours à la tradition mythique indépendante attestée en Ez 28 permettrait de comprendre comment, dans notre texte de Jb 15, 7b, le premier des hommes peut avoir été « enfanté avant les collines », ce qui est, ailleurs, le privilège de la Sagesse préexistante (Pr 8, 25 ; comparer Ps 90, 2). Si Job était né ainsi avant le monde (cf. plus loin, Jb 38, 4.21), il pourrait se targuer d'avoir assisté au conseil d'Éloah, le *sôd* solennel auquel renvoient 1 R 22, 19s, les Ps 82, 1 et 89, 6-8, et auquel ont accès les êtres célestes (cf. Jb 1, 6ss ; 2, 1ss) et les prophètes véridiques (Jr 23, 18.22). Là seulement Job aurait pu s'approprier une sagesse supérieure à celle de ses amis et des anciens (verset 9s).

Plus loin, en 15, 14-16, Éliphaz reprend le même type de raisonnement qu'en 4, 17-19 à propos des êtres célestes :

> Qu'est-ce qu'un homme *('ènoš)* pour qu'il soit pur,
> et l'« enfanté de la femme » *(yᵉlûd 'iššâh)*
> pour qu'il soit juste ?
> Si à ses Saints il ne se fie pas
> et si les cieux ne sont pas purs à ses yeux,
> combien moins un être abominable et corrompu,
> l'homme *('îš)* qui boit l'iniquité comme l'eau !

---

8. W. Zimmerli, *Ezechiel*, II, Philadelphia, Fortress Press, 1983, p. 90-91.
9. Cf. Ps 89, 13.48, sûrement préexilien ; Am 4, 13.
10. Voir F. Böhl, « Bara', als Terminus der Weltschöpfung im at.lichen Sprachgebrauch », in *At.liche Studien R. Kittel zum 60.Geburtstag*, BWAT 13, Stuttgart, 1913, 42-60 ; P. Humbert, « Emploi et portée du verbe bârâ (créer) dans l'AT », *ThZ* 3, 1947, 401-422. Nous avons ici d'autres traces du langage sacerdotal : *hithallék... tâmîm* (versets 14 et 15), cf. Gn 6, 9 ; 17, 1.

Le premier visé par Éliphaz est évidemment Job, dont « le cœur s'emporte » et qui « tourne contre El son animosité *(rûah)* » (verset 12s).

On a reconnu depuis longtemps[11] que le troisième discours de Bildad, en 25, 1-6, est beaucoup trop court dans sa forme actuelle, et qu'il doit être complété par 26, 5-14, au-delà des versets 26, 1-4 clairement attribués à Job. Ainsi restauré, le discours de Bildad offre la doxologie la plus développée que nous trouvons dans les discours des amis. Trois mots, en 25, 2a, annoncent le thème général : « A lui la domination et l'effroi *(paḥad)* » ; et le développement, remarquable de cohérence, suit un schéma spatial.

1. Dieu met d'abord de l'ordre dans sa propre demeure : « il établit la paix dans ses hauteurs » (verset 2b). On reconnaît aisément dans ce stique une reprise monothéiste du vieux thème oriental de la lutte opposant le dieu fort aux êtres célestes. Dieu, qui habite « les hauteurs » (16, 19 ; 31, 2), juge les « êtres supérieurs »[12] (21, 22), et, en établissant la paix, réduit leurs bandes à son service. Au même titre que la lumière partout disponible, ces escadrons *(gᵉdûdîm)* célestes deviennent une force d'intervention universelle : « peut-on dénombrer ses bandes, et contre qui ne surgit pas sa lumière ? » (verset 3).

2. Aucun être ne peut donc échapper aux reproches de Dieu. Cette conviction amène Bildad à la surenchère que nous avons relevée deux fois déjà chez Éliphaz (4, 17ss ; 15, 14ss). Seule différence : le raisonnement de Bildad part, non plus des anges ou des saints, mais des astres de la nuit :

> Comment un homme *(ʾènôš)* serait-il juste devant El ?
> Comment serait-il pur, l'enfant de la femme ?
> Si même la lune ne brille pas
> et si les étoiles ne sont pas pures à Ses yeux,

---

11. DHORME, p. XXXVIIIs ; plus récemment *JD*, 223s ; HABEL, 366s.
12. Cf. Ps 82, 1 ; Is 14, 12-14 ; 24, 21s.

combien moins un homme *('ènôš),* cette vermine,
et un fils d'homme *(bèn-'âdâm),* cette larve !

(25, 4-6).

3. Ayant ainsi, à son tour déprécié l'homme au passage, Bildad reprend son exploration. Quittant les « hauteurs » du verset 2b, il leur oppose d'abord le monde souterrain :

Les *R$^e$pâ'îm* tremblent
par-dessous les eaux et ceux qui les habitent ;
Sheol est à nu devant Lui,
et point de voile à l'Abaddôn !

(26, 5-6).

Le regard et l'action puissante de Dieu atteignent donc jusqu'à la partie la plus profonde et la plus secrète du cosmos[13], le royaume des morts, que Bildad situe non seulement sous terre, mais sous les eaux abyssales. Même les *R$^e$pâ'îm*[14] qui peuplent le Shéol tremblent devant El, et aucun voile ne peut lui cacher le mystérieux Abaddôn, qui est à la fois la perdition, la mort (Jb 28, 22) et la grande tombe (Ps 88, 12), et dont la littérature rabbinique fera l'un des quatre secteurs de l'enfer.

4. Bildad décrit ensuite la seigneurie de Dieu sur la terre et le ciel (versets 7-9). L'univers créé lui apparaît comme un miracle d'équilibre, une sorte de défi aux lois de la pesanteur et de la stabilité : « Il étend le *Ṣâpôn* sur le vide, il suspend la terre sur le néant » (verset 7). *Ṣâpôn*

---

13. Cf. Am 9, 2 ; Os 13, 14 ; Is 7, 11 ; Pr 15, 11 ; Ps 139, 8.11s ; Jb 11, 8 ; 12, 22 ; 38, 16s.
14. Primitivement il s'agissait d'êtres mythiques (cf. les *rp'um* d'Ugarit), dieux inférieurs ou morts privilégiés, peut-être considérés comme guérisseurs (si l'on admet l'étymologie *rp'*). Les premiers livres de l'AT ont historicisé les *R$^e$pâ'îm*, et ont vu en eux les premiers habitants de la Terre promise, une race de géants vite disparue (Gn 14, 5 ; 15, 20 ; Dt 2, 11.20 ; 3, 11, etc.). Dans les livres plus récents, les *R$^e$pâ'îm* sont considérés plus simplement comme les esprits des morts,, les Mânes ou les Ombres des morts (Is 14, 9 ; 26, 14.19 ; Pr 2, 18 ; 9, 18 ; 21, 16). Sur ce sujet, voir A. CAQUOT – M. SZNYCER, *Textes Ougaritiques,* t. I, Paris, 1974, p. 461-469 (avec bibliographie).

est un terme polyvalent qui désigne : tantôt une montagne plus haute que les « montagnes éternelles », située elle aussi aux confins du monde, mais pénétrant seule jusqu'au plan supérieur de la maison cosmique en perçant le plafond du firmament (Is 14, 13 ; Ez 1, 4) ; tantôt le séjour de Dieu lui-même ; tantôt la partie centrale du firmament, autour de laquelle pivotent toutes les étoiles. C'est ce dernier sens qui est visé ici par Bildad, puisque Ṣâpôn est opposé à la Terre, et que d'autre part le verbe *nâṭâh* (étendre) n'est employé au sens figuré qu'à propos du ciel. Le premier prodige, c'est que cette voûte céleste reste ferme, soutenue seulement par ses bases. De même la terre, plate-forme circulaire, n'est portée par rien, si ce n'est la mer inférieure, et les « colonnes » dont parle Job en 9, 6 ne l'étayent probablement que sur ses bords[15]. Autre miracle du Créateur : « Il enserre les eaux dans Ses nuages sans que la nuée crève sous elles » (verset 8), et Dieu dispose si librement de cette nuée qu'il l'utilise pour recouvrir la face de la pleine lune[16] (verset 9).

5. Bildad contemple ensuite le monde à l'horizontale :

> Il a tracé en cercle[17] une limite sur la surface des eaux jusqu'à la frontière entre la lumière et les ténèbres
>
> (verset 10).

C'est là, quelque part aux confins du monde, que se situent les « colonnes des cieux », l'inaccessible couronne de montagnes sur laquelle le plafond céleste est censé reposer. Une simple menace de Dieu suffit à les faire vaciller (verset 11).

Puis, avec deux verbes à l'accompli, Bildad passe au registre de la récitation mythique :

---

15. Voir P. Lemaire – D. Baldi, *Atlas biblique*, Louvain – Paris, 1960, p. 33.

16. Le mot *kisséh*, du TM, équivaut probablement ici à *késè'*, pleine lune (Pr 7, 20), orthographié *késèh* en Ps 81, 4.

17. Certains lisent ici *ḥaq ḥug* (Dhorme ; L. Alonso Schökel – J.L. Sicre Diaz, *Job, Comentario teológico y literario*, Madrid, 1983, p. 363 : « trazó un círculo sobre »). Nous gardons le TM *ḥoq-ḥâg*. Comparer Pr 8, 27 et Jb 26, 10. Pour le même choix, voir Habel, *op. cit.*, p. 365.

Par sa force il a calmé[18] Yâm
et par son intelligence a mis en pièces Rahab ;
par son souffle le ciel s'éclaircit[19],
sa main a percé le Serpent fuyard !

(versets 12-13).

Yâm, la mer démontée (Jb 7, 12 ; 38, 8s), Rahab, le monstre du chaos qui rameute une troupe de séides (9, 13), et le Serpent fuyard, appelé Liwyātān en Jb 3, 8 et Is 27, 1, sont les puissances hostiles que Dieu a dû vaincre et pourfendre pour mettre en ordre le monde. Ces images du combat primordial, dont on connaît de mieux en mieux les correspondants mésopotamiens et ugaritiques[20], ont été utilisées très librement dans la tradition israélite (ex. Ps 74, 12-17 ; Ha 3, 8-15 ; Is 51, 9), sans porter préjudice à l'autonomie et à l'initiative absolues du Créateur[21]. L'admiration exprimée par Bildad au verset 7 pour le travail de Dieu au-dessus du néant *(beli-mâh)* et du vide *(tohû)* montre suffisamment que lui non plus ne se représente pas l'origine du monde comme une cosmogonie.

La doxologie se termine, au verset 14, par un raisonnement *a fortiori*, de style parénétique, mais où Bildad, comme déjà en 25, 5s, se montre moins agressif que les deux autres amis, et ne prend pas Job explicitement à partie :

Ce sont là les franges de ses œuvres[22].
Quel murmure de parole nous en percevons !
Mais le tonnerre de sa puissance, qui le comprendra ?

---

18. Le verbe *rg'*, apaiser, calmer, comme en Jr 31, 2.
19. Il convient de garder le *beth* de *berûḥô*, parallèle à *bekoḥô* de 12a, et le substantif *šiprâh* (beauté, clarté). Pour traduire « son souffle a *balayé* les cieux » Dhorme est obligé de postuler l'existence d'un *piel* de *špr*.
20. Voir R. LABAT, « Le Poème babylonien de la Création », in *Les Religions du Proche-Orient asiatique*, Paris, 1970, 36-70, spécialement la Tablette IV, p. 50-54 ; A. CAQUOT – M. SZNYCER, « Le Poème de Baal et de la Mer », *op. cit.*, p. 380-390.
21. Cf. B.W. ANDERSEN, *Creation versus Chaos*, New York, 1967 ; O. KAISER, *Die mythische Bedeutung des Meeres in Ägypten, Ugarit und Israel*, BZAW, 1959, p. 143ss.
22. Litt. « les extrémités de ses voies », *qeṣôt derâkâw*.

Le tonnerre de Dieu, qu'il s'agisse du substantif *ra'am* ou du verbe correspondant, renvoie toujours, dans la Bible, aux théophanies du Dieu d'Isaël[23]. Bildad oppose donc ici le témoignage rendu par les créatures à la majesté de Dieu, au témoignage que Dieu se rend à lui-même dans les théophanies, le second témoignage étant au premier ce que le tonnerre est au murmure. Si, en admirant l'œuvre cosmique de Dieu, l'homme n'atteint, au mieux, que les franges du mystère divin, à plus forte raison sera-t-il incapable de saisir la plénitude de puissance et de vie qui fait irruption dans le monde dès que Dieu parle aux hommes ou intervient dans leur histoire[24].

Ṣophar, le troisième discoureur, ne fait qu'une allusion fugitive à la création de l'homme : « Sais-tu bien que, depuis toujours, depuis que l'homme fut mis sur la terre, l'allégresse des méchants est de courte durée ? » (20, 4s). Mais dans son premier discours, en 11, 7-9, les dimensions impressionnantes du cosmos lui inspirent d'exalter Dieu, tout en écrasant Job :

> Trouveras-tu le mystère *(ḥéqèr)* d'Éloah ?
> Jusqu'à la limite de Shadday parviendras-tu ?
> Elle est plus haute que les Cieux : que feras-tu ?
> Plus profonde que Shéol : que sauras-tu ?
> Plus longue que la Terre est sa dimension,
> et plus large que la Mer !

C'est le cosmos à quatre dimensions (comme en Ps 135, 6) que Ṣophar appelle comme premier témoin de la majesté d'Éloah. La « limite » *(taklît)* de Dieu n'est situable « nulle part » dans l'univers de l'homme (terre, mer, voûte céleste, Shéol). Ce tour concret de la poésie hébraïque souligne l'indigence de tout concept spatial dès qu'il s'agit de scruter l'inscrutable *(ḥéqèr)* d'Éloah[25]. En même

---

23. Cf. *JD*, p. 306-308.
24. La complémentarité, souvent négligée, des deux parties du Ps 19 traduit le même mouvement de pensée et le même souci que Jb 26, 14.
25. On retrouve en Am 9, 1-4 ; Jr 23, 24 et Ps 139, 7-12 ce type de raisonnement qui, à partir des diverses parties ou dimensions du cosmos, conclut à l'extension universelle de la puissance de Yahweh. Le

temps Job se voit débouté, sans ménagement, de toute prétention à un pouvoir et à un savoir autonomes : « que feras-tu ? que sauras-tu ? ».

D'ailleurs, immédiatement après ce couplet sur la majesté d'Éloah, Ṣophar aborde le thème complémentaire, le haut domaine de Dieu sur le destin des hommes : rien ne lui échappe des fourberies et des crimes (verset 10s). Puis, après un proverbe qui sert de transition (verset 12), Ṣophar abandonne le style de l'hymne pour celui de la parénèse : « Quant à toi... si l'iniquité qui est dans ta main, tu l'éloignes, ... tu seras solide et tu ne craindras pas ! » (versets 13 - 19). Ainsi Ṣophar, à son tour, dénature le thème de la seigneurie du Créateur en le faisant servir à sa dispute avec Job. La forme hymnique devient méconnaissable dans sa nouvelle fonction polémique ; la louange tourne en controverse ; la référence à Dieu devient une arme[26].

## LE CRÉATEUR ET LE CRÉÉ
## DANS LES MONOLOGUES
## ET LES RÉPONSES DE JOB

La puissance cosmique de Dieu, Job la connaît et la reconnaît tout autant que ses visiteurs, comme il l'affirme avec force dans trois passages complémentaires : 9, 4-10 ; 12, 7-10 et 23, 3.8-10a. Les thèmes qu'il retient semblent souvent étrangement proches de ceux qu'exploitent ses amis. Cela invite à regarder de près dans quel cadre est sertie chacune de ces doxologies.

En 9, 5-10, Job énumère avec complaisance les travaux de force d'El, capable d'ébranler les colonnes de la terre, de déplacer les montagnes et d'étendre les cieux à lui seul. Il commande au soleil (ḥèrès/Horus) de ne pas se lever

---

Dt, en 30, 11-14, reprend le schème traditionnel, mais pour démontrer, au contraire, que la Torah n'est pas « au-delà » des moyens du croyant ni « hors de son atteinte » ; cf. Ép 3, 18s.

26. Cf. *JD*, p. 299s.

(verset 7) et met les étoiles sous scellés ; il « fait » *('osèh)* l'Ourse, Orion, les Pléiades et les Chambres du Sud. Et Job d'ajouter, citant Éliphaz (5, 9) : « Il *fait ('osèh)* de grandes choses, insondables, et des merveilles innombrables. » Tout cela montre excellemment qu'El est « sage de cœur et robuste en force » (4a) ; mais Job en tire argument pour étayer sa thèse de l'impuissance de l'homme, qui est incapable de se justifier devant El, de répondre à ses questions, même une fois sur mille, à plus forte raison de lui tenir tête (versets 2-4). La doxologie s'achève d'ailleurs sur le thème de la colère d'Éloah : « sous lui sont prosternés les séides de Rahab » (verset 13). Ce qui amène, au verset 14, la reprise de la plainte de Job : « Combien moins lui répliquerai-je, moi, et choisirai-je les paroles à lui dire ! »

Plus loin, en 12, 7-10, c'est le monde animal qui devient le témoin privilégié de l'œuvre du Créateur. Il suffit d'interroger les oiseaux des cieux, les reptiles de la terre et les poissons de la mer (verscts 7-8 ; cf. Gn 1, 26) :

> Qui ne sait, chez eux tous,
> que c'est la main d'Éloah qui a fait cela *('âś$^e$tâh zo't)* ?
> Lui qui a dans sa main l'âme de tout vivant
> et l'esprit de toute chair d'homme !
> 'ašèr b$^e$yâdô nèpèš kol-ḥay
> w$^e$rûaḥ kol-b$^e$śar-'îš

(versets 9-10).

Non seulement la main d'Éloah « a fait », mais elle tient encore son œuvre ; et tout vivant dépend encore de Dieu pour son existence même. Au niveau de la création et de la vie animale, le pouvoir d'Éloah est donc évident. Job l'admet sans peine. En revanche il va contester longuement (versets 13-25) la manière dont Dieu conduit le destin des hommes. Quelle est cette sagesse (verset 13), quel est ce savoir efficace *(tûšiyyâh)* que l'on prête si facilement à Éloah, si celui-ci rend fous les juges (verset 17b) et retire la parole aux sincères (verset 20a) ?

En 23, 3-10 un thème spatial reparaît, mais noyé dans la plainte de Job :

> 3 Qui donnera que je sache où le trouver,
> que j'arrive jusqu'à sa résidence ! [...]
> 8 Si je vais à l'Orient, il n'y est pas,
> et à l'Occident, je ne le discerne pas ;
> 9 au Nord quand il agit, je ne l'aperçois pas,
> s'il s'écarte au Sud, je ne le vois pas !

L'extension du monde devient le chiffre de l'absence ; l'espace est à la fois un alibi pour Dieu et un non-lieu pour l'homme qui l'accuse.

Les textes se personnalisent davantage encore lorsque Job aborde la création de l'homme et la condition de l'homme créé. Tantôt il reproche à Dieu d'avoir leurré l'homme en lui accordant l'existence : « Pourquoi donne-t-il la lumière à un malheureux, et la vie à ceux dont l'âme est amère ? » (3, 20) ; tantôt il perd courage en découvrant à quel point le destin de l'homme est déterminé :

> Puisque ses jours sont décrétés,
> puisque le nombre de ses mois est connu de toi,
> puisque tu as fait sa limite *(ḥuqqâw 'âśîtâ)*
> et qu'il ne la franchira pas,
> détourne de lui ton regard !
>
> (14, 5s),

tantôt il imagine Dieu réveillant contre lui une inimitié plus vieille que le monde, comme s'il était, lui, pauvre homme, partie prenante des forces du chaos : « Suis-je Yâm, moi, ou Tannîn (le Dragon), pour que tu postes une garde contre moi ? » (7, 12) ; ou bien encore, ironisant peut-être sur le Ps 8, 5, Job, désabusé, déclare à Dieu : « Qu'est-ce que l'homme pour que tu le fasses grandir[27] et que tu portes sur lui ton attention ? » (7, 17).

Mais le passage le plus dense est la plainte du chapitre 10, où Job, avec une sorte de tendresse douloureuse, rappelle Dieu à ses devoirs de Créateur : « Est-ce un bien

---

27. Pour le piel *giddal*, plusieurs auteurs choisissent le sens dérivé « faire grand cas de ». Nous préférons, avec *KB*, Fohrer et Horst, le sens propre : « faire grandir, laisser grandir, élever » ; cf. 2 R 10, 6 ; Is 1, 2 ; 23, 4 ; 49, 21 ; 51, 18 ; Os 9, 12.

pour toi d'être violent, de mépriser l'œuvre de tes mains[28] et de sourire au conseil des méchants ? » (verset 3). Quelques versets plus loin, Job revient avec insistance sur cette œuvre des mains de Dieu : « Tes mains m'ont façonné et elles m'ont fait, de toutes parts à la fois, et tu me détruirais ! » (verset 8). Puis le thème est repris en deux variations. La première, au verset 9, aligne partiellement la création de Job sur celle de l'Adam de la Genèse :

> Souviens-toi que tu m'as fait comme avec de l'argile[29]
> et qu'en poussière tu me feras retourner.

Le thème du retour à la poussière fait clairement allusion à Gn 3, 19 (cf. Gn 2, 7 ; Ps 90, 3 ; 103, 14). Quant au verbe « façonner » *('iṣṣéb)* du verset 8, il évoque le travail patient d'un artisan-artiste[30]. L'argile *(homèr)*, mentionnée au verset 9, n'apparaît pas dans les récits de création de la Genèse. L'image renvoie, à plusieurs reprises, chez les prophètes au savoir-faire du potier (Is 29, 16 ; 41, 25 ; 45, 9 ; 64, 7), mais aussi à sa liberté créatrice (Jr 18, 1-12).

La deuxième variation, aux versets 11-12, modernise en quelque sorte le thème en faisant appel à l'observation physiologique :

> Ne m'as-tu pas versé comme du lait,
> et comme le fromage ne m'as-tu point caillé ?
> De peau et de chair tu me vêtis,
> d'os et de nerfs tu me tissas.

Ici le regard s'objective ; l'accent est mis sur la formation progressive de l'embryon, puis du fœtus. La théolo-

---

28. L'œuvre des mains de Dieu, c'est, tour à tour, dans l'AT : l'ensemble de la création (Ps 8, 7 ; 19, 2), — les cieux (Ps 102, 26), — l'action de Dieu en général (Ps 92, 5), — l'action de Dieu dans l'histoire (Is 5, 12 ; 29, 23 ; Ps 28, 5 ; 111, 7 ; 143, 5 ; cf. Ps 77, 6.12s), — une nation (Is 19, 25), spécialement la nation choisie (Is 60, 21 ; 64, 6s), — l'homme, quel qu'il soit, riche ou pauvre (Jb 34, 19), et le croyant individuel (Ps 138, 7s).

29. Job affectionne l'image de l'argile *(homèr)*. Le parallèle argile/poussière *(homèr/'âpâr)* se retrouve en 4, 19 ; 27, 16 ; 30, 19. En 13, 12 *homèr* forme couple avec *'èpèr* (la cendre) ; en 30, 19 on relève à la fois *homèr*, *'âpâr* et *'èpèr*. Voir encore 33, 6 ; 38, 14.

30. Cf. *ᶜâṣâb*, l'idole.

gie se nuance, mais reste fondamentalement la même : la création s'étire dans le temps et devient le commencement d'un histoire individuelle, mais c'est bien Dieu qui verse, qui coagule, qui revêt et qui tisse. Tout comme en Ps 139, 13-16, la fécondation et la gestation d'un enfant sont décrites comme un prodige[31] du Créateur, et comme le premier signe d'une providence aimante qui va accompagner l'être humain tout au long de son existence :

> Tu m'accordas (litt. « tu fis avec moi ») vie et bienveillance *(hèsèd)*,
> et ta sollicitude sauvegarda mon esprit *(rûḥî)*
> (verset 12).

Ce rappel du *hèsèd* d'Éloah rend encore plus poignant le reproche que Job lui adressait, au verset 8, de vouloir « détruire » son chef-d'œuvre. Détruire Job, le ruiner, l'engloutir *(billa')*, n'est-ce pas ce que le Satan se proposait en 2, 3 ? Aussi bien, après ce court passage doxologique (versets 8-12), la plainte de Job va-t-elle repartir de plus belle : l'hostilité injustifiable de Dieu (verset 17) dément sa sollicitude de Créateur et condamne au non-sens l'existence qu'Il a offerte à l'homme :

> Pourquoi donc m'as-tu fait sortir du sein ?
> J'aurais expiré, et aucun œil ne m'aurait vu :
> j'aurais été comme n'ayant pas été,
> j'aurais été conduit du ventre à la tombe !
> (versets 18s.)

Une seule fois, en 14, 15, le souvenir du Créateur amènera chez Job un moment d'espérance, lorsqu'il imaginera Dieu le cachant, tout vivant, en Shéol, pour le protéger de sa colère : « Tu appellerais, et moi, je répondrais ; l'œuvre de tes mains, tu languirais après elle ! »

Dans son grand monologue (29 - 31), Job se réfère une fois à la création, pour rappeler l'égalité foncière de tous les êtres humains et les droits qu'il reconnaissait lui-même à son serviteur : « Celui qui m'a fait dans le ventre, ne l'a-t-il pas fait aussi ? et n'est-ce pas lui seul qui nous a organisés dans le sein ? » (31, 15 ; cf. 32, 22). Mais ce

---

31. Cf. encore : Qo 11, 5 ; 2 M 7, 22s ; Sg 7, 2.

thème, sapientiel par excellence[32], participe de l'optimisme du chapitre 31, où Job évoque avec complaisance son passé. Dans le chapitre 30, beaucoup plus consonant à sa plainte, Job négative résolument sa relation au Créateur, et ne veut plus voir dans le monde matériel qu'un instrument au service de la fureur de Dieu :

> Tu m'emportes sur le vent, tu me fais chevaucher,
> et tu me liquéfies dans le fracas (de l'orage).
> Je sais que tu m'emmènes à la mort
> et au rendez-vous de tout vivant
>
> (30, 22s).

La mort n'est plus seulement le terme, mais le but de la vie et le véritable dessein de Dieu ; et, par une ultime dérision, le Maître de la création et de l'histoire, qui « chevauche les nuées » pour ses interventions victorieuses (Ps 68, 5.34), fait de Job le jouet des éléments et l'emporte sur le vent pour une chevauchée mortelle.

Ces analyses consacrées aux péricopes hymniques des dialogues font apparaître déjà plusieurs constantes.

1) Les dialogues du livre de Job associent librement l'idée de la seigneurie cosmique de Dieu à des rappels de la création primordiale et à des images d'origine mythique.

2) Comme un grand nombre d'hymnes bibliques, les discours de Job et ceux des amis font alterner les thèmes jumeaux de la création et de l'histoire, à cette différence près — essentielle, il est vrai — que les souvenirs historiques d'Israël n'entrent pas ici en ligne de compte.

3) Les doxologies des visiteurs sont gauchies vers la parénèse. Hymniques par leur forme littéraire, elles ne le

---

32. Cf. Pr 14, 31 ; 17, 5a ; 22, 2 ; 29, 13, et « l'Enseignement d'Aménémopé », chap. 25 (dans *ANET*, p. 424, ou J. LÉVÊQUE, *Sagesses de l'Égypte ancienne*, Cahiers Évangile, Suppl. au n° 46, 1983, p. 67.

sont plus vraiment par la fonction qu'elles remplissent. Ce souci moralisateur, voire polémique, se fait jour au contraire plutôt rarement dans les hymnes les plus typiques du psautier[33]. Les doxologies de Job sont sollicitées, elles aussi, mais dans une direction toute différente : en retenant quasi uniquement les thèmes qui exaltent la *puissance* de Dieu, Job les utilise comme résonateur de sa plainte. Il habille ses griefs d'images hymniques pour les rendre plus incisifs et mettre plus efficacement la force de Dieu en opposition avec son ḥèsèd.

## LA CRÉATION PRIMORDIALE EN JOB 28

Le poème de Jb 28 sur la Sagesse introuvable commence comme un chant à la gloire de l'homme technicien, capable de fouiller les entrailles de la terre à la recherche des métaux nobles et des pierres précieuses (versets 1-11). Puis, par deux fois, le poète oppose à ce savoir-faire de l'homme son impuissance face à la Sagesse : par où la trouvera-t-on ? d'où viendra-t-elle ? et quel est le lieu de l'Intelligence ? (versets 12.20). Les pierres les plus riches, récompense du labeur acharné de l'homme, ne sauraient acheter la Sagesse (versets 15-19), et elle ne se trouve ni sur la terre des vivants (verset 13b), ni dans le monde caché : Teḥōm et Yām (l'Abîme et la Mer) ne l'ont pas chez eux (verset 14), l'Abaddôn et Môt (la Perdition et la Mort) ont tout au plus entendu parler d'elle (verset 21). Seul

> Elohim en a discerné le chemin,
> et lui a connu son lieu. [...]
> Lorsque lui, de son regard,
> atteignait les confins de la terre
> et qu'il voyait partout sous le ciel,
> pour assigner (« faire ») un poids au vent
> et fixer la mesure des eaux ;

---

33. Cf. *JD*, p. 310-311, 320-328.

> au moment où il assignait (« faisait ») à la pluie une limite
> et un chemin au nuage tonnant,
> c'est alors qu'il l'a vue et détaillée[34],
> qu'il l'a établie et explorée
>
> (versets 23-27).

Comme en Pr 8, 22-31, la Sagesse est mentionnée dans le contexte de l'agencement primordial du monde. Son antériorité par rapport à la terre et aux cieux n'est pas thématisée ici comme elle l'est en Pr 8, 22-26. De cette Sagesse-Intelligence il n'est pas dit non plus qu'elle ait assisté ni pris part à la création, mais bien plutôt qu'à ce moment (*'âz*, verset 27) elle était pour Élohim objet de regard et de connaissance. Pour connaître le lieu où elle est, il faut regarder partout à la fois, car elle est partout et nulle part sous le ciel (verset 24) ; or seul le regard d'Élohim se joue de l'espace et du temps. Pour repérer un chemin vers cette Sagesse, il faudrait savoir mesurer ce qui n'est pas mesurable, et en cela aussi Dieu excelle : il donne un poids au vent qui ne pèse rien, bien qu'il pousse très fort ; il a prévu une jauge pour les eaux, proprement insondables, une limite pour la pluie fantasque et des balises pour le tonnerre.

Cette *ḥokmâh* paradoxale n'est pas d'ici-bas, bien que son action soit partout sensible dans l'équilibre du monde, et elle est identique à la *bînâh* (intelligence) de Dieu. L'homme sait explorer (*ḥqr*, verset 3b) son monde jusqu'au tréfonds ; seul Dieu peut explorer (*ḥqr*, verset 27b) ses propres profondeurs. L'unique sagesse accessible à l'homme est celle dont Dieu lui a montré le chemin. T<sup>e</sup>hôm, Yâm, l'Abaddôn et Môt ne peuvent « dire » que leur ignorance (versets 14.22) ; Dieu, lui, a *dit*, révélé, à l'Adam de toujours :

> Voici, la crainte d'Adonay est la sagesse,
> et se détourner du mal est l'intelligence
>
> (verset 28).

---

34. Pour rendre *way<sup>e</sup>sapp<sup>e</sup>râh* ; cf. Ps 22, 18. Alonso Schökel et Sicre Diaz traduisent : « la calculó » (p. 362), Habel : « appraised her » (p. 389).

C'est de cette sagesse-là que Yahweh, dans le Prologue, créditait Job, lorsqu'Il disait de son serviteur : « Il n'y a personne comme lui sur la terre : c'est un homme parfait et droit, craignant Élohim et se détournant du mal » (1, 8 ; 2, 3).

## LA CRÉATION DANS LES DISCOURS D'ÉLIHU

Élihu, dans ses démonstrations, se réfère lui aussi, abondamment, à Dieu créateur et à son œuvre. Après l'exorde (chap. 32), où il déclare en substance, avec un peu de solennité : je veux parler (versets 6-10), je peux parler (versets 11-14), je dois parler (versets 15-22) en faveur de « Celui qui m'a fait » *('ośénî)*, Élihu, dans ses trois premiers discours rappelle successivement : que Dieu parle aux hommes, de manière parfois inattendue (chap. 33) ; qu'Il met sa puissance au service du droit (chap. 34) ; et que sa transcendance ne l'empêche nullement de suivre le destin des hommes (chap. 35).

Dans ces quatre chapitres, on relève une seule mention explicite[35] de la seigneurie de Dieu sur la création matérielle : « Qui lui a confié la[36] terre, et qui l'a chargé du monde *(tēbēl)* entier ? » (34, 13). Et Élihu passe immédiatement au thème complémentaire de la providence constante de Shadday pour les animaux et pour l'homme :

> S'il ne prêtait attention qu'à lui-même,
> s'il ralliait à lui son esprit et son souffle *(rûḥô weniśmâtô)*,
> toute chair expirerait à la fois
> et l'homme *('âdâm)* retournerait à la poussière
>
> (34, 14s).

---

35. En 35, 5-7, il s'agit seulement d'une allusion.
36. Un Ms hébreu porte *'arṣô*, « sa terre » ; plusieurs commentateurs lisent *'arṣoh*, avec le suffixe rare msc.sg. On peut garder, avec le TM, *'arṣâh*, forme poétique de *'èrèṣ* qui reparaît en Jb 37, 12b ; Is 8, 23.

On pourrait apporter ici comme parallèle le texte de Ps 104, 29s : c'est par la *rûaḥ* de Dieu que sont créés les vivants, et ceux-ci retournent à la poussière (cf. Gn 3, 19 ; Qo 12, 7) dès que Dieu rappelle *leur rûaḥ*.

Deux autres passages d'Élihu réutilisent à propos de l'homme le terme de *nᵉšâmâh*, typique de Gn 2, 7, et le thème de la *rûaḥ* créatrice[37] :

> C'est un esprit *(rûaḥ)* dans l'homme *('ènôš)*
> et le souffle de Shadday *(nišmat šadday)* qui le(s) rend intelligent(s)
>
> (32, 8).

> L'esprit d'El m'a fait *(rûaḥ-'él 'âśâtᵉnî)*
> et le souffle de Shadday m'a vivifié
> *(wᵉnišmat šadday tᵉḥayyénî)*
>
> (33, 4).

> Voici que, moi, je suis comme toi pour El :
> d'argile j'ai été pétri *(qoraṣtî)*, moi aussi
>
> (33, 6).

Le verbe *qâraṣ* (pétrir, primitivement « pincer » l'argile) est l'équivalent exact du *qaraṣu* assyrien, employé pour décrire la formation de l'homme par le dieu-potier[38].

Ainsi, selon Élihu, Shadday, par son esprit et son souffle, donne et conserve à l'homme non seulement la vie, mais l'intelligence, et chaque être humain est personnellement l'œuvre de Dieu. Seuls les impies ont l'audace de le nier :

> Aucun n'a dit : « Où est Éloah qui m'a fait *('ośây)* ?
> lui qui donne des forces durant la nuit,
> qui nous instruit plus que les bêtes de la terre
> et nous rend plus sages[39] que les oiseaux du ciel ! »
>
> (35, 10s.)

---

37. Même couplage de mots en Jb 4, 9, où la *rûaḥ* et la *nᵉšâmâh* de Dieu sont toutes deux destructrices, et en 27, 3, où *nišmâtî bî* est parallèle à *rûaḥ 'elôah bᵉ'appî*.

38. Cf. DHORME, p. 445.

39. Pour le piel de *ḥkm*, suivi de *min*, cf. Ps 119, 98 : « Ton commandement me rend sage *plus que* mes ennemis » *(mé'oyᵉbay tᵉḥakkᵉménî)*.

L'expression « celui qui m'a fait » (cf. 31, 15 ; 32, 22) prouverait, à elle seule, que la pensée d'Élihu se meut dans une théologie de création, car le participe *oséh*, quand il est suffixé[40], a toujours, dans la Bible, Dieu pour sujet ; et, dans le livre de Job, même sans suffixe, il renvoie toujours à l'œuvre créatrice de Dieu et à son gouvernement de l'univers[41].

Dans les chap. 32 — 35 que nous venons de survoler, Élihu n'aborde le thème de la création que par petites touches. Son dernier discours (36 — 37) procède tout autrement. Après, une brève adresse à Job (36, 1-4), une première partie (versets 5-23), déjà doxologique, décrit l'action de Dieu dans l'histoire personnelle des justes et des impies. Elle est encadrée par l'annonce du thème : « *Oui, El est grand en force*, et il ne méprise pas celui qui est pur de cœur » (verset 5), et la reprise du même motif, en inclusion, au verset 22 : « *Oui, El est sublime dans sa force*... et qui pourrait lui dire : Tu as commis l'injustice ? »

La seconde partie (36, 24-37, 13) traite uniquement de la puissance de Dieu à l'œuvre dans la création. Elle est introduite par une invitation faite à Job :

> Souviens-toi de magnifier son œuvre
> qu'ont chantée les humains !
> Tout homme la contemple,
> l'humain la regarde de loin !
>
> (versets 24s).

La répétition discrète de *mérâḥôq*, « de loin », qui rappelle l'exorde en 36, 3 et le retour, au verset 26, de la formule solennelle *hèn-'él*, « oui, El est grand, et nous ne savons à quel point » (cf. 36, 5.22), soulignent la complémentarité des deux parties de l'hymne. Dieu dans la création, Dieu dans l'existence de l'homme : le jumelage de ces deux thèmes était devenu, en Israël, un réflexe théologique[42].

Élihu a donc choisi son thème, et il va s'y tenir. En

---

40. Rapprocher *lᵉpo'alî*, en 36, 3.
41. Cf. *JD*, p. 557.
42. Cf. *JD*, p. 309-312.

21 versets il passe en revue les phénomènes atmosphériques : le froid, la glace, la tempête, l'ouragan, la neige, et revient avec prédilection sur plusieurs d'entre eux : le tonnerre, les éclairs, les nuages et la pluie[43]. Beaucoup plus que des indications sur la météorologie de l'époque, c'est le dessein catéchétique d'Élihu qu'il importe ici de retenir. Oscillant constamment entre la description hymnique et l'interprétation sapientielle, entre l'admiration et la recherche du sens, il va *utiliser*, à son tour, « l'argument » de la création pour exalter Dieu et faire céder Job.

Il souligne d'abord qu'El dispose librement de *son* œuvre, et de tous les éléments de la dynamique céleste : le tonnerre, fracas de *sa* voix et grondement de *sa* bouche (37, 2.4 ; cf. Ps 29), *son* éclair (37, 11), *sa* nuée (37, 15), *sa* hutte (36, 29) et *ses* chambres hautes (36, 30, cj). Un autre accent porte sur l'ignorance de l'homme : « nous ne savons pas » (36, 26 ; 37, 5), « qui comprendra ? » (36, 29), et, de manière complémentaire, sur la visée pédagogique de Dieu : son tonnerre l'annonce (36, 33), et lorsque la pluie fait se terrer les bêtes, les hommes aussi sont mis sous scellés, « pour qu'ils reconnaissent son action » (37, 7s).

Élihu montre ensuite que les phénomènes atmosphériques, apparemment si imprévisibles et irrationnels, ne sont nullement laissés au hasard de forces aveugles, mais constituent l'œuvre personnelle *(po'olô,* 36, 24) d'un Dieu toujours au travail, qui fixe une cible à chaque éclair (36, 32) et règle, par des directives précises (37, 12), le circuit des orages et la répartition des pluies. Tout ce labeur cosmique, El l'accomplit au profit de l'homme ; mais, en fonction du dessein qu'il poursuit dans l'histoire, il met sa puissance au service d'une pédagogie de conversion. En accordant ou refusant la pluie, il « juge les peuples » en même temps qu'il donne la nourriture en abondance (36, 31) ; et si les nuages tournoient pour exécuter ses ordres sur la face du « monde terrestre » *(tébél 'arṣâh),* c'est tantôt pour le châtiment *(šébeṭ),* tantôt pour la miséri-

---

43. Voir le détail dans *JD*, p. 567.

corde (*ḥèsèd* ; 37, 12s). La nature ne reste donc pas neutre dans le drame du salut de l'homme : amicale ou hostile, elle porte un message de la part de Dieu. De fait, l'homme ne s'y trompe pas, et devant les « grandes choses que Dieu opère » (37, 5), devant le tonnerre, précurseur et symbole de la colère divine (36, 33), « son cœur tremble et bondit hors de sa place » (37, 1). Et alors qu'Élihu, dans son invitatoire (verset 24), conviait simplement Job à se joindre à la louange universelle des hommes, il réintroduit à la fin de son hymne la certitude obsédante de la rétribution (37, 13).

Ce quatrième discours d'Élihu se poursuit d'ailleurs par une mise en demeure adressée à Job (37, 14-20), avec reprise de quelques thèmes cosmologiques et, de nouveau, insistance sur le non-savoir de l'homme (37, 15s.19). Suivent deux versets qui semblent annoncer une théophanie de gloire (versets 21s), puis les deux versets terminaux qui résument les discours et le propos d'Élihu :

> Shadday, nous ne l'atteignons pas !
> Il est grand par la puissance et l'équité ;
> maître en justice, il n'opprime pas[44].
> C'est pourquoi les hommes le craignent :
> il n'a pas un regard pour tous les sages de cœur !
>
> (versets 23s).

Nous retrouvons bien là les deux pôles de l'argumentation d'Élihu : la transcendance de Shadday, maître de tout le créé, mais aussi la justice infaillible de son action dans la vie des hommes. Plus que les autres censeurs de Job, Élihu a serré sa dialectique[45] et appuyé ses mises en garde. Très logiquement, son dernier mot sera, comme à la fin de Jb 28, une invitation à la crainte de Dieu, qui ouvre à l'homme l'unique sagesse promise et permise.

---

44. Habel traduit : « He does not answer ». Mieux vaut garder, avec le TM, le piel de *'ânâh* III.
45. Cf. *JD*, p. 538-544.

## LA CRÉATION RACONTÉE PAR DIEU :
## LA THÉOPHANIE (38, 1 – 42, 6)

Après les longues plaintes de Job et son ultime défi (31, 35ss), Yahweh prend enfin la parole. Il n'apparaît pas à proprement parler, mais il répond, du milieu de la tempête théophanique *(se'ârâh)*[46]. Il ne cherche pas à être vu, mais il se propose de faire voir ; et c'est sa parole qui va ouvrir les yeux de Job.

La structure de ces chapitres est assez complexe. Le texte, dans son état actuel[47], introduit par deux fois une parole de Yahweh (38, 1 ; 40, 6), et par deux fois une réponse de Job (40, 3 ; 42, 1). Comme le montre le tableau ci-après (p. 288-289), si les deux discours équilibrent à peu près leurs masses (68 versets contre 44), le parallélisme, pour les autres éléments, n'est qu'approximatif : question(s) et ordre sont intervertis ; le premier discours de Yahweh reçoit une conclusion (40, 1s), qui manque pour le second (après 41, 26) ; et les questions de Dieu à Job en 40, 8s sont développées en une série d'impératifs (versets 10-14) qui n'ont pas de correspondant dans le premier discours[48].

Par ailleurs la deuxième réponse de Job présente des anomalies flagrantes : le verset 3a met dans la bouche de Job ce qui était en 38, 2 une question de Yahweh, et le versets 4, attribué lui aussi à Job, combine des paroles d'Élihu (33, 31) et une phrase prononcée à deux reprises par Yahweh (38, 3 ; 40, 7). Considérer ces deux versets comme des citations, par Job, de paroles de Dieu obligerait à sous-entendre « ... disais-tu », ce qui n'est pas dans

---

46. Sur le lien étroit qui unit la *se'ârâh* aux diverses théophanies de l'AT, cf. *JD*, p. 509-510.

47. Pour rendre raison des anomalies du texte, on peut, avec vraisemblance, restituer un état antérieur de cette théophanie, avec un seul discours de Yahweh et une seule réponse de Job (cf. *JD*, 505-518). Nous tentons ici de comprendre le texte dans sa teneur habituelle.

48. Cf. J. LÉVÊQUE, *Job, le livre et le message*, *Cah. Ev.* n° 53, 1985, p. 49-51.

les habitudes de l'auteur (quand, par exemple, Élihu cite Job, il ne laisse rien à sous-entendre). Le texte est donc probablement blessé à ces deux endroits ; mais de toute façon la réponse de Job demeure tout à fait cohérente dans la séquence : versets 1.2.3b.5.6.

\*
\* \*

Étudions, dans un premier temps, le contenu objectif des discours de Yahweh, pour le resituer ensuite dans le contexte théologique de ces derniers chapitres.

Plusieurs des travaux que Yahweh revendique comme siens concernent la création primordiale : Yahweh a fondé la terre, fixé ses mesures et tendu sur elle le cordeau ; il a enfoncé ses socles et posé sa pierre angulaire (38, 4-6). La terre est donc un temple, et sa dédicace a été célébrée au matin du monde, alors que se répondaient en deux chœurs les étoiles de l'aube et les fils d'Élohim (38, 7). Le premier soin de Yahweh a été ensuite de contenir Yâm (la Mer) qui jaillissait du sein de la terre (38, 8 ; cf. Gn 7, 11 ; 49, 25) : Yâm s'est calmé, comme un enfant, dans ses langes de nuages, et un seul ordre de Yahweh a suffi pour mater à jamais son orgueil[49].

L'action permanente de Yahweh suscite également l'admiration, car c'est elle qui assure la marche du monde. Dieu commande au matin et à l'aurore (38, 12s), il se promène jusqu'au fond de l'abîme, jusqu'aux portes de la Mort et de l'Ombre (versets 16s) ; il indique fidèlement à la lumière et aux ténèbres leur chemin et leur place (versets 18ss). C'est lui qui appelle la neige et la grêle, le vent d'est et la pluie, la nuée et l'éclair, et qui dépose la rosée, la glace ou le givre (versets 22-30.34s) ; c'est lui qui garde bien nouées les Pléiades et les étoiles d'Orion. Lui seul connaît les lois des cieux et réalise sur terre ce qui y est écrit (versets 31-33).

---

49. Cf. *Enuma eliš*, IV, 1.139s, dans *ANET*, p. 67, ou *RPOA*, p. 54 ; « Ba<sup>c</sup>al et la Mer », dans *Textes Ougaritiques*, I, p. 107-150.

## Yahweh (I)

**38,1** *Introduction*

Et Yahweh répondit à Job, de la tempête, et dit :

**38,2** *Question*

Qui est celui qui obscurcit la ᶜéṣâh par des mots dépourvus de science ?

**38,3** *Ordre*

Ceins donc tes reins comme un homme, je te questionnerai pour que tu m'instruises :

**38,4 — 39,30**  ⟦ *Premier discours* ⟧

a) *Création et connaissance du monde* (38,4-21)

  1. Dieu a fondé la terre       4-7
  2. Dieu a barricadé la mer     8-11
  3. Dieu commande au matin     12-15
  4. Dieu connaît la profondeur et l'étendue    16-21

## DISCOURS DE YAHWEH
## Yahweh (II)

**40,6** *Introduction*

Et Yahweh répondit à Job, de la tempête, et dit :

**40,7** *Ordre*

Ceins donc tes reins comme un homme, je te questionnerai pour que tu m'instruises :

**40,8.9** *Questions*

Est-ce que vraiment tu ruineras mon droit ?
Tu me condamneras pour que tu aies raison ?
As-tu un bras comme celui d'El, et tonnes-tu d'une voix comme la sienne ?

10 Orne-toi donc de fierté et de grandeur, revêts-toi d'honneur et de majesté !
11 Répands les débordements de ta colère,
regarde tout être fier et abaisse-le !
12 Regarde tout être fier, ravale-le !
Cache-les ensemble dans la poussière,
13 emprisonne leurs personnes dans le monde caché ; et, moi-même, je te louerai de ce que ta droite t'aura
14 sauvé !

**40,15 — 41,26**  ⟦ *Deuxième discours* ⟧

* « Voici donc *Behémôt* » (40,15-24)

* « Pêcheras-tu *Liwyâtân* ? » (40,25-41,26)

---

Après s'être présenté ainsi comme le Dieu de l'ordre, de l'équilibre et de la stabilité cosmiques, comme le garant des mesures constantes et des alternances réguliè-

## ET RÉPONSES DE JOB

|  Yahweh (I) | Yahweh (II) |
|---|---|

b) *Gouvernement du monde (38,22-38)*
   1. Les précipitations atmosphériques
         22-30
   2. Les astres              31-33
   3. L'orage                 34-38

c) *Souci des animaux et de leurs petits*
                              *(38,39-39,4)*

d) *Portraits d'animaux : (39,5-30)*
   (onagre, buffle, autruche, cheval ;
     5-8   9-12   13-18   19-25
   épervier, aigle)
     26    27-30

---

**40,1.2** *Question*

Et Yahweh répondit à Job et dit .
Le censeur va-t-il disputer avec Shadday ?
Celui qui critique Éloah répondra-t-il à cela ?

---

### Réponse de Job | ### Réponse de Job

**40,3** Et Job répondit à Yahweh et dit :

4  Moi qui suis si peu de chose,
   que pourrais-je répliquer ?
   Je mets ma main sur ma bouche :
5  j'ai parlé une fois et ne répéterai pas,
   deux fois, et ne recommencerai pas !

**42,1** Et Job répondit à Yahweh et dit :

2  Je sais que tu peux tout et qu'aucune idée n'est irréalisable pour toi.

3 a *Qui est celui qui obscurcit la* ᶜ *èsâh (par des mots) dépourvus de science ?*

  b Ainsi donc j'ai parlé, sans les comprendre, de merveilles hors de ma portée et que je ne savais pas.

4  Écoute donc, et, moi, je parlerai ;
   *je te questionnerai pour que tu m'instruises.*

5  Par ouï-dire j'avais entendu parler de toi, mais à présent mon œil t'a vu ;

6  c'est pourquoi je me rétracte et me repens sur la poussière et la cendre.

---

res, Yahweh décrit longuement à Job les attentions qu'Il a pour tous les animaux, les plus doux (antilopes et biches) comme les plus carnassiers (lionne et lionceaux), les plus intelligents (le coq[50] et l'ibis[51]) comme les plus sots (l'autruche), les plus soumis à l'homme (le cheval) comme les plus rétifs (l'onagre et le buffle), à quoi s'ajouteront, dans le deuxième discours de Yahweh, les portraits de deux monstres disgracieux, B$^e$hémôt et Liwyâtân, types parfaits de la lourdeur pour l'un et de la cruauté pour l'autre. L'importance accordée ici au monde animal est caractéristique des discours de Dieu. Si le ciel et les phénomènes atmosphériques interviennent assez souvent comme termes de comparaison dans les discours des amis et surtout ceux d'Élihu, cette galerie de tableaux n'a de parallèle ni dans le livre de Job[52] ni dans l'ensemble de l'Ancien Testament.

Quel dessein poursuit Yahweh en déployant devant Job cette grande fresque, et en quoi celle-ci peut-elle servir sa pédagogie ? A ces deux questions, essentielles pour comprendre la dynamique de l'œuvre, il nous faut maintenant tenter de répondre.

Le propos de Yahweh est annoncé clairement dans la question introductive : « Qui est celui qui obscurcit la 'éṣâh par des mots dépourvus de science ? » (38, 2). Tout repose ici sur le sens de 'éṣâh. Si l'on prend en compte toutes les occurrences de ce mot[53], on s'aperçoit que la 'éṣâh de Dieu se rapporte toujours, non pas au gouvernement du monde matériel, mais à son action *dans l'histoire*, que ce soit celle des peuples, celle de son peuple, ou, comme ici, celle des individus. C'est bien à ce niveau, en effet, que Job a situé ses griefs.

Curieusement, la réponse, à partir du verset 4, semble passer franchement à côté de la question, puisque Yah-

---

50. Le coq était censé annoncer la pluie, cf. J.A. JAUSSEN, « Le coq et la pluie dans la tradition palestinienne », in *RB* 33, 1924, 574-584.

51. On pensait, en Égypte, que l'ibis, oiseau de Thôt, prévoyait la hauteur des crues du Nil.

52. Le bestiaire de Job est assez riche : 1, 2.17 ; 4, 10s ; 5, 23 ; 6, 5s ; 7, 12 ; 9, 13 ; 10, 16 ; 11, 12 ; 12, 7.8.10 ; 16, 9 ; 20, 6 ; 21, 10 ; 24, 3 ; 26, 13 ; 28, 7s ; 30, 1. 29 ; 31, 20 ; 35, 11 ; mais nulle part on ne trouve même l'ébauche d'un tableau.

53. Cf. *JD*, p. 510-512.

weh y parle uniquement de la marche du cosmos et des animaux qui l'habitent, avec une seule allusion indirecte, en 38, 13.15, aux méchants que l'aurore dérange dans leurs projets. A dire vrai, si Job n'a jamais mis en doute la seigneurie de Dieu sur sa création, il a souvent critiqué la manière dont Éloah, contrairement à toute sagesse, utilise le monde créé pour faire échec à l'homme, même innocent.

Le premier discours de Yahweh (38, 4-39, 30) constitue donc bien le début d'une riposte de la part de Dieu. Non seulement Yahweh veut rappeler à Job qu'Il est, de tout, l'unique Artisan, familier de l'infiniment grand comme des secrets les plus cachés de la vie, mais il tient à affirmer sa suprême liberté, en se présentant comme le maître de l'inutile et du superflu : il fait pleuvoir sur une terre sans hommes (38, 26), et supporte des animaux aussi stupides que l'autruche (39, 13-17). Yahweh souligne même à plaisir les paradoxes de son action : il règle le mouvement des astres et les retours de la lumière, mais se réserve d'envoyer où il veut les éclairs et la pluie ; il a favorisé l'amitié de l'homme et du cheval, mais il approuve l'onagre et le buffle de se vouloir indépendants ; il se soucie des faons qui voient le jour, tout en pourvoyant de viande fraîche les lionceaux et les petits de l'aigle ; il n'élimine pas les forces du chaos, mais se contente d'inspecter les portes de la Mort ou d'emmailloter de nuages la Mer démontée. En revendiquant ainsi le droit à la fantaisie et à l'humour, Yahweh suggère déjà que toute son œuvre est sagesse, même à l'égard de l'homme, mais que, de cette sagesse, l'homme ne possède pas les critères.

Sa réfutation des griefs de Job, Yahweh entend la développer, dans son premier discours (38, 4-39, 30), au niveau d'un débat sapientiel ; et d'entrée il en avertit Job : « Ceins donc tes reins, comme un homme : je te questionnerai pour que tu m'instruises (litt. « et fais-moi savoir », 38, 3). Il s'agit donc bien d'instruction, de « plan », de savoir ; et de questionneur Job devient questionné. Mais Yahweh manifeste la dignité qu'Il lui reconnaît en le posant devant Lui comme un homme fort *(k$^e$gèbèr)*, donc comme un interlocuteur à part entière. Certes, à maints endroits l'ironie va affleurer dans le discours de Dieu[54], mais elle restera de bout en bout bienveillante et constructive.

A première vue, l'homme n'apparaît qu'incidemment dans la démonstration de Dieu (38, 13-15 ; 39, 5-12) ; en réalité il est visé à chaque moment de l'argumentation en la personne de Job, à qui Yahweh s'adresse. Dieu ne se propose pas seulement de susciter chez lui une nouvelle capacité d'émerveillement ; Il veut le placer devant une triple limite[55] : — *limite de sa durée d'homme*, né bien après le monde et absent de la liturgie primordiale (38, 4.6s.21) ; — *limite de son savoir*, soulignée par l'accumulation des verbes de connaissance dans les questions dont Yahweh l'assaille (38, 4s.12.17s. 20-22.33 ; 39, 1s). Alors que les sages se glorifiaient de leur savoir encyclopédique, Dieu, en inventoriant lui-même les mystères de son œuvre, déboute ici toute prétention des hommes à une science exhaustive et unitaire du cosmos et de ses phénomènes ; — *limite*, enfin, *du pouvoir de Job*. Chaque allusion nouvelle à la force et à l'habileté du Créateur souligne inexorablement l'impuissance de l'homme. Quatorze fois revient la question « qui ? » : qui a fixé, qui enferma, qui a creusé ? etc. Invariablement la réponse serait : Dieu seul ! Et peu à peu, d'exclusion en exclusion, Job voit se rétrécir le champ de sa compétence et de ses droits. Dans le ciel comme sur terre, tout se passe sans l'homme, et fort bien ; et quand les petits du corbeau titubent de faim, ils crient vers El, et non vers Job (38, 41). De Yahweh les animaux ne peuvent se passer, mais Job, lui, ne leur est d'aucun secours, et quelques-uns d'entre eux se chargent de le lui faire sentir : l'onagre de la steppe nargue les âniers, le buffle refuse obstinément de herser les sillons, et l'autruche défie les cavaliers à la course. En contestant ainsi, à leur manière, la souveraineté de l'homme, les bêtes servent la cause de Yahweh. Job, dans ses plaintes, avait reproché à Dieu d'utiliser

---

54. Dès ce verset 3 elle se fait jour, lorsque Yahweh invite Job à se ceindre les reins pour la lutte, et lorsqu'il reprend le « fais-moi savoir » que Job par deux fois lui a jeté au visage (10, 2 ; 13, 23 ; cf. 37, 19).

55. Cf. *JD*, p. 517-520.

l'univers aux fins de sa vengeance ; Dieu répond en mettant le monde et les animaux au service de sa pédagogie.

Yahweh refuse donc d'entrer dans le système d'images où Job s'est enfermé. Dieu juge, Dieu inquisiteur, Dieu cruel : autant de représentations que Job s'est forgées pour objectiver son angoisse. Le Créateur ne répond pas à ce niveau de l'imaginaire, mais au niveau du réel qui manifeste ce qu'on peut connaître de Lui (cf. Rm 1, 19s). Dans un monde où partout se révèlent l'intelligence et la tendresse du Créateur, l'homme ne saurait être l'unique mal-aimé. C'est ce que Job reconnaît en mettant la main sur sa bouche (40, 4).

L'argument de la création, manié par Yahweh avec un mélange de grandeur et d'humour, lui a donc permis de revendiquer la bonté intrinsèque et la sagesse de son œuvre. Mais Job a contesté également, à longueur de plaintes, la justice d'Éloah, et la manière « scandaleuse » dont Il opère la rétribution. Sur ce point surtout Dieu se doit de répondre, et il le fait sans ambages au début de son second discours (40, 8-14). Déjà, en 40, 2, il poussait Job dans ses retranchements, en reprenant le langage juridique si souvent adopté par lui. Job, « le censeur[56] », a « disputé avec Shadday », « critiqué Éloah » : il faut maintenant, pour l'honneur de Dieu, que ce débat soit tranché. D'où la question, à connotation juridique, elle aussi, qui resurgit en 40, 8 : « Est-ce que tu ruineras mon droit ? Me condamneras-tu pour que tu aies raison ? » Yahweh renoue ici clairement avec son propos de 38, 2 : justifier son action dans l'histoire des individus ; et il quitte pour un moment (versets 9-14) le langage de la création, ne gardant que l'image du tonnerre (verset 9b). Job n'a pas « un bras[57] comme celui d'El », et il serait incapable de réaliser par lui-même la justice qu'il réclame. Si Job se fait fort « d'abaisser tout être fier », ne devra-

---

56. En gardant le substantif hapax *yissôr*, formé de la même manière que *'iyyôb*.

57. L'image du bras de Dieu renvoie la plupart du temps aux interventions de Dieu dans l'histoire d'un peuple (Ex 6, 6 ; Dt 4, 34 ; 9, 29 ; 2 R 17, 36 ; Is 30, 30 ; 40, 10 ; Ps 44, 4 ; 89, 14s) ou dans la vie d'un fidèle (Ps 71, 18).

t-il pas se condamner lui-même ? Si sa propre main est impuissante à le sauver, quelle sera pour lui l'attitude loyale, sinon de reconnaître la *ṣ*ᵉ*dâqâh* (justice) de Dieu ?

Cette mise en demeure de Yahweh à Job est suivie immédiatement des deux longues descriptions de Bᵉhémôt et Liwyâtân (40, 15-24 et 40, 25-41, 26). Comment s'articulent-elles sur le début du chapitre ? C'est une question délicate qui divise encore les exégètes. Les discussions portant avant tout sur l'origine mythique et la portée symbolique des deux animaux[58].

Bᵉhémôt, dépeint ici comme un hippopotame, n'apparaît nulle part dans l'AT, pas même en Is 30, 6, comme une figure mythique, et les rapprochements que l'on établit avec la mythologie d'Ugarit supposent souvent une identification de Bᵉhémôt avec Yâm. Liwyâtân, en revanche, a gardé, en Is 27, 1 ; Ps 74, 14 ; 104, 26 et Jb 3, 8, ses attaches avec le mythe du combat primordial contre les forces du chaos. Il est associé plusieurs fois à Tannīn (Is 27, 1 ; Ps 74, 13), autre monstre aquatique, dont la morphologie semble assez indécise[59]. Ici Liwyâtân est nettement mis en scène sous les traits du crocodile.

Même en admettant une origine mythique pour Bᵉhémôt comme pour Liwyâtân, il faut reconnaître que le présent contexte leur fait subir une double démythisation. 1) Les deux animaux sont créatures d'El. Yahweh déclare lui-même à Job : « j'ai fait *('âśîtî)* Bᵉhémôt, tout comme toi » (40, 15), et au verset 19, on lit : « Il est la première des voies (= des œuvres) d'El *(hû' ré'šît darᵉkéy-'él)*, lui qui fut créé tyran de ses compagnons ! » Quant à Liwyâtân : « il fut créé (fait) intrépide », « il est roi sur tous les êtres d'orgueil » (41, 25s). 2) La description des deux animaux, dans la mesure où elle détaille leurs membres, leur habitat, ou les procédés utilisés pour leur chasse, s'éloigne franchement des caractéristiques littéraires du mythe. Si bien que la tonalité générale de ces deux grands tableaux

---

58. On trouvera un bon état de la question dans ALONSO SCHÖKEL et SICRE DIAZ, *Job*, p. 55-63. V. KUBINA a relevé récemment les allusions mythiques éparses dans ces deux tableaux : *Die Gottesreden im Buche Hiob*, Fribourg, 1978, p. 86-105.

59. Cf. *JD*, p. 399.

reste sapientielle. C'est une sorte de plaisir de savoir et d'admirer, qui se fait communicatif. Sapientielle aussi, la volonté de tirer des leçons et de convaincre, évidente surtout dans l'utilisation, parfois massive, de la question rhétorique (40, 24. 25-31 ; 41, 2s. 5s).

En introduisant aussi longuement, dans son tableau du créé, deux bêtes aussi peu amènes, Yahweh annonce implicitement une surenchère. Elle est perceptible à deux niveaux. 1) L'évocation des deux monstres achève de persuader Job que ses revendications ont passé la mesure et sont vouées à l'échec : il n'a pris en compte qu'un univers à l'échelle de son pouvoir d'homme, sans mesurer à quel point le réel est capable de lui résister. Impossible de chasser, de domestiquer et même d'impressionner B$^e$hémôt, à plus forte raison Liwyâtân, « qui considère le fer comme de la paille » (41, 19) ; et Job doit se faire à l'idée que certaines forces de son monde ne sont ni domptables ni dérangeables à volonté. 2) Ce qui est impensable pour Job n'est qu'un jeu pour le Créateur. Ces monstres, non seulement El les a « faits », mais il leur a confié un pouvoir incontesté (40, 19b ; 41, 26b). Voici donc des créatures sans intérêt au gré de l'homme, et même redoutables pour lui, installées par Dieu aux place d'honneur du cosmos !

Faut-il voir, en plus, dans B$^e$hémôt et Liwyâtân, des allusions à la maîtrise de Yahweh sur l'histoire ? Sur l'histoire d'Israël, probablement pas. En effet, quand, dans l'AT, la mention d'un monstre du chaos vise une puissance ou un prince hostiles au peuple de Dieu, le contexte, spécialement chez les prophètes, l'explicite toujours[60]. En revanche, quand Yahweh décrit ici l'homme impuissant devant ces deux bêtes impavides, il est fort possible qu'il ait en vue les révoltes de Job et le contrôle,

---

60. Ainsi Rahab renvoie à l'Égypte en Is 30, 7 ; Ps 87, 4 ; Tannîn évoque Pharaon en Ez 29, 3ss ; 32, 2ss, et le roi de Babel en Jr 51, 34. Liwyâtân et Tannîn(im), en Is 27, 1, visent la puissance qui opprime Israël. En Ps 74, 13s, Liwyâtân, les Tannînîm et Yâm sont associés successivement aux délivrances historiques (versets 12-15), à la création primordiale (verset 16s), et à l'ennemi qui insulte Yahweh (verset 18). Ailleurs, en Ps 104, 26 ; 148, 7 ; Gn 1, 21, le contexte vise seulement la création.

par le Créateur, du destin des individus. Ainsi, en 41, 2s, le poète fait dire à Dieu, à propos de Liwyâtân :

> N'est-il pas cruel quand on l'éveille ?
> Qui donc, alors, oserait *me*[61] tenir tête ?
> Qui m'a devancé que j'aie à payer de retour ?
> Sous tous les cieux, (tout) est à moi !

Le premier discours de Yahweh prenait appui sur ses marques de sollicitude et de tendresse. Ici la fresque débouche sur deux affirmations complémentaires de liberté et de puissance : Dieu crée ce qu'il veut, et il sait pourquoi. Comment l'homme ose-t-il affronter et provoquer son Créateur, lui qui prend peur devant un crocodile[62] ? Par ailleurs un rappel thématique discret relie le tout dernier verset (41, 26) au thème de la rétribution annoncé au début de ce deuxième discours : là, par deux fois (40, 12.13), Yahweh mettait Job au défi de braver (« regarder ») tout être fier *(r$^e$'éh kol-gé'èh)* ; ici Yahweh constate, à propos de Liwyâtân : « il brave tout être altier *('ét-kol-gâboah yir'èh)* ». Contrairement à Job, Liwyâtân, que personne ne domine *(mšl)* sur la terre (verset 25a), exerce donc une royauté réelle, au moins sur les bêtes « d'orgueil » (verset 26). Mais à qui reviendront ultimement l'honneur et la majesté (40, 10b), sinon à Yahweh, seul capable de contrer à la fois la force brutale dans la création et l'orgueil des méchants (40, 12) dans l'histoire des hommes ?

\*
\* \*

---

61. En gardant *l$^e$pânay*, puisque le suffixe de la 1e sg est corroboré par le verset 3.
62. Sicre Diaz, p. 583s, transpose les versets 41, 1-3 à la fin du deuxième discours, après 41, 26, où ils prendraient une force encore plus grande. Le lien thématique de ces versets avec 40, 32 s'oppose plutôt à ce déplacement. Aussi bien n'en trouve-t-on trace ni dans la Septante ni dans le Targum araméen de Job, qui garde la séquence habituelle (J.P.M. Van der PLOEG et A.S. Van der WOUDE, *Le Targum de Job de la grotte XI de Qumran*, Leyde, 1971, p. 85).

Job questionnait Dieu sur le sens de ses choix, de son absence, de son silence devant l'homme éprouvé. A ces scandales de Job, Dieu a choisi de répondre en donnant la parole à ses œuvres ou, mieux, en explicitant, par sa propre parole, la parole dont ses œuvres sont porteuses. Pour Yahweh, en effet, le monde a son mot à dire quand l'homme s'interroge sur son destin. Ce que le Créateur a fait pour le monde et pour l'homme garantit ce qu'il fera, et ce qu'il opère présentement dans le gouvernement de l'univers a valeur de témoignage : comment Dieu, si attentif et si libre, resterait-il indifférent au destin de ses serviteurs ? Comment une telle puissance pourrait-elle ne pas être généreuse ?

Seul, finalement, ce formidable optimisme, qui sous-tend les discours de Yahweh comme aussi toute vision sapientielle du monde, parvient à convaincre Job et à dissoudre son angoisse. Certes, une distance reste à franchir entre la fresque des merveilles de Dieu et l'affirmation de sa justice salvifique ; mais ce saut dans la foi, Job, pour sa part, va le vivre comme un risque libérateur.

\*
\* \*

Quelques constats nous suffiront pour conclure.

1) Pour l'auteur de Job, le rappel de la création primordiale et l'émerveillement devant la puissance cosmique de Dieu ne sont que deux approches complémentaires d'un même *ḥéqèr* insondable. La création fut le premier acte d'une Providence qui ne se dément jamais, et cette Providence déploie au long du temps sa force de genèse, pour tout retour des astres comme pour toute averse opportune, en chaque naissance d'homme comme en chaque tournant de son destin. La création englobe l'espace et utilise le temps ; la création a son histoire, et l'histoire de chaque homme reste dans la main du potier.

2) Totalement libre dans ses moyens d'expression, le poète de Job, pour évoquer l'œuvre du Créateur, amalgame sans contrainte théologique le vocabulaire typique

de Gn 1-3, la phraséologie des hymnes cosmiques, les énumérations de type sapientiel, l'image, chère aux prophètes, de l'homme d'argile, enfin et surtout, des matériaux aseptisés des vieux mythes du Proche-Orient, qu'il s'agisse de la conquête du monde sur le chaos ou de l'Adam premier, né avant les collines.

3) Dans l'Ancien Testament, l'idée de création est toujours mise au service d'un autre aspect du dessein salvifique. Le livre de Job vérifie cette constante, mais à sa manière, parfois paradoxale. Ainsi on retrouve, dans tous les secteurs étudiés, la bipolarité de la création et de l'histoire comme points d'impact des merveilles d'Éloah. Mais l'histoire envisagée par le poète est celle de l'individu, qu'il vive à Teyman, en Édom ou en Judée. L'auteur de Job, fidèle en cela au parti pris œcuménique des sages[63], aborde les relations de l'homme avec Dieu sous l'aspect le plus universel, et sans référence explicite au destin ni aux privilèges du Peuple de Dieu ; attitude d'autant plus remarquable que ce poète parle et réagit constamment comme un *ḥāsīd* nourri des traditions psalmiques et prophétiques d'Israël.

4) Les textes trahissent une autre option, plus caractéristique encore : l'auteur utilise de manière systématique la création comme *argument* aux divers niveaux de la controverse. Pour Éliphaz, la puissance créatrice d'Éloah fait surtout ressortir la caducité et l'indignité de l'homme ; pour Bildad, l'autorité de Dieu sur l'Abaddôn invite l'homme à la modestie ; et, suivant Ṣophar, les dimensions du monde attestent avec force l'ubiquité de l'Absent. Sur ce point, le poème de Jb 28 ne fera que renchérir.

Argument contre Job dans la bouche des amis, la création devient une arme contre Dieu lorsque Job, à son tour, la sollicite : l'immense savoir d'Éloah le rend encore plus inexcusable, sa puissance devient dérisoire quand il

---

63. Au moins jusqu'à Si 24, 23-25 ; 44-50 ; Ba 4, 1-4.

s'acharne sur un fétu de paille, et sa sagesse est prise en défaut lorsqu'il méprise l'ouvrage de ses mains.

Élihu, en insistant massivement sur la transcendance de Shadday, maître de tout le créé, essaiera vainement de faire céder Job et de le courber sous le joug de la rétribution. Il faudra que Yahweh lui-même, contesté dans son œuvre et jusque dans son dessein, argumente longuement à partir du réel, pour que Job, renonçant à ses fantasmes, reconnaisse l'amour du Créateur à l'œuvre dans son histoire d'homme souffrant.

C'est le même Dieu qui crée et qui sauve : cet axiome, si souvent illustré par les prophètes[64] et qui sera plus tard récusé par la gnose, sous-tend ici tout le raisonnement de Yahweh et rend compte théologiquement de la soumission de Job. Avec la même audace que le poète de la théophanie, lorsque Jésus voudra faire entrevoir aux Galiléens quelque chose de la paternité de Dieu, il reprendra à son compte l'argument de la création : « *Regardez* les lis des champs. *Regardez* les oiseaux du ciel. »

---

64. Cf. *JD*, p. 529.

## CHAPITRE IX

# LA CRÉATION DANS LES PSAUMES

### par Claus WESTERMANN

### I

Si l'on demande ce que les psaumes disent de la création, d'habitude, on parcourt les pages des 150 psaumes, et on recherche ceux qui traitent de la création. Alors on répond à la question avec ce qui résulte des psaumes et des passages ainsi trouvés. Si l'on en reste à ce procédé, il en ressort une impression fausse, comme si la création n'apparaissait que dans ces passages relativement peu nombreux. Mais ce n'est pas le cas. La création apparaît dès le premier psaume :

> Celui-ci est un arbre planté le long des ruisseaux
> et qui porte son fruit en son temps
> et ses feuilles ne fanent pas.

La grande majorité des cent cinquante psaumes parlent de la création. On n'a attribué à cela que peu ou pas du tout d'importance, pensant qu'il n'y avait là que comparaisons, concrétisation, mais pas d'affirmations. Ce que veut dire le premier psaume, pense-t-on, il pourrait le dire aussi bien sans ces comparaisons, et elles sont sans importance pour la compréhension du psaume. On s'aperçoit que c'est un malentendu si on lit l'un après l'autre dix des psaumes qui contiennent des comparaisons, en laissant de côté les comparaisons, et si on les relit *avec* les comparaisons : on sait alors que les psaumes *sans* les comparaisons ne disent plus ce qu'ils peuvent dire *avec* les comparaisons. Elles constituent une partie intégrante et indissociable des psaumes.

Jusqu'à présent, on a très peu ou pas du tout fait attention à cela, parce que les comparaisons ont été sous-estimées comme de simples images ou illustrations. Mais cela n'est vrai ni pour les psaumes, ni non plus pour l'Ancien Testament en général ; elles n'ont que très rarement la fonction d'une illustration ou d'une concrétisation, mais elles les reçoivent chaque fois du contexte[1].

Si l'on répartit toutes les comparaisons trouvées dans les psaumes selon les domaines auxquels elles se rapportent, il en résulte que la création à tous ses niveaux intervient dans ce qui se passe dans les psaumes entre Dieu et les hommes. La Création a un droit de parole quand un homme se plaint à Dieu de sa souffrance, quand un sauvé loue Dieu qui l'a libéré de sa souffrance, quand il exprime à Dieu sa confiance. Un exemple : dans le psaume 36, 6-10 on loue la grande bonté de Dieu, la création prend part à cette louange :

> Seigneur, ta bonté porte aussi loin que le ciel
> et ta fidélité aussi loin que s'en vont les nuages...

Ciel et terre, nuages et montagnes, profondeurs des mers, « à l'ombre de tes ailes », lumière, fleuve de tes voluptés, source vive. Tant d'éléments de la création sont cités, rien que dans ces cinq vers, et font chorus à la louange de Dieu !

A cela s'ajoute un contraste que l'on ne peut compren-

---

1. C. WESTERMANN, *Comparaison et paraboles dans l'Ancien et le Nouveau Testament*, 1984.

dre que par la polarité de la louange et de la plainte, dans le psaume 38, 3 :

> Car tes flèches me transpercent
> et sur moi pèse ta main.

Le même Dieu, dont la bonté est comparée à l'immensité du ciel, est dans le psaume 38, 3 l'ennemi qui blesse ou tue avec son arme !

C'est seulement quand on prend ces comparaisons au sérieux et qu'on les laisse dire ce qu'elles veulent dire, que l'on peut comprendre ce que l'une et l'autre parole des psaumes veut dire, et combien le contraste est puissant entre les deux. Seules, les comparaisons avec les phénomènes de la création confèrent une réalité à ce qui est dit ici de Dieu.

Le psaume 80 offre un exemple d'un autre genre :

> Tu arrachas une vigne d'Égypte,
> tu chassas des peuples et tu l'as plantée ;
> tu as fait place nette devant elle.
> Elle a pris racine et rempli le pays,
> elle étendit ses sarments jusqu'à la mer
> et ses rejetons jusqu'au fleuve.
> Pourquoi as-tu détruit ses murailles ?

La parabole de la vigne et du vigneron se rencontre plusieurs fois, dans l'Ancien et le Nouveau Testament. Quoi qu'elle doive dire chaque fois dans son contexte, la parole elle-même parle de l'action bénéfique (bénissante) de Dieu-Créateur, qui fait prendre racine à la vigne, la fait pousser et se développer. Ce que les auditeurs de cette parole ont quotidiennement sous les yeux, ce qui fait partie de leur vie, cela doit intervenir, là où ce fait est comparé à une action de Dieu sur les hommes dans leur histoire. L'histoire du peuple est représentée dans la comparaison depuis le début, dans sa croissance en profondeur et en étendue, jusqu'à la catastrophe actuelle. En même temps, la comparaison a la force suggestive, pour les auditeurs, de camper sous leurs yeux la longue histoire, pleine de ramifications, du peuple, comme un événement formant un tout et refermé sur lui-même. Dans cette comparaison, l'événement qui y est représenté s'est tellement ancré dans l'esprit des auditeurs qu'ils ne l'ont plus oublié. L'action du Créateur sert à donner une expression durable à l'action de Dieu dans l'histoire.

Il faut reconnaître une signification particulière aux comparaisons lors de l'affirmation de la confiance dans les psaumes ; elles sont particulièrement nombreuses et variées. Ps 61 : « Car tu est mon refuge, un donjon solide devant l'ennemi. » Pour ceux qui sont menacés de mort, Yahvé est lieu de refuge, sauvetage au jour du malheur, rocher, château fort, chaumière, forteresse, protection, bouclier, « ombre de tes ailes », lieu sûr. Ce qu'il y a de caractéristique dans ces comparaisons, c'est qu'ici, ce qui est comparé, ce n'est pas quelque chose qui existe avec quelque chose qui existe, mais un événement avec un événement. Chacun de ces mots : rocher, château fort, bouclier, etc. fait résonner un récit, désigne un événement, l'aventure vécue d'un sauvetage de la mort. Et chacune de ces expériences séparées dit que Dieu a sauvé un homme du péril de mort. De cette chaîne d'expériences naît une confiance vis-à-vis des menaces à venir. Ces souvenirs, servant pour l'avenir, gardent leur langage (venant) d'une partie de la réalité environnante, par exemple : du rocher, du sommet de la montagne, de la paire d'ailes d'un oiseau. Le langage qui parle du réel devient un véhicule de la confiance.

Ces exemples peuvent suffire à expliquer nettement, que, dans le langage des psaumes, la réalité créée par Dieu intervient dans ce qui se passe entre Dieu et l'homme. Ce qui arrive ici ne s'accomplit pas dans un espace vide où il n'y a que Dieu et l'âme, cela arrive dans le monde où nous vivons, tel qu'il est. Il est question ici du ciel et de la terre, de nuages et de vents, de tremblements de terre, d'orages et de tempêtes, de soleil, de lune et d'étoiles, de champs, de vignes et de forêts, d'arbres et de leurs fruits, de petits et de grands animaux, d'animaux domestiques et d'animaux sauvages, d'hommes vieux et jeunes, petits et grands, de leurs travaux, de leurs douleurs et de leurs joies, et l'on pourrait continuer ainsi longtemps.

Les comparaisons exercent une forte influence sur l'ambiance de la langue des psaumes. Elle est différente de celle de nos prières d'Église, qui ne connaissent pas —

ou presque pas — de comparaisons. Et ces dernières, de plus, sont encore coupées de la réalité par un langage parfois pédant. La spécificité du langage des psaumes tient justement au fait que les auditeurs ou les lecteurs touchent continuellement le réel. La réalité, telle que Dieu l'a créée, est toujours là où un psaume est entendu ou lu. La sphère de langage des psaumes se réalise grâce à la présence de la création.

## II

Si le psautier ne contient que relativement peu de psaumes et de thèmes concernant la création, ce fait s'explique facilement. Il n'existe pas de genre « psaumes de la création », car les genres des psaumes sont tous déterminés par des événements entre Dieu et l'homme, ainsi que le montre la répartition principale en psaumes de louange et psaumes de plainte. Là où les psaumes parlent de la création, cela arrive toujours dans des thèmes, donc dans un morceau d'un psaume. Certes, le psautier contient plusieurs psaumes qui traitent de la création du commencement à la fin, comme les Ps 104 ou 148, mais ce sont des thèmes de psaumes qui ont été élargis en un psaume complet, comme le Ps 23 est un élargissement du thème de la confiance.

Il faut déterminer clairement et avec certitude l'endroit où il est question de la création du monde dans les psaumes. Cet endroit est en rapport avec la louange du créateur dans le psaume descriptif de louange (ou hymne). En lui, les louanges à Dieu dans sa majorité et sa bonté suivent l'appel impératif à la louange en tant que justification. Les louanges à Dieu dans sa majesté se développent comme suit : il est loué comme le Créateur et le maître de l'histoire. Ceci est montré avec une particulière clarté par le Ps 33 et le Ps 136. Mais dans tous ces passages, on ne parle toujours que de la création du monde, jamais de la création de l'homme. Car Yahvé se révèle comme le Dieu majestueux dans les œuvres puissantes de la création, comme celui qui a fait le ciel et la terre. La grandeur de l'ouvrage correspond à la grandeur de l'Ouvrier. Qu'il faut qu'il soit grand, celui qui a créé ce que l'homme connaît de plus grand !

Les hommes parmi lesquels naquirent les psaumes ne sont pas partis d'une conception abstraite de la création. Entre l'homme et le monde il y a bien de la différence, et la compréhension que l'homme a de soi en tant que créature est autre chose que la compréhension qu'il peut avoir du monde comme création de Dieu ; pour autant le fait de la création de l'homme est autre chose que celui de la création du monde : ils appartiennent à des contextes différents, à des langages différents. Là où l'on parle de la majesté de Dieu, où elle est glorifiée, c'est le lieu de parler de la création du monde, en laquelle se révèle la majesté du Créateur !... Et on parle de la création de l'homme là où le Dieu majestueux s'abaisse dans sa bonté (Ps 113). Cependant la création de l'homme n'est pas associée à la louange de la bonté de Dieu de la même manière que la création du monde à la louange de la majesté de Dieu ; mais plutôt cette bonté se révèle quand le Dieu majestueux se penche sur la souffrance et le malheur de l'homme, comme le dit le psaume 113 ; à la supplication venant des profondeurs, Dieu répond en se tournant miséricordieusement vers l'homme et en intervenant pour lui.

C'est en cela — disent particulièrement les psaumes narratifs de louange — que ceux qui prient les psaumes font l'expérience du bienveillant secours de Dieu.

Ce fait que la création du monde est le déploiement de la louange de la majesté de Dieu, mais que la création du monde n'est pas de la même manière le déploiement de la bonté de Dieu, comme on devrait s'y attendre, montre que la création du monde et celle de l'homme sont comprises de manière différente. Quand on loue la bonté de Dieu, il faut qu'elle soit développée là où l'homme fait en premier lieu l'expérience de cette bonté qui se penche vers lui, et ceci est l'expérience du salut arrachant au malheur : « J'ai crié vers toi, et tu m'as secouru. » La création de l'homme, même là où elle est assimilée à la naissance, l'homme n'en fait pas l'expérience, c'est pourquoi dans la louange à Dieu, elle ne peut être le thème où se déploie la louange de la bonté de Dieu. On peut bien dire que la bienveillante sollicitude de Dieu remonte jusqu'à la naissance, ou bien qu'elle s'étend à partir de la naissance, mais c'est alors quelque chose qui s'ajoute, un élargissement. Le langage de la création de l'homme dans les psaumes a souvent ce caractère d'un élargissement, surtout dans les deux psaumes qui, en leur totalité, traitent de la création de l'homme, les psaumes 8 et 139.

## Louange du Créateur de l'univers

Les psaumes 33 et 136, deux psaumes descriptifs de louange (hymnes), montrent le lieu et la fonction de ce thème.

Le psaume 33 est articulé vers un appel impératif à la louange : versets 1-3, le juste est motivé dans la louange de la majesté et de la bonté de Dieu ; 4-5, la majesté est développée ; 6-9, Dieu est le Créateur ; 10-11, il est le maître de l'histoire. Suivent des développements. En 6-9 l'action du Créateur par le Verbe rappelle Genèse 1.

Le psaume 136 a la même structure, et un plus grand nombre d'œuvres de la création y sont citées, appuyées à Genèse 1. Ici encore, la faveur divine (bénédiction) fait partie de l'acte créateur : « celui qui à toute chair donne sa nourriture ».

Dans ces deux psaumes, il est question de la création, parce que le psalmiste veut célébrer et glorifier Dieu dans sa grandeur et sa magnificence. La majestueuse activité de Dieu est, aux yeux de tous, dans l'activité du Créateur telle que l'homme en fait l'expérience, dans les œuvres de la création qui rendent possible son existence : le ciel, les étoiles, les montagnes, les nuages, et tout cela dans les rythmes de la création (Gn 8, 20-22) qui depuis la préservation au début, atteignent le présent de ceux qui louent le Créateur. Ils parlent de la création parce que celle-ci fait partie de l'être-Dieu de Dieu, de même que de l'être-homme de l'homme[2].

---

2. Pour le commentaire de ces deux psaumes et des suivants, que je

Les psaumes qu'on appelle psaumes de la création sont les suivants : 104 ; 148 ; 19 ; 29 ; 95, 1-7 ; 96 ; 147.

*Psaume 104*. — En 1 et 35, le psaume est encadré par deux formules de louange individuelle ; du début à la fin, c'est une louange au Créateur. Il commence par un appel impératif à la louange (verset 1), et développe la louange du Dieu de majesté (1b.24.31.32). Le chantre loue le Créateur du ciel (2-4) et de la terre (5) et rappelle en même temps la création au commencement (6-9). Dans le développement de son récit, il étale sa joie devant la beauté du monde ; il parle de montagnes, de vallées, de sources, des animaux des champs, des oiseaux, du soleil et de la lune, de la mer, des navires et des animaux de la mer, et, au milieu de tout cela, de l'homme : « Alors l'homme sort pour son ouvrage quotidien. » Tout cela débouche à nouveau dans la louange étonnée du Créateur (24-30), qui donne vie et nourriture à ses créatures.

Ce beau psaume, rayonnant de joie à la vue de la belle création, montre que, dans les psaumes, parler de la création n'est pas un événement du lointain passé mais qu'il signifie le présent : « Tous t'attendent. » C'est pourquoi le thème de la sollicitude du Créateur pour sa création s'y ajoute souvent, de même que dans 136, 25 ; 145, 15 ; 147, 8ss. Autre chose encore : la joie à la vue de la fabrication trouve son expression directe dans la louange à Dieu, où elle prend langage. Joie de la création et louange du Créateur sont ici indissolublement unies.

*Psaume 148*. — Dans ce psaume, une partie du psaume de louange, l'appel impératif à la louange, est devenue un psaume indépendant. L'intention de réunir la création tout entière sous cet appel à la louange, est déjà visible dans la composition : 1-6 : Louez le Seigneur du haut du ciel ! 7-12 : Louez le Seigneur depuis la terre ! Comme souvent dans l'Ancien Testament, un tout est désigné comme une dualité de pôles. Dans cette dualité, ce n'est pas l'homme qui est opposé au reste de la création

---

dois ici présupposer, cf. C. WESTERMANN, *Ausgewählte Psalmen*, 1984.

(comme notre « homme et nature ») bien plus, l'homme n'est qu'un chaînon de l'une de ces parties. L'homme se trouve dans le cercle des créatures ; être créature, il a cela de commun avec toutes les autres. Ici, le psaume 148 dit une chose que la pensée et la théologie occidentales n'ont jamais comprise.

La louange à Dieu n'est pas forcément liée à la foi en Dieu ; ce fait, qui est commun aux hommes et aux autres créatures, n'est pas perçu. On peut appeler toute créature à s'unir aux hommes pour louer Dieu, mais on ne peut pas appeler les créatures à s'unir aux hommes pour croire.

Les hommes ont encore autre chose en commun avec toutes les créatures, ce psaume l'indique aussi. Au verset 10 : « Les rois de la terre et ses princes » suivent les animaux. Tous sont limités comme créatures ; et cette propriété de toutes les créatures est plus importante que d'être haut ou d'être bas, ce qui sépare les unes des autres. Toutes les créatures ont ces limites ; aucune créature ne peut être plus, elle ne peut être moins non plus. Cet appel à la louange adressé aux créatures se retrouve aussi dans d'autres psaumes de la création (en particulier, dans les ajouts à Daniel, la prière d'Azarias).

*Psaume 29.* — Dans la structure de ce psaume, le début (1-2) et la fin (10-9b) [le verset 10 est à lire entre 9a et 9b] sont intimement appariés : 1-2 : invitation impérative à l'hommage ; 10-9b : l'hommage s'adresse au roi sur son trône. La partie médiane, 3-9a, justifie cette invite à l'hommage par une description de la majesté de ce roi. Elle se révèle dans l'orage, le tonnerre (3-6) et l'éclair (7-9a).

Si le psaume 29 dans sa sombre beauté a une résonance inconnue dans l'ensemble du psautier, la raison en est qu'il adopte avec peu de changements un psaume de Canaan (le nom de Dieu dans l'ajout 11)[3].

Le psaume 104 aussi a un parallèle dans l'hymne au

---

3. Vu sous l'angle de l'histoire des religions, W. BEYERLIN, *Religionsgeschichtl. Textbuch zum A.T.*, 1975, p. 205-242, en particulier 238s.

soleil d'Akhenaton[4]. Le fait que précisément deux psaumes de la création font paraître un arrière-plan d'histoire des religions montre que les religions anciennes unissaient Créateur et création dans leurs textes.

Il faut citer ici aussi « l'hymne participial » que F. Crüsemann a mis en évidence comme une forme spéciale[5]. « On lie l'affirmation participale et la souscription nominale »[6] (R. Albertz) : « Yahvé Şabaot est son nom. » Il existe avant tout dans les doxologies du livre d'Amos 4, 13 ; 5, 8(9) ; 9, 5ss. La glorification de Dieu est limitée ici presque entièrement à la création du monde, et à la maîtrise sur le monde. Elle résonne aussi dans Job 9, 5-9. Autres citations : Jr 33, 2 ; 10, 12ss ; 31, 35ss. Crüsemann explique cette forme de psaume de manière sûrement pertinente, comme un emprunt à la religion cananéenne où Yahvé est apparu à la place d'un nom cananéen de Dieu.

*Psaume 96.* — Dans ce psaume de louange du service divin, on appelle à louer le Créateur du ciel (5b) et de la terre (10b). Il est ainsi composé : appel à la louange ; louange de la majesté de Dieu ; louange du Créateur du monde. Comme le psaume 148, celui-ci élargit cet appel à la louange à toute la Création (11-12) :

> Que le ciel se réjouisse, que la terre exulte,
> que gronde la mer et ce qui la remplit,
> que jubile la campagne et tout ce qu'elle porte
> et qu'alors tous les arbres de la forêt crient de joie !

Dans ces formulations, on entend la voix du Deutéro-Isaïe. Même si ce psaume, au verset 13 donne une autre motivation, la venue de Dieu pour juger la terre (Ps 93 ; 95 à 99), il prouve tout de même que cet appel à la louange a été introduit dans la liturgie divine de l'Israël postexilique.

---

4. Traduction et explication W. BEYER, p. 43-46.
5. *Studien zur Formgeschichte von Hymnus und Danklied in Israël,* WMANT, 32, 1969.
6. *Weltschöpfung und Menschenschöpfung Untersucht bei Deuterojesaja, Hiob und den Psalmen,* CTM 3, 1974, 95.

*Psaume 95, 1-7a*. — Ce psaume fait partie du même groupe des psaumes de Yahvé-Roi que le psaume 96 ; il a la même composition : 1-2, appel à la louange cf. 6), ici à la première personne ; 3, louange à Dieu dans sa majesté ; 4-5 louange du Créateur. Toute l'insistance porte sur l'action présente du Créateur : 4 « Les profondeurs de la terre sont dans sa main, ainsi que les sommets des montagnes. » La création au commencement est ainsi expliquée (5) : « A lui est la mer, c'est lui qui l'a faite ; à lui aussi est la terre ferme, c'est sa main qui l'a façonnée. »

Dans le verset 6, l'invitation à la glorification se poursuit : « Plions les genoux devant Yahvé qui nous a faits » ; 7a, « car il est notre Dieu et nous, le peuple de son pâturage. » Ces phrases se trouvent à la place du motif qui d'habitude suit la louange du Maître de l'histoire. Elles ne signifient pas la création de l'homme, mais l'action de Dieu sur son peuple.

*Psaume 147*. — Le psaume 147 est proche des psaumes de la création par le fait que la louange du Créateur y trouve l'espace le plus vaste et la même place dans la construction : appel impératif à la louange et encadrement dans l'Alleluia, comme au verset 7. Cet appel est en grande partie fondé sur la louange du Créateur. Ici aussi, il y a un développement de la louange à la majesté de Dieu :

> Verset 5 : « Grand est Yahvé... »
> Verset 4 : « ... qui fixe aux étoiles leur nombre ».
> Verset 7 : Appel à la louange, de même verset 12.
> Versets 8-9 : Ciel, nuages, pluie, herbes et plantes, nourriture pour l'homme et l'animal.
> Versets 13-14 : Bénédiction, sécurité, paix.
> Versets 15-18 : Neige, givre, glace.

Ce qui dans ce psaume est caractéristique pour le sens de la création, c'est la manière dont la glorification du travail du Créateur est intimement unie à l'action de Dieu sur son peuple Israël. Les versets 2-3 et 6.12-14 qui suivent l'appel à la louange, sont, à vrai dire, des paroles prophétiques de salut venant de l'époque exilique ou postexilique, transformées en louange à Dieu : « Yahvé édifie Jérusalem et rassemble les dispersés d'Israël. » La conclusion 19-20 est un additif pour glorifier la loi, comme au psaume 19b. Ce psaume communique une forte impression : il exprime à quel point la louange du Créateur était en Israël un élément indispensable à la louange à Dieu. Ici aussi, c'est essentiellement une louange au Créateur, qui actuellement agit et bénit.

**Thèmes de la création
dans les psaumes de louange**

*Psaume 93*. — Le psaume 93 fait partie aussi des psaumes de Yahvé-Roi. A la différence de 95 et 96, il n'est que l'élargissement d'un thème : louange à la majesté de Yahvé, concentrée seulement dans la victoire sur les puissances du chaos. De même que l'invitation à la louange (5b), la louange du Créateur est seulement indiquée dans la solidité inébranlable du trône de Dieu. Il y a là l'importance attachée à la stabilité de la création actuelle.

*Psaume 135*. — Dans le psaume 135, seuls les versets 6-7 sont louange du Créateur, mais dans la construction, ils se trouvent à l'endroit qui leur revient : 1-3, appel à la louange de Dieu, 5-6a, louange au Dieu rempli de majesté ; 6-7, louange du Créateur, se rapportant au présent : « Tout ce qu'il veut, Yahvé l'accomplit au ciel et sur la terre, dans la mer et tous les abîmes ; il fait monter les nuages du bout de la terre, il transforme les éclairs en pluie, il tire le vent du fond de ses domaines. » Suit en 8ss la louange du Maître de l'histoire.

*Psaume 145, 10.15-16 ; 146, 6*. — 145 et 146 sont des psaumes de louange individuelle tous deux sans structure nette.

En 145, on rencontre deux thèmes de création, une invitation à la louange, à laquelle les œuvres de Dieu doivent unir leur voix (10) et la sollicitude de Dieu pour ses créatures (15-16) : « Les yeux de tous se tournent vers toi, Seigneur... »

146, 6 ne contient qu'une affirmation développée de Dieu : « Le Dieu qui a fait le ciel et la terre, la mer, et tout ce qu'elle contient. »

**Louange du Créateur de l'univers dans les psaumes liturgiques**

Les psaumes liturgiques, c'est-à-dire ceux qui manifestent une action du service divin, sont aussi des psaumes de louange.

*Psaume 107.* — Dans le psaume 107, un psaume de louange descriptif (hymne) encadre quatre récits ; la louange d'un individu sauvé du danger de la mort est reprise dans la louange du service religieux de la communauté. Dans la partie finale, 33-42(33), on rencontre un thème de la louange du Créateur qui correspond sciemment à la louange de ceux qui ont été sauvés du danger mortel : le Dieu qui transforme la destinée d'un homme mortellement menacé est le même que celui qui, dans le vaste horizon de son activité créatrice, agit comme celui qui transforme, 33 : « Il change les fleuves en désert et les sources d'eau en terre aride... » Il en va tout à fait de même dans vss 2. 6-8. Le psaume exprime que la louange au Dieu sauveur est indissolublement liée à celle du Créateur.

*Psaume 24.* — Dans le psaume 24, les phrases de louange au Créateur dans l'action du service divin, la procession et la liturgie d'entrée sont étrangement décousues et assemblées apparemment sans lien entre elles, 1b-2 : « A Yahvé appartiennent la terre et toute sa plénitude... car il a... » Les deux phrases sont louange du Créateur, en liaison avec la louange de sa majesté. Elles sont un fragment sans introduction, sans conclusion. Il faut supposer que ces deux vers sont l'abrégé d'un psaume de louange qui avait sa place dans la célébration du service divin (3-10). Si une seule fois on rencontre ici le thème de la création complètement isolé, c'est pour une raison technique.

**Psaumes de bénédiction**

Les psaumes de bénédiction sont proches des psaumes de la création, car le Créateur est le Dieu qui bénit (Gn 1). Dans la bénédiction l'action du Créateur s'étend au présent. On la rencontre comme thème dans beaucoup de psaumes de louange, par exemple le psaume 147.

Les psaumes 65 et 67 sont expressément des psaumes de bénédiction.

Le psaume 65 est introduit comme psaume de louange, mais n'en a pas la structure habituelle. La partie d'introduction (2-5) fait allusion à une procession : « A toi vient toute chair » (5a). On vient au sanctuaire pour louer Dieu et s'acquitter d'un vœu, pour supplier Dieu (3a) et recevoir son pardon (4). A la fin se trouve le but principal de la procession (5b) : « Rassasie-nous de la bénédiction de ta maison ! »

Dans la seconde partie, 9b-14b, un développement sur l'action bienfaitrice de Dieu suit les thèmes de la création (6-9a). La composition montre que les deux vont de pair : que le Créateur est le Dieu qui bénit ; que la bénédiction est l'activité actuelle du Créateur, comme dans le psaume 145.

Le psaume 67 commence dans le verset 2 par une demande de la bénédiction de Dieu, qui est partie intégrante de la liturgie de procession. Les versets 3-6 élargissent l'effet de la faveur divine. La conclusion (7-8) indique que le psaume se rapporte à une fête des moissons : « La terre a donné son fruit. » La moisson est célébrée solennellement dans le service divin, et d'autres faveurs sont demandées à Dieu.

## L'action du Créateur de l'univers dans le thème contraste des lamentations

Tous les psaumes et les thèmes de la création traités jusqu'ici étaient en rapport avec la louange à Dieu ; on est d'autant plus frappé de trouver des thèmes de création dans quelques lamentations.

Les psaumes 74 et 89 sont des lamentations collectives.

A celles-ci appartient souvent le thème du regard en arrière sur l'action salvatrice passée de Dieu, comme par exemple dans le psaume 80 ; ce qu'on appelle le thème du contraste.

Les paroles du Créateur dominateur du chaos, dans 74 et 89, ont la même fonction que le thème du contraste.

Dans le psaume 74, 12-17, on rappelle à Dieu sa puissante œuvre de la création. Les versets 13-14 parlent de la création dans un langage mythique ; 15-17, sans la moindre transition, dans le langage des psaumes de la création, rappelant en partie Gn 1 : Dieu devrait bien agir aujourd'hui comme autrefois ! Ces paroles aussi, dans le psaume 74, 13-17, sont à vrai dire louange du Créateur, mais une louange qui acquiert ici une fonction nouvelle dans la bouche de ceux qui sont atteints par une catastrophe collective.

Il en va de même dans le psaume 89, 3-14 (ici aussi, division en deux : 10-11 et 12-14).

89, 1-19 pourrait être un psaume de louange fermé sur lui-même, mais les deux parties forment ensemble un tout intentionnel, déterminé par le contraste entre l'action de Dieu autrefois, et celle d'aujourd'hui. Ici aussi, on parle de la création (9-14), car en elle se sont manifestées la majesté et la puissance de Dieu, dont l'éloignement rend le présent si dur (cf. aussi Is 51, 9-10).

Dans les psaumes 102, 25-28 et 90, c'est le contraste entre le caractère éphémère de l'homme et l'éternité de Dieu, qui suscite la pensée du Créateur.

En 102, 24, l'orant se plaint de la mort précoce qui le menace. Il supplie Dieu : « Mon Dieu, ne me prends pas à la moitié de mes jours ! » (25) et il oppose l'éternité de Dieu : « Tes années durent d'âge en âge ! » — « Depuis longtemps, tu as fondé la terre, et les cieux sont l'ouvrage de tes mains ! Ils passeront, mais toi, tu restes » (26-27). Cela rappelle le psaume 90 : « Avant que le monde fût créé, tu es là. » Ici aussi, l'éternité de Dieu est opposée à la brièveté de l'existence humaine (5-6). C'est ici précisément que se fait entendre le thème de la création.

*Psaume 121.* — Dans un psaume de confiance (121), on ne rencontre que la tournure marquante : « Créateur du ciel et de la terre », un attribut de Dieu (121, 2) : « Mon secours vient de Yahvé, qui a fait le ciel et la terre. » En tant que telle cette affirmation peut introduire des prières en prose : Is 37, 16 ; Jr 32, 17, Prière de Manassé 1-6 ; Ne 9, 6.

**La création de l'homme dans les psaumes**

De tous les psaumes qui parlent du Créateur et de la création, il n'y en a que très peu qui se rapportent à la création de l'homme, ou à l'homme en tant que créature. Or, on ne peut considérer que les passages qui parlent du Créateur du monde viseraient en même temps la création de l'homme, qui y serait incluse. Car, seule, la création du monde est le déploiement de la majesté de Dieu, thème fixe de psaume.

La question de la création du monde et celle de la création de l'homme étaient autrefois séparées et faisaient partie de lignes différentes de la tradition[7].

Deux psaumes seulement traitent de la création de l'homme, ou de l'homme en tant que créature : 8 et 139. Ils ne font pas vraiment partie des psaumes liturgiques ; dans les deux, il manque l'appel à la louange ; aucun des deux n'a la structure d'un psaume de louange, mais ils

---

7. Pour les récits de la création (Gn 1 — 3) j'ai mis cela en évidence dans mon commentaire de la Genèse ; pour la littérature des prières voir R. ALBERTZ, *op. cit.* Cette étude est supposée dans ce qui suit. Vient de paraître : Peter DOLL, *Menschenschöpfung und Weltschöpfung in der alttestamentlichen Weisheit,* Stuttgarter Bibelstudien 117, 1985.

ont une structure étudiée qui convient à une méditation. Les deux psaumes sont nés de la louange de Dieu, mais ils l'ont développée en une méditation.

*Psaume 8*. — Dans le psaume 8, l'exclamation étonnée du début (2a) est développée dans un contraste : ce Dieu majestueux se soucie du petit homme ! Le contraste est poursuivi en 4-5 : le contraste, entre l'œuvre du Créateur du ciel et de la terre et un petit enfant apparaît aux yeux de celui qui poursuit sa réflexion. Ses regards levés vers le ciel lui inspirent cette pensée. Le Créateur majestueux se soucie de ce petit être ! Les deux verbes utilisés ici apparaissent d'habitude ensemble dans les psaumes de plainte, dans la demande du secours de Dieu, par exemple Jr 15, 15 : « Yahvé, pense à moi, et charge-toi de moi ! » C'est le thème du secours de Dieu aux petits et aux faibles, qui d'habitude est dans le contexte de la délivrance du malheur. Ici, on comprend la raison pour laquelle la création de l'homme, dans les psaumes, est reléguée si loin en arrière de la création du monde : la louange de la majesté de Dieu est développée dans la louange au Créateur du monde ; quant à la louange de la bonté de Dieu, elle l'est dans la délivrance de ceux qui souffrent. Quand, très rarement, la création de l'homme apparaît à la place de celle-ci, c'est un prolongement de la pensée du souci que Dieu a des petits, comme le montre le psaume 8.

*Psaume 139*. — Le psaume 139 est aussi une réflexion produite par la louange de Dieu, mais ici, en tant qu'élargissement d'un thème isolé d'une lamentation, protestation d'innocence d'un homme faussement accusé, qui se trouve derrière les versets 1 et 23 ; les versets 19-22 (cf. Ps 7 ; 35 ; 37 ; 69) parlent des adversaires. Réfléchissant avec étonnement sur la phrase qui justifie sa protestation d'innocence : « Toi, Dieu, tu me connais ! », le psalmiste transforme la plainte en méditation de louange. Cette structure du psaume est visiblement celle d'une méditation : le poète médite sur le fait que sa vie est là, ouverte devant Dieu (2-5). Cette pensée se poursuit en 7-12 : il n'existe aucun lieu où il pourrait se cacher de Dieu. Le verset 6, au milieu de ces deux parties, est un arrêt étonné devant ce fait prodigieux. Les versets 13-16 justifient cela en songeant que l'homme est une créature ; une humble louange au Créateur de l'homme, se joignant à 6, constitue la conclusion (17-18).

Dans le psaume 139, on sent particulièrement que les paroles sur la création ne signifient pas en premier lieu un événement du passé lointain, mais l'œuvre actuelle du Créateur. Dans le verset 13, la vieille représentation mythique de l'apparition du genre humain comme une naissance à partir de la Mère-Terre, « fabriqué artistement dans les profondeurs de la terre », est mise sur le même plan que la naissance hors du sein maternel : « Tu m'as tissé dans le sein de ma mère. » Les paroles concernant la création de l'homme visent à ce que l'homme actuel se comprenne comme créature de Dieu. Parce qu'il est une créature de Dieu, il peut se savoir en sûreté auprès de lui (23-24). A la fin du psaume, on revient à son début.

**Création de l'homme dans différents contextes**

Au-delà de ces deux psaumes, R. Albertz indique une série de thèmes séparés où l'on trouve la création de l'homme, mais presque jamais dans les psaumes de louange. Cela représente une part particulièrement importante de son travail. Il y a deux groupes de passages, le premier dans les lamentations individuelles. Ainsi le psaume 22, 10-11 : « Oui, tu m'as tiré du sein de ma mère... sur toi, j'ai été jeté dès ma naissance. » C'est un élargissement de l'affirmation de confiance (versets 5-6 : « nos pères... ») qui se continue. C'est un élargissement de la réflexion dans un psaume tardif, et seulement dans cet unique passage presque identique à 71, 5ss. Certes, la phrase ressemble à un regard en arrière sur l'action salvatrice passée de Dieu, comme les versets 5-6 ; mais elle n'entre que dans la structure d'une lamentation collective et non d'une lamentation individuelle.

*Psaume 138.* — Le psaume 138, 8 offre une mention seulement allusive dans la prière de demande : « n'abandonne pas l'œuvre de tes mains ! » ainsi que dans le psaume 119, 73 (73a, qui ne correspond pas bien au 73b, sonne comme une citation). On peut voir une allusion à cela aussi dans Jr 2, 21, peut-être aussi dans Jb 35, 3-10 discours d'Elihu).

Le document le plus détaillé pour la création de l'homme dans la lamentation individuelle se trouve en Jb 10, 3.8-13. L'homme souffrant reproche à son Créateur : Comment peux-tu, toi qui m'a préparé si artistement, comment peux-tu maintenant détruire ton propre ouvrage ? Ce contraste (3) est développé dans 8-12. La création de l'homme sert ici de contraste dans l'accusation de Dieu ; en même temps, elle est un regard en arrière sur l'action salvatrice antérieure de Dieu. Mais, comme pour le psaume 22, 10-11, on peut dire : les deux thèmes font partie de la lamentation collective dans la lamentation individuelle, ils constituent un élargissement de la réflexion (22) ou du poème (Jb 10). Ce qui est sûr, c'est que la création de l'homme est ici en relation avec la sollicitude de Dieu pour ses créatures.

Les passages de l'autre groupe ont tous des contextes différents. Dans la lamentation collective (Is 63 - 64) les plaignants admonestent Dieu : « Eh bien, Yahvé, tu es maintenant notre père ; nous sommes l'argile, et tu es notre sculpteur, nous sommes tous l'œuvre de tes mains » (64, 7). De même, ceci est encore plus développé dans 4 Esdras 8, 4-14. A travers le verset 14, cela devient un thème de contraste qui, d'une autre manière, se trouve aussi dans Os 8, 14 : « Israël a oublié son créateur. » Dans tous ces passages, il n'est pas question à vrai dire de la création de l'homme. C'est un discours métaphorique, où celle-ci est comparée à la « création » d'Israël par Yahvé. Cela vaut aussi pour les paroles de salut du Deutéro-Isaïe, comme Is 41, 1ss : « Ainsi parle Yahvé qui t'a créé et façonné dès le sein de ta mère. » Cela aussi est un discours métaphorique ; il signifie l'action salvatrice de Dieu autrefois en faveur d'Israël.

R. Albertz[8] a fourni une justification du fait qu'ef-

---

8. *Op. cit.*, p. 36-44.

fectivement toutes les mentions de la création de l'homme se trouvent dans d'autres contextes que ceux de la louange à la majesté de Dieu, qui est développée seulement dans la création du monde. Il a prouvé que toutes deux font partie de traditions différentes et que chacune dans son contexte a des fonctions différentes. Pourtant, les passages où l'on trouve dans les psaumes la création de l'homme ne présentent pas un groupe de thèmes aussi stable lié à une forme littéraire précise que les passages qui traitent de la création du monde. En plus, l'apparition de la création de l'homme dans plus de 50 psaumes de lamentation individuelle est trop étrange et ne peut être considérée comme partie intégrante stable dans la structure de la lamentation individuelle. Aussi, dans bien des passages, s'agit-il d'une utilisation métaphorique. Mais pour ce qu'Albertz veut prouver, un groupement de thèmes fixe et fermé n'est absolument pas nécessaire. Comme bien des passages sont des amplifications de la réflexion, il ne faut pas du tout s'attendre à les trouver dans un endroit fixe de la structure du psaume. Il est prouvé de façon certaine et à peine discutable que la plupart des passages où l'on parle de la création sont en rapport avec la sollicitude de Dieu pour ses créatures (Ps 130 ; 131).

Que la création du monde et celle de l'homme fussent jadis des traditions indépendantes, cela est indiqué par le fait frappant qu'elles apparaissent presque toujours séparément. Très rarement seulement elles se trouvent toutes deux dans le même psaume, comme dans le Ps 8 ou le Ps 33, 15 : « Lui qui a formé le cœur de tous » ; en dehors des psaumes, en Is 42, 5 ; 51, 15 et dans les passages tardifs Za 12, 1 et Ne 9, 6. Mais aussi dans Gn 1, où la création de l'homme est comprise dans celle du monde, leur singularité originelle est encore nettement reconnaissable.

## Quelques conséquences théologiques

1. Les paroles sur la création font partie des paroles sur Dieu. Si Dieu n'était pas le Créateur, il ne pourrait

être le Sauveur. Parce qu'il est le Créateur, il est capable de sauver. Une limitation de l'action rédemptrice de Dieu (théologie = sotériologie) serait ici impossible.

2. L'horizon de toute la création fait partie du discours sur Dieu dans les psaumes. Si le discours était limité aux rapports mutuels Dieu-homme (théologie existentiale), il ne s'agirait pas du Dieu dont parlent les psaumes. Or il s'agit bien du Dieu majestueux qui trône dans les hauteurs, tel qu'il se révèle comme le Créateur des mondes, celui qui se penche sur ses créatures, les hommes.

3. L'horizon de toute la création, à l'intérieur duquel Dieu se tourne vers les hommes, se montre dans le langage des psaumes ; en font partie les comparaisons avec tous les domaines de la création, comparaisons qui évoquent ce qui se passe dans les psaumes entre Dieu et les hommes.

4. Quand les psaumes parlent du créateur et de la création, le regard est, d'abord et la plupart du temps, tourné vers l'action du Créateur dans le monde d'aujourd'hui et sur l'homme d'aujourd'hui. L'action du Créateur s'étend dans le présent, où l'on peut en faire l'expérience, surtout dans la bénédiction.

5. Les discours sur la création de l'homme et sur celle du monde ont une origine différente, c'est pourquoi ils ont gardé des fonctions différentes, parce qu'en eux, il y va de la compréhension de l'homme par lui-même dans son essence de créature dans le présent, et il y va de la compréhension du monde en tant que création de Dieu dans le présent.

6. Dans cette différenciation, c'est à juste titre que l'homme, créature de Dieu, est mis en étroite relation avec le monde, création de Dieu, qu'il a la mission d'édifier et de conserver. Ainsi se justifie une acceptation du monde qui s'exprime dans la louange du Créateur, à laquelle la création est appelée à joindre sa voix.

Traduit de l'allemand<br>
par Marthe GAMBEY

*CHAPITRE X*

# LA RELECTURE DE GN 1-3 DANS LE LIVRE DE LA SAGESSE

par Maurice GILBERT

On explique le sens des références à Gn 1 − 3 en suivant le développement même du livre de la Sagesse.

***I. Création pour la vie***
Textes : Sg 1, 13-14 ; 2, 2c.23-24.

***II. Création par la Sagesse***
Textes : Sg 7, 21 ; 8, 4-6 ; 9, 9 ; puis 9, 1-3 ; enfin 7, 1 ; 10, 1.

***III. Création par amour***
Textes : Sg 11, 17.20.24 — 12, 1.

***IV. Création parodiée***
Textes : Sg 13, 2-5.13-14 ; 14, 5-7 ; 15, 8-13.

***V. Création renouvelée***
Textes : Sg 19, 6-21.

## I. CRÉATION POUR LA VIE

C'est très tôt dans son exorde que l'auteur de Sg se réfère pour la première fois à Gn 1 − 3. Selon la théorie de rhétoriciens grecs, l'exorde de l'éloge doit éveiller l'intérêt des lecteurs pour le sujet choisi, ici la Sagesse, en les exhortant à accueillir le message et à ne pas suivre l'opinion de ceux qui s'y opposent.

1. Les douze premiers versets du livre forment une première exhortation à rechercher le Seigneur en évitant les récriminations semblables à celles que proférèrent les Hébreux dans le désert lors de l'exode, car elles éloignent de la Sagesse et conduisent à la mort. Et l'auteur ajoute :

> Car Dieu n'a pas fait la mort ;
> il ne se réjouit pas de la perte des vivants.
> Car il a créé l'univers pour qu'il subsiste
> et les engendrements dans le monde conservent ;
> point en eux de poison mortel ;
> l'Hadès non plus ne règne pas sur terre
>
> (Sg 1, 13-14).

En disant que « Dieu n'a pas fait la mort », l'auteur paraphrase négativement le mot de synthèse qui commence et achève le récit de Gn 1 : « Dieu a fait le ciel et la terre », mais Gn 2 − 3 est aussi présent à sa pensée. On le verra dans le texte complémentaire de Sg 2, 24 où il est dit que « c'est par l'envie du diable que la mort est entrée dans le monde ». En effet, selon Gn 2 − 3, le fruit de l'arbre de vie devait assurer à l'homme sa subsistance et même son immortalité, et après le péché, manger de ce fruit lui aurait assuré malgré tout cette immortalité (Gn 2, 9 ; 3, 22). Par contre manger du fruit de l'arbre de la connaissance du bien et du mal lui fut toujours interdit sous peine de mort (Gn 2, 17 ; 3, 3). La mort n'était donc pas dans les intentions du Créateur. Mais de quelle mort s'agit-il ? Pas seulement la mort spirituelle, qui sépare de Dieu, mais aussi, selon Gn 2 − 3, la mort physique.

L'auteur poursuit : « Car Dieu a créé l'univers pour

qu'il subsiste » (Sg 1, 14). Le verbe *ktizô*, créer, traduit plus tardivement (déjà chez Aquila) le verbe hébreu *bara'* de Gn 1, 1. Quant à l'expression *eis to einai*, « pour qu'il subsiste », elle me paraît rappeler l'intention du Créateur lorsqu'il appela à l'existence la lumière et le firmament : le texte hébreu utilise en Gn 1, 3. 6-7 le verbe être : « que soit » et « il fut », *y$^e$hî* et *way$^e$hî*, que la LXX cependant rend par le verbe *ginomai*, sauf en Gn 1, 6b où on lit l'impératif *estô*, « que soit » ; Symmaque a d'ailleurs traduit le premier ordre de Gn 1, 3 par le même *estô*. L'idée de subsistance n'apparaît pas explicitement en Gn 1, alors qu'en Sg 1, 14, elle s'impose « à cause du contexte antérieur », comme le dit C. Larcher.

« Les engendrements du monde conservent » (Sg 1, 14). Le grec *hai geneseis* doit traduire les *tôledôt* de Gn 2, 4, comme le firent Aquila et Symmaque, mais le mot ne signifie ni l'origine, ni les genres et les espèces, ni les créatures, ni les générations humaines, mais les productions successives dont a parlé tout le récit de Gn 1. Or ces engendrements assurent la conservation : tel est le sens que le mot *sôtèrioi* doit avoir ici, comme déjà chez Platon et au premier siècle av. J.-C. Gn 1 soulignait plusieurs fois que les diverses créatures devaient perdurer : la végétation porte semence, les oiseaux et les poissons reçoivent la bénédiction de la fécondité, tout comme l'homme.

« Point en eux de poison mortel » : c'est la même idée que l'auteur reprend. La destruction des vivants n'est causée que par la perversité de l'homme, comme on le dira après le récit du déluge en Gn 8, 21.

2. Pourtant certains n'acceptent pas cette doctrine et considèrent qu'à la mort, l'être humain disparaît totalement ; son origine en effet serait purement occasionnelle ou fortuite, et en outre, disent-ils :

de la fumée, le souffle dans nos narines (Sg 2, 2c).

Cette théorie des impies parodie Gn 2, 7, où le Jahviste affirme que Dieu « insuffla dans les narines de l'homme une haleine de vie ». L'expression « dans nos narines », *en rhisin hèmôn*, peut traduire directement le texte hébreu de Gn 2, 7. Les impies omettent surtout de dire que la *pnoè*, le souffle, est insufflée par Dieu lui-même, ne voulant souligner que l'inconsistance du souffle de vie, une fumée dont ils ne voient que l'aspect matériel.

3. Critiquant les options des impies qui veulent non seulement profiter des joies de la vie, mais aussi persécuter à mort le juste, l'auteur de Sg explique leur erreur : ils méconnaissent la récompense que Dieu accorde aux justes par-delà la mort ; en effet :

> Dieu a créé l'homme pour l'incorruptibilité
> et il l'a fait image de sa propre spécificité,
> mais par l'envie du diable, la mort est entrée dans le monde
>
> (Sg 2, 23-24).

« Dieu a créé l'homme pour l'incorruptibilité. » L'auteur revient aux intentions premières du Créateur ; ce que Sg 1, 13a disait négativement (« Dieu n'a pas fait la mort »), Sg 2, 23 le redit positivement : « Dieu a créé l'homme pour l'incorruptibilité. » Le dessein originel de Dieu n'incluait pas la mort, pas même la mort physique, comme on l'a rappelé plus haut à la lumière de Gn 2 – 3 ; l'homme, tout l'homme et pas seulement son âme, était destiné à l'incorruptibilité ; la condition était qu'il ne mange pas du fruit de l'arbre de la connaissance du bien et du mal. Pourtant depuis le premier péché, tous passent par la mort physique, même les justes. Que reste-t-il alors de l'intention première du Créateur ? Certainement la vie sans fin en sa compagnie, et ce bienfait est accordé « aux âmes sans tache » (Sg 2, 22c) ; faut-il penser que l'auteur de Sg envisage implicitement cette communion sans fin avec Dieu même au plan des corps ? Pense-t-il donc à une résurrection des corps des justes ? Plusieurs commentateurs le croient.

Dieu a fait l'homme « image de sa propre spécificité ». En parlant d'image, l'auteur se réfère à Gn 1, 26-27. Est-on en droit de voir, en raison du parallélisme chiastique, un synonyme de « pour l'incorruptibilité » dans la formule « image de sa propre spécificité » ? Tandis que Gn 1, 26-27 disait que l'homme avait été fait « *à* l'image de Dieu », c'est-à-dire selon le modèle qu'est Dieu lui-même, Sg 2, 23 supprime la préposition *kata*, à, pour affirmer que Dieu fit l'homme « image de sa propre spécificité » ; le terme « image » prend alors le sens, non plus de modèle, mais de copie, de reproduction, comme ailleurs en Sg 7, 26 pour la Sagesse image de la bonté de Dieu. De plus, en acceptant la *lectio difficilior idiotètos*, plutôt que *aïdiotètos*, éternité, leçon attestée par Origène et Lucien, on s'engage à en déterminer le sens. Ce qui est propre à Dieu doit être ici son éternité, puisque le contexte parle de mort et le stique précédent d'incorruptibilité de l'homme. Une telle idée ne vient pas de Gn 1, 26-27, où le thème de l'image sert à expliquer le dominium de l'homme sur le reste de la création, mais elle renvoie plutôt à Gn 3, 22, où Dieu craint que l'homme devenu « comme l'un de nous » en consommant le fruit de l'arbre de la connaissance, ne mange encore du fruit de l'arbre de vie. C'est donc qu'avant la faute, l'homme pouvait en manger et qu'il était destiné à l'immortalité. Ce thème de Gn 2 − 3 est donc rattaché par Sg 2, 23b à celui de l'image de Gn 1 : en d'autres mots, Sg 2, 23 explique Gn 1 par Gn 2 − 3 ! Ce projet de Dieu reste toujours valable, même après le péché qui apporta la mort. Désormais, même le juste connaît la mort physique et pourtant il y a, en raison de ce projet initial de Dieu, une récompense pour les âmes sans tache ; celles-ci connaissent donc l'immortalité. Mais cette immortalité s'applique-t-elle encore aux corps ? L'auteur ne le dit pas.

« Mais par l'envie du diable, la mort est entrée dans le monde » (Sg 2, 24). La mort ne faisait pas partie du projet divin, c'est le diable qui l'a fait entrer en scène. L'auteur ne se réfère pas au meurtre d'Abel par Caïn, mais au récit de Gn 3 dont il donne une lecture dont plusieurs éléments se retrouvent plus tard dans d'autres textes : il identifie le serpent au diable, il explique l'agir du serpent par l'envie. La mort fait son entrée dans le monde comme une intruse, non voulue dans le plan créateur (cf. Sg 1, 13). De quelle mort s'agit-il ? Gn 2, 17, repris en Gn 3, 3 sous une autre forme, précisait à l'homme qu'il connaîtrait la mort s'il mangeait du fruit interdit de l'arbre de la connaissance. L'homme a désobéi et la mort physique fut désormais son châtiment (Gn 3, 19). Sg 2, 24 parle au moins de cette mort physique, mais puisque celle-ci est la conséquence du péché, mort spirituelle, la mort spirituelle qui prive de l'amitié de Dieu et de sa société doit être également comprise en Sg 2, 24, et ceci d'autant plus que les justes, promis à une vie en compagnie de Dieu, connaissent eux aussi la seule mort physique.

Tel est l'enseignement que Sg retient, dans son exorde, de Gn 1 − 3 : Dieu a créé pour communiquer la vie.

## II. CRÉATION PAR LA SAGESSE

1. PLusieurs passages de l'éloge de la Sagesse et de la prière de Salomon pour obtenir cette dernière situent la Sagesse lors de l'acte créateur. Reprenons ensemble tous ces passages.

Dans la prière de Sg 9, l'auteur paraphrase la prière de Salomon à peine établi roi (1 R 3 et 2 Ch 1). Il y dit que la Sagesse « était auprès de toi lorsque tu fis le monde ». La présence de la Sagesse auprès de Dieu organisateur du cosmos fut affirmée par Pr 8, 30, tandis que la formule « lorsque tu fis le monde » peut se référer à Gn 1, 1 et 2, 4, remis dans une formulation plus grecque (« le ciel et la terre » sont « le monde ») à la suite d'Aristobule. Mais quel est le rôle de la Sagesse : simple présence observatrice ou présence active et collaboration ?

En Sg 7, 21, l'auteur affirme que la Sagesse est « l'ouvrière de toutes choses » : il applique à la Sagesse ce qu'il dit ailleurs de Dieu Artisan du monde (Sg 13, 1). Certains auteurs voient derrière Sg 7, 21 une référence au 'mn de Pr 8, 30 lu comme une attribution explicite à la Sagesse d'un rôle actif dans l'acte créateur. La même idée reparaît avec quelques explications en Sg 8, 4-6 : la Sagesse « est initiée à la science de Dieu et, par son choix, décide de ses œuvres... elle opère tout..., elle est l'ouvrière de l'univers ». La Sagesse est donc présentée comme l'épouse conseillère, celle qui choisit et réalise les projets de Dieu qu'elle a elle-même conseillés. Son rôle est dès lors éminemment actif dans l'acte créateur. Cette position s'explique par le fait que l'auteur tente de rapprocher au maximum la Sagesse de Dieu lui-même (Sg 7, 25-26) ; mais cette doctrine, dans son ensemble, est neuve et l'auteur en est conscient : au moment de la prière, « j'ignorais qu'elle était la mère de tous les biens » (Sg 7, 12).

Sg 7, 12.21 ; 8, 4-6 ne s'appuient pas sur Gn 1-3, mais en Sg 9, 1-2, l'auteur revient sur le sujet et en se référant alors à Gn 1. Le Dieu des pères et le Seigneur de la miséricorde, le Dieu des Patriarches et de l'alliance sinaïtique (Ex 34, 6), est celui « qui fit l'univers par sa parole et, par sa sagesse, a formé l'homme ». Cette phrase est en parallélisme synonymique : Dieu fit tout, le monde et l'homme, par sa parole et sa sagesse. Que Dieu ait fait le monde par sa parole est une vue générale de Gn 1 où par deux fois, « Dieu dit et ce fut. » Quant à la formule « par ta sagesse », elle paraît synonyme de « par ta parole », mais elle s'appuie sur toute une tradition biblique (Pr 3, 19-20 ; Jr 10, 12 ; 51, 15 ; Ps 104, 24 ; 136, 5 ; on parle aussi des œuvres de la Sagesse de Dieu : Si 42, 21 ; Sg 14, 5) ; mais ces textes ne font pas de la Sagesse une figure personnifiée, tandis que Sg 9, 2 le fait. Il faut mentionner ici une tradition juive importante. Puisqu'en Pr 8, 22, la Sagesse personnifiée est dite *réshît*, commencement des œuvres du Dieu créateur, on peut comprendre le *beréshît* de Gn 1, 1 dans le sens suivant : « par la Sagesse, Dieu créa le ciel et la terre ». Les textes de Sg que l'on vient de mentionner explicitent la même idée.

2. Un autre texte de la prière de Sg 9 se réfère encore à Gn 1, 26.28, en précisant quelle est la mission ou la vocation de l'homme : Dieu l'a formé par sa Sagesse « pour qu'il domine sur les créatures venues de lui à l'existence, qu'il gouverne le monde avec sainteté et justice et rende le jugement avec droiture d'âme » (Sg 9, 2-3). Ce texte reprend et développe l'intention première de Dieu sur l'homme selon Gn 1, 26.28 ; mais Sg 9, 2-3 ne reprend aucun des termes de Gn 1 qui utilise deux autres verbes ; par contre Sg 9 prend deux verbes qui en Sg 12, 15-16 serviront à décrire le mode de gouvernement divin du monde. D'autre part, les précisions « en sainteté et jus-

tice » et « avec droiture d'âme » paraphrasent ce que 1 R 3, 6 ; 9, 4 disait du gouvernement de David : ce dernier devient le type parfait de l'homme.

3. La figure d'Adam retient aussi l'attention de l'auteur de Sg quand il traite de la Sagesse de Dieu. Chose curieuse, il y fait référence une première fois en Sg 7, 1, au tout début de l'éloge : le sage qui parle est « descendant du premier modèle né de la terre » ; mais c'est surtout immédiatement après la prière du sage qu'Adam est à nouveau évoqué : « C'est par elle (la Sagesse) que le premier formé comme père du monde et créé solitaire, fut gardé avec soin. Puis elle l'arracha à sa transgression propre et elle lui conféra la force de maîtriser tous les êtres » (Sg 10, 1-2 ; traduction de C. Larcher). Ces deux textes se répondent par leur position et par l'usage du même mot *prôtoplastos*, premier modelé ou formé. Ce mot renvoie à Gn 2, 7 LXX. Quant au terme *gègenès*, né de la terre, en Sg 7, 1, il rappelle aussi Gn 2, 7 LXX.

Sg 10, 1-2 doit retenir davantage l'attention. Deux exégètes se sont spécialement attachés à ce texte énigmatique ces dernières années, C. Larcher, dont le commentaire remonte au moins à 1975, date de sa mort, et P. Beauchamp, dans un article datant de 1979. L'interprétation de C. Larcher est en bref la suivante. Adam est appelé « père du monde » « à titre d'ancêtre de toute l'humanité existante, de principe selon la chair » (p. 609). La solitude d'Adam, diversement expliquée par les auteurs, serait à comprendre comme ceci : « avant qu'il ait reçu une compagne, le récit de Gn 2 le montre installé dans le jardin d'Éden et prenant successivement possession de la création (versets 19-20). Cette unicité apparaît plutôt un signe de grandeur que de fragilité ou d'indigence » (p. 611). Le verbe *diephulaxen* « résume alors l'influence générale exercée par la Sagesse sur un personnage unique... ; cette influence est avant tout religieuse et doit correspondre au rôle attribué par le chap. 9 à la Sagesse » ; l'auteur de Sg « se contente de distinguer explicitement deux phases de la vie d'Adam : avant et après le péché... Il ne nous invite guère... à réintroduire le personnage d'Ève » (p. 612). Le mot « *paraptôma* doit renvoyer à la transgression mentionnée par Gn 3, 6-24. Elle est dite "propre, personnelle" : ou bien l'auteur entend dégager la responsabilité divine... et plus spécialement celle de la Sagesse... ou bien il maintient, contre ceux qui rendaient la femme seule responsable, la culpabilité propre d'Adam... Celui-ci... se devait de résister à la tentation et de mieux user de son libre arbitre » (p. 613). La Sagesse ne le préserva pas de ce péché, mais l'en arracha une fois commis. L'auteur de Sg a pu connaître le thème du repentir d'Adam et de sa pénitence, illustré au Ier siècle après J.-C. par la *Vie d'Adam*, mais il a ajouté que la Sagesse accorda à Adam le pardon et lui permit de mener désormais dans la justice une vie agréable à Dieu (cf. p. 614). Enfin, « devenu plus faible après sa faute, Adam avait besoin d'un supplément de force : la nature elle-même avait changé d'attitude à son égard, sa vie serait désormais difficile et laborieuse... Pourtant la tâche confiée par le Créateur restait la même : elle est rappelée en Gn 9, 2... et elle concerne la condition naturelle de l'homme... Aussi la Sagesse donna-t-elle à Adam la force nécessaire pour affronter la nature devenue indocile ou hostile » (p. 615).

De son côté, P. Beauchamp s'attache essentiellement à déterminer la signification de la solitude d'Adam. Par une première analyse logique, il considère qu'« Adam dans la grandeur de l'unique, est assisté par la Sagesse dont le rôle évoque celui d'Ève » (p. 362), « dans sa fonction secourable » (p. 360). « l'Adam primitif dispose d'une sorte de plénitude : il symbolise... toute l'humanité » (p. 363). Il y a aussi entre Adam et la Sagesse des analogies, car la Sagesse est elle aussi première (cf. Pr 8, 22) et unique (Si 24, 5 ; Sg 7, 22.27). Passant ensuite à l'étude de l'ambiance historique, P. Beauchamp reconnaît qu'on ne peut « reconstituer la théorie du premier couple telle que l'auteur la concevait » (p. 368) ; cependant la place importante que Philon accorde au thème de la solitude et surtout la façon dont le targum Neofiti I rend Gn 3, 22 (« Adam, le premier que j'ai créé, est seul dans le monde ») conduisent à penser qu'Adam est vu comme père de tous les humains, hommes et femmes, et qu'il conserve après le péché la royauté dans le monde.

Ces deux interprétations récentes se complètent assez globalement. Ainsi, dans l'éloge de la Sagesse, l'auteur de notre livre a mis en relief le rôle de la Sagesse dans l'action créatrice de Dieu, et son agir auprès de l'homme appelé par Dieu à gouverner le monde, même après la faute.

## III. CRÉATION PAR AMOUR

Dans sa réflexion sur l'acte créateur, l'auteur de Sg avance encore d'un pas. Ayant abordé l'analyse des événements de l'exode, en guise d'illustration du rôle de la Sagesse dans l'histoire et sous forme de comparaison *(synkrisis)* entre les plaies envoyées contre les Égyptiens et les bienfaits accordés à Israël, il s'arrête aux questions soulevées par les différentes plaies provoquées par des animaux. Les Égyptiens pratiquaient depuis des siècles la zoolâtrie et Ex 8, 22 y fait peut-être allusion ; le châtiment de ces zoolâtres leur viendra par le moyen même de leur péché : ils adorent des animaux et Dieu déshonoré les châtie par des animaux.

Autre caractéristique du passage qui nous intéresse à présent : l'auteur s'y adresse directement au Seigneur. Sur la lancée de Sg 9, sa méditation se change en anamnèse hymnique. Le mouvement de pensée de l'auteur est double. Un premier temps est d'allure négative : bien que tu l'eusses pu, tu n'as pas procédé à une sorte de création nouvelle, mais destructrice des coupables. Un second temps, qui sera développé par une réflexion sur l'amour de Dieu pour son œuvre, s'amorce par la phrase célèbre, centre du passage : « Tu as tout réglé avec nombre, poids et mesure. »

1. Dans la partie négative de l'argumentation, l'auteur se situe plusieurs fois par rapport à Gn 1-3. Puisque ta main toute-puissante « a créé le monde d'une matière informe » (Sg 11, 17), tu aurais pu aisément façonner des monstres destructeurs des coupables. L'expression « d'une

matière informe », *ex amorphou hulès*, est une terminologie de la philosophie grecque ; pourtant n'y cherchons pas une allusion à la matière et à la forme selon la *Physique* (191a 10) d'Aristote, car les traités du Stagirite, à l'inverse de ses dialogues aujourd'hui perdus, n'entrèrent en circulation que vers le milieu du Ier siècle avant notre ère. L'adjectif *amorphos* se lit chez Platon (*Timée*, 50d et 51d), mais sans le mot *hulè* et dans un contexte différent ; par contre, Posidonius d'Apamée, le maître stoïcien de Cicéron, affirme que « la substance de l'univers est aussi matière indéterminée et informe », *tèn tôn holôn ousian kai hulèn apoion kai amorphon einai*. Philon (*De spec. leg.*, I, 328-329) emploie à son tour l'expression *amorphos hulè*, en liaison avec la théorie des Idées, mais aussi en référence à Gn 1 : « c'est d'elle en effet que Dieu a tout produit », *ex ekeinès gar pant'egennèsen ho Theos*. Plus tard, après Sagesse, vers 150 de notre ère, Justin (*Apol.* I, 59) dira, en référence à Gn 1, 1-3 que « Dieu façonna la matière informe *(hulèn amorphon)* pour en faire le monde. » Sg 11, 17 semble bien se référer à ce même texte de Gn, plus précisément au *tohû bohû* primordial. Ceci revient à dire que Sg 11, 17 n'envisage pas la *creatio ex nihilo* telle qu'elle sera expliquée à partir du IIe siècle de notre ère ; mais cela n'implique pas que l'auteur de la Sagesse soustraie quelque chose à la toute-puissance créatrice de Dieu : il a bien dit en Sg 1, 14 que « Dieu a tout créé », et l'adjectif *pantodunamos* en Sg 11, 17 n'aurait guère de sens si le *tohû bohû* primordial lui eût échappé. Notre auteur paraphrase simplement Gn 1, 1-2 en utilisant un vocabulaire philosophique grec : Gn 1, 1-2 dit : « Dieu créa la terre et le ciel ; or la terre était *tohû wabohû* », et Sg 11, 17 traduit : « Ta main toute-puissante... créa le monde d'une matière informe. »

Pour notre auteur, nul besoin même d'un nouveau combat primordial pour châtier les coupables. Même sans une création nouvelle de monstres destinés à anéantir les zoolâtres, « d'un seul souffle, ils pouvaient succomber, poursuivis par la Justice, balayés au souffle de ta puissance » (Sg 11, 20abc). L'auteur rejette aussi l'hypothèse d'un combat du souffle de Dieu pour détruire les impies.

Certes, un tel combat aura bien lieu au temps eschatologique de la Visite (Sg 5, 23) ; mais, puisque depuis Sg 11, 17 l'auteur exclut une nouvelle création punitive, en Sg 11, 20 il me semble rejeter aussi l'idée d'un nouveau combat primordial analogue à celui mené par « le souffle de Dieu qui planait sur les eaux » (Gn 1, 2) ; pour châtier les coupables, Dieu n'avait pas besoin de procéder à une sorte d'anti-création, à la destruction d'une partie de ce qu'il avait lui-même construit. En effet, « tu as tout réglé avec nombre, poids et mesure » (Sg 11, 20d). La triade eut une longue fortune en droit romain dès le IIe siècle de notre ère, mais elle est un bien commun de la culture grecque, déjà assumé par le Judaïsme, lequel l'utilise, comme Sg 11, 20, à propos du Dieu créateur. Dans le cas présent, cette mesure apparaît dans le principe que l'instrument du péché suffit au châtiment du coupable (Sg 11, 16).

2. Pourquoi Dieu procède-t-il de la sorte ? Les versets suivants l'expliquent :

> Tu as pitié de tous, parce que tu peux tout,
> et tu fermes les yeux sur les péchés des hommes afin qu'ils se repentent
>
> (Sg 11, 23).

Dieu punit le coupable par l'instrument même de son péché : ce châtiment dérisoire (Sg 12, 25) révèle la pédagogie de ce Dieu qui cherche et attend le retour du pécheur. Mais pourquoi cette patience du Tout-Puissant ? Pour s'expliquer, l'auteur revient encore une fois à Gn 1 − 3 :

> Tu aimes en effet tous les êtres
> et n'as de dégoût pour aucun de ceux que tu as faits.
> Car si tu avais haï quelque chose, tu ne l'aurais pas formée.
> Et comment une chose subsisterait-elle si tu ne l'avais voulue
> ou comment se maintiendrait ce que tu n'aurais pas appelé ?
> Non, tu épargnes tout, car tout est à toi, Maître qui aimes ce qui vit ;
> ton Esprit incorruptible en effet est en tous les êtres
>
> (Sg 11, 24 − 12, 1).

Bref, la patience de Dieu face au pécheur vient de ce qu'il aime sa créature, qu'il ne peut pas ne pas l'aimer, et cela parce que son Esprit de vie est en elle comme en toute œuvre de Dieu. L'auteur appuie sa réflexion sur l'acte créateur ; il se réfère même discrètement à Gn 1 — 3.

L'amour de Dieu pour ses créatures pourrait avoir en Gn 1 un point d'ancrage, dans ce refrain au soir de chaque jour : « Et Dieu vit que cela était bon », mais l'auteur de Sg y ajoute toute la richesse que le terme amour a en grec : gratuité et générosité, volonté de bien envers plus petit que soi, préférence fondée sur un libre choix. Ce que Dieu aime ainsi, c'est ce qu'il a fait, ce qu'il a formé, ce qu'il a voulu, ce qui lui appartient par conséquent, et même ce qu'il a appelé pour subsister. Dans cette dernière expression (Sg 11, 25b), on peut deviner le thème de la nomination pour la permanence dans la relation avec Dieu des êtres qu'il a formés : Dieu donne un nom à la lumière et aux ténèbres, au firmament, à la terre et à la mer (Gn 1, 5.8.10). Plus globalement, d'autres textes parlent de l'appel à être lancé par Dieu (Is 41, 4 ; 48, 13 ; Ba 3, 35 ; Rm 4, 17).

Mais encore, pourquoi Dieu aime-t-il son œuvre ? Parce que son esprit incorruptible est en tout (Sg 12, 1). Telle est la réponse ultime à la question que pose la pédagogie patiente et réservée de Dieu. L'auteur se souvient-il du souffle de vie que Dieu lui-même insuffla dans les narines de l'homme (Gn 2, 7) ? Mais en Sg 12, 1, cet Esprit incorruptible est présent à tous les êtres, pas seulement à l'homme ; en effet le *pasin* doit être un neutre, puisque depuis Sg 11, 24, le neutre sert à désigner les créatures de Dieu. De toute façon, il y a un net contraste entre l'hypothèse rejetée d'une nouvelle intervention du souffle de Dieu, cette fois pour détruire les coupables (Sg 11, 20), et cette présence de l'Esprit qui est aux antipodes de la mort, puisqu'il est incorruptible et vient de celui qui aime ce qui vit (Sg 11, 26 — 12, 1). Déjà le Ps 104 (103), 28-30 parlait du souffle créateur. Mais en Sg 12, 1, il s'agit plus de permanence de l'Esprit dans tous les êtres. Cette idée n'est pas biblique ; elle vient de la philosophie stoïcienne parlant du pneuma cosmique ; mais notre auteur n'assume évidemment pas le panthéisme des maîtres du Portique.

Il entend donc relire le vieux récit de l'exode avec, comme clé, cet amour indéfectible du Créateur pour sa créature, fût-elle pécheresse.

## IV. CRÉATION PARODIÉE

Sg 13 — 15 semble vouloir expliquer pourquoi les Égyptiens méritaient d'être châtiés par des animaux : la raison en est que la zoolâtrie qu'ils pratiquaient était la plus vile des religions connues dans le paganisme antique. Les Grecs, les Latins et les Juifs s'en moquaient facilement. Pour faire percevoir le degré d'avilissement auquel aboutit la zoolâtrie, notre auteur entreprend une analyse de deux autres religions païennes de son temps, le culte des éléments de la nature de l'idolâtrie, sur laquelle il s'arrêtera plus longuement.

1. Dans la brève analyse des cultes des éléments de la nature (Sg 13, 1-9), l'auteur se réfère deux fois, mais de façon voilée, à Gn 1. Dans la foulée d'Aristote, des philosophes, dont les stoïciens, divinisent entre autres les « luminaires du ciel, princes du monde » (Sg 13, 2). Ce doit être le soleil et la lune, que Gn 1, 14.16 appelle aussi « luminaires » pour régir le jour et la nuit ; le même mot *phôstèr*, luminaire, apparaît dans les deux textes, tandis que le mot *prutaneis*, un hapax de la LXX en Sg 13, 2, remplace le mot *archè*, principe, de Gn 1, en insistant sur l'idée d'une certaine causalité cosmique.

Plus avant, en Sg 13, 3.5, l'auteur pense à nouveau à Gn 1 : il appelle Dieu *ho... tou kallous genesiarchès*, l'auteur de l'existence de la beauté, et *ho genesiourgos*, l'artisan de (leur) existence ; le thème de la beauté peut rappeler entre autres le refrain de Gn 1 selon la LXX : « et Dieu vit que cela était *kalon*, tandis que les termes *genesiarchès* et *genesiourgos*, inconnus avant ce texte de Sg, désignent le Créateur comme tel.

L'intérêt de ces allusions à Gn 1 tient au fait que l'auteur de Sg critique la religion des philosophes à tendance très nette au panthéisme en recourant au texte biblique qui affirme explicitement que Dieu est l'auteur de tout ce qui existe dans l'univers ; même si l'on peut admettre une certaine influence du soleil et de la lune sur le monde, eux aussi sont des créatures.

2. Plus grave sera la critique de l'idolâtrie (Sg 13, 10 – 15, 13). L'auteur propose aux extrémités de son analyse deux descriptions complémentaires d'artisans façonnant une idole, le bûcheron (Sg 13, 10-19) et le potier (Sg 15, 7-13). Le centre de l'analyse s'attache à préciser l'origine et à montrer le progrès réalisé par l'idolâtrie, jusque dans ses conséquences immorales (Sg 14, 11-31). Entre ces deux types d'analyse, l'une plus factuelle, l'autre plus liée au développement de l'idolâtrie, l'auteur insère deux brèves péricopes dans lesquelles il évoque, en guise de contraste, quelques épisodes de l'histoire du salut (Sg 14, 1-10 ; 15, 1-6).

Décrivant le travail du bûcheron sculptant une idole, l'auteur écrit : « il l'a fait à l'image d'un humain ou à quelque vil animal il l'a fait ressembler » (Sg 13, 13-14). L'auteur semble s'inspirer de l'interdit des images tel qu'il est formulé, non pas tant dans le décalogue d'Ex 20, 4 ou de Dt 5, 8, qu'en Dt 4, 15 (voire en Is 40, 18 LXX), mais il n'est pas impossible qu'il se réfère implicitement à Gn 1, 26.

Dans son premier intermède sur l'histoire du salut, l'auteur formule deux principes reliés l'un à l'autre : « tu veux... que ne soient pas inefficientes les œuvres de ta sagesse » (Sg 14, 5a) et « il fut béni le bois par qui naît la justice » (Sg 14, 7). La bénédiction que Dieu accorde au bois peut rappeler Gn 1, 11-12, où il est dit que Dieu créa l'arbre (*xulon*, dans la LXX) portant du fruit contenant sa semence. Quand Sg nous dit que les œuvres de la Sagesse divine ne sont pas stériles, l'auteur reprend la même idée de fécondité, mais en l'élargissant au simple domaine de l'utilité.

Plus loin, décrivant le potier fabricant d'idoles (Sg 15, 7-13), l'auteur, par trois fois, fait référence à Gn 1 – 3.

Tout d'abord, qui est ce potier ? Un être né de la terre depuis peu et qui, sous peu, s'en va vers celle « dont il fut tiré » (Sg 15, 8) ; ces derniers mots sont empruntés à Gn 3, 19 LXX, la condamnation de l'homme après la faute. Mais ce potier n'a cure de sa peine, car il n'ambitionne que la gloire que lui vaudront ses œuvres ; or ce faisant, il se déshonore « parce qu'il a ignoré celui qui l'a façonné, qui lui a insufflé une âme agissante et inspiré un souffle vivant » (Sg 15, 11) : il s'agit ici d'une paraphrase de Gn 2, 7 ; il ne me paraît pas nécessaire de penser que notre auteur subit l'influence du médecin philosophe Érasistrate ; il peut se servir d'expressions courantes de son temps pour redire Gn 2, 7 sans suivre *ad litteram* la LXX ; on note ainsi, par exemple, que les mots *psukhè* et *pneuma* sont ici synonymes. En Sg 15, 13, qui clôt la péricope sur le potier, l'auteur accuse ce dernier « qui, d'une matière terreuse fabrique de fragiles ustensiles et des objets sculptés » : ici nulle citation n'est décelable, mais un thème est sous-jacent en contraste : notre potier faiseur de dieux de glaise se réduit lui-même à cette terre (Sg 15, 10), méconnaissant le souffle qu'il a reçu de Dieu (Sg 15, 11) ; ses idoles de terre n'auront jamais ce que lui pourtant a reçu, le souffle de vie, « car nul homme n'est capable de façonner un dieu semblable à lui » (Sg 15, 16). Voulant jouer au démiurge, prenant comme matière l'argile, il échoue en inversant les rôles : il oublie qu'il est lui-même façonné de terre par Dieu et bénéficiaire en outre d'un souffle reçu, qu'il ne pourra jamais donner à ses poteries !

3. Enfin, critiquant les Égyptiens à la fois idolâtres et zoolâtres (Sg 15, 14-19), l'auteur écrit que dans ces animaux adorés « rien... ne s'y trouve de beau », mais qu'ils « échappèrent à l'approbation de Dieu et à sa bénédiction » (Sg 15, 19). Gn 1, 21-22 signale que toute la gent animale reçut ce compliment de Dieu : c'est beau (*kala*, LXX) ; Dieu les approuva et les bénit. Mais après la faute de l'homme, le serpent instigateur est maudit (Gn 3, 14), et l'on se souvient des interdits portés contre les animaux impurs en Lv 11, 41-15, texte où l'on devine un certain rapport avec la malédiction de Gn 3, 14. Ces ani-

maux qui rappellent le serpent du jardin d'Éden sont à exclure, et ce sont précisément ceux-là que les zoolâtres choisissent !

Ainsi les religions païennes méconnaissent le Créateur et abusent des créatures ; plus encore, l'homme façonné par Dieu se croit capable de façonner à son tour un dieu : il parodie le Créateur, mais en vain.

## V. CRÉATION RENOUVELÉE

C'est à P. Beauchamp que l'on doit la mise en lumière des rapports entre Gn 1, 1-2, 4a et la finale du Livre de la Sagesse, 19, 6-21. Le renouvellement de la création est annoncé en toutes lettres dès le début, en Sg 19, 6 ; ce renouvellement, l'auteur de Sg le découvre dans les différents épisodes qui marquèrent l'exode des Hébreux.

Lors du passage de la mer, « on vit la nuée recouvrir le camp de son ombre » (Sg 19, 7a). Ex 14, 19 ne dit pas cela exactement ; on pense en outre à la Tente (Nb 9, 18-22), à la nuée dont Dieu revêtit la mer lorsqu'il organisa le monde (Jb 38, 9), ou mieux encore à la Sagesse qui, sortie de la bouche de Dieu, couvrit la terre comme d'une brume (nuée ou vapeur : Si 24, 3, où le mot *homichlè* est, à mon sens, assez obscur) ; or ce texte pourrait donner une interprétation ancienne de Gn 1, 2 (« les ténèbres couvraient l'abîme »), mais en rattachant la fonction de couvrir plus à l'Esprit qu'aux ténèbres. J'ajouterais pourtant que Ps 105 (104), 39 parle déjà de la nuée qui couvre le peuple lors de sa sortie d'Égypte et que Sg 10, 17 attribue cette fonction de couverture à la Sagesse elle-même. Je crois donc que le rapport entre Gn 1, 2 et Sg 19, 7a n'est pas de soi évident, mais la suite du texte de Sg pourrait confirmer l'exégèse de P. Beauchamp.

« Hors de l'eau préexistante, l'émergence d'une terre sèche était aperçue » (Sg 19, 7b). P. Beauchamp souligne la présence de l'élément sec en Gn 1, 9 et Sg 19, 7b, à quoi s'ajoute surtout la mention, de part et d'autre, du fait que l'élément sec fut aperçu.

En Sg 19, 7c, on précise même que cette terre sèche était une « plaine verdoyante » : cette notation ne vient pas du récit de l'exode, mais semble référer à Gn 1, 11-13, où le thème de la verdure est caractéristique du 3ᵉ jour.

Sg 19, 10 rappelle des épisodes antérieurs au passage de la mer : les moustiques sortent de terre et le fleuve dégorge les grenouilles, tandis que Sg 19, 11-12 évoque un épisode postérieur au passage de la mer, la « nouvelle naissance » des cailles montant de la mer. Il s'agit donc de production d'animaux, comme en Gn 1, au 5ᵉ jour et au début du 6ᵉ (Gn 1, 20-25).

L'inhospitalité des Égyptiens, comparée à celle des Sodomites en Sg 19, 13-17, sert à réintroduire le thème des ténèbres (Sg 19, 17). On y voit généralement une reprise de la plaie provoquée par les ténèbres, alors qu'Israël jouissait de la lumière (Sg 17, 1-18, 4). Mais, par rapport à Gn 1, on disait immédiatement que ce thème peut renvoyer au 1ᵉʳ et au 4ᵉ jour (Gn 1, 4-5.14-19), ce dernier étant central, tout comme Sg 19, 13-17 dans la conclusion de notre livre telle que l'explique P. Beauchamp.

Sg 19, 18-21, enfin, s'attache « au rapport nouveau que Dieu établit entre les êtres », comme le dit encore P. Beauchamp, et en particulier, c'est l'habitat qui intéresse ; mais, tandis que Gn 1 fixait à chaque animal son lieu, Sg 19, 19 parle d'« interversion des habitats : les animaux aquatiques sur terre, les terrestres dans l'eau » (p. 507). Puis, le dernier stique, Sg 19, 21c, en évoquant la manne, rappelle le don qu'au soir du 6ᵉ jour, Dieu fit à l'homme d'une nourriture propre.

On peut probablement proposer une autre structure de Sg 19 que celle avancée par P. Beauchamp, et donc une autre lecture de Sg 19, mais il reste que l'auteur de Sg entend conclure son livre par une synthèse des événements principaux de l'exode vus comme une création, une genèse renouvelée (Sg 19, 6.11).

P. Beauchamp y voit la confirmation de ce que l'auteur entend inclure le salut corporel dans l'immortalité des justes, dont traitait l'exorde du livre. Lors de l'exode, le cosmos s'organisa dans une sorte de nouvelle création pour assurer vie et même aliment d'immortalité aux justes. Sg propose donc une relecture de Gn 1 qui en dépasse la lettre.

## CONCLUSION

Au terme de ce parcours trop rapide, quelques observations peuvent être dégagées. On est frappé par le nombre de passages de Sg dont l'interprétation renvoie à Gn 1 − 3. En voici la liste à partir de Gn :

| | |
|---|---|
| Gn 1, 1 | : Sg 1, 13-14 ; 9, 2 |
| Gn 1, 2 | : Sg 11, 17.20 ; 19, 7a |
| Gn 1, 3-5 | : Sg 19, 13-17 (?) |
| Gn 1, 4.12.18, etc. | : Sg 11, 24 |
| Gn 1, 5.8.10 | : Sg 11, 25 |
| Gn 1, 9 | : Sg 19, 7b |
| Gn 1, 11-12 | : Sg 14, 7 |
| Gn 1, 11-13 | : Sg 19, 7c |
| Gn 1, 14.16 | : Sg 13, 2 |
| Gn 1, 20-25 | : Sg 19, 10-11 |
| Gn 1, 26 | : Sg 13, 13-14 |
| Gn 1, 26-27 | : Sg 2, 23b |
| Gn 1, 26.28 | : Sg 9, 2-3 |
| Gn 2, 4a | : Sg 1, 13 ; 13, 3.5 |
| Gn 2, 7 | : Sg 2, 2c ; 7, 1 ; 10, 1 ; 15, 11 |
| Gn 2, 19-20 | : Sg 10, 1 |
| Gn 3, 6-24 | : Sg 10, 1 |
| Gn 3, 14 | : Sg 15, 19 |
| Gn 3, 19 | : Sg 2, 24 ; 15, 8 |
| Gn 3, 22 | : Sg 2, 23b |

Cette liste est significative. Gn 1 est presque entièrement représenté ; aucun passage important ne paraît manquer ; par contre, de Gn 2 − 3, l'auteur du Sg passe sous silence des passages entiers : rien sur la description du jardin d'Éden ; aucune allusion à la création de la femme ni à la responsabilité de celle-ci dans la faute ; rien sur la pomme comme telle ni sur l'arbre de la connaissance du bien et du mal ; aucune mention de ce qu'on appelle le « Protévangile » (Gn 3, 15) ; pas d'allusion à l'expulsion du jardin.

Par ailleurs, l'auteur de Sg recourt ou semble se référer à Gn 1 − 3 de façon à peu près égale tout au long de son œuvre, mais c'est extrêmement rare qu'il s'y réfère de manière quasi explicite. On sait qu'il ne nomme aucun personnage, qu'il n'explicite aucune référence textuelle. Cependant il y a dans l'un ou l'autre verset de son œuvre des allusions claires : le tentateur en Sg 2, 24, Adam en Sg 10, 1, pour ne signaler que les cas les plus évidents ; de même on ne relève que deux citations patentes : en Sg 15, 11, il cite Gn 2, 7 selon une tradition différente de la LXX, alors qu'en Sg 15, 8 il suivait la LXX de Gn 3, 19.

Pour le reste, son recours à Gn 1 − 3 est d'une très grande souplesse. Il lui arrive de s'en tenir simplement au vocabulaire, sans référence directe au contenu, comme en Sg 13, 2, lorsqu'il mentionne les « luminaires » vénérés par les païens ; une autre fois, il signale une parodie de Gn 2, 7 dans la bouche des impies (Sg 2, 3c). Plus souvent il prend de la hauteur dans sa lecture de Gn 1 − 3 : quand il rappelle le projet initial de Dieu sur l'homme, il donne l'impression de relire Gn 1 à la lumière de Gn 2 − 3. Ou encore les grandes lignes de Gn 1 − 3 sont lues à la lumière d'une théologie de la Sagesse (Sg 10, 1, surtout), qui ne vient pas uniquement de l'Ancien Testament, mais marque un réel approfondissement.

Quand alors on tente de jeter un regard d'ensemble sur la lecture de Gn 1 − 3 proposée par Sg, il me semble que quelques lignes de force se dégagent.

1. Face aux conceptions des impies (Sg 2, 2c), l'exorde du livre rappelle essentiellement le projet initial de Dieu, toujours valable pour les justes : la mort, même physique, n'était pas dans le projet divin. En créant, Dieu n'a voulu que la vie et, pour l'homme, l'incorruptibilité. La mort, cette intruse, c'est le diable, identifié au serpent de Gn 3,

qui l'a fait entrer dans le monde, mort physique, certes, mais mort spirituelle aussi. Le projet divin a été avili.

2. L'éloge de la Sagesse explique entre autres la place de la Sagesse dans l'action créatrice de Dieu et montre son rôle auprès du premier homme ; celui-ci a failli à sa vocation, mais, même après sa faute, la Sagesse l'en délivra et lui permit de réaliser sa vocation première de maître du monde. La Sagesse sauve donc l'homme converti des conséquences de son péché.

3. Montrant par les événements de l'exode comment la Sagesse guida jadis les justes, alors que les impies subissaient les conséquences de leurs fautes, l'auteur de Sg fournit, dans une première digression, sa clé de lecture de ces événements : le Créateur aime toujours son œuvre et ne peut la haïr, car il lui demeure présent par son Esprit incorruptible. Il punit donc les coupables avec mesure, afin qu'ils se repentent et croient en lui. L'action de Dieu dans l'histoire ne contredit pas son attitude de Créateur.

4. Les religions païennes ont corrompu les rapports entre Créateur et créatures ; une seconde digression le montre. Les uns adorent ce qui n'est qu'une œuvre du Créateur. D'autres, oubliant qu'ils sont image de Dieu, sculptent des idoles à leur propre image ou à celle d'un animal ; jouant au démiurge, ils inversent les rôles, sans se soucier de leur échec ridicule : le Créateur les a créés, comment pourraient-ils créer eux-mêmes leur Créateur ? D'autres encore, en vénérant des animaux, ne se rendent même pas compte qu'ils déclarent Dieu celui qui fut maudit pour avoir poussé l'homme à la faute. Ainsi, de mille façons, l'homme sans la Sagesse se fourvoie.

5. L'exode enseigne aussi le renouvellement de la création en faveur des justes. Les événements de l'exode sont relus, en conclusion, sur fond du récit de création de Gn 1. L'action de Dieu dans l'événement fondateur d'Israël, son exode, fut une création nouvelle où la vie triompha pour les justes et où le cosmos servait la vie de ces justes. Et ce qui fut alors a valeur typique pour toujours.

Que ressort-il de cette vue synthétique ? Je me risque à une hypothèse qui serait bien dans la ligne de l'auteur de Sg. Je veux parler des rapports thématiques entre ces cinq parties du discours sur la création en Sg. P. Beauchamp (p. 508) a noté combien Sg 19 répondait « à la question posée dans la première partie ». Au projet initial du Créateur, contrecarré par la faute, répond la création nouvelle, dont les arrhes apparaissent durant l'exode qui fondait Israël en inaugurant l'histoire du salut de tout le peuple de Dieu. Par ailleurs, s'il y a une collaboration apportée à Dieu dans l'action créatrice, elle ne peut venir que de la Sagesse même de Dieu, capable aussi de subvenir à l'homme pour qu'il tienne la faute en échec, alors que l'idolâtre échoue, lui, dans son projet démiurgique ; entre Sg 7 – 10 et Sg 13 – 15, les contrastes existent et J.M. Reese en a relevé quelques-uns. Et cependant Sg 11-12, que je place au centre de cette construction, affirme que, quelle que soit la gravité de la faute, le Créateur continue d'aimer son œuvre à laquelle il demeure présent.

Ce que je vois, c'est une sorte de structure concentrique où les extrêmes se répondent et où le centre éclaire la totalité. La vision de l'auteur est très ample. Pour lui, parler de la création, c'est joindre à la réflexion et au discours l'élément de la culpabilité humaine ; c'est ne pas oublier Gn 3. Ou peut être mieux : c'est voir la faute dans la lumière de la création. Et c'est aussi relire l'histoire sous le même éclairage. Bien entendu, ce n'est pas là un principe exclusif de lecture de la part de l'auteur de Sg, qui se réfère aussi à l'ensemble de la révélation vétérotestamentaire et à la culture hellénistique de son milieu. Il n'empêche que sa théologie de la création marque profondément sa pensée et son exposé. Et la note la plus positive qui en ressort, c'est, à mon avis, une espérance : le mal ne peut triompher du plan créateur de Dieu, la vie l'emporte toujours sur la mort, du moins pour ceux qui demeurent fidèles ; le salut de l'exode vu comme une nouvelle création en fut la preuve à jamais.

## CHAPITRE XI

# LE VOYAGE INUTILE, OU LA CRÉATION CHEZ PHILON

par Jacques CAZEAUX

## NOTE PRÉLIMINAIRE

La Création chez Philon : c'est là pour une fois un thème réel et même privilégié. En ceci : qu'il s'agit avec lui tout à la fois d'un concept distinct, l'objet formel de traités, tels que le De aeternitate Mundi, ou le De Providentia, jusqu'au De opificio Mundi ; du « lieu » théologique juif par excellence, dans une Alexandrie des Nations ; enfin, du ressort de l'exégèse philonienne comme discours propre de Philon : je veux dire que le mouvement de cellules brèves, de « chapitres », voire de livres, est assuré par les valeurs regroupées ici sous le label de la Création — Cause et finalité, spécialement.
C'est même cet aspect de la Création[1] comme argument

---

1. Qui voudrait une « théologie » classique de la Création dans

*de création du discours, que je mettrai ici en relief, pour attirer des exégètes biblistes dans le rabbinisme de Philon. Un diagramme statique des conceptions philoniennes laissera toujours le lecteur moderne plus ou moins désarmé devant son texte même, dans sa teneur. L'exposé qui va suivre ici reflétera mon intention d'ouvrir, autant que possible, l'accès d'une œuvre qui a été plus vite jugée, comparée, exploitée comme carrière ou comme témoin dans l'histoire des idées, qu'admise en son rythme particulier. Philon est comme un rabbin, grec. Philon ignore les concepts arrêtés, puisque son exégèse décrit la conversation une et diverse de tous les mots de l'Écriture, de leur lettre et de leur esprit, de leurs paradoxales amitiés avec la philosophie grecque, de leur phrasé. L'itinéraire que je vais proposer constitue le noyau ou le squelette d'une synthèse sur Philon, où, pièce après pièce, on pourrait loger, chapitre après chapitre, cellule restreinte puis développement dans toute son expansion, la plupart des traités qui nous sont parvenus — et selon leur « raison » intérieure d'écriture.*

*Mais les synthèses, même d'ordre méthodologique, ne sont utiles, en dehors de leurs pères, qu'à la condition de n'être pas préférées à la substance qu'elles dominent en apparence. Elles servent dans la mesure où elles rendent l'autre lecteur sensible à la lettre même qu'elles ont paru dominer. Le « système » de Platon, de Bosco, de Giono, de Philon, n'a d'intérêt que si, à l'avoir aperçu, on ne saute plus les mots, les phrases, les longues mémoires qu'un grand et beau texte comporte dans sa lettre et que nos lectures, inévitablement prévenues et partiales, modifient gaillardement ou distraitement. Un critique aura dénoncé les sources de son auteur ? Il n'a pas encore fait*

---

Philon dispose du beau livre de D.T. RUNIA, *Philo of Alexandria and the Timaeus of Plato*, en édition photocopiée universitaire, VU Boekhandel, Amsterdam, à paraître chez Brill, Leyde. Exhaustif en quantité d'analyses et sur la bibliographie, ce livre serait parfait si l'auteur ne tranchait *ex cathedra* des mérites des autres « scholars ». Le point de vue est celui de l'histoire des idées, mais les options à l'endroit de l'exégèse philonienne paraissent très équilibrées. J'ai hésité à fournir au lecteur français un compendium de cet ouvrage ; les limites de ce volume et sa publication prochaine m'ont fait reculer.

*plus que s'il inspectait les tubes de couleurs de Picasso ou de Fra Angelico. Car une citation, dans une « œuvre », est déjà une modification du témoin, loin d'en être la répétition*[2].

## Les mots et les choses de Dieu

Ce jour-là, le grand Rabbi Israël Baal Shem-Tov, célèbre pour ses pouvoirs sur ciel et terre, tenta une fois de plus de forcer la main du Créateur.

Brûlant d'impatience, il avait essayé à plusieurs reprises déjà de mettre fin aux épreuves de l'exil ; cette fois, il fut sur le point de réussir : par la porte entrouverte, le Messie allait surgir et consoler les enfants et les vieillards qui l'attendaient, qui n'attendaient que lui. La dispersion n'avait que trop duré, les hommes allaient se rassembler dans la joie.

Scandalisé, Satan courut protester devant Dieu en invoquant les lois — qu'il qualifiait d'immuables — de l'histoire, de la raison et surtout de la justice : mais de quoi l'homme se mêle-t-il ? Est-ce que le monde mérite déjà la délivrance ? L'avènement messianique ne peut se réaliser que lorsque certaines conditions seront réunies : le sont-elles ?

Et Dieu — qui se veut aussi justice — dut reconnaître le bien-fondé de ces arguments : *Lo ikhshar dara*, l'humanité n'était pas encore mûre pour accueillir son sauveur. Et pour avoir osé bousculer l'ordre de la création, Israël Baal Shem-Tov fut puni : il se retrouva sur une île lointaine, inconnue, prisonnier de brigands ou de démons. Il n'avait à ses côtés que son fidèle compagnon et scribe personnel, reb Tzvi-Hersh Soïfer. Celui-ci n'avait jamais vu son Maître si accablé, si abattu :

— Rabbi, faites quelque chose, dites quelque chose !

— J'en suis incapable. Je ne sais plus me faire obéir.

— Mais vos connaissances secrètes, vos *Yikhudim*, vos dons divins ? Qu'en est-il advenu, Rabbi ?

— Oubliés, dit le Maître. Disparus, dissipés. Tout mon savoir m'a été retiré ; je ne me souviens de rien.

Il vit son compagnon sombrer dans le désespoir, il en éprouva un déchirement qui l'incita à l'action.

---

2. La perspective d'esthétique littéraire où je me situe est trop neuve pour que je puisse citer d'autres philoniens de façon pertinente. On me pardonnera de renvoyer au détail de mes propres analyses. Il faudrait aussi renvoyer, avec un gros appareil de *mutatis mutandis*, à Cl. Lévi-Strauss et J.-P. Vernant.

— Courage, dit-il. Tout n'est pas perdu. Tu es là, c'est bien. Tu peux nous sauver. Tu n'as qu'à me rappeler ce que je t'ai appris. Une parabole, une prière. Une miette de mon enseignement suffira.

Malheureusement reb Tzvi-Hersh avait tout oublié, lui aussi ; comme son Maître, il était un homme sans mémoire.

— Tu ne te rappelles rien ? s'écria le Baal-Shem. Vraiment rien ?

— Rien, Rabbi. Sauf...

— ... sauf quoi ?

— L'*aleph-beith*.

— Alors, qu'attends-tu ? Commence ! Vite !

Obéissant comme toujours, le scribe se mit à réciter lentement, douloureusement, les premières lettres sacrées qui contiennent tous les mystères de l'univers :

— *Aleph, beith, guimmel, daleth...*

Et le Maître de plus en plus excité, répéta après lui :

— *Aleph, beith, guimmel, daleth...*

Puis ils recommencèrent depuis le début. Et le Baal-Shem déclamait l'alphabet avec tant de ferveur qu'il finit par tomber dans l'extase. Et lorsque le Baal-Shem était en extase, rien ne lui résistait, c'est là chose connue. Sans même s'en rendre compte, il réussit à changer et de lieu et de condition ; il brisa les chaînes, révoqua la malédiction : Maître et scribe se retrouvèrent chez eux, sains et saufs, plus riches et plus nostalgiques qu'avant.

Le Messie n'était pas arrivé[3].

Le scribe *jargonne* l'univers des mots et donc celui des choses.

Cette imagination n'est évidemment pas de Philon d'Alexandrie. Mais le sentiment que l'*articulation* des lettres de la Tora restitue la Création et de la Tora et de l'Univers, sentiment qui prend une forme étrange dans le hassidisme, ce sentiment anime de façon tranquille, académique pour ainsi dire, l'exégèse de Philon et son allégorie. Nous verrons, pour le dire tout de suite, que la Création, dans Philon, n'est pas un donné brut originel, mais

---

3. Récit hassidique, dans Elie WIESEL, *Célébration hassidique*, coll. Sagesses, Seuil, 1972, p. 17-18 ; cf. M. BUBER, *Les Récits hassidiques*, trad. fr. d'A. Guerne, Plon, 1963, p. 135. Nous sommes au XVIIIe siècle, en Pologne...

incline de l'être brut vers un devoir-être, et même vers un *devoir-être-dit* en l'homme.

Nous ne suivrons pas exactement le mirage — académique, lui aussi — que la pensée réelle d'un auteur au sujet de la Création sera de préférence déposée dans ses récits de Création et dans les passages où figure le mot « créer », ou les mots dérivés, « faire », « bâtir », « façonner », « pétrir », « tourner au tour ». Philon a sans doute commenté la Genèse, et donc les premiers chapitres de la Genèse ; il a même philosophé sur l'*Incorruptibilité du monde*, envisageant les thèses péripatéticiennes, stoïciennes, platoniciennes. Mais, précisément parce qu'il a commenté la Genèse, qui achève la Création en Abraham, Isaac, Jacob-Israël, Philon d'Alexandrie a épousé cette finalité[4]. Le Grand Faucon des mythes égyptiens, *Jargonneur* primordial, attend l'*articulation juste* de l'Homme-Juste. Ou, pour le dire en concepts mi-aristotéliciens, le monde créé en *formes* définies n'est encore qu'une *matière* par rapport à la Forme ultime que l'homme et le discours de l'homme définissent seuls, s'ils imitent le Logos — notre *Jargonneur*[5]. Nous entendrons un beau texte de Philon, le début du *Quis heres*, où précisément l'acte de Création d'Abraham est « produit » grâce au *jargonnage* de Moïse : Philon montrera comment, du trop-plein de l'infinitude créée, Abraham doit venir à une existence mesurée, définie (par là, il est grec) ; et que, du silence imposé par l'infinitude à la parole mesurée, c'est Moïse qui nous conduit, lui qui *bégayait* avant de *parler*, avant de *crier*, avant de *hurler* devant Dieu. Les effets aberrants et matériels pour ainsi dire du gosier et du langage serviront de nébuleuse originelle à l'*articulation* du « Moi » défini et mesuré — réellement *créé*. Je vais prendre pour commencer une autre parabole

---

4. Quand Philon discute en philosophe les thèses philosophiques sur l'origine du monde, le critère semble être le suivant : quelle sera la conséquence de telle ou telle doctrine sur la conception de la Providence, c'est-à-dire non plus de la Création comme « origine » passée, mais comme actualité ?

5. Cette formule ne se trouve pas dans Philon. Je la donne comme un signal.

philonienne. Elle nous familiarisera d'abord avec le style de l'allégoriste alexandrin : à quoi servirait-il de ramener Philon à des thèses, si, revenant à son texte, nous n'en apprivoisions pas l'étrangeté ? Elle amorcera en même temps le mouvement dont nous parlions. Il s'agit des deux arbres du Paradis (*Legum allegoriae*, I, § 60-62).

*Du premier, il dit bel et bien qu'il est au milieu du Paradis. Mais du second bois — celui de connaître le bien et le mal — il n'indique absolument pas ni qu'il soit dedans ni dehors par rapport au Paradis. Il dit exactement : Et le bois de savoir la connaissance du bien et du mal. Il s'est arrêté immédiatement, sans indiquer où (le bois) pouvait se trouver : c'est pour que le novice en philosophie naturelle se pose la question étonnée du LIEU de la science*[6].
*Que faut-il dire ?*
*Que ce bois est à la fois DANS le Paradis et HORS de lui : physiquement en lui, virtuellement dehors.*
*Comment cela ?*
*La partie de gouverne, en nous, est d'accueil universel, et elle ressemble à la cire qui accueille tous les cachets, beaux ou vilains — c'est ce qui fait admettre à Jacob, le Supplanteur : Sur moi toutes choses sont là. En effet, sur l'âme qui est une, les empreintes innombrables de toutes choses du Tout sont portées : quand donc elle accueille le sceau de la Valeur parfaite, elle a l'existence du bois de Vie ; mais quand elle accueille le sceau de la malice, elle a l'existence du bois du savoir la connaissance du bien et du mal. Mais, comme la malice est exilée du Pays divin, la partie de gouverne est alors dans le Paradis physiquement, puisque le sceau de Valeur est aussi en elle* (Philon n'oublie pas le « *et* » qui relie les deux définitions des deux Arbres...), *un sceau qui est familier du Paradis. Mais, en revanche, elle n'y est plus virtuellement, puisque le cachet de la malice est d'une race étrangère aux Orients de Dieu* (l'Éden est à l'Est).
*On pourrait ainsi approfondir cet enseignement : pour le moment, la partie de gouverne est là, dans mon corps, physiquement ; mais elle est virtuellement en Italie, en Sicile... cha-*

---

6. Il convient de marquer nous-même un silence à cet endroit. Pour Philon, la *Quaestio* est d'abord observation révérente de la Parole, déjà là. Il ne se précipite pas, comme un professeur, maître de la réponse presque avant d'avoir posé la question. Le silence intermédiaire représente comme le *chaos* d'origine : la réponse sera consentement progressif et *création d'un sens*.

que fois qu'elle s'occupe mentalement de ces pays — et dans le Ciel, chaque fois qu'elle se met à observer et réfléchir le Ciel.

Aussi bien, des gens encore qui se trouvent là, dans des endroits profanes, physiquement, sont-ils dans des endroits tout ce qu'il y a de plus sacrés, par l'image qu'ils se donnent du monde de la Valeur. En retour, d'autres, qui sont au cœur des temples, se rendant profanes : leur pensée accueille les divertissements du mal au mal et donc les sceaux de misère. Si bien que la malice ni ne se trouve DANS LE PARADIS, ni... N'Y EST PAS. Elle a la vertu d'(y) être physiquement, mais elle n'en a virtuellement pas la vertu.

La dernière formule est proche du calembour. Elle reste pourtant le reflet « logique » du mystère ontologique et moral que représente ici le *choix*. Pour Philon, la lettre du verset biblique disait et cachait en même temps cet argument du choix. J'ai souligné au passage que c'était la conjonction de coordination — « *ET le bois de savoir la connaissance du bien et du mal* » — qui permettait de garder « *physiquement* » au Paradis le bois second[7] ; et l'on a vu à la simple lecture que le *silence* de l'Écriture guidait toute l'exégèse de Philon : parce que la phrase s'interrompt brusquement, au lieu de préciser l'emplacement du second des deux bois, c'est donc, aux yeux de l'allégoriste, que l'on doit inférer une localisation double et « logique » — la *divisio* formant la base de la « logique » philonienne.

## Alpha et Oméga

Je n'ai pas cité cette page parce qu'elle se rattache au commentaire du chap. 2 de la Genèse, seulement. Mais parce que le mouvement de l'exégèse nous introduit à la thèse que je voudrais démontrer ici : que Philon reçoit de la Création initiale une impulsion qui le conduit au *terme*, sans qu'on puisse ni avancer ni refuser le mot d'eschatologie. Les rouereries de l'exégèse allégorique ou l'étrangeté du discours que nous venons de lire peuvent dissimuler un dessein plus profond, que je voudrais dégager sobrement.

---

7. Ne proposant pas ici un commentaire de cette page, je me permets de ne pas justifier ma traduction, ni l'option au sujet du § 60, ligne 6.

L'Alexandrin nous donne ici un échantillon de son style :
il est rivé au Texte, et il reste parfaitement libre, jouant
comme un enfant sérieux dans l'Orbe apparié des idées et
des mots. Mais les « divisions » successives qui permettent
de justifier le silence du verset biblique sont au service
d'une réflexion, laquelle effectue un parcours, un itinéraire, une dialectique. Je n'en surveillerai ici qu'un effet :
par une sorte d'involution, Philon va conduire l'opposition du *dedans/dehors* jusqu'à une double application
psychologique. D'abord, dit-il, l'imagination peut me
transporter virtuellement en Italie, quand je suis ici,
physiquement. C'est là une donnée d'ordre gnoséologique : on pourrait y glisser toute une réflexion sur le
« projet » de l'homme. Nous sommes dans l'ordre naturel, celui de la représentation. Mais ensuite (§ 62b), Philon convertit son exemple[8]. Il l'applique à la présence de
l'âme au monde du sacré : tel qui est dans le temple
vagabonde honteusement, en fait ; tel autre, perdu dans
les méandres de la réalité profane, rejoint par la pensée la
Valeur pure (nous étions partis de la Valeur pure, § 61,
milieu). Là, nous sommes dans l'ordre du sacrifice, de
l'adoration, valide ou non : on pourrait y glisser les diatribes des Prophètes sur la distance mise entre le cœur et
le geste. Pourquoi ce « détournement » de la connaissance
au culte, à la *re*connaissance ? Parce que, pour Philon, le
*Paradis*, où se dresse l'Arbre premier, de la Vie, désigne
tout aussi bien le Culte achevé, c'est-à-dire le Dernier
moment de la Création, que l'instant initial, que le Jardin
originel. Philon discerne dans la proposition double sur
les deux Arbres les trois termes d'une histoire du salut.
L'Arbre de Vie, immobile au milieu du Paradis joue le
rôle d'un *principe originant*, dont le méchant lui-même ne
saurait se défaire (milieu du § 61), et le rôle d'une *fin*,

---

8. Ailleurs, sur le thème des « distraits », Philon sait très bien s'en
tenir au registre de la connaissance, même s'il aboutit à la pratique :
voir *De congressu*, § 63-70 (passage qui évoque, par exemple, Mc 4,
13-20 ; ou Mt 13, 18-23). Dans le *De vita contemplativa*, § 31, les
« religieux » écoutent vraiment, attentifs, sans distraction, de telle
sorte que l'enseignement descend et acquiert solidité : là aussi, Philon
reste dans l'ordre de la réceptivité, même s'il s'agit d'entendre finalement la Parole.

que le culte reconnaîtra : entre ce début et ce terme, l'arbre de la connaissance du bien et du mal introduit l'ambiguïté du déroulement — du choix, de l'histoire, dirions-nous. Philon est pressé[9] de conduire l'« âme » non pas à la contemplation de l'Alpha, qui serait peut-être une gnose, mais jusqu'à une nouvelle Création, un achèvement de la Création par le culte, le sacrifice, le temple vivant, comme si l'Alpha n'était principiel qu'une fois proclamé, *dit* en Oméga. Ces expressions ne sont pas de Philon, mais bien le mouvement qu'elles traduisent.

C'est ce mouvement de fuite en avant de tout ce qui touche à la Création, que je voudrais rendre perceptible à même l'exégèse de Philon. Les traités consacrés aux textes de Création dans la Bible ou aux discussions philosophiques sur le monde ne seront donc pas notre seul terrain de recherche. L'intransigeance du Juif happé constamment par l'Unique, Père de tout et donnant au Tout une Loi *à faire*, transparaît dans la moindre page de Philon. Et ce sont les effets de ce courant impérieux que je voudrais mettre en valeur, plus que les thèses explicites, plus que les linéaments d'un nouveau *Timée* sur le mode néo-platonicien d'Alexandrie, tel qu'on peut le reconstituer en raccordant des mots, des raisons, des lambeaux d'exégèse.

Philon est un mystique[10] : du point de vue technique, cela veut dire qu'il fait fusionner dans son discours la logique, l'imaginaire, l'expérience et la Lettre du Texte

---

9. On pourrait montrer que Philon, à propos de l'ordre *politique*, est également « pressé » d'arriver à la Cité idéale. Quand il aborde le thème du gouvernement, il passe par une irrésistible attraction des moyens à la fin, c'est-à-dire qu'il enjambe précisément le... politique.

10. Pour une vue d'ensemble de l'exégèse philonienne, je peux renvoyer le lecteur à « Philon, Allégorie et obsession de la totalité », in *Études sur le judaïsme hellénistique*, ACFEB, Congrès de Strasbourg, 1983, Cerf, Lectio divina n° 119 ; ou à *Philon d'Alexandrie : De la grammaire à la mystique*, Cerf, Cahiers Évangile, Suppl. au n° 44. Je me permets de renvoyer ainsi le lecteur à des synthèses qui sont le résultat de mes recherches, afin qu'il se trouve placé dans la même perspective et saisisse mieux mes références méthodologiques. J'ai considéré que l'usage de ces conférences ou de ces articles pouvait ouvrir à une lecture sympathique de cet auteur difficile, bigarré, si profondément juif — un rabbin à sa manière.

grec dont il vit — celui de sa Bible[11]. Il est étrange parce qu'il voit l'unité mentale de ce qui reste à nos yeux disparate, emprunté à des plans différents du réel ou de la rhétorique. Il est fanatiquement persuadé de l'univocité du Texte biblique en son détail comme en sa totalité : il est fou de ce Texte à la manière d'un rabbin — ou comme Dieu peut l'être d'un bon rabbin. Philon pratique une allégorie précise dont nous vivons encore dans l'Europe chrétienne, et qui, cependant, est sans doute née puis morte avec lui : ses héritiers, dans les Pères de l'Église, n'ont recueilli d'elle que des *membra disjecta*. Ils ont perdu le souffle vital, incapables, semble-t-il, de transposer le rôle centralisateur de l'*âme* chez Philon dans le rôle centralisateur du *Christ* des Évangiles, littérairement parlant. Ils imposent le Christ, sans règle.

Pour ceux qui sont moins familiers de ses écrits, rappelons qu'il écrivit trois fois, je veux dire : comme philosophe, comme brouillon, comme artiste. Comme philosophe, nous gardons de lui le premier volet d'un *De aeternitate Mundi*, et des traités qui nous parviennent à travers leur traduction en arménien, ainsi le *De providentia*. Comme brouillon, également venues jusqu'à nous en arménien pour l'essentiel, il a produit des ébauches de commentaires, les *Quaestiones in Genesin — in Exodum* : au fil du Texte biblique, des allégories sont proposées, ou des amorces de développement, toujours limitées au verset considéré, attendant d'être mises en œuvre dans un chantier plus vaste. Ce chantier forme la plus grande partie de ce que nous gardons de Philon, son commentaire de la Genèse, partant du *De opificio Mundi*, c'est-à-dire du chap. 1 de la Genèse, pour s'arrêter, dans la liste qui nous reste, aux histoires de Jacob et de Joseph, le *De somniis* fermant la marche[12].

---

11. Ce qui entraîne pour son interprète l'obligation de montrer *d'abord* l'unité du discours. La réduction aux sources, aux influences, voire aux emprunts, doit se ramener à l'unité d'effet, prévue par Philon. La poursuite des sources risque d'imiter le geste de physiciens qui dissoudraient la Joconde pour analyser les pigments et la toile.

12. Aux commentaires qui suivent le Texte de façon analytique s'ajoutent des commentaires plus synthétiques, comme le *De Abra-*

## Philosophie et discours

*Le Grand Meaulnes*, d'Alain Fournier, comme le moins connu *Hyacinthe* d'Henri Bosco, suit un itinéraire « théologique » : du chaos à la structure sociale, et enfin à l'émergence de la personne, du « moi »[13]. À des fins romanesques ou poétiques, ces deux livres peuvent donc utiliser, sans doute inconsciemment, une procédure philosophique, celle qui a, par exemple, ordonné consciemment la construction déductive d'idéalistes français, tel Hamelin, tel Lachelier. À un degré moindre d'automatisme, on pourra dire que Philon commente l'Écriture en usant d'une syntaxe philosophique — aux tournures identifiables, par conséquent[14]. Mais la vraie lecture de Philon suppose qu'on oublie plutôt les références pour admettre le « roman », le discours nouveau qu'il en bâtit. Les abeilles font un miel qui fond à ce point les substances florales qu'on ne les discerne plus l'une de l'autre ; Philon compose un miel qui laisse encore voir les couleurs et

---

*hamo*, et, dans le domaine de l'*Exode*, la *Vita Mosis*, les traités sur le *Décalogue*, avec le traité *De specialibus legibus*. Notre ignorance des circonstances, des fins, des dates même des ouvrages philoniens a permis la floraison d'hypothèses variées et de classifications scolastiques. La synthèse la plus raisonnable paraît être celle de V. NIKIPROWETZKY dans sa thèse, *Le Commentaire de l'Écriture chez Philon d'Alexandrie*, coll. ALGHJ, Leyde, Brill, 1977. Le titre de cet ouvrage ne correspond pas tout à fait à son contenu. Il donne en fait un état de toutes les questions qui se posent *du dehors* à propos de l'œuvre de Philon ; et il présente les grands présupposés de l'exégèse philonienne, sans entrer dans la technique même de cette exégèse. Le commentaire plus précis fourni par le même auteur au *De gigantibus* et au *Quod Deus sit immutabilis*, dans l'ouvrage collectif, *Two Treatises of Philo of Alexandria*, in Brown Judaic Studies 25, Scholar Press, Chico, California, 1983, p. 5-75, montre malheureusement que la réponse correcte à ces problèmes généraux peut très bien s'accompagner d'une étrange myopie dans la lecture elle-même — or, c'est tout de même la lecture qui compte.

13. Chacune des trois parties du *Grand Meaulnes* correspond à une de ces trois étapes : le rêve initial ; la roulotte et le Cirque ; la poursuite et la mort, enfin. C'est, comme *Hyacinthe*, un mythe de Création.

14. Il s'agit par « syntaxe » d'entendre ici un plan d'organisation, et non l'enchaînement des propositions suivant une règle grammaticale.

les formes mêmes des champs de son expérience mentale :
d'où la tentation universitaire prend occasion pour transformer la lecture de Philon en classement des origines et des causes de son écriture, lui laissant au mieux le mérite suspect d'un collectionneur, voire d'un collecteur. Le mouvement de l'exégèse philonienne en ce qui touche la création[15], s'il emprunte beaucoup de ses expressions au platonisme, et si son intentionnalité correspond au stoïcisme dans son attention à la force du « moi », de l'individu, imite pourtant essentiellement le rythme de la Genèse. La Genèse va des premières *formes* du monde (chap. 1-2) jusqu'à l'efflorescence des trois *Formes* définies et unifiées, d'Abraham, d'Isaac et d'Israël, images du Juif, du Moi.

*Un discours de la Sagesse*

Voulant encore enrichir la nébuleuse d'où naîtront les termes précis par quoi je tenterai de guider le lecteur à travers la Création philonienne, je lui imposerai un autre détour, moins excentrique, celui du livre de la Sagesse — écho du judaïsme alexandrin, et cousin de notre Philon. Tout le monde connaît l'éloge « philosophique » de la Sagesse, tel qu'il est déployé dans les 21 qualificatifs du chap. 7, versets 22-24, « *esprit intelligent*[16], *saint, unique, multiple, subtil, agile, net, sans souillure, clair, impassible, ami du bien, aigu, incoercible, bienfaisant, ami des hommes, constant, ferme, sans souci, pouvant tout, surveillant tout* (allusion au chap. 1) *pénétrant tout esprit, les intelligents, les purs, les plus subtils. Car plus que tout mouvement, la Sagesse est mobile : elle traverse et pénètre tout par sa pureté...* » La Sagesse se voit ainsi établie dans une éternité de perfection : la mobilité en est paradoxalement la note première[17], comme si la seule manière

---

15. Ne précisons pas : doctrine de la Création, sentiment de la Création, mythologie ?

16. La liste rend, en français, un son étrange, voisin de la cacophonie d'un « inventaire » incongru. Le grec procède par assonances, plus audibles.

17. L'expression ici plus philosophique rejoint pourtant l'image du Second Isaïe, 40, 26 : là, Yahvé *crie le nom de chacun des astres*.

de se représenter le principe de la Création était de la parcourir en tous sens en s'apercevant qu'on y est toujours devancé[18]. Mais cet éloge n'est pas en l'air. Il se trouve *au milieu* du discours royal. Et les deux volets qui sont ainsi déterminés de part et d'autre présentent une symétrie : des éléments semblables ou contraires les mettent en regard, déterminant un sens « par position », comme il s'en trouve si souvent des exemples dans la Bible, dans Philon, dans les grands textes de toutes les littératures — car, en dépit d'un conceptualisme triomphant, le sens relève autant et peut-être plus des structures que des mots ; de la mémoire que de la logique immobile. Tout se déroule, dans ces chapitres 6 à 9 de la Sagesse, comme si l'auteur avait obtenu deux épreuves (entendant ce mot au sens qu'il a en photographie). D'une part, les chapitres 6 et 7 déploient un tableau idyllique, dans une atmosphère de tranquille possession et de facilité heureuse : le « roi » parle en confiance ; il est assuré de la sagesse en lui ; il philosophe aisément ; il a prié — *ET l'intelligence (lui) a été donnée* (7, 7 par exemple) ; son expérience nous est rapportée au temps du passé historique : c'est chose acquise, et la science lui a été bel et bien conférée ; du moment qu'il a appris, il sait (voir 7, 7.11.12.13.17.21). Et qu'a-t-il appris, que sait-il ? La sapience universelle, humaine, pratique, ce qu'on pourrait embrasser sous le mot de « philosophie », au sens large des Anciens. Et que fait-il de son savoir ? Il le transmet et le transmettra sans jalousie (7, 13). Il éclate même du plaisir de dire. Bref, en tout cela, le voici dans une position de force, de possession fière et assurée. S'il souligne que sa naissance est celle du commun des mortels (7, 1-6) et qu'il renvoie à l'humanité de bon vouloir tout ce qu'il a maîtrisé dans les sciences, cette sorte de démocratisation fait mieux ressortir la portée quasi eschatologique de la situation : le

---

Cette maîtrise absolue est exprimée par l'image d'une « revue », d'une sorte de déplacement et de présence distributive : l'homme, pour s'y retrouver, dessine dans le ciel des ensembles fixes, des constellations : Yahvé ne s'y perd pas, et il procède atome par atome ! Il détient agilité et subtilité.

18. Philon commentera ainsi l'échelle de Jacob.

« roi » est une sorte d'Adam, singulier ou collectif, comme on voudra : autour de lui s'épanouira le Paradis de la connaissance et l'universelle aisance du Savoir.

Tout change *après* l'hymne à la Sagesse, qui est comme une épiphanie du prince hellénistique. Curieusement, voici que nous repartons du néant, de rien ou de zéro. C'est maintenant le registre du *désir* qui prend le relais. L'attente, un quête tendue et passionnée, passionnelle même grâce à l'image suivie de la *cour amoureuse*, telle que le Cantique des cantiques pourrait la paraphraser, autrement dit l'avenir, et non plus le passé, va occuper désormais tous les loisirs de ce *Je*, sujet du nouveau discours. Il faut prier, mais rien n'assure que la Sagesse arrivera au terme de la prière : la prière s'éternise, de ce fait. Voilà que la belle et bonne science du début se dissimule s'étiole à nos yeux, devient indéchiffrable mystère (voir 9, 13-18). Le catalogue des exploits du roi est lui aussi changé : il ne s'agit plus de « philosophie » universalisable, mais de la bâtisse du temple juif. Le futur, encore, revient nous obséder, avec le *rêve* d'une puissance à venir (8, 9-16). Mieux, la Sagesse vient ici se ranger du côté de sa *Cause*, alors que le premier discours, qui précédait l'épiphanie, déployait ses *effets* salutaires (chap. 6-7). Par une sorte de signal élémentaire, l'auteur semble même souligner l'opposition des deux tableaux. Ici, l'*âme* du Prince nous est présentée (8, 19), quand c'était son corps *modelé* dans le ventre maternel qui situait le personnage royal (7, 1-6). Et, par redoublement ou inversion, si le « corps » était celui d'une humanité commune, nous ramenant au facile paradis de tous les hommes, voici que cette « âme » nous paraît très douée de facilité — mais c'est au moment où l'objet de la connaissance s'éloigne et devient en soi difficile. Ou plutôt, cette « âme » d'une rare qualité met précisément toute sa valeur et sa rareté même à comprendre que la Sagesse est loin ; que Dieu l'octroie, non pas au mérite, mais à qui il veut (8, 29). Alors, nous apprenons la *prière*. Elle allait de soi, dans les chap. 6-7, et, de soi, elle obtenait son effet : elle était avant, et la Sagesse était après. Maintenant, la Sagesse a devancé, elle est passée, elle s'est éloignée. Et la prière en est devenue nécessaire : elle devient la fin de toute la réflexion ; elle est dramatisée. Détaillée maintenant[19], insistante, humble, hypothétique et par là prolongée, elle finit même par se lancer comme un bateau sur la mer immense de l'histoire du monde, une histoire qui devient à son tour celle d'Israël. Car on débouche directement et soudain, par un coup de ce Fellini biblique et peut-être alexandrin, sur la Genèse et sur l'Exode. Ainsi, l'aisance, la « philosophie » utile, le passé acquis, l'universalisme philosophique lui-même, tel était le décor initial ; la difficulté, l'histoire et l'histoire d'Israël[20], le futur à réaliser[21], la circonscription du salut à l'âme du Juste : tel devient le nouveau décor.

Tout se passe dans cette section médiane de la Sagesse comme si l'on partait de l'ordre, de la création, du rayonnement initial de la connaissance, symbole et guide du rayonnement des êtres mêmes, pour tout annuler relativement, pour repartir et conquérir ce qui pourtant a été ; comme si l'énonciation originelle restait un « marmonnage » ; comme si les « formes » de l'origine redevenaient la « matière » de formes neuves, de la forme d'Israël — pour barbariser Aristote, ou aristotéliser la Bible, à l'instar de Philon. Car précisément nous allons maintenant suivre dans Philon ce mouvement que j'annonçais, de la création à la Création ; d'une banalisation des origines au drame d'une conquête de l'Existence ; d'une causalité première à la gloire de la Cause, reconnue et *dite* par le Sage ; d'une surabondance originelle à la *diction* limitée, définie, singulière, du Juste. Cette brève analyse de Sagesse, chapitres 6 à 9, nous sert d'épure. Le mouvement vers la Fin comme Origine vraie y apparaît plus clairement que dans les applications sophistiquées du même principe chez Philon, que nous abordons.

---

19. J'ai tenté ce développement dans « Peuple ou personne dans la mystique juive », in *Revue des Études Juives*, 1985.
20. Un Israël mêlé aux nations, dans une dialectique de « guerre et paix » où Israël n'est pas forcément privilégié...
21. L'avenir ouvert par la quête de Sagesse se voit rempli du *souvenir* de l'histoire. Ce passé *moyen* sert de médiation entre l'Origine (et la mythologie possible) et la Fin, le libre déploiement du Juste dans le champ du monde.

1. Nous commencerons par le plus extérieur, à savoir les traités explicitement consacrés aux questions *(De incorruptibilitate Mundi)* ou aux Textes de Création *(De opificio Mundi* enchaînant avec les mal nommées *Legum Allegoriae, I)*. Ce sera la *genèse* philonienne.

2. Nous dériverons ensuite pour surprendre, dans les traités apparemment éloignés du sujet propre, le mouvement dont nous avons déjà parlé : comment Philon passe au plus vite de la création du monde à la création du Juste, et comment cette *ontogenèse* se déploie alors en appel, c'est-à-dire en une sorte de *déontogenèse*, les trois figures symboliques de l'Âme, Abram-Abraham, Jacob-Israël, Isaac, se voyant résumées et couronnées dans une quatrième, celle de Moïse. Par *déontogenèse*, désignons avec jeu de mots l'impératif catégorique, l'appel à suivre l'itinéraire naturel jusqu'à la construction de Soi — la première des Causes étant la Cause Finale.

Donc, trois parties : genèse, ontogenèse, déontogenèse.

Mais ce seront des analyses de textes qui nous serviront de sujet, de méthode intérieure et de résultat, tout ensemble. Nous imiterons l'exégèse philonienne de l'Écriture, pour *montrer* son exégèse et sa pensée. Il n'est pas jusqu'à son *écriture*, c'est-à-dire sa *création* littéraire propre, qui n'y corresponde, tellement il est unifié.

## I. LA « GENÈSE » PHILONIENNE THÉORIQUE

*Une fausse énigme :*
*celle du* De aeternitate Mundi

J'annonçais à l'instant comment les *trois* figures patriarcales se voyaient assumées par Moïse, le *quatrième*. C'est peut-être faute d'avoir suffisamment médité les proverbes numériques, où trois types de femmes dûment prévus se trouvent soudainement dépassés par un quatrième, le pire ou le meilleur, le seul qui intéresse en vérité[22], comme d'avoir suffisamment observé la technique de Philon, faisant dépasser de même deux arguments par un

---

22. Par exemple, la série bien connue de Proverbes 30, 15-33.

troisième, ou trois par un quatrième, et autres finesses assez simples de sa rhétorique jamais en défaut, que les scholars ont erré de Charybde en Scylla à propos du dit *De aeternitate Mundi* — en réalité, *Peri aphtharsias Kosmou*, et la nuance importe : c'est un *De incorruptibilitate Mundi*. En effet, les commentateurs enlèvent en gros ce traité philosophique au corpus vraiment philonien : s'il est bien de Philon, ce dont plusieurs ont douté, il n'entre pas dans son œuvre solide. Exercice scolastique, voire cahier d'étudiant, il ne saurait s'harmoniser avec les formules glanées dans le reste des ouvrages, puisque l'essentiel démontre, avec Aristote contre les stoïciens, que le monde est bel et bien *incréé et incorruptible*. Pourtant, tout le monde sait et dit que le traité s'arrête brusquement, prévoyant une suite de la discussion, ou plutôt même, un renversement de perspective[23] : *Nous avons recueilli les données touchant l'incorruptibilité du Monde, et le détail des oppositions nous reste à montrer dans la suite* (§ 150 et dernier, où le mot *enantiôseis* doit désigner les *thèses contraires*. C'est que le début laissait en effet prévoir une *disputatio* : les § 1 à 19 présentaient sommairement, mais en ordre croissant d'autorité, les thèses sur la dépendance ou la suffisance du monde à partir de la double question de l'origine et du terme possible. Les critères de l'autorité sont au nombre de deux : tout d'abord, la plus ou moins grande conformité de la thèse avec la *piété* : la charnière est placée au § 10, où Aristote est loué d'apporter aux impies (épicuriens et atomistes, et, à un degré déjà moindre, le Portique, § 7-9) une contradiction totale, puisqu'il sauvegarde la dignité du monde en le disant quasi divin, *incréé et incorruptible*. La réponse d'Aristote s'en tient à l'ironie (§ 11) ou à une affirmation hyperbolique, faisant du monde *un si grand Dieu visible* (§ 12). Celle de Platon, franchit le pas décisif : il admet un monde *créé et incorruptible*, et il en donne la « raison », à savoir la *décision volontaire* du Dieu suprême (§ 13). Or là, Philon

---

23. Sans que l'on puisse déduire à coup sûr la partie ou les parties manquantes, même dans leurs grandes lignes. Sur les querelles autour du traité, voir l'Introduction de R. ARNALDEZ au volume 30 de l'édition de Lyon, p. 11-37.

cite le *Timée*, 41a-b, ce qui donne plus de poids et plus
de « piété » à la thèse, les dieux étant clairement invoqués. Philon ne dit pas en clair que la position de Platon
soit « plus pieuse » que celle d'Aristote. C'est qu'il aura
besoin d'Aristote, plus loin et longuement : il va même
jusqu'à le « récupérer », par le biais de l'interprétation
fidèle qu'Aristote est censé fournir de Platon[24] (§ 16).

Mais nous rencontrons le second critère du classement
de Philon : il s'agit de l'argument d'« autorité ». Déjà,
Philon ramenait la théorie d'Aristote aux pythagoriciens,
dont il citait un disciple récent, Ocellus (§ 12). Ici, il invoque Hésiode pour préfacer la doctrine de Platon
(§ 17-18), en se payant le luxe de rappeler sur un point
d'exégèse hésiodique les positions contrastées et d'Aristote
et des stoïciens (§ 18) — tant ce simple énoncé des trois
théories est habilement mené. Seulement, Philon nous
réserve une surprise. L'univers des philosophes grecs est
clos sur lui-même par l'autorité d'Hésiode et ses retentissements dans les trois écoles distinguées jusqu'ici :
Hésiode patronne Platon, et son texte reçoit une exégèse
chez Aristote comme chez les stoïciens. Or, une échappée
imprévue — un *quatrième* terme, surplombant les *trois*
premiers bien réunis — nous impose la lecture de la
Genèse, œuvre de Moïse, *plus ancien* qu'Hésiode et par
conséquent que toute la philosophie. Comme pour Platon, c'est une vraie citation qui donne l'opinion (§ 19,
citant les premiers versets du chap. 1 de la Genèse), où le
*commencement* du monde est affirmé ; et c'est sans doute
la lecture de toute la Genèse qui doit prouver la seconde
partie de la thèse, l'incorruptibilité du monde — l'engagement de Dieu avec l'humanité, son Alliance, servant de
« raison » décisive. Il ne faut pas être un très vieux lecteur de Philon pour deviner que ce quatrième personnage,

---

24. Philon loue l'honnêteté d'Aristote, lorsqu'il rapporte l'opinion
de son maître, Platon, alors même qu'il s'écarte de cette opinion.
C'est là une sorte de « programme » pour le lecteur de Philon : Philon s'engage à rapporter honnêtement les thèses qu'il n'admettra
pourtant pas. La partie qui nous reste du livre peut donc très bien
exprimer des opinions qui n'ont absolument aucun label de vérité
décisive aux yeux de Philon.

celui de Moïse, deviendra le coryphée de la *vérité*, reléguant les autres à l'erreur, à l'impiété, ou à l'opinion encore indigente. Ce qui entraîne plusieurs corollaires. Tout d'abord, les § 1 à 19 du *De aeternitate Mundi* jouent le rôle d'une introduction concertée. Ensuite, il y a beaucoup de chances pour que le rôle de Moïse soit mis en réserve, et il ne faudra donc pas s'étonner que de longues pages renferment des dissertations totalement indépendantes de la vérité biblique. Encore : la façon habile dont Philon ferme la philosophie et la poésie des Anciens sur elles-mêmes permet d'augurer que les discussions ultérieures se dérouleront en champ clos jusqu'à l'apparition de Moïse, les philosophes se secourant ou se détruisant mutuellement, jusqu'à ce que le plus pieux d'entre eux, sans doute Platon, introduise modestement la vérité du Logos. Si l'on ne peut pas prévoir les développements qui nous manquent, on peut sans grand risque admettre deux choses, qui nous importent grandement : en premier lieu, la discussion devait aboutir à Moïse, et il n'est peut-être pas absurde de placer le *De aeternitate Mundi* (complet) juste avant le *De opificio Mundi*. Ce traité reste « philosophique », et il peut être caractérisé comme un *Timée* au petit pied, du moins jusqu'à l'apparition discrète de l'allégorie (en son § 154) : Platon introduirait à Moïse ; Moïse assumerait Platon. En second lieu, et c'est notre sujet précis, Philon a besoin de beaucoup de temps (littéraire) pour faire admettre une proposition difficile, voisine de l'absurde : les Grecs liaient rigoureusement commencement et terme, et si le monde était créé, il devait cesser ; s'il ne devait pas cesser, il était donc incréé. La thèse inouïe, que le monde ait eu un commencement et ne doive pas connaître de destruction, ne peut être montrée, avec Moïse, que par le déroulement complet et complexe de l'histoire biblique, œuvre de *Providence*, pour employer un terme philosophique — *Alliance*, pour le redoubler en langage biblique. Si Platon suspend le monde à la *Bonté* du Créateur, Moïse est le seul à remplir ce concept général de « Bonté », en une suite merveilleuse d'histoires, de personnages, de... lois, vivantes, puis écrites (voir le début du *De opificio Mundi* ou du *De Abrahamo*) : en ce sens, il faut dire que tout le commentaire allégorique de Philon constitue la preuve de sa thèse sur la Création. Il le fait précisément dans le sens que nous annoncions : l'affirmation d'une origine du monde importe moins que celle de sa conservation par la Bonté. L'impie attribue au monde sa propre causalité ; mais, surtout, en niant que le monde ait eu un commencement voulu par Dieu, il sera conduit à ruiner la piété essentielle aux yeux de Philon : niant que le monde ait commencé, il trouve « naturelle » sa conservation à jamais ; par là, il nie la volonté arbitraire du Créateur, qui « sauve » le monde à jamais. Il nie la Providence, la Bonté ensuite, c'est-à-dire, en fin de parcours, la *véritable Cause du Monde*, comme Philon nous le dira plusieurs fois. Le mouvement que nous annoncions, de l'origine à la fin, se rattache donc à une perspective philosophiquement établie par Philon, dont le judaïsme le rapproche de Platon. L'argument ontologique platonicien[25], posant la Bonté du Créateur comme cause suprême, est pour Philon ce qu'il y a de plus convenable dans la pensée grecque par rapport au drame de l'histoire d'Israël, sujet de l'Alliance.

*La thèse philonienne,*
*de la controverse infinie des philosophes*

Curieusement, Philon commence l'examen des trois thèses philosophiques (en gros stoïciens, péripatéticiens et platoniciens devant se succéder en ordre croissant de « piété ») par la deuxième, celle d'Aristote, qui défend le monde comme *in-devenu et incorruptible*. Il nous avait avertis discrètement, en soulignant justement la « piété » d'Aristote. C'est que la synthèse philonienne des opinions va lui permettre de les combattre les unes par les autres. Les péripatéticiens sont présentés d'emblée, parce qu'ils sont les « ayants droit ». Les atomistes ou les stoïciens de la première veine font alors figure d'assaillants, de négateurs, de révolutionnaires, d'impies. Le plan de ce que nous conservons du *De aeternitate Mundi* est éloquent à ce sujet. Le voici, tout d'abord :

---

25. Ou du moyen-platonisme.

## LA CRÉATION CHEZ PHILON

INTRODUCTION § 1-19 : Les *trois* THÈSES en présence — et la *quatrième*, MOÏSE !

PREMIÈRE PARTIE § 20-150 : LA DEUXIÈME THÈSE RÉDUIT LA PREMIÈRE : ARISTOTE

  A) *1er argument* § 20-27 : Aucune cause ne peut détruire le monde ;
     *2e argument* § 28-34 : le Tout n'est pas entraîné par les parties ;
     *3e argument* § 35-38 : le Tout supérieur aux parties ;
     *4e argument* § 39-54 : pourquoi Dieu détruirait-il son œuvre ?
     *5e argument* § 55-75 : ARGUMENTATION DE CRITOLAOS CONTRE LA CONFLAGRATION :
        *a)* § 55-69 : première vague...
        *b)* § 70-75 : seconde vague...
  B) *6e argument* § 76-116 : ARGUMENTS DE STOÏCIENS (*2e* GÉNÉR.) CONTRE STOÏCIENS :
        *a)* § 76-88 : première vague...
        *b)* § 89-116 : seconde vague (contre Cléanthe et Chrysippe)...
     *7e argument* § 117-149 ARGUMENTATION DE THÉOPHRASTE CONTRE STOÏCIENS :
        § 117-130 : les quatre arguments des Stoïciens ;
        § 131-149 : les quatre réfutations de Théophraste.

Ainsi l'aristotélisme ruine le Portique. Deux séries analogues d'arguments[26] le montrent. Aristote, du § 20 au § 75 ; les stoïciens eux-mêmes, ceux de la seconde génération, touchés de péripatétisme (§ 76-116) ! Chacune des deux séries reçoit un couronnement spécifique : l'autorité

---

26. Par une élégance, Philon revient, au milieu du traité, à ce qui a fait le point de départ de la discussion : le § 78 renoue avec le § 20, sur le thème de la difficulté qu'il y a à trouver une cause, extérieure ou interne, à la dissolution du monde. Philon marque ainsi la symétrie des deux parties et... la cohérence de son propos.

de Critolaos (§ 55-75), puis de Théophraste (§ 117-149) — en ordre de valeur grandissante, peut-être, soit par le nom, soit par l'ancienneté dans l'Aristotélisme, soit par le côté « physicien » plus accusé de Théophraste[27].

Ainsi, le *De aeternitate Mundi* pourrait être classé comme *philosophomachie* sérieuse. Il nous manque la partie la plus spécieuse, à coup sûr, celle où Platon perfectionnerait Aristote ; celle où Philon terminerait en annonçant la sublimation de Platon en Moïse, et qui servirait peut-être ainsi de préface monumentale à tout le Commentaire des Lois... La « philosophie » de l'Alexandrin, ses traités négligemment écartés d'ordinaire, entreraient de plein droit dans le projet philonien, aperçu dans sa simple unicité, sinon son unité[28].

Ainsi, le *De aeternitate Mundi* est tout entier consacré à la seconde moitié du théorème de base : l'origine est négligée au profit du terme éventuel. Le dogme de la Providence l'emporte sur celui de la Création première, ou,

---

27. On notera que les noms personnels de Critolaos et de Théophraste sont l'un et l'autre placés en tête de la phrase et de ce que nous appellerions paragraphe (au § 55 et au § 117, respectivement). Dans le même sens, des régularités qui montrent le soin avec lequel Philon a composé, disons que les deux parties que je distingue sont sensiblement équilibrées : la première tient 433 lignes (§ 20-75), et l'autre (§ 76-149), 530 ; et que l'Introduction (§ 1-19), de 133 lignes, ajoutée à la première partie, donne un ensemble de 566 lignes. D'autre part, le milieu du traité conservé (§ 75) célèbre la conversion des néo-stoïciens à l'aristotélisme, pour ainsi dire, et c'était au milieu de l'Introduction (§ 10) qu'Aristote lui-même était déjà loué pour sa *piété*. Ces observations ne prouvent pas, mais confirment la maîtrise d'un auteur sur sa rhétorique. De même, le plan ci-dessus fait bien voir une symétrie globale : 4 arguments péripatéticiens, au début (§ 20-54), auront pour répondant, à la fin (§ 131s), la réfutation de 4 arguments stoïciens par Théophraste, le péripatéticien ; au centre, terminant la première partie, l'argumentation de Critolaos est disposée en deux vagues de réflexions (§ 55-75), et ce sont aussi deux vagues de réflexions qui ouvrent la seconde partie, où, ironie et efficacité, les stoïciens postérieurs réfutent les premiers (§ 76-116).

28. Nous vivons, en philologie, sous la tyrannie insensible de découpages déjà vieillis, d'autorités respectables mais faillibles (un Willamowitz savait peut-être tout, mais comprenait-il tout ?) : la division des ouvrages de Philon d'Alexandrie, comme les titres scolaires qu'ils gardent encore, induisent les lecteurs, peut-être même les plus avertis, sur des chemins qui ont leurs ornières.

plus exactement, il répond pour lui. Quand on saura fermement que le monde, si grand et si noble, ne peut plus être détruit, non par soi, mais délibérément, parce que le Dieu l'a décrété, alors qu'il l'a fait commencer, on admirera encore plus la bonté du Créateur. L'idée logique et « philosophique », d'un monde « *in-devenu et incorruptible* », cédera la place à une vision mystique, courant elle aussi vers l'origine et vers le terme, admirant à égalité le commencement et la fin, mais dans l'illogisme sublime d'une conception où l'*incorruptible* s'accorde avec ce qui *est devenu*. Dans Philon, la *Cause originelle* est seulement aperçue au terme du parcours moral et mystique, scripturaire, et ce qui était un lien logique et univoque entre *commencement* et *fin* (admis ou niés) devient un lien dramatique : le monde doit défaillir, mais Dieu le tient à jamais[29] ; et il manifeste ainsi plus fortement qu'Il est l'Existant unique et la Cause. Moïse, redisons-le, donne un contenu à Platon ou au platonisme, ou au platonisme de Philon. Mais, par définition, ce contenu est à même les récits de la Genèse ou des Cinq Livres (§ 19), et le lecteur du *De aeternitate Mundi* est renvoyé à toute l'exégèse ultérieure, commençant avec le *De opificio Mundi*.

Pour rester dans des limites décentes, je réserve la présentation de cette ouverture de l'exégèse biblique par Philon, le *De opificio Mundi* et le début des *Legum allegoriae*. C'est vers la fin du *De opificio Mundi* que se fait le « décollage », de la philosophie (une philosophie des nombres, en particulier, et, en tout cas, un développement soucieux de suivre le *Timée* de Platon) à l'allégorie (le § 154 amorce discrètement la nouvelle orientation). Le début et la conclusion du traité indiquent bien, dans la ligne du *De aeternitate Mundi*, que le monde est à la fois *devenu* et *incorruptible*.

Quant au premier livre des *Legum allegoriae*, il développe le « second » récit de la création de l'homme, en Genèse, 2, 1-17, de façon exemplaire en ce qui concerne la méthode philonienne. Le texte biblique procède par répétitions fréquentes des mêmes mots, ou des mêmes images, et Philon en use pour déployer tout un système de répercussions ontologiques ou

---

29. Ainsi, dans le *De migratione Abrahami*, 180-182, où justement la raison de la stabilité du monde est désignée comme la *Bonté* du Démiurge.

psychologiques : il en résulte un développement en cascade, enchaînant du « modèle » à l'« image » — comme de l'Idée platonicienne à l'objet. Et c'est ce mouvement qui importe, parce que Philon y voit l'enchaînement nécessaire des êtres et des mots à partir de l'origine, preuve active de la véritable unité du monde, et point de départ de la course où l'humanité s'élance pour reconnaître la Fin dans l'absence de fin du monde. Philon conservera tout au long de ses commentaires ce principe de la « redondance » du texte biblique, même si les mots et les images ne reviennent pas matériellement, comme ils le font ici, d'un verset à l'autre. C'est, dans l'écriture même de Philon, le reflet de cette course infinie du Logos et de l'âme[30].

Ainsi, Philon a disqualifié les contradictions des philosophes[31], dans le dit *De aeternitate Mundi*. Il marche avec le meilleur des philosophes, Platon, durant le *De opificio Mundi* ; suivant de près le *Timée*, avec les infléchissements exigés par sa foi juive[32], il devra pourtant le quitter un jour, lorsqu'il passera de la cosmogonie contenue dans le début de la Genèse à l'Histoire et spécialement à la Loi, suite de la même Genèse. La conception d'une *imitation* des idées par le monde, et du macrocosme par l'homme, microcosme, contribuera au dynamisme de l'exégèse philonienne. C'est que cette *imitation* n'est plus pour lui une simple loi génétique, engendrant par cascade de divisions les plus fines parties du réel, mais qu'elle croise en chemin une *Alliance* de Dieu avec Israël, et donc une Histoire. Philon interprétera l'Idée par la triade d'Abraham, Isaac et Jacob. Une sorte d'*ontogenèse* interprète donc la suite de sa Genèse[33].

---

30. Voir l'étude exhaustive de D.T. RUNIA, *Philo of Alexandria and the Timaeus of Plato*, à paraître chez Brill, Leyde, pour la dépendance de Philon par rapport à Platon sur ce thème de la Création.

31. Philon passe même pour un sceptique. C'est qu'il use de cette infinie discussion des philosophes pour les traiter de sophistes. Ainsi, dans le *Quis heres*, § 243b-248 ; § 300-306 ; ou dans le *Quod Deus*, § 99-103. Le *De migratione Abrahami*, § 184-197, définit la voie royale de la philosophie bien menée, où chaque étape évite précisément les fausses pistes, lieux de discussions vaines. Voir aussi le *De ebrietate*, § 198-202...

32. Le rôle, capital et en même temps diffus et composite, attribué au Logos, est peut-être le plus décisif de ces infléchissements.

33. Si le *Timée* et le *Critias* possédaient leur prolongement, si donc

## Philosophie et notion philonienne de la Création

Recueillons pour terminer ce survol quelques propositions-cadres sur la création du monde, qui resteront toujours à l'arrière-plan des exégèses de Philon, et qui lui viennent de la philosophie grecque.

1. Platonisme — un platonisme évolué — secouru par le Portique, Philon rapportera directement la Création à Dieu, et il infléchira le Démiurge du *Timée* vers le *Logos*. Il fera de ce *Logos* le Pilote, l'Instrument de la Création, mais surtout l'*Idée des idées* (platonisme), sous l'image du *sceau* (interprétations ultérieures de Platon) : les formes gravées sur le sceau s'impriment et constituent les êtres de ce monde.

Ajoutons aussitôt que cette « philosophie » devient naturelle à un Philon qui connaît aussi la répétition lancinante du chap. 1 de sa Genèse : le *Dieu fit, Dieu créa, Dieu forma*... est accompagné sans fin des mots *Dieu dit*...

2. La distinction mise par le platonisme entre les idées et le monde empirique permettra à Philon de faire cadrer la « philosophie » avec ce qu'il considérait déjà comme un « double récit » de la création de l'homme, par exemple. Et, avant même la création de l'homme, Philon distingue aisément entre le « *Jour Un* », origine idéale, et les « *Jours deuxième, troisième, etc.* », constitution du monde empirique.

3. Le motif essentiel, déjà platonicien, de la *Bonté* comme cause première de la Création, fut élaboré dans le moyen-platonisme ; mais Philon ne pouvait pas ne pas le rapporter au refrain de la cosmogonie biblique, *Dieu vit que c'était beau*[34], même s'il faut être prudent dans le rapprochement, possible en hébreu, et réclamant un détour en grec ancien (peut-être même celui des LXX), de la « bonté » et de la « beauté », de *tov* et de *kalon*. Mais la définition de Dieu comme *Miséricorde* dans l'Exode spécialement, ou comme *Père*, suffisait à la tranquillité philosophique de Philon... L'argument prouve l'incorruptibilité d'un monde qui a commencé cependant. Et l'incorruptibilité

---

Philon avait pu suivre Platon de la fabrication initiale à l'Atlantide, puis à l'Athènes des meilleures lois, la transition entre le *De opificio Mundi* et les *Legum allegoriae* en eût peut-être subi l'influence...

34. En tout cas, l'expression biblique permettait à Philon de citer sans frémir l'argument de la splendeur du monde pour prouver sa conservation indéfinie, son « incorruptibilité », pièce majeure de la « piété » ; *le Monde, ce dieu visible* (dans le *De aeternitate*, § 20 — citation de péripatéticiens).

du monde supporte à son tour l'idée philonienne d'un appel incessant de ce Dieu qui proroge sans fin le monde par sa Bonté. La vision dramatique d'un monde éternellement *en sursis*, tenu au-dessus du néant, correspond sans doute pour Philon au drame biblique de l'Alliance, de l'avenir toujours illuminé qui est donné par les Prophètes comme le lendemain des misères et des fautes d'aujourd'hui.

Et là surgit un paradoxe. Comme les Prophètes, Philon est *impatient*. Tout se passe comme si Philon, à force de ramener l'histoire d'Israël et du monde à la figuration ponctuelle du Moi, de l'Âme singulière du Juste, transposait paradoxalement l'eschatologie, qui assigne un dernier jour au monde empirique, en... incorruptibilité du monde empirique ! Car si les doctrines divinisant vraiment le monde sont odieuses à Philon, bien évidemment, il doit d'abord combattre celles qui lui assignent un terme et une destruction : ces dernières en effet ruinent la causalité même qui définit un Créateur, dans la mesure où elles ruinent la *Bonté* — cette Bonté qui est surtout saisissable par sa Providence soutenant le monde sur un néant qu'il doit naturellement rejoindre. Philon ne peut intégrer l'eschatologie, sous la forme où la suggèrent les Prophéties et les Apocalypses.

Pourtant, et je reviendrai plus loin sur cet aspect capital, pourtant Philon pratique, si l'on peut dire, ce que j'appellerais une *eschatologie littéraire*. Je veux dire par là que, s'il traite, par exemple, des deux puissances majeures qui gouvernent le monde, celle du *Theos*, de création et de bonté providente, et celle du *Kurios*, de maîtrise, voire de châtiment, il finit souvent, comme nous le verrons, par estomper le *Kurios* au profit du *Theos* : il interprète les textes de telle sorte que leur analyse même induise cette résolution[35]. De même, s'il aborde le thème de la cité, de la politique, il est *pressé*, je l'ai dit, de manifester la cité idéale, supprimant en fait le déroulement mêlé de l'histoire et de la cité empirique : Moïse l'emportera très vite sur Joseph, par exemple, au titre de gouverneur des peuples. De la sorte, les histoires passées et normatives des Patriarches ou de Moïse sont relayées ensuite par les Lois écrites, lesquelles ont une *finalité ontologique* : constituer vite en moi le Juste. Aucun messianisme ne vient donner une figure à cette Justice,

---

35. La théorie des Puissances dans Philon est souvent présentée de façon statique, sans tenir compte de leur échange, et l'on comprend que D.T. RUNIA, dans une recension, in *Vigiliae Christianae*, 1984, ait fait un contresens sur le texte de Philon en même temps que sur mon interprétation.

et elle échappe donc au temps empirique : chacun doit achever la Loi vivante ou écrite. Qu'est-ce qui dessine l'état dernier des choses ? Une louange pure du Créateur. Le terme n'est pas tellement différent dans les prophéties ou dans les apocalypses, si les combats y sont plus extérieurs et si le monde s'y dissout. Nous verrons que la dernière étape de l'itinéraire philonien équivaut à une destruction du monde, sans la situer imaginativement dans le temps. C'est que Philon ne s'est pas davantage intéressé à un commencement du monde dans le temps : que le monde soit *genètos*, il est difficile de dire si Philon l'entendait d'une origine du temps ou d'une absolue dépendance — de toute manière, il insiste décidément sur le second aspect.

4. Plus près des mots de Philon, on retiendra qu'il se représente le monde comme une *maison*, une *grande cité* — et ces images sont héritées des philosophies. Mais la possibilité même d'établir un rapport d'image entre l'univers des hommes, voire l'âme propre de chacun, et l'univers, par le truchement de l'intermédiaire que constitue la cité pour un Grec ou un Méditerranéen hellénisé, s'articule aisément aux différentes applications de l'*Image* dans la Bible. L'homme est fait *selon l'Image de Dieu*, c'est-à-dire « à l'image du Logos [36] ». L'arche d'Alliance est fabriquée (Ex 35 – 40) suivant le modèle dicté à Moïse précédemment (Ex 25 – 31). La maison d'Isaac est devenue un peuple mesuré, de douze tribus, digne d'une politique idéale, celle de Moïse, cosmique.

5. Le monde, pour Philon, n'a sans doute pas été créé *ex nihilo*, l'expression ne disant rien aux Anciens. La création consiste, comme pour Platon, dans l'*ordonnancement* des éléments. Une parabole complexe, mêlant politique, esthétique et artisanat, permet de dire que la « matière » s'organise ou se trouve modelée comme le vase à partir de la glaise, ou comme la mélodie à partir des sons. On se souvient de la formule solennelle où Socrate réfute l'injustice et le désordre prôné par Calliclès (*Gorgias*, 507-508). La politique de la force contrevient à la belle chaîne qui constitue le monde, physique, civique et moral, et qui permet seule de désigner le monde comme *cosmos*, c'est-à-dire *ordonnancement, beauté*. Au centre de la formule socratique, le mot *kosmiotès* désigne le monde dans son caractère esthétique et achevé ; de part et d'autre de ce mot symbolique, Platon a disposé deux fois deux autres noms de la *composition*. Et ce sont, avant : *communauté — amitié* ;

---

36. Entendons : l'*Image* est le Logos de Dieu ; l'homme est fait d'après lui.

après : *sagesse — justice* (le mot d'*amitié — philia*, était déjà un terme objectif, désignant, chez les Physiciens présocratiques, la cohésion des éléments, des principes ou des êtres). Bien évidemment, cette formulation du monde regarde vers une causalité *finale*, même si l'héritage d'Aristote distingue les quatre causes.

À la « philosophie » il n'était pas difficile pour le Juif alexandrin de superposer les images bibliques de l'*armée* bien rangée — image civique et pratique, artisanale à un degré supérieur. L'idée, très forte chez Platon, d'un *rang*, d'un poste que chacun, dans la nature, dans la cité, dans la morale, doit tenir sans jamais le déserter (cf. le *Criton*), est devenue chez Philon un réflexe, et il lui arrive d'introduire l'image sans préavis. C'est une de celles qui ornent le *De aeternitate Mundi*, aux § 37 et 65. Et si le *De gigantibus*, suivi du *Quod Deus sit immutabilis*, commente l'histoire du Déluge, c'est-à-dire du retour possible de la création au chaos, il ne faut pas s'étonner que les *Géants* bouleversent l'ordre précisément en *désertant* (*De gigantibus*, § 65-67, et déjà au § 43 ; puis *Quod Deus*, § 5, 11, 34). Au contraire, Israël forme une armée serrée ; la maison d'Abraham, en petit et sur le mode domestique et non plus militaire, tient sa perfection de ce que chacun est à son office (cf. *De Abrahamo*, § 115-116). L'image du navire et de sa discipline redouble le thème de l'ordre, dans cette belle page tout à fait au cœur de notre sujet, puisque Philon y noue le Créateur, le Pilote du monde et l'annonce de la naissance d'Isaac, à Mambré — d'un Isaac qui est le terme du monde et de l'Âme !

*Pilote ou Cocher de l'attelage*, le mot désigne la Providence ; et le monde est donc alors conçu comme un ensemble de fonctions ou d'énergies qu'un Surveillant maintient dans l'unité d'une forme ou d'un faisceau de formes définies. L'influence du *Timée* se double de celle du *Phèdre*[37]. Et il n'est pas besoin de voir en Philon un précurseur de la Kabbale ou de la doctrine de la *Ma'asseh Merkavah*, pour admettre que les représentations culminant dans la vision d'Ézéchiel à l'intérieur de la tradition biblique aient permis à Philon de platoniser sans presque changer d'univers — surtout s'il considérait que les philosophes grecs héritaient du plus ancien Moïse[38]...

---

37. Voir l'ouvrage d'A. MÉASSON, *Du char ailé de Zeus à l'Arche d'Alliance — Images et mythes platoniciens chez Philon d'Alexandrie*, à paraître dans la collection des Études Augustiniennes, 1986.

38. Ce principe fait que Philon trouve partout *son bien* et que son entreprise n'est pas exactement une apologétique ni un essai de rapprochement de deux cultures.

6. Enfin, je terminerai cette liste d'idées « philosophiques » en Philon sur une remarque désignant la rupture de Philon avec la « philosophie »... Je ne parle pas de profession explicite, mais de ce mouvement de *hâte* déjà mentionné à propos de la politique ou de l'eschatologie « littéraire » (sous la forme de la réduction des Puissances à la seule Puissance du *Theos* — comme en témoigne le cours même de l'exégèse dans le *Quod Deus*[39]. Dans un traité comme le *De congressu eruditionis gratia*, Philon est censé manifester l'utilité des sciences : or, s'il les énumère, c'est pour les rapporter, *très vite* et sans leur laisser le temps de s'épanouir, à la sagesse dernière. Qui dit sciences, dit considération du monde *ab ante* ; qui dit Sagesse, dans le sens où Philon développe la chose, dit la Fin. Et, même si cette Fin peut être comprise dans tout le projet philonien comme la *lectio divina*, c'est-à-dire comme une activité encore mondaine touchant un objet du monde, le Livre des Juifs, elle transcende, sublime, fait fondre ce dernier point d'attache. La considération « philosophique » est très vite supposée par Philon, très vite accomplie ailleurs, par une fuite en avant.

Arrêtons là ces esquisses.

J'ai tenté de rendre justice au *De aeternitate Mundi*[40], bien que ce soit là un ouvrage tronqué. Je n'ai rien dit du *De providentia*, parce que l'arménien où il nous est seul conservé forme un écran d'incertitudes trop opaque[41]. Les ouvrages philosophiques de Philon ne sont pas un secteur particulier dans l'intérêt de Philon. Nous y surprenons à l'état brut des données qui sous-tendent le commentaire biblique des traités exégétiques. On pourrait prendre pour image un tableau, de Leonardo da Vinci ou de Gauguin : regardons-le avant sa finition dernière, par exemple lorsque la toile brute dépasse des quatre côtés et n'a pas

---

39. Consacrés au Déluge, c'est-à-dire à un mythe de création dans la déroute de la Création, le *De gigantibus* et le *Quod Deus sit immutabilis* pourraient développer le thème de la vindicte divine, les effets de la puissance de maîtrise, au moins dans une première partie, quitte, suivant le récit de la Bible, à privilégier ensuite le salut de l'humanité en Noé. Mais c'est aux pires moments que Philon définit la Bonté comme puissance quasi unique.
40. Que je ne considère pas du tout comme une œuvre de jeunesse.
41. On a vu que, pour Philon, comme à son époque, parler de la Providence revient à parler de la Création.

encore été reprise sous le cadre. Les ouvrages philosophiques de Philon seraient ces pans, solides, nécessaires, indemnes encore de toute peinture : les *Quaestiones in Genesin — in Exodum*, seraient des esquisses traînant sur les bords ; le commentaire allégorique serait l'équivalent de la Joconde ou des chevaux sauvages, c'est-à-dire des figures, des formes achevées, appuyées sur la toile, accomplissant les esquisses, mais les dissimulant ou les ignorant. La toile à sac subsiste derrière le tableau et elle le porte : le travail de l'exégète ne s'arrête évidemment pas au moment où il aura déterminé l'origine de chaque fibre. S'il n'a pas ruiné les chevaux sauvages, fauves et blancs, ou le visage au sourire, il lui reste à en faire voir, non la chimie seule, mais l'art.

## II. LA CONFECTION DU JUSTE, AXE DU MONDE

### A) Des dons infinis à l'existence finie [42]

L'art de Philon est aussi patient que sa visée est impatiente. Pratiquement, cela veut dire que Philon dépose les significations non pas dans des concepts, des mots, des définitions, des théorèmes clairs et distincts, mais dans des parcours : les unités exégétiques, je l'ai dit cent fois, déploient seules ses véritables pensées, et elles ont un devenir, semblable à celui du cosmos en ceci qu'elles courent vers une Fin. Ce sont donc des lectures de textes philoniens qui vont nous mettre en mesure de surprendre, en même temps et par un jeu volontaire de ma part, la Création dans Philon et la création philonienne. En cela, Philon est, *salva reverentia*, un mythologue, le discours étant seul à même d'évoquer le dire originel.

---

42. Fini et infini s'opposent comme la mesure à la démesure, la forme à la matière. Des dons *infinis* submergent et défont ; l'existence vraie ne peut être que *finie* — le tout pour un esprit hellénisé. Mais la création opérée par *séparation* suppose une même conception de la mesure, de la limite comme garante de l'exister.

En effet, après tout ce que nous avons dit de l'influence d'un Platon ou d'un péripatétisme accommodé, il faut admettre cependant que Philon, par exemple, ne s'est pas vraiment prononcé sur le point de départ du monde. Le mot *genètos* n'est pas exactement cerné ; et, comme on l'a noté[43], il est difficile de savoir si la distinction que nous avons soulignée entre le monde *idéel*, précédant le monde empirique, et le monde empirique intervient pour Philon entre le *Jour Un*, bien précisément, et les autres jours, ou bien si elle *accompagne* avec le Logos tous les autres jours de Création. De même, la cascade des termes bibliques décrivant la création de l'homme suggère à Philon des enchaînements que ses commentateurs ont du mal à harmoniser suivant une ligne conceptuelle ferme. J'allais dire que ce qui intéresse Philon, ce n'est pas d'arrêter telle démarcation dans l'Heptaméron, mais plutôt la conception d'une action divine qui se déploie *de forme en forme* : la matière prime surgit en premières formes, qui deviennent une sorte de matière nouvelle vers d'autres formes, de plus en plus parfaites, et, en somme, vers la confection du Juste.

1. Le plus clair des textes de Philon, très beau, mais... trop long pour être cité, n'est autre que le *De plantatione*, et spécialement le début (§ 1-27). Une séquence d'allure philosophique, qui n'est pas sans parenté avec les discussions du *De aeternitate*, retrace la *plantation* du monde. La parabole est déjà éloquente : la plante, l'arbre, ce sont des images dynamiques. Finalité, plénitude, ordre du cosmos, tout est mis en place. Soudain (§ 22), une réflexion dans l'esprit du *Timée* sur le rôle de la vue dans le destin de l'homme tourne à l'évocation du *Phèdre*, c'est-à-dire au désir de remonter par la vue jusqu'au-delà de la voûte céleste. Et voici l'accélération où s'achève le parcours philonien. On y verra sans peine comment l'aboutissement de la Création en révèle l'origine, et que les *archétypes* — les *Idées* platoniciennes qu'on attendrait au début, sont révélés en Moïse, tout à la fin :

---

43. Cf. RUNIA, *op. cit.*, édition photocopiée, I, p. 126-127.

*Aussi, dans les Oracles* (la Bible), *ceux qui sont perpétuellement inassouvis de sagesse et de science sont-ils appelés en haut. Il est juste que soient appelés vers la divinité, vers le Haut, ceux qu'elle a animés de son Souffle en l'envoyant vers le bas* (allusion à l'insufflation de vie). *Il serait étrange que des arbres entiers par typhons et ouragans soient arrachés et soulevés ; que des vaisseaux de mille tonneaux, alourdis de toute leur charge, comme l'objet le plus léger soient arrachés du milieu des mers et emportés ; que lacs et fleuves se dressent dans le ciel et que leur flot abandonne les creux de la terre, parce que les tourbillons de vents extrêmes s'enroulent et les fouettent vers le haut — mais que le Souffle lui-même, capable de tout et qui dompte toutes choses d'en-bas, ne donne pas à l'esprit, qui est légèreté, de s'élever sans poids et d'être emporté à la plus grande altitude, surtout l'esprit de celui qui a la « philosophie » sans bâtardise !*

*Et cet esprit n'est pas alourdi, il n'incline pas vers les alliés du corps et de la terre : c'est d'eux qu'il prend toute la peine d'assurer séparation et éloignement ; il est emporté vers le haut ; il a subi le désir insatiable des natures célestes, toutes de sainteté et de bonheur. Et Moïse, trésorier et gardien des liturgies de l'Être, sera donc « appelé en haut ». Il est dit au livre Lévitique : « Il appela Moïse en haut »* (chap. 1, verset 1). *Il sera également « appelé en haut », le second concurrent, Beseléel : lui aussi, Dieu l'« appelle en haut » pour la confection et le soin du culte* (Exode, chap. 31, verset 2, etc.). *Mais pourtant, Beseléel remportera la seconde place, et Moïse, la première, en tant que philosophe accompli. C'est que l'un façonne les ombres, à l'instar des peintres, qui ne sauraient rien fabriquer d'animé (« Beseléel » se traduit : « Dans les ombres il fait »), alors que Moïse a pour partage de tracer-en-haut, non des ombres, mais les substances archétypales elles-mêmes. Absolument parlant, la Cause découvre normalement les choses à proportion : aux uns avec plus d'éclat et d'évidence, comme en un soleil sans nuage ; aux autres, plus indistinctement, comme sous l'ombre.*

Telle est la conclusion exemplaire[44] de l'ouverture du *De plantatione* (les § 23-27). Le culte, qui achève la montée de toute la *plantation* cosmique, revient au principe :

---

44. On trouvera un condensé de cette page dans le § 22 du *De gigantibus*, suivi d'un autre traitement du couple formé par Beçaléel et Moïse. Les exégèses de Philon sont comme des « mobiles » ou un mécano.

la distinction même de Beçaléel et de Moïse, là où le *Phèdre* ne donne qu'une catégorie hors catégorie, les « philosophes », semble rééditer la distinction originelle entre l'Idée pure et le monde empirique. La mention de la *Cause* n'est pas fortuite. Or tout cela brille à la fin. Philon est bien patient, puisque de longues pages séparent l'annonce qu'il a faite du texte concernant Noé (§ 1) de sa considération effective (§ 139-fin !). Mais il est impatient, d'avoir si vivement franchi tout ce qui sépare Adam de Moïse ! Le *Phèdre*, en son mythe central, lui donnait l'exemple, mais on sait combien Platon ménageait de délais, de *détours*, les détours de la dialectique qui prenait en considération tous les degrés de la science du monde[45]. J'ai dit comme la *propédeutique* mondaine se voyait réduite chez Philon à une place théorique. On voit ici la syncope. Ajoutons, bien sûr, qu'à la différence de Platon, Philon déchiffre dans le désir de remonter un *appel* de Dieu même. Le mouvement philonien de l'Alpha vers l'Oméga produit un certain anthropocentrisme, mais qui est guidé par une définition de l'homme comme sacrifice et action de grâces, telle que la louange de Dieu achève l'homme et le mouvement du monde. Comme, dans une lanterne magique, l'image minuscule et parfaite qui est contre la lampe a besoin de l'expansion au loin de sa lumière jusqu'à l'écran, de même l'origine parfaite s'étale dans l'histoire du Juste et son rire.

2. Et déjà simplement du point de vue noétique, c'est le Sixième Jour, avec sa création de l'homme, sans même attendre la célébration du Septième Jour, qui permet de comprendre l'origine, la création du monde physique, demeure de l'homme. Une page du *De opificio Mundi* explique ainsi le caractère idéal de la création, telle qu'elle est préfacée dans Genèse, chap. 1, versets 1-5, en faisant appel à la création de l'homme, située bien plus bas dans le texte. Là encore, c'est le mouvement de l'exégèse que nous retiendrons.

---

45. Voir *Philèbe*, 16b, 23b, 28b-c, 33a ; *Politique*, 283b-287 ; la longueur même de la *République*, des *Lois*...

20    *La ville a son projet entièrement imprimé dans l'architecte, sans avoir aucune surface à l'extérieur ; elle est en forme de sceau dans l'âme de l'entrepreneur. De même, le Monde des Idées ne saurait avoir d'autre lieu que le Logos divin, lequel en a réglé l'ordonnance. Quel pourrait être le lieu de rechange en dehors de Ses Puissances et qui soit capable d'accueillir ou de loger, je ne dis pas toutes les Idées, mais une seule Idée pure, n'importe*
21    *laquelle ? Ce qui fabrique le Monde est également une puissance, et qui a sa source en vérité dans le Bien. Si l'on voulait épuiser la recherche sur la Cause pour laquelle cet Univers a été ouvragé, je crois qu'on ne manquerait pas le but en disant comme l'a dit un Ancien (Platon) : le Père et Créateur est bon, et c'est pourquoi Il n'a pas dénié jalousement Sa propre nature d'excellence à une substance qui de soi-même ne possède aucune beauté*
22    *et peut simplement tout devenir. De soi-même, elle était sans ordre, sans vie, sans identité, remplie de différence, de discordance et de cacophonie. Mais elle recevait la tournure et la modification l'orientant au contraire vers la perfection : ordre, définition, vitalité, ressemblance, identité, concordance et harmonie — tout ce qui appartient à l'idée supérieure.*
23    *Sans le conseil de personne — qui d'autre y avait-il ? — seul et par soi Dieu a su qu'il faut réaliser le bien en générosités sans réserve et somptueuses, pour un être qui sans la dotation divine ne peut obtenir aucune valeur par lui-même. Il réalise ces bienfaits pourtant sans les proportionner à la grandeur de ses générosités, puisqu'elles sont illimitées et infinies, mais en les proportionnant aux capacités des bénéficiaires. Dieu a naturellement une activité de bienfaisance sans rapport avec la réceptivité de l'être advenu : Dieu a des capacités qui dépassent tout, mais l'être advenu est trop faible pour recevoir leur grandeur, et il les récuserait si Dieu ne mesurait ce qui va à chacun au cordeau d'une belle convenance.*
24    *Si l'on voulait user de termes plus directs, on dirait simplement que le Monde Intelligible est le Logos du Dieu qui déjà fait le Monde, comme la ville intelligible n'est pas différente du raisonnement de l'architecte quand il est en train de concevoir mentalement la fondation d'une ville. Telle est la doctrine de Moïse, et non la*
25    *mienne. En décrivant la genèse de l'homme par la suite, il affirme exactement : C'est bien selon l'Image de Dieu qu'il (l'homme) a reçu le sceau (Genèse, chap. 1, ver-*

*set 27)*. *Si la partie est image d'Image, il est clair que le Tout le sera également. Et si ce monde sensible en son entier, en tant qu'image déjà plus grande que l'image en l'homme, est une imitation de l'Image divine, il est également clair que le Sceau archétypal, dont nous disons qu'il est le Monde, sera bien le Modèle archétypal, l'Idée des Idées — le Logos de Dieu.*

Cette page du *De opificio Mundi*, § 20-25, énonce bien des principes qui ont figuré dans notre première partie. Nous y suivons le platonisme de Philon (§ 20-22) ; puis son aristotélisme (§ 23), et que ce nous soit l'occasion de signaler une notion bien classique, mais dont nous étudierons plus loin un usage intéressant dans le début du *Quis heres*, à savoir la notion de la disproportion existant entre la Bonté divine et la capacité de l'être créé. L'*aphthonia* de Dieu produit des biens *aphthona* : ce qui est illimitation positive en la Cause devient infinitude dépossédante et ennemie de l'existence, qui ne saurait être que finie, délimitée, mesurée. Mais c'est, pour l'instant, la conclusion qui nous intéresse. Aux § 24-25, Philon revient à son idée de départ (celle du § 20). Il veut montrer que le Monde idéal est contenu dans le Logos. La preuve philosophique déjà avancée va se trouver reprise et magnifiée par l'Écriture, technique philonienne courante et qui a le mérite de conforter l'une par l'autre la philosophie et la Bible. Pour Philon, il y a dans la création de l'homme la preuve « logique » de l'existence au Jour Un d'un Monde Idéel. Si l'homme doit plus tard être fait *selon l'Image* de Dieu[46], c'est que l'image existait, qui a pu à son tour servir de modèle à une image d'Image. Cet intermédiaire, à l'instar de ce qui se passe dans les projets de fabrication, allant de la conception dans l'Architecte en chef à la planification dans l'Entrepreneur en chef, pour atterrir dans la brique ou la pierre, contient les formes conçues par Dieu : le Logos est leur « lieu ». Ainsi, avant même l'achèvement que le Septième Jour apporte au Jour Un,

---

46. Aussi faut-il toujours garder le mot à mot dans les passages où Philon cite Genèse, chap. 1, verset 27 : *il fit l'homme selon l'Image de Dieu*, et non « à l'image », ce qui induit une ressemblance directe de l'homme à Dieu...

par le culte, le Sixième Jour sert d'argument noétique à l'intelligence de l'Origine. Mentalement, Philon, qui suit d'ordinaire avec minutie verset après verset, se porte d'emblée au terme de la Création : toujours la fuite en avant[47].

3. La simple spéculation sur les nombres, vulgarisée peut-être à partir d'un pythagorisme superficiel, se complique chez Philon les données de l'Hebdomade biblique. Il est très à l'aise, pour lui, dans tous les ajustements. Ainsi, disons qu'il tire parti des deux particularités de la Genèse, chap. 1. Le fait que le Premier Jour soit désigné par le cardinal et non l'ordinal, *Jour Un*, lui permet d'y voir la Création Idéelle, mais aussi de lui donner pour rime finale à la fois le Jour Sixième et le Jour Septième. Le Sixième Jour, en effet, achève les œuvres de Dieu, avec la confection de l'homme ; et le Septième Jour rejoint en perfection le Jour Un, tous deux transcendants au temps. Reste que Beçaléel représente bien une beauté de l'homme créé, mais persiste à la *seconde place* par rapport à Moïse, qui obtient la première, comme nous l'avons vu naguère, ou par rapport à Samuel (le *Quod Deus*, § 11-13 suppose tout ce jeu). On sait que Philon, dans le *De opificio Mundi*, § 69 à 88, où il paraphrase la création de l'homme, ne spécule pas sur le fait qu'elle ait lieu le Sixième Jour, alors que les deux jours précédents font l'objet d'une philosophie numérique[48] : il en parle globalement au § 13, et au moment d'aborder le Septième Jour (soit au § 89), pour dire que ce Sixième Jour est *parfait*. Nous savons que c'est d'une perfection « seconde ».

Et c'est à cet endroit, du point de vue d'une synthèse logique, peut-être, que peuvent prendre place une série de

---

47. Pareillement, Philon traite prématurément de la « femme » à la fin du *De opificio* (§ 151 ss.), mais là, il bénéficie, de plus, de l'appui logistique du *Timée*.
48. Ni le Deuxième Jour ni le Troisième n'entrent non plus dans l'arithmologie du *De opificio Mundi*, sans doute pour éviter une interprétation émanatiste (voir R. ARNALDEZ, *in Philon*, éd. de Lyon, Cerf, vol .1, p. 133-134).

traits caractérisant la systématique de Philon. Je vais les énumérer sans démonstration appuyée. Tous supposent le mouvement préférentiel vers la fin, l'Oméga, le Septième Jour, et tous pourraient correspondre à une formule paradoxale, ainsi exprimée : *le chaos d'où surgissent les êtres est situé entre la première Création et son achèvement.*

*a)* Et, pour commencer par là, même le Sixième Jour, avec sa perfection[49], établit la création dans une ambiguïté dont Philon ne donne jamais la clef, semble-t-il : l'homme y est créé, couronnement de la Création, *mais* le commentaire du pluriel *Faisons l'homme* montre que les hommes pervers, le mal, se situent en dehors de la création directe de Dieu (cf. *De opificio Mundi*, § 72-75 ; *De fuga*, § 65-75 ; *De confusione linguarum*, § 168-182 ; *De Mutatione nominum*, § 28-32a). Avec l'homme, premier de l'espèce, par exemple, entre dans le monde la possibilité d'une perversion, et donc d'un choix (*De opificio Mundi*, § 79-81, énumérant les vices et supposant que, venu en dernier dans le monde, l'homme connaîtra soit l'abondance matérielle, soit le châtiment de la pénurie, suivant son option-idée naïve et profonde, qui anticipe sur le récit de la faute ou les oracles des Prophètes d'Israël[50]).

*b)* Le thème de la *virginité restaurée* tout à la fin de l'existence, dans le cas de Sara, vital pour l'exégèse de Philon, entre dans cette perspective[51]. Celle qui enfantera Isaac, la Joie, le Rire de la Perfection, *devient* Vierge (elle perd ce qui fait le féminin, et, d'après le code philonien, elle entre dans le monde viril, celui du noétique et du divin).

Et là se greffe une observation de grande portée pour la lecture de Philon, puisqu'elle éclaire le mouvement même de plusieurs traités ou de parties importantes dans tel traité. Le *Quod*

---

49. Par rapport à l'homme du chap. 2 de la Genèse, l'Homme du ch. 1 paraîtra comme l'Idée par rapport à l'être empirique, parfois. Philon procède de façon structurale : ses concepts ne sont pas absolument préexistants ; ils sont engendrés à partir de couples, donnés par la Bible ou dérivés — noms, images, expressions.

50. Le lien établi par les § 79-81 du *De opificio Mundi* entre bien et bonheur, ou les contraires, est encore de type « prophétique » ; tout juste, le § 79 pourrait amorcer une exégèse « allégorique », qui ne devient réelle qu'après le § 151.

51. Discrètement dans *Leg. All.*, III, 216-219 ; en clair, *De cherubim*, § 8, 48-52 ; *Quod deterius*, § 28 ; *De posteritate Caini*, § 133-135 ; *De ebrietate*, § 54-64 ; *De fuga*, § 113-114, 128, 166-169 ; *De Somniis*, II, § 185. Lire ici *De cherubim*, § 48s.

*Deus*, le *De agricultura*, le *De migratione*, par exemple, s'achèvent curieusement, au prix d'une déception ou d'un malaise pour le lecteur moderne, sur le spectacle suivant : ce qu'on pourrait symboliser par la formule : *un viol réparé* ou évité si juste que c'est tout comme. L'âme est sauvée par la justice divine — la situation, symbolique et réelle en même temps, est celle des fautes involontaires. Il en va de même à la fin de la première partie du *De agricultura*, dont la conclusion générale redira le drame du salut *in extremis* ; ou encore des § 113-118 du *De fuga*, conclusion de sa première partie.

C'est que l'écriture étudiée de Philon ne perd jamais de vue que la perfection acquise dans la *Lectio divina* et sa pratique morale n'est encore qu'une illusion nécessaire. Au terme, il faut la véritable Création, le faire de Dieu à l'état pur, puisqu'il vient anéantir, renvoyer au chaos, pour le faire surgir en vérité, tout l'effort mondain du « philosophe ». Je reviendrai sur cet anéantissement. Pour l'instant, il faut observer seulement que Philon projette la Création vers la fin, et qu'en ce sens le mixte, le mal même, le choix, l'ambiguïté, deviennent coextensifs à ce qui était pourtant le *monde créé* déjà. Les premières *formes* sont récusées ; elles attendent, elle *supplient* la Cause, comme si la Cause devait agir demain et n'avait encore *rien* fait[52].

*c)* Le thème du *suppliant* dans Philon exprime donc ce déséquilibre qui porte en avant la contemplation de la Cause et de la Création.

*d)* Celui du *voyage* ou de l'émigration, sur les grands patrons de la vie d'Abraham, puis de l'Exode. Il ne s'agit pas seulement d'un retour à l'origine, mais d'une quête d'*exister*, unifié, stable, joyeux.

*e)* Un texte nous reposera de ces indications méthodologiques. Il s'agit de l'annonciation à Abraham : Isaac naîtra, terme de l'exister humain. Philon interprète le repas de Mambré dans une page merveilleuse et tissue de tous les fils d'or de sa rhétorique et de son *attente* :

> 115 *Il en est qui ont déjà exprimé le bonheur et la fidélité de cette maison où il s'est trouvé que des sages descendent et fassent leur séjour, une maison où ils n'auraient*

---

52. Sur le plan littéraire, Philon mime cette théologie : ses livres, parfaitement composés, ne concluent pas, ne se referment pas sur les concepts qu'ils ont maniés. C'est ce que j'ai appelé le signe du *livre défait* (dans *La Trame et la chaîne...*, Brill, 1983, p. 503 et 541-542).

*même pas jeté un regard s'ils avaient aperçu dans l'âme de ses habitants la blessure d'un mal incurable. Mais, à mon tour, je ne saurais dire quel excès de bonheur et de félicité il y a sur cette maison, où des Anges ont consenti à descendre et à recevoir l'hospitalité d'êtres humains, des natures saintes et divines, des serviteurs et des lieutenants du Dieu Premier, des ambassadeurs par qui ce* 116 *qu'Il veut présager en faveur de notre race est annoncé. Auraient-ils consenti à pénétrer tout d'abord, si, un peu comme dans l'équipage bien ordonné d'un navire, ils n'avaient pas su que tous les habitants déféraient au commandement unique de leur chef comme d'un pilote ? Auraient-ils fait mine de festoyer et d'accepter l'hospitalité, s'ils n'avaient pas considéré leur hôte comme un frère, comme un compagnon de service réfugié auprès du même Maître qu'eux ? Il faut aussi croire qu'à la suite de leur entrée, il se produisit un bien plus grand transport de toutes les parties de la demeure vers le bien et le mieux, animées qu'elles furent par le souffle d'une vertu* 117 *parfaite. Le banquet dut être comme il fallait, avec toute la simplicité de bonne chère que les convives manifestaient à l'endroit de leur hôte, s'adressant à lui en formules directes et donnant à la conversation un cours adapté* 118 *à cet instant particulier. C'est merveille aussi qu'ils aient offert, sans boire, l'image de gens qui boivent, et, sans manger, celle de gens qui mangent. Mais ce n'est là qu'une conséquence ; l'essentiel, le plus merveilleux restant qu'en l'absence de corps ils aient pris la forme humaine par complaisance pour l'homme de bien : pourquoi ces miracles, si ce n'est pour offrir au sage, par la vision, qui est chose plus vive, l'immédiate sensation que le Père n'a pas oublié qu'il est (sage) en effet ?*

(De Abrahamo).

Ainsi, une *création déjà ordonnée* (l'ordre est la création même...), déjà parfaite et sans l'ombre d'un mal, se voit brusquement portée plus loin. Par une sorte d'involution, la Création, puis ce signe transcendant du *miracle* dans le monde se voient destinés à poser Abraham dans la félicité (Isaac), et celle-ci consiste à apprendre que *Dieu ne l'a pas omis*. Exactement, que Dieu n'a pas perdu de vue qu'il était sage, lui, Abraham. La Création originelle est comme transposée, déplacée vers la véritable subsistance, comme par enharmonie.

*f)* Nombre d'exégèses se rencontrent dans Philon, où, en un contexte de création, le mouvement des citations nous conduira, par exemple, de la Genèse à l'Exode, livre « constituant » ; d'un Nombre idéal, pur, vide en même temps, « en puissance », jusqu'à un Nombre parfait, idéal aussi, mais cette fois plein et concret : ainsi, le *De praemiis* court de l'homme générique aux Douze Fils de Jacob. On passera de la *science potentielle* — prise sur un Monde en principe existant — à la *reconnaissance*, qui seule fait être ; de la *syggeneia (consanguinité)* avec Dieu, pour ainsi dire, à un mouvement d'*homoiôsis*, un devoir d'être.

Tel est le mouvement sensible dans le plan même du *De agricultura*[53]. Une diatribe qui paraît interminable, facile, démesurée, oppose nonchalamment les deux valeurs qui se partagent le monde créé à travers les valeurs contrastées du *cultivateur* parfait et du *travailleur* misérable *de la terre* ; ou bien du *pasteur* et de l'*engraisseur de troupeaux* ; ou encore[54] du *cavalier* et du pauvre *monteur*. Seulement, de fil en aiguille, de division en division, Philon en vient, grâce au serpent de Dan, opposé au serpent d'Ève, à ruiner tout le côté positif de la perfection ; le *cavalier* est atterré, culbuté, *défait et par là sauvé - existant enfin*. C'est une sorte de « parabole de l'ivraie et du bon grain », très étirée, et, de plus, brûlant le bon grain... pour l'engranger dans un autre exister. Un autre ? Le seul, et, en un sens, le premier. Le monde symbolisé dans la diatribe morale naît violemment à la fin.

*g)* Le merveilleux symbole des *Parfums* servira d'image au grand chapitre dit du « Logos diviseur » dans le *Quis heres*. Qui dit Logos et division, dit création : la perfection même de l'action du Créateur est marquée pour les Anciens par l'idée de *division adéquate* : seul Dieu peut couper exactement en deux... Inutile de préciser que Philon se trouve ici en possession d'un double instrument, la visée des physiciens grecs et les mots de la Genèse, où Dieu crée par *séparation*. Or, Philon par deux fois établit une liste de « divisions » métaphysiques ou physiques, à l'aide d'Héraclite et des physiciens, en physicien (§ 141-160 ; puis § 207-214) ; mais par deux fois aussi, il fait aboutir cette physique au culte d'Israël (§ 161-200 ; puis

---

53. Nous retrouverons ce traité et son mouvement, vers la fin.
54. La raison de ces divisions des attitudes morales reste informulée. Philon ignore un Satan. L'origine du Mal reste chez lui vague ou aléatoire. C'est que pour lui le Bien est pour demain. Il n'y a pas de *chute* à proprement parler, comme nous l'entendons dans le cycle catéchétique : Création, chute, Rédemption. La Création serait pour Philon la Rédemption, une rédemption métaphysique.

§ 215-225). Et la substance la plus pure du cosmos déjà créé, celui de l'origine, vient paraître et se sublimer en même temps : à la fin de chaque exégèse des divisions bibliques, cultuelles, Philon évoque les *Parfums*[55].

Cette composition, parfaitement ordonnée, obéit de plus à un autre rythme : le début (§ 141-160) correspond aux premiers jours de la Création, par son aspect cosmique pur ; le milieu (§ 161-165), au Quatrième Jour, à la fois équilibre des Sept Jours et paradoxe, puisqu'il présente le soleil après la lumière ; la fin (§ 166-200), au sabbat du Septième Jour. Or on sait le rôle exalté de la vision, de la vision des astres du Quatrième Jour, dans Philon : elle permet d'appréhender le temps et de poser la question de la Cause du monde. Mais Abraham est au départ un Chaldéen, c'est-à-dire un astrologue, risquant l'erreur fatale sur le monde ; il apprend ensuite le juste langage qui l'arrache aux sophismes et lui permet par justes divisions[56] de reconnaître la Cause transcendante ; et l'on sait que, pour Philon, parler juste, c'est *exister*. De sorte que, dans ce *Quis heres*, tout se tient avec harmonie, le chapitre de la « division » est l'école mystique d'Abraham, lui donnant d'*exister*, à lui qui partait d'une *création déjà faite* cependant, mais trop vaste, ou, même après son appel et les dons de Dieu, trop *indéterminée — infinie*.

*h)* Enfin, pour terminer cette revue partielle et sommaire, destinée à suggérer au lecteur de Philon combien la *finalité* déplace immédiatement le concept de création et comme elle anime son exégèse à tous les niveaux, et pour la terminer dignement, disons que le Logos des origines est assimilé au *grand prêtre*, en Moïse, par exemple ; et donc l'origine, au culte qui achève le monde. Ainsi, le début du *De plantatione*, § 1-37, déjà évoqué ci-dessus, courait *vite* d'Adam à Moïse et Beçaléel.

Voici une page étonnante du *Quod Deus sit immutabilis*, où l'on verra comment la Création initiale est banalisée, réduite à une sorte de « matière » qui reste à « infor-

---

55. Déjà l'Introduction au chapitre de la « Division », dans ce *Quis heres*, § 130-132 imposait à titre d'indication une dialectique semblable, très brièvement livrée : l'action *cosmique* du Logos était déchiffrée dans le geste de Moïse (grand prêtre, comme le Logos...), partageant exactement les plaques d'or en cheveux, pour décorer l'Arche d'Alliance, symbole du *culte* final.

56. Sur ce rôle cosmique et noétique de la Division, voir *De agricultura*, l'allégorie du « chameau » (§ 131-145).

mer ». Philon propose cette belle dialectique menant de l'« universel abstrait » jusqu'à la « Personne », seule subsistante[57].

104    *Que veut dire : Noé trouva faveur auprès du Seigneur Dieu ? Il faut poser la question. Cela revient-il à indiquer qu'il a* « *obtenu faveur* » *ou* « *qu'il a été jugé digne de faveur* » *? Mais cette première interprétation reste peu vraisemblable : que lui a-t-il été accordé de plus qu'à tous les êtres ? Toutes les natures, aussi bien composées qu'élémentaires et simples, toutes ont été jugées dignes de*
105  *faveur. La suivante s'exprime déjà mieux : la Cause a décrété dignes de bienfaits ceux qui n'ont pas corrompu d'usages misérables la médaille divine qu'ils ont en eux, leur esprit, qui est une valeur sacrée ; mais elle n'est*
106  *peut-être pas encore la vraie. Quelle valeur pourra bien avoir celui que Dieu va juger digne de faveur ? L'univers réuni en son entier, je crois plutôt, y peut à peine prétendre, et il est pourtant l'œuvre première, la plus grande et la plus achevée !*

107    *Il est préférable d'admettre ceci : s'il est un être de* recherche *et de grand savoir, l'homme de bien a pu, dans tous les domaines de sa* recherche, *trouver ce principe de la plus haute vérité : que la faveur de Dieu, ce sont toutes choses, la terre, l'eau, l'air, le feu, le Soleil, les astres, le Ciel, l'ensemble des animaux et des plantes. Dieu ne se faisant aucune faveur à Lui-même, faute de besoin, Il a fait au Monde la faveur du Monde ; à ses parties en elles-mêmes et entre elles toutes, la faveur des*
108  *parties ; puis des parties au Tout. Ce n'est donc pas pour les avoir décrétés dignes de faveurs qu'Il a libéralement donné les biens au Tout comme aux parties. Il a regardé l'éternelle Bonté et conçu la conformité de Sa propre Nature de félicité et de bonheur avec la bienfaisance. Et si l'on me demandait la Cause de la genèse du Monde, à l'école de Moïse, je répondrais que c'est la Bonté de*

---

57. Même mouvement dans le *De sacrificiis,* § 8-10a, à propos de Moïse, et dans un contexte paradoxal ou *mourir,* c'est *être ajouté* — exister. Encore, cette phrase, du *De mutatione nominum,* § 30 : Bien suprême que d'avoir pour Fabricateur Celui qu'a le Monde entier. Il n'a pas façonné l'âme du pervers, ennemie de Dieu ; il n'a pas façonné seul l'âme intermédiaire... Héroïque doctrine : Dieu a *fabriqué* le seul Sage ! Ce texte est une limite de ce que nous voulons montrer ici.

*l'Existant* — elle, la plus ancienne des Puissances — qui est la Source des faveurs.

109 Mais il ne faut pas perdre de vue en même temps que, si Noé a eu, selon les mots (de l'Écriture), la complaisance des Puissances de l'Existant, « du Seigneur et de Dieu[58] », Moïse, lui a eu la complaisance de Celui qu'escortent les Puissances, de Celui qui est conçu par la pensée indépendamment d'elles, sur le mode de l'exister uniquement (et non de l'essence). Ces mots viennent de la Face de Dieu : « Tu as trouvé faveur auprès de Moi » (Exode, 33, 17) — où Il se désigne Lui-même comme
110 sans autre. C'est ainsi que l'Existant, Unique, Soi-même par Soi-même, juge la Sagesse supérieure de Moïse comme digne de faveur : la sagesse qui en reproduit l'image reste seconde, plus spécialisée à travers les Puissances, Sujettes (de l'Être), où Il est « Seigneur et Dieu », souverain et bienfaiteur.

A propos de cette page du *Quod Deus*, § 104-110, ne disons rien de l'apophatisme philonien, touchant l'Essence divine (§ 109). D'autre part, nous reviendrons bientôt sur la hiérarchie des Puissances, notant simplement ici ce qui a été énoncé plus haut, que la Bonté est la cause première de la Création. Mais soulignons le paradoxe qui anime la page entière, opposant le début (§ 104) à la finale (§ 109-110). Philon étage trois hypothèses pour expliquer la formule, *Noé trouva faveur (heuren charin)*. Une première idée accorderait un privilège à Noé : Philon le repousse négligemment au rang de tout le monde... Une seconde interprétation parle de mérite, et Philon admet puis relativise cette expression, l'univers entier pouvant à peine y parvenir... Reste que Noé — passons à une lecture objective, et non plus subjective — ait compris *que* tout le créé constitue la « faveur » divine, et une faveur unique, totalisante, au singulier[59]. Mettons. Seulement,

---

58. Dans le code philonien, *Seigneur* renvoie à la Puissance de Maîtrise, allant jusqu'au châtiment ; *Dieu*, à la Puissance de Création. Ici, Philon tient compte du fait que la Bible dit de Noé qu'il a trouvé grâce « *devant le Seigneur-Dieu* », c'est-à-dire devant les deux Puissances majeures.

59. Techniquement, pour Philon : *il a trouvé faveur* sera lu absolument. Noé a trouvé une seule chose, « faveur » étant le seul complé-

aux trois hypothèses voici que Philon en surimpose une quatrième, et qu'elle exalte un homme, lui accorde le privilège refusé à Noé en vertu d'un principe... démocratique. L'expression d'universalité abstraite, *mais tout le monde a reçu faveur divine...* (§ 104), est oubliée, contredite mot pour mot, au bénéfice d'un Moïse. Entre Noé, refoulé parmi « toutes les créatures », et Moïse, distingué outrageusement, le parcours cosmique (§ 106-108) a servi de médiation dialectique, comme si le monde n'était qu'une promesse, un puzzle aux pièces mélangées, la *matière* d'une *forme* décidée, de la position transcendante de Moïse. Car son rapport au *Moi* de l'Unique fait de lui un « moi » et un subsistant, unique, parfait, un *être* enfin. Car l'exégèse repose ici sur la révélation à Moïse d'un *Moi*, par opposition à la *Seigneurie-Bienfaisance*. Or, pour Philon, le pronom *moi* désigne toujours, dans les citations bibliques, le pôle d'unité et de subsistance que nous appellerions « personne ». Qu'il s'agisse de Dieu, comme ici[60], ou de l'homme, le « Moi » désigne ce qui est ici paraphrasé : *sans autre — Unique, Soi par Soi*, philosophie et Décalogue réunis dans la conscience de Philon — *Chema' Israël : Adonaï Eḥad*. Ici, témoin de l'Unique, Moïse a le privilège... d'exister, unique et sans autre. L'univers est le catalyseur, ontologique et noétique[61]. Ce mouvement de création propre, allant de Noé à Moïse, nous le retrouvons dans le principe exégétique global, où Philon distingue une première triade sainte, celle d'Énos, d'Énoch et de Noé, justement, d'une seconde triade, celle d'Abraham, d'Isaac et de Jacob. La première dessine une première *forme* de la vérité humaine. La seconde seule, reprenant ce premier tracé, grave en réalité une figure complexe, mais définie, dont Moïse sera le

---

ment de « trouver » ; et, comme il cherchait *tout*, il a trouvé *tout*. « Faveur » = « Tout comme grâce ».

60. Voir, par exemple, *Leg. All.*, I, § 61 ; le *Quis heres*, § 24-31, sur lequel nous allons revenir.

61. Noétique : littéralement parlant, de Noé en lui-même, nu pour ainsi dire (§ 104), à Moïse, existant (§ 110), c'est une considération de plus en plus consistante du monde (§ 105-108) qui sert de tremplin — de médiation.

cachet définitif. La seconde, *forme* achevée, accomplit la *matière* nouvelle de la première.

C'est un autre beau texte, mais plus long (*Quis heres*, § 1-39), qui me permettrait de montrer, sur une semblable dialectique[62], comment Abraham a reçu de Dieu des biens *illimités — aphthona*, dont il est submergé et donc en principe réduit au silence — inexistant ; comment ensuite par la médiation de Moïse et de ses effets modulés de silence, de parole, de cri, de hurlement, Abraham en vient à demander *une* seule chose, un fils ; comment enfin cette demande limitée, finie, définie, lui ouvre à lui-même la possibilité de dire *egô* — *Moi* (§ 24-30), c'est-à-dire l'existence effective. Or, c'est au terme de son exégèse, dans ce chapitre initial du traité, que Philon articule ce « Moi » d'Abraham. Mieux, c'est en se référant à la fin de l'histoire d'Abraham et en évoquant son *épitaphe* (§ 30), que Philon assoit ce symbole de l'Existence, triomphant au terme de cette création première, excessive et comme *matérielle* (aristotélisons...). Inutile de souligner que cet Ego d'Abraham surgit lorsqu'il demande Isaac. Isaac, ce fils qui donne d'être à son père, n'est-il pas défini dans le code allégorique de Philon comme *Nature* ? Et il couronne l'éducation d'Abraham, puis l'effort de Jacob. La Nature est, à la fin.

Tout se passe comme si Philon avait mobilisé la première phrase du *Ménon* (70a) : « *Socrate, es-tu en mesure de me dire si la Valeur est chose qui* s'apprend ; *ou bien si, faute de s'apprendre, elle* s'exerce ; *ou bien si, faute de s'exercer ou de s'apprendre, elle se rencontre* naturellement *chez les hommes — ou bien s'il existe un autre biais ?* » Les voies possibles apparaissent d'abord exclusives l'une de l'autre, par une ruse de Platon et le manque de dialectique de l'impétrant, sûr de son aristocratie... Mais Philon a formé, des hypothèses parallèles, les trois étapes de son itinéraire moral : Abraham désigne l'*apprentissage* ; Jacob poursuit la lutte et *exerce* les acquis d'Abraham ; Isaac, enfin, est l'*auto*didacte, le par-

---

62. Dans *La Trame et la chaîne*..., Brill, 1983, p. 160-206, j'ai déployé les ressorts de cette dialectique.

fait de *nature*. Cependant, commencement, milieu et fin ne correspondent pas, chez Philon à l'ordre historique des Patriarches, énumérés ainsi : Abraham — Isaac — Jacob. C'est, à ses yeux, que la Cause intervient dans cet ordre apparent, ou, pour continuer la lecture de cet innocent début du *Ménon*, que les trois hypothèses, même soudées, supposent « *qu'il existe encore un autre biais* ». Décidément, Platon bien lu ou le livre des Proverbes numériques, à trois puis quatre termes, nous servent fidèlement dans la lecture de Philon l'Allégoriste. Que la quatrième voie soit celle de la *démission*, nous ne le devinons pas encore nettement.

### B) Le voyage du Juste ou le passage enharmonique de « Seigneur » à « Dieu »

*Mouvement philonien et rythme de la Bible*

La Genèse remet deux fois au creuset l'œuvre de l'Hexaméron, ruinée par la faute qui fait descendre le ciel sur la terre (chap. 6), puis par la faute qui voudrait remonter de la terre au ciel (chap. 11). Les réparations sont effectuées, d'abord dans l'*espace*, la carte du chap. 10 ; puis dans Abraham seul, c'est-à-dire la destinée d'une *personne*, doté d'un *devoir-être*. D'autre part, les deux cosmogonies, chap. 1 et chap. 6 − 9, procèdent par « séparation ». Or, la première s'en tient à la division ou à la classification universelle, impliquant une sagesse, une connaissance du monde ; la seconde, avec Noé poussant tout son monde dans l'arche, entérine cette classification, mais elle lui en superpose une autre, celle des *purs — impurs* : cet artifice nouveau implique, lui, une destination cultuelle. Aussi bien l'aventure finit-elle sur un sacrifice. Elle finit en même temps sur l'alliance noachique, de la paix et du respect de la vie[63] (9, 3-7, où le verset 6, *qui verse le sang de l'homme, par l'homme son sang sera versé*, en ramenant à une exécution unique le crime du sang, semble bien refouler la violence incontrôlée ou la

---

63. Cf. P. BEAUCHAMP, dans ce volume, p. 139.

vendetta instituées plus haut par Lamech, 4, 23-24). Ainsi, Philon, qui rattache, lui, Noé à Abraham comme le point d'arrivée de la première triade et le point de départ de la seconde (cf. *De posteritate Caini*, § 173-174), réunit ces deux valeurs dans son *finalisme* de la Création, le culte et la personne. C'est ce que nous avons vu précédemment. Il va maintenant définir la « personne », l'Ego, comme le *devoir-être* d'Abraham en son émigration, ou dans son accomplisssement de la *paix* esquissée avec Noé[64].

## Philosophie du mal et mouvement philonien

Reprenons le héros Noé à l'endroit où nous l'avons quitté. La troisième hypothèse du *Quod Deus*, § 107-108, définissait Noé ; elle le hissait à l'intelligence *que* l'Univers créé est toute *faveur* — la BONTÉ restant la première et la plus noble des Puissances divines. Or, c'est précisément le rôle dynamique des deux Puissances majeures contractant l'Être en dessous de son pur exister, *Theos* — *Kyrios*, ou *Position et Bonté* contre *Maîtrise*, qui achèvera de révéler l'idée philonienne de la création. Partons d'un autre texte, dont Noé soit encore le héros, ce Noé qui *commença de planter la vigne*. Il s'agit une fois de plus pour nous d'interpréter le mouvement de l'écriture de Philon, et ici dans le *De agricultura*, § 124-189, c'est-à-dire toute la seconde partie du traité[65]. *Commencer* — ce verbe d'origine, voire de création, va nous plonger dans le tourbillon qui décentre continuelle-

---

64. Plusieurs fois, l'exégèse de Philon court d'une *paix* négative, où les bruits de la guerre sont à peine éteints, jusqu'à une vraie *paix*, intensive, positive, comme invétérée. Ainsi, *De Abrahamo*, § 200-261, reprise d'une première dialectique, où Noé joue son rôle mineur, dans les § 27-30. Ainsi, *De congressu*, § 83-120 oppose-t-il une série de valeurs autour de la différence entre la « paix » de Noé et celle d'Abraham en sa seconde époque — cela avec le secours des chiffres allégorisés (cf. *La Trame et la chaîne...*, p. 363-370). Paix provisoire, vérité provisoire, suivies d'une paix réelle et d'une vérité établie — ce mouvement est un de ceux qui rythment l'allégorie philonienne. Sur cette *paix*, voir le long développement du *De praemiis*, § 79-126.

65. Nous avons sommairement tracé le plan et le sens de la première partie, ci-dessus, p. 384 § f).

ment chez Philon le concept que nous lui souhaiterions voir appliquer et développer, de la « Création », un concept posé et théologiquement cerné. L'exégèse ordinaire, subtile, royale, de notre Philon va envisager à partir de ce *commencer*, le terme opposé, la *fin*, et pour faire bonne mesure, le *milieu* : le développement des § 124 à 189 sera on ne peut plus totalisant.

C'est, comme toujours chez Philon, et ailleurs, l'aiguillage de départ qu'il ne faut pas embrouiller, ou plutôt qu'il faut soigneusement débrouiller. Le « commencement » des choses ne préjuge pas de leur fin (§ 125-126). Philon oriente tout de suite son idée vers une application qui paraît marginale, tout d'abord, mais représente en fait l'essentiel : le culte. Caïn, dit-il, a cru[66] bien *sacrifier*

---

66. D'où l'allégorie du *chameau* qui n'a pas le pied fourchu et reste donc impur — incapable de « diviser »…, même s'il « rumine », seconde condition du vrai. On retrouvera souvent l'idée que Dieu n'a pas créé le mal ni le méchant : par exemple, *De plantatione*, § 53 ; *De confusione*, § 180 ; *De congressu*, § 171 ; *De fuga*, § 69 ; *De praemiis*, § 32 ; *Quaest. in Ex.*, I, § 55 ; *Spec. Leg.*, IV, § 187… Mais il existe un gros « chapitre » des *Legum Allegoriae*, III, § 75-106, entièrement commandé par l'idée inverse, semble-t-il, à savoir : que biens et maux sont enfermés dans les resserres auprès de Dieu. Sauf erreur, même D.T. RUNIA, *op. cit.*, a esquivé le chapitre, dans sa section consacrée aux Assistants de Dieu qui, d'ordinaire, se chargent des basses besognes de la création. Je ne peux faire plus, ici, que d'affirmer ceci : il s'agit justement d'une dialectique, allant du § 75 aux § 103-107, et qui rassemble autour de la triade d'Abraham, Isaac et Jacob, des personnages en ordre calculé, de telle sorte que l'âme progresse d'une sorte de vérité ou de *paix*, réelle mais subalterne, celle de Noé, jusqu'à la lumière parfaite : et là, le Sage s'aperçoit que Dieu laisse toujours fermé le grenier des maux. Nous avons là, par le biais inverse, la même doctrine du voyage créateur de l'âme : au terme, c'est-à-dire à la création effective, reste la Puissance de *Bonté*. Cette révélation est donnée de façon enharmonique, selon mon image, à Beçaléel relayé par Moïse. Nous avons là un exemple parfait de la manière philonienne : les phrases isolées de Philon ne disent rien, tant qu'elles ne sont pas entraînées dans le mouvement d'une unité exégétique. Trop de lecteurs de Philon vérifient les paradoxes de Zénon, et ce sont des Achilles qui jamais ne rejoindront la tortue — pour avoir atomisé une doctrine dont le premier article est le mouvement. Bien des textes bibliques, dont les Évangiles, ont les mêmes exigences, comme je me risque à le suggérer ci-dessous, dans le compte rendu de l'Atelier pompeusement désigné *Lecture biblique et dialectique* (dans ce

et que c'était bien commencé. Et Philon traduit immédiatement l'erreur de Caïn en celle des philosophes qui s'imaginent bien *commencer* le discours métaphysique « pieux » en déclarant tout de go : dans la main de Dieu il y a les biens et les maux (Philon use ici d'un euphémisme, *les biens et leurs contraires*). Ainsi croit-on donner une base à la religion en enfermant *toutes choses*[67] au pouvoir de Dieu. Voilà surgie la question du Mal. Or, Philon refuse immédiatement cette définition du domaine divin, comme une impiété et un blasphème[68]. Caïn, dit-il, ou ces esprits sophistiques ne raisonnent pas bien : ils ne savent pas exactement *diviser*. Puis Philon ironise ensuite sur l'art infini de la « division » chez les sophistes, un art qui ne parvient pas à son *terme*, puisque leur vie est celle de porcs (§ 144-145)[69]. Observons le jeu des images dans cette diatribe. Philon compare d'abord les faux dévots à des *chameaux* qui n'ont pas le pied fourchu et donc ne « divisent » pas suivant les fourches de la dichotomie ; mais, à force d'analyser leurs erreurs, il en vient à les traiter de *porcs*, qui, eux, ont bien le pied fourchu (les sophistes « divisent », ô combien !), mais ne « ruminent » pas, c'est-à-dire ne pratiquent pas ce qu'ils croient penser — et que, donc, ils ne pensent pas. Il y a donc une véritable dialectique. Ce que je veux ici en retenir, c'est que, de fil en aiguille, l'exégète nous fera passer d'une profession de foi où Dieu est déclaré auteur des *seuls* biens, avec exclusion des maux (§ 127-130), à une nouvelle pro-

---

volume, p. 451ss.). J'ajoute que *Leg. All.*, III, § 75-104 n'est qu'un agrandissement de la cellule réduite du *Quod Deus* § 104-110, sur le même texte : *Noé trouva grâce...*

67. Dans l'expression hébraïque, *connaissance du Bien et du Mal*, il entre sans doute une certaine abstraction : « Bien et Mal » désignent, comme un autre couple, le « tout ».

68. Bien que jamais définie, l'origine du Mal entraîne chez Philon un réflexe constant. Ici, il ne peut tolérer l'admission du Mal du côté de Dieu. Au contraire, quand il parle de la Bonté comme Cause unique de la création, il introduit cette idée au moyen d'une circonlocution oratoire : *Si l'on me demandait la Cause...* (cf. *De opificio Mundi*, § 21 ; *Legum Allegoriae*, III, § 78 ; *Deus*, § 108. On trouve cependant la formule, toute sèche, dans le *De cherubim*, § 127.

69. Le lien entre intelligence et vertu : cf. aussi le début du *De aeternitate Mundi*, § 1-2.

fession de foi, où Dieu sera déclaré cause de *tous* les biens. La première déclaration procède *exclusive* ; la seconde (§ 169-173, au bout de ce long « chapitre » du *De agricultura*) procède *assertive*. La première est une vérité encore guerrière ; la seconde se situe dans l'étape dernière du voyage, et elle correspond à la *paix*, à la vérité suprême, à la constitution du Juste. Le Mal a disparu en même temps que les interprètes falsificateurs de la création. L'accès à l'existence revient à ceci : passer du Mal et du problème du Mal à la célébration de la pure Bonté, origine du Bien et du Moi, et de leur subsistance. A partir de là, nous pouvons suivre dans les exégèses de Philon ce mouvement qui finit par reléguer la Puissance contraire, celle qui traite avec le Mal, la Puissance de *Maîtrise*, celle du *Kyrios*. Il y a d'abord les expressions, qualifiant la *Bonté* de *plus ancienne, plus noble*, comme dans le *Quod Deus*, § 108 ou les *Quaestiones in Exodum*, II, 62 et le fragment grec correspondant. Il y a le fait, capital pour nous ici, d'une *finalité* de l'homme, exprimée philosophiquement comme son mouvement d'*homoiôsis Theôi*, et Philon précise bien que ce *Theos* ne désigne pas ici la Divinité au sens global du mot si l'on peut dire, mais au sens particulier du *Theos* comme Puissance divine — c'est-à-dire de *Création et de Bonté créatrice* (cf. *De mutatione nominum*, § 39-53, spécialement le § 46 ; ou encore, dans la belle finale des *Spec. Leg.*, IV, § 186-188 : là, il s'agit du prince de la cité idéale[70], et nous avons dit plus haut comment l'ordre politique servait de parabole à la fois à la création première, *ab ante*, et à la création ultime, celle du Sage). Mais, guidé par ces formules explicites, ce sont les effets sur la composition des exégèses, donc moins les phrases dispersées, fussent-elles lourdes, que des chapitres sinueux de l'Alexandrin, dont je souhaite éclairer le mouvement interne. Comment Philon exprime-t-il ce *devoir-être* qui donnera à l'homme son existence, au moment où il ne verra plus dans le principe du monde que la seule Bonté ? Voici quelques lectures où le primat du Bien anime l'exégèse.

---

70. Voir mon étude, à paraître, *Philon et la politique*.

1. L'« *ancienneté* » de la Puissance du *Theos* est démontrée dans une exégèse qui retourne le sens obvie de la phrase « *Je l'ai tué involontairement, mais c'est que Dieu a livré sa vie à ma main* ». Dans le *De fuga*, § 65-118, Philon développe en substance la thèse suivante : Si Dieu « a livré », qu'a-t-il livré ? Il est *Dieu — Theos*, c'est-à-dire Vie et Bonté : or, il y a mort d'homme ; donc Il a livré à d'autres le châtiment, et, en tant que *Dieu*, il reste indemne de la peine. Aussi bien toute la Création s'est-elle déroulée sous le signe du seul *Dieu*, c'est-à-dire de la seule bonté, jusqu'à l'homme, où la présence du bien et du mal a entraîné l'intervention d'autres principes, suivant l'exégèse du pluriel, « *Faisons l'homme...* ». Et, lentement, Philon poursuit une exégèse qui va reconduire autant que possible l'âme depuis le regard vengeur du *Kyrios* jusqu'à la perfection de la *Vierge* rachetée par le Logos, et du côté du seul *Theos* (§ 102, 109, 113-118). Voici le début de ce « chapitre » :

65 *L'expression* : « *Involontairement je l'ai tué, mais c'est Dieu qui a livré* » — *à propos des meurtriers involontaires, est parfaite. Pour lui (Moïse), les actes volontaires relèvent de notre décision ; les involontaires, de Dieu — par « actes » je ne veux pas dire nos fautes, mais à l'inverse, des actes qui sont (pour les autres) le châtiment*
66 *de fautes. Le châtiment ne convient pas à Dieu, en tant qu'Il est le Premier et le plus généreux législateur ; et il châtie par d'autres qui lui sont sujets, non pas par Lui-même. Les faveurs, les dons, les bien-faisances, voilà ce qu'Il organise Lui-même et qu'Il procure, en tant qu'Il est bon et libéral par nature. Mais les châtiments, qui ne peuvent arriver sans Son ordre, dans la mesure où Il est le Roi, c'est par l'intermédiaire d'autres qu'Il les procure, d'autres qui ont les qualités pour ces emplois.*

67 *En faveur de cette idée il y a le témoignage de l'Ascète (Jacob), dans cette phrase :* « *Dieu est celui qui me fait grandir depuis ma jeunesse ; l'Ange est celui qui me délivre de tous maux* » *(Genèse, 48, 15s). Les biens anciens, qui font grandir l'âme, il les fait remonter à Dieu ; les récents, qui suivent l'exil où les fautes sont reléguées, il*
68 *les fait remonter au Serviteur de Dieu (l'Ange). Pour la même raison, je pense, au moment où Moïse parlait en sage de la Création du Monde, s'il a dit que toutes choses avaient existé par Dieu, il a désigné l'homme seul*

69 *comme s'il avait été façonné avec d'autres agents, des aides. On lit : « Dieu dit : Faisons un homme selon notre Image » (Genèse, 1, 26). Le « Faisons » exprime un pluriel. Le Père de l'Univers s'adresse là à Ses Puissances : il leur a livré le soin de façonner la part mortelle de notre âme en imitant l'art qu'Il a Lui-même appliqué en formant en nous la partie rationnelle. Il estimait que le Prince ait à faire l'ouvrage de la part princière, et les sujets, la part sujette.*

70 *Cet usage de Ses propres Puissances avait encore une autre raison. L'âme humaine allait être la seule (parmi la création) à admettre la conception des biens et des maux ; à les exploiter séparément (par un choix), voire simultanément. Il devenait nécessaire, jugea-t-il, d'attribuer la genèse des maux à d'autres artisans, en Se réservant pour Lui Seul la genèse des biens.*

Il s'agit pour Philon d'exalter la Puissance de Bonté, qui est première parce qu'elle était « avant » — Philon joue sur le sens d'« ancien » : « *premier et vénérable* » — avant la création de l'homme au Sixième Jour. Mais le lecteur qui projetterait cette antériorité et donc le raisonnement de Philon sur un schème temporel strict se tromperait, en dépit de l'apparente simplicité de l'énoncé temporel ! En effet, le raisonnement n'est pas achevé : c'est que, dans le récit biblique de la création même de l'homme, il y a redondance. Philon va remonter du « pluriel », « Faisons un homme... », œuvre des Puissances, à un nouveau « singulier », « *Il fit l'homme* ». Voici cette suite de l'exégèse :

71 *« S'il a dit en premier (pour un homme) « Faisons un homme », comme s'il engageait un pluriel, il ajoute aussi, comme s'il engageait un singulier : « Dieu fit l'Homme » (Genèse, 1, 27). De l'Homme véritable — c'est-à-dire l'esprit impeccable — c'est l'Unique, Dieu, qui est le seul Artisan, alors que le pluriel (sert d'artisans) à cet homme qui est ainsi appelé et qui est mêlé de sensation (homme et femme). Aussi bien l'Homme par*

72 *excellence est-il désigné avec l'article : « Dieu fit l'Homme », c'est-à-dire ce beau raisonnement invisible et pur (l'Idée de l'Homme), mais l'autre est-il désigné sans article apposé ; « Faisons homme. »*

Philon croise les données littérales : au pluriel du verbe répond un objet indéterminé, anonyme, subalterne — ce

qu'on désigne couramment ici-bas comme « homme »...
Mais au singulier du verbe suivant, *Dieu fit l'Homme*, se
joint l'Homme singulier, unique à l'instar de son Auteur.
Et l'unicité des deux, Artisan et Homme, relève de la
désignation unique et première de la divinité, *Dieu fit*...
— Dieu, la Bonté qui pose l'Existant. Ainsi, partis de
Dieu-Bonté, comme Artisan unique du Tout ; ayant
ensuite plongé dans le mal et le pluriel qui le signale ordinairement chez Philon, nous arrivons, *au terme*, jusqu'à
cet Homme que Dieu-Bonté fabrique seul à seul. Ce
rythme est symbolique : les § 65-72 sont la cellule[71] pré-
contenant le « chapitre » jusqu'au § 118...

2. Nous venons de suggérer que la Puissance majeure
de Bonté, *Theos*, tendait chez Philon à occuper la première place, puis la dernière, au sens d'ultime, définitive,
constituante. Voici un texte du *Quis heres*, § 167-173, qui,
disons ainsi pour faire bref, traduit l'initiation dont bénéficie le voyageur Abraham, élève de la juste « division »,
en termes de morale : il s'agit des deux tables de la Loi,
donc les règles juives par excellence du *devoir-être*.

Or, dans ce passage, Philon part avec l'idée, paraît-il
aux lecteurs innocents, de confirmer la juste « division »
par l'exemple de l'égale répartition en deux tables de cinq
Commandements de Dix Paroles fondamentales. Belle
arithmétique : deux fois cinq font dix. Mais cette égalité
devient tout de suite inégalité concrète : Philon énonce les
Paroles de la Loi avec une telle injustice dans le commentaire que l'effet théologal est tout différent. En un mot,
tout bascule dans l'exaltation du *Cinquième Commandement*, qui exalte la Paternité, c'est-à-dire précisément
l'unique Puissance de la Bonté. Or, qui dit « cinquième », dans une liste de « dix », ne dit pas exactement
le « milieu » : il décentre, déséquilibre la pseudo-égalité[72].

---

71. Le *logos spermatikos* sur le plan littéraire.
72. Le sous-titre de l'édition de Lyon, par M. HARL, *L'égalité des
deux groupes de cinq commandements*, p. 247, montre que l'auteur
est tombé dans le piège de Philon. Il est bien excusable, son propos se
bornant aux idées et aux sources des idées, loin de cet intérêt têtu que
nous portons au mouvement, au sens nouveau, somme toute, à
Philon.

En confirmation, le second volet, énoncé des cinq derniers commandements, se voit ensuite complètement escamoté, réduit à quatre lignes de commentaire ou de prétérition (§ 173).

166 *Il y a les Deux Puissances premières de l'Existant : celle des faveurs, selon laquelle Il a façonné le Monde et qui a pour titre « Dieu » — Théos ; celle des châtiments, selon laquelle Il commande et gouverne le devenu et qui a nom « Seigneur » — Kyrios : et c'est Lui-même, est-il dit, qui se tient au-dessus et au milieu faisant qu'elles soient séparées — « Je te parlerai, est-il dit, d'en haut du Propitiatoire, au-dessus et milieu des deux Chérubins » (Exode 25, 21). Par là il signifie que les Puissances les plus anciennes de l'Existant s'équivalent, celle des dons et celle des châtiments, avec Lui-même comme leur Divi-*
167 *seur. Ainsi, les stèles des Dix Lois générales, auxquelles il donne le nom de « Tables », sont bel et bien deux, du même nombre que les parties de l'âme, rationnelle et irrationnelle, qui sont à éduquer ou à maîtriser ; elles sont à leur tour divisées par le Législateur, l'Unique : « Les Tables étaient l'œuvre de Dieu*[73]*, et l'écriture,*
168 *l'écriture de Dieu incisée sur les Tables » (Exode 32, 16). Et il y a bien une exacte division de leurs Dix Paroles, qui sont au sens fort les Lois, en (deux) séries de cinq : la première contient la justice à l'égard de Dieu, et la seconde, à l'endroit des hommes. Voici ces commandements.*
169 *Le premier touchant la justice envers Dieu est une Loi qui s'oppose à l'opinion polythéiste, et il enseigne que le Monde a un seul Souverain. Le deuxième concerne l'interdit des fictions divines sans causalité réelle, produites par l'art séditieux des peintres ou sculpteurs : Moïse les a chassées de la République qu'il conçoit et son décret les voue à un exil définitif, pour que l'honneur aille à*
170 *l'Unique, au Dieu véritable. Le troisième touche le Nom du Seigneur : il ne s'agit pas de celui qui n'est pas arrivé jusqu'à l'être devenu, mais — imprononçable qu'est*

---

73. Paradoxalement, *Dieu* désigne ici la Divinité, et non la Puissance spécifique de la Bonté ; comme, au § 170, le mot *Seigneur* ne désigne pas la Puissance complémentaire de Seigneurie. C'est que Philon n'entre pas dans le détail des deux citations qu'il donne du Décalogue.

l'*Existant* — *il s'agit de celui qui est heureusement donné aux Puissances : il est dit expressément de ne pas le prendre à vide. Le quatrième touche la toujours vierge Hebdomade, exempte de mère : l'être devenu exercera son inaction pour gagner la mémoire de Celui qui agit en* 
171 *tout invisiblement. Le cinquième touche l'honneur des parents : or celui-là est sacré, puisqu'il ne se rapporte pas aux hommes, mais bien à la Cause qui donne à l'Univers des choses semence et devenir, et auprès de laquelle père et mère paraissent engendrer sans engendrer (vraiment),*
172 *au titre d'instruments du devenir. Cette belle Loi est médiatrice, écrite entre les Cinq lois visant à la piété et les Cinq contenant les interdits qui écartent les fautes à l'endroit de nos semblables : c'est que les parents mortels sont le terme des Puissances immortelles, qui engendrent toutes choses naturellement et qui, au bout de la chaîne, ont confié à l'espèce mortelle, en un geste d'imitation, l'art d'engendrer en donnant semence. Le principe du devenir est Dieu ; l'extrême bout, le moins honorable, l'espèce mortelle, en est le terme.*
173 *La seconde Table est celle de l'interdiction de l'adultère, du meurtre, du vol, du faux témoignage, du désir, qui forment les canons génériques de presque toutes les fautes : on parvient à y rapporter chaque cas de figure.*

Ainsi donc, la règle morale fondamentale qui doit guider Abraham est ressaisie, dans son énoncé même le plus simple, au moment où l'on annonce la régularité d'une équation exemplaire, de telle sorte que l'un des termes surplombe tous les autres et, selon cette figure « enharmonique » dont nous parlons, déplace tout le système vers la seule Bonté créatrice. C'est là une parabole philonienne : le devenir moral d'Abraham est bouleversé dans sa proposition même. J'insisterais moins si cette irrésistible anagogie qui soulève le Décalogue ne se retrouvait tout aussi opérante dans les plus longues pages où le détail des Lois particulières est commenté par Philon (*De specialibus legibus*, I à IV)[74].

3. J'ai noté comment les Puissances, pour ainsi dire en soi, agissaient toutes dans un temps intermédiaire, isolant

---

74. J'en traiterai dans *Philon et la Politique*.

la Bonté à la fin comme au début[75]. Nous venons ensuite de voir comment la règle morale essentielle du Décalogue inscrivait cette suprématie dans le *devoir-être* le plus profond et le plus concret. Ajoutons que ce devoir-être représente dans Philon le terme du *voyage mystique* d'un Abraham, par exemple. Là-dessus, c'est encore le premier « chapitre » du *De mutatione nominum* qui est le plus éloquent. Abraham *sera* véritablement, lorsqu'il aura franchi cette longue phrase qui le conduit du *Seigneur* — *Kyrios* à la Puissance Première de Bonté créatrice, *Dieu* — *Theos*. Philon va traiter des changements que subissent certains noms de personnes dans la Tora. Il fallait du coup s'attendre à ce que le traité emprunte au sujet lui-même une subtile complexité. Le point de départ est dans la manifestation de Dieu à Abraham, au début du chap. 17 de la Genèse, suivie de l'Alliance, dont le changement d'Abram en Abraham est un premier signe. Philon va tout enchaîner, selon sa méthode. Et avant d'en arriver au changement du nom d'Abram en Abraham, il va moduler d'autres échanges, et par exemple celui d'*homme de Dieu* en *Dieu de l'homme* (§ 23-28). Enfin, il va ouvrir le déploiement de ces échanges par un autre type d'échange, qui vient ici vérifier tout ce que nous avons dit précédemment sur le mouvement de l'Alpha à l'Oméga, à savoir l'évolution qui conduit Abraham du *Kyrios* au *Theos*.

Sans entrer dans le détail, je renvoie le lecteur à ces pages (§ 1-53), parmi les plus rabbiniques de Philon. Et je souligne quatre points :

*a)* Il s'agit d'un parcours phrasé. Parce que le texte de la *Genèse* porte : *Le Seigneur fut vu d'Abram et Il lui dit : Moi, Je suis ton Dieu*, et que les noms des deux Puissances majeures figurent, l'un au début, *Seigneur*, et l'autre à la fin de la phrase, *Theos*, Philon prendra en compte la distance qui les sépare et en même temps la continuité de la phrase. De la sorte, il déploiera entre les deux termes une dialectique de connivence et de différence. Et nous irons donc, *lentement*

---

[75]. Voir dans *La Trame et la Chaîne* le détail de cette dialectique (p. 477-499).

et par la médiation de figures enharmoniques, de la Seigneurie à la Bonté pure qui pose dans l'exister.

*b)* Philon ne va pas exactement équilibrer le rôle des deux Puissances : la Seigneurie va lui permettre de plonger dans les formes diverses de la conjecture, du mal même ; et, par une sorte d'émigration noétique et morale, il fera passer Abram, jusqu'au seul pôle de la Bonté. Alors, Abram en sera investi, et, le sachant et le voulant, il *sera* vraiment. Un signal éclatant de cette existence neuve sera donné par Philon : un très rapide et très beau jeu de mots final rapproche en une seule émission de voix trois mots du texte : *Je placerai* — *alliance* — *Dieu*, soit en grec, *tithémi* — *diathèkè* — *Theos*, tous trois supposés de la même racine qui dit « fondation », « position ». Philon aura développé la connivence nouvelle d'Abraham avec la puissance de *Dieu* comme existence et munificence de bonté, dans une discussion prolongée sur les deux formules de bénédiction, *être agréable* à Dieu — *être agréable* devant Dieu (§ 34-53). Toute cette révélation de la bonté comme cause de l'exister figure donc au terme et de la phrase biblique et du « chapitre » philonien du voyage.

*c)* Ce voyage aura connu toutes les étapes troubles, où peut s'exercer la puissance symétrique, celle du *Seigneur* — *Kyrios* ; où le mal se déclare ; où le Juste a dû dissiper les brumes, remonter — en particulier, se frayer patiemment son chemin dans les emplois *impropres, ou kyriôs*, des noms divins[76].

*d)* Pour indiquer encore une fois dans quelle direction l'exégète de Philon doit aussi chercher, signalons simplement ici que la partie du commentaire où Philon amorce l'interprétation du mot final, *Theos*, comme première puissance, de bonté et d'existence (§ 18-31), est parallèle dans ses étapes à la page étrange que nous avons lue plus haut, du *Quod Deus*, § 104-110 : nous étions partis d'une création que Philon banalisait à l'occasion de Noé, pour rejoindre le privilège formidable de Moïse ; nous avions couru à travers trois hypothèses surplombées d'une quatrième. Ici, de même, nous aurons, à partir du § 32, la description régulière de trois types d'homme, qui seront dépassés par un quatrième, et finalement un cinquième, à partir du § 39. Et non seulement ce système rhétorique se

---

76. Entre le nom divin, *Kyrios*, Puissance qui doit s'effacer au terme, et le caractère « propre » — en grec, *kyrios* — ou « impropre », *par figure* — en grec, *ou kyrios*, la dialectique de Philon ne s'est pas privée de jouer, ce qui ne simplifie pas la lecture de ces belles pages.

répète, mais pour le même effet : de la création première, renvoyée à une « matérialité » banale (ici, § 18), nous irons à une seconde révélation du *Theos*, donnant d'exister vraiment[77].

Telle est la préface héroïque du livre consacré aux *changements*. Faut-il beaucoup d'imagination pour deviner comment ces changements, ces passages, ces glissements enharmoniques d'un Nom divin dans un autre, préfacent en effet tous autres transferts mystiques d'un nom à l'autre, d'Abram à Abraham, de Saraï à Sara, et de tous autres ? Or, cet accomplissement biblique et philonien d'un être dans son nom nouveau et second résumera bien ce que nous disons : l'Exister, la Création, devient, au terme, une forme définie. Et c'est au bout d'une émigration suivie d'un ample voyage où, surplombée, aidée et reprise par la Puissance seconde du *Kyrios*, l'âme a opté entre le Mal et le Bien, lutté contre le Mal[78]. C'est pourquoi nous parlions de *déontogenèse* ou de *devoir-être* constitutif de la véritable Création. On le voit, cette solution dynamique supprime la question du Mal : il n'existe pas ; il a eu lieu dans un passé informel, incertain, chaotique. Pour Philon, demain est un rocher où règne la seule Bonté qui est Existence enfin donnée.

Mais tout va rebondir.

En marquant le terme de la vie spirituelle et de la vie tout court avec la découverte laborieusement acquise de la Bonté comme cause du monde, qui le pose — *tithèmi-diathèkè-Theos* —, Philon laisse entendre que le poids de

---

77. C'est encore ce jeu de transcendance qui décentre un passage comme *De praemiis*, 40b-44 : Jacob-Israël aborde la Cause d'une manière qui annule les recherches progressives (cf. *Studia Philonica*, 6, 1980, p. 9-12).

78. La portée métaphysique du voyage d'Abraham ou, équivalemment, de l'itinéraire allant de Noé à Moïse (cf. *Deus*, § 104-110, ci-dessus ; *De mutatione*, § 18-31), se trouve encore en évidence dans le plan même d'un chapitre magnifique des *Legum Allegoriae*, III, § 75-103. Là, une série de 7 personnages bibliques est centrée sur la triade d'Abraham, Isaac et Jacob — Isaac placé ainsi au centre absolu, immobile et « naturel ». Un parcours nous entraîne de la *Bonté comme Cause* reconnue du monde, jusqu'à la *Bonté, Cause*, mais célébrée cette fois en Beçaléel et Moïse. Dans l'intervalle, les ambiguïtés, le choix moral — l'œuvre du *Kyrios*, peut-on inférer par comparaison avec les autres dialectiques.

l'acte créateur s'applique essentiellement à ce moment, au terme. Si auparavant, donc, régnait le chaos du mal, la confusion (l'impropriété des noms divins étant le double miséricordieux de cette confusion et comme la lucide obscurité guidant le pèlerin de Dieu — c'est le pari du *De gigantibus* accompagné du *Quod Deus*, en leur entier —), c'est que maintenant celui qui parvient à ce terme et le vérifie, n'est *rien*. La création *ex nihilo*, en ce sens, figure chez Philon d'Alexandrie. Il s'agit alors de cet anéantissement qui marque la dernière étape de la *matière* incertaine à la *forme du Juste*. L'athée le plus dangereux n'est pas tant celui qui nie la création originelle que le sage parvenu au terme et qui croirait y être *de soi* et *par soi*.

## CONCLUSION :
## DU « NÉANT » D'UN SAGE
## AU « TOUT » DU LOGOS

Ainsi, la Création ultime fait coïncider le don de l'Existence avec un concept philonien décisif et contraire : l'*oudeneia*, le *Nada*. C'est un concept non plus ontologique, si l'on peut dire, mais déontologique : il faut y parvenir, à cette oudeneia.

Chez Platon, le mot évoque une formule... chinoise de modestie, *ma nullité*[79]. Il ne figure pas dans les fragments des stoïciens du début. Les inscriptions[80] ne semblent pas le connaître, non plus que le texte grec des LXX. Dans Philon, il vient toujours désigner l'attitude ultime du Sage[81]. Ce Sage est évidemment Moïse au sommet de son

---

79. Voir le *Théétète*, 176c ; le *Phèdre*, 234e.
80. D'après les Index du *Bulletin épigraphique* de J. et L. ROBERT, dans la *Revue des Études grecques*.
81. Ainsi, *De sacrificiis*, § 55 ; *Quis heres*, § 29-30, au bout de la dialectique déjà évoquée et sur laquelle je vais revenir d'un mot ; *De congressu*, § 107, un clin d'œil au *Théétète*, 176c... ; *De mutatione nominum*, § 54, 155 ; *De somniis*, I, § 60, 212 ; II, § 293 ; *Vita Mosis*, I, § 273.

intercession, là même où il voit et où il veut la Bonté comme pardon pour les fautes d'Israël ; là où, pour ce faire, il *demande* à Dieu : *Fais-moi voir...* ! Lui, dont nous apercevions naguère le « mérite », ou le « privilège », il doit se réduire à tout *recevoir*. C'est, selon le code philonien, le symbole de l'esprit qui, au comble de sa science de la Cause, se réduit lui-même : s'il a abordé la Cause, c'est qu'il n'est rien, sans quoi Dieu ne serait plus universellement et de toute manière et à toute force cette *Cause*.

A partir de ce dernier échelon de la montée du Sage, où tout s'annule, on peut comprendre une série de traits de l'exégèse philonienne, actifs en dehors même de l'histoire de Moïse ou des comparses dont il aide à interpréter le destin. Ainsi, tout ce qui suggère chez lui une théologie, négative ou du moins apophatique : c'est un suprême désistement de l'esprit, que de confesser l'Existant sans lui pouvoir attribuer aucune note essentielle. Avant même cette ultime démission, les effets en sont ressentis, par exemple, dans le désistement mineur qui est requis de l'âme du progressant, de l'âme moyenne : là, pourrait prendre place l'important développement de l'*Elenchos*[82], la « mauvaise conscience » philonienne. Ainsi, dans le *Quod Deus*, le passage enharmonique du *Kyrios* au *Theos* est-il accompagné par l'*elenchos*, la conscience qui sauve en dénonçant. Enfin, j'y reviendrai, le rôle de l'exégèse reste pour Philon, le moyen immédiat de se dessaisir de son propre mouvement de l'esprit. Voici un court passage où Philon associe précisément la découverte de la Cause dans la *Joie* (c'est Isaac) qui marque le terme absolu, avec le *néant* de soi-même :

> *Il allait de soi que ces grandes promesses lui gonflent l'esprit et l'enlèvent dans le ciel. Mais voilà que, pour nous donner mauvaise conscience, à nous que des circonstances infimes font nous rengorger, il tombe et qu'aussitôt il rit (Genèse 17, 17) du rire de l'âme : d'un côté il a le visage terni, de l'autre il sourit dans sa pensée intérieure, d'une Joie immense et sans mélange*

---

82. Cf. *Deter.*, § 22-24 ; *De fuga*, § 6, 27, 118, 203s ; *De Decalogo*, § 87, etc.

*qui s'est logée en lui. Les deux attitudes surviennent en même temps dans le Sage qui hérite de biens supérieurs à son expérience : rire et tomber. L'un garantit qu'il ne s'exalte pas orgueilleusement et qu'il reconnaît le néant des êtres mortels. L'autre marque l'établissement assuré de sa piété : il juge que Dieu est la Cause Unique des faveurs et des biens...*

J'ai traduit un des premiers mots de ces § 154-155 du *De mutatione nominum* par *dans le ciel*. Le grec porte ici l'adjectif *meteôros*, « élevé dans les airs ». Or cet adjectif définissait Abraham, dont il s'agit ici, en tant qu'astrologue de Chaldée : le nez en l'air, scrutant les astres. Et donc, l'annonciation qui fait de lui le père d'Isaac, *le Rire*, accomplit sa nature première, mais dans une mesure et une vérité[83], bref une *existence*, définitives. Et cela, au moment où il confesse Dieu comme la Cause Unique. De l'alpha à l'oméga, Abram devenu Abraham touche à la fois — c'est l'essentiel de ce texte — à l'Existence et au néant. Il rit et il tombe. Or, ce programme mystique guide la construction de macro-organisations dans les traités.

*a)* Nous avons résumé le premier « chapitre » du *Quis heres*. Mais nous avons vu seulement que Philon transportait Abraham d'une première création excessive, remplie de biens *aphthona*, jusqu'à l'affirmation de son Ego (§ 1-39). Ajoutons ici que l'exaltation de cet Ego est exactement mêlée du même anéantissement que dans le passage précédent, lu dans le *De mutatione nominum*. Non seulement Moïse célèbre un Abraham déjà mort, *épitaphe* à l'appui *(Quis heres*, § 30), mais auparavant, Abraham lui-même récite une longue prière (§ 24-29), où il parle de l'ivresse mêlée qu'il éprouve alors — mélange comme ici de joie et du sentiment de cette *oudeneia*.

*b)* D'une plus grande envergure : la marche de certains traités est commandée par l'opposition d'une plénitude initiale, d'une création donnée d'abord, et d'un anéantissement final. Ainsi, le *De sacrificiis* commence par proposer une chaîne consistante des Patriarches, où Dieu *ajoute*

---

83. Un peu comme le chap. 16 de Jean accomplit son chap. 8 (la finale sur le Rire).

l'existence (§ 1-10)[84] ; mais le traité ira vers le sacrifice où paradoxalement l'homme ne cessera de *soustraire* de son offrande, jusqu'à exténuation de la matière même du sacrifice (voir la belle conclusion, §§ 136-139). Le Juste sera sauvé par la grâce foudroyante qui le fait exister comme sans lui. L'exténuation de la matière du sacrifice rappelle ici l'exténuation des trois parties du temps dans le *De agricultura*.

*c)* Le *De agricultura* use deux fois du même rythme. La première partie fournit une analyse spectrale de l'« histoire », du temps moral où s'exerce le choix entre un Cultivateur et un gratteur du sol, entre un Berger et un éleveur mercenaire, entre le Cavalier, surtout, et un vague monteur. Mais la branche saine de ces « divisions » se voit brusquement *anéantie* : le Cavalier parfait est renversé, précipité à terre (§ 106-123), et donc... sauvé, ce qui veut dire parvenu à l'existence. Le même prix est à payer plus loin encore : pour que la Cause du monde soit perçue du côté de la seule Bonté, dispensatrice des seuls biens (ce qui forme le cadre du développement, les §§ 127-130, puis 169-173), il aura fallu nier que, du côté de l'homme, le début des choses, leur milieu et même leur fin recèlent la moindre consistance. Or ces deux réductions de la vertu au néant forment la conclusion des deux parties du *De agricultura*.

Tel est peut-être, d'ailleurs, le fin mot qu'il faudrait dire à propos de la restauration virginale, dans Philon. La création ne paraît que dans le salut. Celui-ci ne peut être que gracieux, c'est-à-dire un effet du *Theos*, de l'*Agathotès*. Si bien que l'itinéraire théorique dans Philon pourrait s'inscrire de la manière paradoxale que voici :

Création première ————⟨ chaos ———— CRÉATION
                        choix ———— NÉANT

---

84. Il est vrai que cette « existence ajoutée » est donnée par la mort, déjà. Mais les conséquences de cette entrée par la porte étroite ne seront justement pas tirées avant la fin du traité. On peut, en passant, observer un nouvel exemple, dans ces § 1-10 du *De sacrificiis*, d'un développement suivant le système de « transcendance » : l'hypothèse « Moïse » achève et dépasse les autres.

Le « chaos » représente l'histoire, l'ordre politique, la présence brute et inévitable et inexpliquée autrement, du mal (ne disons pas exactement du Mal). Le « choix » peut être bon, et il conduit à une *oudeneia* qui est la face obscure de la Création. Il peut être mauvais, et il conduit à une exécution de mort sans fin (conclusion du *Quod deterius*).

*d)* C'est en effet le personnage de Caïn qui proclame *a contrario* la vérité de l'*Oudeneia*. Il signifie *possession (de soi à soi par l'esprit)*. On trouve au bout de l'éducation et de l'exercice et de la révélation divine cette tentation installée, croire que l'esprit est arrivé jusque-là par soi-même (voir la vive description du *De Cherubim*, § 53-64, comme l'exégèse des § 113-fin). La figuration positive est attribuée à Moïse, antitype de Caïn. Il *demande* à Dieu la vision qui le fera exister. On lira le *De posteritate Caini*, § 12-21, comme les passages où Philon commente la prière de Moïse, *Manifeste-Toi à moi en toute lumière*[85] (il s'agit d'Exode, chap. 33, verset 13).

*e)* Il y aurait peut-être dans la Loi, pour Philon, cette rencontre de la Parole créatrice, du côté de l'Être, et, du côté de l'homme, de son obéissance qui est le *désistement* de l'esprit. Le rythme que nous avons étudié, de la première Création à la seconde, la « vraie », permettrait de résoudre la querelle des philoniens sur la différence ou les rapports à mettre, chez Philon, entre *loi naturelle* et *Tora-loi de Moïse*[86]. Le fait que la Loi de Moïse *imite* la loi archétypale ou naturelle, ne donne aucun valeur d'existence supérieure à la loi naturelle, mais bien à celle de Moïse, dans le mesure exacte où le Juste accomplit supérieurement l'Homme de l'Hexaméron.

On comprend que Philon ne se soit pas interrogé trop

---

85. Depuis les *Legum Allegoriae*, III, § 100-106 (là, nous recoupons un texte déjà exploité ci-dessus), ou le *De mutatione nominum*, § 7-12, jusqu'au *De specialibus legibus*, I, § 36-44, en passant par des allusions, dans les textes où Philon stigmatise la suffisance, ou au contraire décrit le terme, comme dans le *De migratione Abrahami*, § 30-42 — cette page réunit tous nos thèmes, y compris celui de la *création* littéraire de l'exégète, comme je vais le dire.

86. Voir dans V. NIKIPROWETSKY, *Le Commentaire de l'Écriture...*, p. 117-155.

souvent sur les origines comme telles, sur le statut de la
« matière ». Il a substitué à la spéculation et aux concepts
un mouvement animant son propre discours.

On comprend que Philon ait adopté uniformément et
partout la parabole intellectualiste pour parler du Juste —
qu'il appelle *noûs-psychè-logos*... et dont toutes les aventures sont ramenées à celle de la cognition. Le mystère de
l'intellect est en effet celui d'une substance déjà active et
qui, pourtant, n'est au départ qu'une *tabula rasa*. Pour
Philon, les êtres sont dans la création initiale, *ut sint*.

On comprend qu'il ait déséquilibré le thème des deux
Puissances. La Bonté, à l'origine du monde, est donc
seule à son terme. Cet usage est devenu chez Philon un
argument d'exégèse — et c'est ce que j'ai tenu à mettre
en lumière, puisqu'il s'agit de l'économie des traités.

On comprend mieux l'allégorie comme instrument de
l'exégèse. Le texte est là, déjà là, comme Création, d'origine à son tour. Mais sa *forme* belle devient une sorte de
*matière*. Le sens est à gagner, à déchiffrer, à recevoir au
terme ; il est une nouvelle *information*. Le sommet de la
création du monde n'est autre que l'écriture du Livre.
Mais le *Sage* « jargonne » à son tour les mots déjà en
place du Logos : contrairement à un préjugé facile, l'allégorie philonienne permet au texte de rester lui-même en
place ; à l'esprit, de ne rien arracher à l'ordre, à la substance, à l'apparence du texte — l'allégorie joue une partition déjà écrite. Elle laisse le lecteur plus libre que ne le
font les sous-titres d'une Bible, dans nos éditions.

On comprend que l'essentiel échappe souvent à la première lecture de Philon, si les concepts, les emprunts, les
images, les Noms sacrés de la Bible, tout entre dans un
mouvement paradoxal, qui est du Même à l'Autre, quand
il paraît aller du Même au Même — d'un premier emploi
du même mot à un second emploi. Une exégèse trop statique et de Philon et de la Bible empêche peut-être aussi de
voir à quel point Philon est le Juif, rabbin fidèle à la
Tora, prophétisant en homme d'Alexandrie, comme
Amos prophétisa en homme de Téqoa. Son œuvre est
belle ; elle passe sans résidu, sans « résultat » conceptuel.
Comme le Grand Faucon Jargonneur d'Égypte, il *rit* du
Tout, mais c'est de *rien*.

# CHAPITRE XII

# LA NAISSANCE DU CIEL ET DE LA TERRE SELON LA « PARAPHRASE DE SEM »

par Michel TARDIEU

La *Paraphrase de Sem* (abr. : *P Sem*) est un écrit gnostique, dont l'unique recension connue est conservée en copte sa'idique dans le lot de manuscrits découvert il y a quarante ans dans la région de Nag' Ḥammādī. Contrairement à bien des textes provenant du même site, le témoin est transmis par un support en bon état. Il n'existe donc aucune difficulté matérielle pour lire ce texte en totalité.

Cet écrit se trouve en tête d'un cahier *(codex)*, que les muséologues ont classé comme le septième dans la série des *codices* découverts sur le site[1]. La *P Sem* est suivie de quatre textes : le *Second traité du grand Seth*, l'*Apocalypse de Pierre*, les *Enseignements de Silvain*, et les

---

[1]. *The Facsimile Edition of the Nag Hammadi Codices. Codex VII*, Leyde, 1972.

*Trois stèles de Seth*. La position de la *P Sem* dans le cahier est déjà un indice de l'importance du texte aux yeux du groupe qui l'utilisait.

D'autre part, le dépouillement des matériaux papyrologiques contenus dans la reliure du cahier a livré une trentaine de pièces documentaires : actes de vente, récipissés de prêt, lettres d'affaires, correspondance privée[2]. Les lettres ne sont pas datées, mais les pièces officielles le sont. La date la plus ancienne retrouvée est le 20 novembre 341 ; la plus récente — donc pour nous la plus intéressante — est apposée sur un certificat de sécurité, par lequel Aurelius Melas s'engage sous serment, devant le président en charge d'un conseil municipal, à garantir la sécurité d'une certaine Aurelia Theodora, fille de Maximus[3]. L'attestation est datée du 10 de phaophi, sous le consulat de Flavius Philippus et de Flavius Sala, autrement dit le 7 octobre 348. Cette date constitue le *terminus a quo* de la fabrication du codex et de sa reliure. C'est donc également après cette date que furent enfouis tous les *codices* gnostiques coptes, conservés aujourd'hui au Musée copte du Vieux-Caire. Dans quelles circonstances eut lieu l'enfouissement, à quelle date précise ? Nul ne le sait.

Le fac-similé du codex fut publié par l'Unesco en 1972. L'année suivante, Martin Krause founissait une reproduction imprimée du copte avec traduction allemande de la *P Sem* et de trois autres textes du codex[4], la *P Sem* a été traduite également en anglais par F. Wisse et publiée en 1977, aux États-Unis, dans le volume collectif qui contient l'ensemble des écrits dits de Nag° Ḥammādī[5].

---

2. Toutes ces pièces ont été publiées et annotées par J. W.B. BARNS, G.M BROWNE et J.C. SHELTON, *Greek and Coptic Papyri from the Cartonnage of the Covers*, coll. Nag Hammadi Studies t. 16, Leyde, 1981, n⁰ˢ 62-142, p. 52-86 ; les fac-similés des originaux ont été publiés dans *The Facsimile Edition of the Nag Hammadi Codices. Cartonnage*, Leyde, 1979.

3. *Cartonnage* VII 4, BARNS, SHELTON n° 65, p. 57-58.

4. M. KRAUSE, « Die Paraphrase des Sêem », dans Fr. ALTHEIM et R. STIEHL, *Christentum am Roten Meer*, t. 2, Berlin, 1973, p. 2-105.

5. Fr. WISSE, « The Paraphrase of Shem », dans *The Nag Hammadi Library in English*, San Francisco, 1977, p. 309-328.

F. Wisse fait précéder sa traduction d'une notice, dans laquelle il affirme que *P Sem* est une œuvre gnostique non chrétienne, pouvant contribuer de façon significative à la compréhension du développement de la christologie du Nouveau Testament[6]. Jean-Daniel Dubois a montré au colloque des études coptes de Strasbourg en 1984, que ce type de présentation, au demeurant fort ambitieux, était « caractéristique des premières recherches sur les textes de Nac$^c$ Ḥammādī, orientées sur les relations des textes coptes gnostiques avec le corpus canonique néotestamentaire, et obnubilées par la question de l'origine préchrétienne de la gnose[7] ».

La bibliographie concernant la *P Sem* est squelettique[8]. Cela vient peut-être du fait que, de tous les textes gnostiques connus, il reste le plus difficile. L'outillage d'un bibliste est inadapté pour percer le blindage des concepts et cryptogrammes qui s'étalent sur 1691 lignes de copte. Albert Rivaud a dit que la gnose était « un déluge d'abstractions bizarres, de symboles enfantins, compliqués à plaisir pour éblouir le néophyte, un mélange d'ingrédients de toute sorte, où l'on essaye de compenser l'indigence et l'absurdité des données initiales, par une débauche de précision[9] ». Cette présentation de la gnose pourrait convenir à la *P Sem*, certainement le chef-d'œuvre de l'obscurité gnostique.

---

6. « The tractate proclaims a redeemer whose features agree with those features of New Testament Christology which may very well be pre-Christian in origin. As such, the *Paraphrase of Shem* is important for the study of Christian origins, and may contribute significantly to the understanding of the development of Christology in the New Testament », *ibid.*, p. 308.
7. J.-D. DUBOIS, « Contribution à l'interprétation de la *Paraphrase de Sem* », dans *Cahiers de la bibliothèque copte*, t. 3, Louvain, 1986, à paraître.
8. Voir M. ROBERGE, « Le rôle du noûs dans la *Paraphrase de Sem* », dans *Colloque international sur les textes de Nag Hammadi (Québec, 22-25 août 1978)*, éd. B. BARC, Québec-Louvain, 1981, p. 328, n. 1. M. Roberge prépare une édition traduite et commentée de *Sem* », dans *Cahiers de la bibliothèque copte*, t. 3, Louvain, 1986, à paraître.

## I. ENJEU ET PROBLÉMATIQUES

L'historien ne peut se contenter d'un constat d'absurdité. Le texte est obscur certes, mais non par goût de l'ineptie, ou par indigence, comme dit Rivaud. Peut-être a-t-il été voulu tel, parce que l'auteur ne pouvait, au moment où il écrivait et dans l'environnement qui était le sien, écrire autrement, en langage clair et compréhensible pour tous. La *P Sem* était un langage clair pour ceux-là seuls qui en possédaient la clé et à qui le livre était destiné. Il restait totalement impénétrable pour les autres, c'est-à-dire ceux entre les mains de qui l'ouvrage pouvait parvenir fortuitement, ou par négligence, délation, ou confiscation.

Après bien des tâtonnements[10], il m'a semblé pouvoir établir que ce document avait été écrit pour fortifier une communauté gnostique dans sa détermination de se cloisonner comme telle à l'intérieur de l'Église catholique, tout en s'y ralliant extérieurement, aux lendemains des décisions prises par les conciles de Tyr et de Jérusalem en 336. Dans le langage de la *P Sem* : témoigner de la lumière en cheminant avec la foi, c'est-à-dire accepter de passer par les fourches caudines de la loi impériale en se faisant baptiser, afin de pouvoir, à l'abri des vexations et poursuites, rester fidèle aux croyances du christianisme véritable et à ses pratiques, qui ne subsistaient plus, à cette époque et en contexte urbain, que sous la forme de réunions dans des maisons privées. Dans l'attente de jours meilleurs, il convenait de sacrifier à l'apparence (= la foi) pour sauvegarder la réalité (= la gnose).

Tel est le dessein de l'auteur, telle est l'histoire que, sous le mode allégorique, raconte la *P Sem* en renvoyant de façon précise aux événements qui marquent la situation ecclésiastique de l'Égypte et de la Palestine à la fin du règne de Constantin le Grand. Mais avant d'en venir à

---

10. Voir *Annuaire de l'École pratique des hautes études. Section des sciences religieuses*, t. 91 (1982-1983), p. 369 ; 92 (1983-1984), p. 357-359 ; 93 (1984-1985), p. 369-370.

ce qui lui est contemporain, l'auteur a pris soin de raconter deux autres histoires tenues pour exemplaires, parce qu'elles sont des figures de la situation présente du groupe auquel il s'adresse : en position intermédiaire, celle de la naissance et de l'histoire ancienne du christianisme ; puis, plus lointainement mais fondatrice de l'histoire globale, celle de la naissance du monde.

L'apparition du christianisme est située lors de la domination romaine sur l'*oikoumenē*, que l'auteur évoque en associant la prophétie des quatre royaumes de Gn 15, 12 et la vision des quatre royaumes de Daniel 2, 31-35[11]. C'est alors que le fils de Dieu (« le fils de la grandeur »), auquel l'auteur donne le nom sémitique de Derdekeas (« l'enfant »), fut contraint par Soldas, l'archonte démiurge, alias Iahvé-Élohim, de descendre dans les eaux du Jourdain pour y recevoir des mains du « démon sur la rivière », alias Jean Baptiste, « le baptême imparfait[12] ». Or le mal ténébreux (= l'eau) ne peut atteindre que la ténèbre (= le corps charnel)[13]. Derdekeas-Jésus traverse indemne cette « place mauvaise[14] ». A sa sortie des eaux, il prononce l'hymne à l'étincelle de lumière, pour exalter sa propre transcendance. Cet hymne, appelé « témoignage » par réminiscence de Jn 1, 7, et dont chaque terme est commenté sous mode de paraphrase, constitue l'aide-mémoire *(hupomnēsis, hupomnēma)* ou abrégé du *credo* reçu par le groupe gnostique auquel la *P Sem* est destinée.

Le talent allégorique de l'auteur se manifeste avec bien plus d'originalité encore, lorsqu'il entend raconter et expliquer la première de toutes les histoires, celle dont les deux suivantes — baptême de Jésus sous l'occupation romaine, baptême des gnostiques à l'ère constantinienne — ne sont finalement que des répétitions et par laquelle s'ouvre la *P Sem*, à savoir la naissance du monde et l'apparition du judaïsme dans la postérité de Sem.

Ce récit occupe la plus grande partie du livre, de la

---

11. *P Sem*, § 55, p. 29, 33 — 30, 21.
12. *P Sem*, § 56, p. 30, 21 — 27.
13. *P Sem*, § 57, p. 31, 3 — 4.
14. *P Sem*, § 58, p. 31, 4 — 22.

première page du codex à la fin de la page 29. C'est la partie du livre la plus soignée, celle pour laquelle l'auteur a dû faire preuve d'un grand génie inventif dans le tri et le montage de ses sources, pour se démarquer des positions gnostiques traditionnelles. Par voie de conséquence, c'est la partie la plus ardue, celle sur laquelle je me dois d'insister davantage puisque le thème du congrès est celui de la création dans la Bible hébraïque et dans les traditions annexes. Pour comprendre le point de vue de l'auteur de la *P Sem* et dégager la méthode qu'il a utilisée dans cette section de son ouvrage, il importe de faire un certain nombre de considérations préalables.

Tout traité théologique chrétien, avant et après la période qui produit la *P Sem*, s'appuie sur les premières pages de la Bible. Il n'existe pas d'exception à la règle. Pourquoi ? Parce que le récit de la naissance du monde apparaissait comme une base scientifique plus sûre que les opinions contradictoires des savants. La science hellénistique avait, en effet, mis en place un certain nombre de notions susceptibles d'éclairer le débat sur les origines : nature, lieu, temps, espace, vide, extension, pesanteur, centre, force, fini et infini, matière et mouvement, nombre et durée du monde. Les réflexions des philosophes furent synthétisées par leurs disciples, répétées, codifiées et commentées dans les écoles, adaptées et transformées par les lettrés. De là une grande variété d'opinions, que Grecs et Latins classèrent dans des recueils doxographiques. L'accumulation des propositions explicatives dans ces recueils aboutissait à affoler le lecteur et à le pousser au scepticisme. Les apologistes tirèrent avantage de cet étalage des disputes des philosophes, pour s'abriter derrière les données bibliques estimées antérieures aux idées grecques. Ainsi, les premiers chapitres de la Genèse, quelques versets des Proverbes, des Psaumes et du Livre de Job constituèrent la base de la réflexion cosmologique chrétienne à l'époque patristique et durant le Moyen Age. Le récit biblique de la création devint le vade-mecum scientifique du théologien.

Bon gré mal gré, celui-ci sera tenu de confronter le récit biblique aux spéculations grecques. Les besoins de l'apologétique en direction des milieux païens exigent cette confrontation, d'autant plus que nombre de philosophes considèrent les histoires de Moïse en général, et le récit de la naissance du monde en particulier, comme une accumulation d'invraisemblances[15]. Une seconde raison, plus sérieuse, est interne à l'Église. Elle émane des écoles gnostiques, qui dénient tout sérieux au récit biblique de la création en raison de sa représentation anthropomorphique de Dieu. Croire et dire que Dieu est descendu de sa hauteur pour devenir artisan du grand corps du monde et du petit corps de l'homme, planter un jardin, s'y promener, y façonner une femme, est aberrant et scandaleux. Ce dieu-là ne peut être le Dieu véritable, mais une contrefaçon, un travestissement. Ainsi, le *Livre des secrets, de Jean*, bassin collecteur de ces écoles au IIIe siècle[16], utilisera le *Timée* pour démontrer que le démiurge biblique fonctionne comme le démiurge platonicien, c'est-à-dire comme n'importe quel artisan qui a besoin d'ouvriers et de machines, en l'occurrence démons auxiliaires et subalternes, et il utilisera le *Parménide* pour dissocier Dieu de ce créateur.

Pour maintenir la lisibilité et le sérieux du récit biblique de la création, la réponse des théologiens de la grande Église aux uns et aux autres s'orientera dans deux directions principales. Le recours systématique à l'interprétation allégorique juive (Philon) et grecque (mythes d'Homère), prise comme modèle chrétien d'interprétation, permettra de ne pas heurter les idées reçues en matière scientifique en ne prenant plus à la lettre un récit de création provenant de la sagesse des « Barbares » ou en

---

15. Par exemple, l'existence d'eaux supracélestes, l'antériorité de la succession du jour et de la nuit par rapport au soleil, l'apparition de l'herbe et des arbres fruitiers avant le soleil, l'existence d'un lieu unique de confluence pour toutes les eaux. Grégoire de Nysse, *Apologie de l'hexaéméron*, qui rapporte quelques-unes des objections de lecteurs insatisfaits des solutions présentées dans l'*In hexaemeron* de son frère, Basile de Césarée, signale également que l'irradiation de l'air par la lumière (Gn 1, 3 ; 1er jour) rend inutile la création du soleil (Gn 1, 16 ; 4e jour) ; sur ce thème voir S. GIET dans SC 26 *bis*, Paris, 1968, p. 21.

16. Voir M. TARDIEU, *Écrits gnostiques. Codex de Berlin*, coll. Sources gnostiques et manichéennes 1, Paris, 1984, p. 306-308.

démontrant que le récit ne contredit pas les thèses des philosophes.

Pour stopper le déluge gnostique, c'est-à-dire un antibiblisme fondé sur la critique épicurienne de la théologie platonicienne du *Timée*, il importait, en revanche, de faire concorder celui-ci avec la Bible en exploitant au maximum les anthropomorphismes du démiurge platonicien : bon, sans envie, efficace, père d'une œuvre belle, vivant éternel, tous détails gommés par l'exégèse gnostique. Il suffisait, ensuite, de montrer qu'il n'y avait pas contradiction entre le *Timée* et le *Parménide* : le créateur d'une œuvre belle ne pouvait être qu'un Dieu suprême et transcendant. C'est dans cette direction que s'orienta l'exégèse alexandrine et les imitateurs d'Origène dans le commentaire de l'hexaéméron.

Une autre voie s'offrait aux intellectuels et écrivains chrétiens : rechercher des concordances et arguments d'autorité ailleurs que dans les débats philosophiques de l'époque hellénistique, mais chez les médecins, les physiologues, chez Aristote et les Présocratiques. Leurs œuvres contenaient assez de matière pour y puiser une argumentation, non pas censée s'accorder au récit biblique comme tel puisque les péripéties de l'œuvre des six jours et de la création de l'homme étaient laissées de côté, ainsi que l'interprétation allégorique, mais pouvant convenir aux notions fondamentales, à consonance philosophique, de la traduction grecque des premiers chapitres de la *Genèse* : commencement, terre, ciel, souffle, lumière, ténèbre, vide, air, eau, feu, âme, froid, chaud, etc. C'est dans cette voie que s'orientèrent Basile de Césarée pour commenter l'œuvre des six jours et Nemesius d'Émèse pour expliquer la nature de l'homme[17].

---

17. Sur le premier, voir l'édition de S. Giet dans SC 26 *bis* ; l'édition du second par C.F. Matthaei, Halle, 1802, n'a pas été remplacée.

## II. EXÉGÈSE ET SOURCES

Par rapport à cette problématique générale et à ces tendances, comment situer l'exégèse et les sources de la *P Sem* ?

Du point de vue de la méthode d'interprétation, l'auteur est un allégoriste dans la tradition d'Origène. Ainsi, commentant Gn 1, 1, Origène dit que l'Écriture « ne parle pas d'un commencement temporel », mais du « commencement de tout », qui est Christ Jésus, premier-né et Logos[18] ; dans *P Sem*, Derdekeas-Jésus déclare à Sem qu'il va l'entretenir des « grandes puissances » primordiales, antérieures à sa propre manifestation[19]. Selon l'interprétation origénienne de Gn 1, 2, la ténèbre couvre l'abîme où se trouveront le diable et ses anges, tandis que l'esprit se meut sur les eaux[20] ; la *P Sem* relève l'amphibologie de ce dernier, d'un côté vent ténébreux sur les eaux où prend forme un intellect *(noûs)* igné, de l'autre *pneuma* aérien occupant une position médiane entre lumière et ténèbre[21].

Dans l'exégèse origénienne du premier jour (Gn 1, 3-5), Dieu sépare la lumière de la ténèbre et crée l'alternance du jour et de la nuit, du matin et du soir, alternance qui constitue le point de départ du comput du temps *(khronos)*[22] et que la *P Sem* allégorise comme activité alternée de la lumière et de la ténèbre. Celle-ci effectue un mouvement en direction du *pneuma* médian, mouvement ascensionnel qui constitue le point de départ de la formation de l'intellect *(noûs)* ténébreux ; à cette activité de la ténèbre, répond la manifestation en gloire de Derdekeas-Jésus comme totalisant les trois formes épiphaniques de la lumière : suprême (le Père), spirituelle (l'Esprit) et ressemblante (le Fils)[23]. L'auteur de la *P Sem* remplace le temps

---

18. Origène, *Homélies sur la Genèse*, I 1, 2-4. 9-10 (SC 7 bis, Paris, 1976, L. Doutreleau).
19. *P Sem*, § 3, p. 1, 16-25.
20. Origène, *op. cit.*, I 1, 22 — 23.
21. *P Sem*, § 4, p. 1, 25 — 2, 10.
22. Origène, *op. cit.*, I 1, 41-43.
23. *P Sem*, § 5-8, p. 2, 10 — 4, 12.

*(khronos)* de l'exégèse origénienne de Gn 1, 3-5 par l'intellect *(noûs)*, parce que, selon l'étymologie traditionnelle, Khronos, « temps », associé à Kronos, symbole de l'intelligence, est celui qui est « satiété de l'intellect », *kóron noû*[24].

Selon la lecture origénienne du deuxième jour (Gn 1, 6-8), Dieu sépare les eaux supérieures, qui sont spirituelles et angéliques, des eaux inférieures qui sont ténébreuses et démoniaques, à l'aide d'un firmament *(steréōma)*, qui est un ciel corporel, c'est-à-dire « notre homme extérieur, celui qui voit avec les yeux du corps » ; chronologiquement, le *steréōma* est postérieur *(hústeros)* au premier ciel du commencement (Gn 1, 1), spirituel et intelligible, *spiritus* et *mens*, autrement dit « notre homme spirituel qui voit et contemple Dieu »[25]. Dans la séquence parallèle en *P Sem*, à la vue de la lumière spirituelle de Derdekeas-Jésus, les eaux ténébreuses donnent naissance à une nuée, dans laquelle prend forme un utérus (copt. *ate* ; gr. *mētra, hustéra*) où s'engouffre le feu destructeur, c'est-à-dire le désir charnel[26]. Le ciel corporel de l'exégèse origénienne du firmament *(steréōma)* est identifié à la nuée, demeure du Dieu biblique[27] ou « utérus », parce qu'il est celui qui vient après *(hústeros)* le Dieu transcendant.

Le troisième jour (Gn 1, 9-13), Dieu chasse les eaux inférieures qui sont sous le ciel, c'est-à-dire « les péchés et vices du corps », pour qu'apparaisse l'élément sec, c'est-à-dire les « œuvres humaines », qui sont la condition du progrès vers la lumière ; une fois séparé des eaux de l'abîme ou « pensée du démon », l'élément sec devient fertile : c'est la terre ensemencée qui ne cesse de porter du fruit, autrement dit nous-mêmes qui avons « enfoncées dans nos esprits », les semences de toutes les bonnes œuvres et de toutes les vertus[28]. Les péchés et vices du corps de l'exégèse origénienne des eaux inférieures sont repris et décrits, dans la *P Sem*, sous la forme d'un coït

---

24. PLATON, *Cratyle*, 396 b.
25. ORIGÈNE, *op. cit.*, I 2, 15-20.
26. *P Sem*, § 9, p. 4, 12-21.
27. *P Sem*, § 9, p. 4, 22-27.
28. ORIGÈNE, *op. cit.*, I 2, 56-63, 89-90 ; I 4, 11-16.

intervenant entre ténèbre et utérus ; ce frottement entraîne la dissémination de l'intellect *(noûs)* dans la nature et fait apparaître les quatre parties, ou nuées, de celle-ci par le mélange de sec et d'humide : membrane, chorion, pouls (ou puissance) et humeur ; en dépit de l'ébranlement causé par la dissémination de l'intellect dans la nature, le *pneuma* lumineux parvient à rejeter la « pesanteur », c'est-à-dire la condition charnelle et terreuse de l'intellect[29].

Au quatrième jour (Gn 1, 14-19), selon le sens spirituel dégagé par Origène, les luminaires, chargés de séparer le jour de la nuit, la lumière de la ténèbre, et placés au firmament pour servir de signes et resplendir sur la terre, sont en nous-mêmes d'abord le Christ (= le soleil), puis l'Église (= la lune), enfin les prophètes juifs (= les astres) ; l'illumination la plus parfaite est, cependant, celle qui a lieu au sommet de la montagne lors de la transfiguration avec Pierre, Jacques et Jean, puisque « on n'est plus seulement illuminé de la lumière du Christ, mais de la voix même du Père[30] ». L'auteur de la *P Sem* ne conserve de l'interprétation origénienne des luminaires que le premier terme de l'illumination : Christ soleil intérieur, et la remarque finale relative à la transfiguration. Le rôle héliaque de Derdekeas-Jésus y est décrit, en utilisant le vocabulaire évangélique de la scène de la transfiguration, par une triple descente de Derdekeas dans les nuées ou parties de la nature : d'abord sous forme d'une onde lumineuse, puis sous forme d'une voix séparant le *pneuma* des nuées, ensuite sous forme d'un vêtement resplendissant comme signe de l'unicité du Père et du Fils[31].

Le cinquième jour (Gn 1, 20-23), les grands animaux aquatiques et les êtres qui rampent représentent le mal, et les oiseaux le bien ; les animaux produits par les eaux sont les « pensées impies et tous les desseins abominables contre Dieu » ; Ils demeurent « là où habite le dragon, que Dieu a formé pour se jouer de lui », c'est-à-dire dans

---

29. *P Sem*, § 10-14, p. 4, 27 — 6, 30.
30. ORIGÈNE, *op. cit.*, I 5, 8-14 ; I 7, 8-16.
31. *P Sem*, § 15, p. 6, 30 — 7,9 (ondes lumineuses) ; § 18, p. 8, 17 — 9,8 (voix) ; § 24, p. 11, 34 — 12,19 (vêtement).

la mer[32]. Dans la *P Sem* l'ébranlement de la nature à la vue du vêtement de Derdekeas provoque la formation dans l'eau d'une « bête horrible aux nombreuses formes et recourbée par le bas[33] » : c'est le dragon du Ps 104, 26, intégré par Origène dans l'exégèse du cinquième jour.

L'âme vivante, les quadrupèdes et les reptiles produits par la terre le sixième jour (Gn 1, 24 - 25) désignent, selon le sens spirituel origénien, « les mouvements de notre homme extérieur, autrement dit l'homme charnel et terrestre[34] ». Dans la *P Sem*, pour sauver le *pneuma* lumineux de la pesanteur, c'est-à-dire de la terre, Derdekeas-Jésus descend « dans le chaos rempli de brouillard et de poussière », appelé encore « Tartare » ou « Hadès », c'est-à-dire va revêtir la chair de l'homme terrestre[35].

La décision de créer l'homme (Gn 1, 26) constitue, selon Origène, l'achèvement de l'œuvre de Dieu, puisque celui-ci s'y engage personnellement en assurant la suprématie du *pneuma* humain sur le sens charnel représenté par les productions de la terre[36] ; La séquence parallèle dans la *P Sem* montre le Dieu transcendant (« la grandeur ») décidant de prendre en pitié l'intellect *(noûs)* prisonnier de la ténèbre (= l'homme charnel) et de s'engager lui-même dans le processus de sauvetage [37].

L'homme fait à l'image de Dieu mâle et femelle (Gn 1, 27) est, selon Origène, l'homme intérieur, invisible, incorporel, incorruptible et immortel en tant que composé d'un esprit *(spiritus)*, qui est son aspect masculin, et d'une âme *(anima)* qui est son aspect féminin ; le modèle le plus réussi de cette image est « notre Sauveur », Christ Jésus, premier-né et splendeur de la lumière[38]. Selon la *P Sem*, la descente de Derdekeas-Jésus dans les parties de la nature humaine a pour but d'opérer l'unification du *pneuma* et du *noûs* : « ses deux parties apparurent sous

---

32. ORIGÈNE, *op. cit.*, I 8-10.
33. *P Sem*, § 29, p. 14, 25 — 15, 16.
34. ORIGÈNE, *op. cit.*, I 11, 20-21.
35. *P Sem*, § 30, p. 15, 16-34.
36. ORIGÈNE, *op. cit.*, I 12, 12-15.
37. *P Sem*, § 32, p. 16, 23-35.
38. ORIGÈNE, *op. cit.*, I 13, 12-14. 53-59 ; I 15, 3-4.

une forme unique[39] » grâce à cette descente, la lumière encore retenue par le chaos (= la chair), se trouve ainsi délivrée[40].

Dans l'interprétation origénienne de la bénédiction des naissances et des nourritures (Gn 1, 28 - 31), poissons, oiseaux, animaux et reptiles destinés à croître et à se multiplier désignent soit tout ce qui sort de l'âme et de la pensée du cœur, soit tout ce qui provient des désirs corporels et des mouvements de la chair ; l'herbe et les fruits de la terre concédés à l'homme en nourriture sont les passions corporelles, en particulier la colère et la convoitise[41]. De la même façon, dans la *P Sem*, les formes d'animaux, qui surgissent des rapports entre la nature aveugle et l'utérus colérique, s'établissent dans l'Hadès, autrement dit dans le corps, où ils cherchent à s'emparer de la lumière de l'intellect[42].

L'exégèse origénienne de l'achèvement du sixième jour (Gn 2, 1 - 2a) n'est pas connue. Elle n'est pas transmise dans les *Homélies* ; le *Commentaire*, qui la contenait, n'a pas été conservé. Didyme, de son côté, n'a pas recours à l'exégèse allégorique pour expliquer l'achèvement du ciel et de la terre. L'achèvement concerne deux réalités sensibles totalement remplies, firmament, luminaires et astres formant la plénitude du ciel, animaux et plantes formant celle de la terre[43]. Pareillement, dans *P Sem*, l'achèvement du sixième jour n'est pas traité allégoriquement. Le ciel achevé, c'est-à-dire visible, provient d'une insufflation de la nature sur l'eau ; la terre visible naît de l'écume du ciel et engendre, par la rosée apportée par les vents, toutes sortes de nourritures correspondant au nombre des animaux[44].

Cette synopse de l'interprétation des six jours chez Origène et dans *P Sem* montre à l'évidence que le texte

---

39. *P Sem*, § 33, p. 17, 8-10.
40. *P Sem*, § 35, p. 18, 1-26.
41. Origène, *op. cit.*, I 16, 7-12 ; I 17, 13-16.
42. *P Sem*, § 37, p. 19, 13-23.
43. Didyme l'Aveugle, *Sur la Genèse,* p. 74, 1-3 (SC 233, Paris 1976, p. 182, P. Nautin).
44. *P Sem*, § 38, p. 19, 23-20, 20.

transmis par le Codex VII est bien une *paraphrase*, c'est-à-dire un commentaire allégorique de Genèse, servant à dégager le sens caché par la lettre du récit. Ce sens caché est, aux yeux de l'auteur, celui des péripéties qui amèneront le pneuma à se dégager des manœuvres ourdies par la ténèbre pour l'annexer. Pour atteindre son but, il repère dans le texte biblique plusieurs termes qui l'intéressent, lesquels n'ont généralement entre eux aucun rapport sémantique ou syntaxique. Il les rapproche et, par les assonances de ces termes avec d'autres termes fournis par les manuels d'*etymologica*, il opère une sorte d'alchimie verbale et symbolique qui servira de trame à la manifestation du sens caché. Autrement dit, il racontera une autre histoire, sans pour autant perdre pied, c'est-à-dire lâcher d'un iota le récit biblique qu'il ne cite jamais.

Du point de vue des sources utilisées, la *P Sem* appartient à l'histoire des traités *In hexaemeron*. L'auteur pousse à l'extrême le lyrisme allégorique de l'exégèse post-origénienne de l'œuvre des six jours. En faisant appel aux spéculations des physiologues et des médecins pour reconstruire un récit de création qui devienne paradigme de ce que seront le baptême forcé de Jésus au moment de la naissance du christianisme et le baptême forcé des gnostiques à la fin du règne de Constantin, il se démarque de l'exégèse alexandrine et annonce, par là, le courant naturaliste.

Il se montre, en outre, totalement indépendant de l'exégèse du récit de la création pratiquée dans le *Livre des secrets, de Jean*[45], qui utilisait le *Timée* pour démontrer que le démiurge biblique n'était qu'un artisan subalterne. Ce non-platonisme de la *P Sem* mérite d'être souligné, d'autant que les résurgences platoniciennes ne manquent pas à Nag⁽ᶜ⁾ Ḥammādī. Elles affleurent quasiment partout, sauf ici. Cela pourrait s'expliquer par l'état de la réflexion théologique au moment où l'auteur écrit. Au milieu du IVᵉ siècle, en effet, le *Timée* est devenu la bible des commentateurs de la Genèse. L'argument platonicien, que le *Livre des secrets, de Jean* appliquait au démiurge

---

45. Voir SGM 1, p. 122-127.

biblique pour le discréditer, s'est retourné contre les gnostiques. Le démiurge platonicien est devenu en quelque sorte apologète du démiurge biblique. Le terrain platonicien étant donc piégé, parce que récupéré par ses adversaires de la grande Église, l'auteur de la *P Sem* se devait donc de chercher ailleurs des arguments à l'appui de son gnosticisme affiché, consistant à réduire l'activité démiurgique du Dieu biblique à un jeu de forces naturelles. Le démiurge n'a pas rang divin bien sûr, il n'est même pas un démon ou un archonte comme dans le *Livre des secrets, de Jean* : parce qu'il est celui qui vient après *(hústeros)* le Dieu véritable, il n'est que l'utérus de toutes les formes et la nature génésique et procréatrice. C'est aux mouvements de cet utérus et de cette nature que l'auteur applique les qualificatifs réservés d'ordinaire par les gnostiques au Dieu biblique : ignorant, aveugle, lubrique, vain.

L'antiplatonisme amène l'auteur à une sorte de physique symbolique où tout s'explique par l'attirance ou la répulsion des éléments primordiaux. La nature *(phusis)* n'est pas un être vivant, mais un *lieu* où les trois racines entrent en mouvements. Ceux-ci se déclenchent de façon aveugle en fonction de la position des racines par rapport à leur centre, le *pneuma*. La génération et la croissance des vivants, la constitution du ciel et de la terre visibles se produisent aux points de rencontre de ces mouvements, utérus pour les premiers, concrétion de feu, d'air et d'eau pour les seconds. Cette démiurgie sans démiurge est faite pour montrer qu'il n'y a ni ordre en ce monde ni principe d'intériorité à ce monde, ni *kosmos* ni *psukhē*. Tout n'est que *phusis*, et tout s'explique par la *phusis*[46].

---

46. On peut supposer que c'est dans une doxographie transmise par une collection médicale et rapportant des thèses attribuées à Straton que l'auteur de la *P Sem* (ou sa source directe, *infra* n. 47) aura trouvé et recopié les arguments antiplatoniciens susceptibles de ruiner la conception mécaniste et finaliste du récit biblique de la création.

## III. SEM SAVANT ET MÉDECIN

Ces spéculations, tributaires de thèses colportées par la tradition grecque des médecins et des physiologues[47], sont mises par l'auteur sous l'autorité de Sem. Pourquoi ?

Parmi les multiples aspects du personnage de Sem dans la Bible et dans les légendes post-bibliques, le trait qui l'a rendu si populaire aussi bien chez les juifs que chez les chrétiens et les musulmans concerne sa figure de savant et de médecin. Il est par excellence l'homme de science, celui dont les « tentes » (Gn 9, 27) sont le lieu où Dieu habite, celui dont le nom (Šem) conjoint le Nom absolu de l'omniscient et l'omniscience elle-même, Iahvé et la Torah. Dans la traduction araméenne de la Bible, la tente *('ohèl)* de Sem est devenue une école *(madrâšā, maškenēh)*, une maison d'étude *(beth midraš)*. D'autre part, parce qu'il est celui qui permet à son père Noé de sortir du sommeil comme s'il n'avait pas été ivre, Sem est celui qui connaît les affections qui frappent les corps, les remèdes pour les soulager et les guérir. Il n'en fallait pas plus pour faire de lui l'inventeur de la médecine.

Or, les deux seuls traités qui, en dehors de la *P Sem*, lui son attribués, l'un par les chrétiens syriens, l'autre par les rabbins, concernent le premier l'astrologie, le second la médecine, c'est-à-dire deux parties de la physique. Le traité syriaque sur la *mawlâdā*, la « géniture », est un pronostic des heurs et malheurs censés survenir au cours d'une année solaire, selon les douze cas de figures du thème de géniture de l'année[48]. Le traité rabbinique, le *Sèfèr ha-refuot*, est une compilation médicale relative aux maladies, à leurs symptômes et à leurs remèdes, s'ouvrant

---

47. Ainsi, la *Paraphrase de Seth*, résumée par l'*Elenchos*, V 19-22 (GCS, 26, p. 116, 17 - 125, 2, P. WENDLAND), renvoie explicitement à un traité *Du tempérament et du mélange* (V 21, 1, p. 123, 5, WENDLAND). Ce dernier a pu être la source des spéculations médicales et physiologiques de la *P Sem* par *Paraphrase de Seth* interposée.

48. Sur ce texte, voir A. MINGANA, « Some Early Judaeo-Christian Documents in the John Rylands Library », *Bulletin of the John Rylands Library*, t. 4 (1917-1918), p. 76-85 et 108-115.

par le serment du pseudo-Hippocrate juif, Asaf ben Berakhyahu[49].

Le troisième traité attribué à Sem est la *Paraphrase* du Codex VII, dans laquelle le fils de Noé est porte-parole d'une révélation sur la naissance du monde dans le langage des physiologues et des médecins. En mettant sa paraphrase de l'œuvre des six jours sous l'autorité de Sem, l'auteur gnostique participait d'une mode récente. Son innovation — les Pères de l'Église auraient dit : sa « perfidie » — est d'avoir utilisé la science toute nouvelle de Sem, c'est-à-dire la physique et la médecine, pour détruire l'objet de la science traditionnelle de Sem, ruiner le fondement de son « école » et de sa « maison d'étude », autrement dit la Torah et son Dieu créateur.

---

49. Sur ce texte, voir Sh. PINES, « The Oath of Asaph the Physician and Yohanan ben Zabda », *Proceedings of the Israel Academy of Sciences and Humanities*, t. V/9, Jérusalem, 1975, p. 223.

# ATELIERS

*ATELIER I*

# UN RETOUR DU PARADIS DANS LE DÉSERT DE L'EXODE SELON UNE TRADITION JUIVE

par Germain BIENAIMÉ

Au temps de l'Exode, le désert où pérégrinaient les fils d'Israël avait connu en leur faveur un renouvellement de certaines conditions de vie paradisiaques[1]. Une telle représentation édénique de l'époque du désert — une conception parmi d'autres dans la littérature juive aggadique — a marqué de ses traits certains commentaires midrashiques qui prolongent la tradition, targumique à l'origine, sur le

---

1. R. LE DÉAUT, *La Nuit pascale* (AnBib, 22), Rome, 1963 (réimpr. 1975 et 1980), 231-232, a relevé des traits paradisiaques à propos de l'Exode dans le targum du Pseudo-Jonathan (Ps-J) : au passage de la mer des Roseaux, les Israélites ramassent sur la grève des pierres précieuses provenant de l'Éden (cf. Ps-J Ex 14, 9) ; lors de la mise en place des institutions cultuelles, les pierres de l'éphod et du pectoral, les aromates et le baume pour l'huile d'onction et pour l'encens viennent également du jardin d'Éden (cf. Ps-J Ex 35, 27-28).

puits donné à Israël. Avant de présenter et d'analyser ces développements paradisiaques, il convient, pour une bonne compréhension du cheminement de la tradition, de résumer d'abord les origines et les premières élaborations de l'aggadah sur le puits[2].

*La constance du don de l'eau :*
*le puits accompagnait les Israélites*

L'épisode biblique (Nb 21, 16 - 20) de l'arrivée des Israélites à Beër avec le chant du puits (« Monte, puits... ! ») et le fragment d'itinéraire qui vient ensuite (« et de Mattanah à Naḥaliël et de Naḥaliël à Bamot... ») ont été soumis dans toutes les recensions du targum palestinien (TP) et dans le targum Onqelos (O) Nb 21; 19 à un ensemble de traductions interprétatives. La compréhension synagogale de l'épisode se focalise sur le puits *(be'ér)* donné en don *(mattânâh)* aux Israélites et qui avec eux descendait dans les ouadi profonds (interprétation de *naḥalî'él* compris comme signifiant « ouadi de Dieu », c'est-à-dire des ouadi profonds) et avec eux montait sur les hauteurs *(bâmôt)*. L'itinéraire est devenu celui du puits et les termes Naḥaliël et Bamot ont été réunis en contraste pour suggérer une totalité : en tout lieu, par monts et par vaux, le puits était à la disposition des Israélites. Cette aggadah était destinée à exprimer la constance du don de l'eau tout au long des pérégrinations d'Israël dans le désert. Et il faut remarquer à ce propos l'audace du targum face au texte biblique, car cette constance présumée ne correspondait guère aux données scripturaires sur l'approvisionnement en eau ; dans l'ordonnance des scènes bibliques, la répétition d'un manque d'eau en Nb 20, 2 après celui d'Ex 17, 1 n'était certainement pas favorable à l'interprétation targumique d'un puits constamment disponible[3]. On peut alors se demander quelle influence s'est

---

2. Nous renvoyons à notre étude plus détaillée : G. BIENAIMÉ, *Moïse et le don de l'eau dans la tradition juive ancienne : targum et midrash* (AnBib, 98), Rome, 1984, 151-188 ; les développements paradisiaques que nous exposerons ci-dessous sont une reprise, avec quelques modifications, des pages 214-220.

3. L'aggadah ne peut pas tirer son origine du fait de la répétition

exercée sur le *meturgeman*. Il nous apparaît que le targumiste a transposé au don de l'eau la même constance que la Bible mentionnait pour la manne. Dans les traditions bibliques, le prodige de l'eau (sous sa forme d'un jaillissement du rocher) était plusieurs fois associé à celui de la manne (Dt 8, 15-16 ; Ps 105, 40-41 ; Ne 9,15) ; or, d'après Ex 16, 35, la durée de la manne recouvrait les quarante ans de désert. Ainsi s'explique que le *meturgeman*, rencontrant en Nb 21, 19, dans un contexte d'itinéraire, les termes Naḥaliël et Bamot, ait pu créer à partir de leur traduction conjointe l'interprétation du puits descendant avec les Israélites dans les ouadi et montant avec eux sur les montagnes[4]. C'est au *puits* (et non à un rocher) que la constance du don de l'*eau* fut attribuée, car c'est d'un puits qu'il était question en Nb 21, 16-18, le texte biblique précédant l'itinéraire à partir duquel s'est constituée l'aggadah. Dans le cadre du targum, le couple des traductions interprétatives de Naḥaliël et Bamot reste

---

des prodiges de l'eau dans les textes bibliques (Ex 17, Nb 20, Nb 21), contrairement à l'avis de certains auteurs comme O. CULLMANN, « Petra », *ThWNT*, VI, Stuttgart, 1959, 96 ou F. MICHAÉLI, *Le Livre de l'Exode* (CAT, 2), Neuchâtel, 1974, 150. Au contraire, l'aggadah du puits constant s'est constituée en dépit des données bibliques d'un manque d'eau (Nb 20, 2) et de la répétition des scènes d'un approvisionnement en eau. Dans un passage du targum du *Codex Neofiti 1* (N), le rappel de l'aggadah s'imposera même jusqu'à prendre le contre-pied du texte scripturaire de Dt 2, 6 où il était prévu que les Israélites, en passant par le territoire des Édomites, leur payeraient la nourriture et la boisson dont ils feraient usage. N Dt 2,6 met les choses au point : « Vous n'aurez pas besoin de leur acheter de la nourriture à (prix d')argent, puisque la manne descend pour vous du ciel ; et de plus vous n'aurez pas besoin de leur acheter de l'eau, puisque le puits d'eau monte avec vous sur les cimes des montagnes et (descend avec vous) dans les vallées profondes » ; sur cette prédominance de la Tradition sur l'Écriture, cf. R. LE DÉAUT, *Liturgie juive et Nouveau Testament*, Rome, 1965, 28 ; éd. révisée : *The Message of the New Testament and the Aramaic Bible (Targum)*, Rome, 1982, 17 ; M.L. KLEIN, « Converse Translation : A Targumic Technique », *Bib* 57, 1976, 527-528.

4. Plus d'une fois dans la suite de la littérature aggadique, on trouvera une rivalité d'interprétations entre ce qui est dit de la manne et ce qui est dit du puits ; cf. L. GINZBERG, *The Legends of the Jews*, VI, Philadelphie, 1928 (réimpr. 1968), 22, n. 132. Rappelons aussi l'association manne-puits en N Dt 2, 6 (cf. la note précédente).

une paraphrase alignée sur le texte biblique[5]. Hors de la traduction targumique, lorsqu'on veut parler de cette tradition, le discours exige une formule de synthèse qui dégage l'idée contenue dans les termes trop concrets de l'itinéraire interprété. C'est ainsi que nous avons parlé de la constance du don du puits ou de sa disponibilité. Les récits midrashiques avaient déjà éprouvé la nécessité de raconter ce que le targum traduisait : la formule la plus courante dans l'aggadah midrashique est que le puits « accompagnait » Israël[6].

A un second stade de la tradition, le puits, en raison même de sa propriété d'être toujours avec Israël, allait s'imposer aux autres scènes bibliques de l'approvisionnement en eau. On allait pouvoir lire ces scènes sur la grille exégétique du don du puits[7]. C'est ainsi que dans le *Livre des Antiquités bibliques*, le don du puits commence pour les Israélites à Marah (cf. Ex 15, 25) ; c'est l'eau de Marah qui « les accompagnait dans le désert durant quarante ans et, avec eux, elle monta sur la montagne et descendit dans les plaines » (*LAB* 11, 15)[8]. Et une aggadah souvent attestée dans la littérature juive attribue au mérite de Miryam le don du puits (*Ta'anit* 9a et déjà *LAB* 20,8)[9]. Or cette relation établie entre Miryam et le puits provient d'une exégèse midrashique de Nb 20, 1-2 où la

---

5. Le seul écart que le TP — selon sa rédaction actuelle — s'est permis consiste dans l'inversion des deux traductions : Bamot vient en premier lieu (cf. p. ex. N Nb 21, 19 : « montant avec eux sur la cime des montagnes et descendant avec eux dans les vallées profondes »). Mais la séquence primitive est conservée en O.

6. Cf. ci-dessous *LAB* 11, 15, ou *LAB* 10, 7 *(puteum aque consequentis)* ; *Tosephta Sukkah* 3, 11 *(hyth 'm)*.

7. Toutefois l'exégèse juive reste plurielle. A côté de la tendance à l'assimilation des diverses scènes par le don du puits, on consacre encore beaucoup d'intérêt à l'exégèse des épisodes considérés à l'état séparé.

8. La rédaction du *LAB* remonte au Ier siècle de notre ère, et probablement à une date de peu antérieure à l'an 70 ; c'est la conclusion de P.-M. Bogaert dans *Pseudo-Philon. Les Antiquités bibliques*, II (SC, 230) : *Introduction littéraire, commentaire et index* par Ch. Perrot et P.-M. Bogaert, Paris, 1976, 66-74.

9. A propos de *LAB* 20, 8, cf. *Moïse et le don de l'eau*, 44-46 et 95-97.

mort de Miryam mentionnée au verset 1 est censée causer le manque d'eau rapporté au verset 2. Dans la perspective de cette lecture midrashique, le manque d'eau équivaut à la disparition du puits : « Quand Miryam mourut, le puits fut enlevé » (*Mekhilta de-Rabbi Ishmaël,* Ex 16, 35). Et le jaillissement du rocher en Nb 20, 11 sera lu, sur la même grille exégétique, comme un retour du puits rendu pour le mérite de Moïse et d'Aaron ; cette interprétation, attestée dans le targum du Pseudo-Jonathan (Ps-J), Nb 20, 13[10], est conforme à l'enseignement de Yehoshua ben Ḥananiah (fin du Ier — début du IIe siècle) : « Quand Miryam mourut, le puits fut enlevé, mais il revint pour le mérite de Moïse et d'Aaron » (*Mekhilta de-Rabbi Ishmaël,* Ex 16, 35)[11].

On pourra s'étonner que l'ancienne tradition targumique d'un puits *constant* (targums à Nb 21, 19) en soit venue à interpréter un manque d'eau en Nb 20, 2 et qu'on ait pu parler d'une disparition du puits et de son retour. Il y a là de prime abord une anomalie. Elle se résout, quand on considère que déjà dans l'ancienne aggadah targumique à Nb 21, 20 l'itinéraire du puits accompagnant Israël prenait fin sur une disparition du puits que le TP Nb 21, 20 dit « caché ». Cette aggadah était là suscitée par la mention dans l'itinéraire biblique de Nb 21, 20 de « la vallée » et d'autres noms de lieux qui pouvaient évoquer au targumiste le site de la mort et de la sépulture de Moïse selon Dt 34[12]. Le TP Nb 21, 20 avait établi une relation entre la mort de Moïse et la dis-

---

10. « Ce sont là les "Eaux-de-la-Dispute" où les enfants d'Israël se disputèrent devant YHWH, au sujet du puits qui avait été caché, et (où) il fut sanctifié par eux, par Moïse et Aaron, lorsqu'il leur fut redonné » (Ps-J Nb 20, 13) ; cf. la trad. de R. LE DÉAUT, *Targum du Pentateuque,* III (SC, 261), Paris, 1979, 185.
11. Dans la rédaction finale du TP, mais pas en O, l'épisode de Beër lui-même (Nb 21, 16-20) sera réinterprété comme un nouveau retour du puits, pour le mérite de Moïse seul, après la mort d'Aaron ; cf. *Moïse et le don de l'eau,* 168 et 176.
12. Nb 21, 20 : « la vallée qui est dans la campagne de Moab, au sommet du Pisgah » ; Dt 34, 1 : « au sommet du Pisgah » ; Dt 34, 6 : « on l'ensevelit dans la vallée qui est au pays de Moab » ; cf. *Moïse et le don de l'eau,* 189-194.

parition du puits, sous l'influence certainement d'une conception selon laquelle Moïse avait été l'intercesseur et le médiateur dans le don de l'eau. Sur le modèle de cette aggadah primitive du puits disparu en relation avec la mort et la sépulture de Moïse (TP Nb 21, 20), on a formulé à propos de Nb 20, 1-2 l'aggadah du puits disparu à la mort de Miryam, un autre guide du peuple. Par cette anticipation de la disparition, la projection aggadique du puits sur les autres épisodes de l'approvisionnement en eau composait avec le texte biblique d'un manque d'eau. La tradition targumique d'un puits accompagnant Israël (targums à Nb 21, 19) s'était créée en dépit de la mention biblique d'un manque d'eau en Nb 20, 2 ; l'anticipation aggadique de sa disparition à la mort de Miryam devait se concilier la donnée scripturaire. Mais le puits retrouverait sa constance : il allait revenir dans le jaillissement de Nb 20, 11.

## L'abondance du don de l'eau : le puits se transformait en torrents

L'eau que procurait aux Israélites le puits cheminant avec eux dans le désert était une eau généreuse. C'est ce que met également en valeur le TP Nb 21, 19 où le terme biblique Naḥaliël a connu un doublet de traductions interprétatives. Interprété une première fois en liaison avec Bamot dans le TP et O afin de signifier, comme nous l'avons vu, la constance du don de l'eau, le terme Naḥaliël seul a été soumis dans le TP[13] à une seconde traduction destinée, celle-ci, à exprimer l'abondance de l'eau procurée. Cette interprétation d'abondance, qui traduit *naḥalî'ēl* au sens de « torrents de Dieu » (c'est-à-dire des torrents puissants) et applique l'expression au puits, était orientée par la formulation biblique du prodige du rocher au Ps 78, 20 : « et des torrents se sont déversés » *(ûneḥâlîm yišṭopû)* ; l'influence du Ps 78, 20 apparaît clairement dans la recension targumique fragmentaire du ms. 110 de la Bibliothèque Nationale de Paris et dans la

---

13. Mais du TP, laissons momentanément de côté Ps-J, pour y revenir ci-dessous n. 21.

glose marginale du *Codex Neofiti 1* Nb 21, 19 où le puits se transforme en *nḥlyn šṭpyn*, en « torrents débordants[14] ». De l'eau jaillissant d'un rocher, on comprend que le psalmiste ait pu dire qu'elle se déversait en torrents. Pour que la même représentation puisse s'appliquer à un puits, il faut supposer que l'eau de ce puits s'élevait d'abord à la surface. Telle est justement l'aggadah attestée par le TP Nb 21, 17 où, dans le chant du puits transmis par le texte biblique, l'invitation : « Monte, puits ! » est prise à la lettre et produit son effet comme par enchantement : le puits montait[15].

*L'eau du puits sillonnait de douze canaux le camp des tribus israélites*

L'interprétation d'une transformation du puits en torrents va passer du targum dans des récits midrashiques qui la développeront selon une mise en scène s'inspirant à la fois des dispositions bibliques sur le camp des Israélites (Nb 2) et de la tradition sur Élim (Ex 15, 27 ; Nb 33, 9) où se trouvaient douze sources. L'élaboration midrashique nouvelle est attestée en *Tosephta Sukkah* 3, 11[16] :

A l'endroit où les Israélites campaient, (le puits) s'installait en face d'eux, à un endroit surélevé en face de l'entrée de la Tente du rendez-vous. Les princes d'Israël s'approchaient et faisaient cercle autour de lui avec leurs bâtons et ils lui adressaient le chant : « *Monte, puits, chantez-le !* » (Nb 21, 17), « *Monte, puits, chantez-le*[17] *!* ». Et (les eaux) bouillonnaient et montaient comme une colonne vers le haut. Et chacun (les)

---
14. De part et d'autre, on retrouve le verbe *šṭp* appliqué à des torrents. La formule de N *lnḥlyn mtgbryn*, « en torrents impétueux », n'est pas moins dépendante du Ps 78, 20, malgré une plus grande liberté d'expression (on peut voir, en effet, que l'expression biblique *nḥl šṭp* est traduite *nḥl mgbr* dans le targum Is 30, 28 ; 66, 12 ; Jr 47,2). Quant à la recension du ms. 440 de la Bibliothèque Vaticane, elle recueille les deux formules en une leçon confluente : le puits se transforme « en torrents débordants impétueux ».

15. Cf. Ps-J, N, 110, 440, Nb 21, 17.

16. Dans nos traductions de commentaires rabbiniques, les caractères italiques marquent les citations de l'Écriture.

17. La répétition de l'invitation à monter correspond au TP Nb 21, 17 (Ps-J, glose marginale de N, 110).

attirait *(mwšk)* avec son bâton, l'un vers sa tribu, l'autre vers sa famille, comme il est dit : *Puits que des princes ont creusé*, etc. (Nb 21, 18).

L'établissement du camp suit le modèle biblique : les Israélites campent, répartis en tribus et sous la conduite du prince de chacune d'elles, « en face et autour de la Tente du rendez-vous » (Nb 2, 2). Dans cette ordonnance biblique, l'aggadiste introduit le puits à une place privilégiée : il va se trouver en face de l'entrée de la Tente, en face aussi des Israélites, si bien que, avec la Tente, il est entouré par les diverses tribus. On peut donc dire que les princes font cercle autour du puits. C'est également sous l'influence de Nb 2 que l'attention se porte sur la présidence des princes. Les princes ou nobles du peuple qui, d'après Nb 21, 18, avaient creusé le puits sont assimilés aux princes de chacune des tribus présidant au campement. Mais ils n'ont plus à forer le puits. La tradition était bien connue que le puits accompagnait Israël et de lui-même faisait monter ses eaux. Le rôle des princes est le suivant : lorsqu'à leur invitation l'eau montait, chacun l'attirait avec son bâton vers sa tribu[18]. Il faut comprendre que les princes, au moyen de leur bâton, traçaient vers eux et leur tribu le parcours de l'eau débordante[19]. Ainsi la distribution de l'eau se fait en fonction des tribus. Et cette représentation s'inspire de l'épisode d'Élim à propos duquel la tradition exégétique, attestée par le TP Ex 15, 27 et Nb 33, 9 — une interprétation déjà utilisée par Éléazar de Modi'im (avant 135)[20] —, voyait une cor-

---

18. On peut soupçonner une surcharge en *Tosephta Sukkah* 3,11 dans la mention des familles, après celle des tribus. Un parallèle en *Yalquṭ Shimoni* I, 764 à Nb 21, 18 a simplement : « les princes... tiraient avec leur bâton, chacun vers sa tribu ».

19. Comme l'explique RASHI commentant Nb 21, 20 : « Chaque prince, lorque (les Israélites) campaient, prenait son bâton et tirait *(wmwšk)* [une ligne] vers son étendard et son camp. Et les eaux du puits étaient attirées dans la voie tracée par cette marque et elles venaient devant le camp de chaque tribu. » Le verbe *mšk*, « tirer, attirer », provient d'une interprétation de *bmḥqq* du chant du puits (Nb 21, 18) : le verbe *ḥqq* a été pris au sens de « graver », c'est-à-dire ici de tracer sur le sol une ligne que suivrait l'eau.

20. Cf. *Mekhilta de-Rabbi Ishmaël* Ex 15, 27.

respondance entre les douze sources et les douze tribus. Dans la description de *Tosephta Sukkah* 3,11, les torrents issus du puits (TP Nb 21, 19) sont devenus douze canaux tracés par les princes vers leur tribu[21].

*Le camp des Israélites entouré d'eau comme un îlot*

Le développement midrashique de la tradition sur les eaux débordant du puits allait connaître un nouvel apport grâce à une lecture du Ps 23. *Nb Rabbah* 19, 26[22] ajoute, en effet :

> Et l'eau sortait du camp et entourait une grande étendue, comme il est dit : *Il me conduit dans des « cercles » de justice en vertu de son nom* (Ps 23, 3).

D'après une même exégèse du Ps 23, 3, *Yalquṭ Shimoni* I, 764 à Nb 21, 18 rapporte le commentaire :

> Et l'eau sortait et les entourait, comme il est dit : ...(Ps 23, 3)[23].

Le Ps 23 contient plus d'une expression qui, dans une perspective midrashique, pouvait évoquer le thème de l'Exode sous la conduite de YHWH Pasteur[24]. Les versets

---

21. La tradition aggadique a été peinte à la synagogue de Doura-Europos vers 250, non sans relation avec la fête des Tentes ; cf. *Moïse et le don de l'eau*, 206-210. La fresque est reproduite dans *Bible et Terre Sainte*, n° 88, 1967, 11. Signalons qu'il existe aussi un développement démocratisé de l'aggadah selon lequel l'eau parvient aux tentes de chacun des Israélites (*Midrash ha-gadol* Nb 21, 18 ; Ps-J Nb 21, 19 : le puits « abreuvait tout un chacun à l'entrée de sa tente »). Nous savons que la mise en scène de divers canaux provenant du puits supposait la traduction targumique qui interprétait Nahaliël au sens d'une transformation du puits en torrents. Ps-J Nb 21, 19, qui ne reprenait pas cette interprétation à son stade targumique, l'a reprise à un stade plus élaboré comme un résumé de récit midrashique (cf. ci-dessus n. 13).
22. Parallèles en *Tanḥuma Ḥuqqat* 21 ; *Tanḥuma* BUBER IV, 128.
23. La tradition est résumée en *Tosephta Sukkah* 3, 12 : « (le puits) entourait tout le camp d'Israel » ; un semblable résumé est passé dans Ps-J Nb 21, 19.
24. Lors de l'Exode, YHWH conduit son peuple comme un pasteur son troupeau : Ps 78, 52 (de même lors du nouvel Exode : Is 40, 11

2 et 3 célèbrent les eaux du repos *(méy menûḥôt)* auprès desquelles le Pasteur conduit et ranime son fidèle[25]. Pour l'aggadiste, aucune hésitation : ces eaux sont celles du puits auprès duquel les Israélites, d'étape en étape, établissaient leur camp[26]. Au verset 3 les interprètes modernes comprennent, avec raison, que YHWH conduit le psalmiste « sur des sentiers » *(bema'geléy)* de justice ; mais dans le commentaire midrashique, le terme *ma'gâl* évoque un cercle, le cercle délimité par la circonférence du camp[27]. L'aggadiste, dont l'attention reste centrée sur le puits situé au milieu du camp, a fait de cette circonférence le tracé formé par le trop-plein des eaux s'écoulant du puits. Ainsi, l'utilisation du Ps 23, 2-3 a enrichi la tradition sur le campement des Israélites : ceux-ci campaient entourés d'eau, comme sur un îlot dans un cercle de justice. L'interprétation nous semble dirigée, cette fois, par une conception paradisiaque du séjour d'Israël au désert. Il n'est pas rare, en effet, que les traditions extrabibliques sur des lieux « paradisiaques » imaginent sur une île le séjour idéal[28].

---

et surtout 49, 10-11). L'expression « ne manquer de rien » (Ps 23,1) pouvait facilement évoquer la sollicitude divine durant l'Exode : cf. Dt 2, 7 (« tu n'as manqué de rien ») ; Ne 9, 21. Le targum du Ps 23,1 a explicité : « YHWH qui nourrissait son peuple dans le désert : ils ne manquèrent de rien. »
    25. Il s'agissait pour le psalmiste des abreuvoirs à la tenue d'eau tranquille ; cf. H.-J. KRAUS, *Psalmen*, I (BKAT XV/1), Neukirchen-Vluyn, ⁵1978, 338.
    26. Le terme *Mᵉnûḥôt* est compris par l'aggadiste au sens de « lieux de campement », comme en Nb 10, 33.
    27. C'est du reste le premier sens du mot ; cf. W. BAUMGARTNER, *Hebräisches und aramäisches Lexikon zum Alten Testament* (Lieferung II), Leyde, 1974, 576.
    28. Comme P. GRELOT, « La géographie mythique d'Hénoch et ses sources orientales », *RB* 65, 1958, spéc. 43 et 61-62, l'a mis en évidence, aussi bien dans la mythologie grecque que dans ses prototypes orientaux. C'est dans une barque que Gilgamesh atteint le séjour privilégié d'Utanapishtim barré par les eaux de la mort et situé au loin dans l'Océan, à la bouche (à la source) des fleuves (*Gilgamesh* X, III-IV, recension assyrienne ; *ANET*, ³1969, 92). Dans l'épopée ougaritique de Baal, le dieu El réside à la source des fleuves, au milieu des chenaux des deux Océans (*ANET*, 129). C'est sur une île qu'il faut situer au nord-ouest le Paradis visité par Hénoch, à la bouche de

## Une oasis autour du puits

Le bien-fondé de la représentation paradisiaque que nous venons de conjecturer trouve confirmation dans la description d'une oasis de verdure que faisait pousser le puits à l'intérieur du camp d'Israël. Cette interprétation, comme la précédente, s'est développée moyennant une lecture midrashique du Ps 23. Nous citerons *Tanḥuma Ḥuqqat* 21[29] :

Et (l'eau) faisait croître (diverses) espèces d'herbes (*myny dš'ym*) et d'arbres sans fin, comme il est dit : *Sur des prés de verdure (il me fait reposer, aux eaux du repos il me mène)* [Ps 23, 2][30].

En parallèle avec les eaux du repos (Ps 23, 2b), le psalmiste fait l'éloge des pacages de verdure *(bine'ôt dèšè')* ; l'aggadiste interprète que l'eau se déversant du puits irriguait le sol pour transformer le camp en oasis. A l'expression *dèšè'* du Ps 23, 2 correspond la mention des herbes ; par contre la mention des arbres et l'insistance sur les diverses espèces ne trouvent pas de correspondant dans le Psaume cité. Au-delà du Ps 23, le commentaire aggadique est un reflet des récits de création. En Gn 1, 11-12, la terre émergeant des eaux produit de la verdure *(dèšè')* et des arbres ; le même récit sacerdotal de création insiste sur la classification en espèces[31]. Et plus précisément, la conception d'une eau irriguant un sol qui produit une luxuriante végétation appartient à la représentation du jardin paradisiaque qui fut reprise dans le récit yahviste de Gn 2, 8-10[32]. Ps 23, 2 a servi d'intermédiaire,

---

l'Abîme (*1 Hen* XVII, 8). Et les Iles Fortunées, que les Grecs réservaient aux héros, étaient, selon la croyance primitive, au-delà de l'Océan (cf. F. CUMONT, *Lux perpetua*, Paris, 1949, 6).

29. Parallèles en *Tanḥuma* BUBER IV, 128 ; *Nb Rabbah* 19, 26 ; *Yalquṭ Shimoni* I, 764 à Nb 21, 18.

30. Nous avons prolongé entre parenthèses la citation du Ps 23, 2 conformément au sens midrashique.

31. Dans un contexte de renouveau paradisiaque, Ez 47, 10 avait repris à propos des poissons la mention des espèces ; cf. aussi Si 43, 25 dans un contexte de création.

32. Évidemment, les aggadistes ne distinguaient pas comme les critiques modernes récit sacerdotal et récit yahviste ; ils tendaient plutôt à

d'argument scripturaire permettant à l'aggadiste d'appliquer au puits de l'Exode une thématique propre aux eaux paradisiaques : au puits, que l'on reconnaissait dans les eaux du repos, on attribua l'irrigation du sol pour faire pousser dans le camp diverses espèces de verdure. Mais aussi des arbres, dit le commentaire. L'intermédiaire scripturaire de ce second élément de l'aggadah est vraisemblablement un texte du cycle de l'approvisionnement en eau lors de la marche au désert : Nb 20, 5, comme il apparaît dans un récit attribué à Yoḥanan bar Nappaḥa, un docteur palestinien d'avant 279[33]. Nous citons *Ct Rabbah* 4, 12, 3 :

D'où les Israélites se procuraient-ils (le vin de) leurs libations[34], tous ces quarante ans qu'ils passèrent dans le désert ? Rabbi Yoḥanan dit : « Du puits ». Et du puits provenait la multitude de leurs délices. C'est ce que dit Rabbi Yoḥanan : « Le puits faisait pousser pour eux (diverses) espèces d'herbes, (diverses) espèces de légumes, (diverses) espèces d'arbres. Sache que c'est bien ainsi, car lorsque Miryam mourut et que le puits cessa, que disaient-ils ? *Ce n'est pas un lieu de semailles, il n'y a ni figuier, ni vigne*, etc. » (Nb 20, 5).

La tradition aggadique, déjà ancienne, lisait, nous l'avons vu, en Nb 20, 2 une disparition du puits[35]. L'aggadah allait encore être prolongée moyennant le ver-

---

synthétiser les deux. Et à ce propos, on peut voir que Josèphe, *Ant.* I, 37, dit du parc originel qu'il était : *pantoiôi tethèlota phytôi*, « foisonnant en plantes de toute espèce » (trad. de J. Weill, *Antiquités judaïques*. Livres I-V, dans *Œuvres complètes de Flavius Josèphe* traduites en français sous la direction de Th. Reinach, I, Paris, 1900, 9).

33. Cf. W. Bacher, *Die Agada der palästinensischen Amoräer*, I, Strasbourg, 1892 (réimpr. Hildesheim, 1965), 285.

34. L'éd. que nous traduisons (*Midrash Rabbah*, II, Jérusalem, 1970) a la leçon *mnṭrym* ; M. Jastrow, *A Dictionary of the Targumim, the Talmud Babli and Yerushalmi, and the Midrashic Literature*, New York, 1950, 901, *sub voce nâṭar*, corrige en *mnskym*. Il s'agit dans le contexte de libations de vin ; cf. aussi M. Simon, *Midrash Rabbah. Song of Songs*, Londres, 1939 (réimpr. 1961), 223, n. 2 et 3.

35. Cette lecture avait donné lieu au rattachement du puits au mérite de Miryam, une assertion déjà présente en *LAB* 20, 8.

set 5 où les Israélites déploraient, outre le manque d'eau à boire, la stérilité du lieu dépourvu de végétation. On imputera à la disparition du puits l'aridité du sol, pour en inférer que, lorsque le puits était présent, il faisait pousser la végétation regrettée : diverses espèces d'herbes, de légumes[36] et d'arbres. Il y avait des vignes parmi ces arbres, d'après la citation de Nb 20,5. C'est pourquoi Yoḥanan pouvait dire que les Israélites avaient à leur disposition le vin des libations. On l'aura remarqué, ce docteur argumente à partir d'une tradition déjà constituée. Il sait que le puits faisait croître de la végétation ; il répète la tradition, mais, de plus, il en tire une application concrète aux besoins du culte.

Les deux commentaires que nous venons de citer mentionnaient la croissance d'herbes et d'arbres, alors que la citation du Ps 23,2 en *Tanḥuma Ḥuqqat* 21 ne justifiait pas la mention des arbres, et que la citation de Nb 20,5 en *Ct Rabbah* 4, 12, 3 ne justifiait pas celle des herbes *(dš')*. Faut-il en conclure que dans les commentaires, tels qu'ils nous sont transmis, s'est opérée de façon secondaire une fusion de deux traditions parallèles ? La chose est fort probable et nous verrons bientôt, à propos du *Midrash Tehillim* 23,4, un état de la tradition qui mentionne les herbes sans les arbres. Toutefois, dès le stade primitif, l'aggadah des diverses « herbes » et celle des divers « arbres » avaient déjà probablement pris naissance sous l'influence de Gn 1, 11-12 et, en tout cas, sûrement sous l'influence thématique d'une végétation paradisiaque[37].

---

36. Nous avons traduit par « légumes » le terme *zrʿwnym* qui reprend le texte biblique *zrʿ* ; cf. G. DALMAN, *Aramäisch-neuhebräisches Handwörterbuch zu Targum, Talmud und Midrasch*, Göttingen, 1938 (réimpr. Hildesheim, 1967), 133 : « gesäte Gewächse ». Et M. SIMON, *Midrash Rabbah. Song of Songs*, 223 traduit : « vegetables ».

37. Le commentaire de *Ct Rabbah* 4, 12, 3 cité contient encore un autre motif aggadique correspondant à une interprétation du Ps 23, 2. Il est dit, en effet, que du puits les Israélites tiraient « la multitude de leurs délices » *(rwb hnyytn)*. La forme araméenne du substantif *hnyyh* ici employé se retrouve dans le targum du Ps 23, 2 : « Dans un lieu

## Un jardin de plantes aromatiques

Le campement des Israélites autour du puits avait revêtu le charme verdoyant d'une oasis paradisiaque. Nous allons percevoir maintenant, parmi les herbes que faisait pousser le puits, diverses espèces de plantes aromatiques. Cet élément nouveau de l'aggadah est attesté dans un commentaire sur le prodige des vêtements des Israélites : selon Dt 8, 4 et 29, 4, pendant les quarante ans du séjour au désert, leurs vêtements ne s'étaient pas usés[38]. Éléazar ben Shimon, un tannaïte de la seconde moitié du IIe siècle, s'étonnait de l'affirmation biblique. Shimon ben Yosé ben Laqonia lui explique que « les nuées de gloire recouvraient » leurs vêtements (*Pesiqta de Rab Kahana* 11, 21)[39]. Très réaliste, Éléazar veut des précisions[40] et il en vient à la question indiscrète de l'odeur,

---

aride, il me fera reposer dans les délices *(bhnyyt)* des herbes ». Il s'agit dans le targum d'une traduction interprétative : l'expression *ne'ôt* du texte biblique est le pluriel construit du substantif *nâwèh* désignant un lieu où l'on s'établit, un pacage (cf. F. ZORELL, *Lexicon hebraicum*, Rome, 1967, 504) ; elle fut interprétée comme si elle provenait de l'adjectif *nâ'èh*, au féminin pluriel substantivé, désignant « des choses belles, délicieuses ». Ce n'était plus seulement des pacages, mais des délices, de verdure. On peut rapprocher ce procédé de traduction interprétative des traductions du nom « Éden » dans les versions anciennes ; cf. É. COTHENET, « Paradis », *DBS*, VI, Paris, 1960, 1180.

38. Le commentaire est transmis en *Midrash Tehillim* 23, 4 ; *Pesiqta de-Rab Kahana* 11, 21 ; *Dt Rabbah* 7, 11 ; *Ct Rabbah* 4, 11, 2 ; *Yalquṭ Shimoni* I, 850 à Dt 8, 4 ; II, 691 au Ps 23, 2 ; cf. aussi W. BACHER, *Die Agada der Tannaiten*, II, Strasbourg, 1890 (réimpr. Berlin 1966), 488. D'une recension à l'autre, il existe des variantes ; nous signalerons celles qui concernent notre sujet.

39. *Id.* en *Yalquṭ Shimoni* I, 850. Les autres recensions omettent le rôle protecteur de la nuée et font intervenir les anges du service qui remettent aux Israélites des vêtements inusables. Cette variante doit être secondaire, car dans la suite, toutes les recensions font recours à la nuée, pour résoudre les problèmes de nettoyage ; cf. aussi J. LUZARRAGA, *Las tradiciones de la nube en la Biblia y en el Judaismo primitivo* (AnBib, 54), Rome, 1973, 132.

40. Il se pose notamment la question des enfants qui grandissaient : leurs vêtements ne devenaient-ils pas trop courts ? Shimon répond en faisant référence à l'escargot dont la coquille grandit avec lui. Il faut remarquer que la tradition des vêtements s'allongeant au rythme de la

puisque les Israélites ne changeaient pas de vêtements. La réponse de Shimon concernera directement notre sujet, car elle fait intervenir la tradition du puits. Nous la citons d'après le *Midrash Tehillim* 23, 4 :

> Il lui répondit : « Le puits faisait pousser pour eux (diverses) espèces d'herbes et (diverses) espèces de plantes aromatiques *(wmyny bśmym)* sur lesquelles ils se roulaient *(whyw mg'g'yn bhm)*, comme il est dit : *Sur des prés de verdure il me fait reposer, aux eaux du repos il me mène* (Ps 23, 2). Et leur parfum[41] se répandait d'un bout du monde à l'autre. Salomon[42] vint et dit : *Le parfum de tes vêtements est comme le parfum du Liban* (Ct 4, 11). Il dit aussi : *Du nard et du safran, de la cannelle et du cinnamome... avec les plus fins aromates (bśmym)* (Ct 4, 14). Et d'où provenait tout cela ? De la *source de jardins, puits d'eaux vives* (Ct 4, 15). »

Pour répondre à Éléazar, Shimon disposait d'une citation biblique : Ct 4, 11 appréciait le parfum s'exhalant des vêtements de la fiancée ; or, selon une tradition bien établie, la fiancée du Cantique représentait la communauté d'Israël[43]. Mais il fallait encore expliquer comment Israël, dans les circonstances particulières de son séjour au désert, se procurait des parfums et les employait. C'est alors qu'intervient la tradition tirée du Ps 23, 2 selon laquelle le puits faisait pousser toutes sortes d'herbes. Shi-

---

croissance des enfants est également rapportée par saint JUSTIN, *Tryphon* 131,6 : *ta tôn neôterôn (endymata) synèuxane* (cf. la note de G. ARCHAMBAULT, *Justin. Dialogue avec Tryphon*, II, Paris, 1909, 273).

41. Nous corrigeons le texte *ryḥw* de l'éd. de S. BUBER, *Midrasch Tehillim*, Vilna, 1891. Il faut lire *ryḥn* avec *Dt Rabbah* 7, 11 ; *Ct Rabbah* 4, 11, 2 ; *Yalquṭ Shimoni* II, 691. Il s'agit du parfum des herbes ou des vêtements. Le pluriel est supposé également par la traduction de W.G. BRAUDE, *The Midrash on Psalms* (Yale Judaica Series, 13), I, New Haven, 1959, 331.

42. L'auteur présumé du Cantique.

43. Aqiba (avant 135) s'est fait le défenseur acharné de la canonicité du Cantique, dans lequel il voyait figurée la relation mystique entre Dieu et Israël. Mais cette interprétation lui était vraisemblablement déjà antérieure. L'allégorie prenait aussi en considération les diverses phases de l'histoire d'Israël, et notamment les événements de la sortie d'Égypte et de la marche au désert ; cf. W. BACHER, *Die Agada der Tannaiten*, I, Strasbourg, ²1903 (réimpr. Berlin, 1965),

mon prolonge la tradition en ajoutant aux « herbes » des plantes odoriférantes qui lui sont suggérées par le contexte de Ct 4, 11 : les versets 13 et 14 énuméraient une profusion d'aromates que l'on pouvait sans trop de peine mettre en relation avec les vêtements parfumés. Et surtout, dans le texte biblique de Ct 4, 15 : « source *(ma'yan)* de jardins, puits d'eaux vives », l'aggadiste découvre l'origine de ces aromates ; moyennant un changement de vocalisation, il interprète que ces parfums proviennent « de la source *(mê'éyn)* de jardins, puits d'eaux vives », c'est-à-dire que le puits faisait pousser des plantes aromatiques. Dans cette perspective aggadique, l'expression « eaux vives » désigne probablement, outre le sens habituel d'eaux qui s'écoulent, des eaux qui suscitent la vie sur la terre désertique.

L'argumentation tirée de Ct 4, 13-15 est moins simple que celle du Ps 23, 2 et c'est vraisemblablement à l'imitation de cette dernière qu'elle s'est constituée, pour appliquer aux Israélites séjournant dans le désert la citation de Ct 4, 11[44]. Les deux interprétations, d'ailleurs, resteront unies et, pour faire comprendre comment le parfum des plantes se communiquait aux vêtements, Shimon reviendra au Ps 23, 2 : « Sur des prés de verdure il me fait reposer » *(yarbîṣéni)*. Exploitant l'idée exprimée dans le

---

310-311 ; J. BONSIRVEN, « Exégèse allégorique chez les rabbins tannaïtes », *RechSR* 24, 1934, 35-36 et 40-41 ; M.J. MULDER, *De Targum op het Hooglied. Inleiding, vertaling en korte verklaring*, Amsterdam, 1975, 28-30.

44. Les recensions de *Pesiqta de-Rab Kahana* 11, 21 ; *Ct Rabbah* 4, 11, 2 ; *Yalquṭ Shimoni* I, 850 ont été écourtées : elles signalent Ct 4, 11 et font référence aux « herbes du puits » en supposant qu'elles sont parfumées ; l'argumentation tirée de Ct 4, 14-15 a été abrégée.
Nous pouvons voir en *Ct Rabbah* 4, 14, 1 que Yoḥanan bar Nappaḥa (avant 279 ; cf. W. BACHER, *Die Agada der palästinensischen Amoräer*, I, 285) connaissait la tradition tirée de Ct 4, 15 et y apportait déjà un développement nouveau : « Et d'où les filles d'Israël avaient-elles de quoi faire toilette pour réjouir leurs époux tous ces quarante ans qu'Israël passa dans le désert ? R. Yoḥanan dit : "Du puits". C'est là ce qui est écrit : de la *source (m'yn) de jardins, puits d'eaux vives* (Ct 4, 15) ». Yoḥanan emploie le même procédé exégétique que Shimon ben Yosé : la division de *m'yn* en deux éléments. Il

texte biblique par l'expression *rbṣ bᵉ*, « être couché sur, reposer sur », il imagine que les Israélites « se roulaient sur » ces plantes odoriférantes. Voilà comment leurs vêtements en étaient parfumés[45] !

On ne s'étonnera pas que l'aggadah ait pu aisément enrichir à partir de Ct 4, 13-15 la tradition issue du Ps 23, 2 selon laquelle le puits faisait pousser de la végétation. La thématique paradisiaque, en effet, sous-tendait l'une et l'autre argumentation. Les plantes aromatiques qui viennent compléter le tableau appartenaient traditionnellement à la végétation paradisiaque. Que le Paradis fût un jardin d'aromates, c'était une tradition déjà attestée en milieu juif ancien (IIIe ou IIe siècle av. J.-C.) par *1 Hen* 24, 3 — 25, 7, au *Livre des Veilleurs* : Hénoch, au terme de son voyage du nord-ouest vers le Paradis, avait découvert des arbres odoriférants autour de la septième montagne, celle du trône divin ; parmi ces arbres se trouvait l'arbre de vie qui lui-même exhalait « une odeur au-dessus de tout parfum » (*1 Hen* 24,4)[46]. D'après le même livre, en *1 Hen* 29 — 32, au terme de son voyage du nord-est, le patriarche avait rencontré dans le Paradis de justice des

---

sait que le puits faisait pousser des plantes aromatiques, mais il s'attache à l'intérêt particulier et conjugal de l'usage de ces parfums (cf. ci-dessus p. 269 la tradition de *Ct Rabbah* 4, 12, 3 où Yoḥanan, à partir d'une aggadah connue, tire une application concrète et utilitaire).

45. Même sens en *Ct Rabbah* 4, 11, 2 : l'éd. traduite (cf. ci-dessus n. 34) a la leçon *mtgʻgyn*, mais JASTROW, *op. cit.*, 261, lit *mtgʻgʻyn*, le même participe qu'en *Midrash Tehillim* 23, 4 (où s'est produite l'assimilation du *taw*). En *Dt Rabbah* 7, 11, au lieu de la leçon *mtʻngym*, « ils s'amusaient (sur) », JASTROW, 1092, propose *mtʻggym* pour rejoindre le sens des recensions précédentes ; mais *mtʻngym* peut être retenu : l'aggadah ajoute alors l'idée de « délices » attribuée au terme biblique *nᵉʻôt* (cf. ci-dessus n. 37). La leçon de *Yalquṭ Shimoni* II, 691 *mnʻnʻyn*, du verbe *nʻnʻ*, « secouer, remuer », est sans doute une corruption pour *mgʻgʻyn* que l'on a en *Midrash Tehillim* 23, 4. Dans la recension de *Pesiqta de-Rab Kahana* 11, 21, nous avons *mtlklkyn* (éd. de B. MANDELBAUM, New York, 1962, note ; JASTROW, 711 : « they were perfumed with the moisture of the herbs ») ; il s'agit d'un développement : on présuppose que les Israélites s'étendaient sur les herbes et on précise que leurs vêtements étaient humectés (par la rosée ou le suc ?).

46. Trad. de F. MARTIN, *Le Livre d'Hénoch traduit sur le texte éthiopien*, Paris, 1906 (réimpr. 1975), 64.

arbres à l'odeur suave et parmi eux l'arbre de la connaissance[47].

## Antiquité de la conception paradisiaque du séjour au désert et visée de cette exégèse

Nous avons pu le constater, c'est grâce surtout au Ps 23, 2 que la tonalité paradisiaque est venue s'appliquer au campement d'Israël dans le désert autour du puits : comme les « eaux du repos » évoquaient celles du puits qui, d'étape en étape, abreuvaient le camp des Israélites, les prés ou « pacages de verdure » ont suggéré la transformation du camp en oasis paradisiaque sous l'effet des eaux débordantes. Les textes de Nb 20, 5 et Ct 4, 13-15 ont été amenés dans le sillage du Ps 23, 2, pour compléter par la mention d'arbres et de plantes aromatiques ce tableau paradisiaque. A un stade sans doute plus récent que l'utilisation du Ps 23, 2, on fit recours aussi au Ps 23, 3 pour obtenir un nouvel élément propre au séjour des bienheureux : le camp était entouré d'eau comme un îlot de justice.

L'exposé de Shimon ben Yosé sur les vêtements des Israélites tirait parti à la fois du Ps 23, 2 et de Ct 4, 13-15. A vrai dire, de l'exégèse du Ps 23, 2, ce docteur de la seconde moitié du IIe siècle exploitait un élément particulier, à savoir que sur la verdure — odoriférante d'après Ct 4, 13-15 — les Israélites se couchaient. La tradition du Ps 23, 2 selon laquelle le puits faisait croître de la verdure doit donc être déjà antérieure à Shimon ben Yosé qui prolonge l'aggadah en mettant en évidence l'expression

---

47. Concernant ces visites d'Hénoch au Paradis, cf. P. GRELOT, « La géographie mythique d'Hénoch », 41-43. La Grotte 4 de Qumrân a livré des fragments araméens du voyage du patriarche vers le Paradis oriental. La description du Paradis lui-même n'est pas conservée ; le texte ne traite que de la traversée des montagnes qui sont en deçà des ténèbres barrant l'accès au Paradis. Mais on remarquera la mention de « roseaux odorants de choix » ; cf. J.T. MILIK, « Hénoch au pays des aromates (chap. XXVII à XXXII). Fragments araméens de la Grotte 4 de Qumrân », *RB* 65, 1958, 70-77, spéc. 71 ; ID., *The Books of Enoch. Aramaic Fragments of Qumrân Cave 4*, Oxford, 1976, 201-202 et 231-234. Notons aussi un commentaire de la tradition

rbṣ bᵉ, « être couché sur » ; cette insistance lui permet d'expliquer la transmission du parfum aux vêtements des Israélites[48].

Ce n'est pas simplement pour le plaisir de l'anecdote que l'exégèse midrashique a rehaussé de tons paradisiaques le séjour des Israélites dans le désert. Cette aggadah doit concrétiser une conception de l'histoire du salut qui fait de l'Exode le temps privilégié de l'avènement d'un âge nouveau marqué par le retour du Paradis idéal[49]. Et

---

rabbinique à Ct 8, 14 : « sur les montagnes des aromates » ; le texte biblique est ainsi expliqué en *Ct Rabbah* 8, 14, 1 : « c'est le jardin d'Éden, rempli d'aromates ». Cf. en outre E. LOHMEYER, *Vom göttlichen Wohlgeruch*, Heidelberg, 1919, 26-31 ; R. MACH, *Der Zaddik in Talmud und Midrasch*, Leyde, 1957, 102-107 ; I. ORTIZ DE URBINA, « Le Paradis eschatologique d'après saint Éphrem », *Orientalia Christiana Periodica* 21, 1955, 467-472.

48. L'antiquité de la tradition est confirmée aussi par le fait qu'au IIIᵉ siècle Yoḥanan bar Nappaḥa prolongera l'aggadah en s'attachant à des applications concrètes : la libation cultuelle de vin (*Ct Rabbah* 4, 12, 3 ; cf. ci-dessus p. 269), la toilette des femmes (*Ct Rabbah* 4, 14, 1 ; cf. ci-dessus n. 44). Une autre confirmation peut venir de la tradition selon laquelle les Israélites, en traversant la mer des Roseaux, trouvèrent « des arbres fruitiers, de la verdure et des fruits de choix au fond de la mer » (Ps-J Ex 15, 19). Une telle aggadah est attribuée à Nehoray (vers 150 ; cf. W. BACHER, *Die Agada der Tannaiten*, II, 379) en *Ex Rabbah* 21, 10 : « (Lorqu')une Israélite traversait la mer et (que) son enfant (qu'elle tenait) par la main pleurait, elle étendait la main et prenait une pomme ou une grenade du milieu de la mer et elle la lui donnait, comme il est dit : *Et il les fit marcher dans les abîmes comme au désert* (Ps 106, 9). » La citation du Ps 106, 9 semble impliquer que le prodige situé à la traversée de la mer (« dans les abîmes ») est la transposition d'une aggadah concernant la marche « au désert » ; tel est le lien d'exégèse rabbinique établi entre les deux traditions d'une végétation paradisiaque : dans le désert et au fond de la mer. Il en va autrement en Sg 19, 7 qui déjà parle d'« une plaine verdoyante » *(chloèphoron pedion)* dans la mer. Dans le contexte de la conclusion du livre de la Sagesse, où l'auteur montre l'apparition d'une nouvelle création lors de l'Exode en s'inspirant de l'heptaméron sacerdotal, cette aggadah décalque directement l'œuvre du troisième jour (Gn 1, 11-12) : de l'eau émerge la terre qui se couvre de verdure ; cf. P. BEAUCHAMP, « Le salut corporel des justes et la conclusion du livre de la Sagesse », *Bib* 45, 1964, 501-508, spéc. 504.

49. Sur le renouvellement d'Israël au Sinaï, cf. R. BLOCH, « Quelques aspects de la figure de Moïse dans la tradition rabbinique »,

bien que les témoignages rabbiniques que nous avons examinés ne nous permettent pas de remonter avec certitude au-delà du IIe siècle de notre ère, il y a des chances pour que cette conception soit plus ancienne. N'est-ce pas déjà dans cette perspective que *LAB* 11, 15 voyait dans le bois devant assainir les eaux de Marah un fragment de l'arbre de vie[50] ?

Mais la thématique paradisiaque s'appliquait aussi, et dès la tradition biblique[51], au grand renouveau qui caractériserait l'ère eschatologique où les biens du Paradis seraient rendus[52]. Dans ces conditions, l'exaltation aggadique des merveilles paradisiaques de l'Exode ne faisait sans doute pas toujours abstraction de l'espérance d'un renouvellement définitif de ces prodiges, pour le temps de la délivrance finale qui serait à la fois nouvel Exode et retour du Paradis[53]. On reconnaît, en tout cas, que dans

---

dans *Moïse, l'homme de l'Alliance*, Paris-Tournai, 1955, 140-149 ; J. POTIN, *La Fête juive de la Pentecôte*, I (LeDiv, 65a), Paris, 1971, 210-216 et 221-222.

50. Cf. *Moïse et le don de l'eau*, 39-40.

51. Cf. É. COTHENET, « Paradis », 1202-1206.

52. Sur l'époque eschatologique comme un retour du Paradis, cf. (H.L. STRACK,) P. BILLERBECK, *Kommentar zum Neuen Testament aus Talmud und Midrasch*, IV/2, Munich, 1928, 887-893 ; P. VOLZ, *Die Eschatologie der jüdischen Gemeinde im neutestamentlichen Zeitalter nach den Quellen der rabbinischen, apokalyptischen und apokryphen Literatur*, Tübingen, 1934 (réimpr. Hildesheim 1966), spéc. 360-361 et 387-388 à propos de la fertilité du sol. Signalons spécialement que d'après *1 Hen* 25, 4-6, les justes après le grand jugement jouiront du fruit de l'arbre de vie et leurs os seront pénétrés de la bonne odeur de cet arbre. Et *2 Bar* 29, 7 prévoit qu'au temps messianique Dieu enverra de devant sa face des vents qui embaumeront la terre du parfum de fruits aromatiques ; cf. P.-M. BOGAERT, *Apocalypse de Baruch*, I (SC, 144), Paris 1969, 483.

53. En *Tanḥuma Qedoshim* 7 (et *Tanḥuma* BUBER III, 75), la fertilité du désert de l'Exode sous l'effet des eaux du puits est intermédiaire entre, d'une part, le Paradis originel et, d'autre part, l'espoir frustré de cette fertilité lors de l'installation en Canaan : le péché avait chaque fois fait disparaître la bénédiction. Mais d'après Za 8, 11-12, la bénédiction de la terre restait promise pour l'époque à venir. La facture de cette aggadah nous paraît tardive : la tradition sur le puits y est reprise à un stade fort évolué (ainsi p. ex. on plante les arbres autour de l'eau, ils ne poussent pas d'eux-mêmes comme nous l'avons vu ci-dessus p. 440) et l'ensemble est mal agencé. Mais la con-

le milieu juif alexandrin du livre de la Sagesse, la relecture de l'Exode, présentée comme une genèse renouvelée en Sg 19, était destinée à soutenir l'espoir d'une intervention nouvelle de Dieu, aux temps derniers [54].

---

ception de l'histoire sainte selon laquelle l'Exode représente une époque intermédiaire entre le Paradis originel et l'âge à venir peut être plus ancienne (cf. P. GRELOT, « Jean, VII, 38 : Eau du rocher ou source du temple ? », *RB* 70, 1963, 48-49).

54. Cf. G. KUHN, « Beiträge zur Erklärung des Buches der Weisheit », *ZNW* 28, 1929, 336-338 ; P. BEAUCHAMP, art. cit. (ci-dessus n. 48), 496-510 ; cf. aussi dans le présent volume la contribution de M. GILBERT, « La création selon le livre de la Sagesse », p. 323.

## *ATELIER II*

# ÉCRITURE BIBLIQUE ET DIALECTIQUE
# 1 SAMUEL 24 – 26

### par Jacques CAZEAUX

**Définitions et exemples**

L'*écriture* dont il s'agit ici est celle du rédacteur ultime, dont la recension est finalement passée dans le Canon. Nous voulons montrer que la composition, ou le montage des épisodes[1], répond à une intention, qui est du moins objective[2]. Plus précisément, bien des unités littéraires obéissent à une *dialectique*, c'est-à-dire à un parcours conduisant d'une première position à son renversement ou à une figure complémentaire, par l'intermédiaire d'une péripétie qui sert de médiation. Ces grands mots sont

---

1. Des épisodes narratifs proprement dits, ou des séquences littéraires.
2. Il faut bien admettre une intentionnalité des beaux textes, qui ne correspond pas nécessairement avec l'intention déclarée ou déduite de l'auteur.

commodes. Voici quelques exemples sommairement énoncés.

— La relation du Jour Un de la Création et du Jour Septième, dans le chap. 1 de la Genèse, est assurée par le caractère spécifique du Jour Quatrième.

— Les chapitres 1 à 6 de l'Exode évoquent le réveil d'Israël en Égypte. Nous allons d'un comput de la famille de Jacob (1, 1s) à une généalogie spécialisée, celle des fils de Lévi, Aaron et Moïse (6, 14-27). Or, au début également (2, 1) le personnage essentiel au récit, celui de Moïse, nous est apporté sans sa généalogie. Il y a vraisemblablement un passage intentionnel de la perspective purement « biologique » (1, 1s) ou purement humaine (2, 1), à une perspective pleinement marquée par l'Alliance cultuelle avec le Dieu d'Abraham, d'Isaac et de Jacob — c'est la révélation centrale de ce titre de Yahvé qui est la médiation : l'existence d'Israël comme entité passe par cette énonciation du Nom et son refus simultané.

— Beaucoup plus patente, il existe une tension entre le chapitre 16 de l'Exode et le chapitre 11 des Nombres. Le repère littéraire est le suivant : il s'agit de part et d'autre de deux nourritures merveilleuses, la *manne* et les *cailles*. Curieusement, la viande est évoquée dans le récit qui se réduira à l'histoire de la seule manne (16, 12-13), et, par croisement, la manne sera à son tour évoquée d'une brève description au moment où le récit se concentre sur l'affaire des cailles. Or, cette affaire des cailles (Nb 11) est elle-même compliquée d'une dialectique propre : au début, Yahvé annonce que les Hébreux seront « exaucés » et qu'ils auront de la viande, mais qu'ils en seront dégoûtés au bout d'un mois de jours (on note l'insistance chronologique de l'hébreu aux versets 19s) ; or, à la fin (verset 33), la viande des cailles ne dégoûte pas, mais fait périr les Hébreux, et cela non pas au bout d'un mois de jours, mais dès qu'ils la mangent. Je ne dirai pas ici comment et pourquoi ce « mensonge » à propos des cailles. Je veux dire simplement que l'enchaînement des deux affaires, manne et cailles, signifie que le dénouement visible et effectif des cailles entraîne aussi la manne. En clair : la manne est aussi suspecte et ambiguë que les cailles. Nourriture exigée par le peuple, elle lui est fatale. Paraphrasant l'exégèse de Jésus, en Jn 6, 49, je dirais volontiers : Vos pères ont mangé la manne au désert et ils *en* sont morts. Cette conclusion brutale demanderait aménagements, mais elle est impliquée par la dialectique du récit Exode-Nombres, comme un aspect de la tradition sur le Désert.

— Plus clair en même temps que plus subtil, et portant sur un vaste « chapitre », le cas d'Exode, chap. 25 — 40. Le système cohérent, devis de l'Arche suivi de sa réalisation, en principe point par point, est déjà légèrement bousculé par les infléchissements de la réalisation par rapport au devis. Mais surtout, les deux parties symétriques se trouvent séparées à force par l'épisode narratif du Veau d'or (les chap. médians, 32-34). Or, cette intrusion apporte plus qu'un correctif à l'édification d'un matériel de culte, tout à fait visible et perfectionné : en ramenant la Gloire d'Israël d'une chose vue qui marche devant le Peuple (début du chap. 32), à la splendeur du visage de Moïse en tant qu'il a entendu la Parole de la Loi, l'affaire dite du Veau d'or contredit la sérénité et la plénitude de l'Arche. Que le Veau d'or vise d'abord Jéroboam, ou, par Jéroboam interposé, le Temple de Jérusalem lui-même, il se dégage de la construction même de ce « chapitre » final de l'Exode une leçon prophétique, rejoignant assez bien les chapitres 7 et 8 de Jérémie. Ici, apparemment[3], le second volet de la réalisation du devis (chap. 35 — 40), n'est pas affecté dans sa lettre même par le passage destructeur de la narration médiane (les chap. 32 — 34). C'est le lecteur seul qui ne peut plus entendre de la même manière des mots qui restent les mêmes. Il doit désormais entendre qu'il a le devoir de prêter à la Loi, qui fait seule briller Moïse, la même attention détaillée et minutieuse que les ouvriers de Beçaléel apportent à la confection des courtines et autres ornements de l'Arche. C'est donc une dialectique subtile.

— Jetons un coup d'œil à ce Jérémie. Le livret d'ouverture qui précède le livret du Temple (soit les chapitres 1 à 6) contient une belle dialectique en trois temps, comme il se doit. Les chapitres 4 à 6 mettent en scène l'approche de l'envahisseur. Or, si l'on regarde de près, il s'agit d'abord de fuir du plat pays *vers* Jérusalem pour s'y abriter (chap. 4) ; il s'agira à la fin (chap. 6) de fuir *de* Jérusalem investie, de telle sorte que le refuge de la Ville aura été un piège. Pourquoi ? C'est l'épisode intermédiaire qui répond. Une fois réfugiés à Jérusalem, les Judéens peuvent voir *dans* Jérusalem une sentine de crimes et d'idolâtrie. La ruine apportée par le siège et qui ne laisse plus d'espace libre et respirable provient donc des fautes de Jérusalem. Le principe est simple et classique, deutéronomiste. Mais la mise en œuvre est saisissante, d'une Ville autour de laquelle

---

3. Le lien est donné par l'*or* : il servira à l'Arche comme au Veau...

on tourbillonne grâce à ces trois prépositions enchaînées par la dialectique : *vers* Jérusalem, *dans* Jérusalem, *hors de* Jérusalem.

— La page sacrée du « Décalogue », dans sa concision (20, 2-17), produit en son milieu le commandement qui touche au sabbat. Son extension relative, le croisement qu'on y repère entre l'intérêt porté au « village » (versets 9-10) dont il sera question en principe à partir du verset 12, et l'intérêt porté au souvenir de l'origine, aspect proprement théologique et dont s'occupaient les versets antérieurs (versets 2 à 7), font qu'il ne se présente plus comme une liste, plutôt en un enchaînement, un diptyque non seulement moral, des devoirs envers Yahvé puis envers le prochain, mais une symétrie qui donne comme équivalents le respect du prochain et le respect de Yahvé, à tout le moins.

— Sans tomber dans de trop vastes et donc trop lâches généralités, on peut avancer qu'allant de la *fraternelle* coopération guerrière de conquête entre Juda et Caleb (chap. 1) jusqu'à la tragique destruction-réintégration de la Tribu de Benjamin (chap. 19 à 21), entreprise paradoxalement *fraternelle*, le livre entier des Juges forme une critique de la Royauté-qui-supprime-la-*fraternité*-des-Tribus. Or, le milieu du livre est fait de la tentative d'établir une royauté, et même un principe dynastique (8, 35, en préparation du chap. 9, qui raconte l'entreprise, ses effets désastreux, sa fin honteuse)... De part et d'autres, les Juges sont les types, chacun avec sa note, de ce qu'il faudrait faire ou ne pas faire en tant que « prince » d'Israël éventuel.

— Pourquoi Marc, 7, 3-4 détaille-t-il les observances de la purification des Juifs ? Pour renseigner son Romain ? Peut-être, mais, du même coup, il oppose (à une distance raisonnable et dialectique) ces minutieux examens du corps à purifier au catalogue des crimes intérieurs (verset 21) ou nés de l'intérieur. On attendrait que Jésus suppose la pureté des disciples, en dépit de leurs mains impures : il plonge tout le monde, adversaires et disciples, dans le détail des fautes. L'opposition du dehors et du dedans a tourné à l'uniforme condamnation... La médiation est dans la double inintelligence de la Loi, manifestée de façon criante par les adversaires de Jésus (versets 5-16) et répercutée « innocemment » par les disciples (versets 17-18). Au résultat, pur et impur s'effacent dans le mal radical.

## Le droit du Prince

C'est à dessein que j'ai pris un peu partout des exemples, trop vite regardés, il est vrai. Concentrons-nous sur un cas particulier, celui d'un « doublet ». Le premier livre de *Samuel* conduit Saül à sa perte, et David va le supplanter. Les chapitres 24-26 « justifient » précisément David, en illustrant sa générosité. Trois épisodes arrangent cette apologie, dont deux semblent se répéter, puisque David y épargne le Roi, selon un scénario dont les grandes lignes interfèrent. Entre ces deux occasions où David, maître du sort de son rival et seigneur, se donne le beau rôle, agissant de lui-même, vient se loger une histoire, analogue et différente, où David pardonne à Nabal et plutôt à Abigaïl... mais en prêtant cette fois attention à une sorte de prophétie de sagesse dont Abigaïl est l'instrument. Les deux récits où David épargne Saül sont jumeaux. Le récit de Nabal et Abigaïl en présence de David pourrait au contraire posséder son autonomie : c'est le joli conte de la mal-mariée épousant par son astuce le Prince que sa beauté lui mérite. Le « doublet », tout d'abord, en est-il un ? Quel est, ensuite, le rôle nouveau du conte central ?

### I. UNE SYMÉTRIE DISSEMBLABLE : LES CHAPITRES 24 ET 26

David, caché dans une grotte, épargne Saül désarmé et dans son particulier (chap. 24) ; David vient dans le camp ravir l'épée de Saül (chap. 26). Occasion, abstention, défi à distance et dialogue où Saül reconnaît David comme juste. Ce canevas est compliqué de traits achevant la symétrie, de telle sorte qu'elle en est... faussée. Voici les rapports de similitude et d'écart :

| CHAP. 24 | CHAP. 26 |
|---|---|
| *rencontre due au hasard ;* | *rencontre délibérée* |
| *grotte, lieu naturel fermé, où Saül se risque, léger, où David est acculé ;* | *camp, lieu artificiel fermé, où Saül est protégé, mais où David s'aventure par audace ;* |
| *David refuse à ses compagnons la mort possible de Saül à sa merci ;* | |
| *David use du tranchant ;* | *David enlève la lance ;* |
| *David a respecté l'Oint de Yahvé* | |
| *David s'adresse* | *David s'adresse à Abner avec ironie,* |
| *à Saül devant qui il s'humilie ;* | *à Saül qu'il ACCUSE ;* |
| *(« chien » - « insecte ») ;* | *(« perdrix pourchassée ») ;* |
| *Saül reconnaît la voix de David et l'appelle à son tour ;* | |
| SAÜL JUSTIFIE LUI-MÊME DAVID, | |
| *mais en disant ici . « Tu es plus juste que moi ! »* | *mais en disant ici : « Je suis fou ! »* |
| *« Je sais que tu seras le roi ».* | *« Tu réussiras en tout ».* |

Ajoutons tout de suite, pour n'y pas revenir : l'épisode du chapitre 24 se termine sur la prière de Saül, que David épargne sa maison, et sur le serment de David, un serment appelé à ruse et révision (cf. 2 S, chap. 4 et chap. 21, qui forment tous deux une vaste inclusion pour toute l'histoire de David...). Le récit du chap. 26 fait culminer le réquisitoire de David contre Saül sur l'accusation suivante. Saül a contraint David à l'exil : chassé d'Israël, il va devoir servir d'autres dieux ; c'est là une justification du séjour de David chez Akich (chap. 27, dans la suite immédiate). Chaque récit prévoit un prolongement dans l'histoire de David. Mais l'essentiel est intérieur aux deux épisodes.

Partons d'une différence, même si elle doit paraître comme un détail. David, dans le chap. 26, seconde affaire, commence par défier Abner et non pas Saül. Il accuse Abner de n'avoir pas gardé Saül. Ce n'est pas un détail. David par là, par cette faille, va glisser ensuite son réquisitoire contre Saül. En effet, si le général, chef de la force militaire du roi, ne garde pas bien le roi, c'est qu'il y a précisément une fêlure dans le système rigide qui définit la royauté. Et David, se tournant vers Saül, peut poursuivre sa critique du système royal : d'abord, Saül n'a pas l'esprit de justice, essentiel au roi, puisqu'il ne sait pas discerner :

*a)* Si la montée de David vient de Dieu ou des hommes (versets 18-19a) ;

*b)* Et, au cas où elle serait jalousée par des hommes, Saül ne sait pas qu'on ne doit pas punir jusqu'à rendre idolâtre un fils d'Israël (versets 19b-20).

Sous une forme naïve et de simples gestes, le texte dénonce la vanité d'un roi qui n'a pas le « droit » élémentaire du prince en Israël ; et qui, signe et conséquence, voit sa force séparée de lui : Abner endormi ne l'a pas protégé. Cet enchaînement des critiques du pouvoir de Saül a pour conclusion une sorte d'abdication morale, dans la bouche même de Saül, *Voici que j'ai été fou...* (verset 21). Le chap. 26 a une résonance symbolique de type *politique*. Le milieu même où il se déroule, le camp, en est le signe ironique, puisque tout y dort et qu'on y entre facilement. Au contraire, le chap. 24, où *Saül se couvre les pieds*, se tient du côté de la *nature*. La grotte en est le lieu ; et surtout, dans sa confession, Saül interprète le geste de David l'épargnant comme une miséricorde étonnante, mais d'homme à homme. David avait dit auparavant : *Je ne porterai pas la main sur l'Oint de Yahvé* (24, 11), par tabou politico-religieux ; mais Saül remonte ensuite vers un plan qui est celui de l'humanité : *Qu'un homme trouve son ennemi, le congédie-t-il sur sa route à la bonne heure ?* (24, 20). Au chap. 26, Saül ne prononce pas de réponse aussi longue qu'au chap. 24. Et c'est David qui interprète lui-même son propre geste : *Je n'ai pas voulu porter la main sur l'Oint de Yahvé* (26, 23), dans une phrase qui reste donc politique et précisément même, une phrase de transaction avec le Ciel (comparer le verset 21 au verset 24)[4]. Les deux épisodes, du

---

4. On peut même affiner. Dans le second épisode, du chapitre 26,

chap. 24 puis du chap. 26, se partagent la *nature* et la *puissance artificielle*, la « politique ». Saül, faible ou fort, exposé ou gardé autant qu'il est possible, est chaque fois exposé à David, et finalement au respect de la vie qui est en David, c'est-à-dire à une *sagesse* fondamentale. Or Saül est éloigné de cette *justice* (24, 18) ou de cette *sagesse*, puisqu'il se dit *sot et léger à l'extrême* (26, 21). Le tableau alterné des chapitres 24 et 26 donnerait encore d'autres valeurs. Restons-en à ce motif de la *sagesse-folie*. C'est à l'évidence le biais par lequel la troisième miséricorde de David, celle du chapitre 25, au milieu des deux autres, s'est trouvée attirée dans ce réseau.

## II. L'AXE : L'HISTOIRE DE NABAL ET ABIGAÏL COMME RÉVÉLATEUR

Dans les chapitres 24 et 26, le défi vient de David. Dans le chapitre 25, David est l'objet d'un défi — par un bourgeois que la bande de David protège. David est ici en position de force, comme l'est en principe Saül de part et d'autre de cette histoire. Le riche bourgeois est un moyen-terme entre le prince et l'homme du peuple, qui sont opposés de part et d'autre, dans les chap. 24 et 26. Cette position moyenne permet[5] que le récit comporte la présence d'une femme. Mal mariée à ce fou de Nabal, elle va traverser cette zone moyenne et devenir l'épouse du prince, mais du prince généreux.

---

David commence par interpréter ironiquement, à l'usage d'Abner, son audace : *Quelqu'un du peuple est venu pour tuer le roi* (verset 15) ; devant son rival, ensuite, David revendique l'audace et la miséricorde (verset 23). Il est allé du plan commun de l'humanité à celui de la compétition politique, où il évolue alors lui-même. Ce mouvement est inverse de celui qui soutenait le dialogue du chapitre 24, du plan politique au plan de l'humanité commune. Ces croisements supposent qu'une question sous-jacente est celle-ci : le prince est-il un homme ? Doit-il être *l'un du peuple* ?

5. Un signal de correspondance entre les trois épisodes peut être perçu dans le fait qu'ils commencent tous trois par annoncer une troupe de *trois mille* : des guerriers de Saül (24, 3, puis 26, 2) ou des... bêtes de tonte chez Nabal (25, 2).

Dans les chapitres 24 et 26, David est poursuivi par Saül, alors qu'il lui est *utile* contre ses ennemis : la situation est paradoxale, car le prince en titre est plus faible que David, pourtant homme commun. Dans le chapitre 25, David apparaît ce qu'il était, mais que Saül refusait de reconnaître, à savoir un « juge », assurant aux gens la paix contre les incursions (25, 15-16, 21, 28) — ni homme de rien, ni prince-roi. Défié par un fou (d'ailleurs d'autant plus fou qu'il est désarmé, gros propriétaire ignorant son protecteur), le « juge » va-t-il tourner au prince, avide de vengeance et de sang et de feu et de pillage, ou va-t-il, rester *utile* aux gens ?

En fait, par ces liens d'opposition structurés, le récit médian va servir de « révélateur ». Nabal est fou comme Saül[6] : il nous apprend que, malgré l'apparence de force, Saül a besoin de David, et qu'en le poursuivant il est aussi fou qu'un gros bourgeois méprisant le chef de bande armée qui lui assure la tranquillité. En Nabal, riche et s'exposant à la fureur de David, le récit montre *où va* la folie de Saül : à la ruine de la prospérité, de la terre et des gens, du « peuple ». Inversement, nous allons apprendre *d'où vient* la miséricorde exercée par David tout au long : de soi, ou plutôt du fait qu'il a la force et qu'il est devenu ce que Saül croyait être, à savoir un fort contre un désarmé arrogant, David entre dans le jeu fatal de la « royauté », la vengeance, le sang, la ruine de tous pour châtier un seul... Mais la femme de Nabal, la sage Abigaïl, vient interrompre la loi fatale. Du coup, ce n'est plus le *personnage* de David qui est bon, juste, meilleur et plus juste que Saül. Placé dans les mêmes circonstances que Saül, lui, David, il agirait personnellement comme Saül. Et cela veut dire que le *système* de la « royauté » est de soi vengeance, ruine et mort. La *sagesse* de cette femme[7] sauvera seule non pas tant la maison de Nabal et

---

6. On peut considérer que l'écart sémantique est le même entre *nâbâl* et *sâkâl*, pour désigner les aberrations de Nabal et de Saül, qu'entre *ṭaᶜam* et *ṣaddîq*, pour désigner les mérites d'Abigaïl et de David. Le mot *fou* dont Saül se sert pour lui-même (26, 21) est celui qui caractérise le prince dangereusement égaré, dans le *Qohèlèt*, chap. 2 et chap. 10.

7. La femme est souvent sage dans les récits de *Samuel* et des *Rois*. Voir p. ex., 2 S 20, 14-22, etc.

la paix des gens de la terre, que la vérité de *juge* en David. Ainsi, promis à la royauté, à la fin du chapitre 24, plus tard montré supérieur au camp des rois puissants, David, en ce milieu, apprend par sagesse interposée, que le vrai roi en Israël est à la rigueur un juge. Si la situation politique, au chapitre 25, fait de lui un protecteur armé des gens de la terre, malgré eux, malgré leurs provocations, c'est qu'à jamais en principe le pouvoir, en Israël, doit être compris à la lumière de ce qui se passait avant que le peuple affolé demande à Samuel de lui donner un roi *comme en ont les Nations*. L'épisode médian surplombe le transfert du pouvoir, de Saül à David, tel que les chapitres 24 et 26, de part et d'autre, risquaient de le faire comprendre. David risquait d'être interprété comme un *meilleur Roi d'Israël*, personnellement généreux. Mais il ne doit pas y avoir de Roi du tout en Israël, parce que le système royal est toujours et de soi ruineux. Il fallait que dans ce cadre « moyen », du bourgeois terrien, avec une femme sage, le pouvoir soit mesuré dans son rapport avec la prospérité du peuple, et ne soit pas l'affaire du combat singulier, bas ou généreux autant qu'on voudra, entre deux héros. La preuve viendra vite : dans le récit toujours pessimiste[8] des livres de Samuel et des Rois, David ne sera pas « meilleur » : sa dernière image, même, le montrera comme le fléau du Peuple (2 S 24, le recensement fatal). Il aurait dû rester dans le rôle où il figure au chapitre 25, c'est-à-dire du *rempart aussi bien la nuit que le jour* (versets 15s). Ni écarté entre une vengeance de force et une faiblesse naturelle, comme le Saül du chapitre 24 ; ni trahi par la force artificielle

---

8. C'est une dialectique bien plus ample qui régit la succession des trois premiers rois d'Israël. Saül est *manifestement* aberrant et même fou ; Salomon sera *apparemment* glorieux, sage, bâtisseur du Temple et de la prospérité d'Israël, *apparemment* solidaire en toutes ses tribus. Pourtant, on peut dire que la folie de Saül ne fait que prophétiser la folie réelle et cachée de Salomon : c'est Salomon qui appliquera le « droit du prince » annoncé par Samuel au tout début (1 S 8, 11-18 ; vérifié bien plus tard, p. ex., 1 R 12, 4.10.14). Entre Saül et Salomon, David mêle tragiquement le juge et le roi. Chez lui *apparence et réalité* coïncident : le meilleur des rois est encore un fléau pour le peuple. Salomon le masque ; Saül le pose en caricature.

d'un camp où tout le monde peut finalement dormir : le maître du peuple en Israël a pour source de sagesse et visée de politique la « paix » du peuple. Leçon simple, et parfaitement oblitérée le reste du temps. Il ne faut jamais perdre de vue que nous sommes ici à un moment-charnière : non seulement David va supplanter Saül, mais peut-on passer d'un mauvais prince à un bon prince ? La réponse est : non. La miséricorde du « prince » sera un hasard, une humeur personnelle, ou un miracle, ou un calcul, si elle n'est pas le calcul supérieur et « sage » du peuple pour le peuple. Le « juge » reste à hauteur du peuple. L'espoir insensé d'un peuple gouverné est de croire que le gouvernement suivant sera meilleur, oubliant que le pouvoir corrompt *nécessairement*.

C'est peut-être ainsi que l'image d'Épinal du « bon roi David » s'est trouvée critiquée de façon positive, à même les traditions qui justifiaient sa prise du pouvoir. Saül, deux fois, *prophétise sans le savoir* : à la fin, il se reconnaît fou, et c'est en tant que roi ; au début, il déchiffre son salut et la réserve de David comme le fait d'un *homme qui trouve son ennemi et lui donne congé en son chemin à la bonne heure...* : le fait d'*un homme*.

À force de pressentir ces dialectiques vivantes et dont le sens passe par le récit naïf, des interprètes comme Philon d'Alexandrie ourdissent de subtiles exégèses, qu'il faut appeler artificielles et vraies.

## ATELIER III

# 2 M 7, 28 DANS LE « MYTHOS » BIBLIQUE DE LA CRÉATION

### par Pierre GIBERT

> « Je t'en conjure, mon enfant, regarde le ciel et la terre, et vois tout ce qui est en eux, et sache que Dieu les a faits de rien et que la race des hommes est faite de la même manière. »
>
> (Trad. B.J.)

Dans le cadre de notre recherche sur l'idée de création devons-nous prendre en considération 2 Maccabées 7, 28 ?

Poser cette question suppose, implicites ou explicites, plusieurs objections. Tout d'abord la brièveté du propos, un seul verset, par rapport à des textes proportionnellement aussi considérables que ceux de Genèse 1 ou Genèse 2 et 3. En second lieu, son caractère allusif, celui d'une invocation au Dieu créateur, dans un contexte qui *a priori* ne semble pas l'appeler, d'autant moins que les circonstances dramatiques ne sont pas liées aux considérations d'ordre philosophico-théologiques.

En outre on peut avoir des doutes quant à l'autorité traditionnellement reconnue à ce verset : fonde-t-il vraiment la création *ex nihilo* à laquelle la Bible aborderait enfin après les anthropomorphismes des premiers chapitres de la Genèse ?

En dernier lieu rappelons que ce verset appartient à un livre que les Églises de la Réforme ne considèrent pas comme canonique.

Par rapport à ce dernier point je m'en tiendrai évidemment à la tradition catholique : le 2e livre des Maccabées fait bien partie du canon des Écritures. A ce titre il peut donc être pris en considération pour ce qui nous occupe.

Pour ce qui est du fondement de la conception de la création *ex nihilo*, le seul fait justement qu'on lui ait accordé une telle importance demande qu'on aille y voir de près. Par conséquent, ne fût-ce que pour cette raison, ce verset mérite notre étude.

Mais je ne voudrais pas m'en tenir à une sorte de condescendance conciliante à l'égard d'un texte aussi bref, aussi allusif. Je voudrais montrer en quoi il fait intégralement, voire nécessairement partie du « mythos » de la création selon la Bible — je m'expliquerai tout à l'heure sur le sens de ce mot que j'emprunte à Northrop Frye — et qu'il en fait partie tel qu'il est, dans sa brièveté même.

Ainsi nous aurons à répondre à deux questions : ce verset fonde-t-il dans la Bible la création *ex nihilo* ? ce qui nous amènera en premier lieu à examiner les problèmes de traduction qu'il pose. En quoi ou comment entre-t-il nécessairement et tel qu'il est dans un examen de l'idée biblique de création ? Cette seconde question nous conduisant à considérer la place et l'intégration de notre verset dans le « mythos » biblique.

**Une double difficulté**

Vous connaissez le contexte immédiat de notre verset, celui d'un épisode de la persécution d'Antiochus IV Épiphane. La mère de sept frères a vu martyriser six d'entre eux. Reste le septième auquel le persécuteur offre le salut pour prix de son reniement. Il enjoint à la mère de l'exhorter dans ce sens.

Celle-ci « se pencha donc vers lui et, mystifiant le tyran cruel, elle s'exprima de la sorte dans la langue de ses pères : "Mon fils, aie pitié de moi qui t'ai porté neuf mois dans mon sein, qui t'ai allaité trois ans, qui t'ai nourri et élevé jusqu'à l'âge où tu es... Je t'en conjure, mon enfant, regarde le ciel et la terre et vois tout ce qui est en eux, et sache que Dieu les a faits de rien et que la race des hommes est faite de la même manière. Ne crains pas le bourreau, mais te montrant digne de tes frères, accepte la mort, afin que je te retrouve avec eux dans la miséricorde" » (2 M 7, 27 - 29, trad. B.J.).

C'est naturellement le verset qui évoque la création qui va nous retenir, le verset 28. Et pour commencer nous avons à surmonter deux difficultés, une difficulté d'intelligence de l'expression particulière « faits à partir de rien », ce que donne la traduction que je viens d'utiliser, et une difficulté de contexte due au voisinage d'une autre allusion à la création, quelques versets plus haut.

En effet, après le martyre des six autres fils, l'auteur rappelle l'exhortation que la mère avait tenue à chacun d'eux :

« ... animant d'un mâle courage son raisonnement de femme, elle leur disait : "Je ne sais comment vous avez apparu dans mes entrailles ; ce n'est pas moi qui vous ai gratifiés de l'esprit et de la vie ; ce n'est pas moi qui ai organisé les éléments qui composent chacun de vous. Aussi bien le Créateur du monde, qui a formé le genre humain et qui est à l'origine de toute chose, vous rendra-t-il, dans sa miséricorde, et l'esprit et la vie, parce que vous vous méprisez maintenant vous-mêmes pour l'amour de ses lois." » (2 M 7, 21-23, trad. B.J.).

Dans ces versets la mère des sept frères semble dire le contraire de ce qu'elle dira en 7, 28 : *elle ne sait pas*, alors que dans l'exhortation à son plus jeune fils *elle affirme*. Mais y a-t-il vraiment contradiction ?

Incontestablement le vocabulaire est différent pour parler de mêmes réalités ou de réalités avoisinantes. En 7, 22-23 nous trouvons des mots tels que *kosmos, ktizô, plassô*, tandis qu'en 7, 28 nous trouvons *ouranos, gê, poieô*.

Faut-il invoquer deux traditions différentes ? Je laisse de côté ce difficile problème qui dépasse mes compétences et qui relève d'une étude générale du 2ᵉ livre des Maccabées dont le caractère composite ne fait pas de doute. Prenons simplement acte maintenant de deux registres différents d'expression qui, nous allons le voir, ne sont pas inconciliables.

En 7, 22-23 il s'agit de la conception et de la gestation, mises, certes, en relation avec « le Créateur ». La mère reconnaît là une « organisation d'éléments ». En 7, 28 il s'agit de l'univers et de l'ensemble de l'humanité. Dans les deux cas cependant il est question du genre humain référé au Créateur du monde ou à Dieu.

Or c'est cette mise en rapport de la création et du Créateur qui établit une certaine cohérence entre deux propos qui appartiennent sans doute à des traditions différentes. De ce fait 7, 22-23 peut nous aider à comprendre 7, 28.

Ces versets expriment d'abord un non-savoir (« je ne sais comment vous avez apparu dans mes entrailles ») et une impuissance (« ce n'est pas moi qui vous ai gratifiés de l'esprit et de la vie ; ce n'est pas moi qui ai organisé les éléments qui composent chacun de vous »). Autrement dit, la gestation ne relève pas d'un savoir ni d'un pouvoir humain. Cependant « le Créateur du monde... a formé le genre humain et (il) est à l'origine de toute chose... » Ainsi quelque chose de négatif est introduit dans le langage de la création dans la mesure où se trouvent ici articulées l'ignorance du processus de la gestation et l'affirmation du Créateur de toute chose.

Or en 7, 28, ce non-savoir reçoit pour ainsi dire confirmation. Mais pour s'en rendre compte il y a à surmonter une autre difficulté, celle qui tient précisément à la traduction d'une expression caractéristique.

## Un problème de traduction

Littéralement on peut lire :
« Regarde le ciel et la terre et vois tout ce qui est en eux et *sache que Dieu les a faits non à partir des étants...* »

Les leçons courantes de 2 M 7, 28 donnent : *ouk ex ontôn epoièsen auta ho Theos*.

Examinant ce verset, Georg Schmuttermayr[1] s'attarde sur l'expression *ouk ex ontôn* pour noter qu'on trouve généralement l'expression *ex ouk ontôn*. Il y a donc en 2 M 7, 28 une inversion de la préposition *ex* et de la négation *ouk*. Je vous renvoie à son étude pour le relevé qu'il fait des emplois caractéristiques de cette expression. Disons brièvement qu'il constate autant antérieurement à notre texte, chez Parménide, Xénophon et Aristote notamment, que postérieurement, chez les Pères de l'Église, l'ordre simple de l'expression, *ex ouk ontôn*.

Il relève cependant deux exceptions, toutes deux postérieures à 2 M 7, 28, l'une chez Hippolyte de Rome (*Refutatio omnium haeresium*, VIII, 17, 1) et l'autre chez Théodoret. Mais dans les deux cas, il s'agit bien de l'expression classique où la préposition et la négation sont inversées très vraisemblablement dans un souci de fantaisie esthétisante.

Or on ne peut immédiatement imposer cette interprétation à notre texte. Tout d'abord l'ensemble de la phrase permet de faire porter la négation sur *epoièsen*. Dans ces conditions on peut traduire : « Dieu *n'a pas fait* ces choses à partir de choses existantes. » De ce fait un autre ordre des mots était possible : *ouk epoièsen auta ex ontôn*.

Mais une telle tournure a quelque chose de gênant ; elle commencerait par dire que Dieu n'a pas fait ces choses...

---

1. « Schöpfung aus dem Nichts in 2 Makk. 7, 28 ? » dans *Biblische Zeitschrift*, 1973. Si notre étude s'appuie pour une part sur cet article, nous devons également dire notre reconnaissance au P. Ch. Morel S.J. dont les avis et conseils nous ont été précieux.

alors qu'on sait bien qu'il les a faites. D'autre part, elle est stylistiquement banale, voire plate.

Si donc on respecte l'ordre des mots, on peut considérer que le *ouk* porte sur *tout* ce qui suit, verbe et complément. Dans ces conditions le tour de l'expression *ouk ex ontôn* donne du relief à l'élément important : *ce n'est pas à partir d'« étants »* que Dieu a fait ces choses...

Faut-il rétablir *ex ouk ontôn* ?

Si oui on obtiendrait comme traduction : « Dieu a fait ces choses à partir de non-étants » ; d'où la traduction généralement admise : « à partir de rien ». La difficulté tient à ce qu'on donne une sorte de réalité ou de consistance à ces « non-étants ». De quoi s'agit-il ? Rien dans le contexte ne permet de le dire.

La tournure *ouk ex ontôn* permet de garder une sorte d'ambiguïté de signification tout en donnant à la phrase une certaine force d'expression.

Quoi qu'il en soit deux traductions demeurent possibles : « Dieu n'a pas fait ces choses à partir de choses existantes », et : « Dieu a fait ces choses à partir de choses non existantes. » Or ces deux possibilités de traduction sont loin d'être équivalentes !

L'une nous fait rejoindre ce que j'appelerai le « résiduel antécédent » ou « préexistant » de Genèse 1 et 2, fût-ce pour le rejeter ; l'autre nie radicalement tout préexistant à la création par Dieu du ciel et de la terre et tout ce qui est en eux, comme de l'humanité.

D'un côté demeure possible un *tohu-wa-bohu* que le Créateur aurait négligé, Dieu n'ayant pas fait ces choses à partir de choses existantes ; de l'autre, même le *tohu-wa-bohu* est nié ; tout a été fait à partir de rien.

Au nom de quoi choisir si les cas d'inversion de la négation et de la préposition sont rares et, en dehors de notre texte, peu significatifs ?

**Le mythos biblique de la création**

Pour sortir de cette ambivalence, voire de cette incertitude, qui n'est pas négligeable, je proposerai d'introduire la notion de « mythos » telle que Frye la développe dans son ouvrage *Le Grand Code*, récemment traduit en français aux Éditions du Seuil[2].

Schématiquement le *mythos* est ce par quoi se constitue un arrangement séquentiel de mots. C'est aussi tout arrangement d'idées, de récits, selon un principe directeur de signification nécessaire.

Il ne s'agit pas ici, en particulier dans la Bible à laquelle Frye se réfère, de distinguer entre le vrai (historique, par exemple) et le faux (mythique ou imaginaire). Il s'agit de saisir ce qui dans un texte, dans une œuvre, dans un ensemble, aussi composite soit-il, assure l'unité, la cohérence, fait le suivi. Autrement dit, pour ce qui concerne notre sujet, en quoi 2 M 7, 28 fait-il partie intégrante du « mythos » de la création ? En quoi cette perception du « mythos » permet-elle ou non de choisir légitimement un sens plutôt qu'un autre pour la traduction de ce verset ?

L'Ancien Testament, la Bible s'ouvrent sur la création. C'est en un certain sens doublement logique : il faut bien commencer par le commencement et pour cela proposer un ou plusieurs récits inauguraux à une longue histoire. Mais c'est la présence de ce qu'on appelle habituellement les deux récits de création qui pose immédiatement question. Car il y a là deux récits différents, voire contradictoires, là où la nature des choses en exigerait un seul : l'unique commencement, supposant une unique version, exclut de ce fait des récits différents et pour une large part inconciliables.

Ainsi, du point de vue de la création, le *mythos* biblique apparaît déjà comme particulier : le récit de création n'entre pas simplement ou linéairement dans le *mythos* biblique. Il le trouble d'abord avant de révéler une autre possibilité d'intelligence de son donné.

En effet, s'il y avait un seul et unique récit de création, le *mythos* biblique révélerait une linéarité qui conduirait de l'origine à un terme suivant le cours de l'histoire. Un

---

2. C'est au poète anglais Blake que N. Frye a emprunté le titre de son ouvrage, la Bible étant selon ce poète « le grand code de l'art ». Signalons que l'ouvrage porte en sous-titre « La Bible et la littérature » et qu'il a été préfacé par Tz. Todorov.

second récit ne peut que nier ce *mythos* premier ou immédiat : il rappelle que le « commencement » n'est pas le premier élément d'une séquence simple ; il est d'un autre ordre d'appréhension ou de connaissance[3].

Le récit chronologiquement second ouvre autant à un doute qu'à une autre connaissance qui bénéficierait des progrès du savoir et de la réflexion : si le récit chronologiquement premier, celui d'Adam et d'Eve, s'avère caduc, donc inexact ou insatisfaisant du fait de l'apparition du chapitre 1er de la Genèse, ce dernier sera à son tour appelé à le devenir un jour tout autant. Par conséquent son apparition laissera ouverte la possibilité d'un troisième texte, lequel en appellera un quatrième, et ainsi de suite...

Ainsi, dans la Bible, dès le « commencement », quelque chose est cassé dans la linéarité d'une histoire, celle qui va jusqu'à Esdras et Néhémie et jusqu'aux Maccabées, linéarité qui fut en quelque sorte rattrapée par le rédacteur de Gn 5, 1-2 fusionnant sous forme de sommaire les chapitres 2 et 1.

Par conséquent nous devons admettre qu'il fait partie du *mythos* biblique de remettre en question le dit de la création. Pas plus que Gn 2 ne pouvait être définitif étant donné l'objet du récit, Gn 1 ne le resterait ; il appellerait un autre texte, celui que je vous propose de reconnaître en 2 M 7, 28.

Mais celui-ci constitue-t-il une étape provisoire dans cette recherche ? ou présenterait-il des caractères définitifs qui fermeraient un processus perçu du fait même de la différence entre Gn 2 et Gn 1 ? Avant de répondre à cette question il y a à tenir compte ici des objections que nous avons signalées en commençant.

La principale tient au fait que 2 M 7, 28 se présente rien moins que sous la forme d'un récit à la manière de

---

3. En fait le commencement est impossible à saisir comme tel, que ce soit en tant que commencement absolu, à l'origine de l'univers, de la vie et de l'humanité ou en tant que commencement relatif, dans le cours de l'histoire humaine ; cf. dans le présent ouvrage notre note « Problèmes historiques et littéraires du récit de commencement », p. 477-481 et notre ouvrage, *Mythes et récits de commencement*, Seuil, 1986.

Gn 2 et 3, ni même à la manière d'une évocation comme les Ps 104 ou 8. Dans sa brièveté il pourrait même être tenu pour négligeable.

Par ailleurs le contexte dans lequel nous le trouvons n'a rien à voir avec l'intention d'un récit de création. Cependant le propos est là qui évoque précisément l'action créatrice de Dieu et qui nous force, pour ainsi dire, à en tenir compte.

Nous avons donc à répondre à deux questions : quelle traduction faut-il choisir entre les deux que nous avons proposées, celle qui laisse entendre que Dieu a tout fait à partir de rien, ou celle qui laisserait de côté, tout en le maintenant dans l'être, ce que j'ai appelé le « résiduel préexistant » ?

L'autre question peut se formuler ainsi : en quoi 2 M 7, 28 entre-t-il dans le *mythos* biblique de la création ? ou : en quoi fait-il nécessairement partie de l'arrangement séquentiel du propos biblique sur la création ?

**Du non-savoir à la confession de foi**

Tout d'abord et comme je viens de le redire, nous ne pouvons négliger ce texte. Aussi allusif soit-il dans sa formulation et son étendue, il est suffisamment explicite et caractéristique. Il est vrai qu'il s'oppose à la forme « récit » de Gn 2 et 3, comme à l'étendue du chapitre 1er. Il est vrai également que la création ne constitue pas l'objet ni même la pointe du récit particulier dans lequel son allusion est prise. Mais la spécificité de son langage nous oblige à nous demander ce que ce verset apporte de nouveau par rapport à Gn 1 et 2.

Comme je l'ai dit plus haut, si nous rapprochons 2 M 7, 28 et 7, 22-23, nous avons affaire à deux réflexions sur la création placées sous le signe de la « négation » : en 2 M 7, 22-23 la mère *ne sait pas* comment ses enfants ont été formés dans son sein ; en 7, 28, la création de la terre, du ciel, de tout ce qu'ils contiennent et des hommes, a été faite à partir du *non-étant* ou n'a pas été faite à partir de l'étant. Dans les deux cas cependant Dieu a créé.

Or Gn 2 et 1 disaient ce qui s'était passé, à partir de quoi (les eaux, la glaise, le souffle, l'haleine, le côté d'Adam, etc.), comment, dans quel ordre. 2 M 7, 28 ne dit rien de tel ; tout est pris dans une affirmation globale : Dieu a tout fait. Gn 2 et 1 affirmaient fondamentalement la même chose, mais ils fournissaient du détail. Pourquoi cette absence de détail en 2 M 7, 28 ? Est-ce dû seulement aux circonstances où la mère des sept frères avait autre chose à faire qu'un traité sur la création ?

Ici entre en jeu la question des deux possibilités de traduction.

Si on traduit : « Dieu n'a pas fait ces choses à partir de l'existant (ou du pré-existant) », la question et la possibilité du récit demeurent ouvertes. La mère des sept frères ne fait qu'une allusion au Dieu créateur qui garantit la vie (et la survie), allusion qui s'expliquerait justement par les circonstances tragiques du moment. L'évolution par rapport à la conception de base de Gn 1 serait minime sinon négligeable. Il y aurait donc là, pour ainsi dire, demande ou appel de récit, d'un récit semblable à Gn 1, voire à Gn 2.

Par contre, si on traduit : « Dieu a fait ces choses à partir du non-existant », à mon avis tout change ; le *mythos* biblique de la création apparaît plus séduisant, mieux pris en compte.

Gn 1 et Gn 2 se présentent sous une longueur suffisante pour rendre compte de ce qui s'est passé soit « au commencement » soit « au temps où Yahvé Dieu fit la terre et le ciel ». Or quel est ce commencement ou ce « temps » ? Précisément ce qui est radicalement et définitivement insaisissable par l'homme. Autrement dit, ce qui est *déduit* des connaissances, conceptions et réflexions du temps particuliers. C'est pourquoi, soit dit en passant, il est particulièrement important de dater un récit de commencement, même si nous ne pouvons pas dire grand-chose des IXe et VIIe siècles où Gn 2 et 3 auraient été élaborés, ni des conditions d'élaboration de Gn 1 aux Ve-IV[e] siècles. Aussi dans la présence de deux textes s'avère un non-savoir, une non-connaissance.

Quoi qu'il en soit, le savoir de base de ces deux récits, les représentations et le langage qu'ils véhiculent, même s'ils ne peuvent être confondus, restent très anthropomorphiques, même s'il y a progrès de Gn 2 à Gn 1, ce dernier se ressentant du stade proto-scientifique de la Babylone du V$^e$ siècle.

Entre les IV$^e$ et II$^e$ siècles, Israël est affronté au paganisme hellénistique. Celui-ci n'est pas réductible à l'idolâtrisme violent de la persécution d'Antiochus IV Épiphane ; il est aussi proposition d'une certaine conception du divin, plus pure, plus dépouillée, en un mot désanthropomorphisée, dans l'héritage de Parménide et de Socrate. Certes, le Dieu de la mère des sept frères est bien le Dieu d'Israël, celui des Pères, celui qui a donné la Loi à Moïse (cf. 2 M 7, 30-32) ; mais ce Dieu n'est ni un modeleur, ni un planteur de jardin, ni un organisateur de l'univers. Il a cependant *tout fait*.

Face à lui l'homme ne sait rien : ce dont témoigne la mère lorsqu'elle dit ignorer comment ses enfants se sont formés en elle. Logiquement donc, théologiquement aussi, elle ne peut dire comment Dieu a tout créé, seulement qu'il a tout créé. Elle ne peut donc dire à partir de quoi il a créé.

Par conséquent ou bien Dieu a créé à partir de rien, ou bien il a créé à partir de quelque chose d'autre que ce que l'homme peut concevoir. Dans l'un et l'autre cas l'action créatrice, par ailleurs certaine, de Dieu échappe à l'homme et à son savoir. Il ne peut que l'affirmer, la *confesser*, à la manière de la mère des sept frères, le récit ou la longue séquence de Gn 1 laissant la place désormais à la confession de foi, à la formule de credo.

*
* *

Au moment de conclure je ne voudrais pas vous avoir donné une conception régressive du récit ou de toute autre forme littéraire plus ample que celle de la confession de foi ou de la formule de credo. Il ne s'agit nullement ici de jugement de valeur sur une forme d'expression, le récit notamment, confinée à un stade plus ou moins primaire ou primitif de la culture ou de la religion.

Il s'agissait d'abord d'établir *un constat*, celui que j'ai cru pouvoir rendre intelligible selon le *mythos* biblique de la création que je vous ai proposé. Ceci étant rappelé ou précisé, je voudrais rassembler un certain nombre de points qui me paraissent importants pour l'intelligence de 2 M 7, 28.

A la suite de G. Schmuttermayr et malgré les dires de C. Westermann[4], je ne fais pas de 2 M 7, 28 l'affirmation nette et exclusive de la création *ex nihilo* telle que les principes et les désirs de la philosophie scolastique en feront la promotion. Cette catégorie demeure, même dans le grec du 2e livre des Maccabées, étrangère à la Bible, à la pensée biblique. Qu'il y ait dans le propos de la mère des sept frères contamination hellénistique, je n'en doute pas ; mais je crois qu'il faut la tenir comme lointaine ou en écho indirect de ce qu'effectivement cette forme de pensée apportera un peu plus tard dans le judaïsme et en particulier dans le Nouveau Testament.

Plus positivement, je persiste à penser que la forme allusive au Dieu créateur n'est pas commandée seulement par le contexte tragique du récit. Une telle forme me paraît également sinon davantage commandée par le concept de création et de Créateur qui entre ici en jeu. A partir du moment où l'homme reconnaît son impuissance à dire la création à partir de son savoir, il renonce au récit plus ou moins détaillé de Gn 2 voire à la forme plus « scientifique » de Gn 1.

Il pourra certes laisser le jeu des hypothèses et des reconstitutions aux savants et aux chercheurs ; mais s'il y mêle Dieu, il ne pourra que le situer dans un autre ordre que celui où se meuvent ces hypothèses et reconstitutions. A mon avis, Gn 1 et 2 confondaient encore les deux ordres ; 2 M 7, 28 dit le renoncement à cette confusion. Dès lors il semble qu'il n'y ait plus place que pour la confession de foi, l'affirmation de Dieu créateur absolu sur fond d'ignorance ou de relativité des théories.

Cependant nous ne devons pas perdre de vue un point

---

4. *Genesis, Kapitel 1 – 11*, Biblischer Kommentar, Altes Testament 1, p. 152.

important de cet épisode et qui pour une grande part commande cette allusion à la création et à l'évocation de Dieu comme créateur : la mère des sept frères exhorte ses fils au martyre non seulement par exigence de fidélité à la Loi mais surtout parce que Dieu est le maître de l'esprit et de la vie :

« Aussi bien le Créateur du monde, qui a formé le genre humain et qui est à l'origine de toute chose, vous rendra-t-il, dans sa miséricorde, et l'esprit et la vie... » (2 M 7, 23).

C'est pourquoi elle dira à son plus jeune fils :
« Ne crains pas ce bourreau, mais te montrant digne de tes frères, accepte la mort, afin que je te retrouve avec eux dans la miséricorde » (7, 29).

Là est sans doute la pointe de l'exhortation de la mère et sa signification ultime. C'était pour garantir la résurrection, le don de la vie et de l'esprit après la mort, que la mère évoquait le Créateur, seul et unique maître de la vie et de l'esprit dès l'origine, même si, en fin de compte, l'homme doit avouer son ignorance sur ce commencement comme il avoue son ignorance sur cette fin : seules la foi et donc la confession de foi lui permettent de dire sa confiance dans le Dieu créateur et miséricordieux.

L'ensemble de notre propos a pu paraître restreindre la portée des exhortations de la mère des sept frères et rendre d'abord curieux ou bizarre sa simple allusion à la création. Mais le cadre de nos travaux imposait qu'on mît l'accent sur la création ; c'est à ce titre que nous avons pensé que ce verset pouvait et devait même entrer dans le *mythos* biblique de la création. De ce fait nous n'excluons nullement une problématique plus large qui serait celle de l'étude du chapitre 7 du 2ᵉ livre des Maccabées dans son ensemble. L'enjeu de la résurrection serait alors plus immédiatement apparu comme principal et celui de la création comme subordonné. Cependant on n'oubliera pas l'importance un peu trop grande que la philosophie scolastique a accordée à ce verset, nous obligeant à notre tour à le prendre en considération.

Si nous en restons, pour terminer, au *mythos* biblique de la création, pouvons-nous considérer qu'il y a avec 2 M 7, 28 le terme d'un processus, le dernier mot sur la création dans le cadre d'une évolution inévitable étant donné la nature même du commencement absolu ? Ce serait sans compter avec le Nouveau Testament. Qu'il nous suffise de rappeler que le prologue de Jean, l'hymne aux Colossiens, le chapitre 5 de l'épître aux Romains et les quelques allusions des épîtres pauliniennes ou deutéropauliniennes à Adam et Ève reprendront non pas 2 M 7, 28, mais Gn 1, 2 et 3... L'évolution de la pensée, la relecture ou le recouvrement des textes prendra alors une autre voie. Le Christ ressuscité par qui tout a été fait et sans qui rien ne fut, Premier-né de toute créature, donnera la clé ultime et définitive de la création, du commencement[5].

En lui la nouvelle et dernière création comme la première sera définitivement dite.

---

5. Pour être plus explicite il faudrait dire qu'au relevé du processus du récit vers la confession de foi dans l'AT répond dans le NT, à propos de la Résurrection, le processus inverse qui va de la confession de foi (et de la proclamation hymnique) au récit ; cf. X. LÉON-DUFOUR, *Résurrection de Jésus et Message pascal*, Seuil, 1971.

*ATELIER IV*

# PROBLÈMES HISTORIQUES ET LITTÉRAIRES DU RÉCIT DE COMMENCEMENT

par Pierre GIBERT

## 1. De l'insaisissable commencement aux commencements absolu et relatifs

Qu'est-ce que le commencement ?
Théoriquement c'est le moment M 1 de l'histoire. Mais qu'est-ce que l'histoire ? Dans le cadre de notre réflexion nous pouvons la définir comme le produit de la conscience humaine : dans la mesure où l'homme est capable de se saisir lui-même dans son devenir il se retourne vers son passé et veut le dire. Or il n'y a pas de conscience du commencement.

Cette affirmation n'est provocante qu'en apparence. Car elle relève de l'expérience la plus banale, la plus quotidienne qui soit. Ainsi je ne puis saisir ni le commencement du réveil ni celui du sommeil. Dans le premier cas je suis *déjà* réveillé, dans le second je risque de ne jamais m'endormir. De même la naissance de chacun de nous n'entre pas dans le corpus de notre mémoire. Nous n'en avons aucun souvenir. Seuls les témoins *extérieurs* peuvent nous en parler.

Plutôt qu'il n'est vécu tout commencement est *dit*, mais quand il est trop tard. C'est ce statut paradoxal du commencement, de tout commencement, qui doit être pris en compte pour ne jamais être oublié lorsqu'on étudie les textes bibliques qui nous parlent de commencement.

A cela s'ajoute une distinction fondamentale entre commencement absolu et commencements relatifs.

Par commencement absolu on entend le commencement de l'univers, de la vie et de l'humanité. Il est commencement absolu non seulement parce qu'il dit l'origine de tout, sans quoi il n'y aurait rien, mais aussi parce qu'il exclut tout témoignage. Il est donc sans conscience humaine possible.

Par commencement relatif on entend tout commencement pris dans le cours de l'histoire humaine ; de ce fait il peut profiter du témoignage humain, mais de façon extérieure.

Est-il pour autant radicalement impossible de parler du commencement absolu, c'est-à-dire de ce qui s'est passé à l'origine de l'univers, de la vie et de l'humanité ?

En fait l'intelligence humaine procède ici par voie de *déduction* : à partir du connu, de l'expérimenté et en fonction d'un type particulier de connaissance, de savoir et de réflexion, l'esprit humain peut *déduire* ce qui s'est passé à l'origine. En reprenant des distinctions ou catégorisations qui appelleraient des nuances et qu'il faudrait se garder d'opposer, on reconnaîtra là, successifs ou concomitants, les langages mythiques, philosophiques ou scientifiques.

C'est pourquoi tout récit de création, tout essai de reconstitution des origines dit aussi quelque chose de l'époque qui le déduit. De ce fait il y a un caractère relatif de ces récits et de ces essais ou théories à l'époque qui les produit. Par conséquent tout récit de création, toute théorie sur les origines auront quelque chose de provisoire et donc de remplaçable à une époque ultérieure. C'est au compte de cette relativité qu'il faut mettre les deux textes de création des premiers chapitres de la Genèse et leurs différences, même si reste posé le problème de la conservation du plus ancien après l'introduction du second.

Ajoutons que cette quête de l'origine, aussi aléatoire soit-elle, témoigne d'un besoin incoercible de la conscience humaine, individuelle ou collective, sous peine d'insupportable angoisse. A ce titre aussi la conscience dite mythique et le savoir scientifique ressortissent au même projet fondamental, comme l'a fait remarquer un exégète comme Gunkel et récemment un biologiste comme Fr. Jacob.

Les commencements relatifs se distinguent du commencement absolu non seulement parce qu'ils sont pris dans le cours de l'histoire humaine, mais aussi parce qu'ils peuvent tomber sous le coup d'un témoignage humain possible, aussi extérieur soit-il. Ainsi les Français, voyant dans les Gaulois leurs ancêtres, peuvent-ils utiliser le récit de *La Guerre des Gaules* de César, même si pour ce faire ils doivent prendre les précautions critiques d'usage.

Cependant, comme le commencement absolu et bien que pour des raisons différentes, le commencement relatif ne se vit jamais comme tel.

En effet, pour parler du commencement d'une réalité quelconque (tribu, peuple, nation, religion, communauté religieuse, etc.), il faut en avoir une idée et une connaissance suffisantes ; il faut donc que cette réalité ait eu une vie suffisante. Dans ces conditions le commencement ne peut être désigné qu'après coup, c'est-à-dire trop tard.

L'exemple de la nation française est typique à cet égard. Son commencement est toujours désigné à un moment donné, en fonction des connaissances qu'on en a alors, mais aussi en fonction des idées et représentations qu'on s'en fait. C'est pourquoi la désignation d'un commencement dépendra non seulement de l'état des connaissances historiques, mais aussi des idées qu'on se fait de la nation, voire d'une idéologie[1].

---

[1]. Nous ne faisons que condenser ici ce qui fait l'essentiel de la problématique et de notre réflexion dans *Mythes et récits de commencement*, coll. « Parole de Dieu », Seuil, 1986.

## 2. La Bible et les commencements

Qu'en est-il dans la Bible ?

Nous constatons tout d'abord plusieurs textes se rapportant à la création, dès les deux premiers chapitres de la Genèse, mais aussi chez les prophètes, dans les psaumes et jusque dans le chapitre 7 du 2e livre des Maccabées. Tous ces textes témoignent manifestement d'époques de composition différentes et donc de représentation des origines, de connaissances et de types de réflexions différents, même si demeure sous-jacente à tous la même foi au même Dieu unique considéré comme seul Créateur.

Pour les commencements relatifs, c'est-à-dire historiques, nous constatons la même multiplicité témoignant d'époques différentes. Quand commence Israël ? en Abraham ? en Jacob ? lors de la sortie d'Égypte ? lors de l'entrée en Terre Promise ? lors de la prise de conscience de l'héritage commun des tribus dans le livre des Juges ? au moment de la naissance de la monarchie ? sous Saül ? sous David ?

Or la Bible s'est proposé à elle-même et tour à tour ces différents commencements, sans parler de ceux qu'historiens et exégètes, au nom de leur savoir moderne, pourront également proposer.

Notons cependant que la quête du commencement historique s'est toujours faite, semble-t-il, dans le sens d'une remontée vers la plus haute origine, Abraham apparaissant comme tel assez tardivement sinon en dernier lieu.

On perçoit ainsi les problèmes historiques que pose la Bible dans son corpus, problèmes renforcés par l'intégration sur la ligne de cette histoire des récits de création, la Bible ayant opéré, dans les onze premiers chapitres de la Genèse, une sorte de fusion entre commencement absolu et commencements relatifs.

Mais on perçoit aussi les problèmes littéraires qu'engendre cette problématique. Si le commencement est déduit ou désigné, de quel genre littéraire relève-t-il ? y a-t-il un genre littéraire particulier « récit de commencement » ?

A défaut de pouvoir répondre à cette question, on peut tout au moins relever un certain nombre de caractéristiques tant pour les récits de commencement absolu que pour les récits de commencement relatif.

A propos de la création demeure tant dans les récits développés que dans l'allusion de 2 M 7, 28 l'absence de tout témoignage humain direct. Alors qu'Adam aurait pu être témoin de la création d'Ève, « Yahvé Dieu fit tomber une torpeur sur l'homme qui s'endormit ». Ainsi même le « savoir » de Gn 2, 22 sera clairement laissé dans l'impuissance du témoignage humain.

Comme nous le rappelons à propos de 2 M 7, 28[2], on peut voir une sorte d'évolution dans le « mythos » biblique de la création qui va d'un *récit* au sens quasi habituel du mot dans l'histoire d'Adam et d'Ève à l'*énumération proto-scientifique* du chapitre 1er de la Genèse, puis à la *confession de foi* de la mère des sept frères dans le 2e livre des Maccabées. A la succession des textes portant des représentations différentes du commencement absolu se substituent différents genres littéraires.

Pour ce qui concerne le cours de l'histoire biblique nous relevons deux grandes catégories de récits de commencement, ceux qui se rapportent à l'histoire de la nation et ceux qui se rapportent à l'histoire d'un individu.

Dans le premier cas, par exemple lors de la traversée de la Mer des Roseaux ou du Jourdain, nous repérons *un fait extraordinaire* exprimé en langage de création. Ce fait extraordinaire, aussi explicable soit-il rationnellement ou historiquement, est rapporté comme ayant *une cause surnaturelle*, divine.

Dans le cas de destins individuels, deux données sont à retenir, d'une part la présence d'*un être surnaturel* (l'ange du Seigneur, un ange, Yahvé lui-même) et d'autre part l'*absence de tout tiers témoin* : le héros du récit est seul en présence de cet être surnaturel (Marie à l'annonciation avec l'ange Gabriel, Isaïe lors de son appel, Moïse près du Buisson ardent, etc.).

Si donc demeure la question d'un genre littéraire spécifique, des données qui précisent la spécificité d'un récit de commencement me paraissent dans tous les cas devoir être prises en compte.

---

2. Cf. notre communication sur 2 M 7, 28, p. 463-476.

*ATELIER V*

# POUR UNE ANALYSE SÉMIOTIQUE DE LA GENÈSE 1 À 3

par Jean CALLOUD

L'*atelier sémiotique* proposait deux rencontres apparemment indépendantes l'une de l'autre. La première pour étudier « le sommeil, le rêve et le réveil en Genèse 2 — 3 », la seconde pour préciser la fonction de Genèse 1, 1-2 dans le premier récit de création. Le travail sur les textes et les échanges montrèrent vite que les deux études étaient plus liées qu'il n'y paraissait d'abord et qu'il valait mieux inverser l'ordre des questions, commencer par décrire l'organisation du contenu en Genèse 1, puis interroger les éléments figuratifs de Genèse 2 — 3 à partir de l'hypothèse ainsi élaborée. Je tiendrai compte ici de ce double déplacement, qui nous renvoie de l'ordre chronologique présumé des sources à la syntagmatique effective du texte. Dans la mesure où nos analyses pourront se prévaloir de quelque valeur démonstrative ce sera autant à verser au crédit d'une *lisibilité globale* de Genèse 1 — 3[1]. Je pro-

---

1. Le travail des ateliers et le présent compte rendu se sont inspirés

pose d'intituler cet ensemble discursif « le parcours de création », laissant entendre ainsi que, de Genèse 1, 1-2 à Genèse 3, 23-24, l'écart signifiant est perceptible et qu'il dit mieux que la disjonction des deux récits l'enjeu de l'opération créatrice et du récit qui en est fait.

J'exposerai donc successivement : 1. Le modèle d'*organisation sémantique* de Genèse 1, 1 à 2, 4a et ses avantages pour la lecture du premier récit de création ; 2. Les possibilités interprétatives de ce modèle appliqué au second récit, plus particulièrement aux figures du sommeil et du rêve.

## I. LE PREMIER RÉCIT DE CRÉATION : UN PARCOURS EN HUIT ÉTAPES

Ce premier récit de création pose à la sémiotique du discours un problème particulièrement intéressant, et lui fournit une occasion de spécifier clairement son point de vue. La disposition des matériaux signifiants n'y est pas, en effet, laissée au hasard ou confiée au seul mouvement narratif. Elle est soumise à une ordonnance manifeste, de type quasi poétique et de nature stylistique ou rhétorique : la création est présentée dans le cadre d'une semaine. Cette répartition n'échappe à aucun lecteur ; elle ressortit à la « manifestation linguistique », et la sémiotique ne saurait ni ne désire contester ce schéma des sept jours, mais elle n'entend pas s'en contenter. Elle a choisi son terrain et ce n'est pas celui de la « *manifestation* », ou du « signe ». C'est celui du « *contenu* » distingué de l'« *expression* »[2]. L'organisation du contenu n'est pas

---

des propositions de A.J. GREIMAS. On trouvera sur la théorie et la méthodologie sémiotiques tous les renseignements souhaitables dans l'ouvrage intitulé : *Sémiotique, Dictionnaire raisonné de la théorie du langage*, Hachette Université, Paris, 1979. Pour une présentation simplifiée et plus orientée vers la pratique, on se référera au livre du Groupe d'Entrevernes : *Analyse sémiotique des textes*. Presses Universitaires de Lyon, 1979.

2. Je prends les mots « contenu », « expression », « manifesta-

nécessairement identique ou réductible au plan du texte. Le cadre de la semaine est un effet ou un résultat non une condition de la signification. Si l'on s'intéresse à l'engendrement de la *signification* à partir du *sens*[3] il faut poser la question des modèles d'organisation propres au contenu de ce premier récit de création et faire l'hypothèse qu'ils puissent différer de la répartition visible des énoncés. On comprend aussi que, préoccupé par l'intégration des deux premiers versets du chapitre extérieur au cadre des « jours », nous ayons eu des raisons supplémentaires de ne pas mettre tous nos œufs dans cette première « semaine ». Le résultat fut le suivant : deux autres principes d'organisation furent mis en évidence, donnant lieu à deux modèles compatibles, celui d'un *parcours en trois phases* et celui d'une *succession de huit étapes*.

---

tion » au sens précis qu'ils ont dans la théorie greimassienne et dans la doctrine linguistique de Louis Hjelmslev : « contenu » est distingué d'« expression » comme « signifié » et « signifiant » dans le *Cours de Linguistique générale* de F. de SAUSSURE. « Manifestation » est le niveau de conjonction du « contenu » et de l'« expression », donc le niveau du « signe ». En proposant d'analyser séparément le contenu et l'expression, pour mettre en évidence leur « forme » spécifique, et en rompant ainsi avec toutes les sémiotiques du signe (et les exégèses sur le niveau des MOTS ou de la manifestation), Greimas s'est donné les moyens d'analyser le processus complexe d'articulation du SENS en SIGNIFICATION manifestable ou manifestée. Tout ce qui est dit ici présuppose cette disjonction initiale du « contenu » et de l'« expression » ainsi que la recherche de la FORME ou de l'organisation de l'un et de l'autre. Cette recherche de la forme et son explicitation dans les divers modèles, élémentaire, narratif et discursif, se substitue à la reconstitution de l'intention de l'auteur.

3. C'est ainsi que Greimas définit parfois son projet. Il propose d'appeler « parcours génératif » (mais non « génétique ») l'ensemble des « conversions » subies par les contenus pour passer de leur état élémentaire et purement différentiel à l'état discursif beaucoup plus sophistiqué et articulé plus finement. Le SENS serait au départ, la SIGNIFICATION à l'arrivée. Ainsi la sémiotique cesse d'être la « science des SIGNES » pour devenir une « théorie de la SIGNIFICATION », donc une sorte de science du discours.

## A) Les trois phases du parcours créateur

La sémiotique du récit nous a rendu attentif aux *états* d'un système narratif, préalables ou consécutifs aux *opérations* de transformation, tout particulièrement aux deux états extrêmes, initial et final, et à leurs rapports. La sémiotique *discursive*, dont on ne peut faire l'économie en aucun cas, principalement lorsque le « discours » prime sur le « récit » et lui impose sa triple marque actorielle, spatiale et temporelle, comme c'est le cas ici, reprend à son compte ces traits du modèle narratif au titre de phases ou étapes discursives. Ces phases, dont un premier découpage permet de faire l'hypothèse, ont le statut d'« unités discursives », distinctes, comparables, représentatives des contraintes structurant le contenu du discours. Leur analyse est donc essentiellement comparative, mais d'un comparatisme interne, et intégrale. Je veux dire qu'il ne nous sera possible de déterminer la manière dont s'organise le contenu sémantique des deux premiers versets que si nous avons une idée assez circonstanciée du parcours discursif complet. Je propose de reconnaître *trois phases* discursives (ou séquences) en Genèse 1, 1 – 2, 4a :

— la phase de *quiétude* : 1, 1-2 ;
— la phase d'*action* : 1, 3-31 ;
— la phase de *repos* : 2, 1-3.

On pourrait aussi les dénommer : phase de concentration ou d'équilibre, phase d'expansion ou d'explosion différenciatrice, et phase de marche autonome. La première phase ne correspond à aucun « jour », sinon à un jour zéro. La deuxième recouvre l'œuvre des six jours. La troisième s'identifie au septième jour. En considérant les jours comme des étapes d'un parcours, on obtient un modèle complémentaire intégrable au précédent et dont la justification apparaîtra au cours de la présentation des trois phases.

L'inégalité de longueur de ces trois unités discursives n'est pas un inconvénient. Elle se retrouve ailleurs[4] et met

---

4. On connaît, dans beaucoup de contes, l'allongement de la phase

en lumière l'originalité de la phase centrale, celle dont on parle le plus souvent et que l'on a parfois tendance à identifier avec le « récit de création » proprement dit. Nous verrons que sa fonction n'apparaît bien que par différence. C'est ce que veut suggérer la dénomination retenue pour chacune des phases.

### B) La phase de quiétude : Genèse 1, 1-2

En retenant le terme de « quiétude », choisi en référence au terme de « repos », nous entendions caractériser l'état de la *création* après l'intervention du créateur. Cet état est décrit de trois points de vue : la terre, « vague et vide », l'abîme, recouvert par les ténèbres, les eaux, survolées par l'Esprit de Dieu. Ces trois détails sont habituellement interprétés comme marque d'imperfection, de désordre, d'inachèvement, donc comme signes annonciateurs d'une intervention organisatrice. Nous y avons vu les traits de la stabilité, de la tranquillité, de l'inaction, quelque chose comme un état pur, sans acte ou sans « faire », une position d'équilibre, de complétude ou de concentration, somme toute plus satisfaisante et moins risquée que le bouillonnement qui va lui succéder. C'est affaire de décodage ou d'évaluation « thématique » des données « figuratives », donc de repérage des « parcours figuratifs ». En ce domaine la discussion est possible et la

---

(ou séquence) centrale, allongement dû à la triplication des épreuves. D'autre part, le caractère répétitif ou enchaîné des épisodes qui retardent la fin d'un récit se rencontre dans des textes tels que récits de voyage (cf. *Odyssée*), d'aventures... Le recours aux contes ou à la littérature populaire pour la description des textes bibliques s'autorise ici directement de la distinction entre contenu et expression, dont parle la note 2. Le niveau de la manifestation linguistique se trouvant disqualifié comme base de la description sémantique, il est indispensable de définir, dans la champ même du contenu, un autre point de départ. On le trouve dans le niveau figuratif qui, lui-même, en raison de son extrême généralité et de son aptitude à être mémorisé indépendamment des divers contextes, renvoie à l'ensemble des discours produits ou productibles par l'intermédiaire d'une sorte de « dictionnaire discursif ». Les contes sont un lieu privilégié d'observation des « figures » les plus classiques et les plus communes. La ressemblance des « figures », voire leur identité, n'implique pas l'équivalence des « messages ».

mise au point progressive. Mais il y a plus d'arguments, semble-t-il, en faveur de la stabilité dans un état que rien ne devrait venir troubler de l'intérieur, qu'en faveur du « chaos » impatient ou du « chantier » annonciateur de grands travaux imminents. Je ne citerai à l'appui de cette interprétation que trois arguments : la neutralisation de la différence cieux/terre ; l'indifférenciation du temps et celle de l'espace.

*Premier argument :*
*l'uniformisation de la création*

Le texte énonce d'abord la création des « cieux et de la terre ». Ce couple de termes, qu'il soit interprété comme représentation de la totalité ou comme figure des deux sous-espaces concernés par l'acte créateur, connote au moins une sorte de clivage ou de différence élémentaire originelle sur laquelle le texte insistera de nouveau plus loin. Or, le verset 2, oubliant « les cieux », ne décrit que l'espace terrestre : terre, abîme, eaux sont en effet opposables ensemble au pôle céleste. Cette réduction a pour conséquence d'homogénéiser la description de l'état initial et d'éliminer dans l'espace considéré toute trace d'altérité. Cette simplification contraste avec l'œuvre de différenciation qui aboutira, au sixième jour, à la création du couple humain. Il serait certes discutable d'argumenter trop simplement à partir de l'usage d'un mot, le verbe *bârâ'*, d'autant plus que notre problématique sémiotique ne prend pas en considération le niveau de la « manifestation », mais l'inscription, par ce verbe relativement rare, d'un acte particulier concernant d'une part *le couple cosmique*, « cieux et terre », d'autre part *le couple humain*, « homme et femme », peut n'être pas étrangère à l'organisation du contenu. La mise entre parenthèses de l'un des deux termes du couple, « les cieux », et l'accentuation de l'autre, « la terre », oriente vers l'indifférenciation ce tableau du premier état de choses. L'univers est *condensé* ou concentré en un point de l'espace.

*Deuxième argument :*
*la nuit permanente*

« Les ténèbres couvraient l'abîme. » Cet énoncé est plus facile à interpréter, dans la mesure où le contenu qu'il manifeste fera l'objet d'une transformation explicite dès le premier jour : la création de la lumière, en constituant un nouveau couple de contraires, rendra possible une alternance temporelle enregistrée dans le langage sous forme d'opposition « nuit » *vs* « jour ». Les « ténèbres » sont donc la nuit, une nuit sans matin, un temps continu, un état uniforme. Le monde créé est *éteint*. Le texte n'évoque pas ici le sommeil ni le rêve. Il n'y a pas d'acteur susceptible de telles activités. Mais il en note le temps.

*Troisième argument :*
*l'indifférenciation de l'espace*

L'espace est terrestre, subdivisé en terre, abîme et eaux, moins sur le mode de la différenciation que sur celui de l'énumération. Chacune des trois sous-composantes a comme un complément, qui clôt, isole et stabilise, réglant le sort de l'une et des autres sans les mettre en rapport : la terre est « tohu-bohu », l'abîme recouvert par les ténèbres, les eaux survolées par le souffle divin. Jusqu'au jaillissement de la lumière, éclair initial du premier jour, la totalité de la substance créée, du moins sa part « terrestre », tient en une sorte de condensé éteint sur l'équilibre duquel veille l'Esprit de Dieu. A moins que déjà cet acteur insolite n'annonce et ne prépare quelque soudaine rupture. L'interprétation thématique porte ici la marque de l'ambivalence : Esprit gardien de la quiétude primordiale ou « vent violent », force destructrice et menace éventuelle ? Une telle ambivalence est presque partout attestée dans les contes, à propos des personnages féminins, la « mère » par exemple, bonne ou mauvaise selon les cas.

Bref, une première lecture de la séquence initiale autorise l'hypothèse d'un état stable, sans déséquilibre ni manque, sans distance par rapport au créateur ou à l'Esprit, sans absence de Dieu, sans incertitude ni aventure, une création somme toute « qui ne laisse rien à désirer ». Consécutif à l'acte créateur, un tel état témoigne de la dépendance dans laquelle est maintenu l'univers créé, de la passivité native qui le caractérise. Une telle « quiétude » est bien sûr aux antipodes du « repos », qui se définira au terme comme « cessation d'une activité jusque-là ininterrompue ».

## C) La phase d'action : Genèse 1, 3-31

Il n'entrait pas dans notre propos d'étudier en détail l'œuvre des six jours. Il suffisait d'en souligner l'originalité par rapport à la séquence initiale et la fonction intermédiaire entre les deux séquences d'inaction, donc d'en noter trois traits.

*Premier trait :*
*chaîne d'opérations ou opérations en chaîne*

Les six jours sont un temps d'interventions actives et de production de réalités nouvelles. On simplifie souvent le sens du texte en disant qu'il raconte la création *par la parole* des réalités du monde. La parole intervient certes mais de manière très diverse selon les « jours » : quasi performative et agissant seule le premier jour et dans la première moitié du troisième jour ; accompagnée le plus souvent d'un acte de « fabrication » (verbe *'âśâh* et une fois *bârâ'*, en 1, 21) ou de la mention d'une activité productive de la part d'une réalité préalablement créée ; cohortative et injonctive à partir du cinquième jour ; doublée par un emploi plus neutre du *langage* et de sa fonction dénotative chaque fois que Dieu nomme les choses venues à l'existence. La parole n'est qu'un élément parmi d'autres du dispositif créateur. Dieu déploie une activité complexe, pluritechnique et soutenue qui contraste autant avec le calme plat de la situation initiale qu'avec le sabbat terminal. Le décompte des jours accentue et accélère le rythme : il n'y a ni retard ni interruption, plutôt une concentration croissante des activités. Le rythme est celui d'un chant, d'un poème. A moins que ce ne soit celui d'une déflagration dont les ondes se répercutent en cercles agrandis et dont les retombées successives dessinent le paysage de la création désormais en mouvement.

*Deuxième trait :*
*l'œuvre des six jours*

L'énumération des actes créateurs constitue un parcours discursif auxiliaire, dont il faut analyser le mouvement et percevoir l'orientation. Retenir comme critère principal de découpage la différence entre inaction et action conduit à instaurer en unité discursive autonome et complète la série des six jours, à l'exclusion du septième. Une telle décision a des conséquences sur l'interprétation thématique. La première et la plus importante concerne la cohérence interne à reconnaître à cette séquence centrale. Elle commence par le jaillissement de la lumière sur ordre de Dieu ; elle s'achève par la création de l'homme. Nous pouvons la traiter comme un « parcours figuratif » d'un genre un peu particulier, non réductible à l'énumération d'œuvres disparates et plutôt apparenté à un algorithme ou suite orientée d'opérations destinées à produire un effet, prévues donc pour se dérouler jusqu'à l'obtention de ce résultat. La création de l'homme n'est plus alors une œuvre parmi d'autres, fût-ce la plus importante et la plus noble. Étant au terme, elle est déjà à l'origine, et c'est l'orientation vers elle qui garantit la cohérence du parcours. Les opérations préalables sont nécessaires au regard de cette fin et intelligibles par rapport à elle. Avant de s'expliquer par le sabbat, la série des six jours trouve son point d'intelligibilité dans la création du couple humain. Et c'est comme telle qu'il faut la mettre en relation avec les deux séquences initiale et finale. Or, et ce sera la seconde conséquence de notre découpage, l'entrée en scène de l'homme et de la femme représente, du point de vue de l'organisation globale du contenu discursif, le moment le plus contrasté par rapport à l'état initial. Non seulement parce que l'éloignement syntagmatique y est le plus grand mais parce que la rupture de continuité s'y indique de manière patente. L'activité créatrice des six jours peut donner l'impression de simple déploiement, d'harmonie et de croissance progressive, Dieu ajoutant les uns aux autres les éléments d'un édifice homogène et palliant fragment après fragment un manque de contenu repérable dans l'état initial du monde. Nous avons fait plutôt l'hypothèse d'un processus discontinu caractérisé par le franchissement de seuils et l'introduction de principes ou de lois de fonctionnement hétérogène. Quelque chose comme une coupure puis une inversion se produit en cours de route, de telle manière que le manque et la claudication soient au terme plutôt qu'au début : l'activité créatrice commence dans la facilité d'une première illumination et s'achève sous le signe de la détermination hardie et risquée. Je reviendrai sur le point de rupture. Mais je tenais à souligner, contre une lecture accommodante, le déplacement considérable représenté par l'arrivée de l'homme et de la femme. Qu'il y ait quelque chose de changé, qu'un autre principe, ou qu'une autre convention régisse désormais la marche de l'univers, nous en voyons une preuve dans le fait que le créateur devient législateur, inaugurant un nouvel usage de la parole[5], avant de cesser son activité et de s'absenter de l'univers créé. Ce qui n'apparaissait d'abord que sous forme de *différenciation* cosmique, physique ou biologique s'avère de beaucoup plus grande portée lorsque la différence sexuelle en vient à marquer l'être créé au sixième jour. Quant à reconnaître qu'avec l'émergence du couple humain arrivent aussi les défaillances et les ennuis, c'est au second récit qu'il appartiendra d'en faire la démonstration.

Ce principe nouveau, antithèse de l'automatisme ou de la perfection mécanique, n'a pas de nom dans le récit biblique. Sa nature s'indique en ceci que l'être humain est homme et femme, homme ou femme, marqué dès l'origine par ce trait de différence, confronté au manque fondateur, appelé à régner par la parole, invité à la fécondité dans l'histoire. S'il faut le dénommer, dans la ligne du

---

5. On lira ici-même l'étude, par P. Beauchamp, de la dixième parole de Dieu, adressée à l'homme après sa création et comportant une instauration de la Loi.

second récit, parlons du « désir », privilège du dernier être apparu dans le monde, terme de l'activité créatrice de Dieu.

*Troisième trait :*
*l'orientation vers le septième jour*

Dieu parle de Dieu dans le poème créateur et laisse entendre qu'il est lui-même tenu à l'œuvre par une sorte de « désir ». Qui donc est Dieu, mis en scène d'abord comme Dieu créateur, puis comme Esprit planant sur les eaux, pour qu'à la quiétude cosmique il préfère l'aventure et que sur un monde parfaitement réglé, sans histoire, il instaure la domination d'un être voué au désir et à ses avatars ? Ainsi posée la question ne peut avoir de réponse. Mais elle invite à compléter l'observation de la séquence centrale du récit. Il s'y trouve en effet deux détails sur lesquels fut attirée encore notre attention : le passage du troisième au quatrième jour et la relation d'« image » de l'homme à Dieu. Ces détails sont connus et commentés. C'est de leur traitement sémiotique qu'il est ici question.

L'entrée en scène de la *lumière* au premier jour et la fabrication des *luminaires* au quatrième ressortissent à la même « configuration discursive ». Mais les « parcours figuratifs » sont distincts, donc les « rôles thématiques » : à une première phase de différenciation puis d'aménagement *végétal* de la terre succède une seconde phase qui culminera dans le création du couple humain, après les opérations de peuplement *animal* des diverses régions de l'espace. Chacune de ces deux sous-séquences commence par une transformation dans le champ de la lumière. Mais, tandis que la première relève du simple « éclairage », la seconde a une portée normative et proprement « sémiotique » : soleil et lune sont des « signes ». Leur alternance règle la marche du temps. Si donc toute opération sur la *lumière* a une fonction initiatrice en ce récit, il faut reconnaître deux « commencements » dans la séquence des six jours. Il n'y a pas de continuité naturelle ou logique entre le troisième et le quatrième jour. Il y a là un saut ou un seuil. Le ressort du parcours discursif s'indique en ce point stratégique comme transcendant au parcours lui-même. Dieu est engagé dans ce mouvement de création mais il n'y est pas tenu ou soutenu par ce mouvement même. Y aurait-il en Dieu créateur quelque chose comme un « désir », pour qu'au moment où pouvait encore se concevoir un arrêt ou s'envisager un repos anticipé sur un état acceptable des choses, il ait choisi d'aller plus loin ? Comme s'il n'était pas bon que la terre fût déserte...

Pour dire cela en terme plus simples, mais qui ne seraient pas exempts de quelque paradoxe, j'en appellerais à ce qui semble indiscutable : Dieu s'active pour pouvoir « cesser » vraiment son travail, non faire une petite pause pour reprendre souffle mais se hâter vers un repos véritable qui assure son retrait ou qui l'absente de la marche du monde créé. Comme si l'engagement dans l'action créatrice, à partir de la phase initiale obscure mentionnée en Genèse 1, 1-2, échouait à dire en vérité sa fonction ou son rôle, mettait du moins le poème créateur en péril de n'en manifester qu'un aspect, de n'en témoigner que de manière unilatérale et trompeuse. Un tel péril s'indique en un point précis du parcours des six jours, entre le troisième et le quatrième, et le contournement de l'obstacle s'atteste dans la création du couple humain « à l'image et à la ressemblance » de Dieu.

Lorsqu'il s'engage ou s'encourage à créer l'homme, au titre de ce qui en lui justifie le pluriel grammatical, Dieu en dit davantage sur ce qui sous-tend le mouvement créateur et le porte à son accomplissement dans l'être humain. Et cela d'abord : qu'un rapport particulier et inédit unit cette dernière créature au créateur, qu'ainsi défini l'être humain déclare du seul fait d'exister que Dieu n'est pas confondu avec sa création, qu'il n'y faut chercher qu'« image et ressemblance » c'est-à-dire y reconnaître la disqualification de toute idole. Un tel homme n'est pas l'homme comme espèce vivante complémentaire ou comme super-animal (quelle serait d'ailleurs à ce titre la place à lui attribuer : le ciel, la terre, les eaux ont leurs hôtes respectifs), mais le couple humain, homme et femme, et le couple en tant que tel, l'être désirant et parlant. Le retour et la triplication du verbe *bârâ'*, une fois à la forme imperfective[6], deux fois à la forme perfective et pour annoncer la différence sexuelle, souligne l'originalité du moment. L'aptitude à être « image et ressemblance » paraît bien liée à la nature particulière de la sexualité humaine. Y a-t-il donc en Dieu homme et femme ? ou : ce que Dieu dit de lui en cette aventure créatrice, où sa parole est engagée, a-t-il quelque lointain rapport avec ce qui apparaît en l'être humain comme différenciation sexuelle ? Y a-t-il Dieu et Dieu ? Non pas plusieurs dieux, cela précisément est exclu par la structure du récit ; mais altérité en Dieu ? Avant de répondre à la question je signale qu'elle est posée ici comme question élémentaire de sémiotique narrative : le sujet opérateur n'agit qu'au titre d'un vouloir-faire (le « désir ») ou d'un devoir-faire (l'« obligation ») ; la performance présuppose la compétence et la manipulation. Certes, entre cette organisation narrative quelque peu simpliste et les subtilités de la construction thématique et figurative des acteurs, ici Dieu créateur, il y a une grande distance, mais on ne peut pourtant éviter de se demander comment le texte indique ce qui fait agir Dieu créateur. Je signale aussi que la recherche d'une réponse à une telle question concerne directement l'analyse de la séquence initiale : qu'en est-il du rapport entre Dieu créant « les cieux et la terre », ou l'Esprit de Dieu « planant sur les eaux », et Dieu cessant toute activité au septième jour ? Ce rapport est à la fois mis en œuvre et manifesté dans la séquence centrale. Il ne peut être nommé pourtant qu'au terme du parcours, le septième jour.

### D) La phase de repos : Genèse 2, 1-3

Le passage à la troisième séquence est marqué par une *rupture* comparable à celle qui marquait la transition entre la première et la deuxième, rupture à la fois sembla-

---

6. Le verbe *bârâ'* a été utilisé en 1, 21 à propos des animaux aquatiques. C'est le seul emploi de ce verbe dans le cours du récit, hors de la séquence initiale et du sixième jour. Mais il est employé là à la troisième personne de l'imperfectif.

ble et différente. Semblable en raison de l'inversion, de l'action à la cessation de l'action, différente car on ne revient pas au point de départ. Le « repos » final n'est pas la « quiétude » première. Il en est même le contraire. N'annulant rien des transformations opérées, mais limitant leur extension et ponctuant le parcours discursif, il a pour effet principal de définir un nouveau rôle pour Dieu. Rôle « figuratif » d'abord : on n'a pas encore vu Dieu « se reposer », dans ce récit. Et, de ce point de vue, la conjonction en 2, 3 du verbe *šâbat* avec les deux verbes d'action et de création, *'âśâh* et *bârâ'*, représente un bon résumé du parcours complet. Rôle « thématique » également : celui qui « se repose » au septième jour ne représente pas les mêmes données sémantiques, ou les mêmes valeurs de contenu, que celui qui, par actes et paroles, fabriquait les choses au cours des six jours précédents, ni que le créateur initial dont la présence et la proximité se manifestaient évidentes par le survol de l'Esprit sur les eaux. Quels rôles donc et quelles différences entre ces rôles ? Nous en avons retenu trois, qui se présentent sous forme de couples oppositifs : l'origine et le terme ; la proximité et la sainteté ; l'Esprit et la loi. Un élément médiateur articule en chaque couple le premier et le second élément.

*L'origine et le terme*

La séquence initiale est le temps zéro d'un parcours en huit étapes, dont la dernière est le septième jour. Dans ce chapitre interfèrent donc deux séries et deux décomptes. Il faut se garder de ne retenir que la succession des sept jours. Le rôle de Dieu observant le sabbat ne s'interprète vraiment que lorsque après l'avoir distingué de son rôle producteur on le rapporte aussi à son rôle initial de créateur et de gardien d'une création repliée sur elle-même. Le septième jour ne renvoie pas directement au premier jour pour un parcours cyclique et une sorte de répétition indéfinie mais au temps zéro. Il vient rencontrer ce point décompté comme l'explicitation parfaite de ce qui, contenu dans la situation de départ, ne pouvait pourtant pas être déclaré sur le champ sous peine de voir tout réduit à la confusion. Deux séries d'informations sont donc ici transmises sur Dieu : qu'il est à l'origine comme principe de l'être et garantie de la stabilité ; qu'il est au terme, au point de la sanction et du jugement, comme dégagé de toute action, clef de voûte symbolique de l'œuvre accomplie. Le parcours intermédiaire a valeur de temps et d'espace médiateurs, non entre deux moments d'une chronologie mais entre deux rôles qu'il ne faut bien distinguer que pour éviter de les disjoindre.

## Proximité et sainteté

L'observation du tissu figuratif autorise à préciser davantage l'écart entre ces rôles extrêmes. A l'origine, j'ai déjà mentionné la proximité, la vigilance, la complétude, l'homogénéité. Au terme, il faut retenir la distance, le retrait, la mise à part, la soustraction : le septième jour est « sanctifié ». Bien qu'il appartienne à la série des « jours », qu'il complète pour en faire une « semaine », il est aussi l'autre des jours précédents. Il sort de l'ordinaire. Avec lui, on quitte la répétition et l'on peut dire sinon *pourquoi* il y eut d'abord les six premiers jours, du moins quelle signification revêt cette série des jours. C'est à ce titre qu'il faut aussi le compter comme *huitième temps* du parcours discursif. Le huitième mais aussi le dernier, qui déclare aussi clairement que possible, mais par métaphore, de quoi parlait Dieu à l'univers en cours de transformation et ce que disait déjà silencieusement l'Esprit au monde nouveau-né.

Entre l'extrême proximité initiale et le retrait final l'élément médiateur paraît être en effet la *parole*, celle que l'Esprit de Dieu dit, en tout ce qui advient et à destination de ceux qu'atteignent les événements. L'esprit veille sur le monde, parle de Dieu, annonce le temps de la Loi puis s'efface devant le Nom.

## L'esprit et la Loi

La dernière, et peut-être la plus précise, corrélation entre le point zéro du parcours et son terme concerne le rapport entre un élément figuratif explicite, l'Esprit de Dieu, et une valeur implicite que nous avons reconnue dans la mise en scène du sabbat : la loi. C'est l'ensemble du parcours certes qui est indicatif de l'organisation normative de la « semaine », mais le sceau n'est mis sur cette signification qu'au septième jour. Le texte d'ailleurs ne contient aucune injonction ou interdiction, en quoi il n'est pas un texte législatif au sens strict. Il concerne pourtant le fondement de la loi et son enracinement dans le rôle terminal de Dieu. Que dire alors ? Que ce premier récit de création parle de la loi de sa première à sa dernière ligne ? En un sens oui, puisque l'institution du sabbat y est sous-jacente depuis le début. Il vaudrait peut-être mieux dire que si la fonction et l'effet de la foi sont manifestes à la *fin* du récit, c'est, d'une part, en contraste avec la dominante thématique du *début* de ce même récit et grâce, d'autre part, à la mise en œuvre plénière de ce rôle initial. Il y a en effet un ordre, et c'est le moins que l'on ait à dire, entre le Dieu proche et le Dieu du sabbat, entre l'Esprit et Dieu sanctificateur, entre la présence et le Nom. Le second resterait inconnu sans le premier et si le premier n'entreprenait pas de créer, de parler, avant de s'effacer devant le second. Le premier est du côté de l'Amour, plus exactement peut-être de l'ambivalence Amour-Colère ; le second du côté de la Loi. Contrairement aux textes qui, partant de la Loi, proposent de la reconduire à sa source qui est l'Amour, ce premier récit de création entreprend de montrer comment l'Amour ouvre la voie à la Loi pour qu'elle soit secret de Vie.

## Conclusion

Un schéma, certes discutable, vaudra mieux que de nouvelles considérations pour mettre en évidence la place et la fonction des deux premiers versets de Genèse 1 (voir le tableau : Modèle I).

Je ne soulignerai qu'une particularité de ce schéma : au sommet de la courbe, entre le quatrième et le cinquième temps (c'est-à-dire entre le troisième et le quatrième « jour »), une interruption de la ligne signale la discontinuité mentionnée précédemment et l'effet de subdivision

## MODÈLE 1

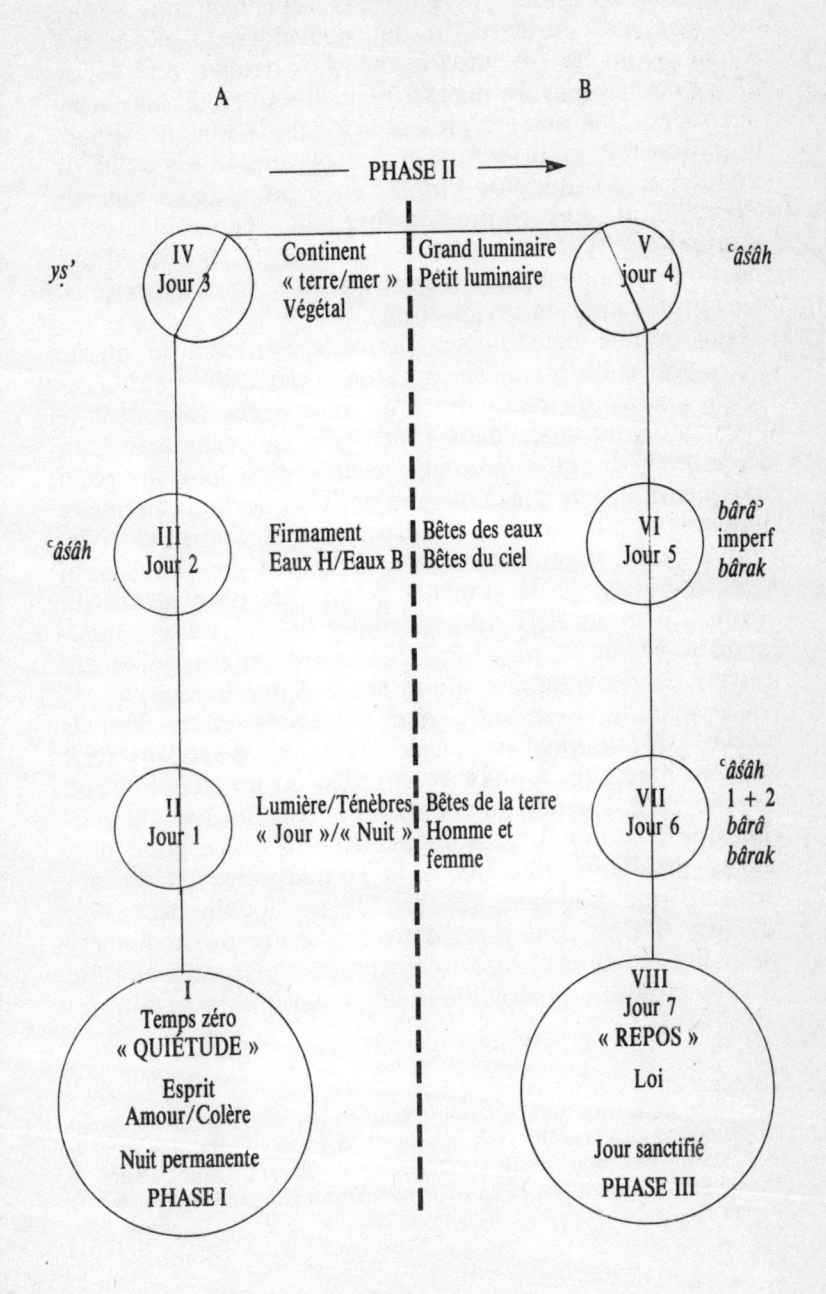

A   B

⟶ PHASE II ⟶

*yṣ'*   IV / Jour 3 — Continent « terre/mer » Végétal | Grand luminaire Petit luminaire — V / Jour 4   *ᶜâśâh*

*ᶜâśâh*   III / Jour 2 — Firmament Eaux H/Eaux B | Bêtes des eaux Bêtes du ciel — VI / Jour 5   *bârâʾ* imperf *bârak*

II / Jour 1 — Lumière/Ténèbres « Jour »/« Nuit » | Bêtes de la terre Homme et femme — VII / Jour 6   *ᶜâśâh* 1 + 2 *bârâ* *bârak*

I
Temps zéro
« QUIÉTUDE »

Esprit
Amour/Colère

Nuit permanente
PHASE I

VIII
Jour 7
« REPOS »

Loi

Jour sanctifié
PHASE III

complémentaire qui partage en deux espaces A et B
l'ensemble discursif. Il y a là non seulement une césure
mais une sorte d'inversion du mouvement. Ce qui suit
devrait avoir été dit auparavant et se trouve retardé ou
différé comme par un déplacement, une « métaphore » au
sens strict. Une analyse plus poussée de la logique sémantique pourrait montrer que nous sommes là au point de
production possible de l'*idole*, donc aussi de sa radicale
dénonciation. Les commentateurs ont depuis longtemps
reconnu que l'affectation au soleil et à la lune d'une
fonction chronométrique à l'échelle du cosmos exorcise en
effet tout risque de divinisation[7].

Une double conséquence de cette particularité mérite
d'être notée. La première concerne *le déplacement du centre de gravité du récit*, qui n'est plus à chercher dans le
quatrième jour mais dans l'intervalle qui sépare le troisième jour du quatrième. Ce centre n'est pas un plein
mais un vide, une place ou une position de toute première
importance, directement représentative de l'enjeu du parcours. Seuil, point de non-retour, porte peut-être, qu'il
n'est envisageable de franchir qu'au titre d'un attrait du
terme. Ce qu'au-delà du seuil indiquent les deux « luminaires » est un autre temps, un autre espace, un autre
univers, le « royaume » d'une autre dénomination.

La seconde n'est autre que *la réintégration, dans le
modèle sémantique, des deux premiers versets du récit*
comme première « phase » corrélée à la troisième ou
comme première des huit « étapes » constitutives du parcours de création. Il faut commencer là, en ce point obscur et préalable, soustrait à la connaissance circonstanciée, affirmé pourtant au titre de sa double nécessité :
logique, si l'on peut dire, dans la mesure où la lumière
jaillit des ténèbres et la différenciation s'effectue sur fond
de condensation ; théologique aussi puisque la manifesta-

---

7. Si le quatrième jour est interprétable comme un commencement
supplémentaire, après le franchissement d'un seuil qui annonce la
création de l'homme et de la femme, on pourrait comprendre le
retour du verbe *bârâ'* en 1, 21 pour la création des grands poissons de
la mer.

tion du rôle de Dieu se donne à entendre dans la distinction et le couplage de l'Esprit de Dieu et du Nom sanctifié par la médiation d'un déploiement somptueux de l'acte créateur[8].

## II. LE SECOND RÉCIT DE CRÉATION : L'IDOLE OU LE MÉCANISME DE LA RÉGRESSION

Nous n'avons pas analysé l'ensemble de ce long récit. Nous nous sommes interrogé sur les trois figures proposées à la discussion : sommeil, rêve et réveil. Je souhaite que ce compte rendu commence à accréditer l'hypothèse d'une lisibilité globale des deux récits, donc d'une articulation « thématique » de l'un et de l'autre.

Dans le second récit, le sommeil d'Adam est explicitement noté, en 2, 21, non comme phase de repos mais comme état transitoire à fonction complexe : « sommeil profond », sorte d'anesthésie permettant l'extraction de la côte et temps de disparition-manifestation ou de passage par lequel l'être humain devint couple. Les grandes lignes de ce tableau sont bien connues. Cet endormissement est consécutif à la disqualification des animaux pourtant créés pour être une éventuelle réponse au problème de l'homme seul. Quand au « rêve » et au « réveil », ils ne sont pas explicités par le texte mais dénomment des organisations figuratives interprétables comme telles.

---

8. On voit qu'en dépit d'une correspondance de surface entre ce modèle d'organisation discursive du récit biblique de création et le discours scientifique contemporain évoquant l'origine du monde comme déflagration (Big-Bang) d'une matière excessivement concentrée, il y a bien quelque compatibilité mais en aucune manière concordisme revu et corrigé. Le modèle sémantique est une sorte de carte de signification au terme de son « parcours génératif ». Il montre de quelle manière et sous quelle forme le SENS, ici les oppositions Mort / Vie et Nature / Culture, s'articule en SIGNIFICATION manifestable. Il ne décrit pas un scénario d'événement ni l'événement lui-même.

## A) Le modèle sémantique de Genèse 2 − 3

Le problème étant ainsi posé, deux points étaient à éclaircir : l'applicabilité du modèle élaboré pour Genèse 1 sur le second récit de création, avec des éventuelles modifications à y apporter ; la place occupée sur ce modèle par le sommeil d'Adam. Sur le premier point, nous avons conclu à une possibilité d'appliquer le modèle et nous nous sommes appuyé sur trois arguments : la disposition globale du parcours créateur, ainsi que deux recoupements significatifs.

Genèse 2 − 3 fait une place plus grande que Genèse 1 à l'être humain et à son aventure. L'homme entre en scène dès les premiers énoncés du récit et ses faits et gestes ainsi que leurs conséquences sont longuement évoqués. Corrélativement, la dimension cosmique de la création est très réduite. S'il y est fait allusion c'est pour préciser le cadre spatio-temporel dans lequel évolue l'être humain. On n'aurait donc pas l'idée d'établir une correspondance de plan ou de structure manifeste entre les deux récits. D'un côté, on raconte *la création de l'univers*, dans le cadre de laquelle trouve place la création du couple humain ; de l'autre, *la création de l'homme* référée à l'installation du lieu où il va vivre. Pourtant, si l'on s'interroge, d'un point de vue plus sémiotique que rhétorique, sur le réseau thématique sous-tendant le champ figuratif, les deux micro-univers sémantiques se rapprochent et l'on voit la signification s'organiser de manière fort comparable. Pour l'essentiel, les *trois phases* s'y retrouvent, ainsi que les *huit étapes*. Une phase initiale, repérable au mouvement de concentration et aux connotations d'unité, d'harmonie, de complétude ; une phase centrale de différenciation, de séparation et d'élaboration du manque ; une phase finale de mise à distance et de franche distinction entre Dieu et les êtres humains. La phase initiale et la phase finale correspondent chacune à une étape, première et huitième, et la phase centrale est analysable en six étapes qui, pour n'être pas comparables aux « jours » du chapitre premier, n'en constituent pas moins un parcours structuré autour de la promulgation d'une loi, de la création des animaux, de l'instauration du couple humain et de la fixation de son statut dans l'existence. Les deux recoupements susceptibles de justifier l'application sur ces chapitres 2 — 3 du modèle élaboré sur le chapitre 1 apparaissent là. Il s'agit de la disjonction entre la formation de l'homme Adam et l'instauration du couple homme-femme, puis de l'insertion entre ces deux interventions de la création des animaux.

A première vue, le fait de placer la formation d'Adam au début du récit et de recentrer toutes les péripéties sur le devenir de l'homme oppose la syntagmatique des chapitres 2 et 3 à celle du chapitre premier et interdit toute comparaison des deux structures discursives. C'est vrai, à un détail près que nous avons considéré comme une pièce maîtresse du dispositif signifiant : la formation initiale de l'être humain n'est qu'un préalable à l'acte décisif, véritable point de non-retour, que constitue la « construction » de la femme à partir de la côte de l'homme. L'ajournement de cette opération différenciatrice reporte la création du couple humain à la fin du parcours créateur. Il instaure aussi, mais d'une manière originale, cette sorte de temps zéro par lequel s'inaugure le processus et qui rappelle la phase de latence du monde créé en Genèse 1, 1-2. Si l'on observe enfin que ce report autorise l'insertion de la création des animaux avant l'apparition du couple, restituant ainsi la séquence minéral-végétal-animal-humain, on est en mesure de prendre en considération l'hypothèse d'un modèle homologue à celui du chapitre 1 (voir le tableau : Modèle II).

Entre la création des animaux et la formation du couple, un point remarquable subdivise en deux temps le parcours complet. On y observe le même effet de reprise, de coupure et d'inversion qu'au chapitre 1 entre le troisième jour et le quatrième. En créant les luminaires quatre jours après la lumière, comme ici en instaurant le couple après la formation d'Adam, le Seigneur-Dieu imprime à son œuvre le mouvement et les lois qui rendront possible la marche autonome du monde, autoriseront le retrait du créateur et orienteront de l'origine vers un terme.

Nous n'avons pas considéré que ces remarques encore générales réglaient tous les problèmes de ce second récit et de son rapport au premier. Il faudrait encore vérifier que

## MODÈLE 2

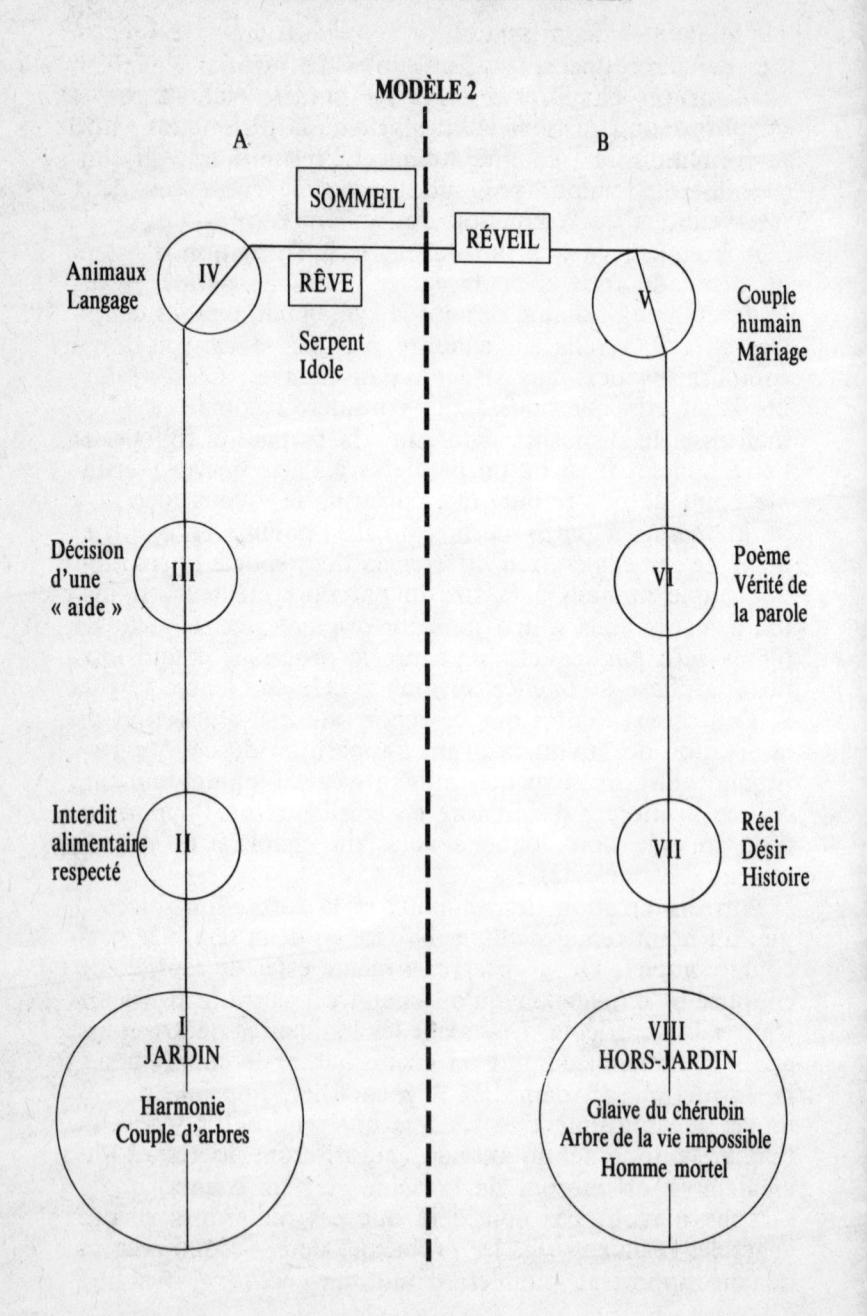

A | B

SOMMEIL
RÉVEIL
RÊVE

**IV**
Animaux
Langage

Serpent
Idole

**V**
Couple humain
Mariage

**III**
Décision d'une « aide »

**VI**
Poème
Vérité de la parole

**II**
Interdit alimentaire respecté

**VII**
Réel
Désir
Histoire

**I
JARDIN**

Harmonie
Couple d'arbres

**VIII
HORS-JARDIN**

Glaive du chérubin
Arbre de la vie impossible
Homme mortel

le renforcement du temps zéro, dans lequel nous plaçons la formation de l'homme et son entrée dans le jardin, ne déséquilibre pas le première partie du parcours ; et que la confrontation multiforme à la loi, alimentaire d'abord, matrimoniale ensuite, est correctement analysée[9]. Mais, conscient de travailler sur une hypothèse, nous en sommes venu à l'examen des figures du sommeil, du rêve et du réveil.

### B) Le « sommeil profond » comme temps de différenciation

En plaçant le sommeil d'Adam au point stratégique du parcours créateur, nous pensons avoir exclu deux malentendus : l'un, par défaut, qui réduirait l'opération à une simple mise au point ou à un perfectionnement de l'organisme humain sans effet décisif sur le statut antérieur d'Adam. L'autre, par excès, qui y verrait une reprise intégrale de l'ouvrage sans rapport à ce qui était auparavant. Il nous a semblé que l'endormissement d'Adam avait valeur de *limite*, entre deux temps et deux états, qu'il fallait donc prendre en considération sa place et sa fonction médiatrice. D'une part, en effet, ce qui fut, l'homme seul, ne sera plus ; l'être humain est homme et femme, comme en Genèse 1, 27, homme et femme dès le premier instant de leur existence. D'autre part, ce qui est renvoie à ce qui fut, dans ce temps oublié, dans ce lieu du non-savoir ; l'être humain est divisé, construit à partir de ce qui fut soustrait et de ce manque qui devient une marque. L'homme est homme d'avoir perdu la côte qu'il trouve construite en femme, il est homme de n'être pas femme ; la femme est femme de n'avoir pas été homme. L'un et l'autre existent par ce manque qui les protège d'être complets ou solitaires et d'être complémentaires.

En ce point donc du parcours créateur une page se tourne et un statut d'existence propre à l'être humain est

---

9. On se référera pour les compléments nécessaires à la conférence de J. Briend publiée dans ce volume.

inauguré. La suite du récit le confirmera, montrant qu'il ne s'agit nullement ici d'un progrès de perfectionnement ou d'amélioration fonctionnelle, mais d'un passage à un autre ordre. Nous en avons cherché la spécificité à partir de trois indications fournies par le récit : la remarque du Seigneur sur la solitude de l'homme, la disqualification des animaux et l'opération d'extraction de la côte pour la formation de la femme.

### « *Il n'est pas bon que l'homme soit seul...* »

Il est significatif que cette parole suive immédiatement la promulgation de l'interdit alimentaire concernant l'arbre de la connaissance du bien et du mal, dont elle présuppose l'observance et atteste l'effet. Nous y trouvons un écho inversé de la formule régulièrement employée en Genèse 1 : « Dieu vit que cela était bon. » Ce qui n'est pas bon paraît être ici un manque. C'est en réalité le manque du manque. L'opération accomplie pendant le sommeil le montrera, et l'intervention du serpent allergique au manque le confirmera. Sur ce point bien des lecteurs sont victimes d'une idée reçue, selon laquelle la création progresse par production de réalités aptes à remplir un vide, selon laquelle ici la femme répondrait au titre d'« objet » au manque diagnostiqué en l'homme. Les textes disent le contraire : le mouvement créateur va du *tout* initial indifférencié vers une profusion démultipliée. C'est l'effet de la différenciation et de la dégradation progressive du tout qui est jugé « bon ». Ce qui affecte l'homme, sous la figure de la solitude, est identiquement le fait d'être complet, de ne pouvoir lui-même envisager l'éventualité d'une « aide », d'une Autre. En jouant sur les possibilités de la langue française, disons : « Il n'est pas bon que l'homme soit TOUT... seul. »

Le texte est d'une cohérence parfaite : l'interdit alimentaire neutralisait à sa manière la totalité dans l'ordre de la nourriture. Respecté comme tel, il reparaît sous une forme nouvelle, attestant par sa permanence qu'il est constitutif de l'existence humaine. Loin de pallier l'inconvénient purement affectif d'une solitude réduite à sa dimension circonstancielle, la femme vient neutraliser le risque de totalité et de complétude. Elle déclare à l'homme son manque et l'accompagne pour qu'il en vive. Ils seront deux à n'être pas « tout » et, là, pourront se parler, se signifiant l'un à l'autre la loi. Ici comme dans le chapitre précédent s'il y a « désir » c'est un désir radicalement articulé sur la parole.

Si l'on tient compte du fait que, dans le premier temps de l'aventure humaine, c'est Dieu en personne qui signifiait à l'homme la loi, on mesure l'enjeu et les conséquences de ce « sommeil profond ». Tandis qu'entre en scène le couple, se prépare la sortie du Créateur. Comme en Genèse 1, la présence de l'homme et de la femme dans le monde réalise les conditions du retrait de Dieu. Ainsi se trouve dénoncée radicalement toute prétention et toute tentation idolâtrique. Il n'y a pas à chercher Dieu parmi les réalités du monde, sous quelque forme que ce soit. Le dernier acte du Créateur a consisté à endormir Adam, à creuser en lui l'espace de la retraite, de l'oubli, dans lequel en tant que Dieu créateur il vient à s'effacer. A son réveil, l'homme ne voit devant lui que la femme. Il devient poète, il lui parle, il la reconnaît. Dieu n'est plus là, modelant, fabriquant, veillant. Il a « cessé » de créer. Celui qui entrera en scène plus tard s'annonce par la « voix », parle en juge et tranche les fils du piège dans lequel sont pris l'homme et la femme. Il n'est pas possible de confondre les rôles que de part et d'autre de ce temps de sommeil assume le Seigneur-Dieu en ce récit.

## Du langage à la parole :
## la création des animaux

J'ai déjà rappelé que l'endormissement d'Adam était précédé d'une tentative pour trouver, parmi les animaux créés sur-le-champ, l'aide assortie dont Dieu juge nécessaire la présence auprès de l'homme. J'y reviens pour préciser deux choses : que la comparution des animaux est pour l'homme un test. Il aurait pu se méprendre et choisir l'aide comme un objet-complément. Le mouvement créateur, stoppé en ce point intermédiaire, aurait alors fait retour au point de départ. Que l'inventaire de l'ordre animal coïncide avec la première expérience du langage, dans sa fonction désignative. Il ne s'agit pas encore de la parole, comme on le pense parfois, et les mots, employés pour nommer, ne disent pas davantage quelque chose à quelqu'un qu'ils ne le font dans un lexique ou une énumération. L'homme ne commencera à parler, au sens précis du terme, qu'à son réveil, dans le poème adressé à la femme. En Genèse 1, nous avions trouvé, mais à propos de Dieu, le même décalage entre la nomination des réalités créées et la parole adressée. Celle-ci n'apparaissait qu'après le quatrième jour. Dans les deux récits elle atteste le franchissement du seuil entre la phase IV et la phase V. Le sommeil, et ce qu'il comporte d'oubli, de rupture et d'inscription de la limite, en est la condition. Il faudrait être fort vigilant si d'aventure un animal se mettait à parler...

« *Il prit une côte*
*et referma la chair à la place...* »

L'homme perd quelque chose, qu'il ne retrouvera jamais. Cette perte le transforme et cette transformation se marque en sa chair. Symétriquement, la côte perdue est trouvée, non récupérée, elle est devenue trésor, visage d'altérité. La loi alimentaire, édictée par le Seigneur lui-même, est relayée par la loi matrimoniale, d'expression plus impersonnelle. On peut parler désormais du désir, de la génération, de l'histoire. Loin d'être un retour au passé ou un acte de recommencement, l'endormissement d'Adam est tourné vers l'avenir. il ouvre les portes à une histoire humaine, dans laquelle Dieu créateur n'interfère plus de la même manière. L'oubli, en ce sommeil, de ce que fut l'homme seul, de ce qu'il pourrait être auprès ou en face d'un Dieu à satisfaire, voire à égaler, délivre le couple humain de ce qui le ramènerait sans cesse en arrière et le vouerait à la stérile répétition. Dans cette figure du sommeil d'Adam s'indiquent donc tout à la fois la Loi, le désintéressement total, l'Amour et le service de la Vie. Toutes réalités que le serpent, se plaçant au même lieu, va venir contredire.

## C) Le rêve comme risque de régression

Dieu se retire, le serpent apparaît. La place qui devait rester vide est occupée. Le cours des événements s'inverse et ce qui du parcours créateur vient d'être accompli se trouve redoublé sur le mode de la caricature et avec les effets contraires. Nous avons proposé d'interpréter comme « rêve » ce nouvel épisode, pour autant qu'il revient sur les acquis essentiels liés au sommeil, qu'il repose de vieux problèmes et qu'il remet en jeu de prétendues valeurs parfaitement dépassées. Le ressort de ce processus est le jeu de l'idole et la production, au point stratégique de la distanciation, d'une figure de Dieu proche, intéressé, jaloux, calculateur. Le serpent, le plus animal des animaux, est tout indiqué pour cette entreprise de retour à la confusion. Nous avons retenu de son intervention les deux aspects suivants : son caractère régressif, qui confirme que le rêve est bien ici l'envers du sommeil profond et l'ambivalence de sa visée.

La régression s'indique dans le retour de l'interdit alimentaire depuis longtemps intégré et dont la mention dans le discours du serpent est quelque peu anachronique. Elle montre pourtant que ce vieux problème va être posé à nouveau et que le seuil franchi une fois peut ne plus l'être à un second passage. Une analyse plus complète prendrait ici en compte le fait que le serpent s'adresse à *la femme* et lui rappelle un interdit promulgué avant sa création et à l'intention de l'homme seul, confirmation en cela de la nature régressive du rappel. Ce que propose le serpent c'est d'en venir à la première partie du parcours, d'en réexaminer les conditions et de prendre un autre chemin plus bref, plus prometteur, conduisant l'homme à devenir comme un autre dieu ou une réplique sans différence du Seigneur créateur.

En faisant obstacle au franchissement du seuil qui marque l'avènement du couple humain et annonce le repos du créateur, le serpent prêche pour Dieu, pas directement pour un faux dieu, en quoi il reste dans son rôle d'animal créé, mais pour une réduction ou un appauvrissement du rôle de Dieu. Un Dieu tel qu'il peut l'être pour les animaux, créateur, dominateur, calculateur, confiné dans la production et l'exploitation de son œuvre, intéressé aux bénéfices qu'il peut en retirer. Un Dieu qui discourt mais ne parle pas, en qui la fonction d'origine ne renvoie pas à un terme ni le rôle initial à un rôle final, producteur mais non législateur et juge. Un Dieu proche mais pas un Dieu saint, un Dieu qui ne serait pas fondateur de la Loi et de la limite. L'incapacité à concevoir cette sorte d'altérité en Dieu, sur laquelle nous avons déjà insisté en Genèse 1 à propos du contraste entre l'Esprit de Dieu planant sur les eaux et Dieu sanctificateur du septième jour, conduit paradoxalement le serpent à installer en Dieu la duplicité et à mettre le couple humain sur la voie d'un redoublement de ce même Dieu : « Vous serez comme des dieux... » La multiplication des dieux résulte de l'impasse faite sur la différenciation des rôles divins tels que ces deux récits de création les mettent en scène. Elle est en germe dans toute problématique qui néglige la discontinuité ou le seuil dans le parcours créateur, qui n'est sensible ni au sabbat en Genèse 1, ni au sommeil et à son ultime conséquence à la fin de Genèse 3, c'est-à-dire à l'expulsion hors du jardin de l'homme et de la femme éveillés du rêve pernicieux.

Si, malgré l'accord thématique des deux récits de création, il faut reconnaître entre eux des différences, la principale concerne bien la manière de dire ce double rôle divin : le clivage est plus apparent en Genèse 2 – 3 où Dieu bienveillant et attentif au bien de l'homme, voire à son confort et à son agrément dans le jardin, cohabite avec Dieu sévère rétributeur et mandateur des chérubins à l'épée flamboyante. De l'un à l'autre l'espace de l'aventure humaine est jalonné avec plus de précisions mais dans le même sens qu'en Genèse 1 par les choix de l'homme et de la femme et par l'intervention de Dieu dans leur aventure.

Il résulte de ce développement propre à Genèse 2 – 3 un accroissement de distance entre les deux points extrêmes que nous avons pourtant suggéré de mettre en corrélation : Gn 1, 1-2 et 3, 23-24. D'un côté l'Esprit vigilant, de l'autre le glaive tranchant. Agrandi aux dimensions de l'ensemble discursif cet écart ne semble pas très différent de celui que nous avons signalé entre la quiétude initiale et le repos du septième jour, le jour « sanctifié ». Mais d'un côté Dieu cesse lui-même son activité et fait retraite au terme de la semaine ; de l'autre l'homme est chassé du jardin, maintenu à distance de l'arbre de la vie, de ce qui pourrait lui assurer l'égalité avec Dieu, le confondre avec un Dieu trop accessible. Sous deux figures différentes n'y a-t-il pas accord thématique ? Proches de Dieu par leur origine et sortis de ses mains, l'homme et la femme ont à parcourir un long chemin pour faire retour vers celui qui les appelle au terme.

### D) Le réveil comme retour du réel

Au réveil euphorique de l'homme rencontrant sa nouvelle compagne s'oppose ici le réveil désabusé de l'homme et de la femme réduits à leur savoir des choses ou de l'état des choses et ramenés, pourrait-on dire, sur la ligne de départ, sans illusion, sans protection. En deçà même puisque, confondus l'un devant l'autre, ils viennent à se confondre même avec la végétation, sans avenir, sans projet. Le Seigneur-Dieu intervient de nouveau et reprend, là où il avait été interrompu, le parcours créateur, opérant cette fois « sans anesthésie » mais en vue d'un effet comparable.

Ce qu'il importe de relever c'est d'abord la correspondance entre le réveil après le rêve et le sommeil profond qui l'avait précédé. Il n'y a rien d'étonnant à cela, dans la mesure où nous avons considéré le rêve comme une sorte d'anti-sommeil. Il faut noter ensuite qu'opérant désormais par la parole, une parole tranchante et différenciatrice, Dieu rétablit, avec moins de précautions et beaucoup de vigueur, les distinctions qui s'imposent : renvoyant le serpent à son rang d'animal, affectant à leur place respective la femme puis l'homme, marqués chacun à leur manière par le manque et référés ensemble à la naissance et à la mort. Ces brèves observations nous ont paru suffisantes pour nous autoriser à placer le réveil là où nous avions placé le sommeil, puis le rêve, en ce point remarquable de notre modèle où il se passe décidément bien des choses.

Nous avons eu conscience de cesser le travail bien avant son achèvement. Mais il n'entrait pas dans le cadre de nos rencontres d'ateliers de produire un commentaire complet de ces chapitres.

**Conclusion**

Les auteurs d'une étude sémiotique soucieux du paraître et de paraître complets se doivent, au-delà de l'analyse discursive et des considérations sur la structure narrative, d'envisager la question d'une structure élémentaire de la signification et d'en inscrire le modèle reconnu, le « carré sémiotique ». A vrai dire nous ne nous sommes pas souciés d'être exhaustifs et nous entendions décrire surtout la structure discursive de ces deux récits et de leur ensemble. Toutefois, deux mots sur ce qui apparaît assez représentatif d'une organisation plus élémentaire des contenus serviront de conclusion.

J'ai parlé plus haut d'un dédoublement du rôle de Dieu : Dieu présent / Dieu absent, Dieu bienveillant / Dieu exigeant, ou toute autre formulation conforme à l'écart observé entre une mise en scène de Dieu dans une séquence initiale et sa mise en scène dans la séquence finale. Je précise maintenant l'espace de médiation, ou le champ du parcours discursif assurant l'articulation de l'origine et du terme : dans les deux récits, et ce n'est pas la moindre des rencontres structurales entre eux, cet espace est d'abord celui des événements, de l'aventure ou de l'histoire. Pour l'essentiel, ce qui arrive là est une sorte de limite, comme un « firmament » séparant l'espace d'en haut et l'espace d'en bas, et ne cesse de conjuguer, sur le mode de l'impossible et du nécessaire, la présence de Dieu et le sommeil prometteur de l'homme, le retrait de Dieu et la naissance du sujet humain en un CORPS. Là ne cessent de rouler ensemble dans la poussière, en une longue nuit, Jacob et cet Autre en qui l'on reconnaît la face de Dieu.

Le micro-univers sémantique ainsi résumé repose, en son extrême pointe, sur les oppositions les plus élémentaires : Mort / Vie et Nature / Culture[10]. Mais, au niveau d'articulation discursive où nous le considérons, toute structure simplement oppositive qui sélectionnerait l'un des termes en excluant l'autre serait inapplicable et non pertinente. Le discours, en effet, qui n'ignore pas la *question* posée sous forme de couples contraires de termes incompatibles, n'est pas chargé de répercuter seulement la question mais d'en aménager les termes pour qu'entre eux émerge l'espace médiateur et que puisse vivre le sujet porteur de la question. Le discours aussi est une « métaphore » de la création.

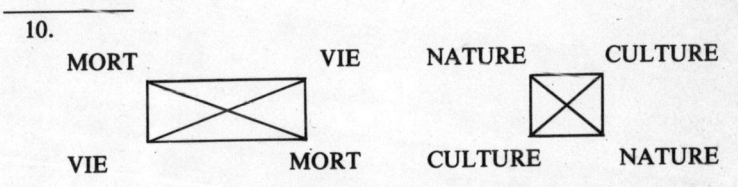

---

10.

| MORT | VIE | NATURE | CULTURE |
|------|-----|--------|---------|
| VIE  | MORT | CULTURE | NATURE |

Le modèle MORT / VIE est dominant dans le second récit. Le modèle NATURE / CULTURE est dominant dans le premier récit. Mais les deux modèles sont à l'œuvre dans l'ensemble narratif de Genèse 1 à 3.

# ABRÉVIATIONS

On trouvera ici la liste des abréviations pour les titres de revues, de collections, etc.
Pour la conférence de M.-J. Seux, voir les pages 77-78.
On ne relève ici que les cas où la référence n'est pas donnée *in extenso*.

| | |
|---|---|
| *AHW* | *Akkadisches Handwörterbuch* (...) von Wolfram von Soden, Wiesbaden, 1959ss. |
| ALGHJ | Arbeiten zur Literatur und Geschichte des hellenistischen Judentums, Leyde. |
| AnBib | Analecta Biblica, Rome. |
| *ANET* | *Ancient Near Eastern Texts relating to the Old Testament*, ed. by James B. Pritchard, Princeton. |
| *Bib* | *Biblica*, Rome. |
| BHTh | Beiträge zur Historischen Theologie, Tübingen. |
| BK | Biblischer Kommentar, Neukirchen. |
| BOT | De Boeken van het Oude Testament, Roermond. |
| BSR | Bibliothèque de Sciences Religieuses, Paris. |
| BWAT | Beiträge zur Wissenschaft vom Alten Testament, Stuttgart. |

| | |
|---|---|
| BWANT | Beiträge zur Wissenschaft vom Alten und Neuen Testament, Stuttgart. |
| BZAW | Beiträge zur *Zeitschrift für die Alttestamentliche Wissenschaft*, Berlin. |
| CBQ | *Catholic Biblical Quarterly*, Washington. |
| C-S-H ou CHS | A. Caquot, M. Sznycer, A. Herdner, *Textes ougaritiques*. Tome I, *Mythes et légendes*. Introduction, traduction, commentaire, Paris, 1974. |
| DBS | *Dictionnaire de la Bible, Supplément*, Paris. |
| EPHE | École Pratique des Hautes Études (annuaire), Paris. |
| EtBib | Études Bibliques, Paris. |
| EThL | *Ephemerides Theologicae Lovanienses*, Louvain. |
| HUCA | *Hebrew Union College Annual*, Cincinnati. |
| IEJ | *Israel Exploration Journal*, Jérusalem. |
| JBL | *Journal of Biblical Literature*, Philadelphia. |
| JD | Jean Lévêque, *Job et son Dieu* [...] (EtBib), Paris, 1970. |
| JSOT | *Journal for the Study of the Old Testament*, Sheffield. |
| KOEHLER-B. | L. Koehler und W. Baumgartner, *Lexicon in Veteris Testamenti Libros*, Leyde, 1953 ; et aussi L. Koehler und W. Baumgartner, *Hebräisches und aramäisches Lexikon zum Alten Testament*, 3ᵉ éd., neu bearbeitet von W. Baumgartner und J.J. Stamm, Leyde, 1967ss. |
| KTU | *Keilalphabetischen Texte aus Ugarit*, ed. M. Dietrich, O. Loretz, J. Sanmartin (Alter Orient und Altes Testament 24), Neukirchen. |
| LeDiv | Lectio Divina, Paris. |
| NRT | *Nouvelle Revue Théologique*, Paris. |
| NorskTT | *Norsk Teologisk Tidsskrift*, Oslo. |
| OTS | *Oudtestamentische Studiën*, Leyde. |
| PBSB | Petite Bibliothèque des Sciences Bibliques, Paris. |
| RB | *Revue biblique*, Paris. |
| RechSR | *Recherches de Science Religieuse*, Paris. |
| RHA | Revue Hittite et Asianique, Paris. |
| RTP | *Revue de Théologie et de Philosophie*, Lausanne. |
| TWAT | *Theologisches Wörterbuch zum Alten Testament*, Stuttgart, 1970ss. |

| | |
|---|---|
| *TWNT* | *Theologisches Wörterbuch zum Neuen Testament*, Stuttgart. |
| *TZ* | *Theologische Zeitschrift*, Bâle. |
| *UF* | *Ugarit-Forschungen, Internationales Jahrbuch für die Altertumskunde Syrien-Palästinas*, Neukirchen. |
| *UT* | C.H. Gordon, *Ugaritic Textbook*, Rome, 1965. |
| *VT* | *Vetus Testamentum*, Leyde. |
| *WUS* | J. Aistleitner, *Wörterbuch der ugaritischen Sprache*, Berlin, 1967. |
| *ZAW* | *Zeitschrift für die Alttestamentliche Wissenschaft*, Berlin. |
| ZBK | Zürcher Bibelkommentare, Zurich. |

# INDEX DES TEXTES
## (choix)

### I. ANCIEN TESTAMENT

#### Genèse

| | |
|---|---|
| 1,1 à 2,4a | 143 |
| 1,1-2 | 487-490, 510 |
| 1,3-31 | 490-495 |
| 1,14-19 | 419 |
| 1,20-23 | 419 |
| 1,24-25 | 420 |
| 1,26-28 | 151, 154, 420-421 |
| 1,28-31 | 421 |
| 1,29 | 139ss, 150 |
| 2 à 3 | 123-138, 502-505 |
| 2,1-3 | 495 |
| 2,7 | 126 |
| 2,21 | 501 |
| 2,22 | 481 |
| 3,16-17 | 177 |
| 3,23-24 | 510 |
| 4,7 | 177 |
| 9,1-7 | 143ss, 390 |
| 9,5b.6a | 165 |
| 9,5-7 | 159-162 |
| 10 | 167 |

#### Exode

| | |
|---|---|
| 1,1-7 | 143, 452 |
| 15,25 | 432 |
| 16 | 452 |
| 20,2-17 | 454 |
| 25 à 40 | 453 |

#### Lévitique

| | |
|---|---|
| 26,6-8.17-22 | 173 |

#### Nombres

| | |
|---|---|
| 11 | 452 |
| 20,1-2 | 432 |
| 21,16-20 | 430 |

#### Deutéronome

| | |
|---|---|
| 7,13-16 | 173 |
| 8,4 | 442 |
| 15,6-10 | 173 |
| 29,4 | 442 |

#### Juges

| | |
|---|---|
| 8,35 | 454 |
| 19-21 | 454 |

#### 1 Samuel

| | |
|---|---|
| 24 à 26 | 451-461 |
| 24 | 460 |
| 25 | 458-461 |

#### 1 Chroniques

| | |
|---|---|
| 22,8 | 175 |
| 28,3 | 175 |

#### 2 Maccabées

| | |
|---|---|
| 7,21-23 | 465-466 |
| 7,28 | 463-476 |
| 7,29 | 475 |
| 7,30-32 | 473 |

## Job

| | |
|---|---|
| 4,17-19 | 264-265 |
| 5,9-10 | 262 |
| 5,17 | 263 |
| 9,4-10 | 273-274 |
| 10,3-18 | 275-277, 319 |
| 11,7-9 | 272 |
| 12,7-10 | 274 |
| 14,5 | 275 |
| 14,15 | 277 |
| 15,7-8 | 265 |
| 15,14-16 | 267 |
| 22,12-14 | 264 |
| 23,3-10 | 274-275 |
| 25,4-6 | 268-269 |
| 26,5-6 | 269 |
| 26,12-13 | 271 |
| 28 | 279-280 |
| 29 à 31 | 277-278 |
| 32 à 35 | 281-283 |
| 36-37 | 283-285 |
| 38,1 à 42, 6 | 286-296 |

## Psaumes

| | |
|---|---|
| 1,3 | 301 |
| 8 | 317 |
| 23,2-3 | 437-439, 443 |
| 24 | 313 |
| 29 | 309 |
| 33 | 307 |
| 36,6-10 | 302 |
| 65 et 67 | 314 |
| 74 | 315 |
| 89 | 315 |
| 93 | 312 |
| 95,1-7a | 311 |
| 96 | 310 |
| 102 | 315 |
| 104 | 308 |
| 107 | 313 |
| 121 | 316 |
| 127,4 | 173 |
| 135 | 312 |
| 136 | 307 |
| 138 | 318 |
| 139 | 317-318 |
| 145 | 312-313 |
| 147 | 311-312 |
| 148 | 308 |

## Proverbes

| | |
|---|---|
| 8,22-31 | 280 |

## Cantique des Cantiques

| | |
|---|---|
| 4,11 | 444 |
| 4,13-15 | 444, 445 |

## Sagesse

| | |
|---|---|
| 1,13-14 | 324-325 |
| 2,2c | 325-326 |
| 2,23-24 | 326 |
| 6 à 9 | 356-359 |
| 7 | 356-358 |
| 7,21 | 328-329 |
| 7,22-24 | 356 |
| 8,4-6 | 329 |
| 9,1-3 | 329 |
| 10,1-2 | 330 |
| 11,17-20 | 332-334 |
| 11,24 à 12,1 | 334-336 |
| 13 à 15 | 336 |
| 13,1-9 | 336-337 |
| 13,10 à 15,13 | 337-339 |
| 19,6-21 | 339-341 |

## Siracide

| | |
|---|---|
| 17,3-14 | 178 |

## Isaïe

| | |
|---|---|
| 11 | 179 |
| **40,12 à 41,5** | **190-197** |
| 41,1ss | 319 |
| **42,5-9** | **198-202** |
| **44,24-28** | **202-207** |
| 45,7 | 231 |
| **45,9-13** | **207-209** |
| **48,1-16a** | **209-212** |
| 63-64 | 319 |
| 65,16-25 | 173 |

## Jérémie

| | |
|---|---|
| 1 à 6 | 453 |
| 3,1-4.19-25 | 244-245 |
| 4,23-28 | 246 |
| 5,20-25 | 243-244 |
| 5,26-29 | 244 |
| 9,22ss | 254 |

# INDEX DES TEXTES

| | | | |
|---|---|---|---|
| 10,2-10.12-16 | 257 | | **Ézéchiel** |
| 14,1-6 | 242-243 | 28,12-16 | 266-267 |
| 14,20-22 | 245 | | **Daniel** |
| 18,1-12 | 254-255 | | |
| 23,23s | 253 | 2 | 181 |
| 27 | 250-253 | 7 | 181 |
| 31,22 | 248 | | **Osée** |
| 31,31-37 | 248 | | |
| 32,27 | 255 | 2,20-25 | 180 |
| 33,19-22.23-26 | 249 | 8,14 | 319 |

## II. PSEUDÉPIGRAPHES

| | | | |
|---|---|---|---|
| **Antiquités bibliques** | | **1 Hénoch** | |
| (Pseudo-Philon) = *LAB* | | 24,3 | 445 |
| 10,7 | 432 | 24,4 | 445 |
| 11,15 | 432, 448 | 25,7 | 445 |
| 20,8 | 432 | 29 à 32 | 445-446 |

## III. PHILON D'ALEXANDRIE

| | | | |
|---|---|---|---|
| **De Abrahamo** | | **Legum Allegoriae** | |
| 115-118 | 382-383 | I en général | 367-368 |
| | | I, 60-62 | 350-351 |
| **De Aeternitate mundi** | | III, 75-106 | 392 n |
| en général | 360, 365 | III, 75-103 | 402 n |
| 150 | 361 | | |
| | | **De Mutatione nominum** | |
| **De Agricultura** | | 1-53 | 400-402 |
| en général | 384, 406 | 154-155 | 404-405 |
| 124-189 | 391-394 | | |
| | | **De Opificio mundi** | |
| **Quod Deus sit immutabilis** | | en général | 367, 368 |
| 104-110 | 386-387, 387-389 | 20-25 | 378-379 |
| | | 69-88 | 380 |
| **De Fuga** | | | |
| | | **De Plantatione** | |
| 65-118 | 395 | | |
| 65-70 | 395-396 | 1-27 | 375 |
| 71-72 | 396 | 23-27 | 376 |

**Quis rerum divinarum heres sit**

| en général | 384-385 |
| 1-39 | 389, 405 |
| 166-173 | 398-399 |

**De Sacrificiis**

en général 405-406

## VII. LITTÉRATURE RABBINIQUE

**Mekhilta de Rabbi Ishmaël**

| Ex 15,27 | 436 n |
| Ex 16,35 | 433 |

**Ta'anit**

9a 432

**Midrashim**

— Cantique R.
  4, 11, 2    444, 445 n
  4, 12, 3    440, 441
— Tanḥuma Ḥuqqat 21 : 437 n, 439, 441
— Tanḥuma Qedoshim 7 : 448 n
— Tehillim 23, 4, 441, **443**
— Yalquṭ Shimoni I,764 : 436 n, 437
               I,850 : 444 n
— Pesiqta de Rab Kahana
  11,21    442, 444 n

**Tosephta Sukkah**

| 3,11 | 432 n, **435-436** |
| 3,12 | 437 n |

**Targums**

— Neofiti I
  Nb 21,19    435
— Palestinien
  Nb 21,19    434, 437
  Nb 21,20    433-434
— Pseudo-Jonathan
  Nb 20,13    433

## VIII. ANCIENNE LITTÉRATURE CHRÉTIENNE

**Didyme l'Aveugle**

Sur la Genèse 421

**Hippolyte de Rome**

Elenchos (ou Refutatio)
V,19-22    424
VIII,17,1    467

**Origène**

Homélies sur la Genèse I : 417-421

## IX. AUTEURS GRECS

**Platon**

| Ménon 70a | 389 |
| Timée 50d | 333 |
| 51d | 333 |

## INDEX DES MOTS AKKADIENS

| | |
|---|---|
| awîlu | 71 |
| banû | 51-52, 85 |
| binûtu | 87 |
| eṭemmu | 71, 72, 75 |
| lullû | 64 |
| ṭêmu | 71, 72 |
| ṭiṭṭu | 127 |

## INDEX DES MOTS UGARITIQUES

| | |
|---|---|
| iḫtrš | 89 |
| bny (ou bnw) | 84-85, 86 |
| bny bnwt | 86-87, 91 |
| kwn | 88 |
| mštʿltm | 91 |
| qny | 87-90 |
| qnyt | 87 |

## INDEX DES MOTS HÉBREUX
(dans l'ordre de l'alphabet hébreu)

| | |
|---|---|
| 'âdâm | 127, 129-130 |
| 'adâmâh | 127 |
| 'ôr gôyim | 199 |
| 'ohèl | 424 |
| 'îš-'iššâh | 134-135 |
| 'ak | 157-158 |
| be'ér | 430 |
| belî-mâh | 271 |
| bâmôt | 430 |
| bânâh | 133-134 |
| bârâ' | 184, 221-222, 226, 256, 259, 488, 494-495, 496 |
| berît ʿam | 199 |
| ḥomèr | 276 |
| ḥqq | 436 n |
| ḥéqèr | 272 |
| yâsad | 225 |
| yâṣar | 127, 223-224, 257, 259 |
| kvš | 170 |
| myn | 168 |

| | |
|---|---|
| maʿagâl | 438 |
| mšk | 436 |
| mattânâh | 430 |
| nahalî'él | 430 |
| nèfès | 156, 160 |
| nèfèš ḥayyâh | 129 |
| nôṭèh šâmayim | 184 |
| ʿézèr | 131-133 |
| ʿâpâr | 276 |
| ʿâśâh | 213, 223-224, 257, 258, 281-282, 490, 496 |
| ʿâṣûm | 154 |
| ʿéṣâh | 290 |
| prk | 169 |
| ṣebâ'âm | 216 |
| ṣiim | 173 |
| qonèh | 88 |
| qâraṣ | 282 |
| rebû | 155 |
| rbṣ | 177 |
| redû, rdh | 155, 171 |
| rûaḥ | 129 |
| repâ'îm | 269 |
| râqaʿ | 214-215 |
| šbt | 140, 496 |
| tabnît | 148 |
| tohû wâbohû | 174, 333, 489 |

## INDEX DES MOTS GRECS
(dans l'ordre de l'alphabet grec)

| | |
|---|---|
| agathotès | 406 |
| amorphon | 333 |
| archè | 336 |
| aphthona | 379, 389, 405 |
| aphthonia | 379 |
| geneseis | 325 |
| genesiarchès | 336 |
| genesiourgos | 336 |
| genètos | 371, 375 |
| diathèkè | 401, 402 |
| elenchos | 404 |
| enantiôseis | 361 |
| Theos | 370, 373, 391, 394-395, 397, 400, 402, 404, 406 |
| idiotètos | 327 |
| kosmiotès | 371 |
| kosmos | 423 |

| | |
|---|---|
| *ktizô* | 325 |
| *Kurios* | 370, 391, 394-395, 400-401, 404 |
| *logos* | 408 |
| *mètra* | 418 |
| *noûs* | 408, 417, 419, 420 |
| *homoiôsis* | 384 |
| *oudeneia* | 403, 405, 407 |
| *ouk ex ontôn* | 467-468 |
| *pneuma* | 338, 417, 419, 423 |
| *stereôma* | 418 |
| *syggeneia* | 384 |
| *tithèmi* | 401, 402 |
| *hulè* | 333 |
| *husteros, hustera* | 418, 423 |
| *phusis* | 423 |
| *khronos* | 417s |
| *psychè* | 338, 408, 423 |

# TABLE DES MATIÈRES

Sommaire .................................... 7

LIMINAIRE, par Fabien BLANQUART ............ 9

AVANT-PROPOS, Approches philosophiques de la création, par Jean LADRIÈRE .................... 13

## PREMIÈRE PARTIE
### LES LITTÉRATURES COMPARÉES

Chapitre premier. LA CRÉATION DU MONDE ET DE L'HOMME DANS LA LITTÉRATURE SUMÉRO-AKKADIENNE, par Marie-Joseph SEUX ............ 41

   I. Le contexte ................................ 41

   II. Les textes ................................ 44

      A) Textes akkadiens ...................... 44
      B) Textes sumériens ...................... 47
      C) Textes bilingues ....................... 50

   III. La création du monde ................... 51

  IV. La création de l'homme .................. 56
   A) « Formatio » .......................... 56
   B) « Emersio » ........................... 59
   C) Tradition aberrante .................... 61
  V. L'état de l'humanité primitive .............. 62
   A) Un paradis terrestre ? .................. 62
   B) L'homme proche de l'animalité .......... 64
  VI. Une philosophie babylonienne de l'homme... 67
   A) Un « péché originel » ? ................. 67
   B) L'homme chair et esprit ................ 70
   C) La condition humaine .................. 73

**Chapitre II. Peut-on parler de mythes de création a Ugarit ? par Jésús-Luis Cunchillos** ..... 79

  I. Le vocabulaire de création ................. 84
  II. Le contexte littéraire et religieux ........... 90
  III. Religion cananéenne et religion biblique ..... 93

**Chapitre III. Les cosmogonies de l'ancienne Égypte, par Bernadette Menu** .................. 97

  Annexe : Hymne aux dieux créateurs, Rê et Ptah . 117

## *DEUXIÈME PARTIE*
## L'ANCIEN TESTAMENT

**Chapitre IV. Genèse 2 – 3 et la création du couple humain, par Jacques Briend** ............ 123

  I. La création de l'homme ................... 126
  II. La création de la femme .................. 131
  III. La création de la terre .................... 136

**Chapitre V. Création et fondation de la loi en Genèse 1,1 – 2,4 a, par Paul Beauchamp** ....... 139

I. Gn 1 .................................... 149

II. La tradition P. ......................... 153
    A) Le délit ............................. 158
    B) L'interdit ........................... 159
    C) La sanction ......................... 159

III. L'appel aux traditions antérieures .......... 176

Conclusion ................................... 178

Chapitre VI. LE MOTIF DE LA CRÉATION DANS LE DEUTÉRO-ISAÏE, par Jacques VERMEYLEN ......... 183

  I. Essai de reconstitution des oracles deutéro-isaïens « authentiques » relatifs à la création ..... 188
    A) Is 40, 12 – 41,5 ...................... 190
    B) Is 42, 5-9 ........................... 198
    C) Is 44, 24-28 ......................... 202
    D) Is 45, 9-13 .......................... 207
    E) Is 48, 12-16a ........................ 209

  II. Les représentations de la création dans les oracles deutéro-isaïens « authentiques » ......... 213
    A) La création comme mise en ordre et maîtrise du cosmos .......................... 213
    B) Création et ordre politique ............... 217

  III. Le motif de la création dans les rédactions postérieures du livre ......................... 221
    A) La « création » d'Israël ................. 221
    B) Le grand retournement ................. 230

Conclusions .................................. 237

Chapitre VII. LA CRÉATION DANS LE LIVRE DE JÉRÉMIE, par Laurent WISSER .................. 241

Introduction ................................. 241

I. YHWH, Dieu créateur, maître de la vie d'Israël en Terre promise ..................... 242

A) L'ordre de la création menacé par les infidélités du peuple. L'interpellation de la sécheresse .................................... 242

B) Les nouvelles conditions de vie créées après le temps du jugement ...................... 246

II. YHWH, Dieu créateur, maître de l'histoire des nations .................................. 249

A) L'autorité du Créateur dans les bouleversements marquant la fin de Juda .............. 249

B) L'autorité du Créateur dans l'élaboration du salut à venir ........................... 255

C) L'autorité du Créateur dans la lutte contre le culte des idoles ......................... 257

Conclusion .................................... 258

**Chapitre VIII. L'ARGUMENT DE LA CRÉATION DANS LE LIVRE DE JOB, par Jean LÉVÊQUE** .............. 261

La création dans les discours des amis .......... 262

Le Créateur et le créé dans les monologues et les réponses de Job ................................ 273

La création primordiale en Job 28 .............. 279

La création dans les discours d'Élihu .......... 281

La création racontée par Dieu : la théophanie (38,1 − 42,6) .................................. 286

**Chapitre IX. LA CRÉATION DANS LES PSAUMES, par Claus WESTERMANN** .......................... 301

Louange du Créateur de l'univers .............. 307

Thèmes de la création dans les psaumes de louange ........................................ 312

Louange du Créateur de l'univers dans les psaumes liturgiques .................................. 313

Psaumes de bénédiction ........................ 314

L'action du Créateur de l'univers dans le thème contraste des Lamentations .................... 315

## TABLE DES MATIÈRES

La création de l'homme dans les psaumes ....... 316
Création de l'homme dans différents contextes ... 318
Quelques conséquences théologiques ............ 320

**Chapitre X. La relecture de Genèse 1 − 3 dans le livre de la Sagesse**, par Maurice Gilbert ... 323

    I. Création pour la vie ........................ 324

    II. Création par la Sagesse .................... 328

    III. Création par amour ...................... 332

    IV. Création parodiée ........................ 336

    V. Création renouvelée ....................... 339

    Conclusion .................................. 341

**Chapitre XI. Le voyage inutile, ou la création chez Philon**, par Jacques Cazeaux ............. 345

    Note préliminaire ............................ 345

    I. La « genèse » philonienne théorique .......... 360

    II. La confection du Juste, axe du monde ....... 374

        A) Des dons infinis à l'existence finie ........ 374

        B) Le voyage du Juste ou le passage enharmonique de « Seigneur » à « Dieu » ............ 390

    Conclusion : Du « néant » d'un Sage au « Tout » du Logos .................................... 403

**Chapitre XII. La naissance du ciel et de la terre selon la paraphrase de Sem**, par Michel Tardieu ........................................ 409

    I. Enjeu et problématiques .................... 412

    II. Exégèse et sources ........................ 417

    III. Sem savant et médecin ................... 424

# ATELIERS

Atelier I. UN RETOUR DU PARADIS DANS LE DÉSERT DE L'EXODE SELON UNE TRADITION JUIVE (Germain BIENAIMÉ) .................................... 429

Atelier II. ÉCRITURE BIBLIQUE ET DIALECTIQUE, 1 SAMUEL 24 – 26 (Jacques CAZEAUX) ........... 451

    Définitions et exemples...................... 451
    Le droit du Prince.......................... 455
    I. Une symétrie dissemblable : les chapitres 24 et 26 ............................................. 455
    II. L'axe : l'histoire de Nabal et Abigaïl comme révélateur .................................... 458

Atelier III. 2 MACCABÉES 7, 28 DANS LE « MYTHOS » BIBLIQUE DE LA CRÉATION (Pierre GIBERT) ............................................ 463

    Une double difficulté ....................... 464
    Un problème de traduction ................. 467
    Le mythos biblique de la création ........... 468
    Du non-savoir à la confession de foi......... 471

Atelier IV. PROBLÈMES HISTORIQUES ET LITTÉRAIRES DU RÉCIT DE COMMENCEMENT (Pierre GIBERT). 477

    1. De l'insaisissable commencement aux commencements absolu et relatifs......... 477
    2. La Bible et les commencements ........... 480

Atelier V. POUR UNE ANALYSE SÉMIOTIQUE DE GENÈSE 1 A 3 (Jean CALLOUD).................... 483

    I. Le premier récit de création : un parcours en huit étapes ................................... 484
        A) Les trois phases du parcours créateur...... 486
        B) La phase de quiétude : Genèse 1, 1-2 ...... 487
        C) La phase d'action : Genèse 1, 3-31 ........ 490

>    D) La phase de repos : Genèse 2, 1-3 .......... 495
>    Conclusion ................................ 498
>
> II. Le second récit de création : l'idole ou le mécanisme de la régression ................... 501
>    A) Le modèle sémantique de Genèse 2 − 3 ... 502
>    B) Le « sommeil profond » comme temps de différenciation ........................... 505
>    C) Le rêve comme risque de régression ....... 509
>    D) Le réveil comme retour du réel ........... 511
>    Conclusion ................................ 512

Abréviations ...................................... 515
Index ............................................ 519
Table des matières ............................... 527

# COLLECTION « LECTIO DIVINA »

4. C. Spicq : *Spiritualité sacerdotale d'après saint Paul.*
6. L. Cerfaux : *Le Christ dans la théologie de saint Paul.*
8. L. Bouyer : *La Bible et l'Évangile.*
11. M.-E. Boisnard : *Le Prologue de saint Jean.*
12. C. Tresmontant : *Essai sur la pensée hébraïque.*
13. J. Steinmann : *Le Prophète Ézéchiel.*
14. Ph. Béguerie, J. Leclercq, J. Steinamnn : *Études sur les prophètes d'Israël.*
15. A. Brunot : *Le Génie littéraire de saint Paul.*
16. J. Steinmann : *Le Livre de Job.*
19. C. Spicq : *Vie morale et Trinité sainte selon saint Paul.*
20. A.-M. Dubarle : *Le Péché originel dans l'Écriture.*
22. Y. Congar : *Le Mystère du Temple.*
23. J. Steinmann : *Le Prophétisme biblique des origines à Osée.*
24. F. Amiot : *Les Idées maîtresses de saint Paul.*
25. E. Beaucamp : *La Bible et le sens religieux de l'univers.*
26. P.-E. Bonnard : *Le Psautier selon Jérémie.*
27. G.-M. Behler : *Les Paroles d'adieux du Seigneur.*
28. J. Steinmann : *Le Livre de la consolation d'Israël et les Prophètes du retour de l'exil.*
29. C. Spicq : *Dieu et l'homme selon le Nouveau Testament.*
30. M.-E. Boisnard : *Quatre Hymnes baptismales dans la première Épître de Pierre.*
32. J. Dupont : *Le Discours de Milet.*
33. L. Cerfaux : *Le Chrétien dans la théologie paulinienne.*
34. C. Larcher : *L'Actualité chrétienne de l'Ancien Testament d'après le Nouveau Testament.*
35. A.-M. Besnard : *Le Mystère du Nom.*
36. B. Renaud : *Je suis un Dieu jaloux.*
37. L.-M. Dewailly : *La Jeune Église de Thessalonique.*
39. L. Legrand : *La Virginité dans la Bible.*
40. A.-M. Ramsey : *La Gloire de Dieu et la Transfiguration du Christ.*

41. G. Baum : *Les Juifs et l'Évangile.*
42. B. Rey : *Créés dans le Christ Jésus.*
43. P. Lamarche : *Christ vivant.*
44. P.-B. Bonnard : *La Sagesse en personne annoncée et venue, Jésus-Christ.*
45. J. Dupont : *Études sur les Actes des Apôtres.*
46. H. Schlier : *Essais sur le Nouveau Testament.*
47. G. Minette de Tillesse : *Le Secret messianique dans l'Évanile de Marc.*
48. Milos Bic : *Trois Prophètes dans un temps de ténèbres.*
49. Gilles Gaide ; *Jérusalem voici ton roi.*
50. M. Carrez, A. George, P. Grelot, X. Léon-Dufour : *La Résurrection du Christ.*
51. Daniel Lys : *Le Plus Beau Chant de la création.*
52. E. Lipinski : *La Liturgie pénitentielle dans la Bible.*
53. R. Baulès : *L'Évangile puissance de Dieu.*
54. J. Coppens : *Le Messianisme royal.*
55. H. Kahlefeld : *Paraboles et leçons dans l'Évangile, I.*
56. H. Kahlefeld : *Paraboles et leçons dans l'Évangile, II.*
57. V. Taylor : *La Personne du Christ dans le Nouveau Testament.*
58. A. Vanhoye : *Situation du Christ.*
59. L. Schenke : *Le Tombeau vide et l'annonce de la résurrection.*
60. E. Lipinski : *Essais sur la révélation et la Bible.*
61. E. Glasser : *Le Procès du bonheur par Qohélet.*
62. J. Jeremias : *Les Paroles inconnues de Jésus.*
63. L. Derousseaux : *La Crainte de Dieu dans l'Ancien Testament.*
64. Alonso-Schökel : *La Parole inspirée.*
65. J. Potin : *La Fête juive de la Pentecôte.*
66. R. Baulès : *L'Insondable Richesse du Christ. Étude des thèmes de l'épître aux Éphésiens.*
67. P. Grelot : *De la mort à la vie éternelle.*
68. A. Lemaire : *Les Ministères aux origines de l'Église.*
69. W. Trilling : *L'Annonce du Christ dans les évangiles synoptiques.*
70. E. Neuhäusler : *Exigence de Dieu et morale chrétienne.*
71. C. Spicq : *Vie chrétienne et pérégrination dans le Nouveau Testament.*
72. J. Cazelles, J. Delorme, L. Derousseaux, etc. : *Le Langage de la foi dans l'Écriture et dans le monde actuel.*
73. L. Monloubou : *Un prêtre devient prophète : Ézéchiel.*
74. L. Dussaut : *L'Eucharistie, Pâques de toute la vie.*
75. J. Jeremias : *La Dernière Cène. Les paroles de Jésus.*
76. J. Jeremias : *Théologie du Nouveau Testament. I. La prédication de Jésus.*
77. A.D. Nock : *Christianisme et hellénisme.*
78. S. Légasse : *Les Pauvres en esprit.*
79. R.E. Brown, K.P. Donfried, J. Reumann : *Saint Pierre dans le Nouveau Testament.*
80. J. Murphy O'Connor : *L'Existence chrétienne selon saint Paul.*
81. G. Haya-Prats : *L'Esprit force de l'Église.*
82. C.-H. Dodd : *L'Interprétation du IV$^e$ évangile.*
83. P.-E. Dion : *Dieu universel et peuple élu.*
84. K. Schubert : *Jésus à la lumière du judaïsme du premier siècle.*
85. R. Kieffer : *Le Primat de l'amour.*
86. J.-M. van Cangh : *La Multiplication des pains de l'Eucharistie.*
87. J.-A. Sanders : *Identité de la Biblie. Torah et Canon.*
88. P. Buis : *La Notion d'alliance dans l'Ancien Testament.*
89. L. Monloubou : *La Prière selon saint Luc.*
90. J. McHug : *La Mère de Jésus dans le Nouveau Testament.*
91. A.-M. Dubarle : *La Manifestation naturelle de Dieu d'après l'Écriture.*

92. **M. Bastin** : *Jésus devant sa Passion.*
93. **H. Schürmann** : *Comment Jésus a-t-il vécu sa mort.*
94. **M. Hengel** : *Jésus, Fils de Dieu.*
95. **ACFEB** : *Apocalypse et théologie de l'espérance.*
96. **ACFEB** : *Écriture et pratique chrétienne.*
97. **Th. Matura** : *Le Radicalisme évangélique.*
98. **M. Riesenfeld** : *Unité et diversité dans le Nouveau Testament.*
99. **R. Meynet** : *Quelle est donc cette Parole ? Lecture « rhétorique » de l'évangile de Luc.*
100. **A. Paul** : *Le Fait biblique : Israël éclaté. De Bible à Bible.*
101. **L. Moulouhou** : *Les Psaumes, ce symbolisme qui vient du corps.*
102. **Collectif.** *Études sur la 1re lettre de Pierre.*
103. **P. Grelot** : *Les Poèmes du Serviteur : De la lecture critique à l'herméneutique.*
104. **Collectif** : *Genèse et structure d'un texte du Nouveau Testament.*
105. **M. Hengel** : *La Crucifixion dans l'Antiquité et la folie du message de la croix.*
106. **L. Legrand** : *L'Annonce faite à Marie.*
107. **M. Dumais** : *L'Actualisation du Nouveau Testament.*
108. **Collectif** : *Tradition et théologie dans l'Ancien Testament.*
109. **J. Calloud, F. Genuyt** : *La Première Épître de Pierre : analyse sémiotique.*
110. **L. Monloubou** : *Saint Paul et prière. Prière et évangélisation.*
111. **R. Kieffer** : *Foi et justification à Antioche.*
112. **Collectif** : *Mélanges en l'honneur du P. Durrwell. La Pâque du Christ, mystère de salut.*
113. **A. Gueuret** : *L'Engendrement d'un récit. L'Évangile de l'enfance selon saint Luc.*
114. **Collectif ACFEB** : *Le Corps et le corps du Christ en 1 Co.*
115. **R.E. Brown** : *La Communauté du disciple bien-aimé.*
116. **P. Rolland** : *Les Premiers Évangiles. Un nouveau regard sur le problème synoptique.*
117. **E. Refoulé** : *« ... Et ainsi tout Israël sera sauvé ».*
118. **J. Dupont** : *Nouvelles Études sur les Actes des Apôtres.*
119. **ACFEB** : *Études sur le judaïsme hellénistique.*
120. **M. Quesnel** : *Baptisé dans l'Esprit.*
121. **J. Dupont** : *Les Trois Apocalypses synoptiques.*
122. **P.D. Hanson** : *L'Écriture une et diverse.*
123. **Collectif** : *A cause de l'Évangile. Études sur les Synoptiques et les Actes offertes au P. Jacques Dupont, O.S.B., à l'occasion de son soixante-dixième anniversaire.*
124. **V. Mora** : *Le Refus d'Israël. Matthieu 27, 25.*
125. **J. Lambrecht** : *« Eh bien ! Moi je vous dis ».*
126. **J. Vermeylen** : *Le Dieu de la Promesse et le Dieu de l'Alliance.*
127. **Collectif ACFEB** : *La Création dans l'Orient ancien.*

Achevé d'imprimer
par Corlet, Imprimeur, S.A.
14110 Condé-sur-Noireau

N° d'Éditeur : 8240
N° d'Imprimeur : 9096
Dépôt légal : janvier 1987

*Imprimé en France*